MIRCEA ELIADE

Yoga
Imortalidade e liberdade

Tradução

TERESA DE BARROS VELLOSO

Transliteração sânscrita

LIA DISKIN

Palas Athena

Título original: *Le Yoga - Immortalité et liberté*

Grafia segundo o Acordo Ortográfico da Língua Portuguesa de 1990,
que entrou em vigor no Brasil em 2009.

Copidesque:	Graciela Karman
Edição de arte:	Maria do Carmo de Oliveira
Capa:	Takeshi Assaoka
Revisão técnica:	Daniela Moreau
	Marcos Silveira Corrêa
	Lia Diskin
Revisão de provas:	Lucia Benfatti
	Therezinha Siqueira Campos
	Lucia Brandão Saft Moufarrige
Revisão ortográfica:	Lidia La Marck

Dados Internacionais de Catalogação na Publicação (CIP)
(Câmara Brasileira do Livro, SP, Brasil)

E42y
Eliade, Mircea, 1907-1986
Yoga: imortalidade e liberdade / Mircea Eliade; tradução Teresa de Barros Velloso; transliteração sânscrita Lia Diskin. São Paulo: Palas Athena, 1996.
400p. 16x23cm.

Tradução de: Le yoga: immortalité et liberté, do original em francês.

ISBN 978-85-7242-014-3

1. Ioga. I. Título

CDD-294.54

- 9ª edição – junho de 2022 -

Direitos adquiridos para a língua portuguesa, no Brasil, pela
PALAS ATHENA EDITORA
Alameda Lorena, 355 - Jardim Paulista
01416-001 - São Paulo - SP - Brasil
fone: (11) 3050.6188
www.palasathena.org.br editora@palasathena.org.br
@associaçãopalasathena

À memória de meu ilustre e venerável mecenas,
Maharajah Sir Manindra Chandra Nandi de Kassimbazaar,

de meu mestre,
Prof. Dr. Surendranath Dasgupta,
Diretor da Faculdade de Sânscrito de Calcutá,

e de meu professor,
Nae Ionescu,
da Universidade de Bucareste.

PREFÁCIO À EDIÇÃO BRASILEIRA

Ao publicar esta obra, nossa intenção era fazê-lo da maneira mais acessível ao leitor brasileiro, evitando termos sânscritos e aproveitando grande parte do vocabulário técnico do Yoga já incorporado à língua portuguesa. Entretanto, à medida que o trabalho foi acontecendo, enfrentamo-nos com dificuldades para conciliar termos que em nossa língua mudaram de gênero (por exemplo, *yoga,* em português, passou para o feminino; *upaniṣad* passou para o masculino). Outra dificuldade encontrada foi quanto à conceituação que alguns dos termos sânscritos adquiriram em nossa língua, na maioria das vezes encurtando o seu espectro de significação (tal como o termo *karman,* que em português perdeu toda a dinâmica de sua raiz verbal).

Para fazermos jus ao rigor científico de Mircea Eliade, transliteramos todos os termos de origem sânscrita, utilizados nesta obra, de acordo com a Convenção Internacional de Genebra.

I. ALFABETO SÂNSCRITO

Vogais: a, ā, i, ī, u, ū, ṛ, ṝ, ḷ

Ditongos: e, ai, o, au

Consoantes:	ka,	kha,	ga,	gha,	ṅa	(Guturais)
	ca,	cha,	ja,	jha,	ña	(Palatais)
	ṭa,	ṭha	ḍa,	ḍha,	ṇa	(Cerebrais)
	ta,	tha,	da,	dha,	na	(Dentais)
	pa,	pha,	ba,	bha,	ma	(Labiais)
	ya,	ra,	la,	va		(Semivogais)
	śa,	ṣa,	sa			(Sibiliantes)
	ha	ṁ,				(Aspirada)

Nota: As consoantes já trazem implícitas na letra a vogal *a,* exceto a letra *ṁ* *(anusvāra)* que tem o som anasalado, como em be*m,* e a letra *(visarga)* que é aspirada, como o *r* na palavra ma*r* falado no português do Rio de Janeiro.

II. PRONÚNCIA

a	tem o som aproximado de	a em	f*a*ma
ā		á	*á*lamo
i		i	d*i*fícil
ī		í	f*í*sica
u		u	il*u*são
ū		ú	*ú*nico
ṛ		r	ca*r*ta (pronúncia antiga) e em b*r*inco (pronúncia moderna) sendo que a pronúncia deverá ser como a do falar caipira.
ṝ		r	ca*r*ta e t*r*inco como acima explicado, alongando-se o som do r
ḷ		l	ma*l* da pronúncia portuguesa do Rio Grande do Sul

Nota: Em sânscrito as sílabas não têm acentuação forte; são diferenciadas em breves e longas por um traço sobre a vogal que denota alongamento.

e	e	g*e*ma
ai	ai	g*ai*ta
o	o	g*o*ma
au	au	m*au*
ka	c	*c*ama
ga	g	*g*ama
ṅa	n	ca*n*ga
ca	tch	t*ch*au
ja	dj	*Dj*alma
ña	nh	ma*nh*ã
ya	ia	T*ia*go
ra	r	pa*ra*
śa	x	cai*x*a
ha	h	"*h*ome" (em inglês)

ta, da, na, pa, ba, ma, la, va, sa pronuncia-se como em português.
ṭa, ṭha, ḍa, ḍha, ṇa, ḷa, ṣa devem ser pronunciadas apoiando-se a ponta da língua na abóbada palatina, próximo dos incisivos superiores.
kha, gha, cha, jha, tha, pha, bha são pronunciadas como no inglês "por*t-h*ole", "ran*k-h*igh", "ma*dh*ouse" etc.

Nota: As duplas consoantes também são pronunciadas distintamente.

Os Editores

PREFÁCIO À EDIÇÃO FRANCESA

A história da descoberta e interpretação da Índia pela consciência europeia é de fato apaixonante. Não falo só da descoberta geográfica, linguística e literária ou das expedições e escavações arqueológicas, resumo de tudo o que constitui as bases do indianismo europeu, mas, principalmente, das diversas aventuras culturais provocadas pela crescente revelação das línguas, filosofias e mitos indianos. M. Raymond Schwab, em seu belo livro *La Renaissance Orientale* (Payot, 1948), descreveu grande número dessas aventuras culturais. A descoberta da Índia, entretanto, continua, e nada nos permite supor que tenha chegado ao fim. A análise de uma cultura estrangeira revela, sobretudo, aquilo que se busca ou aquilo que já se está preparado para descobrir. A descoberta da Índia não se completará a não ser no dia em que as forças criadoras da Europa estiverem irremediavelmente exauridas.

Quando se trata de valores espirituais, a contribuição da filologia, por mais necessária que seja, não esgota a riqueza do objeto. Foi sem dúvida inútil desejar compreender o budismo antes que os textos tivessem sido corretamente editados e as diversas filologias budistas constituídas. Contudo, o entendimento desse vasto e complexo fenômeno espiritual não se adquiriu com a simples posse dos excelentes instrumentos de trabalho que são as edições críticas, os dicionários poliglotas, as monografias históricas etc. Quando abordamos uma espiritualidade exótica, compreendemos sobretudo aquilo que estamos predispostos a compreender por nossa própria vocação, por nossa própria orientação cultural e por aquela do momento histórico ao qual pertencemos. Esse truísmo tem uma aplicação generalizada: a imagem que se criou das "sociedades inferiores" no século XIX derivou, em grande parte, da atitude positivista, antirreligiosa e não metafísica de alguns excelentes exploradores e etnólogos, que abordaram os "selvagens" com a ideologia de um contemporâneo de Augusto Comte, Darwin ou Herbert Spencer. Assim, entre os "primitivos", descobria-se de forma ingênua o fetichismo e o infantilismo religioso porque não se era capaz de ver aí outra coisa. Foram necessários o progresso do pensamento metafísico europeu no começo deste século, o renascimento religioso, as inúmeras conquistas da psicologia profunda, da poesia, da microfísica, para se chegar a compreender o horizonte espiritual dos "primitivos", a estrutura de seus símbolos, a função de seus mitos, a maturidade de sua mística.

No caso da Índia as dificuldades eram mais consideráveis ainda; tornava-se necessário, de um lado, forjar os instrumentos de trabalho, fazer avançar as filologias; de outro, escolher os aspectos da espiritualidade indiana que fossem mais permeáveis ao espírito europeu. Porém, como era de se esperar, aquilo que parecia mais permeável era, justamente, o que respondia às preocupações mais prementes da cultura europeia. Foi sobretudo o interesse pela filologia comparada indo-ariana que suscitou o estudo do sânscrito em meados do século XIX, assim como uma ou duas gerações anteriores haviam ido à Índia impelidas pela filosofia idealista ou pelo encanto das imagens primordiais que o Romantismo alemão acabava de descobrir. Na segunda metade do século passado, a Índia foi interpretada sobretudo em função da mitologia naturalista e do modismo cultural que tal mitologia instaurara na Europa e na América. Enfim, o desenvolvimento da sociologia e da antropologia cultural, no primeiro quarto de nosso século, inspirou novas perspectivas.

Todas essas experiências tiveram seu preço, porque respondiam antes de mais nada aos problemas próprios da cultura europeia. Os diferentes métodos de abordagem usados pelos ocidentais, se nem sempre revelaram os verdadeiros valores da espiritualidade indiana, pelo menos fizeram sua parte; pouco a pouco a Índia começou a firmar sua presença na consciência europeia. É verdade que, durante muito tempo, esta presença se manifestou sobretudo nas gramáticas comparadas. Raramente, timidamente, a Índia fazia sua aparição na história da filosofia, onde seu lugar oscilava – segundo a moda do momento – entre o Idealismo alemão e a "mentalidade pré-lógica". Quando o interesse pela sociologia se impôs por toda parte, questionou-se longamente o regime das castas. Mas todas essas atitudes se explicam segundo horizontes da cultura ocidental moderna. Quando esta inscrevia entre suas questões capitais a necessidade de uma norma linguística ou a explicação de uma estrutura social, convidar a Índia a resolver certa etimologia ou ilustrar determinada etapa da evolução social não significava menosprezá-la; equivalia antes a manifestar-lhe respeito e admiração. Aliás, as formas de abordagem não eram más em si mesmas; eram apenas muito particulares, e suas possibilidades de desvendar os conteúdos de uma grande e complexa espiritualidade eram limitadas. Felizmente, os métodos são passíveis de serem aperfeiçoados e os estragos produzidos no passado não foram esquecidos: logo se aprendeu a não repetir as falhas dos antecessores. Basta medir o progresso dos estudos de mitologia indo-europeia após Max Müller para julgar o proveito que Georges Dumézil soube tirar não só da filologia comparada, mas também da sociologia, da história das religiões e da etnologia, dando uma imagem mais exata e infinitamente mais fecunda das grandes categorias do pensamento mítico indo-europeu.

Hoje, tudo nos leva a crer que um conhecimento mais correto do pensamento indiano se torna possível. A Índia entrou no circuito da História, e a consciência europeia – queira ela ou não – é levada a tomar mais a sério as filosofias dos povos históricos. De outra parte, sobretudo na última geração filosófica, a consciência europeia tem sido cada vez mais conduzida a se definir sobre os problemas da temporalidade e da historicidade. Durante mais de um século, a melhor parte do esforço científico e filosófico europeu foi consagrada à análise dos fatores que "condicionam" o ser humano: pode-se mostrar como e até que ponto o homem é condicionado por sua fisiologia, sua hereditariedade, seu meio social, pela ideologia cultural da qual participa, por seu inconsciente e sobretudo pela História, por seu momento histórico e por sua própria história pessoal. Esta última descoberta do pensamento ocidental, de que o homem é essencialmente um ser temporal e histórico, de que ele não é – e não poderia ser de outra forma – senão aquilo que a História faz dele, domina ainda a filosofia europeia. Certas correntes filosóficas concluem que a única tarefa digna e valiosa oferecida ao homem é a de assumir franca e plenamente essa temporalidade e essa historicidade; qualquer outra escolha equivaleria a uma evasão no abstrato, inautêntica, que terminaria na esterilidade e na morte com que a História pune seus traidores.

Não nos detenhamos nessas teses. Reconheçamos, entretanto, que os problemas que apaixonam a consciência europeia de nossos dias a preparam para compreender melhor a espiritualidade indiana; mais ainda, a incitam a utilizar, devido a seu próprio trabalho filosófico, uma experiência indiana milenar. Explicando melhor: é a *condição humana* que constitui o objeto da filosofia europeia mais recente, e sobretudo a temporalidade do ser humano; é a temporalidade que torna possível todos os outros condicionamentos e que, em última instância, faz do homem um "ser condicionado", uma série indefinida e evanescente de "condições". Ora, essa questão do "condicionamento" do homem (e o "descondicionamento", seu corolário bastante negligenciado no Ocidente) constitui o problema central do pensamento indiano. A partir das *Upaniṣad* a Índia não se tem preocupado seriamente senão com um só grande problema: a estrutura da condição humana. (É por isso que se disse, não sem razão, que toda a filosofia indiana foi e ainda é "existencialista"). A Europa estaria pois interessada em aprender: 1) o que a Índia tem pensado até agora dos múltiplos "condicionamentos" do ser humano; 2) como tem abordado o problema da temporalidade e da historicidade do homem; 3) que solução encontrou para a angústia e o desespero inevitavelmente desencadeados pela tomada de consciência da temporalidade, matriz de todos os "condicionamentos".

A Índia aplicou-se com rigor inigualável à análise dos diversos condicionamentos do ser humano. Apressemo-nos a acrescentar que ela o fez, não para chegar a uma explicação precisa e coerente do homem (como, por exemplo, na Europa do século XIX, quando se acreditava possível explicar o homem através de seu condicionamento hereditário ou social), mas para saber até onde se estendiam as zonas condicionadas do ser humano e *ver se existe algo além desses condicionamentos.* É por esta razão que, bem antes da psicologia profunda, os sábios e ascetas indianos foram levados a explorar as zonas obscuras do inconsciente. Eles haviam constatado que os condicionamentos fisiológicos, sociais, culturais, religiosos eram relativamente fáceis de serem delimitados e, em consequência, controlados; os grandes obstáculos para a vida ascética e contemplativa surgiam da atividade do inconsciente, dos *saṃskāra* e das *vāsanā*, "impregnações", "resíduos", "latências" que constituem aquilo que a psicologia profunda designa como conteúdos e estruturas do inconsciente. Por outro lado, não é esta antecipação pragmática de certas técnicas psicológicas modernas que é valiosa, mas sua utilização para o "descondicionamento" do homem. Pois, para a Índia, o conhecimento dos sistemas de "condicionamento" não podia ter seu fim nele mesmo; o importante não era conhecê-los, mas dominá-los; trabalhava-se sobre os conteúdos do inconsciente para "queimá-los". Veremos quais métodos usa o Yoga para chegar a esses resultados. E são principalmente tais resultados que interessam aos psicólogos e filósofos europeus.

Que fique bem claro: não se trata em absoluto de convidar os doutos europeus a praticar *yoga* (o que aliás é menos fácil do que dão a entender certos amadores), nem de propor às diversas disciplinas ocidentais que apliquem os métodos do Yoga ou adotem sua ideologia. Uma possibilidade que nos parece bem mais fecunda é estudar o mais atentamente possível os resultados obtidos por tais métodos de investigação da psique. Assim, abre-se ao pesquisador europeu toda uma experiência imemorial referente ao comportamento humano em geral. Seria imprudência não se tirar proveito disso.

Como já dissemos, o problema da condição humana – isto é, a temporalidade e a historicidade do ser humano – acha-se no próprio cerne do pensamento europeu e o mesmo problema inquietou, desde as origens, a filosofia indiana. É verdade que nela não se encontram os termos "história" e "historicidade", no sentido que hoje eles possuem na Europa, e que a palavra "temporalidade" aparece muito raramente. É mesmo impossível encontrar tais termos sob as designações precisas de "história" e "historicidade". Mas o importante não é a identidade da terminologia filosófica; basta apenas que os problemas sejam equivalentes. Ora, sabe-se há muito tempo que o pensamento indiano atribui considerável importância ao conceito de *māyā*, que se traduz, com propriedade, por ilusão, ilusão cósmica, miragem, magia, devir, irrealidade etc. Observando melhor, entretanto, percebemos que *māyā* é "ilusão" porque não participa do Ser, porque é "devir", "temporalidade", devir cósmico sem dúvida, mas também devir histórico. É possível pois que a Índia não ignorasse a relação entre ilusão, temporalidade e sofrimento humano. Embora seus sábios tenham geralmente expressado esse sofrimento em termos cósmicos, percebe-se, lendo-os com a atenção que merecem, que consideravam o sofrimento humano como um "devir" condicionado pelas estruturas da temporalidade. Já abordamos esse problema (cf. "Simbolismo Religioso e Angústia" publicado nos anais *A Angústia do Tempo Presente e os Deveres do Espírito*, Encontros Internacionais de Genebra, 1953) e teremos ocasião de a ele voltar. Aquilo que a filosofia ocidental moderna chama "ser em situação", "ser constituído pela temporalidade e historicidade", tem como correspondente no pensamento indiano a "existência em *māyā*". Se comparamos os dois horizontes filosóficos – o indiano e o ocidental – tudo aquilo que a Índia pensou sobre *māyā* se nos apresenta com certa atualidade. Damo-nos conta lendo, por exemplo, a *Bhagavad Gītā*, de que a análise da existência humana aí se desenrola em linguagem que nos é familiar: *māyā* não é só ilusão cósmica, mas também, e sobretudo, historicidade; não só existência no eterno devir cósmico mas, principalmente, existência no tempo e na História. Na *Bhagavad Gītā* o problema colocava-se, até certo ponto como no cristianismo, nestes termos: como resolver a situação paradoxal criada pelo duplo fato de que o homem, de um lado, se encontra no tempo e está engajado na História e, de outro lado, percebe que estará condenado caso se deixe consumir pela temporalidade e pela historicidade? Para resolver este paradoxo a obra propõe achar *no mundo* uma via que desemboque em um plano transistórico e atemporal. Veremos mais adiante as soluções apresentadas pela *Bhagavad Gītā*, mas assinalemos de antemão que todas as soluções representam diversas aplicações do Yoga.

Encontramos então, aqui também, o Yoga. Com efeito, para a terceira questão que interessa à filosofia ocidental – a solução proposta pela Índia para a angústia desencadeada pela descoberta de nossa temporalidade e historicidade, os meios graças aos quais se pode permanecer no mundo sem se deixar "esgotar" pelo tempo e pela História – as respostas trazidas pelo pensamento indiano implicam, mais ou menos diretamente, certo conhecimento do Yoga. Assim, podemos avaliar o interesse que apresenta, para os pesquisadores e os filósofos europeus, a familiaridade com esse problema. Insistimos em que não se trata de aceitar, pura e simplesmente, alguma das soluções oferecidas pela Índia. Um valor espiritual não se adquire como uma nova marca de automóvel. Sobretudo, não se trata nem de sincretismo filosófico, nem de "indianização" e ainda menos desse detestável hibridismo "espiritual" inaugurado pela Sociedade Teosófica e continuado – e agravado – pelas inumeráveis pseudomorfoses contemporâneas. O problema é mais grave. É necessário conhecer e compreender um pensamento que teve lugar de destaque na história da espiritualidade universal. É necessário conhecê-lo *agora*, porque é a partir de *agora* que todo provincianismo cultural está sendo superado pela própria marcha da História, forçando-nos, quer sejamos ou não europeus, a pensar em termos de História Universal e a forjar valores espirituais universais. É também *agora* que o problema da situação do homem no mundo domina a consciência filosófica europeia, e, como dissemos, esse problema se encontra no próprio cerne do pensamento indiano.

Pode ser que o diálogo filosófico não avance, sobretudo no princípio, sem algumas decepções. Muitos pesquisadores e filósofos ocidentais poderão achar as análises indianas um pouco simplistas e as soluções propostas, ineficazes. Toda linguagem técnica, tributária de certa tradição espiritual, torna-se sempre um jargão, e é possível que os filósofos ocidentais achem o jargão filosófico indiano antiquado, aproximativo, quase impossível de ser utilizado. Mas todos esses riscos do diálogo são de menor importância. As grandes descobertas do pensamento indiano acabarão por serem reconhecidas, apesar da máscara do jargão filosófico. É impossível, por exemplo, passar ao largo de uma das maiores descobertas da Índia: a da consciência-testemunha, a consciência desembaraçada de suas estruturas psicofisiológicas e de seu condicionamento temporal, a consciência do "liberado", isto é, daquele que conseguiu livrar-se da temporalidade e partiu em busca da verdade, da inefável liberdade. A conquista dessa liberdade absoluta, da perfeita espontaneidade, constitui a meta de todas as filosofias e de todas as técnicas místicas indianas, mas é principalmente pelo Yoga, por uma das suas múltiplas formas, que a Índia acredita tê-la conquistado. Essa é a razão principal pela qual pensamos que seria útil escrever uma exposição completa das teorias e práticas do Yoga, relatar a história de suas formas e resgatar o seu lugar no conjunto da espiritualidade indiana.

Depois de três anos de estudos na Universidade de Calcutá (1928-1931), sob a orientação do Prof. Dr. Surendranath Dasgupta, e uma estadia de seis meses (1931) no *ashram* de Rishikesh, Himalaia, resolvemos compor este livro. Uma primeira versão em inglês, traduzida por nós mesmos em romeno e retraduzida em francês por amigos, apareceu em 1936 com o título *Yoga, Essai sur les Origines de la Mystique Indienne* (Librairie Orientaliste Paul Geuthner,

Bucarest-Paris). Erros de juventude e inexperiência foram agravados por desagradáveis mal-entendidos devidos à dupla tradução, culminando em um texto desfigurado por inúmeras falhas de linguagem e erros tipográficos. Apesar dessas graves imperfeições, o trabalho foi bem acolhido pelos indianistas Louis de la Vallée-Poussin, Jean Przyluski, Heinrich Zimmer, V. Papesso, que nos incitaram, depois de algum tempo, a preparar uma nova edição. As correções e o material acrescentado produziram um texto que se distancia sensivelmente da edição de 1936. Com exceção de alguns parágrafos, o livro foi inteiramente reescrito a fim de adaptá-lo o máximo possível à nossa visão atual. (Uma parte desta nova versão já fora usada em um pequeno livro publicado em 1948: *Techniques du Yoga.*) Limitamo-nos, nas notas de rodapé, a um mínimo de referências. A bibliografia e as questões, as precisões exigidas por certos aspectos mais particulares do problema e, em geral, todas as discussões técnicas, foram agrupadas no fim da obra em forma de breves apêndices. Quisemos apresentar um livro acessível aos não especialistas, sem afastar-nos, entretanto, do rigor científico; os indianistas encontrarão nas relações reunidas no fim do livro material complementar e bibliografias. Será necessário acrescentar que nenhuma das bibliografias é exaustiva?

Utilizamos traduções francesas que consideramos corretas dos textos sânscritos e pális. Se eventualmente nos afastamos das interpretações correntes quando da tradução dos *Yoga-sūtra*, o fizemos tendo em conta o ensino oral de nossos mestres hindus e em primeiro lugar do Prof. Dr. Surendranath Dasgupta, com quem traduzimos e comentamos todos os textos importantes da escola Yoga.

Desta maneira, o livro se destina sobretudo aos historiadores das religiões, aos psicólogos e aos filósofos. A maior parte da obra é consagrada à exposição das diversas técnicas do Yoga e de sua história. Existem excelentes trabalhos sobre o sistema de Patañjali, principalmente os de Dasgupta; assim, não achamos necessário estender-nos sobre esse assunto nem sobre as técnicas de meditação budista, que já dispõem de abundante literatura crítica. Insistimos sobre os aspectos menos conhecidos ou imperfeitamente estudados: as ideias, o simbolismo e os métodos do Yoga tais como se expressam no tantrismo, na alquimia, no folclore e na devoção aborígine.

Dedicamos esta obra à memória de nosso mecenas, o Maharajah Sir Manindra Chandra Nandi de Kassimbazaar, que tornou possível, através de uma bolsa de estudos, nossa estadia na Índia, e também à memória de nossos caríssimos mestres Nae Ionescu e Surendranath Dasgupta. Ao ensinamento do primeiro devemos nossa iniciação e orientação filosófica. Quanto a Surendranath Dasgupta, ele não só nos introduziu no próprio coração do pensamento indiano, como durante três anos foi nosso professor de sânscrito, nosso mestre e nosso *guru*. Que os três repousem na paz de sua fé!

Começamos a preparação desta nova edição há muito tempo, mas não chegaríamos a termo sem um conjunto de felizes circunstâncias. Concedendo-nos uma bolsa para pesquisas, a Bollingen Foundation, de Nova York, permitiu-nos consagrar alguns anos a esta obra; que os membros do conselho diretor da Foundation recebam aqui nosso mais sincero reconhecimento. Graças a nossos caros amigos Dr. René Laforgue e Délia Laforgue, que tão gentilmente colocaram sua casa à nossa disposição, desde 1951 ali pudemos trabalhar em condições inesperadas. A eles reiteramos nossa mais sincera gratidão. Somos enfim particularmente gratos ao nosso excelente amigo Dr. Jean Gouillard que, mais uma vez, leu e corrigiu o manuscrito francês desta obra; é para nós um grande prazer transmitir-lhe nosso reconhecimento.

Mircea Eliade
Chicago, novembro 1967

YOGA
IMORTALIDADE
e
LIBERDADE

Capítulo I

AS DOUTRINAS DO YOGA

PONTO DE PARTIDA

Quatro conceitos fundamentais e vinculados entre si, quatro "forças propulsoras" nos introduzem diretamente no coração da espiritualidade indiana: *karman, māyā, nirvāṇa* e *yoga*. Pode-se escrever uma história coerente do pensamento indiano partindo de qualquer um desses conceitos fundamentais, o que, necessariamente, levará a falar dos outros três. Em termos de filosofia ocidental diremos que desde a época pós-védica a Índia procurou compreender sobretudo: 1º) a lei da causalidade universal que solidariza o homem com o cosmos e o condena a transmigrar indefinidamente – ou seja, a lei do *karman;* 2º) o processo misterioso que gera e sustenta o cosmos e, desse modo, torna possível o "eterno retorno" das existências – *māyā*, a ilusão cósmica, suportada (pior ainda, valorizada) pelo homem durante todo o tempo em que está cego pela ignorância *(avidyā);* 3º) a realidade absoluta "situada" em alguma parte para além da ilusão cósmica tecida por *māyā* e para além da experiência humana condicionada pelo *karman;* o Ser puro, o Absoluto, ou qualquer nome que tenha – o Si *(ātman)*, *brahman,* o incondicionado, o transcendente, o imortal, o indestrutível, o *nirvāṇa* etc., e, por último, 4º) os meios para se atingir o Si-Próprio, as técnicas adequadas para adquirir a liberação *(mokṣa, mukti)* – a soma destes meios é que constitui propriamente o Yoga.

Compreende-se então como se coloca para o pensamento indiano o problema fundamental de toda filosofia, que é a busca da verdade. Para a Índia, a verdade não é preciosa em si mesma; ela se torna preciosa graças à sua função soteriológica, pois o conhecimento da verdade ajuda o homem a se libertar. O fim supremo do sábio indiano não é a posse da verdade, mas a liberação, a conquista da liberdade absoluta. Os sacrifícios que o filósofo europeu aceita para alcançar a verdade em si mesma e por ela mesma

– sacrifício da fé religiosa, de ambições mundanas, riqueza, liberdade pessoal e até da vida – o sábio indiano não aceita senão para conquistar a liberação. "Liberar-se" equivale a impor-se outro plano de existência, a apropriar-se de outro *modo de ser*, transcendendo a condição humana. Isto quer dizer que para a Índia o conhecimento metafísico não se traduz apenas em termos de *ruptura* e *morte* ("rompendo" a condição humana, "morre-se" para tudo aquilo que é humano), mas implica necessariamente uma consequência de natureza mística, ou seja, *o renascimento em um modo de ser não condicionado,* que é liberação, liberdade absoluta.

Estudando as teorias e as práticas do Yoga, teremos ocasião de referir-nos a todas as outras "forças propulsoras" do pensamento indiano. Comecemos por delimitar o sentido do termo *yoga.* Etimologicamente, ele deriva da raiz *yuj,* "ligar", "manter unido", "atrelar", "jungir", que originou o termo latino *jungere, jugum* e o inglês *yoke* etc. O vocábulo *yoga* serve em geral para designar toda *técnica de ascese* e todo *método de meditação.* Evidentemente, essas asceses e meditações foram valorizadas de forma diferente pelas múltiplas correntes de pensamento e movimentos místicos indianos. Como logo veremos, existe um Yoga "clássico", "sistema de filosofia" exposto por Patañjali em seu célebre tratado *Yoga-sūtra,* e é deste "sistema" que é necessário partir para compreender a posição do Yoga na história do pensamento indiano. Porém, ao lado do Yoga "clássico" existem numerosas formas de *yoga* "populares", assistemáticas. Existem também *yogas* não bramânicos (o dos budistas, o dos jainistas); há sobretudo *yogas* de estrutura "mágica" e outros de estrutura "mística" etc. No fundo, é o próprio termo *yoga* que permitiu esta grande variedade de significações. Uma vez que, etimologicamente, *yuj* quer dizer "ligar", é evidente que o "liame" ao qual esta ação de ligar se refere pressupõe como condição primeira a ruptura dos liames que unem o espírito ao mundo. Em outros termos: a liberação não se realiza se antes não nos "desligamos" do mundo, se não começamos por nos afastar do ciclo cósmico; caso contrário, jamais chegaremos a nos reencontrar nem a conquistar a nós mesmos. Até em sua acepção "mística", isto é, significando "união", *yoga* implica desapego prévio da matéria, emancipação do relacionamento com o mundo. A tônica está no *esforço* do homem ("colocar sob jugo"), na autodisciplina graças à qual ele pode obter a concentração do espírito antes mesmo de ter pedido a ajuda da divindade. "Ligar", "conservar atado", "colocar sob jugo", tudo isto tem por objetivo *unificar* o espírito, abolir a dispersão e os automatismos que caracterizam a consciência profana. Para as escolas do *yoga* "devocional" (místico), esta unificação não faz, evidentemente, senão preceder a verdadeira união, aquela da alma humana com Deus.

O que caracteriza o Yoga não é só seu lado *prático*, mas também sua estrutura *iniciática.* Não se aprende Yoga sozinho; é necessária a orientação de um mestre *(guru)*. Na Índia, todos os outros "sistemas de filosofia", como também todo conhecimento ou ofício tradicionais, são ensinados pelos mestres que, há milênios, transmitem oralmente as iniciações de pessoa para pessoa. Mas o Yoga apresenta de maneira mais marcante a característica iniciática porque, à semelhança das outras iniciações religiosas, o *yogin* começa por abandonar o mundo profano (família, sociedade) e, guiado por seu *guru*, se aplica em superar progressivamente os comportamentos e valores próprios da condição humana. Quando virmos até que ponto o *yogin* se esforça por se desligar da condição profana, perceberemos que ele deseja "morrer para esta vida". De fato, assistimos a uma *morte* seguida de um *renascimento* para outro modo de ser, representado pela liberação. A analogia entre o Yoga e a iniciação fica ainda mais evidente se analisarmos, por exemplo, os ritos iniciáticos "primitivos", em que se busca a criação de um "novo corpo", "místico" (assimilado simbolicamente entre os primitivos ao corpo do recém-nascido). Ora, o "corpo místico" que permitiu ao *yogin* se inserir no modo de ser transcendente, desempenha papel considerável em todas as formas do Yoga, sobretudo no tantrismo e na alquimia. Sob esse ponto de vista o Yoga retoma e prolonga, em outro plano, o simbolismo arcaico e universal da iniciação, já comprovado, aliás, na tradição bramânica, na qual o iniciado é justamente chamado o "duas vezes nascido". Renascimento iniciático é definido por todas as formas do Yoga como o acesso a uma maneira de ser não profana e de difícil descrição, que as escolas indianas expressam com nomes diferentes: *mokṣa, nirvāṇa, asaṃskṛta* etc.

De todas as significações de que se reveste a palavra *yoga* na literatura indiana, a mais precisa é a que se liga à "filosofia" Yoga *(yoga-darśana)* tal como é exposta sobretudo no tratado de Patañjali, *Yoga-sūtra*, assim como em seus comentários. Um *darśana* não é evidentemente um sistema filosófico no sentido ocidental (*darśana* = vista, visão, compreensão, ponto de vista, doutrina etc., da raiz *dṛś* = ver, contemplar, compreender etc.). Não obstante, não deixa de ser um sistema de afirmações coerentes, ligado à experiência humana – que se esforça por interpretar em seu conjunto –, tendo como objetivo "libertar o homem da ignorância" (sejam quais forem as acepções do termo "ignorância"). O Yoga é um dos seis "sistemas de filosofia" indianos ortodoxos (no sentido de serem tolerados pelo bramanismo, à diferença dos sistemas considerados heréticos como o budismo ou o jainismo). E este Yoga "clássico", tal como foi formulado por Patañjali e interpretado por seus comentadores, é também o mais conhecido no Ocidente.

Começaremos então nossas pesquisas por uma revisão das teorias e práticas do Yoga, conforme as formulou Patañjali. Temos muitos motivos para proceder assim: 1) porque a exposição de Patañjali é um "sistema de filosofia"; 2) porque ela condensa um número considerável de indicações práticas relativas à técnica ascética e ao método contemplativo, indicações essas que as outras variantes do Yoga (as assistemáticas) deformam ou colorem segundo suas próprias concepções; 3) porque os *Yoga-sūtra* são o resultado de um enorme esforço não só para reunir e classificar uma série de práticas ascéticas e de métodos contemplativos que a Índia conhecia desde tempos imemoriais, mas também para valorizá-los do ponto de vista teórico, fundamentando-os, justificando-os, integrando-os em uma filosofia.

Patañjali, entretanto, não é o criador da "filosofia" Yoga, da mesma forma como não é, e nem podia ser, o inventor das técnicas *yóguicas*. Ele mesmo confessa (*Yoga-sūtra*, I, 1) que não fez senão compilar e corrigir *(atha yogānuśāsanam)* as tradições doutrinárias e técnicas do Yoga. Os círculos fechados dos ascetas e místicos indianos já conheciam, bem antes dele, as práticas do Yoga. Entre os métodos técnicos conservados pela tradição, Patañjali recolheu aqueles que foram suficientemente avalizados pela experiência de séculos. Quanto aos marcos teóricos e ao fundamento metafísico que Patañjali dá a essas práticas, seu aporte pessoal é mínimo. Ele apenas retoma em suas grandes linhas a filosofia Sāṅkhya e a ordena em um teísmo bastante superficial, exaltando o valor prático da meditação. Os sistemas filosóficos Yoga e Sāṅkhya parecem-se de tal forma, que a maior parte das afirmações de um são válidas também para o outro. As diferenças essenciais entre ambos são pequenas: 1º) enquanto o Sāṅkhya é ateísta, o Yoga é teísta, visto que postula a existência de um Deus supremo *(Īśvara)*; 2º) enquanto para o Sāṅkhya a única via de salvação é a do conhecimento metafísico, o Yoga confere importância considerável às técnicas de meditação. Em suma, o esforço propriamente dito de Patañjali foi a coordenação do material filosófico – emprestado do Sāṅkhya – em torno dos métodos técnicos da concentração, da meditação e do êxtase. Graças a Patañjali, o Yoga passou de tradição "mística" a "sistema de filosofia".

A tradição indiana considera o Sāṅkhya como o mais antigo *darśana*. O sentido do termo *sāṅkhya* parece ter sido "discriminação". O objetivo principal desta filosofia seria dissociar o espírito *(puruṣa)* da matéria *(prakṛti)*. O mais antigo tratado é a *Sāṅkhya-kārikā* de Iśvarakṛṣṇa; a data não está definitivamente estabelecida, mas de forma nenhuma pode ser posterior ao quinto século da era cristã (ver nota I, 1 ao final do volume). Entre os comentários à *Sāṅkhya-kārikā* o mais útil é a *Sāṅkhya-tattva-kaumudī*, de Vācaspati Miśra (século IX). Outro texto importante é o *Sāṅkhya-pravacana-sūtra* (provavelmente do século XIV) com comentários de Aniruddha (século XV) e de Vijñānabhikṣu (século XVI).

Não se deve exagerar a importância cronológica dos textos do sistema Sāṅkhya. Em geral, todo tratado filosófico indiano compreende concepções anteriores à data de sua redação e, com frequência, muitíssimo antigas. Se encontramos em um texto filosófico uma nova interpretação, não se pode dizer que ela não tenha sido considerada anteriormente. Aquilo que parece "novo" nos *Sāṅkhya-sūtra* muitas vezes pode ter uma antiguidade inegável. Deu-se grande importância às alusões e polêmicas que eventualmente aparecem nesses textos filosóficos. Essas referências podem muito bem ter por objeto opiniões muito mais antigas que aquelas às quais parecem aludir. Se na Índia já é difícil precisar as datas de redação dos diferentes textos, imagine-se o que é estabelecer a cronologia das próprias ideias filosóficas. Assim como o Yoga, o Sāṅkhya também teve uma pré-história. A origem do sistema, muito provavelmente, deve ser buscada na análise dos elementos constitutivos da experiência humana, com o intuito de distinguir aqueles que, com a morte, abandonam o homem, daqueles que são "imortais" pois acompanham a alma em seu destino de além-túmulo. Tal análise já se encontra no *Śatapatha Brāhmaṇa* (X, 1, 3, 4), que divide o ser humano em três partes "imortais" e três mortais. Assim, as "origens" do Sāṅkhya estão ligadas a um problema de natureza mística, isto é, *aquilo que subsiste do homem depois da morte*, o que constitui o verdadeiro Si, o elemento imortal do ser humano.

Uma longa controvérsia, que ainda perdura, diz respeito à própria pessoa de Patañjali, autor dos *Yoga-sūtra*. Alguns comentadores indianos (o rei Bhoja e Cakrapāṇidatta – este último comentador de Caraka – no século XI, e dois outros do século XVIII) identificaram Patañjali com o gramático que viveu no século II antes de nossa era. A identificação foi aceita por Liebich, Garbe e Dasgupta e contestada por Woods, Jacobi e A. B. Keith (ver nota I, 2). Seja como for, em definitivo, essas controvérsias em torno da idade dos *Yoga-sūtra* são de pouca importância, pois as técnicas de ascese e meditação expostas por Patañjali têm certamente uma considerável antiguidade; elas não são descobertas suas nem de seu tempo: foram postas a prova muitos séculos antes dele. Aliás, os autores indianos raramente apresentam um sistema pessoal; na maioria dos casos contentam-se em formular, na linguagem de sua época, doutrinas tradicionais. Isso se verifica de maneira ainda mais típica no caso de Patañjali, cujo único objetivo é compilar um manual prático de técnicas muito antigas.

Vyāsa (entre os séculos VII e VIII) fez um comentário, o *Yoga-sūtra-bhāṣya*, e Vācaspati Miśra (século IX), uma glosa, a *Tattva-vaiśāradī*, que estão entre as mais importantes contribuições à compreensão dos *Yoga-sūtra*. O rei Bhoja (começo do século XI) é autor do comentário *Rāja-mārtaṇḍa*, e Rāmānanda Sarasvatī (século XVI) é autor da *Maṇiprabhā*. Finalmente, Vijñānabhikṣu fez referência ao *Yoga-bhāṣya* de Vyāsa em seu tratado *Yoga-vārttika*, admirável em todos os sentidos. (Sobre as edições e traduções dos textos referentes ao Yoga, ver nota I, 2.)

Para o Sāṅkhya e o Yoga o mundo é *real*, não *ilusório*, como o é, por exemplo, para o Vedānta. Não obstante, se o mundo *existe* e *perdura*, deve-se à "ignorância" do espírito: as inumeráveis formas do cosmos, assim como seu processo de manifestação e desenvolvimento, só existem na medida em que o espírito, o Si-Próprio *(puruṣa)* se desconhece e, por essa ignorância de ordem metafísica, sofre e se escraviza. No momento preciso, quando o último Si tiver encontrado sua liberdade, nesse momento a criação em seu todo se reabsorverá na substância primordial.

É nesta afirmação fundamental (formulada mais ou menos explicitamente), segundo a qual o cosmos existe e perdura graças à nesciência humana, que se pode achar o motivo da depreciação da vida e do cosmos; depreciação que nenhuma das grandes construções do pensamento indiano pós-védico procurou dissimular. A partir da época das *Upaniṣad* a Índia rejeita o mundo *tal como ele é* e desvaloriza a vida tal como ela se revela aos olhos do sábio: efêmera, dolorosa, ilusória. Tal concepção não conduz nem ao niilismo, nem ao pessimismo. Rejeita-se *este* mundo, deprecia-se *esta* vida, porque se sabe que existe *outra coisa* além do devir, da temporalidade, do sofrimento. Em termos religiosos, quase se poderia dizer que a Índia rejeita o cosmos e a vida *profanos*, porque está ávida de um mundo e de um modo de ser *sagrados*.

Os textos indianos repetem à saciedade essa tese, segundo a qual a causa da "escravidão" da alma e, em consequência, a fonte dos sofrimentos sem fim, residem na *solidariedade do homem com o cosmos*, em sua participação, ativa ou passiva, direta ou indireta, na natureza. Expliquemos: trata-se da solidariedade com um mundo dessacralizado, da participação em uma natureza *profana*. *Neti! neti!*, exclama o sábio das *Upaniṣad:* "Não! não!, tu não és *isto*, tu não és *aquilo*!". Em outras palavras: você não pertence ao cosmos decaído, *tal como você o vê agora*, você não é necessariamente arrastado *para esta* Criação em virtude de alguma lei própria do Ser que você é. Pois o Ser não pode sustentar nenhuma relação com o *não Ser*. Ora, a natureza não possui verdadeira realidade ontológica; ela é, de fato, devir universal. Toda forma cósmica, por complexa e majestosa que seja, acaba por se desagregar; o próprio universo se reabsorve periodicamente em "grandes dissoluções" *(mahā-pralaya)* na matriz primordial *(prakṛti)*. Ora, tudo o que vem a ser, que se transforma, morre, desaparece, não pertence à esfera do Ser – então não é *sagrado*. Se a solidariedade com o cosmos é consequência de uma dessacralização progressiva da existência humana e, portanto, queda na ignorância e na dor, o caminho para a liberdade conduz necessariamente a uma dessolidarização com o cosmos e a vida profana. (Em certas formas do *yoga* tântrico esta dessolidarização é seguida de um esforço desesperado de "ressacralização" da existência.)

O cosmos e a vida têm, contudo, uma função ambivalente. De um lado projetam o homem no sofrimento e, em virtude do *karman,* o integram no infinito ciclo de transmigrações. De outro lado, ajudam-no indiretamente a buscar e achar a "salvação" da alma, a autonomia, a liberdade absoluta *(mokṣa, mukti).* Com efeito, quanto mais o homem sofre, quanto mais é solidário com o cosmos, mais cresce nele o desejo de libertação, mais o atormenta a sede de salvação. As ilusões e as formas cósmicas colocam-se então – isto em virtude e não a despeito de sua própria magia, e graças ao sofrimento que seu infatigável devir alimenta sem cessar – a serviço do homem, cujo fim supremo é a liberação, a salvação. "De Brahman até a minúscula erva, a Criação *(sṛṣṭi)* existe para benefício do espírito, até que ele desabroche no conhecimento supremo" (*Sāṅkhya-sūtra*, III, 47). Conhecimento supremo, isto é, emancipação não só da ignorância, mas também, e em primeiro lugar, da dor e do sofrimento.

A EQUAÇÃO DOR-EXISTÊNCIA

"Tudo é sofrimento para o sábio" *(dukham eva sarvaṃ vivekina),* escreve Patañjali (*Yoga-sūtra*, II, 15). Mas Patañjali não é nem o primeiro nem o último a constatar esse sofrimento universal. Bem antes dele, o Buda proclamara: "Tudo é dor, tudo é efêmero" *(sarvam dukham, sarvam anityam).* Está aí o motivo principal de toda a especulação indiana pós-upanixádica. As técnicas soteriológicas, assim como as doutrinas metafísicas, acham sua razão de ser nesse sofrimento universal, pois não possuem valor senão na medida em que libertam o homem da "dor". A experiência humana, de qualquer natureza que seja, engendra sofrimento. "O corpo é dor porque ele é o lugar da dor; os sentidos, os objetos, as percepções são sofrimento, porque conduzem ao sofrimento; o próprio prazer é sofrimento porque é seguido pelo sofrimento", (Aniruddha, comentando o *Sāṅkhya-sūtra*, II, 1). E Iśvarakṛṣṇa, autor do mais antigo tratado Sāṅkhya, afirma que na base desta filosofia está o desejo do homem de escapar à tortura de três sofrimentos: a miséria celeste (provocada pelos deuses), a miséria terrestre (causada pela natureza) e a miséria interior ou orgânica (*Sāṅkhya-kārikā*, I, 1).

Contudo, essa dor universal não termina em uma "filosofia pessimista". Nenhuma filosofia, nenhuma "gnose" indiana desemboca no desespero. Pelo contrário, a revelação da "dor" como lei da existência pode ser considerada como a *conditio sine qua non* da liberação. Assim, este sofrimento universal tem intrinsecamente valor positivo, estimulante. Ele relembra ao sábio e ao asceta que o único meio que lhes resta para chegar à liberdade e à beatitude é retirar-se do mundo, desligar-se dos bens e das ambições, isolar-se radicalmente. Aliás, o homem não é o único a sofrer; a dor é uma necessidade cósmica, uma modalidade ontológica à qual é votada toda "forma" que se manifesta como tal. Quer se seja deus ou um ínfimo inseto, o simples fato de existir no tempo, de ter uma duração, implica dor. Diferente dos deuses e dos outros seres vivos, o homem tem a possibilidade de ultrapassar efetivamente sua própria condição e de abolir o sofrimento. A certeza de que existe um meio de pôr fim à dor – certeza comum a todas as filosofias e místicas indianas – não pode conduzir ao "desespero" nem ao "pessimismo". O sofrimento é, na verdade, universal; mas ele não é definitivo: sabe-se o que fazer para vencê-lo. Assim, se a condição humana é votada à dor eterna enquanto determinada, como toda condição, pelo *karman*[1], cada indivíduo que partilha dessa condição pode ultrapassá-la, pois cada um pode anular as forças *kármicas* que a dirigem.

"Libertar-se" do sofrimento é a finalidade de todas as filosofias e de todas as místicas indianas. Quer se obtenha essa liberação diretamente pelo "conhecimento", segundo ensinam, por exemplo, o Vedānta e o Sāṅkhya, ou por meio de técnicas, tal como afirma, a par do Yoga, a maioria das escolas budistas, o fato é que nenhuma ciência tem valor se não tiver por finalidade a "salvação" do homem. "Fora disto nada merece ser conhecido", diz a *Śvetāśvatara Upaniṣad* (I, 12). Bhoja, comentando uma estrofe dos *Yoga-sūtra* (IV, 22), afirma que a ciência que não tem por objeto a liberação é desprovida de todo valor. Vācaspati Miśra começa assim seu comentário ao tratado de Iśvarakṛṣṇa: "Neste mundo, o auditório não escuta senão o orador que expõe fatos cujo conhecimento é necessário e desejado. Àqueles que expõem doutrinas que não interessam, ninguém presta atenção, como acontece com os simplórios ou com os homens comuns, bons para seus afazeres práticos, mas ignorantes das ciências e das artes" (*Sāṅkhya-tattva-kaumudī*, p. 1, editado por Ganganāth Jhā, Bombaim, 1896). O mesmo autor, em seu comentário ao *Vedānta-sūtra-bhāṣya*, esclarece qual é o conhecimento necessário: "Nenhuma pessoa lúcida deseja conhecer aquilo que é desprovido de toda certeza ou que não tem utilidade alguma ou nenhuma importância" (*Bhāmatī*, editado por Jīvānanda-Vidyāsāgara Bhāttācharyya, p. 1-2, Calcutá).

Na Índia o conhecimento metafísico tem sempre finalidade soteriológica. Assim, só é apreciado e buscado o conhecimento metafísico *(vidyā, jñāna, prajñā)*, isto é, o conhecimento das realidades últimas, pois só ele busca a

---

1. Lembremos os significados deste termo: obra, ação; destino (consequência iniludível de atos de existência anterior); produto, efeito etc.

liberação. É, com efeito, pelo "conhecimento" que, libertando-se das ilusões do mundo dos fenômenos, o homem "acorda". "Pelo conhecimento" significa pela prática do recolhimento, cujo resultado é fazê-lo reencontrar seu próprio centro, fazê-lo coincidir com seu "espírito verdadeiro" *(puruṣa, ātman)*. O conhecimento transforma-se em meditação e a metafísica torna-se soteriológica. Isto mesmo acontece até na "lógica" indiana, que não tem por finalidade uma função soteriológica. Manu serve-se do termo *ānvīkṣikī* ("ciência da controvérsia", lógica) como de um equivalente da *ātmavidyā* ("ciência da alma", do *ātman*), isto é, serve-se da metafísica (*Manu-smṛti*, VII, 43). A argumentação justa, conforme às normas, libera a alma, eis o ponto de partida da escola Nyāya. Aliás, as primeiras controvérsias lógicas das quais sairá mais tarde o *darśana* Nyāya remetem precisamente aos textos sagrados, às diferentes interpretações a que se prestava determinada indicação dos *Veda*. Todas essas controvérsias tinham por finalidade tornar possível a realização exata de um rito conforme a tradição. Ora, essa tradição sagrada, expressa nos *Veda*, é *revelada*. Nessas condições, buscar o sentido das palavras é manter-se em contato permanente com o Logos, com a realidade espiritual absoluta, sobre-humana e supra-histórica. Da mesma forma que a pronúncia exata dos textos védicos resulta na máxima eficácia do ritual, assim também a *compreensão exata* de uma sentença védica tem o efeito de purificar a inteligência, contribuindo desse modo para a libertação do espírito. Toda "ignorância" parcialmente abolida faz o homem dar um passo a mais em direção à liberação e à beatitude.

A importância considerável que todas as metafísicas indianas dão ao conhecimento, incluindo a técnica de ascese e o método de contemplação que é o Yoga, se explica mais facilmente quando se levam em conta as causas do sofrimento humano. A miséria da vida humana não é devida a uma punição divina, nem a um pecado original, mas à *ignorância*. Não qualquer ignorância, mas somente a ignorância da verdadeira natureza do espírito, a ignorância que nos faz confundir o espírito com a experiência psicomental, que nos faz atribuir "qualidades" e predicados a esse princípio eterno e autônomo que é o espírito; em resumo, uma ignorância de ordem metafísica. É então natural que seja um conhecimento metafísico que venha suprimir essa ignorância. Esse conhecimento de ordem metafísica conduz o discípulo até o umbral da iluminação, isto é, até o verdadeiro "Si-Mesmo". E é este conhecimento de Si-Mesmo – não no sentido profano, mas no sentido ascético e espiritual da expressão – o objetivo perseguido por grande parte das especulações indianas, ainda que cada uma delas indique um caminho diferente para alcançá-lo.

Para o Sāṅkhya e o Yoga o problema é claro: dado que o sofrimento tem como origem a ignorância do "espírito" – isto é, o fato de confundir o "espírito" com os estados psicomentais –, a libertação não se obterá senão suprimindo-se essa confusão. As diferenças que a esse respeito separam o Sāṅkhya e o Yoga são insignificantes. Só o método difere; o primeiro busca obter a liberação exclusivamente pela *gnose*, enquanto para o segundo a ascese e a técnica meditativa são indispensáveis. Nos dois *darśana* as raízes do sofrimento humano estão na ilusão: o homem acredita que sua vida psicomental – atividade dos sentidos, sentimentos, pensamentos e desejos – é idêntica ao espírito, ao Si. Desse modo, confunde duas realidades inteiramente autônomas e opostas, entre as quais não existe nenhuma verdadeira conexão, mas somente relações ilusórias, pois a experiência psicomental não pertence ao espírito mas à natureza *(prakṛti);* os estados de consciência são os produtos refinados da mesma substância que está na base do mundo físico e do mundo vital. Entre os estados psíquicos e os objetos inanimados ou os seres vivos não há senão diferenças de grau. Mas entre os estados psíquicos e o espírito há uma diferença de ordem ontológica: pertencem a dois modos distintos do Ser. A liberação sobrevém quando se compreende essa verdade e o espírito recobra sua liberdade inicial. Assim, segundo o Sāṅkhya, aquele que deseja obter a libertação deve começar por conhecer profundamente a essência e as formas da natureza *(prakṛti)* e as leis que regem sua evolução. O Yoga, por seu lado, aceita também essa análise da substância mas não confere valor senão à prática contemplativa, a única capaz de revelar experimentalmente a autonomia e o poder do espírito. É necessário então, antes de expor os métodos e as técnicas do Yoga, ver como o sistema Sāṅkhya concebe a substância e o espírito, assim como a causa de sua falsa solidariedade; ver, enfim, em que consiste o caminho gnóstico preconizado por essa "filosofia". É necessário igualmente determinar em que medida as escolas Sāṅkhya e Yoga coincidem e distinguir, nas afirmações teóricas da segunda, aquelas que partem de experiências "místicas", ausentes no Sāṅkhya.

O SI

O espírito (a "alma") – como princípio transcendental e autônomo – é aceito por todas as filosofias indianas, com exceção das budistas e das materialistas (os *lokāyata;* sobre eles ver a nota I, 3). É, porém, por caminhos diferentes que os diversos *darśana* buscam provar sua existência e explicar sua essência. Para a escola Nyāya a alma-espírito é uma entidade sem qualidades, absoluta, inconsciente. O Vedānta, pelo contrário, define o *ātman* como sendo *sat-cit-ānanda* (*sat* = o ser; *cit* = consciência; *ānanda* = beatitude) e considera o espírito como uma realidade única, universal e eterna, ligada dramaticamente à ilusão temporal da Criação *(māyā)*. O Sāṅkhya e o Yoga recusam ao espírito *(puruṣa)* todo atributo e toda relação; segundo essas duas "filosofias", tudo quanto se pode afirmar sobre o *puruṣa* é que ele *é* e que ele *conhece* – trata-se, é claro, do conhecimento metafísico que resulta da contemplação de seu próprio modo de ser.

Como o *ātman* das *Upaniṣad*, *puruṣa* é inexprimível (a expressão *neti, neti*: "Não assim! não assim!", da *Bṛhadāraṇyaka Upaniṣad*, III, 9, 26, acha-se no *Sāṅkhya-sūtra*, III, 75). Seus "atributos" são negativos. "O espírito é aquilo que vê (*sākṣin* = testemunha); ele está isolado *(kaivalya)*, indiferente, simples espectador inativo", escreve Iśvarakṛṣṇa (*Sāṅkhya-kārikā*, 19), e Gauḍapāda em seu comentário insiste na passividade eterna do *puruṣa*. A autonomia e a impassibilidade do espírito são atributos tradicionais, como atesta o *Sāṅkhya-sūtra*, I, 147. Comentando esse texto, Aniruddha cita a famosa passagem da *Bṛhadāraṇyaka Upaniṣad*, IV, 3, 15: "este *puruṣa* é livre" (*asaṅga*, "sem laços"), e Vijñānabhikṣu menciona a *Śvetāśvatara Upaniṣad*, VI, 2, e o *Vedāntasāra*, 158. Sendo irredutível, desprovido de qualidades (*nirguṇatvat*), o *puruṣa* não tem "inteligência" (*ciddharma; Sāṅkhya-sūtra*, I, 146) porque não tem desejos. Os desejos não são eternos, não pertencem pois ao espírito. O espírito é eternamente livre (*Sāṅkhya-sūtra*, I, 162), "os estados de consciência", o fluxo da vida psicomental lhe são estranhos. Se, apesar de tudo, o *puruṣa* nos parece um "agente" *(kartṛ)*, isto é devido tanto à ilusão humana quanto à relação *sui generis* que se chama *yogyatā*[2] e que designa uma espécie de harmonia preestabelecida entre essas duas realidades essencialmente distintas que são o Si *(puruṣa)* e a inteligência *(buddhi)*. Esta última, como veremos adiante, nada mais é que um "produto mais refinado" da matéria ou substância primordial.

Em Patañjali encontramos a mesma posição: no *Yoga-sūtra*, II, 5, ele recorda que a ignorância *(avidyā)* consiste em considerar aquilo que é efêmero *(anitya)*, impuro *(aṣuci)*, doloroso *(dukha)* e não espírito

---

2. Vyāsa (em seu comentário ao *Yoga-sūtra*, I, 4) e Vācaspati Miśra (em sua glosa aos *Yoga-sūtra* e na *Tattva-kaumudī*, 31) afirmam que esta "relação *sui generis* não tem começo", não se deve a uma correlação espacial ou temporal entre o Si e a inteligência: é uma *yogyatā*, ou seja, uma correspondência de ordem metafísica entre o Espírito *(puruṣa)* e o produto mais sutil da Substância, a *buddhi*. Esta "relação", que constitui uma das maiores dificuldades da especulação indiana em geral, é explicada pelo Sāṅkhya e pelo Yoga como instinto teleológico da Natureza *(prakṛti)* que, sem se dar conta, "trabalha" para a liberação do Espírito. Ver mais adiante, p. 39-40. Sobre as oito hipóteses possíveis para explicar as relações *puruṣa-prakṛti*, ver Vyāsa em seu comentário ao *Yoga-sūtra*, II, 23.

(anātman) como sendo eterno *(nitya)*, puro *(ṣuci)*, beatitude *(sukha)* e espírito *(ātman)*. Vyāsa (no seu comentário ao *Yoga-sūtra*, II, 18) afirma, mais uma vez, que a percepção, a memória, o raciocínio etc. pertencem de fato à inteligência *(buddhi)* e que é unicamente pelo efeito de uma ilusão que se atribuem essas faculdades mentais ao *puruṣa*. (Ver também Bhoja no seu comentário ao *Yoga-sūtra*, II, 20, e a nota I, 4.)

Ora, esta concepção do *puruṣa* de início levanta dificuldades. Se, com efeito, o espírito é eternamente puro, impassível, autônomo e irredutível, como pode aceitar ser acompanhado pela experiência psicomental? E como é possível semelhante relação? Examinaremos com mais proveito a solução proposta para este problema pelos sistemas Sāṅkhya e Yoga, quando conhecermos melhor as relações que podem manter o Si-Próprio e a natureza. Veremos então que o esforço dos dois sistemas se dirige sobretudo ao problema da verdadeira natureza dessa estranha "relação" que liga o *puruṣa* à *prakṛti*. Mas, nem a origem nem a causa dessa situação paradoxal foram objeto de uma análise propriamente dita nas escolas Sāṅkhya e Yoga. Por que o Si aceitou vincular-se a uma órbita estranha, particularmente a da vida, e engendrar o homem enquanto tal, o homem concreto, histórico, votado a todos os dramas, presa de todos os sofrimentos? Quando, e em que ocasião, esta tragédia da existência do homem começou, se é verdade que a modalidade ontológica do espírito é, como já vimos, exatamente oposta à condição humana, sendo o Si eterno, livre e passivo?

A *causa* e a *origem* desta associação do espírito e da experiência são dois aspectos de um problema que ambas as escolas têm como insolúvel, porque ultrapassa a capacidade atual da compreensão humana. De fato, o homem conhece e compreende por intermédio do que o Sāṅkhya-Yoga denomina "intelecto", *buddhi*. Mas este "intelecto", ele mesmo, não é senão um produto – muito refinado, é verdade – da matéria, da substância primordial *(prakṛti)*. Enquanto produto da natureza, enquanto "fenômeno", *buddhi* não pode ter relações de conhecimento senão com outros fenômenos (sendo parte, como eles, da série infinita de criações da substância primordial). Em nenhum caso poderia conhecer o Si, pois não tem condições de manter vínculos com uma realidade transcendental. Somente um instrumento de conhecimento diferente de *buddhi*, e sem nenhuma implicação com a matéria, poderia conseguir compreender a causa e a origem dessa associação paradoxal do Si-Próprio e da vida (isto é, da "matéria"). Ora, tal conhecimento é impossível na atual condição humana. Ele não se "revela" senão àquele que, tendo rompido suas correntes, ultrapassou a condição humana; o "intelecto" não toma parte nessa revelação que é, antes de tudo, autoconhecimento, conhecimento de si mesmo, do Si ele mesmo.

O Sāṅkhya sabe que a causa da "servidão", isto é, da condição humana, do sofrimento, é a ignorância metafísica que, em virtude da lei *kármica,* se transmite de uma geração a outra; mas o momento histórico em que esta ignorância apareceu não pode ser estabelecido, assim como é impossível fixar a data da Criação. A ligação do Si e da vida, assim como a "servidão" que daí decorre (para o Si), não têm história, estão além do tempo, são eternas. Querer encontrar uma solução para essas questões não é somente uma coisa vã, é uma infantilidade. São questões mal colocadas e segundo um velho uso bramânico (Śaṅkara, *Vedānta-sūtra,* III, 2, 17), observado pelo próprio Buda em várias ocasiões[3], a um problema mal colocado responde-se com o silêncio. A única certeza que se pode ter sobre o assunto é que o homem se acha nessa condição desde tempos remotos, e que a finalidade do conhecimento não é a busca vã da causa primeira e das origens históricas de tal condição, mas a liberação.

A SUBSTÂNCIA

Patañjali refere-se brevemente à *prakṛti* (*Yoga-sūtra,* IV, 2, 3) e às suas modalidades, os *guṇa* (*Yoga-sūtra,* I, 16; II, 15, 19; IV, 13, 32, 34) e o faz apenas para falar de suas relações com a vida psicomental e com as técnicas da liberação. Ele pressupõe conhecida a análise da substância, laboriosamente pesquisada pelos autores do Sāṅkhya. É sobretudo a estes últimos que vamos recorrer para compreender a estrutura e a processão da substância.

A *prakṛti* é tão real e tão eterna quanto o *puruṣa;* porém, diferente do espírito, ela é dinâmica e criadora. Ainda que perfeitamente homogênea e inerte, essa substância primordial possui, por assim dizer, três "modos de ser" que lhe permitem manifestar-se de três maneiras diferentes denominadas *guṇa:* 1) *sattva,* modalidade da luminosidade e da inteligência; 2) *rajas,* modalidade da energia motriz e da atividade mental; 3) *tamas,* modalidade da inércia e da obscuridade psíquica. Entretanto, esses *guṇa* não devem ser considerados como diferentes da *prakṛti,* pois jamais aparecem separados; em todo fenômeno físico, biológico ou psicomental, eles coexistem, ainda que em proporções desiguais. É justamente essa desigualdade que permite o aparecimento de um "fenômeno", qualquer que seja sua natureza, sem o que o equilíbrio e a homogeneidade primordial – graças aos quais os *guṇa* se

3. Conforme, por exemplo, Vasubandhu, *Abhidharmakośa,* V, 22; ver também Th. Stcherbatzky, *The Conception of Buddhist Nirvana,* Leningrado, 1927, p. 22.

achavam em equilíbrio perfeito – persistiriam eternamente. Percebe-se que os *guṇa* possuem dupla característica; objetiva de um lado, pois constituem os fenômenos do mundo exterior e, de outro, subjetiva, porque suportam, alimentam e condicionam a vida psicomental. É por isso que devemos traduzir *tamas* tanto por "princípio da inércia da matéria" – sentido objetivo – quanto por "obscuridade da consciência, obstáculo criado pelas paixões", sentido psicofisiológico. (Sobre os *guṇa* ver também nota I, 5.)

A partir do momento em que a *prakṛti* sai de seu estado inicial de equilíbrio perfeito *(aliṅga, avyakta)* e adquire especificações condicionadas por seu "instinto teleológico" (ao qual retornaremos), apresenta-se na forma de uma massa energética chamada *mahat*, "o grande"[4]. Arrastada pela impulsão da evolução (*pariṇāma*, "desenvolvimento", "processão"), a *prakṛti* passa do estado de *mahat* ao de *ahaṃkāra*, que quer dizer massa unitária aperceptiva, desprovida ainda de experiência "pessoal", mas tendo a vaga consciência de ser um ego (daí a expressão *ahaṃkāra*; *ahaṃ* = ego). Partindo dessa massa aperceptiva, o processo de "evolução" bifurca-se em duas direções opostas: uma conduz ao mundo dos fenômenos objetivos e a outra ao dos fenômenos subjetivos (sensíveis e psicomentais).

O *ahaṃkāra* tem a faculdade de transformar-se qualitativamente segundo predomine um ou outro dos *guṇa*. Quando é o *sattva* (a modalidade da luminosidade, da pureza e da compreensão) que prevalece no interior de *ahaṃkāra*, são os cinco sentidos cognoscitivos *(jñānendriya)* e o *manas*, o "sentido interno", que aí fazem sua aparição; este último serve de centro de ligação entre a atividade perceptiva e a atividade biomotriz (Aniruddha, comentário ao *Sāṅkhya-sūtra*, II, 40). Base e receptáculo de todas as impressões (*ib.* II, 42), coordena as atividades biológica e psíquica, sobretudo as do subconsciente. Quando, ao contrário, o equilíbrio está dominado pelo *rajas* (energia motriz que torna possível toda experiência física ou cognoscitiva), são os cinco sentidos conativos *(karmendriya)* que aí surgem. Enfim, quando é o *tamas* (inércia da matéria, obscuridade da consciência, barragem das paixões) que domina, são os cinco *tanmātra*, os cinco "elementos sutis" (potenciais), os núcleos genéticos do mundo físico que aí fazem sua aparição. Desses *tanmātra* derivam, por um processo de condensação que tende a

---

4. *Sāṅkhya-sūtra,* I, 61: "*Prakṛti* é o estado de equilíbrio de *sattva, rajas* e *tamas.* Da *prakṛti* surgiu *mahat;* de *mahat, ahaṃkāra;* de *ahaṃkāra,* os cinco *tanmātra* e as duas séries de órgãos dos sentidos; de *tanmātra* surgiram os *sthūlabhūta* (elementos materiais, moléculas)". Este sutra resume todos os processos de manifestação (ou "processão cósmica") que analisaremos. Outros textos sobre o tema: *Sāṅkhya-sūtra,* I, 129; II, 10,15; Iśvarakṛṣṇa em *Sāṅkhya-kārikā,* 3, 40, 56; Vyāsa, em *Yoga-sūtra,* II, 19.

produzir estruturas mais e mais grosseiras, os átomos *(paramāṇu)* e as moléculas (*sthūlabhūta*, literalmente: "partícula material espessa"), que por sua vez dão nascimento aos organismos vegetais *(vrikśa)* e animais *(śārīra)*. De maneira que o corpo do homem, assim como seus "estados de consciência" e mesmo sua "inteligência" são, todos, criações de uma mesma e única substância.

Deve-se notar que, segundo o Sāṅkhya e o Yoga, o universo – objetivo ou subjetivo – não é senão a evolução de uma etapa inicial da natureza *(ahaṃkāra)*, na qual, pela primeira vez, da massa homogênea e energética, surgiu a consciência da individualidade, de uma apercepção iluminada pelo ego. Por um duplo processo de desenvolvimento e de criação, o *ahaṃkāra* criou um duplo universo: interior e exterior, tendo esses dois "mundos", entre eles, correspondências eletivas. Cada sentido corresponde a um átomo específico, assim como cada átomo corresponde a um *tanmātra*[5]. Porém cada um desses produtos contém os três *guṇa*, ainda que em proporção desigual; cada produto é caracterizado pela supremacia de um *guṇa* ou, nos últimos estágios da criação, pela predominância de um *tanmātra*.

É importante compreender a noção de evolução da escola Sāṅkhya. *Pariṇāma* significa desenvolvimento daquilo que existe, em potencial, no *mahat*. Não é uma criação, nem uma superação, nem a realização de espécies novas de existência, mas simplesmente a atualização das potencialidades existentes na *prakṛti* (sob seu aspecto vivo, *mahat*). Comparar a "evolução", no sentido indiano, ao evolucionismo ocidental, seria cometer uma grande confusão. Nenhuma forma nova, afirma o Sāṅkhya, supera as possibilidades de existência que já se encontravam no universo. Para esta escola, nada se cria, no sentido ocidental da palavra. A criação existe desde toda a eternidade e não poderá jamais ser destruída, mas retornará a seu aspecto inicial de equilíbrio absoluto (na grande reabsorção final, *mahā-pralaya*).

Esta concepção da evolução é justificada por uma teoria particular da causalidade. Pois, se o efeito excedesse a causa, significaria que haveria na causa um *quantum* não existente que alcançaria a existência no efeito. Porém o Sāṅkhya pergunta: como essa não entidade poderia ser a causa de *uma entidade*? Como *esse* poderia vir do não *esse*? Vācaspati Miśra (na *Tattva-kaumudī*, 62, e com mais detalhes na *Nyāya-vārttika-tātparya-ṭīkā*) diz:

---

5. Por exemplo o "som potencial" (*śabda-tanmātra*) produz, por uma aglutinação com as moléculas, "o átomo espaço" (*ākāśa-aṇu*), ao qual corresponde – na ordem subjetiva – o sentido da audição; a energia luminosa e irradiante (*tejas-tanmātra*) produz "o átomo irradiante" e o sentido da visão etc.

"Se se afirma a produção de uma entidade por uma não entidade, então esta última, existindo em toda parte e a todo momento, deveria dar nascimento, em toda parte e a todo momento, não importa a qual efeito e a todos os efeitos". E comentando a *Sāṅkhya-kārikā*, IX, ele afirma: "O efeito é uma entidade, isto é, existe antes da operação causal" (*Tattva-kaumudī*, 62). "Se o efeito fosse uma não entidade antes da operação causal, ele não poderia jamais ser levado à existência" (*ib.*, 64; cf. *ib.*, 68-69; *Sāṅkhya-sūtra*, I, 115 e 118, com comentários, sobretudo o de Aniruddha ao *Sāṅkhya-sūtra*, I, 41; sobre a lógica Sāṅkhya, ver nota I, 6).

Entre a causa e o efeito existe uma relação real e determinada. Mas se o efeito não existisse na causa, como seria possível uma relação entre *ens* e *non ens*? Como seria possível uma ligação íntima entre a *ausência* e a *atualidade*? "Nessas condições", diz Iśvarakṛṣṇa (*Sāṅkhya-kārikā*, XIV), "tudo o que pode ser realizado pela causa, é a manifestação ou desenvolvimento do efeito preexistente". Para ilustrar a teoria da causalidade através de um exemplo, Vijñānabhikṣu escreve (*Sāṅkhya-pravacana-bhāṣya*, I, 120): "Da mesma forma que a estátua, já existente no bloco de pedra, é apenas revelada pelo escultor, assim também a atividade causal não faz senão engendrar a ação pela qual um efeito se manifesta, dando a ilusão de que ele existe tão só no momento presente".

Sobre *ahaṃkāra*, os textos do Sāṅkhya trazem numerosos detalhes, mas o que interessa à nossa breve exposição é que *ahaṃkāra* é definido como "o conhecimento de si" (Iśvarakṛṣṇa, 24). É preciso recordar que essa entidade, ainda que "material", não se manifesta em formas sensoriais, físicas – mas que ela é homogênea, massa energética e pura, sem nenhuma estrutura. Segundo o Sāṅkhya, *ahaṃkāra* toma consciência de si mesmo e por esse processo repercute (*sarva*, emanação) na série dos onze princípios psíquicos (*manas*, ou o sentido interno que coordena as faculdades da alma, os cinco sentidos cognoscitivos e os cinco sentidos conativos) e na série das potências físicas *(tanmātra)*.

É preciso notar a importância capital que o Sāṅkhya, como quase todos os sistemas indianos, atribui ao princípio da individuação pela "consciência de si". Observa-se que a gênese do mundo é um ato psíquico, que desse conhecimento de si (que, bem entendido, é absolutamente diferente do "despertar" do *puruṣa*) deriva a evolução do mundo físico e que os fenômenos objetivos e psicofisiológicos têm uma matriz comum, sendo a única diferença que os separa a *fórmula* dos *guṇa*: o *sattva* predominando nos fenômenos psíquicos, o *rajas* nos psicofisiológicos (paixão, atividades dos sentidos etc.), enquanto os fenômenos da "matéria" são constituídos pelos produtos cada vez mais inertes e densos do *tamas (tanmātra, aṇu, bhūta)*.

O sistema Sāṅkhya-Yoga oferece também uma interpretação subjetiva dos três *guṇa*, ao considerar seus "aspectos" psíquicos. Quando é o *sattva* que predomina, a consciência é calma, clara, compreensiva, virtuosa; dominada por *rajas*, é agitada, incerta, instável; oprimida por *tamas*, é obscura, confusa, bestial (ver *Yoga-sūtra*, II, 15, 19, com comentários). É claro que esta valorização subjetiva e humana das três modalidades cósmicas não contradiz seu caráter objetivo, já que "exterior" e "interior" não são mais do que expressões verbais.

Com este fundamento fisiológico, compreende-se por que o Sāṅkhya--Yoga considerava toda experiência psíquica como um simples processo "material". A moral ressente-se disso: pureza, bondade, não são qualidades do espírito, mas "purificação" da matéria "sutil" representada pela consciência. Os *guṇa* impregnam todo o universo e estabelecem uma simpatia orgânica entre o homem e o cosmos – duas entidades penetradas pela mesma dor da existência e servindo ambas ao mesmo Si absoluto, estranho ao mundo e arrastado por um destino ininteligível. Portanto, a diferença entre o cosmos e o homem não é senão uma diferença de grau, não de essência.

Graças à *pariṇāma* a matéria produziu formas infinitas *(vikāra)* cada vez mais complexas, cada vez mais variadas. O Sāṅkhya acredita que uma criação tão vasta, um edifício de formas e organismos tão complicado, exige uma justificação e uma significação fora de si mesmo. Uma *prakṛti* primordial, informe e eterna, pode ter sentido; mas o mundo tal como o vemos não é uma substância homogênea. Pelo contrário, ele apresenta um número considerável de estruturas e formas distintas. A complexidade do cosmos, a infinidade de suas "formas" são elevadas pelo Sāṅkhya ao plano de argumentos metafísicos. A "Criação" é, sem dúvida, produto de nossa ignorância metafísica; a existência do universo e a polimorfia da vida são devidas à falsa opinião que o homem tem de si mesmo; por isso ele confunde o Si verdadeiro com os estados psicomentais. Entretanto, como já observamos, não se pode saber qual é a origem e qual é a causa dessa falsa opinião. O que se sabe e se vê é que a *prakṛti* tem uma "evolução" das mais complexas, e que ela não é simples, mas "composta".

Ora, o bom senso nos ensina que todo composto existe em relação a outro. Uma cama, por exemplo, é um conjunto composto de muitas partes, mas essa colaboração provisória entre as partes não é ordenada para ela mesma e sim em relação ao homem (*Sāṅkhya-kārikā*, 17, com os comentários de Vācaspati Miśra, 120; *Sāṅkhya-sūtra*, I, 140-144 com comentários de Aniruddha e de Vijñānabhikṣu). O Sāṅkhya deixa claro o caráter teleológico da Criação; ora, se a Criação não tivesse a missão de servir ao espírito, ela seria absurda, destituída de sentido. Tudo na natureza é composto; tudo deve, pois, ter um "superintendente" *(adhyakśa)*, alguém que possa servir-se desses compostos. Este "superintendente" não poderia ser a atividade mental, nem os estados de consciência (eles mesmos produtos extremamente complexos da *prakṛti*). Deve então haver aqui uma entidade que supere as categorias da substância *(guṇa)* e que seja um fim em si mesmo (Vācaspati Miśra, 122, em *Sāṅkhya-kārikā*, 17). Melhor ainda, deve existir um sujeito ao qual a atividade mental seja subordinada, para o qual se orientam "o prazer e a dor". Porque, acrescenta Miśra (123), o prazer não poderia ser experimentado e determinado pelo prazer, e se fosse experimentado pela dor não seria uma experiência agradável, mas dolorosa. Assim, as duas qualidades (dor e prazer) não podem existir, não podem ser especificadas, a não ser se orientadas para um único sujeito que ultrapasse a experiência.

Aí está a primeira prova da existência do espírito, que o Sāṅkhya descobre: *saṃhataparārthatvāt puruṣasya*, isto é, "o conhecimento da existência do espírito pela combinação, visando o proveito do outro", axioma copiosamente repetido na literatura indiana (*Sāṅkhya-sūtra*, I, 66; Vācaspati Miśra em *Sāṅkhya-kārikā*, 17; *Bṛhadāraṇyaka Upaniṣad*, II, 4, 5) e que o Yoga faz seu (cf. *Yoga-sūtra*, IV, 24). Miśra acrescenta: Se alguém objeta que a evolução e a heterogeneidade da substância têm por finalidade servir a outros "compostos" (como é o caso, por exemplo, da cadeira, "composto" criado objetivando este outro composto que é o corpo humano), pode-se responder que tais compostos, por sua vez, devem existir também para que outros "compostos" façam uso deles – a série das interdependências nos conduziria fatalmente a um *regressus ad infinitum*. "E visto que podemos evitar esse *regressus*", continua Miśra, "postulando a existência de um Princípio racional, evidentemente não tem sentido multiplicar de maneira inútil a série de relações entre os compostos" (*Tattva-kaumudī*, 121). Conforme esse postulado, o espírito, o Si, é um princípio simples e irredutível, autônomo, estático, não produtivo, não implicado na atividade mental ou sensorial etc.

Ainda que o Si *(puruṣa)* seja velado pelas ilusões e as confusões da Criação cósmica, a *prakṛti* é dinamizada por esse "instinto teleológico" inteiramente voltado para a liberação do *puruṣa*. Lembremo-nos de que "desde Brahman até a minúscula erva, a Criação existe para o benefício do espírito, até que ele desabroche no conhecimento supremo" (*Sāṅkhya-sūtra*, III, 47).

A RELAÇÃO ESPÍRITO-NATUREZA

A filosofia Sāṅkhya-Yoga não explica a razão nem a origem da estranha associação que se estabelece entre o espírito e a experiência. Ela tenta, entretanto, explicar a natureza dessa associação e definir o caráter de suas relações mútuas. Não se trata de relações *reais* no sentido próprio da palavra, como existe, por exemplo, entre os objetos exteriores e as percepções. As relações reais implicam mudança e pluralidade, e o que temos aqui são modalidades essencialmente opostas à natureza do espírito.

Os "estados de consciência" não passam de produtos da *prakṛti* e não podem manter nenhuma espécie de relação com o espírito, o qual, por sua própria essência, se acha acima de toda experiência. Mas, tanto para o Sāṅkhya quanto para o Yoga, aqui temos a chave dessa situação paradoxal: a parte mais sutil, a mais transparente da vida mental, isto é, a inteligência *(buddhi),* em sua modalidade de pura "luminosidade" *(sattva),* tem a qualidade específica de refletir o espírito. A compreensão do mundo exterior não é possível senão graças a este reflexo do *puruṣa* na inteligência – reflexo que não altera o Si nem o faz perder suas características ontológicas (impassibilidade, eternidade etc.). O *Yoga-sūtra,* II, 20, diz em síntese: o vidente (*draśṭṛ,* isto é, o *puruṣa*) é a consciência absoluta (a "visão por excelência") e, em se mantendo puro, ele conhece os conhecimentos (ele "olha as ideias que lhe são apresentadas"). Vyāsa interpreta: o espírito se reflete na inteligência *(buddhi),* mas ele não é nem semelhante nem diferente dela. Não é semelhante à inteligência porque esta é modificada pelo conhecimento, sempre mutável, dos objetos, ao passo que o *puruṣa* dispõe de um conhecimento ininterrupto e, de certa forma, ele *é* conhecimento. Por outro lado, *puruṣa* não é completamente diferente de *buddhi* pois, apesar de puro, ele conhece o conhecimento. Patañjali utiliza outra imagem para precisar as relações entre o espírito e a inteligência: assim como uma flor se reflete num cristal, a inteligência reflete o *puruṣa* (cf. *Yoga-sūtra,* I, 41). Mas só um ignorante pode atribuir ao cristal as qualidades da flor (forma, dimensões, cores). Quando o objeto (a flor) se move, sua imagem se move no cristal, enquanto que este permanece imóvel. É ilusão acreditar que o espírito é dinâmico porque a experiência mental é dinâmica. Na realidade, não se trata aí senão de uma relação ilusória *(upādhi)* devida a uma "correspondência simpática" *(yogyatā)* entre o Si e a inteligência.

Desde sempre o espírito se encontra envolvido nessa relação ilusória com a vida psicomental (ou seja, com a "matéria"). Isto se deve à ignorância (*avidyā, Yoga-sūtra,* II, 24) e, enquanto a *avidyā* se mantém, a existência perdura em virtude do *karman,* e com ela a dor. Insistamos um pouco neste ponto. A ilusão ou ignorância consiste na confusão que se faz entre o imóvel e eterno *puruṣa* e o fluxo da vida psicomental (*Sāṅkhya-sūtra,* III, 41). Dizer "eu sofro", "eu desejo", "eu odeio", "eu conheço" e pensar que esse "eu" se refere ao espírito é viver na ilusão e prolongá-la; pois todos os nossos atos ou intenções, pelo simples fato de dependerem da *prakṛti* (da "matéria"), são condicionados e dirigidos pelo *karman.* Isto significa que toda ação que se origina da ilusão (ou seja, que está baseada na ignorância, na confusão entre o espírito e o não espírito) ou é consumação de alguma virtualidade criada por um ato anterior, ou é projeção de outra potência que por sua vez reclama sua atualização, sua consumação na existência presente ou em outra futura. Quando se estabelece a seguinte equação: "eu quero" = "o espírito quer", desencadeia-se uma força ou semeia-se outra. Porque a confusão expressa nessa equação é um "momento" do circuito eterno das energias cósmicas.

Essa é a lei da existência; ela é transubjetiva como toda lei, mas sua validade e sua universalidade estão na origem do sofrimento que afeta a existência. Não há senão uma via para obter a salvação: conhecer adequadamente o espírito. O Sāṅkhya apenas prolonga a tradição das *Upaniṣad*: "Quem conhece o *ātman* atravessa o oceano do sofrimento" (*Chāndogya Upaniṣad*, VII, I, 3). "Pelo conhecimento, a liberação; pela ignorância, a servidão" (*Sāṅkhya-sūtra*, III, 22, 23). E a primeira etapa da conquista "desse conhecimento" consiste em negar que o espírito tenha atributos, o que significa negar o sofrimento como algo que nos corresponde, considerando-o um fato objetivo, exterior ao espírito, isto é, destituído de valor, de sentido (pois todos os "valores" e "sentidos" são criados pela inteligência enquanto ela reflete o *puruṣa*). A dor existe apenas na medida em que a experiência é relacionada com a personalidade humana considerada idêntica ao *puruṣa*, ao Si. Mas, por ser ilusória, essa relação pode ser suprimida. Quando o *puruṣa* é conhecido, os valores são anulados; a dor não é mais dor nem não dor; é um simples *fato*; "fato" que, apesar de conservar a estrutura sensorial, perde seu valor, seu sentido. É necessário compreender este ponto, capital para as doutrinas Sāṅkhya e Yoga, e sobre o qual, ao que parece, não temos insistido o suficiente. A fim de se libertar da dor, ambas as escolas *negam a dor como tal*, abolindo assim toda relação entre o sofrimento e o Si. Desde o momento em que compreendemos que o Si é livre, eterno e inativo, tudo o que nos acontece, dores, sentimentos, desejos, pensamentos etc., não nos pertence mais. Tudo isto constitui um conjunto de fatos cósmicos, condicionados por leis, reais com certeza, mas de uma realidade que não tem nada em comum com nosso *puruṣa*. A dor é um fato cósmico e o homem sofre esse fato ou contribui para sua perpetuação unicamente na medida em que aceita se deixar levar pela ilusão.

O conhecimento é um mero despertar que revela a essência do Si, do espírito. O conhecimento não "produz" nada – ele revela imediatamente a realidade. Esse conhecimento verdadeiro e absoluto, que não deve ser confundido com a atividade intelectual de essência psicológica, não é obtido pela experiência mas por uma revelação. Nada de divino interfere aqui, pois o Sāṅkhya nega a existência de Deus (cf. nota I, 7). O Yoga a aceita, mas veremos que Patañjali não lhe dá grande importância. A revelação baseia-se no conhecimento da realidade última, isto é, nesse "despertar" no qual o objeto se identifica completamente com o sujeito. (O Si "contempla" a si mesmo; ele não se "pensa", porque o pensamento é em si uma experiência e, como tal, pertence à *prakṛti.*)

Para o Sāṅkhya não existe senão esta via. A esperança prolonga e agrava inclusive a miséria humana; só é feliz aquele que perdeu toda esperança (*Sāṅkhya-sūtra,* IV, II), "porque a esperança é a maior tortura que há e a desesperança a maior felicidade" (texto do *Mahābhārata*, citado pelo comentarista Mahādeva Vedāntin no *Sāṅkhya-sūtra,* IV, II). Os ritos e as práticas religiosas não têm nenhum valor (*Sāṅkhya-sūtra,* III, 26), visto que são fundados em desejos e crueldades. Toda ação ritual, pelo fato de implicar um esforço, engendra uma nova força *kármica* (*Sāṅkhya-sūtra,* I, 84-85). A própria moral não conduz a nada decisivo.[6] O desapego (*vairāgya* = renúncia), a ortodoxia *(śruti)* e a meditação não são mais que instrumentos indiretos de salvação. O único meio perfeito e definitivo é, para o Sāṅkhya, o conhecimento metafísico (*Sāṅkhya-sūtra,* III, 23).

O processo cognitivo é naturalmente realizado pela inteligência; este, porém, é uma forma altamente evoluída da "matéria". Como é possível então que a liberação *(mukti)* seja realizada com a colaboração da *prakṛti*? O Sāṅkhya responde com o argumento teleológico: a matéria *(prakṛti)* age instintivamente visando a libertação da "alma" *(puruṣa)*. A inteligência *(buddhi)*, a mais perfeita manifestação da *prakṛti*, facilita, graças às suas possibilidades dinâmicas, o processo da liberação, servindo de degrau preliminar à revelação. O Yoga tem exatamente a mesma posição (cf. *Yoga-sūtra*, II, 18 etc.): a *prakṛti* torna possível a experiência e simultaneamente persegue a liberação do Si. Comentando este sutra, Vyāsa acrescenta uma explicação importante. De fato, diz ele, a escravidão não é nada mais que a situação da inteligência *(buddhi)* quando o objetivo final do Si ainda não foi alcançado, e a liberação não é senão o estado em que esse fim foi atingido.

No capítulo seguinte, veremos as técnicas psicofisiológicas através das quais, segundo o Yoga, se pode atingir esse fim. Para o Sāṅkhya, a liberação obtém-se quase automaticamente quando a inteligência *(buddhi)* conduz o

6. Este já era um tema das *Upaniṣad:* a *Kauṣītaki Upaniṣad,* III, 1, afirma que os deméritos são suprimidos pela posse do verdadeiro conhecimento. O comentador Māṭhara proclama que se pode comer carne, beber vinho, ter relações sexuais e que todas essas faltas serão abolidas pelo conhecimento da doutrina de Kapila (isto é, pelo Sāṅkhya). Veremos mais adiante as consequências desta postura espiritual.

homem até o limiar do "despertar". Logo que essa autorrevelação é realizada, a inteligência, e todos os outros elementos psicomentais (portanto materiais) – injustamente atribuídos ao *puruṣa* – se retiram. Eles se desprendem do espírito para se reabsorverem na *prakṛti*, semelhantes a uma "dançarina que se retira após haver satisfeito o desejo do amo" (comparação muito frequente tanto no *Mahābhārata* quanto nos tratados Sāṅkhya; cf. *Sāṅkhya-kārikā*, 59; *Sāṅkhya-sūtra*, III, 69). "Não há nada mais sensível que a *prakṛti*, e desde que ela diz a seu respeito: 'fui reconhecida', não se mostra mais aos olhares do Espírito" (*Sāṅkhya-kārikā*, 61). É o estado do "liberado em vida" (*jīvan--mukta*): o sábio vive ainda, porque lhe falta consumir o resíduo *kármico* (como a roda do oleiro continua a girar devido à velocidade adquirida, ainda que o vaso já esteja terminado; *Sāṅkhya-kārikā*, 67; *Sāṅkhya-sūtra*, III, 82). Mas quando, no momento da morte, ele abandona o corpo, o *puruṣa* está completamente libertado (*Sāṅkhya-kārikā*, 68).

COMO É POSSÍVEL A LIBERAÇÃO?

O Sāṅkhya-Yoga compreendeu "que o espírito *(puruṣa)* não pode nascer nem ser destruído, que não é dependente nem ativo (buscando ativamente a liberação); que não está sedento de liberdade nem liberto" (Gauḍapāda, *Māṇḍūkya-kārikā*, II, 32). "Sua condição é tal que essas duas possibilidades estão excluídas" (*Sāṅkhya-sūtra*, I, 160). O Si é puro, eterno e livre; não poderia ser subjugado, porque não poderia ter relações com outra coisa a não ser *ele-mesmo*.[7] O homem acredita, porém, que o *puruṣa* está subjugado e pensa que pode ser liberado. São ilusões de nossa vida psicomental. De fato, o espírito "subjugado" é livre desde sempre. Se sua liberação nos parece um drama, é porque nos colocamos sob um ponto de vista humano; o espírito é mero "espectador" *(sākṣin)*, assim como a "liberação" *(mukti)* não é senão uma tomada de consciência de sua liberdade eterna. Creio sofrer, estar escravizado, desejo a libertação. No momento em que compreendo – estando "desperto" – que este "eu" *(asmitā)* é um produto da matéria *(prakṛti)*, compreendo ao mesmo tempo que toda a existência não é mais do que uma cadeia de momentos dolorosos e que o

7. Existe portanto uma diferença entre o Espírito liberto e o que se acha ainda em servidão ilusória (*upādhi*). Essa falsa relação é a base da misteriosa associação entre *puruṣa* e os estados psicomentais, justamente porque o homem não percebe que é uma relação ilusória.

verdadeiro espírito "contemplava impassivelmente" o drama da "personalidade". Assim, a personalidade humana não existe como elemento último, ela é apenas uma síntese das experiências psicomentais e se extingue – ou melhor, cessa de agir – assim que a revelação se completa. Semelhante a todas as criações da substância cósmica *(prakṛti),* a personalidade humana *(asmitā)* agiria, ela também, visando o "despertar"; é por isso que, uma vez realizada a liberação, ela se torna inútil.

A situação do espírito *(puruṣa),* tal como a concebem o Sāṅkhya e o Yoga, é um pouco paradoxal; embora puro, eterno e intangível, o espírito se presta a se associar, ainda que ilusoriamente, com a matéria; e, inclusive, para tomar conhecimento de seu modo de ser e de "liberar-se" ele é obrigado a servir-se de um instrumento criado pela *prakṛti,* neste caso, a inteligência. Sem dúvida, se olhamos as coisas dessa maneira, a existência humana aparece-nos dramática e mesmo destituída de sentido. Se o espírito é livre, por que os homens estão condenados a sofrer na ignorância ou a lutar por uma liberdade que já possuem? Se o *puruṣa* é perfeitamente puro e estático, por que permite a impureza, o devir, a experiência, a dor e a história? São questões que poderiam ser multiplicadas. Mas a filosofia indiana recorda-nos que não se pode julgar o Si a partir de um ponto de vista lógico ou histórico, isto é, buscando as causas que determinaram o atual estado de coisas. Há de aceitar a realidade tal como ela é.

Não é menos verdade que, neste ponto, a posição do Sāṅkhya é difícil de sustentar. Por isso, a fim de evitar o paradoxo deste Si absolutamente privado de contato com a natureza mas, apesar de tudo, autor do drama humano, o budismo suprimiu inteiramente a "alma-espírito" – entendida como unidade espiritual irredutível – e a substituiu pelos "estados de consciência". O Vedānta, ao contrário, preocupado em evitar a dificuldade concernente às relações entre alma e universo, nega a realidade do universo, considerando-o como *māyā,* ilusão. O Sāṅkhya e o Yoga não quiseram negar a realidade ontológica nem do espírito nem da substância. Em consequência, o Sāṅkhya foi atacado, devido a essa posição, tanto pelo Vedānta como pelo budismo. (Ver a crítica dirigida por Śaṅkara, comentário do *Brahma-sūtra,* II, 2, 1-10, contra a metafísica Sāṅkhya; cf. notas I, 8, 9 a respeito das relações entre o Sāṅkhya e o budismo.)

O Vedānta critica igualmente a concepção da pluralidade do Si *(puruṣa),* tal como a formularam o Sāṅkhya e o Yoga. De fato, afirmam estas duas últimas escolas, existem tantos *puruṣa* quantos homens existem. Cada *puruṣa* é uma mônada, completamente isolada, pois o Si não pode ter nenhum contato, nem com o mundo ao redor (derivado da *prakṛti*) nem com os outros espíritos. O cosmos é povoado por esses *puruṣa* eternos, livres, imóveis, mônadas entre as quais nenhuma comunicação é possível. Segundo o Vedānta essa concepção não tem fundamento e a pluralidade do Si é uma ilusão. Em todo caso, é uma concepção trágica e paradoxal do espírito que, desse modo, fica separado não só do mundo dos fenômenos, mas também dos outros Si liberados. Contudo, o Sāṅkhya e o Yoga viram-se obrigados a postular a multiplicidade dos *puruṣa,* pois, se não tivesse havido mais que um só espírito, a salvação teria sido um problema infinitamente mais simples, e o primeiro homem liberado teria ocasionado a liberação de todo o gênero humano. Se existisse só um espírito universal, a existência concomitante dos espíritos "libertos" e dos espíritos subjugados não seria possível. E mais ainda, nesse caso, nem a morte, nem a vida, nem a diversidade dos sexos e das ações teriam podido coexistir (*Sāṅkhya-kārikā,* 18). O paradoxo é evidente: esta doutrina reduz a infinita variedade dos fenômenos a um só princípio: a matéria *(prakṛti).* Faz derivar de uma única matriz o universo físico, a vida e a consciência, e, no entanto, postula a pluralidade dos espíritos, ainda que por sua natureza estes sejam essencialmente idênticos. Ela une assim o que parecia tão diferente – o físico, o vital e o mental – e isola aquilo que, sobretudo na Índia, parece tão único e universal: o espírito.

Examinemos melhor a concepção de liberação *(mokṣa)* nas doutrinas Sāṅkhya e Yoga. Como para a maioria das escolas filosóficas indianas – à exceção, naturalmente, daquelas influenciadas pela devoção mística *(bhakti)* –, a liberação é, de fato, uma liberação da ideia do mal e da dor. Nada mais é que a tomada de consciência de uma situação já existente, mas sobre a qual a ignorância lançou seus véus. O sofrimento se extingue desde que compreendamos que ele é exterior ao *espírito,* que ele não diz respeito senão à "personalidade" humana *(asmitā).* Imaginemos a vida de um "liberto". Ele continuará a agir, porque as potências das existências anteriores e também as de sua própria existência, antes do "despertar", exigem atualizar-se e consumir-se conforme a lei *kármica* (ver observações anteriores, p. 40). Esta atividade, porém, não é mais *sua;* é objetiva, mecânica, desinteressada, breve; não existe em função de seu fruto. Quando o "liberto" age, não tem consciência do "eu ajo", mas do "age-se". Em outras palavras, não arrasta o Si a um processo psicofísico. Quando a força da ignorância deixa de agir, deixam de ser criados novos núcleos *kármicos.* Quando todos os chamados "potenciais" são destruídos, a liberação é absoluta, definitiva. Poder-se-ia mesmo dizer que o liberto não tem a "experiência" da liberação. Depois do despertar ele age com indiferença e, quando a última molécula psíquica se desprende dele, realiza um modo de ser desconhecido dos mortais, pois é absoluto: uma espécie de *nirvāṇa* búdico.

A "liberdade" que o indiano adquire por meio do conhecimento metafísico ou pelo Yoga é, contudo, real e concreta. Não é verdade que a Índia tenha buscado só negativamente a liberação, pois ela deseja realizar, positivamente, a liberdade. Com efeito, "o liberto em vida" pode estender tão longe quanto quiser a esfera de sua ação; nada tem a temer, pois seus atos não têm mais consequências para ele nem, portanto, limites. Sem mais nada que possa subjugá-lo, o "liberto" pode se permitir tudo, não importa em que campo de atividade, já que aquele que age não é mais ele enquanto si mesmo, mas um simples instrumento impessoal. Veremos nos capítulos seguintes até que limites leva a "situação de testemunha" de uma existência transpessoal.

Quanto à concepção soteriológica do Sāṅkhya, parece-nos audaciosa. Já dissemos que a dor é o dado inicial de toda filosofia indiana; partindo dela e prometendo livrar o homem dela, o Sāṅkhya e o Yoga são forçados, ao fim de seu itinerário, a negá-la como tal, a negar a *dor humana*. Este caminho, considerado do ponto de vista da salvação, não leva a nada pois parte do axioma de que o espírito é absolutamente livre – isto é, não contaminado pela dor – e termina no mesmo axioma, a saber: que o Si é arrastado para o drama da existência apenas ilusoriamente. O único termo que importa nesta equação, a dor, é deixado de lado; o Sāṅkhya não suprime a dor humana, ele a nega como realidade ao recusar que ela possa manter uma relação real com o Si. O sofrimento permanece porque é um fato cósmico, mas perde sua significação. Suprime-se o sofrimento, ignorando-o como sofrimento. É verdade que esta supressão não é empírica (estupefaciente, suicida), porque do ponto de vista indiano toda solução empírica é ilusória, sendo ela mesma uma força *kármica*. A solução do Sāṅkhya leva o homem para fora da humanidade, pois ela não é realizável senão pela destruição da personalidade humana. As práticas do Yoga propostas por Patañjali têm a mesma finalidade.

Essas soluções soteriológicas podem parecer "pessimistas" ao homem ocidental, para quem a personalidade continua sendo, apesar de tudo, o fundamento de toda moral e de toda mística. Para a Índia, o que importa não é tanto a salvação da *personalidade*, mas a obtenção da *liberdade absoluta*. (Veremos mais tarde que a significação profunda desta liberdade deixa longe, bem para trás, as fórmulas ocidentais mais extremas: com efeito, em certo sentido o indiano quer abolir a Criação, reintegrando todas as formas na unidade primordial.) Desde que essa liberdade não pode ser adquirida na atual condição humana, e desde que a personalidade produz a dor e o drama, é claro que a condição humana e a "personalidade" é que devem ser sacrificadas. Esse sacrifício é aliás largamente compensado pela conquista – tornada possível – da liberdade absoluta.

Evidentemente, poder-se-ia argumentar que o sacrifício requerido é muito grande para que seus frutos ainda possam apresentar algum interesse. A condição humana, cujo desaparecimento se exige, não é, na verdade, e apesar de tudo, o único título de nobreza do homem? A esta possível observação do ocidental, o Sāṅkhya e o Yoga respondem antecipadamente quando afirmam que só depois de ter ultrapassado o nível da vida psicomental o homem poderá julgar os "estados" transcendentais, que serão o preço do desaparecimento da consciência normal. Todo julgamento de valor a respeito desses "estados" é invalidado automaticamente pelo simples fato de que aquele que o emite está definido pela sua própria condição, que é de ordem muito diferente daquela para a qual o juízo de valor é dirigido.

A ESTRUTURA DA EXPERIÊNCIA PSÍQUICA

O Yoga clássico começa onde termina o Sāṅkhya. Patañjali apropria-se quase inteiramente da dialética do Sāṅkhya. Não crê, porém, que o conhecimento metafísico por si só possa conduzir o homem à liberação suprema. A gnose não faz mais que preparar o terreno visando à aquisição da liberdade *(mukti)*. A liberação deve ser, por assim dizer, conquistada com grande luta, sobretudo por meio de uma técnica ascética e de um método de contemplação, que nada mais são que o sistema Yoga. A finalidade do Yoga, tanto como a do Sāṅkhya, é suprimir a consciência normal para dar lugar a uma consciência qualitativamente diversa, que possa compreender de forma completa a verdade metafísica. Ora, para o Yoga, a supressão da consciência normal não é tão fácil de obter. Independentemente da gnose, este sistema implica ainda uma "prática" *(abhyāsa)*, uma ascese *(tapas)*, ou seja, uma técnica fisiológica da qual a técnica estritamente psicológica é subsidiária.

Patañjali define o Yoga como "a supressão dos estados de consciência" (*yogaś citta-vṛtti-nirodha, Yoga-sūtra,* 1, 2). A técnica do Yoga pressupõe, em consequência, o conhecimento experimental de todos os "estados" que "agitam" uma "consciência" normal, profana, não iluminada. Esses estados de consciência são em número ilimitado e entram, todos, nas três categorias que correspondem respectivamente a três possibilidades de experiência: 1) os erros e as ilusões (sonhos, alucinações; erros de percepção, confusões etc.); 2) a totalidade das experiências psicológicas normais, isto é: tudo o que sente, percebe ou pensa o profano, aquele que não pratica o Yoga; 3) as experiências parapsicológicas desencadeadas pela técnica do Yoga e acessíveis somente aos iniciados.

Para Patañjali, a cada uma dessas "classes" (ou categorias) de experiência corresponde uma ciência ou um grupo de ciências, nas quais se baseia a experiência e que, quando ela ultrapassa os limites fixados, a reconduzem a eles. A teoria do conhecimento, por exemplo, assim como a lógica, tem por tarefa evitar os erros dos sentidos e as confusões conceituais. A "psicologia", o direito, a moral têm por objeto a totalidade dos "estados de consciência" de um homem "normal", estados que, ao mesmo tempo, avaliam e classificam. Como, segundo o Yoga e o Sāṅkhya, toda experiência psicológica é produzida pela ignorância da verdadeira natureza do Si *(puruṣa)*, resulta que os fatos psíquicos "normais", se bem que reais do ponto de vista estritamente psicológico, e validados do ponto de vista lógico (não sendo ilusórios como o sonho ou a alucinação), são, apesar de tudo, *falsos* do ponto de vista metafísico. A metafísica somente reconhece como válidos os "estados" de uma terceira categoria: principalmente aqueles que precedem o *enstasis** *(samādhi)* e preparam a liberação.

A finalidade do Yoga de Patañjali é portanto abolir as duas primeiras categorias de experiências (originárias respectivamente do erro lógico e do erro metafísico) e substituí-las por uma "experiência" enstática, suprassensorial, extrarracional. Graças ao *samādhi* ultrapassa-se definitivamente a condição humana – que é dramática, nascida do sofrimento e consumida no sofrimento – e se obtém enfim a liberdade total, à qual a alma indiana aspira com tanto ardor.

Vyāsa (no seu comentário ao *Yoga-sūtra*, I, 1) classifica como se segue as modalidades da consciência (ou "planos mentais", *citta bhūmi*): 1. instável *(kṣipta)*; 2. confusa, obscura *(mūdha)*; 3. estável e instável *(vikṣipta)*; 4. fixada em um único ponto *(ekāgra)*; 5. completamente dominada *(niruddha)*. As duas primeiras são comuns a todos os homens pois, conforme o ponto de vista indiano, a vida psicomental é geralmente confusa. A terceira modalidade de consciência, *vikṣipta*, obtém-se fixando a mente de modo "ocasional e provisório" através do exercício da atenção (por exemplo, em um esforço de memória ou durante um problema matemático etc.). Mas ela é passageira e sem nenhuma utilidade para a liberação *(mukti)*, visto não ter sido obtida por meio do Yoga. Somente as duas últimas modalidades acima enumeradas são "estados" do Yoga, isto é, provocados pela ascese e a meditação.

É Vyāsa (no seu comentário ao *Yoga-sūtra*, I, 2) quem sempre classifica como "estado" o fato de toda consciência normal ser suscetível de se manifestar de três maneiras diferentes, segundo nela predomine um ou outro dos três *guṇa*. Pois o homem, sua vida e sua consciência – como o cosmos em sua totalidade – são emanações de uma única e mesma *prakṛti*, emanações

* *En-stasis* é um neologismo, introduzido por alguns historiadores das religiões de língua francesa, para indicar uma forma de contemplação dirigida para "dentro"; em contraposição a *ex-stasis*, que seria uma contemplação dirigida a um ente divino "exterior" ao Si-Mesmo. [N. do E.]

que não diferem quanto à sua qualificação senão pela predominância de uma das três modalidades constitutivas da substância, os *guṇa*. De fato: 1º) quando é o *sattva* (pureza, iluminação através da compreensão) que predomina na consciência, esta se manifesta como *prakhyā:* vivacidade, iluminação; estado de claridade mental e de serenidade; 2º) quando é o *rajas* (energia), a consciência é *pravṛtti*, ativa e plena de energia, tensa e obstinada; 3º) quando é o *tamas* (trevas, torpor) a consciência é *sthiti*, inerte, mergulhada em um estado de repouso e embotamento. Vemos pois que o Yoga de Patañjali conserva intacta a imemorial tradição indiana, para a qual o homem (o microcosmos) é semelhante ao macrocosmos, e somente a modifica ao transpor essa semelhança para o vocabulário de sua própria "física", segundo a qual os três *guṇa* se acham tanto na natureza e na vida quanto nos "estados de consciência".

Evidentemente, esta classificação das modalidades e das "disposições" da consciência não tem por objetivo o simples conhecimento. De um lado, ela reintegra a "psicologia" do Yoga na tradição ecumênica indiana, na qual são frequentes as classificações e as homologações. De outro lado – e isso é o que mais nos interessa – o ordenamento dos estados de consciência segundo uma hierarquia é, por si mesmo, um meio de dominá-los e dispor deles à vontade. Diferente do Sāṅkhya, o Yoga tem como tarefa destruir, um após outro, os diferentes grupos, espécies e variedades de "estados de consciência" *(citta-vṛtti)*. Ora, essa destruição não pode ser obtida, se não se começa por conhecer, por assim dizer, experimentalmente, a estrutura, a origem e a intensidade daquilo que é votado à destruição.

"Conhecimento experimental" aqui quer dizer: método, técnica, prática. Não se pode adquirir nada sem agir *(kriyā)* e sem praticar a ascese *(tapas):* eis um *leitmotiv* da literatura do Yoga. Os livros II e III dos *Yoga-sūtra* são consagrados mais particularmente a esta atividade *yóguica* (purificações, atitudes corporais, técnicas respiratórias etc.)[8]. Portanto, a prática do Yoga é indispensável, pois somente após haver experimentado os primeiros resultados desta técnica é que se pode obter a fé *(śraddhā)* na eficácia do método (Vyāsa, no seu comentário ao *Yoga-sūtra*, I, 34). A prática comporta na verdade uma longa série de exercícios que devem ser realizados sucessivamente,

8. "Ação" não significa, portanto, agitação ou esforço a qualquer custo. Vācaspati Miśra (comentário ao *Yoga-sūtra*, II, 1; cf. Vijñānabhikṣu, *Yogasāra-saṃgraha*, 42) insiste particularmente em: a) que a ação (*kriyāyoga*) não deve ser exagerada, a fim de que o equilíbrio fisiológico não se perturbe; b) que não deve buscar frutos (isto é, com "sede", com "paixão"): ela deve resultar não do desejo "humano" de satisfação dos apetites e ambições, mas da aspiração – calma – de sair do "humano".

sem pressa, sem impaciência, sem ser movido "pelo desejo individual" de obter mais rapidamente a "união" *(samādhi)*. Vyāsa (comentando o *Yoga-sūtra*, III, 6) recorda a este respeito que só depois de ter conquistado certo "plano" *(bhūmi)*, isto é, depois de ter provado experimentalmente todas as modalidades de certo exercício *yóguico* (meditação, contemplação etc.), é que se pode passar a um "plano" superior (salvo, bem entendido, os raros casos em que o *yogin*, desprezando certos exercícios inferiores, como leitura do pensamento etc., concentra seu pensamento em Deus, *Īśvara*). "Quanto à natureza do plano imediatamente seguinte (superior)", prossegue Vyāsa, "só a prática do Yoga pode nos revelar". Por quê? Porque está nas escrituras: "O Yoga deve ser conhecido por meio do Yoga; o Yoga se manifesta pelo Yoga etc.".

A negação da realidade da experiência *yóguica* ou a crítica de alguns de seus aspectos é improcedente quando vem do homem a quem o conhecimento imediato da prática é estranho, pois os estados do Yoga ultrapassam a condição que nos circunscreve quando os criticamos. "É coisa de mulher esforçar-se por estabelecer a superioridade de uma verdade através de argumentos discursivos, mas é coisa de homem conquistar o mundo por sua própria força", diz um texto (*Tantra-tattva*, I, 125) que, se bem que tardio, expressa uma atitude característica das escolas *yóguicas* e tântricas. O termo *abhyāsa* ("prática, exercício, aplicação") é muitas vezes empregado nos tratados de *haṭha-yoga*. "Pelo *abhyāsa* obtém-se o sucesso, pela prática se ganha a liberação. A consciência perfeita adquire-se pelo ato. O Yoga obtém-se agindo *(abhyāsa)*. Pode-se enganar a morte por meio do *abhyāsa* [...]. Pela prática se ganha a força de profetizar *(vāk)* e a faculdade de ir, não importa aonde, pelo simples exercício da vontade [...]" (*Śiva-saṃhitā*, IV, 9-11).

Poder-se-ia citar indefinidamente textos desse gênero, todos apoiados na necessidade da experiência direta, da realização, da prática. Patañjali e depois dele, uma infinidade de mestres do Yoga e do Tantra sabem que os *citta-vṛtti*, os "turbilhões de consciência", não podem ser controlados e finalmente abolidos se antes não forem "experimentados". Em outros termos, não é possível libertar-se da existência *(saṃsāra)* se não se conhece a vida de maneira concreta. Assim se explica a paradoxal teleologia da Criação que, segundo o Sāṅkhya e o Yoga, de um lado "aprisiona" a alma humana e de outro a incita à liberação. Portanto, a condição humana, ainda que dramática, não é desesperada, já que as experiências por si mesmas tendem a libertar o espírito (engendrando sobretudo o desgosto pelo *saṃsāra* e a nostalgia da renúncia). Há mais: não é senão pelas *experiências* que se obtém a liberdade. Os próprios deuses (*videha*, "desencarnados"), sem experiência porque não possuem corpo, têm uma condição de existência inferior à humana e não podem alcançar a liberação completa.

A função ambivalente das experiências – que ao mesmo tempo "escravizam" o homem e o incitam a se "libertar" – é algo peculiar ao espírito indiano. Ela nos revelará suas implicações metafísicas quando abordarmos as variedades "barrocas" do Yoga (o tantrismo, o erotismo místico etc.). Entretanto, desde já se pode descobrir no Yoga uma tendência específica, e que não se encontra no *darśana* Sāṅkhya. É a tendência para o concreto, para o ato, para a prova experimental. De fato, mesmo o Yoga "clássico" de Patañjali (e também outras espécies de Yoga) confere grande importância à experiência, ou seja, ao conhecimento dos diferentes estados de consciência. Isto não tem nada de surpreendente, visto que a finalidade que persegue o Yoga é diminuir, deslocar e finalmente abolir tais estados. Essa tendência a conhecer concreta e experimentalmente, visando o domínio final daquilo que de alguma forma já se tenha tomado posse pelo conhecimento, será levada a seus limites extremos pelo tantrismo.

O SUBCONSCIENTE

Analisando a "individualidade psíquica", Patañjali descobre cinco classes, ou melhor, cinco "matrizes" produtoras de estados psicomentais *(citta-vṛtti):* a ignorância *(avidyā);* o sentimento de individualidade *(asmitā, "persona");* a paixão, o apego *(ragā);* a aversão *(dveṣa)* e o amor à vida, "a vontade de viver" (*abhiniveśa*; *Yoga-sūtra*, II, 3, e o comentário de Vyāsa). Não se trata de cinco funções psíquicas separadas pois o organismo psíquico constitui um todo, mas seus comportamentos são múltiplos. Todas as classes de *vṛtti* são "dolorosas" *(kleśa);* por isso a experiência humana em sua totalidade é dolorosa. Só o Yoga consegue suprimir os *vṛtti* e abolir o sofrimento.

Assim, o *yogin* deve "trabalhar" e "manipular" esses *vṛtti* que constituem o fluxo psicomental. Sua causa ontológica é, bem entendido, a ignorância (*Yoga-sūtra*, I, 8). Diferente do Sāṅkhya, o Yoga afirma que apenas a abolição da ignorância metafísica não é suficiente para se obter a extinção total dos estados de consciência. Isto porque, no preciso instante em que os "turbilhões" atuais forem destruídos, virão outros para substituí-los, saídos das imensas reservas de latências enterradas no subconsciente. O conceito de *vāsanā*, que indica essas latências, é de capital importância na psicologia do Yoga; no texto de Patañjali tem o sentido de "sensações subconscientes específicas". Os obstáculos que essas forças subliminares colocam no caminho que leva à liberação são de duas espécies: de um lado, as *vāsanā* alimentam sem cessar o fluxo psicomental, a série infinita dos *citta-vṛtti;* de outro lado, e isto em vitude de sua própria modalidade específica (subliminar, "germinal"), as *vāsanā* constituem um enorme obstáculo, pois são difíceis de perceber, de controlar e de dominar. Pelo fato de que sua lei ontológica é a da "potencialidade", seu próprio dinamismo obriga as *vāsanā* a se manifestarem, a se "atualizarem" na forma de atos de consciência. Assim, o *yogin* – mesmo que conte com uma prática prolongada e tenha percorrido muitas etapas de seu itinerário ascético – arrisca-se a ver-se derrotado pela invasão de um poderoso fluxo de "turbilhões" psicomentais precipitados pelas *vāsanā*.

"As *vāsanā* têm origem na memória", escreve Vyāsa (no seu comentário ao *Yoga-sūtra*, IV, 9), enfatizando assim seu caráter subliminar. A vida é um descarregar contínuo de *vāsanā* que se manifestam através dos *vṛtti*. Em termos psicológicos, a existência humana é uma atualização ininterrupta do subconsciente por meio das experiências. As *vāsanā* condicionam o caráter específico de cada indivíduo, e este condicionamento se dá tanto em conformidade com a hereditariedade quanto com a situação *kármica* do indivíduo. Com efeito, tudo o que define a especificidade intransmissível do indivíduo, assim como a estrutura dos instintos humanos, é produzido pelas *vāsanā*, pelo subconsciente. Este se transmite seja de maneira "impessoal", de geração para geração (por meio da linguagem, dos costumes, da civilização: transmissão étnica e histórica), seja diretamente (por meio da transmigração *kármica*). Lembremos a este respeito que os potenciais *kármicos* se transmitem por um "corpo anímico", *liṅga*, literalmente "corpo sutil"). Boa parte da experiência humana é devida a essa herança racial e intelectual, a essas formas de ação e de pensamento criadas pelo jogo das *vāsanā*. Tais forças subconscientes determinam a vida da maior parte dos homens. Somente através do Yoga é que elas podem ser conhecidas, controladas e "queimadas".

Todos os estados de consciência são "dolorosos" *(kleśa)*. Essa modalidade "dolorosa" dos estados de consciência explica, além do mais, seu dinamismo frenético; dir-se-ia que os estados de consciência, com sua aparição fulgurante, polimorfa, vibrátil, procuram compensar sua "impureza" (*kliṣṭa* pode ser traduzido igualmente por "estado de pecado", "mácula"), sua falta de realidade ontológica (porque, como vimos, eles não são mais que manifestação provisória da matéria cósmica). A rapidez com que os "turbilhões" se sucedem na consciência de um homem comum é consoladora. O destino da matéria é estar em transformação contínua; essa transformação sem trégua e sem repouso é "dolorosa" *(kleśa)*, mas permite (e mesmo, exacerbando a dor, convida a) sair do circuito cósmico.

O que caracteriza a consciência humana – assim como o cosmos em sua totalidade – é o circuito ininterrupto que se estabelece entre os diferentes níveis biomentais. Os atos do homem *(karman)*, suscitados pelos estados psicomentais *(citta-vṛtti)*, produzem por sua vez outros *citta-vṛtti*. Porém, esses estados de consciência são, eles próprios, resultado da atualização das latências subliminares das *vāsanā*. De forma que o circuito latência-consciência-atos--latências etc. (*vāsanā-vṛtti-karman-vāsanā* etc.) não apresenta nenhuma solução de continuidade. Como são manifestações da matéria cósmica *(prakṛti)*, todas essas modalidades da "substância psíquica" são reais e, como tais, não poderiam ser destruídas em virtude de um simples ato de conhecimento (como no exemplo clássico da filosofia indiana, em que a ilusão de se achar diante de uma serpente é "destruída" ao olhar mais de perto e constatar que a "serpente" era na realidade um bastão). A combustão desses estados subliminares dos quais fala o Yoga, significa que o Si *(puruṣa)* se desprende do fluxo da vida psíquica. Neste caso, a energia mental – que, sendo determinada pela lei *kármica* e projetada pela ignorância, ocupava até então o horizonte da consciência que ela obscurecia – sai (ela também!) da órbita "individual" em cujo interior se movia (*asmitā*, personalidade) e, abandonada à sua sorte, acaba por se reintegrar na *prakṛti*, na matriz primordial. A liberação do homem "libera" ao mesmo tempo um fragmento da matéria, à qual é permitido, assim, retornar à unidade primordial de onde surgiu. O "circuito da matéria psíquica" termina graças à técnica do Yoga. Neste sentido, pode-se dizer que o *yogin* contribui direta e pessoalmente para o repouso da matéria, para a abolição de pelo menos um fragmento do cosmos. Veremos mais adiante o sentido, profundamente indiano, dessa colaboração do *yogin* para o repouso da matéria e para a restauração da unidade primordial.

Sublinhemos que, segundo Patañjali, em uma consciência repleta de estados "dolorosos" (*kliṣṭa*, "impuros") não é possível haver outros estados que sejam "puros" *(akliṣṭa)* e, caso existissem, não se manifestariam, por estarem bloqueados pelos estados *kliṣṭa*. É assim que os autores dos tratados sobre Yoga explicam a solidariedade da humanidade com o mal, com a dor – e a resistência que a própria condição humana opõe à mensagem de renúncia. A dor é um fato universal, mas poucos tiveram a coragem de renunciar e a força de percorrer até o fim o itinerário da liberação, porque enquanto a vida está dominada pelos *kliṣṭa*, qualquer virtude que os supere se vê imediatamente bloqueada, destinada ao fracasso. Desta nostalgia pelos estados puros isolados (*akliṣṭa*, "puros" não no sentido moral, mas metafísico), ergue-se o desejo de conhecimento e é pelo conhecimento que a natureza da experiência se revela, e que os *kliṣṭa* podem ser descartados após um processo cognitivo superior (*viveka*, discriminação metafísica). Como veremos mais tarde, o papel do subconsciente *(vāsanā)* é considerável para a psicologia e a técnica do Yoga, pois condiciona não só a experiência atual do homem como também suas predisposições inatas, bem como suas decisões voluntárias futuras. Dessa forma, torna-se inútil tentar modificar os estados de consciência *(citta-vṛtti)* se as latências psicomentais (as *vāsanā*) não foram previamente controladas e vencidas. Se desejamos que a "destruição" dos *citta-vṛtti* tenha êxito, é indispensável cortar o circuito subconsciente--consciência. É isso que o Yoga procura obter pondo em ação um conjunto de técnicas que têm por objetivo extinguir o fluxo psicomental, promover sua suspensão.

Antes de considerar essas diversas técnicas, observemos brevemente a profundidade das análises psicológicas de Patañjali e de seus comentadores. Muito antes da psicanálise, o Yoga mostrou a importância do papel do subconsciente. É no dinamismo próprio do inconsciente que ela vê o obstáculo mais sério que o *yogin* tem de transpor. Isto porque as latências – como se um estranho impulso as empurrasse à autoextinção – *querem* vir à luz, tornar-se, ao se atualizarem, estados de consciência. A resistência que o subconsciente opõe a todo ato de renúncia e ascese, a todo ato que poderia ter o efeito de liberar o Si, é uma espécie de sinal de medo do subconsciente ante a simples ideia de que a massa de latências ainda não manifesta possa não alcançar seu destino, isto é, ser aniquilada antes de ter tido tempo de se manifestar e se atualizar. No entanto, essa sede de atualização das *vāsanā* é inundada pela sede de extinção, de "repouso", que existe em todos os níveis do cosmos. Ainda que a extinção das latências psicomentais, graças à sua atualização, não indique senão uma mudança no modo de ser da natureza, não é menos verdade que cada uma das *vāsanā* manifestadas como estados de consciência perece como tal; certamente, outras *vāsanā* tomarão seu lugar, mas quanto a ela mesma, em se atualizando, simplesmente cessou de ser. A intensidade do circuito biomental procede justamente de que as "latências" e as "formas" tendem sempre a se autoanular. Toda "aparição" e todo "desaparecimento" no horizonte vital, assim como no horizonte psicomental, revela a *recusa de si mesmo*, a sede de cessar de ser aquilo que se é. Vistos sob este ângulo, toda "forma", toda "aparição" e todo "estado" que povoe o universo são impulsionados pelo mesmo instinto de liberação que impulsiona o homem. O cosmos inteiro tem a mesma tendência que o homem a se reintegrar na unidade primordial. Quando certas formas do budismo Mahāyāna falam da salvação do cosmos inteiro, aludem a esta reintegração e repouso últimos das "coisas", dos "seres" e das "formas".

Já falamos da semelhança entre o Yoga e a psicanálise. A comparação pode ser feita com algumas reservas, todas aliás a favor do Yoga. Diferente da psicanálise, o Yoga não vê no inconsciente só a libido. O Yoga traz à luz o circuito que liga consciência e subconsciente. Isto o leva a ver o subconsciente ao mesmo tempo como matriz e receptáculo de todos os atos, gestos e intenções egoístas, ou seja, dominados pela "sede do fruto" *(phalatṛṣṇā)*, pelo desejo de autossatisfação, de saciedade, de multiplicação. É do subconsciente que vem, é ao subconsciente que retorna (graças às "semeaduras" *kármicas)* tudo aquilo que deseja se manifestar, ter uma "forma", mostrar sua "força", definir sua "individualidade". Mesmo que essa tendência à "forma" equivalha, no fundo, à tendência de autoextinção que têm as latências (pois, como dissemos, a atualização das latências é, ao mesmo tempo, seu "suicídio"), não é menos verdade que, do ponto de vista do espírito puro *(puruṣa)*, essa tendência à forma é egoísta, pois o objetivo que ela visa é o "fruto", o lucro.

Sempre de modo diferente da psicanálise, o Yoga acredita que o subconsciente pode ser dominado pela ascese e mesmo conquistado, através da técnica de unificação dos estados de consciência dos quais logo falaremos. Sendo a experiência psicológica e parapsicológica do Oriente em geral, e do Yoga em particular, incontestavelmente mais ampla e mais organizada que a experiência sobre a qual foram edificadas as teorias ocidentais sobre a estrutura da psique, é provável que – também neste ponto – o Yoga tenha razão, e que o subconsciente, por paradoxal que pareça, possa ser conhecido, dominado e conquistado.

CAPÍTULO II

TÉCNICAS DA AUTONOMIA

A CONCENTRAÇÃO "EM UM ÚNICO PONTO"

O ponto de partida da meditação *yóguica* é a concentração em um único objeto, que tanto pode ser um objeto físico (um ponto entre as sobrancelhas, a ponta do nariz, um objeto luminoso etc.), um pensamento (uma verdade metafísica) ou Deus *(Īśvara)*. Essa concentração firme e contínua chama-se *ekāgratā* ("em um único ponto") e se obtém pela integração do fluxo psicomental (*sarvārthatā*, atenção multilateral, descontínua e difusa, *Yoga-sūtra*, III, 11). Isto consiste na própria definição da técnica do Yoga: *yogaś-citta-vṛtti-nirodha* (*Yoga-sūtra*, I, 2).

Ekāgratā, a concentração em um único ponto, tem como resultado imediato a censura pronta e lúcida de todas as distrações e de todos os automatismos mentais que dominam, ou, mais precisamente, constituem a consciência comum. Entregue às associações (produzidas pelas sensações e as *vāsanā*), o homem passa a vida deixando-se invadir por uma infinidade de momentos desconexos e como que exteriores a ele. Os sentidos ou o subconsciente introduzem continuamente na consciência objetos que a dominam e a modificam, ao sabor de sua forma e intensidade. As associações dispersam a consciência, as paixões a violentam, a "sede de viver" a trai ao projetá-la para fora. Mesmo em seus esforços intelectuais o homem é passivo, pois o destino do pensamento vulgar (refreado não por *ekāgratā*, mas somente por concentrações ocasionais, *kṣipta-vikṣipta*) é ser "pensado" pelos objetos. Sob as aparências do "pensamento" esconde-se, na realidade, um cintilar indefinido e desordenado, alimentado por sensações, palavras e memória. O primeiro dever do *yogin* é pensar, isto é, não se deixar pensar. Eis por que a prática do Yoga começa por *ekāgratā*, que limita o fluxo mental e constitui assim um "bloco psíquico", um *continuum* firme e unitário.

A prática de *ekāgratā* tende a controlar as duas fontes geradoras da fluidez mental: a atividade sensorial *(indriya)* e a atividade do subconsciente *(saṃskāra)*. O controle é a capacidade de intervir à vontade e de maneira imediata no funcionamento dessas duas fontes de "turbilhões" mentais *(citta-vṛtti)*. Um *yogin* pode obter, à vontade, a descontinuidade da consciência; isto é, pode provocar em qualquer momento e lugar a concentração de sua atenção em um só "ponto" e tornar-se insensível a qualquer outro estímulo sensorial ou mnemônico. Pela *ekāgratā* obtém-se uma verdadeira "vontade", isto é, o poder de reger livremente um importante setor da atividade psicossomática. É claro que a *ekāgratā* não pode ser realizada a não ser desenvolvendo numerosos exercícios e técnicas, em que a fisiologia desempenha papel capital. Não se pode obter *ekāgratā* se, por exemplo, o corpo está em uma postura cansativa ou simplesmente desconfortável, nem se a respiração está desorganizada, arrítmica. Por isso a técnica do Yoga, segundo Patañjali, implica muitas categorias de práticas fisiológicas e exercícios espirituais (chamados *aṅga*, "membros") que devem ser aprendidos por quem deseja obter a *ekāgratā* e, por fim, a concentração suprema, *samādhi*. Estes "membros" do Yoga podem ser considerados ao mesmo tempo como um grupo de técnicas e como etapas do itinerário ascético espiritual, cujo fim último é a liberação definitiva. Eles são: 1) o refreamento *(yama)*; 2) as disciplinas *(niyama)*; 3) as atitudes e posições do corpo *(āsana)*; 4) o ritmo da respiração *(prāṇāyāma)*; 5) a emancipação da atividade sensorial da influência dos objetos exteriores *(pratyāhāra)*; 6) a concentração *(dhāraṇā)*; 7) a meditação *(dhyāna)*; 8) o *samādhi* (*Yoga-sūtra*, II, 29; com este sutra Patañjali começa sua exposição da técnica, que prossegue na parte III).

Cada classe *(aṅga)* de práticas e de disciplinas tem um fim bem específico. Patañjali hierarquiza esses "membros" do Yoga de tal maneira que o praticante não possa omitir nenhum, salvo em certos casos. Os dois primeiros grupos, *yama* e *niyama*, constituem, evidentemente, as preliminares inevitáveis de qualquer ascese; não apresentam, portanto, nenhuma particularidade específica do Yoga. Os refreamentos *(yama)* purificam de algumas faltas reprovadas por toda moral, mas toleradas pela vida social. Ora, os preceitos morais não podem ser transgredidos – ainda que isso se dê na vida social – sem risco imediato para aquele que busca a liberação. No Yoga, toda falta mostra de imediato suas consequências. Vyāsa (comentando o *Yoga-sūtra*, II, 30) dá-nos alguns esclarecimentos interessantes quanto aos cinco refreamentos (*ahiṃsā*, "não matar"; *satya*, "não mentir"; *asteya*, "não roubar"; *brahmacarya*, "abstinência sexual" e *aparigraha*, "não ser avaro"). "*Ahiṃsā* significa não causar dor a nenhuma criatura, jamais e por nenhum meio. Os refreamentos *(yama)* e as disciplinas *(niyama)* têm suas raízes na *ahiṃsā* e tendem a completar a *ahiṃsā* [...]. A veracidade *(satya)* consiste em ajustar a palavra e o pensamento aos atos. A palavra e o pensamento correspondem ao que se viu, ouviu ou deduziu. Pronuncia-se a palavra a fim de comunicar o conhecimento. Somente se pode dizer que se utilizou a palavra para o bem dos demais e não em seu prejuízo se ela não foi enganadora, confusa ou estéril. Se resulta prejudicial às criaturas, mesmo não tendo sido enganosa, confusa e estéril, não é a verdade, é um erro [...]. Assim, cada um deve refletir com muita atenção e somente depois proferir a verdade para o bem de todos os seres [...]. O roubo *(steya)* é a ação de se apropriar ilegalmente de coisas pertencentes a outra pessoa. A abstenção do roubo *(asteya)* consiste na destruição do desejo de roubar. O *brahmacarya* é o refreamento das forças secretas (isto é, da força geratriz: *brahmacarya guptendriyasyopasthasya saṃyama*). A ausência de avareza *(aparigraha)* é a não apropriação das coisas alheias e é consequência da compreensão que se tem do erro que consiste em se apegar aos bens, e do prejuízo produzido pela acumulação, a conservação ou a destruição dos bens."

Estes "refreamentos" podem ser encontrados em todas as éticas e observados tanto por um aprendiz de Yoga quanto por qualquer homem honesto e puro. Sua prática não busca um estado específico do Yoga, mas um estado humano "purificado", superior ao da humanidade comum. Essa pureza é indispensável às etapas posteriores; por meio dela suprimem-se as tendências egoístas e se criam novos centros de experiências. A abstinência sexual tem por finalidade a conservação da energia. O Yoga confere importância capital a essas "forças secretas da faculdade geradora" que, quando consumidas, diluem a energia mais preciosa, debilitam a capacidade cerebral e dificultam a concentração. Se ao contrário, são dominadas e "freadas", facilitam a ascensão contemplativa. É necessário acrescentar, no entanto, que abster-se sexualmente *(brahmacarya)* não consiste só em privar-se de atos sexuais, mas em "queimar" a própria tentação carnal. O instinto não deve ficar subjacente, difuso no subconsciente, nem ser "sublimado" como entre os místicos, mas simplesmente destruído, "desenraizado" da consciência e dos sentidos.

Paralelamente a esses refreamentos, o *yogin* deve praticar os *niyama*, isto é, uma série de "disciplinas" corporais e psíquicas. "Limpeza; contentamento *(santoṣa)*; ascese *(tapas)*; estudo da metafísica do Yoga e esforço para fazer de Deus[9] *(Īśvara)* o motivo de todas suas ações, tais são as disciplinas"

9. Como observa S. N. Dasgupta (*Yoga as Philosophy and Religion*, p. 87 e ss.), somente os comentadores tardios – como Vācaspati e Vijñānabhikṣu – acreditam que *Īśvara* derruba as barreiras criadas por *prakṛti*, barreiras que constituem poderosos obstáculos no caminho do *yogin*.

(*Yoga-sūtra*, II, 32). Limpeza *(śauca)* significa purificação interior dos órgãos; assim os resíduos alimentares e as toxinas são prontamente eliminados. (Isso se obtém por uma série de "purgações" artificiais, nas quais insiste sobretudo o *haṭha-yoga,* isto é, o *yoga* que se ocupa quase exclusivamente da fisiologia e da "fisiologia sutil"). Vyāsa adverte que *śauca* implica também o afastamento das impurezas do espírito. "A ausência do desejo de ampliar as necessidades da existência" é a definição de contentamento *(santoṣa).*" "*Tapas (ascese)* consiste em suportar os contrários, o desejo de comer e o desejo de beber, o quente e o frio, o desejo de permanecer em pé e o de ficar sentado, a ausência de palavras *(kāstha mauna)* e a ausência de mímica que podem revelar o sentimento ou os pensamentos (*ākāra mauna;* Vācaspati Miśra observa que 'a ausência de indicações faciais, pelas quais se trai o segredo íntimo da mente, constitui o controle sobre si mesmo, de modo que o pensamento não se comunique aleatoriamente'). O estudo é o conhecimento das ciências relativas à liberação da existência *(mokṣa)* ou a repetição da sílaba *OM*[10] etc." (Vyāsa, no seu comentário ao *Yoga-sūtra*, II, 32).

É evidente que, mesmo durante essas práticas (que são antes de ordem moral e, em suma, desprovidas de estrutura *yóguica*) surgem dificuldades, na maioria das vezes produzidas pelo subconsciente. A perturbação provocada pela dúvida é o mais perigoso dos obstáculos no caminho da concentração. Patañjali recomenda, para vencê-la, a *implantação do pensamento oposto,* "para (evitar ou afastar) a perturbação pela dúvida, instaurar os contrários" (*Yoga-sūtra*, II, 33: *vitarka-bādhane pratipakṣa-bhāvanaṃ.* Certos tradutores entendem por *vitarka* "pensamentos culposos" e traduzem: "a fim de evitar a perturbação provocada por pensamentos culposos". De fato, *vitarka* significa "dúvida, incerteza" e Patañjali refere-se evidentemente à "tentação pela dúvida" que todos os tratados ascéticos conhecem e combatem). Em seu comentário, Vyāsa sugere alguns pensamentos a serem atualizados e formulados no momento da incerteza. No sutra seguinte (II, 34), Patañjali explica a natureza dessas "dúvidas" ou "vícios" (ver nota II, 1, sobre os obstáculos à concentração *yóguica*). É interessante observar desde já que a luta do *yogin* contra qualquer desses "obstáculos" tem caráter mágico. Toda tentação que ele vence equivale a uma força conquistada. Tais forças não são, é claro, morais; são forças mágicas. Renunciar a uma tentação não é só "purificar-se"

---

10. A sílaba mística *OM* encarna a essência mística de todo o cosmos. Ela não é senão a teofania reduzida ao estado de fonema (ver mais adiante, p. 114-115). As especulações ligadas à sílaba *OM* são ilimitadas. Entretanto, é curioso constatar que Vyāsa associa o *conhecimento* das ciências da salvação a uma *técnica* mística, pois se trata apenas de repetir a sílaba *OM*, e não de entrar em especulações a seu respeito.

no sentido negativo dessa palavra; é também obter um êxito real e positivo: o *yogin* estende seu poder sobre aquilo a que havia começado por renunciar. E, mais ainda, chega a dominar não só os objetos aos quais havia renunciado mas também uma força mágica infinitamente mais preciosa que todos os objetos como tais. Por exemplo, aquele que realiza o refreamento *asteya* (não roubar) "vê se aproximarem dele todos os tesouros" (*Yoga-sūtra*, II, 37). Voltaremos a falar mais adiante sobre este "poder mágico" *(siddhi)* que o *yogin* adquire com sua disciplina. Ele é incitado também a renunciar a esse "poder mágico", como renunciou às paixões humanas em troca das quais tal poder lhe foi conferido. A concepção desse equilíbrio quase físico entre a renúncia e os frutos mágicos da renúncia é notável.

A purificação física, diz Patañjali, produz um sentimento novo e bem-vindo: o desprezo por seu próprio corpo e a ruptura de contato com outros corpos (*Yoga-sūtra*, II, 40). Pela purificação psíquica obtém-se a *ekāgratā*, isto é, a autoridade sobre os sentidos e a capacidade de conhecer a alma (*Yoga-sūtra*, II, 41). O contentamento de si, a sobriedade propiciam uma "inexprimível felicidade" (*Yoga-sūtra*, II, 42), e a ascese propriamente dita (*tapas*, o esforço físico utilizado como meio de purificação) afasta as impurezas e inaugura um novo poder sobre os sentidos, isto é, a possibilidade de passar além dos limites dos sentidos (clarividência, clariaudiência, adivinhação dos pensamentos etc.) ou de suprimi-los à vontade (Vyāsa, no seu comentário ao *Yoga-sūtra*, II, 43).

AS POSTURAS *(ĀSANA)* E A DISCIPLINA DA RESPIRAÇÃO *(PRĀṆĀYĀMA)*

É somente com o terceiro "membro do Yoga" *(yogāṅga)* que começa a técnica *yóguica* propriamente dita. Este terceiro "membro" é o *āsana*, palavra que designa a postura do *yogin* muito conhecida, que o *Yoga-sūtra*, II, 46, define como *sthira-sukham*, "estável e agradável". A descrição dos *āsana* é encontrada nos numerosos tratados de *haṭha-yoga*. No tratado de Patañjali essa descrição é apenas esboçada, pois os *āsana* se aprendem com um *guru* e não através de descrições. O que importa é que os *āsana* dão uma firme estabilidade ao corpo e ao mesmo tempo reduzem o esforço físico ao mínimo. Evita-se assim a sensação irritante de fadiga, de enervamento de certas partes do corpo, regulam-se os processos fisiológicos e permite-se, desse modo, que a atenção se ocupe exclusivamente da parte fluida da consciência. No começo as posturas são incômodas e mesmo insuportáveis. Mas, após certo treino, o esforço de manter o corpo na mesma posição torna-se mínimo. Isto é de importância capital; o esforço deve desaparecer, a posição meditativa deve-se tornar natural, só então ela propicia a concentração. "A postura torna-se perfeita quando o esforço para realizá-la desaparece, de forma que não haja mais movimentos no corpo. Assim também, sua perfeição se cumpre quando a mente se transforma em infinito *(anantasamāpathibhiyām),* isto é, quando ela faz da ideia do infinito seu próprio conteúdo." (Vyāsa, comentando o *Yoga-sūtra,* II, 47.) Vācaspati Miśra, comentando a interpretação de Vyāsa, escreve: "Aquele que praticar o *āsana* deverá valer-se de um esforço que consiste em suprimir os esforços corporais naturais. De outra forma, a postura ascética da qual falamos não poderá ser realizada". No que se refere à "mente transformada em infinito", isto significa a supressão total da atenção à presença do próprio corpo.

As posturas são uma das técnicas características da ascese indiana. Encontramo-las nas *Upaniṣad* e mesmo na literatura védica, mas as alusões a elas são mais numerosas nas epopeias e nos *Purāṇa.* Na literatura do *haṭha-yoga* os *āsana* ou posturas desempenham papel mais e mais importante; o tratado *Gheraṇḍa-saṃhitā* descreve trinta e duas variedades delas. Eis, por exemplo, como se obtém uma das posturas meditativas mais fáceis e comuns, o *padmāsana*: "Coloque o pé direito sobre a barriga da perna esquerda e o pé esquerdo sobre a barriga da perna direita; cruze os braços atrás, sobre as costas, e segure os calcanhares com as mãos (a mão direita o calcanhar direito e a mão esquerda o calcanhar esquerdo). Apoie o queixo no peito e fixe o olhar na ponta do nariz" (*Gheraṇḍa-saṃhitā,* II, 8). Encontram-se listas e descrições dos *āsana* na maior parte dos tratados tântricos e *de haṭha-yoga* (ver nota II, 2). A finalidade dessas posturas meditativas é sempre a mesma: "A cessação absoluta da perturbação dos contrários" (*dvandvāna-bhighāta; Yoga-sūtra,* II, 48). Alcança-se então certa "neutralidade" dos sentidos; a consciência não é mais perturbada pela "presença do corpo", conquistando-se a primeira etapa em direção ao isolamento da consciência e interceptando as pontes que permitem a comunicação com a atividade sensorial.

O *āsana* marca com nitidez a transcendência da condição humana. Se essa "parada", essa invulnerabilidade em relação aos contrários, ao mundo exterior, representa uma regressão à condição vegetal ou uma transcendência em direção ao arquétipo divino formulado iconograficamente, é uma questão que examinaremos mais tarde. Por ora, contentemo-nos em observar que o *āsana* é o primeiro passo concreto tendo em vista abolir as modalidades humanas de existência. O certo é que a postura corporal – imóvel, hierática – imita outra condição além da humana: no estado de *āsana,* o *yogin* pode ser comparado a uma planta ou a uma estátua divina; não poderia ser equiparado ao homem que, por definição, é móvel, agitado, arrítmico. Ao nível do "corpo", o *āsana* é uma *ekāgratā,* uma concentração em um só ponto; o corpo está "firmado", "concentrado" em uma única posição. Assim como a *ekāgratā* põe fim às flutuações e à dispersão dos "estados de consciência", *āsana* põe fim à mobilidade e à disponibilidade do corpo, reduzindo a infinidade das posições possíveis a uma só postura, arquetípica, iconográfica. Veremos logo que a tendência para a "unificação" e a "totalização" é própria de todas as técnicas do Yoga. O sentido profundo dessas "unificações" será entendido um pouco adiante. O fim imediato, porém, que desde já salta aos olhos, é a abolição (ou superação) da condição humana, resultante da recusa a adequar-se às mais elementares inclinações humanas. A recusa a mover-se *(āsana),* a deixar-se levar pelo rio impetuoso dos estados de consciência *(ekāgratā),* será seguida de uma série de "recusas" de toda espécie.

O mais importante – o mais especificamente *yóguico* – dessas diversas recusas é a disciplina da respiração *(prāṇāyāma),* ou melhor, a "recusa" a respirar como o comum dos homens, ou seja, de maneira arrítmica. Eis como Patañjali define esta recusa: "O *prāṇāyāma* é a parada *(viccheda)* dos movimentos inspiratórios e expiratórios *(śvāsa-praśvāsayor),* e ele é obtido depois de ter sido realizado o *āsana*" (*Yoga-sūtra,* II, 49). Patañjali fala da "parada", da suspensão da respiração; contudo, o *prāṇāyāma* começa por ritmar a respiração o mais lentamente possível; esse é seu objetivo inicial. Existem inúmeros textos a respeito dessa técnica ascética indiana, mas a maior parte deles não faz senão repetir as fórmulas tradicionais. Se bem que o *prāṇāyāma* seja um exercício *yóguico* específico e de muita importância, Patañjali lhe consagra apenas três sutras. Sua preocupação principal são os fundamentos teóricos das práticas ascéticas; detalhes técnicos podem ser encontrados nos comentários de Vyāsa, Bhoja e Vācaspati Miśra e sobretudo nos tratados de *haṭha-yoga.*

Uma alusão de Bhoja (no seu comentário ao *Yoga-sūtra,* I, 34) revela-nos o profundo sentido do *prāṇāyāma*: "Uma vez que todas as funções dos órgãos são precedidas pela da respiração – visto que sempre há um vínculo entre a respiração e a consciência, em suas respectivas funções –, quando todas as funções orgânicas ficam suspensas, a respiração efetua a concentração da consciência em um único objeto". A afirmação parece-nos importante: "sempre há um vínculo entre a respiração e os estados mentais" exprime muito mais do que a simples constatação de que, por exemplo, a respiração de um homem colérico é agitada, enquanto a respiração daquele que se concentra (mesmo que provisoriamente e sem nenhuma finalidade *yóguica*) é ritmada, moderada. A relação que liga o ritmo da respiração aos estados de consciência, aos quais se refere Bhoja, e que sem dúvida tem sido observada e comprovada experimentalmente pelos *yogīs* desde os tempos mais remotos, serviu-lhes de instrumento de "unificação" da consciência. A "unificação" de que se trata aqui deve ser compreendida no sentido de que, ritmando a respiração e tornando-a progressivamente mais lenta, o *yogin* pode "penetrar", isto é, experimentar com toda lucidez certos estados de consciência inacessíveis na vigília e, em particular, os estados de consciência que caracterizam o sono.[11] É certo que o ritmo respiratório de um homem adormecido é mais lento que o ritmo de um homem acordado. Conquistando, graças ao *prāṇāyāma*, esse ritmo do sono, o *yogin* pode penetrar nos "estados de consciência" próprios do sono, sem ter que renunciar à lucidez.

Os ascetas indianos conhecem quatro modalidades da consciência (além do "estado" enstático): a consciência diurna, a do sono com sonhos, a do sono sem sonhos e a "consciência cataléptica". Por meio do *prāṇāyāma*, isto é, prolongando mais e mais a expiração e a inspiração (prática cujo objetivo é deixar um intervalo tão longo quanto possível entre esses dois momentos da respiração), o *yogin* pode penetrar em todas as modalidades da consciência. Para o homem comum existe uma descontinuidade entre essas diversas modalidades; do estado de vigília passa-se para o de sono de maneira inconsciente. O *yogin* deve conservar a continuidade da consciência, ou seja, penetrar firme e lúcido em cada um desses "estados".[12] Porém, a experiência das quatro modalidades da consciência às quais corresponde naturalmente certo ritmo respiratório – assim como a *unificação* da "consciência"

11. É por isso que, quase sempre, o aprendiz do *prāṇāyāma* adormece quando consegue igualar o ritmo de sua respiração ao ritmo respiratório característico do estado de sono.

12. Nos *ashrams* himalaicos de Haridvar, Rishikesh e Svargashram, onde vivemos entre setembro de 1930 e março de 1931, numerosos *sannyāsin* nos confessaram que o objetivo do *prāṇāyāma* era fazer o praticante penetrar no estado de *turīya* ("catalepsia"). Observamos que alguns passavam boa parte do dia e da noite em profunda "meditação", quando a respiração era dificilmente perceptível. É fora de dúvida que os estados catalépticos podem ser provocados voluntariamente por *yogīs* experimentados. A missão da Dra. Thérèse Brosse na Índia (ver Ch. Laubry e Thérèse Brosse, "Documents recueillis aux Indes sur les *yogīs* par l'enregistrement simultané du pouls, de la respiration et de l'électrocardiogramme", em *Presse Médicale*, n. 83 de 14 de outubro de 1936) demonstrou que a redução da respiração e da contração cardíaca chega a um grau que não se verifica comumente senão na agonia de uma pessoa. Os *yogīs* realizam *efetivamente* este fenômeno fisiológico através da própria vontade – de maneira alguma é o efeito de autossugestão. Nesse estado, o *yogin* pode ser enterrado sem risco algum. "A restrição da respiração chega a tal grau que alguns (praticantes) podem ser enterrados sem perigo durante um tempo determinado, em um local onde o ar acumulado seria totalmente insuficiente para assegurar sua sobrevivência. Essa pequena reserva de ar tem por objetivo, segundo eles, permitir-lhes – em caso de que algum imprevisto interrompesse sua experiência *yóguica* – realizar algumas inspirações para retomar o estado perdido." (Dr. Jean Filliozat, *Magie et médecine*, Paris, 1943, p. 115-116). Cf. *idem*, *Journal Asiatique*, 1937, p. 521-522.

(resultante do fato de que o *yogin* suprime a descontinuidade entre essas quatro modalidades) – não pode ser obtida senão depois de longa prática. A finalidade imediata do *prāṇāyāma* é mais modesta. Com esse exercício adquire-se em primeiro lugar uma "consciência contínua" que pode tornar possível a meditação *yóguica*. A respiração do homem comum é geralmente arrítmica; varia conforme as circunstâncias exteriores ou a tensão mental. Essa irregularidade produz uma perigosa fluidez psíquica e, em consequência, instabilidade e dispersão da atenção. É possível tornar-se atento esforçando-se para isso. Mas o esforço, para o Yoga, é uma "exteriorização". A respiração deve ser ritmada, se não de forma a ser "esquecida" completamente, pelo menos de maneira a não incomodar pela descontinuidade. Tenta-se então, por meio do *prāṇāyāma,* suprimir o esforço respiratório; ritmar a respiração deve se tornar uma coisa automática, a fim de que o praticante possa esquecê-la.

Por meio do *prāṇāyāma* o *yogin* tenta conhecer de maneira imediata a pulsação de sua própria vida, a energia orgânica descarregada pela inspiração e a expiração. O *prāṇāyāma* é, por assim dizer, uma atenção dirigida para a vida orgânica, um conhecimento pelo ato, uma entrada calma e lúcida na própria essência da vida. O Yoga recomenda a seus fiéis que vivam mas não se abandonem à vida. As atividades sensoriais possuem o homem, alteram-no, desagregam-no. A concentração nessa função vital que é a respiração tem como efeito, nos primeiros dias de prática, uma inexprimível sensação de harmonia, uma plenitude rítmica, melódica, um aplainar de todas as asperezas fisiológicas. Em seguida, traz um sentimento vago de presença no corpo, uma consciência de sua própria grandeza. Estes são dados simples, acessíveis a todo mundo, verificados por todos os principiantes desta disciplina preliminar da respiração. O professor Stcherbatsky (*The Conception of Buddhist Nirvāṇa,* p. 15, nota 2) lembra que, segundo O. Rosenberg – que praticou alguns exercícios de *yoga* em um mosteiro japonês –, essa sensação agradável poderia ser comparada "à música, sobretudo quando é executada pela própria pessoa".

O ritmo da respiração obtém-se por uma harmonização dos três "momentos": a inspiração *(pūraka),* a expiração *(recaka)* e a retenção do ar *(kumbhaka).* Cada um desses três momentos deve ter a mesma duração. Pela prática, o *yogin* chega a prolongá-los por bastante tempo, pois a finalidade do *prāṇāyāma* é, como o declara Patañjali, a suspensão tão longa quanto possível da respiração, à qual se chega diminuindo progressivamente seu ritmo.

A duração da respiração tem como unidade de medida um *mātrā pramāṇa.* Segundo o *Skanda-purāṇa,* um *mātrā* é igual ao tempo necessário para uma respiração *(ekasvāsamapi mātrāprāṇāyāme nigadyate).* O

Yogacintāmaṇi afirma que essa respiração tem como referência a do sono, que é igual a 2 e 1/2 *pala* (um *pala* é igual ao tempo de um piscar de olhos). Na prática do *prāṇāyāma* utiliza-se o *mātrā pramāṇa* como unidade de medida, isto é, diminui-se progressivamente cada "momento" da respiração até atingir-se de um a vinte e quatro *mātrā*. O *yogin* mede esses *mātrā* seja repetindo mentalmente a sílaba mística *OM*, tantas vezes quantas necessárias, seja mexendo um a um os dedos da mão esquerda.[13]

EXCURSO: *PRĀṆĀYĀMA* NAS ASCESES NÃO INDIANAS

Ritmar e reter a respiração estão entre as técnicas de "fisiologia mística" estudadas por H. Maspero em suas memórias. Os procedimentos para "alimentar o princípio vital" na religião taoista antiga (*Journal Asiatique*, abril-junho, julho-setembro, 1937, p. 177-252, 353-430) tomam aí o nome de "respiração embrionária", *t'ai-si*. O objetivo principal desse exercício respiratório é obter a Longa Vida (tch'ang chen), que os taoistas compreendem "como uma imortalidade material do próprio corpo" (Maspero, *op. cit.*, p. 178). A "respiração embrionária" não é pois, como o *prāṇāyāma*, um exercício preliminar à meditação, nem um exercício auxiliar. É algo que se basta a si mesmo. A "respiração embrionária" não serve, como o *prāṇāyāma*, para preparar a concentração espiritual e a penetração da consciência nas zonas que lhe são inacessíveis, mas conduz a um processo de "fisiologia mística" em virtude da qual a vida do corpo é prolongada indefinidamente. O taoismo lembra por isso o *haṭha-yoga*, com o qual se assemelha em certa medida, assim como determinadas práticas eróticas que aí se encontram (retenção do sêmen) lembram o tantrismo (ver mais adiante p. 214). Porém, o que a China continua buscando em primeiro lugar é o prolongamento indefinido da vida do corpo material, enquanto o que instiga a Índia é a ideia da liberdade espiritual a ser conquistada, a ideia da transfiguração, da "deificação" do corpo.

Eis alguns textos taoistas referentes à técnica da respiração: "É preciso instalar-se em um cômodo retirado, fechar as portas, acomodar-se sobre uma cama com uma esteira macia e um travesseiro de cinco centímetros de altura,

---

13. Cf. R. Mitra, *Yoga Aphorisms with the commentary of Bhoja Raja*, Calcutá, 1883, p. 42-43, nota; S. N. Dasgupta, *Yoga as Philosophy and Religion*, p. 145-147, e R. Rössel, *Die psychologischen Grundlagen der Yoga-Praxis*, Stuttgart, 1928, p. 32-36.

deitar-se com o corpo em posição correta, fechar os olhos e suspender a respiração retendo o ar no diafragma, de modo que uma pena sobre a boca e o nariz não se mexa" (*Tchen tchong ki*, Maspero, *op. cit.*, p. 203). Um autor do fim do século sexto, Li Ts'ien-tch'eng recomenda "permanecer deitado, olhos fechados, mãos fechadas, manter o ar preso no interior contando até 200 e lançá-lo então do interior da boca" (Maspero, *op. cit.*, p. 203). Reter o ar inspirado, eis a coisa mais importante. Depois de um exercício prolongado pode-se, assim, chegar a reter o ar pelo tempo de 3, 5, 7, 9 respirações, em seguida de 12, 120 etc. Para obter a imortalidade é necessário reter o ar pelo tempo de mil respirações.

Muito mais difícil é praticar a técnica do "sopro interno", ou seja, a respiração chamada "embrionária". Sendo puramente interno, esse sopro dispensa a retenção da respiração à maneira dos antigos taoistas. Eis um texto importante: "Após absorver o sopro, quando se dispuser de tempo, ocupar um aposento calmo, onde ninguém habite, soltar os cabelos, afrouxar as roupas e deitar-se, com o corpo na posição correta, estender os pés e as mãos, não fechar (as mãos), usar uma manta limpa, cujas bordas toquem o chão [...]. Então harmonizar os sopros; quando os sopros tiverem encontrado (cada um) seu lugar (a víscera que corresponde a cada um deles), deixar sedimentar o sopro. Então manter o sopro até que isso não seja mais possível. Obscurecer o coração de maneira que ele não pense (lembremo-nos de que para os chineses o coração é o órgão do pensamento); deixar o sopro atuar internamente e, quando isso se tornar insustentável, abrir a boca e expirar o ar; quando o ar acaba de sair, a respiração é agitada; acalmar e harmonizar o ritmo, para o que bastam sete ou oito respirações. Então recomeçar novamente. Caso se disponha de mais tempo, realizar a prática umas dez vezes [...], mas não todos os dias. Talvez a cada dez ou cinco dias, caso se tenha tempo, ou caso se sinta que não há fluência de comunicação em todo o corpo, ou se os quatro membros sentirem um calor insuportável – então que se pratique!" (Maspero, *op. cit.*, p. 220-221).

Alguns resultados obtidos com esta "respiração embrionária" assemelham-se aos "poderes" *yóguicos (siddhi)*. "Pode-se então entrar na água (sem se afogar) ou andar sobre o fogo (sem se queimar)", assegura o célebre tratado *Fórmula Oral Eficaz e Secreta Relacionada a Diversos Procedimentos de Absorver o Sopro* (Maspero, *op cit.*, p. 222).

A retenção do ar é praticada sobretudo para cura de doenças (*ib.*, p. 363 e ss.). "Harmoniza-se a respiração, depois inspira-se e se retém o ar tanto tempo quanto possível; medita-se sobre a parte doente, à qual dirigimos o sopro através do pensamento, e o impelimos a lutar contra a doença tentando desbloquear a passagem obstruída. Quando não se tem mais fôlego, expulsa-se o ar; depois se recomeça vinte ou cinquenta vezes; interrompe-se quando se percebe que o suor flui no local enfermo. Recomeça-se todos os dias à meia-noite ou na quinta parte da noite, até a cura" (*ib.*, p. 364).

Na prática neotaoista, o papel do pensamento torna-se mais importante. O *Discurso* de Sseu-ma Tch'eng-cheng recorda que "aqueles que absorvem os sopros [...] devem segui-los com o pensamento quando entram em suas vísceras, para que os humores (de suas vísceras) sejam penetrados (pelos sopros), cada (sopro) em conformidade com a (víscera) que preside, e assim (os sopros) poderão circular através de todo o corpo e curar todas as doenças..." (*ib.*, p. 369).

É provável que, ao menos sob sua forma neotaoista, a disciplina dos sopros tenha sido influenciada pelo Yoga tântrico: certas práticas, ao mesmo tempo respiratórias e sexuais, penetraram na China a partir do século VII da era cristã (ver mais adiante, p. 339-340). O Dr. Jean Filliozat conclui francamente a favor de um empréstimo da Índia: "O taoismo não pôde emprestar da velha medicina chinesa uma noção do papel fisiológico da respiração sistematizada dessa forma, porque a antiga medicina chinesa não a incluía em absoluto"; cf. "Taoïsme et Yoga", p. 120, em *Dân Việt-Nam*, n. 3, agosto 1949, p. 113-120. Por outro lado, existiam na China certas técnicas arcaicas de estrutura xamânica, que propunham a imitação dos movimentos e da respiração dos animais (ver nosso livro *Le Chamanisme et les Techniques Archaïques de l'Extase*, p. 402 e ss.). A respiração "profunda e silenciosa" do *êxtase* parecia-se com a respiração dos animais durante a *hibernação*. Sabe-se que, para os chineses, a espontaneidade e a plenitude da vida animal constituíam o modelo por excelência de uma existência em perfeita harmonia com o cosmos. Marcel Granet sintetiza admiravelmente a função a um só tempo orgânica e espiritual dessa respiração embrionária, característica da plenitude orgânica e também do êxtase. "Aquele que deseja evitar paixões e desvarios deve aprender a respirar não só pela garganta mas com todo o corpo, a partir dos calcanhares. Apenas esta respiração, profunda e silenciosa, afina e enriquece a substância. É, além disso, a respiração que se impõe tanto durante a *hibernação* quanto durante o *êxtase*. Ao respirar com o pescoço dobrado ou estendido, chega-se, pode-se dizer, a laminar o sopro e a refinar sua potência vivificante. O objetivo supremo é estabelecer uma forma de circulação interna dos princípios vitais, de tal modo que o indivíduo possa permanecer *perfeitamente* fechado e suportar sem dano a prova da imersão. O indivíduo torna-se *impermeável*, autônomo, *invulnerável*, desde que possua a arte de se nutrir e de respirar em circuito fechado, à maneira de um *embrião*" (Marcel Granet, *La Pensée Chinoise*, Paris, 1934, p. 514-515). É possível, então, que as influências indianas se tenham exercido nos meios neotaoistas, herdeiros, não da medicina científica chinesa, mas da tradição "mística" autóctone; ora, esta conservava ainda a imemorial nostalgia da beatitude e da espontaneidade animais. Em todo caso, Lao Tsé (*Tao Te King*, 6) e Tchuang Tsé já conheciam a "respiração metódica".

A técnica respiratória também é utilizada pela mística islâmica (cf. J. Goldziher, *Vorlesungen über der Islam*, Heidelberg, 1910, p. 164; M. Moreno, *Mistica Musulmana* e *Mistica Indiana*, Annali Lateranensi, 1946, p. 102-212, especialmente p. 140 e ss., e sobretudo L. Gardet, *La Mention du Nom Divin (dhikr) dans la Mystique Musulmane*, Revue Thomiste, 1952, p. 641-679; 1953, p. 197-213, estudo que utilizaremos mais adiante, p. 183). Qualquer que seja a origem[14] desta técnica respiratória dentro da tradição islâmica, é fora de dúvida que certos místicos muçulmanos da Índia tomaram emprestados e praticaram os exercícios do Yoga. (Um deles, o príncipe Muhammad Dārā Shikoh, tentou elaborar uma síntese mística indo-islâmica; cf. Mahfuz-ul-Hak, *Majma-ul-bahrain* [O Encontro dos Dois Oceanos] Calcutá, Biblioteca Índica, 1929). A técnica do *dhikr* tem às vezes notáveis analogias formais com a disciplina indiana da respiração. Hughes (*Dictionary of Islam*, Londres, 1885, p. 703 e ss.) menciona que se contava de um religioso, habitante da fronteira afegã, que ele tinha praticado tanto o *dhikr* que conseguia sustentar-se sem respirar por quase três horas. (Sobre o *dhikr* ver mais adiante, p. 183.)

Um problema interessante é colocado pelo hesicasmo. Certas preliminares ascéticas e certos métodos de oração utilizados pelos monges hesicastas apresentam pontos de semelhança com as técnicas *yóguicas*, principalmente com o *prāṇāyāma*. Eis como o Rev. Pe. Irénée Hausherr resume o essencial do método de oração hesicasta: "Ele comporta um duplo exercício, a onfaloscopia e a repetição indefinida da oração de Jesus: 'Senhor Jesus Cristo, filho de Deus, tende piedade de mim!'. Sentando-se na penumbra, baixando a cabeça, fixando os olhos no meio do ventre, ou melhor, no umbigo, procurando descobrir ali o lugar do coração; repetindo esse exercício sem cessar, acompanhando-o sempre da mesma invocação conforme o ritmo da respiração – ritmo esse o mais lento possível –, por meio da perseverança diurna e noturna nessa oração mental, se acabará por encontrar aquilo

14. Sabe-se que segundo certos autores – em primeiro lugar Max Horten, em *Indische Strömungen in der islamischen Mystik* (2 vols., Heidelberg, 1927-1928) – o sufismo teria recebido forte influência indiana. Louis Massignon já demonstrou o exagero dessa tese (*Essai sur les origines du lexique technique de la vie mystique musulmane*, Paris, 1922, p. 63-80), e recentemente Mario Moreno chegou a resultados negativos quanto à importância da contribuição indiana à tradição mística islâmica (*op. cit.*, p. 210 e ss.). Mas o problema específico da origem da técnica respiratória muçulmana permanece em aberto.

que se busca: o lugar do coração e, com ele e nele, toda espécie de maravilhas e conhecimentos" (Irénée Hausherr, *La Méthode d'Oraison Hésychaste*, Orientalia Cristiana, vol. IX, 2, Roma, 1927, p. 102).

Eis um fragmento de Nicéforo, o Solitário[15] (segunda metade do século XIII) traduzido por Jean Gouillard (*Petite Philocalie de la Prière du Coeur*, Paris, 1953, p. 204): "Para ti, assim como eu te disse, senta-te, recolhe teu espírito, introduze-o – digo teu espírito – nas narinas; é o caminho que usa o ar para ir ao coração. Empurra-o, força-o a descer para teu coração ao mesmo tempo que o ar inspirado. Quando isso acontecer, verás a alegria que se seguirá: nada terás a lamentar. Tal como o homem que, retornando a sua casa depois de uma ausência, não contém a alegria de reencontrar a mulher e os filhos, assim o espírito, quando ele se uniu à alma, transborda de alegria e delícias inefáveis. Meu irmão, acostuma pois teu espírito a não ter pressa em sair dessa união. No começo, falta-lhe fervor – é o mínimo que se pode dizer – para essa reclusão e recolhimento interiores. Logo que o espírito crie o hábito, ele já não experimentará prazer algum pelas coisas externas. Pois 'o reino de Deus está dentro de nós' e para aquele que volta seus olhos para si mesmo e o busca com prece pura, todo o mundo exterior se torna vil e desprezível".

No século XVIII as doutrinas e as técnicas hesicastas eram familiares aos monges do monte Atos. Eis alguns fragmentos do *Encheiridion* de Nicodemos, o Hagiorita: "...Os iniciantes devem acostumar-se a fazer esse regresso do espírito como o ensinaram os divinos Padres Jejuadores, inclinando a cabeça e apoiando a barba no alto do peito..." (I. Hausherr, *op. cit.*, p. 107). "*Por que é necessário reter a respiração na prece.* Visto que seu espírito ou o ato de seu espírito se habituou, desde a juventude, a expandir-se e dispersar-se nas coisas sensíveis do mundo exterior, por isso, quando se ora, que não se respire continuamente, tal como a natureza se acostumou, mas que se retenha um pouco a respiração até que a palavra interior tenha dito uma vez a prece, e que então se respire como os divinos Padres ensinaram. Porque, nessa momentânea retenção da respiração, o coração vê-se incomodado e oprimido e, consequentemente, experimenta um sofrimento ao não receber o ar que é necessário à sua natureza; e o espírito, por seu lado, com este método, se recolhe mais facilmente e se volta para o coração [...]. Com esta retenção momentânea da respiração, o coração duro e sombrio se ameniza e a umidade do coração, convenientemente contida e

15. "O primeiro testemunho datado com precisão, da oração de Jesus combinada com uma técnica respiratória" (Jean Gouillard, *op. cit.*, p. 185).

aquecida, torna-o terno, sensível, humilde e mais disposto à compunção e a verter lágrimas com facilidade [...]. Porque com essa curta retenção, o coração experimenta constrangimento e sofrimento, e por causa deles vomita o anzol envenenado do prazer e do pecado que antes engoliu..." (*ib.*, p. 109).

Enfim, é necessário citar o tratado fundamental, o *Método da Santa Prece e Atenção,* durante muito tempo atribuído a Simeão, o Novo Teólogo; "o opúsculo bem poderia ser contemporâneo daquele de Nicéforo, se não for do próprio Nicéforo como pensa, não sem certa razão, Irénée Hausherr" (Jean Gouillard, *op. cit.*, p. 206). O Rev. Pe. Hausherr proporcionou uma edição e uma tradução em seu trabalho *La Méthode d'Oraison Hésychaste* (o fragmento que nos interessa está traduzido nas páginas 164 e 165). Reproduzimos a nova tradução de Jean Gouillard (*op. cit.*, p. 216): "Assim, senta-te em uma cela tranquila, afastado em um canto aplica-te a fazer o que digo: fecha a porta, ergue teu espírito acima de todo objeto vão ou passageiro. Depois, apoiando a barba contra o peito, dirige o olho do corpo, ao mesmo tempo que todo teu espírito, para o centro de teu ventre, isto é, para teu umbigo; comprime a aspiração do ar que passa pelo nariz de modo a não respirar à vontade e perscruta mentalmente o interior de tuas entranhas à procura do lugar do coração, que todas as potências da alma amam frequentar. No princípio, encontrarás trevas e uma opacidade persistente, mas se perseveras, se dia e noite praticas o exercício, acharás, oh! maravilha! uma felicidade sem limites". Por último, poderíamos citar outros textos de autores hesicastas, por exemplo, Gregório, o Sinaíta (1255-1346), do qual a *Petite Philocalie de la Prière du Coeur*, de Jean Gouillard, oferece alguns trechos importantes (sobre as "posições" ascéticas durante a prece, p. 248; sobre a retenção do ar, p. 249). Referimo-nos sempre com interesse à apologia do hesicasmo de Gregório Palamas (*c.* 1296-1359), "o último grande nome da teologia bizantina" (ver alguns extratos em Jean Gouillard, *op. cit.*, p. 269-285).

É necessário não se deixar enganar por essas analogias forâneas com o *prāṇāyāma*. Entre os hesicastas, a disciplina da respiração e a postura corporal têm a finalidade de preparar a oração mental; nos *Yoga-sūtra* esses exercícios perseguem a "unificação" da consciência e a preparação da "meditação", e o papel de Deus *(Īśvara)* é bastante modesto. Não é menos verdade, porém, que as duas técnicas já mencionadas são, do ponto de vista fenomenológico, bastante semelhantes para permitirem levantar o problema da influência da fisiologia mística indiana no hesicasmo.

Não abordaremos aqui esse estudo comparativo. Sobre o hesicasmo, ver K. Holl, *Enthusiasmus und Bussgewalt bei griechischen Mönchtum,* Leipzig, 1898, p. 214 e ss.; M. Jugie, *Les Origines de la Méthode d'Oraison des Hésychastes,* Echos d'Orient, 30, 1931, p. 179-185; Dr. André Blomm, *Contemplation et Ascèse, Contribution Orthodoxe,* em Études Carmélitaines,

1948 (Technique et contemplation), p. 49 e ss.; L'Hésichasme, Yoga Chrétien?, em *Yoga,* editado por Jacques Masui, Paris, 1953, p. 177-195), e o estado das questões e bibliografias apresentadas por Jean Gouilhard, *Petite Philocalie de la Prière du Coeur,* p. 22 e ss., 37, e L. Gardet, *La Mention du Nom Divin (dhikr) dans la Mystique Musulmane,* p. 645 e ss.

CONCENTRAÇÃO E MEDITAÇÃO *YÓGUICAS*

As posturas ou *āsana*, o *prāṇāyāma* e a *ekāgratā* são usados para abolir – nem que seja só durante o tempo que dura o exercício – a condição humana. Imóvel, ritmando a respiração, fixando o olhar e a atenção em um só ponto, o *yogin* supera experiencialmente a modalidade profana do existir. Começa a tornar-se autônomo em relação ao cosmos; as tensões exteriores não mais o perturbam (tendo, com efeito, ultrapassado os "contrários", é insensível tanto ao frio como ao calor, à luz e à obscuridade etc.); a atividade sensorial já não o projeta para fora, para os objetos dos sentidos, o fluxo psicomental já não é violentado nem dirigido pelas distrações, os automatismos e a memória: ele está "concentrado", "unificado". Essa retirada do cosmos é acompanhada de um mergulho em si mesmo, cujos progressos se somam aos da retirada. O praticante volta a si, toma posse de si mesmo, cerca-se de "defesas" cada vez mais poderosas para se preservar de uma invasão pelo exterior – torna-se, em uma palavra, invulnerável.

Uma concentração dessa espécie, experimentada em todos os níveis *(āsana, prāṇāyāma, ekāgratā),* vem acompanhada de maior atenção à sua própria vida orgânica. Durante a prática, o *yogin* sente seu corpo de maneira completamente diferente da de um homem comum. A estabilidade corporal, a diminuição do ritmo respiratório, a restrição do campo da consciência até fazê-la coincidir com um ponto, assim como a ressonância que tem nele a mínima pulsação da vida do interior – tudo isso assemelha aparentemente o *yogin* a uma planta. Essa semelhança, aliás, não implicaria um sentido pejorativo, ainda que correspondesse à realidade. A modalidade vegetal não é, para a consciência indiana, empobrecimento, mas, ao contrário, enriquecimento da vida. Na mitologia dos *Purāṇa,* assim como na iconografia, o rizoma e o lótus tornam-se os símbolos das manifestações cósmicas. A criação é simbolizada por um lótus flutuante sobre as águas primordiais. A vegetação significa sempre a plenitude, a fertilidade, o germinar de todas as sementes. Quanto à pintura indiana (por exemplo a dos afrescos de Ajanta), a beatitude dos personagens se manifesta mediante gestos suaves, ondulantes, semelhantes às lianas aquáticas; tem-se a impressão de que nas veias dessas figuras míticas corre seiva vegetal e não sangue.

A priori, entretanto, essa semelhança do *yogin* em estado de concentração com uma planta não é inverossímil. A nostalgia que o indiano sente frente ao circuito fechado e contínuo da vida orgânica – circuito desprovido de asperezas e de momentos explosivos (em suma, tal como se realiza no nível vegetativo da vida) – é um fato real. Não cremos, contudo, que a abolição da condição humana através da imobilidade, o ritmo imposto à respiração e a concentração em um único ponto tenham como razão última dar esse passo para trás, que significaria a integração na modalidade vegetal da vida. Tudo o que se pretende nos *Yoga-sūtra* de Patañjali, e principalmente tudo o que se pretende nos outros gêneros de Yoga, invalida claramente semelhante hipótese. Parece-nos que as simetrias vegetais que encontramos nas posturas, na respiração e na concentração *yóguicas* se explicam perfeitamente mediante o simbolismo arcaico do "renascimento".

Morfologicamente, poderíamos comparar as posturas e o *prāṇāyāma* à "respiração embrionária" utilizada pelo taoismo,[16] à posição "embrionária" que tantos povos impõem a seus mortos antes de sepultá-los (na esperança de um próximo retorno à vida) e, por último, a certas cerimônias iniciáticas e de regeneração praticadas em um espaço fechado, símbolo da matriz. Neste estudo não vem ao caso deter-nos nestas cerimônias; assinalemos somente que todas elas pressupõem a projeção mágica do praticante no alvorecer dos tempos, em um *illud tempus* mítico. *Incipit vita nova* (e toda regeneração é um "novo nascimento"), o que só é possível suprimindo-se o tempo transcorrido e também a "história", de tal forma que o momento atual coincida com o momento mítico dos começos, isto é, da Criação dos mundos, da cosmogonia. Nesse sentido, a posição do corpo e a "respiração embrionária" do *yogin*, ainda que perseguindo (pelo menos nos *Yoga-sūtra* e também em outras formas do Yoga) um fim bem diferente, podem considerar-se modalidades ontológicas embrionárias, vegetativas.

Por outro lado, as posturas e a *ekāgratā* imitam um arquétipo divino; a posição *yóguica* tem valor religioso em si mesma. É certo que o praticante não imita os "gestos" e as "paixões" da divindade – e não sem razão! Pois o Deus dos *Yoga-sūtra*, *Īśvara*, é um puro espírito que não apenas não criou o mundo, mas nem sequer intervém na história, nem direta

16. O objetivo desta respiração, segundo fontes taoistas, é imitar a respiração do feto no ventre materno. "Voltando à base, regressando à origem, afugenta-se a velhice, volta-se ao estado fetal", diz o prefácio da obra *T'ai-si K'eou Kiue* (Fórmulas orais da respiração embrionária), citada por Maspero em seu artigo "Les procédés de 'Nourrir le Principe Vital' dans la religion taoïste ancienne", em *Journal Asiatique*, abril-junho 1937, p. 198.

nem indiretamente. Então, por ausência de gestos, o que o *yogin* imita é, ao menos, o modo de ser próprio daquele puro espírito. A transcendência da condição humana, a "liberação", a perfeita autonomia do *puruṣa* – tudo isso tem seu modelo arquetípico em *Īśvara*. A renúncia à condição humana, isto é, a prática do Yoga, tem valor religioso no sentido de que o *yogin* imita o modo de ser de *Īśvara:* a imobilidade, a concentração em si mesmo. Nas outras variedades do Yoga, as posturas e a *ekāgratā* podem evidentemente adquirir equivalências religiosas pelo simples fato de que, graças a elas, o *yogin* se torna uma estátua vivente, imitando assim o modelo iconográfico.

O fato de ritmar e, em última instância, suspender a respiração, facilita muito a concentração *(dhāraṇā)*. Porque, tal como nos diz Patañjali (*Yoga-sūtra*, II, 52, 53), em virtude do *prāṇāyāma* o véu das trevas se rasga e o intelecto se torna capaz *(yogyatā)* de concentração (*dhāraṇā, Yoga-sūtra,* II, 53). O praticante pode verificar a qualidade de sua concentração mediante o *pratyāhāra* (termo que se traduz geralmente por "retração dos sentidos" ou "abstração", mas que preferimos traduzir por "faculdade de libertar a atividade sensorial da influência dos objetos exteriores"). Segundo o *Yoga-sūtra,* II, 54, poder-se-ia compreender o *pratyāhāra* como a faculdade pela qual o intelecto *(citta)* possui as sensações *como se* o contato fosse real.

Comentando esse sutra, Bhoja diz que os sentidos, em vez de se dirigirem para o objeto, "permanecem em si mesmos" *(svarūpamātre svasthānam)*. Apesar de os sentidos não mais se dirigirem para os objetos exteriores e de sua atividade cessar, o intelecto *(citta)* não perde a propriedade de contar com representações sensoriais. Quando o *citta* deseja conhecer um objeto exterior não se serve de uma atividade sensorial; é pelos poderes de que dispõe que pode conhecer esse objeto. Obtido diretamente pela contemplação, esse "conhecimento", do ponto de vista *yóguico,* é mais efetivo que o conhecimento normal. "Então", escreve Vyāsa, "a sabedoria *(prajñā)* do *yogin* conhece todas as coisas tais como elas são" (*Yoga-bhāṣya*, II, 45).

Esta subtração da atividade sensorial ao domínio dos objetos exteriores *(pratyāhāra)* é a última etapa da ascese psicofisiológica. A partir daí o *yogin* já não será "distraído" ou "perturbado" pelos sentidos, pela atividade sensorial, pela memória etc. Toda atividade é suspensa. O *citta* – enquanto massa psíquica que ordena e esclarece as sensações vindas de fora – pode servir de espelho aos objetos, sem que os sentidos se interponham entre ele e seu objeto. O homem comum é incapaz de adquirir essa liberdade, porque seu espírito, em vez de ser estável, é violentado sem cessar pela atividade dos sentidos, pelo subconsciente e pela "sede de viver". Realizando o *citta-vṛtti-nirodha*, isto é, a supressão dos estados psicomentais, o *citta* permanece em si mesmo *(svarūpamātre)*. Porém, essa "autonomia" do intelecto não conduz à supressão dos "fenômenos". Apesar de estar desapegado dos fenômenos, o *yogin* continua a contemplá-los. Em vez de conhecer, como até então, por meio das formas *(rūpa)* e dos estados mentais *(citta-vṛtti)*, o praticante contempla diretamente a essência *(tattva)* de todos os objetos.

A autonomia com relação aos *stimuli* do mundo exterior e ao dinamismo subconsciente, a autonomia que ele realiza por intermédio do *pratyāhāra*, permite ao *yogin* experimentar uma tríplice técnica que os textos chamam de *saṃyama*. Este termo designa as últimas etapas da meditação *yóguica*, os últimos três "membros do Yoga" *(yogāṅga)*, que são: a concentração *(dhāraṇā)*, a meditação propriamente dita *(dhyāna)* e o êxtase *(samādhi)*. Estas práticas espirituais não são possíveis senão ao término de uma repetição suficiente de todos os outros exercícios fisiológicos, quando o *yogin* se torna capaz de dominar perfeitamente seu corpo, seu subconsciente e seu fluxo psicomental. Tais práticas são qualificadas como "sutis" *(antaraṅga)* para melhor expressar que não implicam uma nova técnica fisiológica. Elas se assemelham de tal forma que o praticante que se aplica a uma delas (a concentração por exemplo) não consegue se sustentar nela sem dificuldade e com frequência, involuntariamente, escorrega na meditação ou no êxtase. Eis por que estas três últimas práticas têm um nome comum: *saṃyama* (Vācaspati Miśra, no seu comentário a Vyāsa, III, I).

A concentração (*dhāraṇā*, da raiz *dhṛ*, "conservar fechado") é na realidade uma *ekāgratā*, uma "fixação em um único ponto", mas cujo conteúdo é estritamente conceitual. (Ver nota II, 3). Em outras palavras, a *dhāraṇā* – e por isso ela se distingue da *ekāgratā*, cujo único fim é deter o fluxo psicomental e "fixá-lo em um único ponto" – realiza essa "fixação" a fim de *compreender*. Na definição de Patañjali, ela é "fixação do pensamento em um único ponto" (*deśa-bandhaś cittasya dhāraṇā*; *Yoga-sūtra*, III, 1). Vyāsa indica com precisão que a concentração se dá geralmente "no centro (*cakra*) do umbigo, no lótus do coração, na luz da cabeça, na ponta do nariz, na ponta da língua ou em um lugar ou objeto exterior" (*Yoga-sūtra*, III, 1). Vācaspati Miśra acrescenta que não se pode obter a *dhāraṇā* sem ajuda de um objeto no qual se fixe o pensamento.

Comentando o *Yoga-sūtra*, I, 36, Vyāsa já falava da concentração no "lótus do coração", pela qual se alcança uma experiência de pura luz. Guardemos este detalhe: a "luz interior" descoberta pela concentração no "lótus do coração". Esta experiência já é encontrada nas *Upaniṣad*, sempre relacionada com o reencontro com seu próprio Si *(ātman)*. A luz "do coração" terá um destino excepcional em todos os métodos místicos indianos pós-*Upaniṣad*. A propósito desse texto de Vyāsa, Vācaspati Miśra descreve longamente o lótus do coração: ele tem oito pétalas e se situa de cabeça para baixo, entre o abdome e o peito; é necessário inverter sua posição, retendo a respiração (*recaka*) e concentrando nele a mente *(citta)*. No centro do lótus encontram-se o disco solar e a letra A; ali é a sede do estado de vigília. Acima encontramos o disco lunar com a letra U; é a sede do sono. Mais acima ainda está o "círculo do fogo" com a letra M, sede do sono profundo. Enfim, acima deste último, encontra-se o "círculo mais alto, cuja essência é o ar", sede do quarto estado (*turīya*, "estado cataléptico"). Nesse último lótus, mais exatamente em seu pericarpo, situa-se o "nervo *(nāḍī)* de Brahman", orientado para o alto e desembocando no círculo do Sol e nos demais círculos: aqui começa a *nāḍī* chamada *suṣumṇā,* que também atravessa os círculos exteriores. Aqui é a sede de *citta*; concentrando-se nesse preciso ponto o *yogin* obtém a consciência de *citta* (em outros termos, *toma consciência da consciência*).

Até aqui, seguimos o mais estritamente possível o texto de Vācaspati Miśra, correndo o risco de aborrecer o leitor. Porém, trata-se de uma "fisiologia mística" ou "sutil" dos "órgãos" que revelam sua existência unicamente no curso de exercícios de meditação e de concentração *yóguica*. Retomaremos esta questão quando apresentarmos as técnicas meditativas do tantrismo (ver p. 202): então teremos ocasião de mostrar as relações entre os "órgãos sutis", as letras místicas e os estados de consciência. O importante é deixar claro desde já que a tradição do Yoga clássico, representada por Patañjali, conheceu e usou os esquemas da "fisiologia mística" chamada a desempenhar um papel importante na história da espiritualidade indiana.

Em seu tratado *Yogasāra-saṃgraha* (edição Ganganāth Jhā, p. 43 e ss.), Vijñānabhikṣu cita uma passagem da *Īśvara Gītā*, segundo a qual a duração da *dhāraṇā* se estende por um espaço de tempo de doze *prāṇāyāma*. "O tempo necessário para a concentração do espírito em um objeto *(dhāraṇā)* é igual ao tempo tomado por doze *prāṇāyāma*" (isto é, por doze respirações controladas, iguais e tornadas mais lentas). Prolongando-se doze vezes essa concentração em um único objeto, atinge-se a "meditação *yóguica*", o *dhyāna,* que Patañjali define como: "uma corrente de pensamento unificado" (*Yoga-sūtra*, III, 2). A esta definição, Vyāsa acrescenta o seguinte comentário: "*continuum* do esforço mental *(pratyayasyāikatānatā)* para assimilar o objeto da meditação, livre de qualquer outro esforço por assimilar outros objetos *(pratyayāntareṇaparāmṛṣto)*". Vijñānabhikṣu *(Yogasāra-saṃgraha*, p. 45 explica esse processo da seguinte forma: quando, no ponto onde se praticou a *dhāraṇā*, o espírito consegue se manter muito tempo diante de si mesmo sob a forma do objeto de meditação, sem interrupção alguma provocada pela intromissão de outra função, então se alcança o *dhyāna*. Ele dá como exemplo a contemplação de Viṣṇu ou qualquer outro deus que imaginamos presente no lótus do coração.

É inútil afirmar que esta "meditação" *yóguica* difere completamente da meditação comum. Em primeiro lugar, no quadro da experiência psicomental normal, nenhum *continuum* mental pode adquirir a intensidade e a pureza que os procedimentos do Yoga nos permitem atingir. Em segundo lugar, a meditação comum se detém, seja na forma exterior dos objetos nos quais se medita, seja no seu valor, enquanto o *dhyāna* permite "penetrar" os objetos, "assimilá-los" magicamente. Eis, a título de exemplo, a meditação *yóguica* relacionada ao "fogo" tal como se ensina hoje (a meditação inicia-se pela concentração, *dhāraṇā*, em algumas brasas diante do *yogin*), e que não só revela ao praticante o fenômeno da combustão e seu sentido profundo, mas lhe permite ir além: 1º) identificar o processo físico-químico que tem lugar na brasa com o processo de combustão que se dá dentro do corpo humano; 2º) identificar esse fogo com o fogo do sol etc.; 3º) unificar os conteúdos de todos esses fogos, a fim de obter uma visão da existência enquanto "fogo"; 4º) penetrar no interior desse processo cósmico, tanto no nível astral (o Sol) como no nível fisiológico (o corpo humano) e também no nível infinitesimal (a semente de fogo); 5º) reduzir todos esses níveis a uma modalidade comum a todos, isto é, à *prakṛti* enquanto "fogo"; 6º) dominar o fogo interior, graças ao *prāṇāyāma,* à suspensão da respiração (respiração = fogo vital); 7º) por último, estender esse "domínio", por meio de uma nova "penetração", à própria brasa que ele tem diante de si (porque, se o processo da combustão é o mesmo de um extremo ao outro do universo, qualquer domínio parcial desse processo conduz inevitavelmente a seu domínio "total") etc.

Com esta descrição – aproximada – de alguns dos exercícios ligados à "meditação relacionada ao fogo", não pretendemos desvendar o mecanismo do *dhyāna:* contentamo-nos em evocar alguns exemplos. Seus exercícios mais específicos são, além disso – e isto não tem nada de surpreendente –, indescritíveis. O que é particularmente difícil de explicar é o ato de "penetração" na "essência do fogo". Este ato não deve ser concebido nem como fruto da imaginação poética nem como uma intuição de tipo bergsoniana. O que distingue com clareza a meditação *yóguica* desses dois estados irracionais é a coerência, o estado de lucidez que a acompanha e não cessa de orientá-la. O *continuum* mental jamais escapa à vontade do *yogin*. Em nenhum momento esse *continuum* se enriquece colateralmente com associações não controladas, com analogias, com símbolos etc. A meditação não deixa em momento algum de ser um *instrumento* de penetração na essência das coisas, isto é, um instrumento de *tomada de posse*, de "assimilação" do real.[17]

17. Como veremos adiante, a meditação *yóguica* desempenha papel dos mais importantes nas técnicas budistas.

O PAPEL DE *ĪŚVARA*

Diferente do Sāṅkhya, o Yoga afirma a existência de um Deus, *Īśvara*. Este Deus, sublinhemos, não é criador (o cosmos, a vida e o homem foram, como temos visto, "criados" pela *prakṛti*, pois todos procedem da substância primordial). Entretanto, *Īśvara* pode apressar em certos homens o processo de libertação; ele ajuda a chegar mais rápido ao *samādhi*. Esse Deus de que fala Patañjali é na verdade um Deus dos *yogīs*. Ele só pode vir em auxílio de um *yogin*, ou seja, de um homem que já escolheu o Yoga. O papel de *Īśvara* é, aliás, bastante modesto. Ele pode, por exemplo, fazer com que o praticante que o escolheu como objeto de concentração obtenha o *samādhi*. Segundo Patañjali (*Yoga-sūtra*, II, 45), esse auxílio divino não é efeito de um "desejo" ou de um "sentimento" – porque Deus não pode ter nem desejos nem emoções – e sim de uma "simpatia metafísica" entre *Īśvara* e *puruṣa*, simpatia que se explica pela correspondência de suas estruturas. *Īśvara* é um *puruṣa* livre desde a eternidade, jamais atingido pelos *kleśa* (*Yoga-sūtra*, I, 24). Comentando esse texto, Vyāsa esclarece que a diferença entre o "espírito emancipado" e *Īśvara* é a seguinte: o primeiro manteve outrora relação (mesmo ilusória) com a experiência psicomental, enquanto *Īśvara* sempre foi livre. Deus não se deixa atrair por rituais, por devoções, ou pela fé em sua "graça"; mas sua "essência" colabora instintivamente, por assim dizer, com o Si, que aspira a se liberar através do Yoga.

É antes uma simpatia de ordem metafísica religando, uma à outra, duas entidades com parentesco. Dir-se-ia que essa simpatia que ele tem por alguns *yogīs*, isto é, por esses poucos homens que buscam a liberação pelas técnicas do Yoga, esgotou a capacidade que tinha *Īśvara* de se interessar pela sorte dos humanos. Por essa razão, nem Patañjali nem Vyāsa conseguem explicar de maneira precisa a intervenção de Deus na natureza. Nota-se que *Īśvara* entrou na dialética Sāṅkhya-Yoga, de certa forma, vindo de alhures. De fato, o Sāṅkhya afirma (e o Yoga faz sua essa afirmação) que a substância *(prakṛti)* colabora, por seu "instinto teleológico", para a liberação do homem. Assim, o papel de Deus na aquisição dessa liberdade é desprovido de importância; a substância cósmica encarrega-se de libertar os numerosos "Si" *(puruṣa)* presos nas redes ilusórias da existência.

Patañjali, apesar de ter introduzido na dialética da doutrina soteriológica Sāṅkhya este novo elemento (afinal de contas) perfeitamente inútil que é *Īśvara*, não lhe confere a importância que lhe darão os comentadores tardios. Em primeiro lugar, o que importa nos *Yoga-sūtra* é a técnica; em outras palavras, a vontade e a capacidade de domínio de si e de concentração do praticante. Por que, então, Patañjali sentiu necessidade de introduzir *Īśvara* no Yoga? Porque *Īśvara* correspondia a uma realidade de ordem experimental:

Īśvara pode com efeito provocar o *samādhi*, com a condição de que o *yogin* pratique o *Īśvara-praṇidhāna*, isto é, a devoção a *Īśvara* (*Yoga-sūtra*, II, 45). Propondo-se recolher e classificar todas as técnicas *yóguicas* validadas pela tradição clássica, Patañjali não podia negligenciar toda uma série de experiências que só a concentração em *Īśvara* havia tornado possíveis. Em outros termos, ao lado de uma tradição de um *yoga* puramente mágico, ou seja, um *yoga* que não apelava para outra coisa senão a vontade e as forças pessoais do asceta, existia outra tradição, "mística", na qual as etapas finais da prática do Yoga eram facilitadas graças a uma devoção – embora muito rarefeita, muito "intelectual" – a um Deus. Além disso, pelo menos tal como se apresenta em Patañjali e em Vyāsa, *Īśvara* é desprovido da grandeza do Deus criador e todo-poderoso, e do *pathos* próprio ao Deus dinâmico e grave das diversas místicas. *Īśvara* nada mais é que um arquétipo do praticante; um macro-*yogin*, muito provavelmente um patrono de certas seitas *yóguicas*. Com efeito, Patañjali afirma que *Īśvara* foi o *guru* dos sábios das épocas imemoriais; pois, acrescenta ele, *Īśvara* não está preso ao tempo (*Yoga-sūtra*, I, 26).

Convém ter em mente, desde agora, um detalhe cuja significação não se esclarecerá senão mais adiante: em uma dialética da liberação, em que não tinha necessidade de constar, Patañjali introduz um Deus ao qual não confere, é verdade, senão um papel bastante modesto; *Īśvara* pode facilitar, a quem o toma por objeto de sua concentração, a obtenção do *samādhi*. Mas o *samādhi*, como veremos, pode ser obtido mesmo sem essa "concentração em *Īśvara*". O Yoga praticado pelo Buda e seus contemporâneos pode muito bem dispensar essa "concentração em Deus". Pode-se imaginar muito facilmente um Yoga que aceitasse em tudo a dialética Sāṅkhya, e não temos motivo algum para acreditar que tal Yoga, mágico e ateu, não tenha existido. Patañjali, no entanto, introduziu *Īśvara* no Yoga, porque *Īśvara* era por assim dizer um dado experimental; os *yogīs* apelavam para *Īśvara*, embora pudessem liberar-se pela observância exclusiva da técnica *yóguica*.

Deparamo-nos aqui com a polaridade magia-mística que posteriormente aprenderemos a conhecer melhor sob todas suas formas, que são inumeráveis. O que resulta notável é o papel cada vez mais ativo que *Īśvara* vem a desempenhar entre os comentadores tardios. Vācaspati Miśra e Vijñānabhikṣu, por exemplo, concedem a *Īśvara* grande importância. É verdade que estes dois comentadores interpretam Patañjali e Vyāsa à luz da espiritualidade de sua época. Ora, eles vivem em um momento em que a Índia inteira está impregnada por correntes místicas e devocionais. Mas é justamente essa vitória quase universal da "mística" que tem grande significado para o Yoga "clássico" que, desde essa época, se distanciou daquilo que o caracterizava em sua origem: a "magia". Assim, sob as influências conjuntas de certas ideias do Vedānta e da *bhakti* (devoção mística), Vijñānabhikṣu demora-se longamente na "especial graça de Deus" (*Yogasāra-saṃgraha*, p. 9, 18-19, 45-46). Outro comentador, Nīlakaṇṭha, afirma que Deus, embora inativo, ajuda os *yogīs* à maneira de um ímã (cf. Dasgupta, *Yoga as Philosophy and Religion*, p. 89). O mesmo autor confere a *Īśvara* uma "vontade" capaz de predestinar as vidas dos homens; porque "ele obriga, a quem deseja elevar, a realizar boas ações, e àqueles que deseja aniquilar, a realizar más ações" (*ib.*, p. 88). Quão longe estamos do papel modesto que Patañjali atribuiu a *Īśvara*!

ÊNSTASE E HIPNOSE

Lembremos que os últimos três "membros do Yoga" *(yogāṇga)* representam "experiências" e "estados" ligados tão estreitamente um ao outro que podemos designá-los pelo mesmo nome: *saṃyama* (literalmente, ir junto, veículo). Então, realizar o *saṃyama* em certo "plano" *(bhūmi)* quer dizer conseguir ao mesmo tempo a concentração *(dhāraṇā)*, a meditação *(dhyāna)* e a ênstase *(samādhi)*. Esse "plano" ou nível pode ser, por exemplo, o da matéria inerte (a terra etc.), ou então o da matéria incandescente (o fogo). A passagem da "concentração" à "meditação" não requer pôr em prática nenhuma técnica nova. Da mesma forma não é necessário nenhum exercício suplementar de *yoga* para realizar o *samādhi* a partir do momento em que o praticante tenha êxito em se "concentrar" e em "meditar". O *samādhi*[18], a ênstase *yóguica*, é o resultado final e o coroamento de todos os esforços e exercícios espirituais do asceta.

São inúmeras as dificuldades a vencer se desejamos compreender bem em que consiste exatamente essa "ênstase" *yóguica*. Mesmo deixando de lado as acepções colaterais que o conceito de *samādhi* toma na literatura budista, assim como nas variações "barrocas" do Yoga, e levando em consideração apenas o sentido e o valor que lhe são conferidos por Patañjali e seus comentadores, as dificuldades persistem. Pois, de um lado, o *samādhi* expressa uma "experiência" indescritível, sob todos os pontos de vista; de outro lado, essa "experiência enstática" não é unívoca: suas modalidades são numerosas. Procedendo por etapas, procuremos ver a que se refere o *samādhi*. A palavra é empregada principalmente em uma acepção gnosiológica; *samādhi*

---

18. Os significados do termo *samādhi* são: união, totalidade; absorção em, concentração total do espírito; conjunção. Traduz-se geralmente por "concentração"; mas neste caso há o risco de confusão com *dhāraṇā*. Por essa razão preferimos traduzi-lo por *en-stase*, "conjunção".

é o estado contemplativo no qual o pensamento apreende imediatamente a forma do objeto sem ajuda das categorias e da imaginação *(kalpanā);* estado no qual o objeto se revela "em si mesmo" *(svarūpa)* no que ele tem de essencial e como se "estivesse vazio de si mesmo" (*ārthamātra-nirbhasāṃ svarūpa-śūnyam-iva; Yoga-sūtra*, III, 3). Vācaspati Miśra, ao comentar esse texto, cita uma passagem do *Viṣṇu-purāṇa* (VI, 7, 90), onde se diz que o *yogin* que cessou de fazer uso da "imaginação" já não considera o ato e o objeto da meditação como distintos um do outro. Existe uma coincidência real entre o *conhecimento do objeto* e o *objeto do conhecimento*; esse objeto não mais se apresenta à consciência nas relações que o delimitam e o definem como fenômeno, mas "como se estivesse vazio de si mesmo". A ilusão e a imaginação *(kalpanā)* são, assim, definitivamente suprimidas pelo *samādhi.* Ou, como diz Vijñānabhikṣu (*Yogasāra-saṃgraha*, p. 44), atinge-se o *samādhi* "quando o *dhyāna* se liberta das noções separadas de meditação, objeto de meditação e sujeito meditante e se mantém somente na forma do objeto meditado", isto é, quando já não existe nada fora dessa nova dimensão ontológica representada pela transformação do "objeto" (o mundo) em "conhecimento-posse". Vijñānabhikṣu acrescenta que existe uma nítida diferença entre o *dhyāna* e o *samādhi*: o primeiro pode ser interrompido "se os sentidos entram em contato com objetos atraentes", enquanto o segundo é um estado invulnerável, completamente fechado aos estímulos.

Todavia, não se deve considerar esse estado *yóguico* como simples transe hipnótico. A "psicologia" indiana conhece a hipnose e a atribui a um estado de concentração ocasional e provisória *(vikṣipta).* Alguns textos do *Mahābhārata* revelam a concepção popular indiana relativa ao transe hipnótico; segundo tal concepção, esse transe nada mais é que uma barragem automática do "fluxo da consciência" e não uma *ekāgratā yóguica.* O fato de que os indianos não confundiam a hipnose com os transes *yóguicos* ressalta claramente, por exemplo, de uma passagem do *Mahābhārata* (Parte XIII, Seção 40, 46, 47, 50-51; Seção 41, 13, 18). Devasarman, prestes a partir em peregrinação para o cumprimento de um sacrifício, pede a seu discípulo Vipula para proteger sua mulher, Ruci, contra o encantamento de Indra. Vipula a fita então nos olhos, e Ruci fica inconsciente da influência magnética dos olhares (*uvāsa rakṣane yukto na ca sā tam abudhyata*, 40, 59). Uma vez que o olho de Vipula se "fixa", seu espírito passa pelo corpo de Ruci e ela fica "petrificada como uma pintura". Quando Indra entra no quarto, Ruci quer levantar-se e cumprir seu dever de hospedeira, mas "tendo sido imobilizada e subjugada" por Vipula, "foi-lhe impossível fazer um só movimento". Indra falou: "Exortado por Anaṇga, deus do Amor, vim pelo teu amor, ó tu, (mulher) de alegre sorriso!". Ruci, que desejava responder-lhe "sentiu-se incapaz de se levantar e de falar", porque Vipula "havia subjugado seus sentidos por meio das correntes do Yoga" *(babandha yogabandhāiṣ ca tasyā sarvendriyāṇi sa)*, sendo-lhe impossível deslocar-se (*nirvicāra*, "inalterável", 41, 3-12). O processo hipnótico é resumido assim: "fundindo *(saṃyojya)* os raios de seus olhos aos raios dos olhos dela, ele penetra em seu corpo, assim como o vento penetra através do ar" (40, 56-57).[19] Por outro lado, Bhaṭṭa Kallaṭa, em seu tratado *Spandā-kārikā* descreve as diferenças entre o transe hipnótico e sonambúlico e o *samādhi*.[20] O estado *vikṣipta* é apenas uma paralisia, de origem emotiva ou volitiva, do fluxo mental; essa barreira não deve ser confundida com o *samādhi* que se obtém exclusivamente pela *ekāgratā*, isto é, depois de a pluralidade dos estados mentais *(sarvārtha)* ter sido suprimida (*Yoga-sūtra*, III, 11).

SAMĀDHI "COM SUPORTE"

Mais do que conhecimento o *samādhi* é um estado, uma modalidade enstática específica do Yoga. Logo veremos que esse estado torna possível a autorrevelação do Si *(puruṣa)*, graças a um ato que não é parte constitutiva de uma experiência. Porém, não é qualquer *samādhi* que revela o Si; não é qualquer ênstase que torna real a liberação final. Patañjali e seus comentadores distinguem várias espécies ou etapas da concentração suprema. Quando o *samādhi* é obtido com ajuda de um objeto ou de uma ideia (isto é, fixando-se o pensamento em um ponto do espaço ou em uma ideia), a ênstase chama-se *samprajñāta* (ênstase "com suporte" ou "diferenciada"). Quando, ao contrário, o *samādhi* é obtido fora de toda "relação" (seja de ordem exterior, seja de ordem mental), isto é, quando se obtém uma "conjunção" na qual não intervém nenhuma "alteridade", mas é simplesmente uma plena compreensão do ser, realiza-se o *asamprajñāta samādhi* ("ênstase não diferenciada"). Vijñānabhikṣu (*Yogasāra-saṃgraha*, p. 4) esclarece que o *samprajñāta samādhi* é um meio de libertação na medida em que torna possível a

---

19. O transe hipnótico é executado, de fato, com meios *yóguicos*, porém não é, em si, uma experiência *yóguica*. O episódio de Vipula prova que mesmo na literatura não técnica a hipnose era conhecida e descrita com muita precisão (ver comentários mais adiante).

20. Conforme S. N. Dasgupta (*Yoga Philosophy in relation to other systems of Indian Thought*, p. 352 e ss.), Sigurd Lindquist consagrou toda uma obra, *Die Methoden des Yoga* (Lund, 1932), à demonstração do caráter hipnótico das experiências *yóguicas*. Um mínimo de contato direto com o Yoga teria evitado tese tão imprudente.

compreensão da verdade e põe termo a toda espécie de sofrimento. O *asamprajñāta samādhi* destrói as "impressões *(saṃskāra)* de todas as funções mentais antecedentes" e consegue inclusive deter as forças *kármicas* já desencadeadas pela atividade pretérita do *yogin*. Durante a ênstase diferenciada, continua Vijñānabhikṣu, todas as funções mentais são detidas (inibidas) com exceção daquela que "medita sobre o objeto"; enquanto no *asamprajñāta samādhi* toda consciência desaparece: o conjunto das funções mentais fica bloqueado. "Durante essa ênstase não existe nenhuma outra pegada da mente *(citta)* fora das impressões *(saṃskāra)* que foram deixadas para trás (por seu funcionamento passado). Se essas impressões não existissem, não haveria nenhuma possibilidade de retorno à consciência."

Estamos então na presença de duas classes de estados, claramente diferentes. A primeira é adquirida pela técnica *yóguica* da concentração *(dhāraṇā)* e da meditação *(dhyāna)*; a segunda classe compreende na realidade um só estado, a saber, a ênstase não provocada – o "rapto". Sem dúvida, mesmo este *asamprajñāta samādhi* sempre é fruto dos esforços prolongados do praticante. Não é um dom, nem um estado de graça. Não se pode chegar a ele antes que as espécies de *samādhi*, contidas na primeira classe, tenham sido suficientemente experimentadas. É o coroamento das inumeráveis concentrações e meditações que o precederam. Ele chega sem ser chamado, sem ser provocado, sem uma preparação prévia para recebê-lo; é por essa razão que podemos denominá-lo um "rapto".

É evidente que a ênstase diferenciada, *samprajñāta samādhi*, compreende várias etapas; isto se deve ao fato de ela ser perfectível e não consumar um estado absoluto e irredutível. Distinguem-se geralmente quatro etapas ou espécies: "argumentativa" *(savitarka)*, "não argumentativa" *(nirvitarka)*, "reflexiva" *(savicāra)*, "suprarreflexiva" (*nirvicāra;* cf. *Yoga-sūtra,* I, 42-44). Patañjali também aponta outra terminologia: *vitarka, vicāra, ānanda, asmitā* (*Yoga-sūtra,* I, 17).[21] Como assinala Vijñānabhikṣu, que reproduz esta segunda lista, "os quatro termos são puramente técnicos, aplicados convencionalmente a formas diferentes de realização". Essas quatro formas ou etapas do *samprajñāta samādhi*, prossegue Vijñānabhikṣu, representam uma ascensão: a graça do Deus *(Īśvara)* permite, em certos casos, que se atinjam diretamente os estados superiores, e então é inútil voltar atrás para realizar os estados preliminares. Quando esta graça divina não intervém, é necessário realizar gradualmente os quatro estágios conservando o mesmo objeto de

21. Note-se o paralelismo dos quatro *samprajñāta samādhi* com os quatro *dhyāna* budistas. Cf. nota II, 4.

meditação (por exemplo, Viṣṇu). Esses quatro estágios ou etapas recebem também o nome de *samāpatti*, "coalescências" (*Yoga-sūtra*, I, 41, com comentários de Vyāsa e Vācaspati Miśra; cf. também nota II, 4).

Na primeira etapa, *savitarka* ("argumentativa" – *Yoga-sūtra*, I, 42 – porque pressupõe uma análise preliminar), o pensamento identifica-se com o objeto meditado em "sua totalidade essencial"; porque um objeto se compõe de uma *coisa*, um *conceito* e uma *palavra*, e estes três "aspectos" de sua realidade se acham, durante a meditação, em perfeita coincidência com o pensamento *(citta)*. O *savitarka samādhi* obtém-se pela concentração em objetos contemplados sob seu aspecto substancial (*sthūla*, "grosseiro"). É uma "percepção direta" dos objetos, mas que se estende tanto ao seu passado quanto ao seu futuro. Por exemplo, diz-nos Vijñānabhikṣu, se praticamos o *savitarka samādhi* relacionado com Viṣṇu, contemplamos esse deus sob sua forma substancial e situado na região celeste que lhe é própria, mas o percebemos também tal como ele era no passado, tal como será em um futuro mais ou menos distante. Isto quer dizer que essa espécie de *samādhi*, apesar de produzido pela "coalescência" *(samāpatti)* com o aspecto "grosseiro" de uma realidade (em nosso exemplo, a percepção direta da corporeidade de Viṣṇu), não fica reduzido ao imediatismo do objeto, mas "o persegue", e "o assimila" igualmente em sua duração temporal.

A etapa seguinte, *nirvitarka* ("não argumentativa") é apresentada nestes termos por Vyāsa (comentando o *Yoga-sūtra*, I, 43): "*Citta* torna-se *nirvitarka* depois que a memória para de funcionar, isto é, depois que as associações verbais ou lógicas cessam; no momento em que o objeto está vazio de nome e de sentido, no momento em que o pensamento se reflete de maneira imediata abraçando a forma do objeto e brilhando exclusivamente com esse objeto em si mesmo *(svarūpa)*". Nessa meditação, o pensamento libera-se da presença do "eu", porque o ato cognitivo ("eu conheço este objeto" ou "este objeto é meu") já não se produz; é o pensamento que *é* (torna-se) esse objeto (Vācaspati Miśra, I, 43). O objeto não é mais conhecido pelas associações, ou seja, integrado na série de representações anteriores, localizado por relações extrínsecas (nome, dimensão, uso, classe) e por assim dizer empobrecido pelo processo habitual de abstração do pensamento vulgar. Ele é percebido diretamente em sua nudez existencial como um dado concreto e irredutível.

Observemos que, nessas etapas, o *samprajñāta samādhi* se revela como um "estado" obtido graças a certo "conhecimento". A contemplação torna possível a ênstase; esta, por sua vez, permite penetrar mais profundamente na realidade, provocando (ou facilitando) uma nova contemplação, um novo estado *yóguico*. É necessário ter sempre presente na memória essa passagem do "conhecimento" ao "estado" que, em nossa opinião, é o traço característico do *samādhi* (como, aliás, de toda a meditação indiana). No *samādhi* tem lugar a "ruptura de nível" que a Índia visa realizar e que é a passagem paradoxal do "ser" ao "conhecer". Esta "experiência" suprarracional, na qual o real é dominado e assimilado pelo conhecimento, conduz finalmente à fusão de todas as modalidades do ser. Aí estão o sentido profundo e a função principal do *samādhi*, como veremos um pouco mais adiante. O ponto em que desejamos insistir agora é que o *savitarka*, como o *nirvitarka samādhi*, são "estados-conhecimento" obtidos pela concentração e a meditação sobre a "unidade formal dos objetos".

Porém, se desejamos penetrar na própria essência das coisas, é necessário ultrapassar essas etapas. É assim que o *yogin* começa a meditação *savicāra* ("reflexiva"). O pensamento já não se detém no aspecto exterior dos objetos materiais (objetos que são formados pelos agregados dos átomos, das partículas físicas etc.), mas, ao contrário, conhece diretamente os núcleos energéticos infinitesimais que os tratados Sāṅkhya e Yoga denominam *tanmātra*. Medita-se sobre o aspecto "sutil" *(sūkṣma)* da matéria; penetra-se, diz-nos Vijñānabhikṣu, até o *ahaṃkāra* e a *prakṛti*, mas essa meditação é ainda acompanhada da consciência de tempo e espaço (não de uma "experiência" de determinado espaço, de determinada duração, mas da consciência das categorias tempo-espaço). Quando o pensamento se "identifica" com os *tanmātra* sem experimentar os "sentimentos" que, por sua natureza energética, esses *tanmātra* produzem, isto é, quando o *yogin* os "assimila de um modo ideal" – sem que disso resulte um sentimento de sofrimento, de prazer, de violência, ou de inércia etc., e sem ter a consciência de tempo e de espaço –, obtém-se o estado de *nirvicāra*. O pensamento confunde-se então com esses núcleos infinitesimais de energia que constituem o verdadeiro fundamento do universo físico. É um mergulho real na própria essência do mundo físico e não somente nos fenômenos qualificados e individualizados (Vyāsa e Vācaspati Miśra discutem essas etapas em seus comentários ao *Yoga-sūtra*, I, 44, 45).

Essas quatro etapas do *samprajñāta samādhi* chamam-se *bīja samādhi* (*"samādhi* com semente") ou *sālambana samādhi* (com "suporte") pois, como nos diz Vijñānabhikṣu, elas estão relacionadas com um "substrato" (suporte) e produzem tendências que são como "sementes" para as futuras funções da consciência (ver também Bhoja, comentando o *Yoga-sūtra*, I, 17). Em compensação, o *asamprajñāta samādhi* é *nirbīja*, "sem semente", sem suporte (Vyāsa, no seu comentário ao *Yoga-sūtra*, I, 2). Realizando-se as quatro etapas do *samprajñāta*, obtém-se a "faculdade do conhecimento absoluto" (*ṛtambharā prajñā*, *Yoga-sūtra*, I, 48). Já é uma abertura para o *samādhi* "sem semente", porque o conhecimento absoluto descobre a plenitude ontológica, em que o *ser* e o *conhecer* não mais estão separados um do outro.

Firmada no *samādhi*, a consciência *(citta)* pode ter agora a revelação imediata do Si *(puruṣa)*. Só pelo fato de esta contemplação (que é, na verdade, uma "participação") se realizar, fica abolida a dor da existência (Vijñānabhikṣu, *Yogasāra-saṃgraha*, p. 5).

Continuando o tema da ênstase – tão difícil de definir – conhecemos duas outras variedades de contemplação: 1º) *ānandānugata* (quando, ao abandonar toda percepção, mesmo a das realidades "sutis", se experimenta a felicidade da eterna luminosidade e autoconsciência do *sattva*); 2º) *asmitānugata* (à qual se chega no momento em que o intelecto, *buddhi*, completamente isolado do mundo exterior, não reflete senão o Si). Vijñānabhikṣu (*op. cit.*, p. 12) explica o nome desta última contemplação pelo fato de que o praticante atinge seu próprio Si e compreende "eu sou *(asmi)* outro além de meu corpo". Chama-se também *dharma-megha-samādhi* a "nuvem do *dharma*" (*Yoga-sūtra*, IV, 29), termo técnico difícil de traduzir, porque *dharma* pode ter uma infinidade de significações (ordem, virtude, justiça, fundamento etc.), mas que parece se referir a uma abundância ("chuva") de virtudes que preenchem de uma só vez o *yogin*. Este experimenta ao mesmo tempo um sentimento de saturação e de ruptura com o mundo: ele tem um sentimento de "saciedade" em relação a todo conhecimento e a toda consciência, e essa renúncia total o conduz ao *asamprajñāta samādhi*, à ênstase indiferenciada. Para os *yogīs* místicos, é nesse estágio que intervém a revelação do Deus *(Īśvara)*; como se expressa Vijñānabhikṣu (*op. cit.*, p. 13 e ss.), utilizando uma imagem tradicional (pertencente à *smṛti*), quando o 25º princípio – isto é, o *puruṣa*, o Si – percebe sua heterogeneidade em relação aos outros vinte e quatro princípios (dependentes de *prakṛti*), é então que percebe o 26º, que é o Si Supremo, Deus. Depois da contemplação de seu próprio Si – finalidade dos seguidores do Sāṅkhya – vem a contemplação de Deus. Como já mencionamos anteriormente, Vijñānabhikṣu interpreta o Yoga à luz da mística pessoal. Veremos logo quais as implicações dessa "reflexão" do Si, plenamente realizada no "*samādhi* sem suporte" – e elas não são implicações de ordem exclusivamente enstática, pois questionam o regime ontológico do homem em sua totalidade.

SIDDHI OU OS "PODERES MIRACULOSOS"

Antes de nos lançarmos aos problemas colocados pelo *asamprajñāta samādhi*, vejamos mais de perto os resultados das outras espécies de *samādhi*. Os únicos resultados que podem interessar ao *yogin* são, evidentemente, os de ordem prática: a penetração nas regiões inacessíveis à experiência normal e a posse das zonas da consciência e dos setores da realidade que, até então, tinham permanecido invulneráveis. É quando chega a esse estágio preciso de sua disciplina meditativa que o praticante adquire os "poderes miraculosos" *(siddhi)* aos quais é dedicado o terceiro livro dos *Yoga-sūtra*, a partir do sutra 16. Concentrando-se, meditando e realizando o *samādhi* em relação a um certo objeto ou a uma classe de objetos, em outras palavras, ao praticar o *saṃyama*[22], o *yogin* adquire certos poderes ocultos relativos ao ou aos objetos experimentados.

Assim, exercendo o *saṃyama* – que se refere à distinção do objeto e da ideia –, o praticante conhece o clamor de todas as criaturas (*Yoga-sūtra*, III, 17). Ao praticar o *saṃyama* com referência aos resíduos subconscientes *(saṃskāra)*, ele conhece suas existências passadas (*ib.*, III, 18). Pelo *saṃyama* exercido sobre as noções *(pratyaya)*, o *yogin* conhece os "estados mentais" dos outros (*ib.*, III, 19). "Mas este conhecimento dos estados mentais não implica conhecimento dos objetos que os produziram, já que estes últimos não estão em ligação direta com o pensamento do *yogin*. Ele conhece a emoção mental do amor, mas não o objeto do amor" (Vyāsa, no seu comentário ao *Yoga-sūtra, III,* 19). O *saṃyama* indica – como acabamos de lembrar – os três últimos membros do Yoga: *a dhāraṇā*, o *dhyāna* e o *samādhi*. O praticante começa por se concentrar em um objeto, em uma ideia; por exemplo, nos resíduos subconscientes *(saṃskāra)*. Quando consegue obter a *ekāgratā* referente a esses resíduos, começa a "meditá-los", isto é, assimilá-los magicamente, a se apropriar deles. O *dhyāna*, a meditação, torna possível o *samprajñāta samādhi*, na forma de *bīja samādhi*, o *samādhi* com suporte (neste caso, os suportes são, evidentemente, os próprios resíduos subconscientes). Pela ênstase *yóguica* realizada a partir desses resíduos, consegue-se não só compreender e assimilar magicamente tais resíduos (o que já foi obtido graças à *dhāraṇā* e ao *dhyāna*), mas também transmutar o próprio "conhecimento" em "posse". O *samādhi* tem como resultado identificar incessantemente aquele que medita com aquilo que ele medita. Vale dizer que, compreendendo esses resíduos subconscientes a ponto de tornar-se os próprios resíduos, o *yogin* não só os conhece como resíduos, mas os recoloca no conjunto de onde foram tirados; logo, ele pode reviver idealmente (isto é, sem ter "experiência" disso) suas existências anteriores. Como veremos, o conhecimento das vidas anteriores também tem papel importante no budismo, e isso se compreende se nos damos conta de que a "saída do tempo" constitui um dos grandes temas da ascese indiana. Consegue-se sair do tempo

22. Lembremos que *saṃyama* indica as últimas etapas da técnica *yóguica* que são: concentração *(dhāraṇā)*, meditação *(dhyāna)* e *samādhi*.

percorrendo-o pelo caminho inverso ("em sentido contrário", *prātilomam*), isto é, reintegrando-o no "instante" primordial que pôs em movimento a existência primeira, aquela que se encontra na base do ciclo inteiro das transmigrações, a existência-semente. Mais adiante estudaremos a importância desta técnica *yóguica* (ver p. 156).

Para lembrar outro exemplo (*Yoga-sūtra*, III, 19): graças ao *saṃyama* referente às "noções", o *yogin* realiza a infinita série completa dos estados psicomentais dos outros homens; porque, desde o momento em que "domina internamente" uma noção, o praticante vê como sobre uma tela todos os estados de consciência que essa noção é suscetível de provocar na alma dos outros homens. Vê uma infinidade de situações que essa noção pode engendrar, pois ele não apenas assimilou o conteúdo da "noção", mas penetrou em seu dinamismo interior, tornou seu o destino humano que essa noção teve etc. Alguns desses poderes são ainda mais miraculosos. Patañjali menciona em sua relação das *siddhi* todos os "poderes" legendários que obcecam, com igual intensidade, a mitologia, o folclore e a metafísica da Índia. Diferentemente dos textos folclóricos, Patañjali nos dá alguns esclarecimentos muito breves sobre este assunto. Assim, para explicar por que o *saṃyama* relativo à forma do corpo pode tornar invisível aquele que o pratica, Patañjali diz que o *saṃyama* torna o corpo imperceptível aos outros homens e, "ao não existir um contato direto com a luz dos olhos, o corpo desaparece" (*Yoga-sūtra*, III, 20). É essa a explicação de Patañjali sobre as desaparições e aparições dos *yogīs*, milagre mencionado por uma infinidade de textos religiosos, alquímicos e folclóricos indianos. Eis o comentário de Vācaspati Miśra (as *Yoga-sūtra*, III, 20): "O corpo é formado por cinco essências *(tattva)*. Ele torna um objeto perceptível ao olho graças ao fato de possuir uma forma (*rūpa*, que significa também "cor"). É pelo *rūpa* que o corpo e sua forma se tornam objetos da percepção. Quando o *yogin* exerce o *saṃyama* sobre a forma do corpo, ele destrói a percepção da cor *(rūpa)* que é a causa da percepção do corpo. Por isso, quando a possibilidade de percepção é suspensa, o *yogin* se torna invisível. A luz engendrada no olho de outra pessoa não mais entra em contato com o corpo que desapareceu. Em outras palavras, o corpo do *yogin* não é objeto de conhecimento para nenhum outro homem. O *yogin* desaparece quando deseja não ser visto por ninguém". Este texto de Vācaspati Miśra tenta explicar um fenômeno *yóguico* mediante a teoria da percepção, sem recorrer ao milagre. De resto, a tendência geral dos textos do Yoga de certa importância é explicar todo fenômeno metapsíquico e oculto em função dos "poderes" adquiridos pelo praticante, excluindo qualquer intervenção sobrenatural.

Patañjali menciona também os outros poderes que se obtêm pelo *saṃyama*, como o de conhecer o momento da morte (*Yoga-sūtra*, III, 21), alguns poderes físicos extraordinários (III, 23), o conhecimento das coisas "sutis" (III, 24) etc. Praticando o *saṃyama* com relação à lua, obtém-se o conhecimento do sistema solar (III, 26); com relação ao plexo do umbigo *(nābhicakra),* o conhecimento do sistema do corpo (III, 28); com relação à cavidade do pescoço *(kaṇṭhakūpe),* o desaparecimento da fome e da sede (III, 29); com relação ao coração, o conhecimento do espírito (III, 33). "Se há qualquer coisa que o *yogin* deseje conhecer, ele deve realizar o *saṃyama* em relação a esse objeto" (Vācaspati Miśra, comentando o *Yoga-sūtra,* III, 30). Este conhecimento obtido por meio de técnicas *saṃyama* é de fato uma posse, uma assimilação das realidades, sobre as quais o praticante medita. Tudo o que é "meditado" fica – pela virtude mágica da meditação – assimilado, possuído. Não é difícil compreender que as pessoas comuns tenham, sempre, confundido esses "poderes" *(siddhi)* com a vocação do Yoga. Na Índia, um *yogin* sempre foi considerado um *mahāsiddha,* um detentor de poderes ocultos, um mago.[23] A história espiritual da Índia, em que o mago sempre teve, senão o papel principal, pelo menos um papel importante, mostra-nos que esta opinião generalizada não é completamente errônea. A Índia jamais pôde esquecer que o homem pode se tornar, em certas circunstâncias, "homem-deus". Ela nunca aceitou a atual condição humana, feita de sofrimento, impotência e precariedade. Sempre acreditou que havia homens-deuses, magos, porque sempre teve diante dos olhos o exemplo dos *yogīs.* Que todos esses homens-deuses e magos tenham desejado ultrapassar a condição humana é fato mais que evidente. Poucos, porém, conseguiram superar a condição de *siddha,* a condição de mago ou de deus. Ou melhor: poucos foram aqueles que conseguiram superar a segunda tentação, a de se investir de uma "condição divina".

Sabe-se, de fato, que na concepção da Índia a renúncia tem valor positivo. Aquele que renuncia não se sente diminuído, mas, ao contrário, enriquecido, pois a força que obtém renunciando a algum prazer ultrapassa de longe o prazer ao qual renunciou. Graças à renúncia, à ascese *(tapas),* os homens, os demônios ou os deuses podem tornar-se poderosos a ponto de ameaçar a economia do universo inteiro. Nos mitos, nas lendas e nos contos,

---

23. Bhoja (em comentário aos *Yoga-Sūtra,* III, 44) dá a seguinte lista dos oito "grandes poderes" *(mahāsiddhi)* do *yogin*: 1) *aṇimān* (diminuição), isto é, o poder de tornar-se ínfimo como os átomos; 2) *laghimān* (leveza), poder de tornar-se tão leve como a lã; 3) *garimān* (peso); 4) *mahimān* (ilimitação), poder de tocar qualquer objeto a qualquer distância (por exemplo, a lua); 5) *prākāmya* (vontade irresistível); 6) *īśitva* (poder sobre o corpo e a mente); 7) *vaśitva* (domínio sobre os elementos) e 8) *kāmāvasāyitva* (realização dos desejos). Ver também nota II, 5.

abundam episódios em que o personagem principal é um asceta (homem ou demônio) que, graças ao poder mágico obtido por meio de sua renúncia, perturba o repouso até de um Brahmā ou um Viṣṇu. Para evitar tal aumento de força sagrada, os deuses "tentam" o asceta. O próprio Patañjali faz alusão às tentações celestes, isto é, vindas de seres divinos (*Yoga-sūtra*, III, 51), e Vyāsa dá as seguintes explicações: quando o *yogin* chega à última ênstase diferenciada, os deuses se aproximam dele e lhe dizem, para tentá-lo: "Vem e alegra-te aqui no céu. Estes prazeres são desejáveis, esta jovem é adorável, este elixir suprime a velhice e a morte" etc. Continuam a tentá-lo com donzelas celestes, com a visão e a audição sobrenaturais, com a promessa de transformar seu corpo em "corpo de diamante", em uma palavra, lhe oferecem participar da condição divina (Vyāsa, no comentário ao *Yoga-sūtra*, III, 51). Mas a condição divina ainda está longe da liberdade absoluta. O praticante deve repelir essas "miragens mágicas", esses "falsos objetos sensoriais que têm a natureza do sonho", "desejáveis somente para os ignorantes" e perseverar na tarefa – a obtenção da liberação final.

Tão logo o asceta aceite fazer uso das forças mágicas adquiridas por meio de seus refreamentos, desaparece, no mesmo instante, a possibilidade que tinha de adquirir novas forças. Aquele que renuncia à vida profana acaba por se enriquecer de forças mágicas; porém, aquele que sucumbe à tentação de fazer uso dessas forças mágicas permanece como um simples "mago", ao qual falta o poder de se superar. Somente uma nova renúncia e uma luta vitoriosa contra a tentação da magia trazem com elas um novo enriquecimento espiritual para o asceta. Segundo Patañjali e toda a tradição do Yoga clássico – para não falar da metafísica vedantina que despreza todo poder – o *yogin* serve-se de inumeráveis *siddhi* para reconquistar a liberdade suprema, o *asamprajñāta samādhi;* nunca para obter o poder, fragmentário e afinal provisório, dos elementos. Porque a verdadeira superioridade é representada pelo *samādhi* e não pelos "poderes ocultos". Com efeito, Patañjali nos diz (*Yoga-sūtra,* III, 37) que esses poderes são "perfeições" (sentido literal do termo *siddhi*) no estado de vigília *(vyutthāna),* mas eles constituem obstáculos no estado de *samādhi* – o que é natural se levamos em conta que, para o pensamento indiano, toda posse equivale a tornar-se escravo da coisa possuída.

No entanto, como veremos a seguir, a nostalgia da "condição divina", conquistada à força, magicamente, não cessou de obcecar os *yogīs* e os ascetas. Além do mais, segundo Vyāsa (comentando o *Yoga-sūtra*, III, 26), existe grande semelhança entre certos deuses que habitam as regiões celestes (no *Brahmā-loka*) e os *yogīs* em estágio das *siddhi*, isto é, possuidores das "perfeições" obtidas pelo *samprajñāta samādhi.* Vyāsa afirma que as quatro classes de deuses do *Brahmā-loka,* por sua própria natureza, têm uma "situação espiritual" que corresponde respectivamente às quatro classes do *samādhi* diferenciado. Pelo fato de esses deuses terem se fixado no estágio de *samādhi* "com suporte" ("com semente"), não estão liberados; usufruem apenas de uma condição excepcional, a mesma obtida pelos praticantes quando se tornam mestres das "perfeições".

Esta interpretação de Vyāsa é importante; ela nos mostra que os *yogīs* são igualados aos deuses; em outras palavras, que o caminho do Yoga – pela "magia" e a "religião" que ele comporta – conduz a uma perfeição mitológica igual à dos personagens do panteão indiano. Como o vedantino que persegue só o conhecimento do Ser absoluto *(brahman),* o verdadeiro *yogin* não se deixa tentar pela situação divina, que, por brilhante que seja, não é menos "condicionada", e se esforça por atingir o conhecimento e a posse do Si, isto é, a liberação final representada pelo *asamprajñāta samādhi.*

O *SAMĀDHI* "SEM SUPORTE" E A LIBERAÇÃO FINAL

Entre os diversos graus do *samprajñāta samādhi* há uma contínua oscilação devida não à instabilidade do pensamento, mas ao vínculo íntimo, orgânico, que existe entre os tipos de *samādhi* com suporte. O *yogin* passa de um a outro e sua consciência, disciplinada e purificada, exercita-se sucessivamente nas diversas variedades de contemplação. Segundo Vyāsa (comentando o *Yoga-sūtra,* I, 2), nesse estágio o praticante ainda está consciente da diferença entre sua própria consciência completamente purificada e o Si; isto é, ele está consciente da diferença entre o *citta* restrito unicamente a seu modo de ser luminoso *(sattva)* e o *puruṣa.* Quando esta diferença desaparece, ele atinge o *asamprajñāta samādhi.* Então todo tipo de *vṛtti* é abolido, "queimado"; não restam senão impressões inconscientes (*saṃskāra*; *Yoga-sūtra,* I, 18, com comentário de Vyāsa) e em certo momento esses inapreensíveis *saṃskāra* são consumidos (*Yoga-sūtra,* I, 51): então acontece o verdadeiro ênstase "sem semente" *(nirbīja samādhi).*

Patañjali afirma (*Yoga-sūtra,* I, 19) que há duas espécies de *samādhi* indiferenciado, ou mais exatamente que existem dois caminhos, duas possibilidades para atingi-lo: a via técnica *(upāya)* e a via natural *(bhava).* A primeira é a dos *yogīs* que conquistaram o *samādhi* através do Yoga; a segunda é a dos deuses (*videha,* "desencarnados") e de uma classe de seres sobre-humanos chamados "absortos na *prakṛti*" *(prakṛti-laya).* Aqui também encontramos a equivalência dos *yogīs* aos deuses e aos seres sobre-humanos, que acabamos de descobrir a propósito das diversas etapas do *samprajñāta samādhi.* Comentando este sutra de Patañjali, Vyāsa e Vācaspati

Miśra frisam a superioridade da ênstase obtida pelos praticantes através da técnica *(upāya)*, pois o *samādhi* "natural" de que gozam os deuses é provisório – dura alguns milhares de ciclos cósmicos. Advirtamos de passagem a insistência em proclamar a superioridade do Yoga humano em relação às condições aparentemente privilegiadas dos deuses.

Vijñānabhikṣu vê as coisas de modo um pouco diferente (*Yogasāra-saṃgraha*, p. 18 e ss.). Para ele, a *upāyapratyaya* é um método "artificial" (no sentido de que não é "natural", de que é uma construção) que consiste em praticar o *saṃyama* em *Īśvara* e, se não se tem vocação mística, em seu próprio Si; este é o método utilizado geralmente pelos *yogīs*. Quanto à segunda via, o método "natural" *(bhavapratyaya)*, certos praticantes podem obter a ênstase indiferenciada (e a libertação final) por seu simples desejo. Ou seja, não é mais uma conquista realizada graças a meios técnicos e sim a uma operação espontânea. Chama-se *bhava*, "natural",[24] diz Vijñānabhikṣu, justamente porque resulta do nascimento *(bhava)* dos seres que a obtiveram (entenda-se "nascimento em hora propícia"), devido aos resultados da prática do Yoga durante uma existência anterior. Esta segunda via, *bhavapratyaya*, caracteriza os *videha* (seres sem corpo), os *prakṛti-laya* (seres absortos na *prakṛti*) e outras divindades. Como exemplo de *videha* Vijñānabhikṣu cita Hiraṇyagarbha e outros deuses que não têm necessidade de corpo físico, pois são capazes de exercer todas as funções fisiológicas em um corpo "sutil". Os *prakṛti-laya* são seres sobre-humanos que, mergulhados na meditação da *prakṛti*, ou da *prakṛti* animada por Deus, rasgam (mentalmente) o Ovo Cósmico e atravessam todos os envoltórios (*āvaraṇa* "estojo"), isto é, todos os níveis de manifestação cósmica até o *Grund* primordial – a *prakṛti* em sua maneira não manifestada – e obtêm por isso a condição de divindade.[25]

---

24. Vijñānabhikṣu afasta-se aqui da interpretação de Vyāsa e Vācaspati Miśra (*Yoga-sūtra*, I, 19): estes últimos compreendem o termo *bhava* como algo relativo ao mundo e à vida mundana, profana. O sentido do *sūtra* seria o seguinte: os deuses experimentam o *samādhi* provocado por meios profanos *(bhava)* e não, como interpreta Vijñānabhikṣu: "os deuses experimentam o *samādhi* provocado por meios naturais (isto é, espontaneamente)".

25. Patañjali (*Yoga-sūtra* I, 20) lembra os cinco meios pelos quais os *yogīs* obtêm o *asam-prajñāta samādhi:* a fé no caminho do Yoga *(śraddhā)*, a energia *(virya)*, a memória *(smṛti)*, o *samādhi* e a sabedoria *(prajñā)*. Na realidade, Patañjali retoma neste *sūtra* certos "membros do Yoga" *(yogāṅga)*, pelos quais se conquista a liberação. Vijñānabhikṣu (*op. cit.* p. 18) sugere que, no caso de hesitar na aplicação de determi-nados meios, o *yogin* pode conquistar o *asamprajñāta samādhi* pela devoção a Deus (cf. *Yoga-sūtra*, I, 23), pois, acrescenta, a devoção atrai a graça divina. Como já observamos, Vijñānabhikṣu põe sempre em evidência o aspecto teísta e místico do Yoga.

Vyāsa (no comentário ao *Yoga-sūtra*, III, 55) resume nestes termos a passagem do *samprajñāta* ao *asamprajñāta samādhi:* pela iluminação (*prajñā* = "sabedoria") obtida espontaneamente quando o *yogin* se encontra no estágio do *dharma-megha-samādhi*, realiza-se o "isolamento absoluto" *(kaivalya)*, isto é, a liberação do *puruṣa* da influência da *prakṛti.* Por sua vez, Vācaspati Miśra (comentando o *Yoga-sūtra*, I, 21) diz que o "fruto" do *samprajñāta* é *asamprajñāta samādhi* e o "fruto" deste é o *kaivalya*, a liberação. Seria errôneo considerar esse modo de ser do espírito como simples "transe", em que a consciência estaria vazia de todo conteúdo. A ênstase não diferenciada não é o "vazio absoluto". O "estado" e o "conhecimento" que este termo expressa fazem referência à ausência total de objetos na consciência, nunca a uma consciência vazia de maneira absoluta. Porque ao contrário, nesse momento a consciência está saturada de uma intuição direta e total do ser. Como diz Mādhava, "não se pode imaginar o *nirodha* (parada definitiva de toda experiência psicomental) como não existência, mas antes como suporte de uma condição particular do espírito". É a ênstase da vacuidade total, sem conteúdo sensorial e sem estrutura intelectual, estado incondicionado que não é mais "experiência" (porque já não existe relação entre a consciência e o mundo), mas "revelação". Tendo cumprido sua missão, o intelecto *(buddhi)* retira-se, desprendendo-se do *puruṣa,* e se reintegra na *prakṛti.* O Si torna-se livre, autônomo: ele contempla a si mesmo. A consciência "humana" é suprimida, isto é, não funciona mais, seus elementos constitutivos se reabsorvem na substância primordial. O *yogin* atinge a liberação; como um morto, não tem mais nenhum vínculo com o mundo; é um "morto em vida". É o *jīvan-mukta*, o "liberado em vida"[26]. Não vive mais no tempo nem sob influência do tempo, mas num eterno presente, no *nunc stans* com que Boécio definia a eternidade.[27]

Essa seria a situação do praticante no *asamprajñāta samādhi* se fosse contemplada de fora, julgando-a do ponto de vista da dialética da liberação e das relações do Si com a substância, tal como essa dialética foi elaborada

---

26. Para uma análise da "situação impessoal" do *jīvan-mukta,* que dispõe apenas de uma "consciência-testemunha" sem nenhuma referência ao "meu", ver Roger Godel, *Essais sur l'expérience libératrice* (Paris, 1952). Observemos que o estado de *jīvan-mukta* pode ser obtido igualmente por outros meios além dos propostos pelo Yoga clássico, mas só se *prepara* para obtê-lo quem se utiliza das disciplinas *yóguicas* de meditação e concentração.

27. Ver nosso estudo "Symbolismes indiens du Temps et de l'Éternité", no volume *Images et Symboles* (Paris, 1952), p. 73 a 119.

pelo sistema Sāṅkhya. Na verdade, se levamos em conta a "experiência" dos diversos *samādhi*, a situação do *yogin* é mais paradoxal e infinitamente mais grandiosa. Olhemos mais de perto o que significa "reflexão" do *puruṣa*. Neste ato de concentração suprema, o "conhecimento" equivale a uma "apropriação". Porque a revelação sem o intermédio do *puruṣa* é, ao mesmo tempo, a descoberta experimental de uma modalidade ontológica inacessível ao homem comum. Este momento não pode ser concebido senão como um paradoxo, pois, uma vez chegado lá, não mais se poderia precisar de que maneira aconteceu, em que medida ainda se pode falar da contemplação do Si ou de uma transformação ontológica do homem. A simples "reflexão" do *puruṣa* é mais do que um ato de conhecimento místico, porque ela permite ao *puruṣa* o "domínio" de si mesmo. O *yogin* toma posse de si mesmo mediante uma "ênstase não diferenciada", cujo único conteúdo é o ser. Trairíamos o paradoxo indiano se reduzíssemos essa "tomada de posse" a um simples "conhecimento de si mesmo", por mais profundo e absoluto que fosse. A "tomada de posse de si mesmo" modifica radicalmente o regime ontológico do homem. A "descoberta de si mesmo", a autorreflexão do *puruṣa* traz uma "ruptura de nível" em escala cósmica. Em seguida a esse surgimento, as modalidades do real são abolidas, o ser *(puruṣa)* coincide com o não ser ("o homem" propriamente dito), o conhecimento vê-se transformado em "domínio" mágico graças à absorção integral do conhecido pelo conhecedor. E como, desta vez, o objeto do conhecimento é o ser puro, despojado de toda forma e de todo atributo, o *samādhi* conduz à assimilação do ser puro. A autorrevelação do *puruṣa* equivale a uma tomada de posse do ser em toda sua plenitude. No *asamprajñāta samādhi*, o praticante é efetivamente o Ser todo inteiro.

Sua situação é evidentemente paradoxal. Ele está na vida e no entanto liberto; tem um corpo e, entretanto, ele se conhece e por isso *é* o *puruṣa*; vive na "duração" e participa ao mesmo tempo da imortalidade; coincide, enfim, com o Ser por inteiro, se bem que não seja senão um fragmento dele etc. Mas, realizar essa situação paradoxal é o que a espiritualidade indiana pretende desde suas origens. Que são eles, esses "homens-deuses" de quem falamos, senão o "lugar geométrico" onde o divino e o humano vêm coincidir, assim como o ser e o não ser, a eternidade e a morte, o todo e a parte? E, antes de outras civilizações, talvez a Índia sempre tenha vivido sob o signo dos "homens-deuses".

REINTEGRAÇÃO E LIBERDADE

Recapitulemos as etapas deste longo e difícil itinerário proposto por Patañjali. Sua finalidade, desde o início, é bem clara: libertar o homem de sua condição humana, conquistar a liberdade absoluta, realizar o incondicionado. O método comporta múltiplas técnicas (fisiológicas, mentais, místicas), mas todas têm como traço comum o caráter antiprofano, ou melhor, anti-humano. O homem comum vive em sociedade, casa-se, constitui uma família; o sistema Yoga prescreve a solidão e a castidade absolutas. O homem comum é "possuído" por sua própria vida; o *yogin* recusa "deixar-se viver"; ao movimento contínuo ele opõe sua posição estática, a imobilidade do *āsana*; à respiração agitada, arrítmica, multiforme, opõe o *prāṇāyāma* e almeja conseguir a retenção total do sopro; ao fluxo caótico da vida psicomental, responde com a "fixação do pensamento em um só ponto", primeiro passo para a retração definitiva do mundo fenomênico que o *pratyāhāra* obterá. Todas as técnicas *yóguicas* convidam ao mesmo gesto: fazer exatamente o contrário daquilo que a natureza humana força o homem a fazer. Do isolamento e da castidade ao *saṃyama* não há solução de continuidade. A orientação permanece sempre a mesma: reagir contra a inclinação "normal", "profana", em última instância, "humana".

Essa oposição total à vida não é nova, nem na Índia, nem em outra parte qualquer; facilmente reconhecemos aí a polaridade arcaica e universal entre o sagrado e o profano. Desde sempre, o sagrado tem sido algo "totalmente distinto" do profano. Segundo esse critério, o Yoga de Patañjali, como todos os outros *yoga*, conserva um valor religioso. O homem que recusa sua própria condição e reage conscientemente contra ela, esforçando-se em aboli-la, é um homem ávido do incondicionado, da liberdade, do "poder"; em outras palavras, de inumeráveis modalidades do sagrado. Essa "inversão de todos os valores humanos", perseguida pelo *yogin*, é validada aliás por uma longa tradição indiana; porque na perspectiva védica o mundo dos deuses é exatamente o oposto do nosso (a mão direita do deus corresponde à mão esquerda do homem, um objeto quebrado aqui na terra permanece um objeto intacto no além etc.). Pela recusa que opõe à vida profana o *yogin* imita um modelo transcendente: *Īśvara*. E, mesmo se o papel que Deus desempenha na luta pela liberação se revela muito medíocre, essa imitação de uma modalidade transcendente conserva seu valor religioso.

Notemos que é por etapas que o praticante se dessolidariza da vida. Começa por suprimir os hábitos vitais menos essenciais; as comodidades, as distrações, a vã perda de tempo, a dispersão de suas forças mentais etc. Busca, em seguida, unificar as mais importantes funções da vida; a respiração, a consciência. Disciplinar seu sopro, ritmá-lo, reduzi-lo a uma só modalidade – a do sono profundo – equivale à unificação de todas as variedades respiratórias. A *ekāgratā* persegue, no plano da vida psicomental, o mesmo objetivo: deter o fluxo da consciência, conquistar um *continuum* psíquico sem nenhuma brecha, unificar o pensamento. Mesmo a mais elementar das técnicas *yóguicas*, a dos *āsana*, propõe um fim semelhante; se em algum momento se chega a tomar consciência da totalidade do corpo, ou seja, a senti-lo como unidade, isto só se consegue experimentando uma dessas posturas hieráticas. A simplificação extrema da vida, a calma, a serenidade, a posição corporal estática, a respiração ritmada, a concentração em um só ponto etc., todos estes exercícios buscam o mesmo fim, que é abolir a multiplicidade e a fragmentação para reintegrar, unificar e totalizar.

Retirando-se da vida profana, o *yogin* acha outra vida mais profunda, mais verdadeira (porque "ritmada"): a própria vida do cosmos. Pode-se falar das primeiras etapas *yóguicas* como de um esforço para a "cosmização" do homem. Transformar o caos da vida biomental profana em um cosmos, essa é a ambição que encontramos em todas as técnicas psicofisiológicas, dos *āsana* até a *ekāgratā*. Já dissemos em outro texto[28] que muitas das práticas *yóguicas* e tântricas se explicam pelo desejo de assemelhar o corpo e a vida do homem aos astros e aos ritmos cósmicos, a começar pela Lua e o Sol, e retomaremos este importante assunto no curso desta obra (ver p. 225-226). Não se pode obter a liberação final sem conhecer uma etapa prévia da "cosmização"; não se pode passar diretamente do caos à liberdade. A fase intermediária é o "cosmos", isto é, a realização do ritmo em todos os planos da vida biomental. Ora, esse ritmo nos é indicado na própria estrutura do universo pelo papel "unificador" que nela desempenham os astros, especialmente a Lua. (Pois é a Lua que mede o tempo e integra no mesmo conjunto uma infinidade de realidades heterogêneas.) Boa parte da fisiologia mística indiana é baseada na identificação dos "sóis" e das "luas" no corpo humano.

É claro que esta "cosmização" não passa de uma fase intermediária, que Patañjali apenas indica, mas que é de excepcional importância nas outras escolas místicas indianas. Obtida depois da "unificação", a "cosmização" dá prosseguimento ao mesmo processo: refazer o homem em outras proporções, gigantescas, garantir-lhe experiências "macrantrópicas". Mas esse "macrantropos" só pode ter existência provisória. Porque o fim último só será atingido quando o *yogin* conseguir se "retirar" para seu próprio centro e se dessolidarizar completamente do cosmos, tornando-se impermeável às experiências,

---

28. Conforme nosso artigo "Cosmical homology and Yoga" (*Journal of the Indian Society of Oriental Art*, junho-dezembro 1937, p. 188-203).

incondicionado e autônomo. Essa "retirada" final equivale a uma ruptura de nível, a um ato de real transcendência. O *samādhi*, com todas as suas equivalências tântricas, é por sua própria natureza um "estado" paradoxal, pois esvazia e ao mesmo tempo preenche à saciedade o ser e o pensamento.

Assinalemos que as mais importantes experiências *yóguicas* e tântricas realizam um paradoxo semelhante. No *prāṇāyāma* a vida coexiste com a retenção do ar (retenção que é a contradição flagrante da vida); na experiência tântrica fundamental ("o retorno do sêmen") a "vida" coincide com a "morte", o "ato" torna-se "virtualidade" (ver p. 225-226). É evidente que o paradoxo está incluído na própria função do ritual indiano (como em qualquer outro ritual), pois, pela força do ritual, qualquer objeto incorpora a divindade, um "fragmento" (no caso do sacrifício védico, o tijolo do altar) coincide com o "todo" (o deus Prajāpati), o não ser com o ser. Considerado deste ponto de vista (da fenomenologia do paradoxo), o *samādhi* situa-se em uma linha bem conhecida na história das religiões e das místicas: a da coincidência dos contrários. É verdade que desta vez a coincidência não é somente simbólica, mas concreta, experimental. Pelo *samādhi*, o praticante transcende os contrários e reúne, em uma experiência única, o vazio e o pleno, a vida e a morte, o ser e o não ser. E ainda: o *samādhi*, como todos os estados paradoxais, equivale a uma reintegração das diferentes modalidades do real em uma só modalidade – a plenitude não diferenciada anterior à Criação, a unidade primordial. O *yogin* que atinge o *asamprajñāta samādhi* realiza igualmente um sonho que obceca o espírito humano desde o início de sua história: coincidir com o Todo, recuperar a Unidade, refazer a não dualidade inicial, abolir o Tempo e a Criação (isto é, a multiplicidade e heterogeneidade cósmicas), abolir em particular a fragmentação do real em objeto e sujeito.

Nós nos enganaríamos grosseiramente considerando essa suprema reintegração como um simples retorno ao indiferenciado primordial. Nunca é demais repetir que o Yoga, como tantas outras místicas, desemboca no plano do paradoxo e não em uma banal e fácil extinção da consciência. Como veremos, desde tempos imemoriais, a Índia conhece os múltiplos "transes" e "êxtases" obtidos por intoxicações, narcóticos e todos os outros meios elementares de esvaziamento da consciência; mas, usando um método rigoroso, não se tem o direito de situar o *samādhi* entre essas numerosas espécies de fuga espiritual. A liberação não é comparável ao "sono profundo" da existência pré-natal, mesmo se, aparentemente, a recuperação da totalidade obtida pela ênstase indiferenciada se assemelha à beatitude da pré-consciência fetal do ser humano. É necessário ter sempre em mente o seguinte fato, que é capital: o *yogin* trabalha em todos os níveis da consciência e do subconsciente para abrir caminho ao transconsciente (o conhecimento-posse do Si, do *puruṣa*). Penetra no "sono profundo" e no "quarto estado" (*turīya*, o estado cataléptico) com extrema lucidez; ele não mergulha na auto-hipnose. A importância conferida por todos os autores aos estados *yóguicos* de supraconsciência, indica-nos que a reintegração final se produz nessa direção, e não em um "transe" mais ou menos profundo. Ou melhor, a recuperação da não dualidade inicial pelo *samādhi* traz um elemento novo em relação à situação primordial (a que existia antes da bipartição do real em objeto-sujeito): o *conhecimento* da unidade e da beatitude. Há um "retorno à origem", mas com a diferença de que o "liberado em vida" recobra a situação original enriquecida pelas dimensões da liberdade e da transconsciência. Em outros termos, ele não recupera automaticamente uma situação "dada", mas reintegra a plenitude original depois de ter instaurado um modo de ser inédito e paradoxal: a consciência da liberdade, que não existe em nenhuma parte do cosmos, nem nos níveis da vida, nem nos níveis da "divindade mitológica" (os deuses, *deva*); que não existe senão no Ser supremo, *Īśvara*. É aqui que se avalia melhor o caráter iniciático do Yoga, pois na iniciação também se "morre" para "renascer", mas esse novo nascimento não repete o "nascimento natural"; o candidato não reencontra o mundo profano para o qual acaba de morrer durante a iniciação, mas um mundo sagrado, que corresponde a uma nova maneira de ser, inacessível no nível "natural" (profano) da existência.

Sentimo-nos tentados a ver nesse ideal – a conquista consciente da liberdade – a justificação oferecida pelo pensamento indiano ao fato, à primeira vista absurdo e cruelmente inútil, de que o mundo existe, o homem existe e sua existência no mundo é uma sequência ininterrupta de ilusões, sofrimento e desespero. Pois, libertando-se, o homem cria a dimensão espiritual da liberdade e a "introduz" no cosmos e na vida, isto é, nas maneiras cegas e tristemente condicionadas da existência.

CAPÍTULO III

O YOGA E O BRAMANISMO

ASCETAS E "EXTÁTICOS" NOS *VEDA*

Expusemos, até aqui, as doutrinas e técnicas *yóguicas* tais como foram sistematizadas e formuladas nos *Yoga-sūtra* de Patañjali e seus comentadores. Mas, em oposição aos outros *darśana,* o Yoga não é exclusivamente "um sistema de filosofia": ele exerce influência sobre grande número de práticas, crenças e aspirações pan-indianas. O Yoga está sempre presente tanto na tradição oral indiana como nas literaturas sânscritas e vernáculas. É claro que esse Yoga proteiforme nem sempre se parece com o sistema "clássico" de Patañjali. Trata-se antes de estereótipos tradicionais aos quais se acrescentou, no decorrer dos tempos, um número crescente de práticas e de crenças "populares", até que o Yoga acabou se tornando uma dimensão específica da espiritualidade indiana. Esse prestígio, essa presença proteiforme colocam um problema repleto de consequências: não seria o Yoga uma criação autóctone da Índia inteira, produto não só dos indo-europeus mas também, e sobretudo, das populações pré-árias?

Resumindo, poder-se-ia dizer que o Yoga conseguiu se impor como técnica universalmente válida recorrendo a duas tradições: 1) a dos ascetas e "extáticos", atestadas desde o *Ṛg-Veda;* 2) o simbolismo dos *Brāhmaṇa,* sobretudo as especulações que fundamentavam a "interiorização do sacrifício". Esse processo milenar de integração, que desabrocha em uma das maiores sínteses espirituais da Índia, ilustra de maneira brilhante aquilo que denominamos fenômeno de hinduização; seu mecanismo se tornará mais claro à medida que nos aproximarmos da Idade Média.

Não se evidenciam nos *Veda* senão rudimentos do Yoga clássico; em compensação, esses velhos textos se apoiam em disciplinas ascéticas e ideologias "extáticas" que, sem terem sempre relações diretas com o Yoga propriamente dito, acabaram por ser integradas na tradição *yóguica*. É por essa razão que as recordamos aqui. Mas não se deve confundir essas duas categorias de fatos espirituais; a presença de métodos ascéticos, técnicas de êxtase, é constatada entre os outros indo-europeus, para não mencionar os outros povos asiáticos, enquanto o Yoga só se encontra na Índia e nas culturas influenciadas pela espiritualidade indiana.

Assim, um hino do *Ṛg-Veda* (X, 136) fala do *muni* (asceta) de longos cabelos *(keśin)*, vestido de poeira, "cingido de vento" e no qual "entram os deuses" (2). Ele proclama: "na embriaguez do êxtase, montamos nos ventos. Vós, mortais, vós não podeis senão perceber nosso corpo" (3). O *muni* voa através dos ares (4), ele é o cavalo do vento (Vāta), o amigo de Vāyu, "aguilhoado pelos deuses"; habita os dois oceanos, o do levante e o do poente (5), (cf., *Atharva-Veda,* XI, 5, 6; XV, 7, 1); "vai pelo caminho das Apsara*, dos Gandharva** e das bestas selvagens, conhece os pensamentos" (6) e "bebe com Rudra na taça do veneno" (7). Tentamos reconhecer neste *muni* de longos cabelos o protótipo do *yogin*. Na realidade, trata-se de uma espécie de extático que não apresenta senão vagas semelhanças com o *yogin*, sendo a principal o poder de voar; mas esta *siddhi* é um poder mágico universalmente difundido (ver p. 229-230). As alusões ao cavalo do vento, ao veneno que ele bebe com Rudra, aos deuses que incorpora, indicam mais uma técnica xamânica. Quanto à descrição do êxtase, vemos que o *muni* "desaparece em espírito" abandonando seu corpo, adivinha o pensamento alheio, habita os dois "oceanos". Experiências que ultrapassam a esfera do profano, estados de consciência de estrutura cósmica realizáveis, aliás, por outros meios que não o "êxtase" (ver p. 82-83). Somos obrigados a empregar esse termo todas as vezes que desejamos designar uma experiência e um estado de consciência em escala cósmica, se bem que não seja sempre o caso de um "êxtase" no sentido exato da palavra.

Os *Veda* evocam igualmente outras experiências supranormais em relação a personagens míticos (Ekavrātya, Brahmacarin, Vena etc.) que representam, provavelmente, os arquétipos divinizados de certos ascetas e magos. A divinização do homem, o "homem-deus", permanece como tema dominante na espiritualidade indiana. Ekavrātya, já presente no célebre e obscuro hino do *Atharva-Veda* (XV, 1), é considerado pelo *Jaiminīya Upaniṣad Brāhmaṇa* (III, 21) como a divindade originária dos *vrātya* e torna-se na *Praśna Upaniṣad* e na *Cūlikā Upaniṣad* uma espécie de Princípio cósmico

---

* Donzelas celestiais. [N. do E.]

** Músicos celestiais. [N. do E.]

(Hauer, *Der Vrātya*, p. 306 e ss.). Ekavrātya representa muito provavelmente o modelo exemplar desse grupo misterioso, os *vrātya*, que foram identificados com ascetas devotados a Śiva (xivaítas) (Charpentier), místicos (Chaṭṭopādhyaya), precursores dos *yogīs* (Hauer) ou representantes de uma população não ária (Winternitz; ver nota III, 1). Um livro inteiro do *Atharva-Veda* (XV) é consagrado a eles; embora seu texto seja obscuro, dele se depreende que os *vrātya* praticam a ascese (permanecem de pé por um ano etc.), conhecem uma disciplina respiratória (assimilada às diversas regiões cósmicas: *Atharva-Veda* XV, 14, 15 e ss.), conformam seus corpos ao macrocosmos. Essa misteriosa confraria era importante, já que um sacrifício especial, o *vrātyastoma*, fora organizado para reintegrar seus membros na sociedade bramânica. Os textos consagrados ao *vrātyastoma* e ao *mahāvrata* (rito solsticial, no qual sobrevive certo número de elementos arcaicos) permitem-nos entrever esses misteriosos personagens: eles usavam turbante, vestiam-se de negro e jogavam sobre os ombros duas peles de carneiro, uma preta e outra branca; como insígnia tinham um cajado pontiagudo, um enfeite ao redor do pescoço *(niṣka)* e um arco não tensionado *(jyāhroḍa)*. O cajado-lança (protótipo do *śūla** xivaíta?) e o arco – armas mágicas por excelência – são reencontrados em certos xamanismos asiáticos.[29] Um carro puxado por um cavalo e um mulo servia-lhes de local de sacrifício. Durante o *vrātyastoma,* entre outros personagens que os acompanhavam, os principais eram um *māgadha* e uma *puṇścalī* (*Atharva-Veda*, XV, 2). O primeiro parece ter desempenhado o papel de cantor; a *puṇścalī* era literalmente uma prostituta, que por ocasião do *mahāvrata* se unia ritualmente com o *māgadha* (ou com um *brahmacārin*; *Jaiminīya Brāhmaṇa*, II, 404, e ss.; *Āpastamba Śrauta Sūtra*, XXI, 17, 18 ; Hauer, *op. cit.*, p. 264). Esta última cerimônia comportava certo número de elementos de magia arcaica de fertilidade: diálogos injuriosos e obscenos, balanço ritual, uniões sexuais.

A união sexual é atestada na religião védica (cf. o hino erótico do *Atharva-Veda*, XX, 136; o rito do *aśvamedha* e outros), mas não se tornou uma técnica mística senão após o triunfo do tantrismo (ver mais adiante, p. 215-216). Durante o *mahāvrata*, o *hotṛ* oscilava de um lado para o outro em

---

* Mais conhecido como *triśūla:* o tridente de Śiva. [N. do E.]

29. Conforme minha obra *Le Chamanisme et les Techniques Archaïques de l'Extase,* p. 258 ("árvore lança" entre os dayak). Dominik Schröder, "Zur Religion der Tujen in Sininggebietes", em *Anthropos,* 1952, p. 18 e ss., 1953, p. 248 e ss.: "lança dos espíritos" entre os tujes. Sobre o arco no xamanismo asiático ver *Le Chamanisme et les Techniques Archaïques de l'Extase,* p. 163 e ss.

um balanço e aludia aos três sopros, *prāṇa, vyāna* e *apāna* (*Śaṇkhāyana Śrauta Sūtra*, XVII; Hauer, *op. cit.*, p. 258 e ss.). Aqui temos provavelmente uma referência a uma disciplina respiratória implicando a suspensão da respiração, mas é pouco provável que esse exercício já fosse um *prāṇāyāma.*[30] Ainda durante o *mahāvrata*, o *hotṛ* tocava com um ramo de *udumbara* uma harpa de cem cordas, declarando: Eu te firo pelo *prāna*, o *apāna* e o *vyāna*. O balanço é chamado "navio que conduz ao céu", o sacrificador, "pássaro que alça voo para o céu" (*Tāṇḍya-Mahā-Brāhmaṇa*, V, 1, 10); as jovens que dançavam ao redor do fogo eram, também, pássaros voando para o céu (*ib.*, V, 6, 15). As imagens da barca celeste e do pássaro retornam com frequência na literatura bramânica. Elas não pertencem, aliás, unicamente à tradição indiana, já que estão no próprio coração da ideologia xamânica, do simbolismo do "Centro do Mundo" e do voo mágico. Quanto ao balanço, ele desempenha um papel nos ritos de fecundidade, mas aparece igualmente nos contextos xamânicos.[31]

Todo esse conjunto é muito complicado e as tradições conservadas pelos textos são confusas e às vezes contraditórias. Ao lado de Ekavrātya – o arquétipo divinizado do *vrātya* – encontra-se o Brahmacarin, concebido, ele também, como um personagem em escala cósmica. Iniciado, vestindo uma pele de antílope negro, com uma longa barba, o Brahmacarin viaja do Oceano oriental ao Oceano setentrional criando os mundos e é exaltado "como um embrião no seio da imortalidade". Vestido de vermelho, pratica o *tapas* (*Atharva-Veda*, XI, 5, 6-7). No *mahāvrata*, como já vimos, um *brahmacārin* (*māgadha*) unia-se ritualmente à *puṇścalī*.

Podemos supor que os *vrātya* representassem uma confraria misteriosa pertencente às vanguardas dos invasores árias (Hauer). Eles não se distinguiam muito, no entanto, dos *keśin* do *Ṛg-Veda;* em certos comentários Rudra é chamado *vrātya-pati* (Hauer, *op. cit.*, p. 191) e o *Mahābhārata* conserva ainda o termo *vrātya* para designar as bacantes xivaítas (*ib.*, 233 e ss.). Essas tendências orgíacas não devem relegar à sombra a estrutura cósmica de suas experiências "místicas". Pois, esse tipo de experiência tinha igualmente um lugar capital entre as populações aborígines, pré-árias, o que torna às vezes

30. Das outras alusões à respiração no *Atharva-Veda* (V, 28; XV, 15 e 17) poderíamos deduzir o conhecimento de *recaka, pūraka* e *kumbhaka;* ver Hauer, *Anfänge der Yoga-praxis,* p. 10 e ss. e *Der Vrātya,* p. 291 e ss. Sobre os cinco modos de respiração ver nota III, 2.

31. Cf. Frazer, *The Dying God,* Londres, 1918, p. 156 e ss. e 277 e ss. Ver também nosso *Le Chamanisme et les Techniques Archaïques de l'Extase,* p. 127 e ss.

difícil a distinção entre o componente indo-europeu e o substrato pré-ária; quando de sua chegada à Índia, os indo-europeus também conservavam ainda certo número de elementos de cultura arcaica.

O *TAPAS* E O YOGA

A equivalência entre o arcaísmo religioso indo-europeu e o dos aborígines fica muito clara na prática e na teoria do *tapas*. *Tapas* (literalmente: "calor, ardor") designa o esforço ascético em geral. O *tapas* aparece de modo evidente no *Ṛg-Veda* (cf., por exemplo, VIII, 59, 6; X, 136, 2; 154, 2, 4; 167, 1; 109, 4 etc.) e seus poderes são criadores tanto no plano cósmico como no espiritual. Pelo *tapas* o asceta torna-se clarividente e até incorpora os deuses. Prajāpati cria o mundo "aquecendo-se" a um grau extremo pela ascese (*Aitareya Brāhmaṇa*, V, 32, I); ele o cria, com efeito, através de uma sudorese mágica. Para a especulação bramânica, o próprio Prajāpati era produto do *tapas*: no começo *(agre)* o Não Ser *(asat)* fez-se espírito *(manas)* e aqueceu-se *(atapyata)* dando nascimento à fumaça, à luz, ao fogo e finalmente a Prajāpati (*Taittīriya Brāhmaṇa*, II, 2, 9, 1-10. Em outros textos, o Não Ser é representado pelas águas primordiais, cf. *Śatapatha Brāhmaṇa*, XI, 1, 6, 1). Ora, a cosmogonia e a antropogonia pela sudorese são motivos míticos encontrados também em outras partes, por exemplo, na América do Norte. Muito provavelmente, estão ligados a uma ideologia xamanista; sabe-se que os xamãs norte-americanos entram em estufas para provocar uma forte sudorese (ver nosso *Le Chamanisme et les Techniques Archaïques de l'Extase*, p. 302 e ss.). Esse costume não é, aliás, senão um aspecto de um complexo ideológico mais vasto – o "calor mágico" e o "domínio do fogo" – anterior ao xamanismo propriamente dito (cf. *ib.*, p. 327, 386 e ss., 412 e ss.). Aumentar magicamente o calor do próprio corpo ou "dominar" o fogo até tornar-se insensível à temperatura da brasa são dois poderes universalmente atestados entre os homens curandeiros, os xamãs e os faquires. Como veremos adiante (p. 272-273), uma das técnicas *yóguico*-tântricas por excelência consiste justamente em produzir o calor interno (o "calor místico"). Neste ponto em particular, a continuidade entre a mais antiga técnica mágica conhecida e o Yoga tântrico é incontestável.

A "sudorese criadora" e a produção mágica do calor eram igualmente conhecidas pelos indo-europeus. O casal humano nasceu do suor de Ymir e é provocando a sudorese no corpo de Gajômard que Ahura Mazda cria o homem. O herói irlandês Cuchulainn sai tão "aquecido" de sua primeira façanha guerreira (equivalente a uma iniciação militar), que faz saltar as tábuas e os precintos da cuba onde o haviam colocado, um "furor aquecido" semelhante é atribuído ao herói caucasiano dos nartes, Batradz.[32] Como demonstrou Georges Dumézil, vários termos do vocabulário "heroico" indo-europeu – furor, *ferg, wut, ménos* – expressam justamente esse "calor extremo" e essa "ira" que caracterizam, em outros níveis da sacralidade, a incorporação do *poder*. Numerosos episódios da mitologia ou do folclore religioso indiano mostram-nos os deuses ou os mortais reduzidos a cinzas pela força do *tapas* de um grande asceta. Os indo-europeus conheciam a técnica e a ideologia do "calor mágico", porque ainda pertenciam a um horizonte espiritual arcaico, assim como certos outros grupos étnicos da Ásia. Mas é sobretudo na Índia que se desenvolveram as práticas da ascese, com uma amplitude desconhecida em qualquer outra parte, e onde também se elaborou uma ideologia extremamente complexa em torno da noção de *tapas*. Mais precisamente, é no solo indiano que essa tradição mágica, de incontestável arcaísmo e universalmente difundida, conheceu um desenvolvimento completo, sem igual em qualquer outro lugar do mundo (cf. nota III, 3).

É importante saber como o *tapas* foi assimilado pela técnica *yóguica*.[33] Uma observação preliminar: este "aquecimento" ritual não era reservado somente aos ascetas e "extáticos". O sacrifício do *soma* exigia do sacrificador e de sua mulher o cumprimento da *dīkṣā*, rito de consagração comportando a vigília ascética, a meditação no silêncio, o jejum e também o "calor", o *tapas*, e esse rito podia durar de um dia a um ano. Ora, o sacrifício do *soma* era um dos mais importantes da Índia védica e bramânica; vale dizer que o *tapas* fazia parte da experiência religiosa de todo o povo indiano. Disto parece deduzir-se, teoricamente, que não havia solução de continuidade entre o ritual e as técnicas ascéticas e contemplativas; a diferença entre o sacrificador e o *tapasvin* foi, na origem, apenas uma diferença de grau. A continuidade entre o ritual e a ascese observa-se também em outras partes; por exemplo, no mundo cristão, leigos e monges recitam as mesmas orações e se servem do mesmo calendário religioso, embora varie o grau de suas experiências pessoais. Mas é importante sublinhar a unidade das concepções fundamentais que existiu desde a época védica, para melhor compreender o

32. Sobre Ymir e Gajômard ver a obra de A. Christensen, *Le Premier Homme et le Premier Roi dans l'Histoire Légendaire des Iraniens*, volume I, Uppsala, 1918, p. 14, 36; H. Güntert, *Der arische Weltkönig und Heiland*, Halle, 1923, p. 346; Sven S. Hartman, *Gayômart*, Uppsala, 1953; sobre Cuchulainn e Batradz ver as obras de G. Dumézil intituladas *Horace et les Curiaces*, Paris, 1942, p. 35 e *Légendes sur les Nartes*, Paris, 1930, p. 50 e 179.

33. Os *Yoga-sūtra* referem-se quatro vezes ao valor espiritual do *tapas* (II, 1, 32, 43; IV, 1).

sentido das sínteses hinduístas posteriores, realizadas sobretudo pela assimilação e similitude dos valores religiosos não bramânicos e mesmo não árias.

O *tapas* que se obtém pelo jejum, pela vigília perto do fogo etc., obtém-se também pela retenção da respiração. A parada da respiração começa a desempenhar papel ritual, sobretudo a partir da época dos *Brāhmaṇa;* quando se canta a *gāyatrīstotra*, não se deve respirar (*Jaiminīya Brāhmaṇa*, III, 3, 1; cf. *Kauṣītaki Brāhmaṇa*, XXIII, 5), o que lembra as alusões ao sopro no *Atharva-Veda* (XV, 15-18). Mais precisa é a informação do *Baudhāyana Dharma Sūtra* (IV, 1, 24), segundo a qual retendo o sopro se produz o calor mágico. (A *Majjhima Nikāya*, I, 244 etc. transmite-nos a mesma tradição.) Vemos, assim, o sentido em que se orientam todas essas indicações: para consagrar-se ao sacrifício do *soma* é necessário praticar o *tapas* e tornar-se "ardente", pois o "calor mágico" é o sinal por excelência da superação da condição humana, da saída do "profano". Mas o calor produz-se igualmente pela disciplina ou a suspensão do sopro, o que permitirá assemelhar, de um lado, as técnicas *yóguicas* aos métodos ortodoxos, bramânicos, e de outro, o *yogin* ao *tapasvin;* por último, entrevemos já a audaciosa correspondência do sacrifício védico com as técnicas do êxtase.

Esta correspondência tornou-se possível sobretudo pelas especulações dos *Brāhmaṇa* a respeito do sacrifício. Não é preciso lembrar a importância do sacrifício desde os tempos védicos. Ele é todo-poderoso. Os próprios deuses subsistem graças às oferendas rituais: "É o sacrifício, ó Indra, que te tornou tão poderoso... É o culto que a ti rendem que ajudou teu raio quando fulminaste o Dragão" (*Ṛg-Veda*, III, 32, 12). É o sacrifício o princípio da vida e da alma de todos os deuses e de todos os seres (*Śatapatha Brāhmaṇa*, VIII, 6, 1, 10 etc.). No princípio os deuses eram mortais (*Taittīriya-saṃhitā*, VIII, 4, 2, 1 etc.); tornaram-se divinos e imortais pelo sacrifício (*ib.*, VI, 3, 4, 7; VII, 3, 10, 2 etc.); vivem dos presentes da terra, como os homens vivem dos presentes do céu (*ib.*, III, 2, 9, 7 etc.). Mas antes de mais nada, o sacrifício expressa, no nível da ação, das "obras", o desejo de *refazer o mundo*, de reunir os membros de Prajāpati.[34] O mito diz que, quando Prajāpati criou o mundo, seus membros se desprenderam e os deuses os "recompuseram" (*Taittīriya Brāhmaṇa*, I, 2, 6, 1 etc.). Pelo sacrifício, reconstrói-se Prajāpati (*Taittīriya-saṃhitā*, V, 5, 2, 1), mas isto pode ser entendido também no sentido de que se refaz Prajāpati para que ele possa repetir a cosmogonia e o

34. Encontraremos os principais textos em Sylvain Levi: *La Doctrine du Sacrifice dans les Brāhmaṇas*, Paris, 1898; cf. também A. Coomaraswamy, *Hinduism and Buddhism*, Nova York, 1943, p. 19 e ss.

mundo possa durar, continuar. Como salienta Sylvain Lévi (*La Doctrine du Sacrifice dans les Brahmanas*, p. 79-80), o sacrifício não é "feito", ele é estendido, continuado; é preciso impedir que o sacrifício se desfaça.

Esta descrição paradoxal do sacrifício – como uma *continuidade*, que é no entanto um *retorno à unidade primordial*, à plenitude de Prajāpati *antes* da criação – não compromete sua função essencial: a de assegurar o "segundo nascimento". Com efeito, o simbolismo iniciático do sacrifício é ressaltado por seu simbolismo sexual e ginecológico. Os textos são claros (cf. Sylvain Lévi, *op. cit.*, p. 104 e ss.). O *Aitareya Brāhmaṇa* (I, 3) faz uma exposição precisa do sistema de equivalência: "Os sacerdotes transformam em embrião aquele a quem dão a *dīkṣā*. Eles o aspergem com água; a água é a semente viril [...]. Eles o fazem entrar no celeiro especial; o celeiro especial é a matriz de quem faz a *dīkṣā;* eles o fazem entrar assim na matriz que lhe convém. Recobrem-no com uma vestimenta, a vestimenta é a placenta. Põem-lhe por cima uma pele de antílope preto; o córion está com efeito por cima da placenta [...]. Ele tem os punhos fechados; de fato, o embrião tem os punhos fechados enquanto está no ventre, a criança tem os punhos fechados quando nasce [...]. Ele se despoja da pele de antílope para entrar no banho; eis a razão pela qual os embriões vêm ao mundo despojados do córion. Ele conserva sua vestimenta para entrar aí e é por isso que a criança nasce com a placenta sobre ela".

Este simbolismo não é uma criação dos *Brāhmaṇa*. Universalmente, o iniciado tem sido comparado a um recém-nascido e não faltam exemplos em que a cabana iniciática era considerada como o ventre de um monstro (Frazer, *Spirits of the Corn*, volume I, p. 225 e ss.). O candidato era ali "engolido", ritualmente "morto", mas também se encontrava no estado de embrião. Como a finalidade do sacrifício era obter, após a morte, o céu *(svarga)*, a partilha da morada com os deuses, ou a qualidade de deus *(devātma)*, vemos aqui também a simetria com a concepção fundamental da iniciação arcaica à qual cabia assegurar aos iniciados a melhor condição além-túmulo. E mais: a iniciação não se reduz ao ritual da morte e renascimento; inclui também uma gnose secreta. Ora, a "ciência" dos *Brāhmaṇa*, embora se concentre em torno dos mistérios do sacrifício, também desempenha um papel importante.[35] "Aquele mundo (mundo dos deuses) pertence somente aos que sabem" (*Śatapatha Brāhmaṇa*, X, 5, 4, 16). Nos *Brāhmaṇa*, a proposição "aquele

35. O simbolismo ginecológico e obstétrico da iniciação prolonga-se na imagética da aprendizagem filosófica: Sócrates reivindica a missão de parteiro; de fato, ele ajuda a parir o "homem novo", assiste ao parto "daquele que sabe".

que sabe assim" *(ya evam veda)* é repetida com frequência. Com o tempo, a "ciência" do sacrifício e das técnicas litúrgicas perde valor e uma nova ciência, a do *conhecimento* de Brahman, vem tomar seu lugar. O caminho também é aberto aos *ṛṣi* das *Upaniṣad* e, mais tarde, aos mestres do Sāṅkhya, para quem a verdadeira ciência é suficiente para alcançar a liberação. Pois "os sacrifícios são semelhantes às pirogas vogando em pleno oceano, e podem afundar a todo momento", dirá a *Muṇḍaka Upaniṣad* (I, 2, 7).

A "INTERIORIZAÇÃO RITUAL"

Em pouco tempo, o sacrifício foi equiparado ao *tapas*. Os deuses obtiveram a imortalidade, não apenas pelo sacrifício (ver p. 101), mas também pela ascese. O *Ṛg-Veda* (X, 167, 1) afirma que Indra conquistou o céu pelo *tapas*, ideia levada adiante pelos *Brāhmaṇa*: "Os deuses obtiveram sua categoria divina mediante a austeridade" (*Taittīriya Brāhmaṇa*, III, 12, 3, 1 etc.). Pois o *tapas* é, ele próprio, um "sacrifício". Se no sacrifício védico se oferece aos deuses o *soma*, a manteiga derretida e o fogo sagrado, na prática ascética se oferece a eles um "sacrifício interior", no qual as funções fisiológicas substituem as libações e os objetos rituais. A respiração é muitas vezes identificada a uma "libação ininterrupta". O *Vaikhānāsasmārta-sūtra*, II, 18, fala do *prāṇāgnihotra*, isto é, do "sacrifício cotidiano na respiração".[36] A concepção desse "sacrifício interior" é uma concepção fecunda, que permitirá aos ascetas e místicos, mesmo os mais independentes, manter-se no seio do bramanismo, e mais tarde do hinduísmo.

Eis um texto bramânico onde o *prāṇāyāma* é comparado a uma das mais ilustres variedades de sacrifício védico, o *agnihotra* (oblação do fogo, que cada chefe de família devia praticar diariamente, pela manhã antes do nascer do sol e à tarde, após o crepúsculo): "Eles o denominam '*agnihotra* interior'. Enquanto fala, o homem não pode respirar e então oferece sua

36. Encontramos no mesmo texto a comparação das funções fisiológicas e dos órgãos aos diferentes fogos rituais, aos objetos de sacrifício etc. "O luminoso por si mesmo, *ātman*, é o sacrificador; o intelecto é a esposa; o lótus do coração é o *vedi*; o pelo do corpo é a erva, *dharba*; o *prāṇa* é Gārhapatya; *apāna* é Ahavanīya; o *vyāna* é Dakśiṇāgni; *udāna* é o fogo Sabhya; *samāna* é o fogo Avasathya; eis os cinco fogos do sacrifício. Os órgãos dos sentidos, a língua etc. são os vasos sacrificiais; os objetos dos sentidos, o gosto etc. são as substâncias sacrificiais". O termo *prāṇāgnihotra* é encontrado também em algumas *Upaniṣad*, mas o sentido difere; cf. *Prāṇāgnihotra Upaniṣad*, 3-4.

respiração à palavra; enquanto respira, ele não pode falar, então oferece sua palavra à respiração. Essas são as duas oblações contínuas e imortais; na vigília e no sono, o homem as oferece sem interrupção. Todas as outras oblações têm um fim e participam da natureza do ato *(karman)*. Os antigos, que conheciam esse verdadeiro sacrifício, não ofereciam o *agnihotra* (*Kauṣītaki Brāhmaṇa Upaniṣad,* II, 5).

Encontramos a mesma concepção, de forma mais discreta, na *Chāndogya Upaniṣad,* V, 19-24: o verdadeiro sacrifício consiste nas oblações na respiração; "aquele que oferece o *agnihotra* sem saber disso (*sa ya idam avidvān*) é como aquele que [...] faz uma oferenda nas cinzas" (V, 24, 1). Essa forma de sacrifício é geralmente designada pelo nome de "sacrifício mental". Nós preferimos chamá-la "interiorização ritual", porque implica, além da oração mental, uma profunda assemelhação das funções fisiológicas à vida cósmica. A correspondência dos órgãos e funções fisiológicas às regiões e aos ritmos cósmicos é um dado pan-indiano. Já encontramos seus rastros nos *Veda* mas, na verdade, é só no tantrismo (devido em grande parte ao aporte experimental das técnicas *yóguicas*) que ela adquirirá a coerência de um "sistema".

Os textos citados referem-se, sem dúvida, a certos ascetas que praticavam o *prāṇāyāma,* que eles identificaram com o sacrifício concreto chamado *agnihotra.* Este é apenas um exemplo de validação, pela tradição ortodoxa, de um exercício a princípio desprovido de laços com essa tradição. Ora, a equivalência tem como consequência prática a substituição (que ela justifica). A ascese transforma-se assim em um equivalente do sacrifício, do ritual védico. A partir daí compreende-se facilmente como as outras práticas *yóguicas* penetraram na tradição bramânica e como foram por ela aceitas.

Não convém imaginar que essa equivalência ocorra em uma só direção. Nem sempre são os adeptos fervorosos das práticas do Yoga que tentam obter do bramanismo a validação de suas atitudes e de seus métodos. Muitas vezes a própria ortodoxia tomou a dianteira. O número ínfimo de "heresias", durante os três mil anos de vida religiosa indiana, deve-se tanto aos esforços incessantes de inúmeras seitas e correntes de pensamento para ocuparem lugar no seio da tradição, quanto à ação assimiladora e "hinduizante" da ortodoxia. Ortodoxia, na Índia, significa sobretudo dominação espiritual de uma casta – a dos brâmanes. Seu "sistema" teológico e ritual pode ser reduzido a dois elementos fundamentais: 1º) os *Veda* são considerados um *corpus* inalterável de escrituras; 2º) o sacrifício é, de longe, da maior importância. Os dois elementos são "estáticos" por excelência. Contudo, para nós, a história religiosa da Índia indo-ária revela-se essencialmente dinâmica, em perpétua transformação. Uma dupla ação, iniciada e sustentada recentemente pela ortodoxia bramânica explica esse fenômeno: 1º) graças à hermenêutica, os *Veda* foram reinterpretados continuamente;

2º) graças às correspondências míticas, rituais ou religiosas, toda a complexidade cultural e mística não ortodoxa foi reduzida, por assim dizer, a um denominador comum e finalmente absorvida pela ortodoxia. A assimilação das divindades "populares", autóctones, pelo hinduísmo permanece um fenômeno atual (ver nota IV, 4).

É claro que a ortodoxia só processava esta absorção em momentos de crise, isto é, quando seus antigos esquemas rituais e doutrinários não mais satisfaziam suas próprias elites, e quando haviam ocorrido importantes "experiências" ou pregações ascético-místicas extramuros. Pode-se distinguir, ao longo da história, uma reação contra a esquematização ritual bramânica e também contra o excesso de "abstração", reação cujo ponto de partida se encontra no próprio seio da sociedade indiana. Essa reação aumentará de volume à medida que a Índia estiver mais "bramanizada" e "hinduizada", isto é, que a absorção dos elementos não bramânicos e não árias seja mais intensa.

SIMBOLISMO E GNOSE NAS *UPANIṢAD*

As *Upaniṣad* também reagem, à sua maneira, contra o ritualismo. Expressão de experiências e meditações à margem da ortodoxia bramânica, elas respondiam à necessidade de absoluto que os esquemas abstratos do ritualismo estavam longe de poder satisfazer. Os *ṛṣi* das *Upaniṣad* partilhavam a esse respeito a posição dos *yogīs:* tanto uns como outros abandonam a ortodoxia (o sacrifício, a vida civil, a família) e, com toda simplicidade, vão à procura do absoluto. É verdade que as *Upaniṣad* se mantêm na linha da metafísica e da contemplação, enquanto o Yoga se serve da ascese e da técnica meditativa. Mas a osmose entre as *Upaniṣad* e os *yogīs* jamais foi interrompida. Alguns métodos *yóguicos* são aceitos inclusive pelas *Upaniṣad* a título de exercícios preliminares de purificação e contemplação. Não entraremos aqui em detalhes; da considerável massa de especulações das *Upaniṣad,* levaremos em conta apenas os aspectos que interessam diretamente ao nosso assunto. (Textos e bibliografias na nota III, 5.) Sabemos que a grande descoberta das *Upaniṣad* foi a articulação sistemática da identidade de *ātman* e *brahman.* Ora, se atentarmos para o que significa *brahman* desde os tempos védicos, a descoberta das *Upaniṣad* implicava a seguinte consequência: a imortalidade e o poder absoluto tornavam-se acessíveis a todos aqueles que se esforçassem por penetrar na gnose e apropriar-se do conhecimento dos mistérios, pois o *brahman* representava tudo isso – era o imortal, o imperecível, o poderoso. Com efeito, embora seja difícil resumir em uma única fórmula todas as significações que *brahman* recebeu nos textos védicos e pós-védicos, é indubitável que esse termo expressava a realidade última e inapreensível, o *Grund** de toda manifestação cósmica e de toda experiência e, por conseguinte, a *força* de toda a Criação, fosse ela cosmológica (o universo) ou simplesmente ritual (o sacrifício). Seria inútil lembrar o número quase ilimitado de suas identificações e correspondências (nos *Brāhmaṇa,* é identificado com o fogo, a palavra, o sacrifício, os *Veda* etc.); o importante é que em todas as épocas e em todos os níveis culturais o *brahman* foi concebido e expressamente denominado o imperecível, o imutável, o fundamento, o princípio de toda existência. É significativo que nos *Veda* a imagem mítica do *brahman* seja o *skambha,* o pilar cósmico, o *axis mundi,* símbolo cujo arcaísmo não é necessário provar, pois o encontramos entre os caçadores e pastores da Ásia Central e Setentrional, assim como nas culturas "primitivas" da Oceânia, África e Américas (cf. nosso *Le Chamanisme et les Techniques Archaïques de l'Extase,* p. 235 e ss.). Em vários hinos do *Atharva-Veda* (X, 7, 8 etc.) o *brahman* é identificado com *o skambha* (literalmente estaca, sustentáculo, pilar). Em outros termos, o *brahman* é o *Grund* que sustenta o mundo, ao mesmo tempo eixo cósmico e fundamento ontológico.

Pode-se observar um processo de elaboração dialética em torno do símbolo primordial do *axis mundi.* De um lado, o eixo se acha sempre no "Centro do Mundo", sustentando e religando as três zonas cósmicas (céu, terra, região subterrânea), o que quer dizer que simboliza tanto a "cosmização" (manifestação das formas) como a norma, a lei universal. O *skambha* suporta e mantém separados o céu e a terra, isto é, firma e prolonga o mundo como manifestação, impede a reintegração no caos, a confusão. De outro lado, "no *skambha* está tudo o que é possuído pelo espírito *(ātmanvat),* tudo o que respira" (*Atharva-Veda,* VII, 8, 2). Pressente-se já a via na qual se engajará a especulação das *Upaniṣad:* o Ser que se identifica com o "eixo" do universo (com seu "Centro", com seu princípio) é encontrado, em outro nível, no "centro" espiritual do homem, no *ātman.* "Aquele que conhece o *brahman* no homem, conhece o ser supremo (*parameṣṭhin,* o Senhor), e aquele que conhece o ser supremo, conhece o *skambha*" (*Atharva-Veda,* X, 8, 43). Percebe-se o esforço para isolar a realidade última, o princípio impossível de ser expresso em palavras; *brahman* é reconhecido como o pilar do universo, o suporte, a base, e o termo *pratiṣṭhā,* que exprime todas essas noções, já é largamente utilizado nos textos védicos; no *Mahābhārata* e nos *Purāṇa, brahman* é chamado *dhruva,* "fixo, imóvel, firme, permanente" (ver os textos reunidos por J. Gonda, *Notes on Brahman,* p. 47-48).

Porém, conhecer o *skambha,* o *dhruva,* é possuir a chave do mistério cósmico e reencontrar o "centro do mundo" no mais profundo do próprio ser.

* Termo alemão que significa "fundamento ou fundo primordial, originário". [N. do E.]

O conhecimento é uma força sagrada, porque resolve o enigma do universo e o enigma do Si. Na Índia antiga, como em todas as outras sociedades tradicionais, a ciência secreta era patrimônio exclusivo de uma classe, os especialistas dos mistérios, os mestres dos ritos – os brâmanes. Como seria de esperar, o princípio universal, *brahman*, é identificado ao homem brâmane: *brahma hi brāhmaṇah* é um motivo recorrente dos textos pós-védicos (J. Gonda, *op. cit.*, p. 51). "O nascimento do brâmane é uma encarnação eterna do *dharma*" (*Leis de Manu*, I, 98); "São esses homens sábios que sustentam todos os mundos" (*Mahābhārata*, XIII, 151, 3; cf. outros textos, J. Gonda, *op. cit.*, p. 52).

O brâmane é identificado com *brahman* porque conhece a estrutura e origem do universo, porque conhece a palavra que expressa tudo isso; pois *vāk*, o *logos*, pode transformar uma pessoa qualquer em brâmane (já afirmado no *Ṛg-Veda*, X, 125, 5). Como dirá a *Bṛhadāraṇyaka Upaniṣad*, III, 8, 10, aquele que conhece o imperecível (*akṣara*, isto é, o *brahman*) esse é brâmane. Em suma, torna-se brâmane pelo conhecimento do Ser, da realidade última, e a posse deste conhecimento se traduz pela apropriação da força por excelência, a força sagrada. As *Upaniṣad* clássicas, ao formular de modo sistemático a identidade *ātman* (o Si), *brahman* (= *skambha, dhruva, akṣara*), mostraram o caminho para a emancipação dos rituais e das obras. Precisamente nesse ponto é que os *ṛṣi* das *Upaniṣad* reencontram os ascetas e os *yogīs*. Partindo de outras premissas e respondendo a outras vocações – menos especulativas, mais técnicas, mais "místicas" –, os *yogīs* também reconheciam que o verdadeiro conhecimento dos mistérios se traduz pela posse de uma força espiritual sem limites. Mas inclinaram-se a alcançar esse conhecimento do Si através de técnicas semicontemplativas e semifisiológicas. Eles identificarão seu corpo com o cosmos, levando ao extremo certas relações micromacrocósmicas já observadas no *Ṛg-Veda*. Os Ventos cósmicos serão "dominados" como respirações; o *skambha*, pilar cósmico, será identificado com a coluna vertebral; o "centro do mundo" será reencontrado em um ponto, o "coração", ou em um eixo atravessando os *cakra* no interior de seus próprios corpos. Nos textos tardios, começa-se a observar um duplo movimento de osmose. Os *yogīs* aproveitam o prestígio das antigas *Upaniṣad* e apresentam seus escritos com o epíteto de "upanixádicos"; os *ṛṣi* upanixádicos desviam em seu proveito a recente porém já considerável reputação dos *yogīs*, daqueles que podem adquirir ao mesmo tempo a liberação e o domínio mágico do mundo. Assim, uma rápida revisão dos elementos *yóguicos* presentes nas *Upaniṣad* pode ser muito instrutiva; ela nos ajudará a entrever o progresso da acepção do Yoga no bramanismo, assim como o prodigioso polimorfismo do próprio Yoga. Porque – não esqueçamos – o que nos ocupará daqui em diante será a rica e às vezes estranha morfologia do Yoga "barroco".

IMORTALIDADE E LIBERAÇÃO

O termo Yoga, em sua acepção técnica, encontra-se pela primeira vez na *Taittīriya Upaniṣad,* II, 4 *(yoga ātmā)* e na *Kaṭha Upaniṣad,* II, 12 *(adhyātma yoga),* VI, II (o texto mais próximo do sentido clássico); porém, a presença da prática *yóguica* observa-se nas *Upaniṣad* mais antigas. Assim, uma passagem da *Chāndogya Upaniṣad,* VIII, 15 (*ātmani sarvendrīyāṇi sampratiṣṭha,* "concentrando em si todos os seus sentidos") permite inferir a prática do *pratyāhāra*; do mesmo modo, encontramos muitas vezes o *prāṇāyāma* no *Bṛhadāraṇyaka Upaniṣad* (por exemplo, I, 5, 23).

O conhecimento, nas *Upaniṣad,* traz consigo a liberação da morte: "Conduze-me da morte à imortalidade!" (*Bṛhadāraṇyaka Upaniṣad,* I, 3, 28); "Aqueles que têm esse conhecimento tornam-se imortais" (*Kaṭha Upaniṣad,* VI, 9; cf. *ib.*, VI, 18: *vimṛtyu,* "libertar-se da morte"). A prática do Yoga, tal como a observamos nas *Upaniṣad,* persegue a mesma finalidade. É significativo que, na *Kaṭha Upaniṣad,* seja justamente Yama, o rei dos mortos, quem revela ao mesmo tempo o conhecimento supremo e o Yoga. O próprio enredo desta *Upaniṣad,* inspirado num episódio do *Taittīriya Brāhmaṇa,* é original e misterioso: o jovem brâmane Naciketas chega aos infernos e, obtendo de Yama a satisfação de seus três desejos, pede que o ensine sobre a condição do homem após a morte. A descida e os três dias passados nos infernos são temas iniciáticos bem conhecidos; logo pensamos nas iniciações xamânicas e nos Mistérios da Antiguidade. Yama comunica a Naciketas o segredo do "fogo que conduz ao céu" (*Kaṭha Upaniṣad,* I, 14 e ss.); fogo que se pode entender como ritual, ou como um "fogo místico", produzido pelo *tapas.* Esse fogo é "a ponte para o *brahman* supremo" (*ib.,* III, 2); a imagem da ponte, já frequente nos *Brāhmaṇa,* reencontra-se nas mais antigas *Upaniṣad* (cf. *Chāndogya Upaniṣad,* VIII, 4, 1-2); observa-se ademais em numerosas tradições e significa geralmente a passagem iniciática de um modo de ser a outro (cf. nosso *Le Chamanisme et les Techniques Archaïques de l'Extase,* p. 355 e ss., e 419 e ss.). Sobretudo, é o ensinamento que diz respeito à "grande viagem" que é importante: depois de ter procurado em vão distrair Naciketas dessa questão, oferecendo-lhe inumeráveis bens terrestres, Yama revela-lhe o grande mistério, o *ātman,* que "não pode ser atingido pela exegese, nem pelo intelecto, nem com muitos estudos. Só pode alcançá-lo aquele que foi eleito" (*Kaṭha Upaniṣad,* II, 23; tradução de L. Renou). A última estrofe revela uma nuance mística, denotada ainda, no capítulo seguinte, pela referência a Viṣṇu (*ib.,* III, 9).

O homem que é perfeitamente senhor de si é comparado a um hábil cocheiro, que sabe dominar seus sentidos: é esse homem que conquista a liberação. "Saiba que o *ātman* é o senhor do carro, que o corpo é o próprio carro, que a razão é o cocheiro e que os pensamentos são as rédeas. Os sentidos são os cavalos, os objetos dos sentidos são seu caminho [...]. Àquele que tem o conhecimento e o pensamento sempre devotado ao conhecimento, os sentidos são obedientes: são como bons cavalos para o cocheiro [...]. Aquele que tem o conhecimento, provido de pensamento sempre puro, chega ao lugar de onde não se nasce de novo" (*ib.*, III, 3-4, 6, 8; tradução de L. Renou). Ainda que o Yoga não seja mencionado, a imagem é especificamente *yóguica:* os arreios, as rédeas, o cocheiro e os bons cavalos remetem ao vocábulo *yuj*, "ter preso, colocar sob o jugo" (mesma imagem na *Maitrāyaṇī** *Upaniṣad*, II, 6). E mais adiante, outro verso vem explicitar: "Entende-se por Yoga este decidido trabalho sobre os sentidos. Tornamo-nos então concentrados..." (*Kaṭha Upaniṣad*, VI, 11; cf. VI, 18: "Então Naciketas, que instruído pela Morte havia recebido essa ciência e essa integral prescrição do Yoga que conduz ao *brahman*, ficou isento de velhice e de morte".) Enfim, um detalhe de fisiologia *yóguica:* um versículo conservado na *Chāndogya Upaniṣad*, VIII, 6, 6, diz-nos que "há cento e uma veias no coração, das quais só uma se eleva à cabeça; por ela se vai à imortalidade" (VI, 16). Esta alusão não é sem importância; revela a existência de um sistema de fisiologia mística a respeito do qual os textos posteriores, sobretudo as *Upaniṣad yóguicas* e a literatura tântrica, acrescentarão mais e mais detalhes.

"O homem que tem como cocheiro o conhecimento e como rédeas o pensamento atinge a outra margem da viagem, o lugar supremo de Viṣṇu" *(so'dhvana pāramāpnoti tadviṣṇo paramam padam)*, diz a *Kaṭha Upaniṣad* (III, 9). Não é nem o Viṣṇu da poesia épica nem o dos *Purāṇa*, mas seu papel neste primeiro *Upaniṣad*, em que o Yoga é utilizado para obter tanto o conhecimento de *ātman* como a imortalidade, já nos mostra a direção das grandes sínteses ulteriores: os três caminhos principais da liberação – o conhecimento upanixádico, a técnica do Yoga e a *bhakti* – que serão pouco a pouco assimilados e integrados. Esse processo é ainda mais avançado em uma *Upaniṣad* da mesma época, a *Śvetāśvatara*, que em lugar de Viṣṇu venera Śiva. Em nenhuma outra parte a identidade entre o conhecimento místico e a imortalidade é expressa com tanta frequência.[37]

---

* Mais conhecida como *Maitrī Upaniṣad.* [N. do E.]

37. A imortalidade mediante Deus (I, 6); quando Hara (=Śiva) é conhecida, "o nascimento e a morte cessam" (I, 11); quem conhece Rudra (Śiva) se torna imortal (III, 1); quem reconhece como Senhor o *brahman* supremo alcança a imortalidade (III, 7); "o homem que o conhece verdadeiramente passa além da morte; não há outra via" (III, 8); a imortalidade (III, 10; III, 13); o Espírito é o mestre da imortalidade (III, 15); quem

A predominância do tema da imortalidade incita-nos a crer que a *Śvetāśvatara Upaniṣad* foi escrita ou, provavelmente, recomposta em um ambiente místico, pois o texto sofreu numerosos acréscimos no decorrer dos séculos. O termo liberação encontra-se nela com menos frequência (IV, 16). Mas algumas passagens falam da alegria que dá "a felicidade eterna" obtida pelos que conhecem Śiva (VI, 12), expressão que, entre tantas outras (IV, 11, 12 etc.), revela um conteúdo concreto de verdadeira experiência mística. *Brahman* é identificado com Śiva, cujo nome é também Hara (I, 10), Rudra (III, 2) e Bhagavat (III, 11). Contudo, não nos interessam aqui os elementos sectários presentes nesta *Upaniṣad* (ver nota III, 5). É necessário marcar seu caráter místico experimental (cf. IV, 20) a fim de explicar melhor a importância que dá às práticas *yóguicas* (II, 8, 13). O próprio autor (ou um de seus "editores") dá a entender que se trata de tradições e "segredos de ofício" peculiares a certos experimentadores anacoretas, pois diz (VI, 21): "Pelo poder de sua austeridade e mediante a graça do deus *(devaprasādat)*, na verdade o sábio Śvetāśvatara revelou o *brahman* como convém aos que ultrapassaram *āśrama*, a purificação suprema aprovada pela assembleia dos *ṛṣi*" (tradução de A. Silburn).

Dessa forma a técnica do Yoga é integrada à tradição upanixádica; uma técnica que apresenta bastante analogia com a técnica dos *Yoga-sūtra*. Eis as passagens essenciais: "Mantendo seu corpo firme nas três partes erguidas (peito, nuca e cabeça; cf. *Bhagavad Gītā*, VI, 13), fazendo entrar no coração os sentidos e o pensamento, um sábio com a barca do *brahman* atravessaria todos os rios aterradores (II, 8). Tendo restringido as respirações no corpo ao regular os movimentos, é necessário respirar pelas narinas com um sopro reduzido (cf. *Bhagavad Gītā*, V, 27); como um veículo atrelado a maus cavalos, o sábio deve reprimir seu pensamento sem distração (9). Que se pratique o Yoga em um lugar limpo e plano (cf. *Bhagavad Gītā*, VI, 11) sem pedras, fogo e areia; agradável ao sentido interno pelos sons, água etc., que não desagrade à vista, protegido do vento por uma depressão (do solo) (10). A névoa, a fumaça, o sol, o fogo, o vento, os insetos fosforescentes, os relâmpagos, o cristal, a lua, são aspectos preliminares que produzem, no Yoga, a manifestação do *brahman* (11). Quando já tiver sido conquistada a quíntupla qualidade do Yoga, surgida da terra, da água, do fogo, do vento e do

---

o conhece triunfa sobre a morte (IV, 15, 17, 20; os deuses e poetas que conheceram a essência do *brahman*, escondida nos *Veda* e nas *Upaniṣad*, tornaram-se imortais (V, 6); a imortalidade somente através de Śiva (VI, 15, 17); o "ponto supremo para a imortalidade" *(amṛtasya param setum)* (VI, 19).

espaço, não haverá mais doença, nem velhice, nem morte para quem consegue um corpo formado pelo fogo do Yoga (12). Leveza, saúde, ausência de desejos, claridade de tez, excelência de voz, odor agradável, diminuição de secreções, diz-se que assim é o primeiro efeito do Yoga" (13, tradução de A. Silburn).

Notam-se nesse trecho as mais importantes *aṅga* dos *Yoga-sūtra: āsana, pratyāhāra, prāṇāyāma.* Os fenômenos acústicos e luminosos que marcam as etapas da meditação *yóguica,* e nos quais as *Upaniṣad* posteriores insistirão muito, confirmam o caráter técnico, experimental da tradição secreta transmitida pela *Śvetāśvatara Upaniṣad.* Outra *Upaniṣad* do mesmo grupo, a *Māṇḍūkya,* apresenta explicações decisivas referentes aos quatro estados de consciência e suas relações com a sílaba mística *OM.* A extrema brevidade dessa *Upaniṣad,* de apenas doze estrofes, é amplamente compensada pela importância de suas revelações. Apesar de retomar as especulações upanixádicas sobre a vigília e o sonho (*Bṛhadāraṇyaka Upaniṣad,* IV, 4, 7; *Chāndogya Upaniṣad,* VIII, 6), a *Māṇḍūkya* oferece pela primeira vez um sistema de relação entre os estados de consciência, as letras místicas e, como bem apontou Heinrich Zimmer apoiando-se em uma alusão de Śaṅkara, os quatro *yuga.* A tendência a vincular os diferentes planos da realidade é essencial a toda espiritualidade arcaica e tradicional; presente desde os tempos védicos, floresce com os *Brāhmaṇa* e as *Upaniṣad.* Mas a *Māṇḍūkya* marca o triunfo de um longo trabalho de síntese, a saber, a integração de vários níveis de referência: upanixádico, *yóguico,* místico, cosmológico.

De fato, a primeira estrofe da *Māṇḍūkya* proclama o mistério e a grandeza do *OM*[38]: esta sílaba é o Tudo. Ora, o Tudo que é o *brahman,* que é *ātman,* tem quatro quartos (*pāda,* "pé", "como os quatro pés da vaca", anota Śaṅkara); de outro lado, também se podem distinguir quatro elementos na sílaba mística: as letras A, U, M e a síntese final, o som *OM.* Esta divisão quadripartida abre caminho a uma audaciosa relação: os quatro estados de consciência vinculam-se aos quatro "quartos" de *brahman-ātman,* aos quatro elementos do *OM* e, considerando-se o comentário de Śaṅkara, aos quatro *yuga.* "O que está no estado de vigília, com o conhecimento orientado para o exterior [...], é o primeiro quarto chamado *vaiśvānara* (o 'universal, aquilo que é comum a todos os homens'); esse *vaiśvānara* é o som A" (9). "O que está no estado de sonho, com o conhecimento voltado para o interior

38. Quanto à antiguidade da meditação sobre a sílaba *OM,* já patente nos *Veda,* ver Deussen, *Allgemeine Geschichte der Philosophie,* volume II, p. 349 e Hauer, *Änfange der Yoga-Praxis,* p. 180-181.

[...] é o segundo quarto chamado *taijasa*" (aquilo que brilha) e representa o som U (10). "Quando se está dormindo e não se tem nenhum desejo, nenhum sonho, é o sono profundo *(suṣupta):* esse é o terceiro quarto chamado *prajñā* (o que conhece) e é o terceiro som M (11). Considera-se como quarto estado aquilo que não está voltado para o exterior nem para o interior nem para os dois ao mesmo tempo, nem é conhecimento não diferenciado; que é invisível, inefável, inatingível, indefinível, impensável, inominável, cuja essência é a experiência de seu próprio Si *(ekātmapratyayasāra),* que está além da diversidade, que é apaziguado *(śāntam),* benevolente *(śivam),* sem dualidade *(advaitam).* É o Si, e ele é o objeto de conhecimento "(7; tradução de Em. Lesimple, ligeiramente modificada). "E o quarto estado [...] é a sílaba *OM*" (12).

Um trecho da *Amṛtabindu Upaniṣad* (XI, 12) afirma que deve ser entendido como o mesmo e único *ātman* tudo aquilo que é experimentado em estado de vigília, no sonho e no sono sem sonhos; mas só consegue a liberação quem transcende essas três dimensões do espírito, isto é, quem atinge o estado de *turīya.* Em outras palavras, a experiência total pertence a *ātman*, mas a liberdade é conquistada pela transcendência da experiência (no sentido de experiência distinta). O quarto estado, *turīya*, corresponde ao *samādhi;* é a situação do espírito total, sem nenhuma especificação, totalidade que, no nível cosmológico, representa um ciclo completo compreendendo tanto os quatro *yuga* como o período atemporal de reintegração na unidade primordial. *Turīya, samādhi* representam o Espírito em sua unidade não diferenciada. Sabe-se que, para a Índia, a unidade não é realizável senão antes ou depois da Criação, antes ou depois do Tempo. A reintegração total, isto é o retorno à unidade, constitui para o espírito indiano o objetivo supremo de toda existência responsável. No decorrer destas páginas encontraremos essa imagem exemplar em todos os níveis de espiritualidade e em todos os contextos culturais.

O YOGA NA *MAITRĪ UPANIṢAD*

Pode-se considerar a *Maitrāyaṇī* (ou *Maitrī*) como o ponto de partida de todo o grupo das *Upaniṣad* médias. Ele parece ter sido composto na mesma época, ou talvez um pouco mais tarde, que a *Bhagavad Gītā* (talvez entre o século II a.C. e o século II de nossa era), mas, de qualquer maneira, antes das partes didáticas do *Mahābhārata* (Hopkins, *The Great Epic of India*, p. 33-46). Como veremos, na *Maitrī Upaniṣad* a técnica e a ideologia do Yoga são objetos de uma exposição mais elaborada que nas *Upaniṣad* mais antigas. É verdade que o sexto capítulo, anormalmente mais longo que os outros, onde se acha a maior parte dos elementos *yóguicos*, parece ter sido redigido mais tarde. Porém, esse detalhe, importante para a história do texto, não é decisivo para a apreciação do conteúdo. (Nunca é demais insistir em que a cronologia da redação dos textos religiosos e filosóficos indianos não corresponde jamais à da concepção de seu conteúdo teórico.) Todos os versos desse sexto capítulo começam por: "Como foi dito em outra ocasião", o que prova a dependência da *Maitrī Upaniṣad* de outros textos *yóguicos* anteriores. Apesar de a técnica do Yoga ser exposta nas doze estrofes do sexto capítulo, encontram-se em toda parte inúmeras referências ou alusões (por exemplo, repugnância pelo corpo, I, 3; tudo é perecível, I, 4; III, 4; paixões provocadas por *tamas* e *rajas*, III, 5). A *Maitrī* apresenta apenas cinco dos oito *aṅga* do Yoga clássico (cf. *Yoga-sūtra*, II, 29); faltam *yama*, *niyama* e *āsana*, mas se encontra *tarka* (reflexão, força de julgamento), termo raro nos textos de Yoga, e que a *Amṛtabindu Upaniṣad*, 16, explica como "meditação que não é contrária ao *śāstra*", isto é, à tradição ortodoxa. Interessante por seu materialismo fisiológico é a explicação do *dhāraṇā*: "Aquele que pressiona a ponta da língua no céu da boca e domina sua voz, seu espírito e sua respiração, vê *brahman* por meio do *tarka*" (VI, 20). O parágrafo seguinte menciona a artéria *suṣumṇā* que "serve de canal ao *prāṇa*" e sustenta (pelo *prāṇāyāma* e a meditação sobre a sílaba *OM*) a meditação profunda pela qual se realiza o *kevalatva* (solidão, isolamento). Descobrimos nesses textos a importância dada pela *Maitrī Upaniṣad* à meditação auditiva. Muitas passagens valorizam a sílaba *OM* (cf. VI, 3-5; 21-26): a meditação sobre ela conduz à liberação (VI, 22); mediante essa meditação vê-se *brahman* e obtém-se a imortalidade (VI, 24); *OM* é idêntico a Viṣṇu (VI, 23), a todos os deuses, a todas as respirações, a todos os sacrifícios (VI, 5).

Essa supremacia da meditação sobre a sílaba mística *OM* talvez possa ser explicada tanto pelo espírito de síntese e de sincretismo próprio desta classe de *Upaniṣad*, quanto pelo sucesso prático de uma técnica de meditação auditiva que a Índia já conhecia havia longo tempo e ainda conhece. O capítulo VI, 22 oferece uma tentativa de explicação muito obscura da meditação relacionada com a "palavra" e a "não palavra" (tentativa que se pode considerar como documento da pré-história das teorias sobre o som físico: *śabda*). O mesmo capítulo indica também outro método de experiência mística auditiva: "Quando se tapam os ouvidos com a ajuda dos polegares, ouve-se o som do espaço que está no interior do coração (cf. *Bṛhadāraṇyaka Upaniṣad*, V, 9) e sua manifestação reveste-se de sete formas: (é como) o som de um rio, de um sino, de uma taça de cobre, de uma roda de carro, do coaxar de uma rã, da chuva ou da palavra em um lugar coberto. Depois de ter ultrapassado esse som de características distintas, ele vai se perder em *brahman* não manifestado, no Som supremo. Ali, revestidos de caráter não diferenciado, sem individualidade distinta, eles são como flores (cf. *Chāndogya Upaniṣad*, V, 18, 1) de sabores diversos que produzem o mesmo mel" (tradução de Anne-Marie Esnoul).

Os detalhes sobre os sons místicos mostram uma técnica de meditação auditiva muito elaborada, sobre a qual voltaremos a falar. A própria interpretação que a *Maitrī Upaniṣad* nos dá da prática do Yoga está baseada nas audições místicas. "É por isso que o *yogin* une dessa maneira o *prāṇa*, a sílaba *OM* e este Universo com todas as suas inumeráveis formas [...], razão pela qual esse processo chama-se Yoga. A unidade da respiração, da consciência e dos sentidos, seguida pela extinção de todos os conceitos: isso é o Yoga" (VI, 25). Aquele que se empenha nisto durante seis meses, realiza a perfeita união (VI, 28). Contudo, este "segredo" não deve ser comunicado senão aos filhos e aos discípulos, e apenas com a condição de que estejam aptos a recebê-lo (VI, 29).

AS *UPANIṢAD SAṂNYĀSA*

A *Cūlikā Upaniṣad* foi escrita, provavelmente, na mesma época que a *Maitrī* e nela encontramos a forma mais simples do Yoga teísta (conforme Deussen, *Sechzig Upanisad's,* p. 637; Hopkins, *The Great Epic of India,* p. 100-110; Hauer, *Der Yoga als Heilweg,* p. 34). Essas duas *Upaniṣad* são seguidas cronologicamente por dois grupos de *Upaniṣad* breves, as quais formam uma espécie de manual técnico para o uso de ascetas, sejam da escola Vedānta ou do Yoga. O primeiro grupo está escrito quase sempre em prosa, o segundo, em verso. Esses dois grupos são chamados *Upaniṣad Saṃnyāsa* e *Upaniṣad Yoga* (cf. Deussen, *op. cit.,* p. 629-677, 678-715; Farquhar, *An Outline of the Religious Literature of India,* p. 95). Quanto à cronologia dessas *Upaniṣad* podemos adiantar que são contemporâneas dos trechos didáticos do *Mahābhārata* e provavelmente muito pouco anteriores aos *Vedānta-sūtra* e aos *Yoga-sūtra;* tais como se apresentam, mostram os traços do mesmo espírito eclético e devocional da época. Neles achamos ideias indefinidas, sincretistas e mal organizadas próprias da Epopeia, perpassadas, porém, pela mesma experiência teísta, devocional, que se propaga por toda a literatura místico-contemplativa a partir da *Bhagavad Gītā.*

No grupo das *Upaniṣad Saṃnyāsa,* mencionemos: a *Brahma Upaniṣad,* a *Saṃnyāsa Upaniṣad* (compostas de partes de datas diversas, umas contemporâneas da *Maitrī,* outras mais recentes), a *Āruṇeya, Kaṇṭhaśruti, Jābāla* e *Paramahaṅsa Upaniṣad.* Todas glorificam o asceta *(sannyāsin)* que abandona o mundo pela vida contemplativa. O conhecimento concreto, experimental, da unidade existente entre a alma individual *(jīvātman)* e a alma suprema *(paramātman)* é considerado pela *Paramahaṅsa Upaniṣad* (I, 2) como um sucedâneo da oração matutina e da noturna, a *saṃdhyā*. Mais uma prova de que todas essas aventuras ascéticas em busca do absoluto procuravam apoio e justificação no bramanismo. A exortação à renúncia é repetida à saciedade por todas essas *Upaniṣad*, na maioria das vezes de forma breve e insípida. Na *Āruṇeya* (V, 1), Brahmā recomenda a Arjuna renunciar não apenas a tudo o que é humano (família, bens, reputação) mas também às sete esferas superiores (*bhūr, bhuvar, svar* etc.) e às sete esferas inferiores (*atala, pātāla, vitala* etc.). Em algumas dessas *Upaniṣad Saṃnyāsa* percebem-se alusões a certas ordens de ascetas heterodoxos, representantes da mesma tradição da "mão esquerda" *(vāmācāra)*, que se encontra na Índia desde os tempos védicos até nossos dias. A *Paramahaṅsa Upaniṣad*, 3, menciona certos ascetas "escravos dos sentidos e carentes de *jñāna*" que irão aos "horríveis infernos conhecidos com o nome de Mahāraurava". Seria uma indicação do tantrismo da "mão esquerda"? Na *Brahma Upaniṣad* (II, 9) aparece uma curiosa teoria dos quatro lugares onde reside *puruṣa*: o umbigo, o coração, o pescoço e a cabeça. A cada uma dessas regiões corresponde um estado de consciência: no umbigo (ou no olho) está a vigília diurna; no pescoço, o sono; no coração, o sono sem sonhos *(suṣupta)* e na cabeça, o estado transcendental *(turīya)*. Da mesma forma, a cada estado de consciência correspondem respectivamente Brahmā, Viṣṇu, Rudra e Akṣara (o indestrutível). Esta teoria dos centros e da correspondência entre as diversas partes do corpo e os estados de consciência será desenvolvida pelo *haṭha-yoga* e o tantrismo.

AS *UPANIṢAD* YÓGUICAS

Na exposição sumária da técnica *yóguica* tal como figura nas *Upaniṣad* tardias, não utilizaremos o grupo das *Upaniṣad Saṃnyāsa* pois não trazem quase nada de novo. Mesmo no grupo das *Upaniṣad yóguicas*, faz-se necessária uma escolha. Este último grupo compreende principalmente a *Brahmabindu*, (talvez redigido na mesma época que a *Maitrī Upaniṣad*), *Kṣurikā, Tejobindu, Brahmavidyā, Nādabindu, Yogaśikhā, Yogatattva, Dhyānabindu, Amṛtabindu**, todas escritas mais ou menos ao mesmo tempo que as principais *Upaniṣad Saṃnyāsa* e os trechos didáticos do *Mahābhārata* (cf. Hopkins, "Yoga-technique in The Great Epic" em *Journal American*

* Não figura na lista das *Upaniṣad;* talvez se trate da *Amṛtanāda Upaniṣad.* [N. do E.]

Oriental Society, XII, p. 379). Outras coleções comportam dez ou onze *Upaniṣad yóguicas* ainda mais tardias (*Yogakuṇḍalī, Varāha, Pāśupatabrahma* etc.). A maior parte desses textos apenas repete os clichês tradicionais, seguindo ou resumindo os esquemas das mais importantes *Upaniṣad yóguicas,* isto é, a *Yogatattva*, *Dhyānabindu* e *Nādabindu* – e estas são as que merecem um exame mais acurado.

É a *Yogatattva* que parece conhecer mais minuciosamente as práticas *yóguicas*. Ela menciona os oito *aṅga* (3) e distingue as quatro espécies de *yoga* (*mantra-yoga, laya-yoga, haṭha-yoga* e *rāja-yoga;* 19 e ss.). Logo no início ficamos sabendo (14-15) que o *yoga* não é suficiente para procurar *mokṣa* se não se dispõe igualmente de *jñāna;* contudo, o prestígio mágico dos *yogīs* é muito exaltado. Pela primeira vez uma *Upaniṣad* dá precisos e numerosos detalhes sobre os poderes extraordinários obtidos através da prática e da meditação. Mencionam-se os quatro principais *āsana (siddha, padma, siṃha e bhadra,* 29) e enumeram-se os obstáculos encontrados pelos principiantes, como a preguiça e a tagarelice (30). Segue-se uma exposição do *prāṇāyāma* (36 e ss.) com a definição de *mātrā* (unidade de medida de duração das etapas do processo respiratório, 40 e ss.) e detalhes de fisiologia mística muito importantes (a purificação das *nāḍī* traduz-se por certos sinais exteriores, como leveza do corpo, claridade da tez, aumento de capacidade digestiva etc., 46; a *kevala kumbhaka*, isto é, a suspensão completa da respiração, manifesta-se também por sintomas fisiológicos – no começo da prática, a respiração torna-se intensa, 5). Por meio da *kevala kumbhaka* pode-se dominar qualquer coisa nos três mundos. O poder de se elevar nos ares e o de controlar e dominar qualquer ser *(bhūcāra siddhi)* são os resultados imediatos da prática do Yoga. O praticante torna-se belo e forte como um deus e as mulheres o desejam, mas ele deve perseverar na castidade e, "como resultado da retenção do esperma, um odor agradável envolve o corpo do *yogin*", 59 e ss. O *pratyāhāra* é definido de maneira um pouco diferente da que encontramos nos *Yoga-sūtra*: "retirar completamente os órgãos sensoriais dos objetos durante a suspensão da respiração" (68). Uma longa lista de *siddhi*, de poderes ocultos, que demonstra o meio mágico onde essa *Upaniṣad* foi elaborada; faz referência à "clarividência, clariaudiência, possibilidade de se transportar instantaneamente a grandes distâncias; ao dom da fala, de assumir qualquer forma, de tornar-se invisível; a possibilidade de transformar o ferro ou qualquer outro metal em ouro, untando-os com excreções etc." (73 e ss.). Esta última *siddhi* indica claramente as relações reais entre certa forma de Yoga e a alquimia, relações que abordaremos mais adiante.

A *Yogatattva Upaniṣad* utiliza uma fisiologia mística mais rica que os *Yoga-sūtra*. As "cinco partes" do corpo correspondem aos cinco elementos cósmicos (terra, água, fogo, ar, éter) e a cada elemento corresponde uma letra mística específica e uma *dhāraṇā* especial regida por uma divindade; realizando a meditação apropriada o praticante torna-se mestre do elemento correspondente. Para isso deve proceder da seguinte maneira (85 e ss.): "Dos tornozelos aos joelhos, diz-se que é a região de *pṛthivī* (terra); (a imagem iconográfica deste elemento) é de forma quadrada, cor amarela e tem (por mantra) a sílaba *la*. Conduzindo a respiração ao mesmo tempo que a sílaba *la*, ao longo do chão (*pṛthivī*, isto é, dos tornozelos até aos joelhos), e contemplando Brahmā (que tem) quatro rostos e quatro bocas de cor amarela, (o *yogin*) deve praticar a *dhāraṇā* desse modo durante duas horas. Conquista assim o poder de dominar o solo. A morte não representa mais uma ameaça para ele se já adquiriu esse poder de dominar o solo". Ao elemento *apas* (água) corresponde a sílaba mística *va* e a *dhāraṇā* deve-se concentrar na região que vai dos joelhos ao reto. Uma vez que se torna experiente nesta *dhāraṇā*, o *yogin* não teme a morte pela água; certas fontes especificam que, após esta meditação, o praticante chega a flutuar sobre as águas. Ao elemento *agni* (fogo) correspondem a sílaba *ra* e a região que vai do reto ao coração; realizando corretamente esta *dhāraṇā* o *yogin* torna-se incombustível. A região compreendida entre o coração e o meio das sobrancelhas é a de *vāyu* (ar), à qual corresponde a sílaba *ya;* quem triunfa nesta *dhāraṇā* não temerá a atmosfera. Do meio das sobrancelhas ao topo da cabeça estende-se a região de *ākāśa* (éter, espaço cósmico), à qual corresponde a sílaba *ka*; por meio dessa *dhāraṇā* adquire-se o poder de atravessar os ares. Todas essas *siddhi* são familiares tanto às tradições místico-ascéticas indianas como ao folclore relativo aos *yogīs*.

O *samādhi* é aqui descrito como algo que consuma a situação paradoxal em que se encontram *jīvātman* (alma individual) e *paramātman* (Espírito Universal), a partir do momento em que não mais se distinguem um do outro. O *yogin* pode então fazer tudo aquilo que lhe agrada; se quiser, pode ser absorvido pelo *parabrahman;* se, ao contrário, deseja conservar seu corpo, pode permanecer na terra e possuir todas as *siddhi*. Pode também tornar-se um deus, viver nos céus rodeado de honrarias, assumir todas as formas desejadas. "O *yogin* tornado deus pode viver tanto tempo quanto desejar". Na última parte, a *Yogatattva Upaniṣad* dá uma relação das *āsana* e das *mudrā* (112 e ss.), algumas das quais também encontraremos no *Haṭha-yoga-pradīpikā*. Ambos os textos apresentam uma postura meditativa, que consiste em se colocar firmado no topo da cabeça com os pés para cima, e que tem efeitos terapêuticos; as rugas e os cabelos brancos desaparecem após três meses de prática (26). Outras *mudrā* têm como resultado a aquisição das *siddhi* bem conhecidas: poder de pairar nos ares, conhecimento do futuro e mesmo imortalidade (por meio da *vajrolīmudrā*). Frequentemente menciona-se a imortalidade.

Neste *Yogatattva Upaniṣad* deparamos uma técnica *yóguica* revalorizada à luz da dialética vedantina, na qual *jīvātman* e *paramātman* substituem *puruṣa* e *Īśvara*, o Si-Mesmo e Deus. Mais significativa, porém, que esta nuance vedantina, é a ênfase experimental que caracteriza toda esta *Upaniṣad*. O texto tem caráter de manual técnico com indicações muito precisas para uso dos ascetas. O objetivo que toda esta disciplina persegue está expresso claramente: é a conquista da condição de homem-deus, da longevidade ilimitada e da liberdade absoluta. Este é o motivo central de todas as variedades "barrocas" do Yoga às quais o tantrismo dará enorme difusão.[39]

A *Nādabindu Upaniṣad* apresenta uma personificação mítica da sílaba mística *OM*, imaginada como um pássaro, cuja asa direita seria a letra A, a esquerda a letra U e a cauda, a M, e descreve seu sentido cósmico, isto é, os diferentes mundos que lhe correspondem (1-5). Segue-se uma série de doze *dhāraṇā* com indicações sobre o que acontece aos praticantes que morrem tendo atingido tal ou qual estágio desta meditação (por quais mundos passarão, junto a que deuses estarão etc.). O célebre tema vedantino da serpente e da corda, que ilustra a teoria da ilusão, também é mencionado. A parte mais interessante desta *Upaniṣad* é a descrição dos fenômenos auditivos que acompanham certos exercícios de *yoga*. Pelo som ouvido na postura *siddhāsana*, que o torna surdo a todo ruído vindo do mundo exterior, o *yogin* obtém em quinze dias o estado *turīya* (31-32). No começo os sons percebidos são violentos, semelhantes ao do oceano, da tempestade, das cascatas; depois tomam uma estrutura musical – de *mardala**, de sino e de trompa – e por último a audição torna-se muito aguçada, apreendendo sons de vina, de flauta, de abelha. O praticante deve se esforçar por conseguir sons tão sutis quanto possível, pois este é o único meio de progredir na meditação. Finalmente, o *yogin* terá a experiência da união com *parabrahman*, que não tem som *(aśabda)*. Esse estado meditativo parece-se a um estado cataléptico, pois o texto afirma que "o *yogin* permanece como morto; é um liberto *(mukta)*". Seu corpo nesse estado *unmanī* (realizado no momento em que o *yogin* ultrapassa a audição mística) é "como um pedaço de madeira; não sente calor nem frio, nem alegria ou dor" (53-54). Já não ouve som algum.

Esta *Upaniṣad* mostra também sua origem experimental. Sem dúvida, foi elaborada em um círculo *yóguico* especializado nas "audições místicas", isto é,

---

39. Os elementos tântricos não faltam: reconhecem-se a *kuṇḍalinī* (estrofe 82) e as duas *mudrā* de valência sexual, *vajrolī* e *khecarī* (estrofe 126).

* *Mardala:* espécie de tambor. [N. do E.]

na conquista do êxtase por meio da concentração relativa aos sons. Lembremos que tal concentração se conquista apenas com o uso de uma técnica *yóguica (āsana, prāṇāyāma)* e que seu objetivo último é transformar todo o cosmos em vasta teofania sonora (sobre os "sons místicos", ver a nota III, 6).

Entre as *Upaniṣad* tardias, a mais rica em indicações técnicas e revelações místicas é, sem dúvida, a *Dhyānabindu*. Seu caráter mágico e antidevocional salta aos olhos desde a primeira linha, onde se diz que os pecados de um homem, por graves que sejam, são destruídos pelo *dhyānayoga*. É exatamente o ponto de vista do tantrismo extremista: a emancipação total do praticante em relação a todas as leis morais e sociais. A *Dhyānabindu*, do mesmo modo que a *Nādabindu*, começa por uma descrição iconográfica da sílaba *OM*, que deve ser contemplada como idêntica a Brahman. Cada uma das letras dessa sílaba (*a* + *u* + *m*) tem uma cor mística e é relacionada a uma divindade. A identificação com os deuses, desprovida de todo valor religioso pois são puros símbolos iconográficos, não se refere apenas à sílaba *OM*. O *prāṇāyāma* também é identificado aos três deuses principais do panteão védico: "Brahmā é a aspiração, Viṣṇu a retenção do ar e Rudra a expiração". Aconselha-se, entretanto, que se obtenha o *prāṇāyāma* pela concentração na sílaba *OM* (19 e ss.).

A fisiologia sutil é particularmente desenvolvida nesta obra, onde se afirma (25) que o lótus do coração tem oito pétalas e trinta e dois filamentos. O *prāṇāyāma* adquire então valor especial; a inspiração deve ser feita pelas três "veias místicas" *(suṣumṇā, iḍā* e *piṅgalā)* e absorvida entre as sobrancelhas, local que é, ao mesmo tempo, "raiz do nariz e morada da imortalidade" (40). Mencionam-se quatro *āsana*, sete *cakra* (centros) e dez nomes de *nāḍī* ("veias" da fisiologia mística indiana).[40] Menciona-se também (66 e ss.) o despertar de Parameśvarī, isto é, *kuṇḍalinī*, processo especificamente tântrico e sobre o qual teremos ocasião de falar. Descobre-se igualmente aí um elemento de magia erótica, uma técnica com certa analogia com os gestos orgiásticos dos *vāmācāra* (praticantes do tantrismo da mão esquerda) e da seita Sahajiyā. Não se trata, evidentemente, de instruções precisas e minuciosas, mas apenas de simples referências. Assim se afirma, por exemplo, que

40. O número de *āsana*, diz o texto (estrofe 42), é considerável, mas as quatro principais são: *siddha, bhadra, siṃha* e *padma*. A lista dos sete *cakra* (estrofe 44) é a dos tratados sânscritos (ver p. 202). O texto indica (estrofe 51) que existem 72.000 *nāḍī* das quais apenas 72 são nomeadas nas escrituras: as mais importantes são *iḍā, pingalā* e *suṣumṇā* (Cf. *Bṛhadāraṇyaka Upaniṣad*, II, 1, 9; *Praśna Upaniṣad*, III, 9).

aquele que realiza a *khecarīmudrā*[41] "não perde jamais sua semente, mesmo se é abraçado por uma mulher" (84). Trata-se portanto de uma suspensão da emissão seminal à maneira tântrica. Mais adiante, "o *bindu* (que na linguagem secreta significa *semen virile*) não sai do corpo enquanto se pratica a *khecarīmudrā*. Quando o *bindu* chega à região genital, retrocede, pressionado pela força da *yonimudrā*. O *bindu* é de duas espécies: branco e vermelho. O branco é chamado *śukla* (sêmen) e o vermelho é *mahārajas*. *Rajas*, de coloração coral, acha-se dentro dos órgãos genitais (é bom lembrar que *rajas* nos textos do Yoga e do tantrismo significa secreção dos órgãos genitais femininos). O sêmen habita a casa da lua, a meio caminho entre *ājñācakra* (região frontal) e o lótus de mil pétalas *(sahasrāra)*. Sua união é muito rara. O *bindu* é Śiva e *rajas* é Śakti; o sêmen é a lua, *rajas* o sol; com sua união consegue-se um corpo perfeito". No léxico do erotismo místico indiano todos esses termos têm sentido preciso. Trata-se da ruptura de nível da unificação dos dois princípios polares (Śiva e Śakti), da transcendência de todos os contrários, conseguida através de uma prática erótica secreta, sobre a qual voltaremos a falar. É necessário, contudo, perceber o caráter experimental e tântrico desta *Upaniṣad*. Constatamos que essa corrente de magia erótica que se desenvolverá mais tarde no tantrismo, em seu começo não foi estranha às práticas *yóguicas;* desde o início, essas práticas incluíam diversos sentidos e podiam ser aceitas e utilizadas por várias escolas.

O caráter técnico, experimental, das *Upaniṣad yóguicas* merece ser acentuado. Não encontramos mais a primazia do conhecimento puro, da dialética do Absoluto como único instrumento de liberação. A identidade *ātman-brahman* não se adquire mais pela contemplação pura e simples: ela se realiza experimentalmente, por meio de uma técnica ascética e uma fisiologia mística; ou seja, por meio de um processo de transformação do corpo humano em um corpo cósmico. Nesse corpo, as veias, as artérias e os órgãos reais têm papel claramente secundário em relação aos centros e às "veias" nos quais podem ser experimentadas ou acordadas forças cósmicas e divinas. Essa tendência ao concreto e ao experimental – mesmo se o "concreto" significa a localização quase anatômica de certas forças cósmicas – é própria de toda corrente mística da Idade Média indiana. A devoção, o culto pessoal e a fisiologia sutil substituem o ritualismo fossilizado e a especulação

41. A *khecarīmudrā* goza de uma reputação extraordinária na literatura *yóguico*-tântrica posterior: conseguindo-se imobilizar o *semen virile* obtém-se a imortalidade. Ver os textos reproduzidos por S. N. Dasgupta em *Obscure Religious Cults* (p. 278, nota 1). Ver também supra, p. 334.

metafísica. O caminho para a libertação torna-se um itinerário ascético, uma técnica que se aprende mais facilmente que a metafísica do Vedānta ou do Mahāyāna.

MAGIA E YOGA "BRAMANIZADAS": O *ṚGVIDHĀNA*

Magos, ascetas e contemplativos estão sempre presentes no volume cada vez mais considerável de textos rituais e seus correspondentes comentários. Com frequência, trata-se apenas de alusões. É o caso de uma classe de *śramaṇa** – mago negro, dos quais nos fala o *Āpastamba-sūtra* (2, IX, 23, 6-8): "realizam seus desejos pela simples ação do pensamento; por exemplo (o desejo de fazer) cair a chuva, (de) produzir a fecundidade, a clarividência, mover-se tão rápido como o pensamento ou outros desejos semelhantes". Certas *siddhi* retornam como um *leitmotiv,* principalmente a capacidade de deslocar-se e voar através dos ares: o *Sāmavidhāna,* um *Brāhmaṇa* do *Sāma-Veda,* especializado em magia, cita-o entre os "poderes" (III, 9, 1). O *Ṛgvidhāna*[42], recompilação tardia porém importante porque seus autores se dedicam a explorar os *sūkta*** védicos para fins mágicos, afirma que certo regime alimentar e determinados rituais permitem desaparecer, deixar a terra e voar pelos ares, tornando possível ver e ouvir de muito longe, como alguém que se achasse em um lugar bem alto (III, 9, 2-3). Esta última experiência mística é comprovada já no xamanismo do Ártico e do Norte da Ásia (ver nosso *Le Chamanisme et les Techniques Archaïques de l'Extase,* p. 69 e ss., 205 e ss.).

O *Ṛgvidhāna* expõe toda espécie de práticas mágicas, *yóguicas* e devocionais. Esta recompilação é uma ótima ilustração do processo de hinduização da tradição védica: fica evidente a assimilação das crenças e práticas não bramânicas e muito provavelmente não árias. Todos os detalhes técnicos de magia e êxtase de contemplação são incorporados e validados por citações das escrituras védicas. O elogio da magia emparelha-se com a exaltação de rituais e conhecimentos secretos. Pela magia pode-se compelir a divindade suprema a fazer chover (II, 9, 2); mediante o poder da

---

* *Śramaṇa* significa literalmente "asceta, monge". [N. do E.]

42. Edição de Rudolf Meyer, Berlim, 1878; tradução inglesa de J. Gonda, Utrecht, 1951.

** *Sūkta:* literalmente "boa recitação ou palestra". Fala sábia ou benéfica. Neste caso refere-se a provérbios ou hinos presentes nos *Veda.* [N. do E.]

meditação é possível queimar um inimigo (I, 16, 5); através de ritos apropriados pode-se fazer sair da água uma *kṛtyā,* perigoso demônio feminino (II, 9, 3). É suficiente apreender bem os textos sagrados para se obter a realização de todos os desejos (I, 7, 1). Por meio de certos ritos tornamo-nos capazes de lembrar existências anteriores (II, 10, 1), prodígio especificamente *yóguico* (ver p. 83).

O *prāṇāyāma* é conhecido (I, 12, 1): deve ser praticado 101 vezes (I, 12, 1) repetindo mentalmente a sílaba *OM* (I, 12, 5). Mas é a partir do capítulo III, 36 e seguintes, que se expõe a técnica do Yoga. É necessário praticar o Yoga à meia-noite "quando todos os seres dormem profundamente" (III, 36, 2): em um lugar apropriado, sentar-se em posição de *āsana,* "juntando as mãos em prece" (36, 4, pois a meditação é feita em nome de Nārāyaṇa, cf. 36, 1) e fechando os olhos; pronunciar "no coração" a sílaba *OM* (36, 5). Se não se ouve nem se percebe nada, se "já não há reflexão alguma sobre o tema do Yoga, então se atingiu o objetivo" (37, 1). Quanto ao *prāṇāyāma,* realiza-se "fazendo subir" o *manas* da região um pouco abaixo do umbigo para debaixo do coração, fixando-o depois entre as sobrancelhas (lugar supremo) e finalmente no crânio, de onde, sempre através da respiração, deve-se fazê-lo retornar ao umbigo (37, 2 e ss.; 38, 1). O "lugar supremo" pertence a Brahman. Mediante esse exercício *yóguico* o praticante acha o Si, torna-se santo, atinge o estado mais elevado possível (*paramā*; 37, 2-4). Realiza-se a concentração *(dhāraṇā)* fixando *manas* no sol, fogo, lua, no topo das árvores ou das montanhas, sobre o mar etc. (38, 5; 39, 1). Quando o praticante achar Brahman na cabeça, pode dirigir-se para a luz mais alta, para o céu estrelado; tal como o Espírito Supremo, torna-se capaz de ver seu próprio Si (39, 3-4). Outro trecho, porém (41, 4), afirma que se pode obter o "olho divino" por fórmulas mágicas e oblações ao fogo: é a antiga tradição, a primazia da magia ritual que se esforça por manter seu prestígio.

Todas estas práticas *yóguicas* apresentadas no *Ṛgvidhāna* têm já forte caráter devocional. O texto afirma que, mesmo que não se atinja a finalidade – a visão do Si – não se deve abandonar a *bhakti* porque Bhagavat "ama aqueles que o amam" (41, 1). Deve-se meditar em *Nārāyaṇa* como se se estivesse no centro do disco solar (42, 1), o que prenuncia a "visualização" da iconografia tântrica. Por outro lado, afirma-se que Viṣṇu não pode ser atingido senão pela *bhakti* (42, 6). Um trecho anterior (III, 31, 1) cita a *pūjā* e dá detalhes relativos ao culto do "imperecível Viṣṇu": é necessário "fixar os *mantra*" (*mantranyāsam*) "no próprio corpo e no da divindade" (32, 2). Na seção 30, 3-6, especificam-se os órgãos nos quais se devem "colocar" as 16 estrofes *(sūkta)* do célebre hino do *Ṛg-Veda* X, 90 *(Puruṣasūkta)*. A primeira estrofe na mão esquerda, a segunda na direita e em seguida nos dois pés, joelhos, quadris, umbigo, coração, garganta, braços, boca, olhos e cabeça. Ora, se levarmos em conta que o *Puruṣasūkta* explica a criação do universo pelo sacrifício do Gigante primordial[43] (Puruṣa), a "projeção ritual" *(nyāsa)* de suas estrofes nas diversas partes do corpo terá como consequência a identificação com o universo e com os deuses (eles próprios considerados como nascidos do sacrifício). O *nyāsa* obterá enorme prestígio no tantrismo, o que confirma o sentido das grandes sínteses hinduístas tardias: o material védico será integrado e revalorizado nos contextos culturais cada vez mais afastados da tradição primordial. O *Ṛgvidhāna* justifica tudo – da vulgar magia do amor até o Yoga e a *bhakti* – fazendo referências às escrituras védicas. Os textos posteriores não mais terão necessidade de se justificar recorrendo à mais alta autoridade ortodoxa; os grandes deuses védicos serão em parte esquecidos. O *Ṛgvidhāna* (III, 35, 1) afirma que o *Puruṣasūkta* – como o *sūkta* de Viṣṇu – conduz ao Céu: "Esta é a mais alta meditação do Yoga". Não sabemos a data precisa dessa afirmação, mas naquela época a técnica *yóguica* já estava perfeitamente integrada na ortodoxia.

ASCETAS E CONTEMPLATIVOS, "BONS" E "MAUS"

Não pretendemos levantar aqui o histórico das ordens ascéticas e seitas místicas da Índia, pois isso ultrapassa nosso objetivo. Porém é importante mostrar, partindo de um texto preciso, as orientações às quais se vinculam ascetas, *yogīs* e extáticos. As informações mais completas de que dispomos são muitos séculos posteriores ao budismo – este é um fato que devemos ter sempre presente. Vimos que os ascetas e os místicos já eram numerosos desde os tempos védicos. Certos tipos de *muni*, de *tapasvin* e *yogīs*, embora citados apenas em textos tardios, remontam provavelmente à proto-história indiana (ver p. 291 e ss.).

O *Vaikhānāsasmārta-sūtra*[44], cuja data podemos fixar no IV século de nossa era, mas que abrange materiais muito mais antigos, apresenta-nos uma longa lista de ordens ascéticas, referentes às diversas categorias de eremitas que se retiram para as florestas, a sós ou com suas esposas. Distinguem-se (VIII, 6 e ss.) quatro espécies de ascetas casados: 1º) *audumbara*, que vivem

---

43. Mito indo-europeu, também encontrado em outros grupos étnicos arcaicos.

44. Edição de W. Caland, Bibliotheca Indica, Calcutá, 1927; tradução inglesa pelo mesmo editor, Bibliotheca Indica, 1929.

de frutas, plantas agrestes ou raízes, praticando o ascetismo, mas conservando o fogo ritual *śrāmaṇaka;* 2º) *vairiñca*, que ainda praticam os rituais (*agnihotra, śrāmaṇaka, vaiśvadeva*) mas estão "completamente absorvidos em Nārāyaṇa" (teístas, eles escolheram o caminho da *bhakti*); 3º) *vālakhilya*, que se distinguem por usar cabeleira longa e vestes rotas ou de casca de árvores; 4º) *phenapa*, extáticos *(unmattaka)*, dormem no chão, vivem do que "cai sobre a terra" e praticam a penitência chamada *cāndrāyana* (que determina que as refeições sejam reguladas segundo o crescimento ou decréscimo da lua), "fixam seus pensamentos em Nārāyaṇa e só buscam a liberação". Os eremitas sem esposas são de inumeras espécies, não recebem denominações, mas são chamados de acordo com sua prática ascética (aqueles que vivem como os pombos, os que não comem a não ser aquilo que foi secado pelo sol etc., VIII, 8). Parecem-se com os faquires da Índia moderna, o que prova o extraordinário poder de conservação dessas práticas. Outra categoria é a dos ascetas que se esforçam por conseguir a liberação; isto faz supor que outros eremitas não a procurem, buscando talvez a imortalidade, a felicidade ou os poderes *yóguicos* (salvo os *phenapa*, que têm por objetivo *mokṣameva prārthayate,* VIII, 7). Esta categoria de eremitas com tendências soteriológicas divide-se em quatro classes: 1º) *kuṭīcaka* (que percorrem as ermidas ilustres, onde comem apenas oito bocados; conhecendo o essencial da "via" Yoga, *yogamārgatattvajñā,* buscam a liberação); 2º) *bahūdaka* (levam um "tríplice cajado", vestem-se com roupas tingidas de vermelho, só mendigam seu alimento nas casas dos brâmanes e outras criaturas virtuosas etc. e buscam a liberação); 3º) *haṅsa* (não podem permanecer mais que um dia e uma noite em uma cidade, vivem de urina de vaca e de excrementos, praticam o jejum *cāndrāyana*); 4º) *paramahaṅsa* (VIII, 9). Estes últimos, os mais interessantes, representam uma tradição ascética extremamente antiga, aborígine, antibramânica, e prenunciam certas escolas *yóguico*-tântricas "extremistas". De fato, os *paramahaṅsa* moram sob árvores, nos cemitérios ou em casas abandonadas; uns vivem nus, outros vestidos. Para eles "não há bem ou mal, santidade ou perversidade ou qualquer outro dualismo". Indiferentes a tudo, contemplam com a mesma placidez uma bola de ouro ou uma de argila. Absorvidos no *ātman* recebem o alimento de pessoas de qualquer casta.

Poder-se-ia descobrir no texto resumido acima um ensaio de classificação sumária das vias que conduzem à liberação. Os *kuṭīcaka* praticam o Yoga; os *paramahaṅsa,* uma espécie de tantrismo; os *bahūdaka* e os *haṅsa* uma "via mística". Mais adiante (VIII, 9, 6), o texto fala de duas espécies de renúncia aos desejos *(niṣkāma),* ou melhor, de duas atitudes: atividade e inatividade. A atividade consiste em o asceta – decidido a suprimir o ciclo das existências, fortificando-se pela ciência do Sāṅkhya e praticando o

Yoga[45] – conquistar as oito *siddhi*. Mas "essas forças miraculosas" *(siddhi)*, acrescenta o texto, são desdenhadas pelos verdadeiros *ṛṣi*. A inatividade consiste na união, depois da morte, da alma individual com *brahman (paramātman)*. Então a alma penetra na luz mais elevada, situada além do conhecimento sensorial e fonte perene de felicidade. Como se vê, trata-se de uma "via mística" na qual a alma individual se abandona à Alma Suprema, perde a individualidade e conquista a imortalidade, a beatitude eterna *(ānandāmṛta)*.[46]

No que diz respeito às diferentes "práticas da inatividade", os *yogīs* dividem-se em três categorias: *sāraṅga, ekārṣya* e *visāraga*.[47] Cada uma destas categorias divide-se, por sua vez, em muitas classes. Não sabemos em que medida essa classificação é exata, mas, sem dúvida, os grupos de ascetas descritos pelo *Vaikhānāsasmārta-sūtra* existiram (alguns existem ainda em nossos dias), mesmo que não os tenhamos encontrado nas relações indicadas em nosso texto. Os *sāraṅga* compreendem quatro classes: 1º) aqueles que não praticam o *prāṇāyāma* e outros exercícios *yóguicos* mas vivem com a certeza "Eu sou Viṣṇu" (eles pertencem a uma das numerosas correntes que criaram o vixnuísmo); 2º) aqueles que praticam o *prāṇāyāma* e os outros exercícios (parecem seguir um Yoga "ortodoxo" aparentado com aquele dos *Yoga-sūtra*); 3º) aqueles que seguem o "caminho direito", praticando os oito *aṅga* do Yoga, mas começando pelo *prāṇāyāma* (isto é, deixando de lado *yama* e *niyama*); 4º) aqueles que seguem o "mau caminho" *(vimārga)*, praticam um Yoga completo, mas estão contra Deus (o texto é muito obscuro; trata-se talvez de um Yoga ateísta).

Os ascetas *ekārṣya* são de cinco espécies: 1º) aqueles que "vão longe" *(dūraga)* e praticam uma meditação cósmica muito próxima do tantrismo (tentam a união com Viṣṇu pela "realização" das forças cósmicas que se acham, em estado latente, na "veia" *piṅgalā*. A meditação tem por finalidade a experiência do estado de consciência cósmico-solar, lunar etc.; o método chama-se *dūraga* porque a união com Viṣṇu se faz percorrendo o circuito cósmico); 2º) aqueles "que não vão longe" *(adūraga)* e experimentam

---

45. O texto é claro: refere-se à ciência Sāṅkhya *(sāṅkhyajñāna)* e ao *prāṇāyāma, āsana, pratyāhāra* e à *dhāraṇā*, termos técnicos *yóguicos*.

46. Podemos concluir que esta "via mística" se opõe à "via mágica" do Sāṅkhya-Yoga, a qual recomenda a meditação e busca os poderes mágicos em vez da imortalidade.

47. O editor do texto, W. Caland, nota que esses nomes de *yogīs* são desconhecidos do resto da literatura indiana, e o comentário sânscrito não nos ajuda a compreendê-los.

diretamente a união da alma individual com a Alma Cósmica; 3º) aqueles que "vão pelo meio das sobrancelhas" *(bhrūmadhyaga)*, unem suas almas com a Alma Cósmica, refluindo o *prāṇa* através de cinco regiões (dos artelhos aos joelhos, dos joelhos ao ânus, do ânus ao coração, do coração ao palato, do palato ao meio das sobrancelhas) e fazendo-o voltar por *piṅgalā;* 4º) aqueles que "não são devotos" *(asambhakta)* e realizam a união com a Alma Cósmica através de uma meditação experimental, isto é, vendo-a com seus olhos, saudando-a com suas mãos etc. (apesar de seu nome estranho, os *asambhakta* são verdadeiros adoradores místicos da divindade); 5º) aqueles que "estão ligados" *(sambhakta)*.

Os incontáveis ascetas *visāraga* são assim chamados porque "vão pelo mau caminho". Encontramos aqui, sem dúvida, uma verdadeira classe de ascetas da "mão esquerda" *(vāmācāra)*. O texto retoma, para justificar sua origem, uma antiga explicação: para ocultar "a verdade", Prajāpati teria inventado "a doutrina desses *visāraga*". A explicação encontra-se também em outros textos indianos, a fim de justificar a existência de uma seita imoral. Entretanto, como reconhece o *Vaikhānāsasmārta-sūtra*, esses ascetas praticam penitências, conhecem a técnica *yóguica*, repetem mantras, praticam mesmo certas meditações – mas não para se unirem à Alma Cósmica, pois dizem que a Alma Cósmica "está em seus corações". Uns até afirmam, procurando a liberação, que "a meditação não é necessária". Outros dizem que a união com a Alma Cósmica se realiza praticando os ritos religiosos tal como são descritos. Todos esses detalhes contraditórios não mudam o caráter herético dos *visāraga*. Nosso texto chama-os sem cessar de "esses brutos *visāraga*", afirmando que por intermédio deles não há liberação alguma nesta vida e que não se deve segui-los de forma nenhuma. Resumimos as informações do *Vaikhānāsasmārta-sūtra* a fim de confirmar a existência de determinadas seitas ascéticas e *yóguico*-tântricas bem antes da aparição de uma doutrina e uma literatura tântricas. Achamo-nos diante de práticas e crenças que têm raízes nos tempos pré-védicos e cuja continuidade não foi jamais interrompida na Índia, apesar da raridade dos documentos que as mencionam.[48]

48. Listas de ascetas e *yogīs* são encontradas muitas vezes nos textos, porém quase todas são sumárias (ver nota III, 7).

Capítulo IV

O TRIUNFO DO YOGA

O YOGA E O HINDUÍSMO

Tanto na literatura jurídico-teológica como nas partes didáticas e religiosas da grande Epopeia indiana, podemos acompanhar a penetração gradual da prática do Yoga, considerada como excelente via de salvação. Será difícil precisar as etapas dessa penetração, que terminará na conquista quase total da espiritualidade indiana. Diremos apenas que nos referiremos a obras cuja redação se situa no período compreendido entre o IV século antes de Cristo e o VI século de nossa era. Um fato interessante a ser notado é a coincidência do triunfo das práticas *yóguicas* com o avanço irresistível da devoção mística popular. De fato, a implantação da técnica do Yoga no próprio coração do hinduísmo teve lugar no momento da crise da ortodoxia; isto é, no momento exato em que a ortodoxia parece valorizar em bloco os movimentos místicos "sectários". Durante sua expansão, o bramanismo – como toda religião vitoriosa – teve que aceitar numerosos elementos até então estranhos, quando não hostis a ele. A assimilação das formas de religiosidade autóctone, pré-ária, começa cedo, a partir dos tempos védicos (caso, por exemplo, do deus Śiva). Mas dessa vez, ou seja, no início da Idade Média indiana (período que vai da expansão do budismo à *Bhagavad Gītā*), a assimilação toma proporções inquietantes. Muitas vezes, tem-se a impressão de uma revolução vitoriosa diante da qual a ortodoxia bramânica pode apenas se curvar. Aquilo que se chama hinduísmo data de tempos remotos, quando o antigo panteão védico se viu eclipsado pela enorme popularidade de um Śiva, de um Viṣṇu ou de um Kṛṣṇa. Não cabe aqui estudar as raízes dessa profunda e vasta transformação; apontaremos apenas que uma das causas principais foi precisamente a necessidade que sentiam as massas populares de uma experiência religiosa mais concreta, de uma devoção mística acessível, íntima, pessoal. Ora, as práticas tradicionais (isto é, populares, "barrocas", não sistemáticas) do Yoga ofereciam uma experiência mística desse gênero; desdenhavam os rituais, a ciência teológica e apoiavam-se exclusivamente em dados imediatos, concretos, ainda mal destacados de seu substrato fisiológico.

Evidentemente, essa penetração cada vez mais profunda das técnicas *yóguicas* na ortodoxia não se deu sem certas resistências. Muitas vozes se elevaram, de tempos em tempos, contra a propaganda dos ascetas e dos magos que apregoavam não ser possível obter a liberação final *(mukti)*, nem os poderes ocultos *(siddhi)*, a não ser através de suas disciplinas. É claro que essa resistência se expressa em primeiro lugar nos círculos oficiais do bramanismo ortodoxo, formado por juristas e metafísicos vedantinos. Uns e outros guardavam certa distância das técnicas ascéticas e contemplativas do Yoga, que ora julgavam excessivas, ora contrárias ao ideal vedantino. Manu escreveu: "Se dominamos tanto os órgãos como a consciência, podemos atingir nossa finalidade sem atormentar o corpo com o Yoga" (*Smṛti*, II, 98)[49]. Nesse mesmo sentido Śaṅkara lembra que o Yoga "conduz à posse de poderes extraordinários", mas que "as beatitudes supremas não podem ser atingidas pelo caminho do Yoga"[50]. O verdadeiro vedantino escolhe o conhecimento puramente metafísico.

Reações dessa espécie são, porém, esporádicas. Apesar de a tradição vedantina continuar a ver nas práticas *yóguicas* apenas um meio de entrar na posse de poderes mágicos e, no melhor dos casos, uma purificação para conseguir a verdadeira salvação – à qual só o conhecimento metafísico pode conduzir –, é fato que a maior parte dos tratados jurídico-teológicos apoiam tais práticas e muitas vezes as exaltam. O *Vāsiṣṭha Dharma Śāstra*, por exemplo, afirma que "com a recitação diária dos *Veda*, com os sacrifícios, o duas vezes nascido não pode atingir essa condição que se conquista com a prática do Yoga" (XXV, 7). O valor mágico e purificador dessa prática

---

49. Ganganāth Jhā, *Manu-smṛti, the Laws of Manu with the Bhāṣya of Medhātithi*, Calcutá, 1921, volume I, parte II, p. 363, traduz o termo *yogatah*, de acordo com Medhātithi, por "meios cuidadosos", mas os comentadores Nārāyaṇa e Nandana, seguidos por Bühler (*Sacred Books of the East*, volume 45, p. 48), dão ao termo *yogatah* o sentido de "mediante a prática do Yoga".

50. Comentário ao *Vedānta-sūtra*, tradução de Thibault, volume V, p. 298. Rāmānuja, por sua vez, sem negar que "pela força do conhecimento *yóguico*" se possa saber "tudo o que se passa nos três mundos" e mesmo atingir a "intuição direta" de Brahman, afirma que a "concentração mística do espírito" deve ser sustentada pela *bhakti*, tal como na *Bhagavad Gītā* (cf. tradução de Thibault, *Sacred Books of the East*, volume 48, p. 240, 273, 284).

é incomparável: "Se, sem se cansar, ele suspender três vezes a respiração, conforme a regra do Yoga, os pecados que cometeu em um dia e uma noite são prontamente extintos" (XXVI, 1). Outro tratado teológico-jurídico, o *Viṣṇu-smṛti*, confirma o valor prodigioso dessa técnica: "Aquele que medita consegue tudo aquilo que almeja; tal é o grande poder misterioso da meditação". É verdade que num trecho subsequente, há uma afirmação significativa: o *yogin* deve ter como objetivo atingir a liberação final e nunca usar os "poderes" que sua meditação possa lhe conferir. "O *yogin* também deve afastar de seus pensamentos tudo aquilo que é perecível e meditar só naquilo que é imperecível. Nada é imperecível senão *puruṣa*. Unindo-se a *puruṣa* (graças à contínua meditação), o *yogin* consegue a liberação final" (XCII, 11-14). Os *Yoga-sūtra* aconselham exatamente o mesmo.

O YOGA NO *MAHĀBHĀRATA*

É somente nas últimas partes acrescentadas ao *Mahābhārata* que se percebe uma "hinduização" total das práticas do Yoga. Nesta epopeia, cujo sucesso foi enorme nos meios não sacerdotais, o Yoga desempenha papel importante. Recentemente vieram à luz traços de mitologia védica reconhecíveis nos principais personagens: os pāṇḍavas (Wikander, Dumézil). A epopeia heroica, concebida sob essa forma provavelmente entre os séculos VII e VI a.C., sofreu inúmeras interpolações. Supõe-se que, sobretudo no decorrer dos dois primeiros séculos da era cristã, um número enorme de textos místico-teológicos, filosóficos e jurídicos tenham sido introduzidos no poema, seja sob forma de conjuntos completos (livros XII, XIII), seja de episódios independentes. Esses diversos elementos constituíam uma verdadeira enciclopédia de acentuada tendência vixnuísta. Uma das primeiras partes a serem acrescentadas (o que deve ter acontecido antes da era cristã) foi a *Bhagavad Gītā* (no VI livro) e a mais importante dessas interpolações acha-se no livro VII – o *Mokṣadharma*. É justamente nesses livros que se encontram com mais frequência alusões ao Yoga e ao Sāṅkhya (ver nota IV, 1).

É necessário não esquecer que, embora introduzidos tardiamente, esses novos fragmentos compreendem tradições muito anteriores à data da inserção. A cronologia exata dos diversos tratados do *Mahābhārata* é ainda um *desideratum* sem dúvida bem quimérico. As mudanças operadas no texto do *Mahābhārata* ao longo dos séculos são visíveis em suas grandes linhas, porém poucos indianistas concordam a respeito de detalhes. Os trechos didáticos e "sectários" acrescentados ao poema apresentam valor inestimável para a história religiosa e filosófica da Índia. De um lado, numerosas crenças paralelas à ortodoxia bramânica e de enorme antiguidade manifestam-se claramente; de outro, é aí que se encontram os primeiros esforços organizados e vitoriosos do teísmo indiano. Na *Bhagavad Gītā* foi formulada pela primeira vez a identificação do Brahman das *Upaniṣad* com Viṣṇu – deus que assume, então, a supremacia com seu avatar terrestre Kṛṣṇa. No *Mokṣadharma*, assim como na *Gītā*, encontram-se frequentes alusões ao Sāṅkhya e ao Yoga; porém, como veremos, essas duas disciplinas não são valorizadas em seu sentido clássico de *darśana*.

Os constantes acréscimos evidentemente prejudicaram a unidade do conjunto. As contradições são frequentes. Os *Veda*, por exemplo, muitas vezes são considerados como a autoridade suprema *(pramāṇa)*; porém, também se diz que: "O *Veda* é enganoso" (XII, 329, 6). As palavras de Bhīṣma, inspiradas por Kṛṣṇa, têm "autoridade igual à dos *Veda*" (XII, 54, 29-30). A "graça" é colocada acima da *śruti* e da escolástica *(tarka)* pois só ela pode iluminar "a secreta e misteriosa comunicação da verdade" (XII, 335, 5). Em geral, porém, a inferência *(anumāna)* e a revelação das escrituras *(śruti)* são consideradas provas suficientes da validade de uma verdade (XII, 205, 19 etc.). Hopkins reuniu e classificou um material imenso para ilustrar os dogmas e crenças do *Mahābhārata*, principalmente em suas partes "pseudoépicas". Esse material variado e insuficientemente articulado explica-se pelo fato de os autores pertencerem muitas vezes a escolas opostas, cada um esforçando-se por impor sua própria concepção religiosa. Não podemos esquecer que a redação de determinadas obras, sobretudo do *Mokṣadharma*, talvez tenha durado muitos séculos. Não obstante, a posição teórica dessa parte pseudoépica evidencia com clareza, de um lado, o monismo das *Upaniṣad* impregnadas de experiências teístas e, de outro, a aceitação de toda solução soteriológica que não seja explicitamente contrária à tradição das escrituras.

Estamos na presença de uma literatura edificante que, sem ser de origem popular, é concebida para atingir qualquer espécie de meio. Os últimos livros inseridos no *Mahābhārata* são, no fundo, livros de propaganda vixnuíta, propaganda muito confusa, recorrendo a tudo o que lhe permitisse exaltar Viṣṇu e Kṛṣṇa. E é interessante assinalar que o Yoga contribuiu largamente para apoiar essa exaltação. Porém, no *Mokṣadharma*, *yoga* não significa *citta-vṛtti-nirodha* como em Patañjali, mas serve apenas para designar toda disciplina prática, do mesmo modo que a palavra *sāṅkhya* indica todo tipo de conhecimento metafísico. Aqui, as diferenças entre o sistema clássico Sāṅkhya (ateu) e o sistema clássico Yoga (teísta) se diluem, a ponto de quase desaparecerem.

YOGA E SĀṄKHYA

Ao pedido formulado por Yudhiṣṭhira para que explicasse a diferença entre esses dois caminhos, Bhīṣma responde (*Mahābhārata* XII, 11043 e ss.): "O Sāṅkhya e o Yoga afirmam, cada um, que seu método é o melhor meio *(kārana)* [...]. Aqueles que se orientam pelo Yoga fundamentam-se em uma percepção imediata (de essência mística: *pratyakśahetava*); aqueles que seguem o Sāṅkhya (fundamentam-se) nos ensinamentos tradicionais *(śāstra-viniścāyah)*. Considero verdadeiro um e outro desses ensinamentos. Observadas exatamente as instruções, ambos conduzem o homem ao fim supremo. Têm em comum a pureza, a restrição (dos desejos) e a compaixão por todos os seres; o estrito respeito aos votos é comum aos dois; as concepções *(darśana)* não são idênticas no Sāṅkhya e no Yoga" (ver nota IV, 2).

O caráter não sistemático dessas duas "vias" soteriológicas é evidente. Se bem que encontremos – sobretudo na *Gītā* e no *Mokṣadharma* – termos técnicos como *prakṛti, tattva, mahat* etc., em nenhuma parte o Sāṅkhya é apresentado como o método para distinguir o espírito da experiência psicomental, ponto de partida do sistema de Iśvarakṛṣṇa. Aqui o Sāṅkhya significa apenas "o verdadeiro conhecimento" *(tattva jñāna)* ou "conhecimento da alma" *(ātmabodha)*; nesse sentido apresenta analogias frequentes com as posições das *Upaniṣad*. Não que se trate de "mistura de ideias do Sāṅkhya e do Vedānta", como afirma Hopkins, mas simplesmente de um estágio anterior a ambos os sistemas. Tampouco encontraremos no *Mahābhārata* alusões precisas a uma escola teísta Sāṅkhya paralela ao *darśana* ateu de Iśvarakṛṣṇa.

O *Mokṣadharma* (v. 11463) afirma que os precursores *(purahsarāh)* dos *yogīs* se acham nos *Veda* (isto é, nas *Upaniṣad*) e no Sāṅkhya. Em outras palavras, a verdade descoberta pelas *Upaniṣad* e pelo Sāṅkhya é aceita e assimilada pelo Yoga, pois esse termo – qualquer que seja a significação que se lhe atribua – é aplicado sobretudo a uma técnica espiritual. A *Bhagavad Gītā* vai ainda mais longe e assegura que "só as mentes obtusas opõem o Sāṅkhya ao Yoga, mas não os sábios *(paṇḍita)*. Quem verdadeiramente é senhor de um obtém o fruto de ambos" (V, 4). "Sāṅkhya e Yoga não são mais que um" (V, 5). Posição que corresponde perfeitamente ao espírito da *Bhagavad Gītā*. Não tardaremos a ver, nessa obra prima do *Mahābhārata*, Kṛṣṇa esforçando-se por reunir todos os caminhos soteriológicos em uma única e nova síntese espiritual.

TÉCNICAS *YÓGUICAS* NO *MAHĀBHĀRATA*

O Yoga no *Mahābhārata*, contrariamente ao Sāṅkhya, designa toda atividade que conduz a alma a Brahman, ao mesmo tempo que confere inúmeros "poderes". O mais das vezes, essa atividade equivale à disciplina dos sentidos, ao ascetismo e a penitências de toda espécie. Ela tem ademais – ainda que esporadicamente –, o significado que lhe dá Kṛṣṇa na *Bhagavad Gītā:* "renúncia aos frutos dos atos". Esta fluidez de sentido foi esclarecida por Hopkins em um exaustivo estudo[51]. *Yoga* significa às vezes "método" (*Gītā*, III, 3), outras vezes "atividade" (*Mokṣadharma*, 11682), ou "força" (*ib.*, 11675 e ss.), ou "meditação" (11691), ou "renúncia" (*sannyāsa*, como na *Gītā*, VI, 2) etc. Esta multiplicidade de sentidos corresponde a uma efetiva diversidade morfológica. Se a palavra *yoga* quer dizer muitas coisas é sinal de que o Yoga é muitas coisas. O *Mahābhārata*, com efeito, é o encontro de inumeráveis tradições ascéticas e populares, cada uma com um "Yoga" próprio, isto é, com uma técnica "mística". Os longos séculos, no curso dos quais novos episódios foram intercalados na Epopeia, permitiram a todas essas formas de Yoga barroco instalar-se e ganhar um espaço (e uma justificação), o que resultou na transformação da Epopeia em uma enciclopédia.

Em linhas gerais podemos distinguir três classes de fatos suscetíveis de interesse: 1º) os episódios sobre ascetismo *(tapas)* que revelam práticas e teorias relacionadas com a ascese védica e sem referências ao Yoga propriamente dito; 2º) os episódios e discursos nos quais Yoga e *tapas* são sinônimos e considerados, ambos, técnicas mágicas; 3º) os discursos didáticos e episódios nos quais o Yoga é apresentado com terminologia própria e filosoficamente elaborada. Os documentos desta última categoria, contidos em grande parte no *Mokṣadharma,* são os que nos parecem mais interessantes, pois revelam certas formas do Yoga pouco difundidas em outras fontes.

Encontramos, por exemplo, antiquíssimas práticas "mágicas" das quais se servem os *yogīs* para vencer os deuses e mesmo para aterrorizá-los.[52] A fenomenologia desse ascetismo mágico é arcaica: o silêncio *(mauna),* a excessiva tortura *(ātivatapas),* "o ressecamento do corpo" são meios empregados não apenas pelos *yogīs,* mas também pelos reis (*Mahābhārata*, I, 115, 24; 119, 7 e 34). Para "dobrar" Indra *(ārirādhayisur devam),* Pāṇḍu

51. "Yoga technique in the Great Epic", em *Journal of the American Oriental Society*, XXII, 1901, p. 333-379).

52. Cf. Hauer, *Die Anfänge der Yogapraxis*, p. 98. Encontram-se exemplos similares em certa classe de ascetas errantes, como vimos anteriormente.

permanece sobre um só pé um dia inteiro, e acaba por conseguir o *samādhi* (I, 123, 26). Este transe, porém, não revela nenhum conteúdo *yóguico;* trata-se mais de uma hipnose provocada por meios físicos; as relações entre o homem e o deus permanecem em nível mágico. Em outras partes confundem-se Yoga e ascese pura *(tapas)*, (por exemplo em XII, 153, 36). *Yati* (asceta) e *yogin* tornam-se termos equivalentes e acabam por designar, indiferenciadamente, todo ser "desejoso de concentrar seu espírito" *(yuyuksat),* e cujo objeto de estudo não são as escrituras *(śāstra),* mas a sílaba mística *OM*. Percebe-se que "estudo da sílaba *OM*" indica as técnicas de audição mística, de repetição e de "assimilação" de certas fórmulas mágicas *(dhāraṇī),* de encantamento etc.

Qualquer que seja o método escolhido, essas práticas são coroadas pela aquisição de uma força que os textos chamam "força do Yoga" *(yoga-balam).* Sua causa imediata é a "fixação do espírito" *(dhāraṇā),* que se consegue não só "pela placidez e a equanimidade" (a "espada"[53] da equanimidade do Yoga, XII, 225, 7), como pelo domínio progressivo do ritmo da respiração (XII, 192, 13-14). Nas passagens introduzidas ulteriormente, o *Mahābhārata* é rico em resumos e esquemas mnemotécnicos das práticas *yóguicas.* A maior parte deles reflete os "padrões" tradicionais: "Um *yogin* dedicado ao grande voto *(mahāvrātasamāhita)* que firma corretamente sua alma sutil *(sūkṣman ātman)* nos seguintes lugares: umbigo, nuca, cabeça, coração, estômago, quadris, olho, orelha e nariz, "queimando" com diligência todas as boas e más ações, mesmo que sejam semelhantes (em grandeza) a uma montanha, e esforçando-se por atingir o Yoga supremo, liberta-se (das armadilhas da existência) se tal é sua vontade" (XII, 301, 39 e ss.).

Outro texto (V, 52 e ss.) exalta as dificuldades dessas práticas e chama a atenção para o perigo que ameaça aquele que desiste no meio do caminho. "Dura é a grande via *(mahāpanthā)* e poucos são os que a percorrem até o fim, mas grande culpado *(bahudośa)* é o nome que recebe aquele que depois de ter começado o caminho do Yoga *(yogamārgam āsādya)* renuncia a prosseguir e retorna." É o perigo bem conhecido de todas as artes mágicas, que desencadeiam forças capazes de matar o mago, se este não é forte o suficiente para subjugá-las mediante sua vontade e canalizá-las

53. Hopkins, em sua obra *The Great Epic of India*, p. 181, dá algumas listas dos "cinco pecados" que o *yogin* deve "cortar". Eis uma delas (XII, 241): o apetite sexual *(kāma),* a ira *(krodha),* a gula *(lobha),* o medo *(bhaya)* e o sono (*svapna*). As variantes são inúmeras, pois o tema dos "cinco pecados" é muito popular na Índia (e conhecido também no budismo; ver por exemplo o *Dhammapada*, estrofe 370).

segundo seu desejo. A ascese do *yogin* desencadeia uma força impessoal e sagrada, semelhante às energias liberadas por qualquer outro ato cerimonial mágico ou religioso.

O caráter mágico das práticas do Yoga é igualmente valorizado em outras ocasiões. Explica-se, por exemplo, que aquele que usufrui das perfeitas beatitudes carnais não é o brâmane, mas o *yogin*. Ainda aqui na terra, durante seu treinamento ascético ele é servido por mulheres fosforescentes; no céu, entretanto, gozará dez vezes mais de todas as volúpias às quais renunciar na terra (XIII, 107; Hopkins, "Yoga technique in the Great Epic", em *Journal American Oriental Society*, XII, p. 366; Hauer, em *Der Yoga als Heilweg*, p. 68, cita uma passagem semelhante, XII, 221).

FOLCLORE *YÓGUICO*

A hipnose era bem conhecida; já falamos de Vipula (*Mahābhārata*, XIII, seção 40-41), que protege a mulher de seu mestre hipnotizando-a (ver infra, p. 77-78). A hipnose é explicada como a "penetração no corpo de outrem", crença extremamente arcaica e que inspirou um sem-número de contos e lendas. O *ṛṣi* Uśanas, mestre de Yoga, "projeta-se" no deus da riqueza, Kubera, e torna-se amo de todos os tesouros do deus (XII, 290, 12). Outro episódio (XV, 26-29) conta-nos como, ao morrer, o asceta Vidura abandona seu corpo apoiado no tronco de uma árvore e penetra no corpo de Yudhiṣṭhira, que assimila assim todas as virtudes do asceta. Trata-se de um tema de folclore mágico, ilustrado sobretudo por inúmeros contos de "entrada nos cadáveres" (ver nota IV, 3). Não nos esqueçamos de que, entre as *siddhi* adquiridas pelos *yogīs*, Patañjali cita o processo de "passagem de um corpo a outro" (*Yoga-sūtra*, III, 38, *cittasya para-śarīrāveśa*). Nos textos não sistemáticos, como as partes acrescentadas ao *Mahābhārata*, é difícil separar o folclore mágico das técnicas propriamente *yóguicas*.[54] Embora as *siddhi* tenham sido consideradas por Patañjali e todos os representantes do Yoga "clássico" como inúteis à liberação, os "poderes miraculosos" adquiridos pelos *yogīs* sempre impressionaram o público indiano. O tantrismo não os rejeita, considerando-os mesmo prova imediata da divinização do homem. Mas na *Bhagavad Gītā* as *siddhi* não desempenham papel nenhum.

---

54. Certas passagens falam de *samādhi*, mas no sentido não *yóguico* de "solucionar", "pôr em ordem"; "meio para"; *apanītasya samādhiṃ cintaya,* "pense em uma solução para este mal" (XIII, 96, 12; Hopkins, *op. cit.*, p. 337).

A MENSAGEM DA *BHAGAVAD GĪTĀ*

A *Bhagavad Gītā*, uma das primeiras inserções significativas no VI livro do *Mahābhārata*, confere ao Yoga importância de primeira ordem. É claro que o Yoga exposto e recomendado por Kṛṣṇa nessa obra-prima da espiritualidade indiana, não é nem o Yoga clássico de Patañjali, nem o conjunto de técnicas "mágicas" que apresentamos, mas um Yoga apropriado à experiência religiosa vixnuíta: um método que visa a união mística. Devemos ter em mente que a *Gītā* representa não apenas o marco da espiritualidade indiana ecumênica, mas também uma vasta tentativa de síntese, em que "todos os caminhos" da salvação são validados e integrados na devoção vixnuíta. A importância que Kṛṣṇa dá ao Yoga equivale a um verdadeiro triunfo da tradição *yóguica*. A forte nuance teísta que aí aparece, apresentada por Kṛṣṇa, ajuda-nos muito a compreender a função do Yoga no conjunto da espiritualidade indiana. Duas conclusões surgem dessa constatação: 1º) o Yoga pode ser entendido como disciplina mística que tem por objetivo a união das almas humanas com o divino; 2º) assim, enquanto "experiência mística", o Yoga foi compreendido e aplicado nas grandes correntes devocionais populares, "sectárias", que encontraram eco nas interpolações do *Mahābhārata*. Não é o caso de procedermos a uma análise detalhada da *Gītā* (ver nota IV, 4). Em linhas gerais, Kṛṣṇa revela a Arjuna o "*yoga* imperecível" (*yogam avyayam*), e suas revelações se relacionam com: 1º) a estrutura do universo; 2º) as modalidades do ser; 3º) os caminhos a seguir para se obter a liberação final. Kṛṣṇa tem o cuidado de acrescentar que esse "*yoga* antigo" (*purātana yoga*, IV, 3), que é o mistério supremo, não é uma inovação; ele já o havia ensinado a Vivasvat, que o revelou em seguida a Manu, e este o transmitiu a Ikṣvāku (IV, 1). "Assim, através desta transmissão, os reis-sábios conheceram este Yoga que, com o tempo, desapareceu" (IV, 2). Todas as vezes que a ordem *(dharma)* é perturbada, Kṛṣṇa se manifesta (IV, 7), isto é, revela de maneira apropriada ao "momento histórico" aquela sabedoria intemporal. Em outros termos, se a *Bhagavad Gītā* se apresenta historicamente como uma nova síntese espiritual, ela aparece como "nova" apenas aos nossos olhos de seres condicionados pelo Tempo e pela História. Isto tem grandes consequências para a interpretação ocidental da espiritualidade indiana, pois, embora tenhamos direito de reconstituir a história das doutrinas e técnicas indianas esforçando-nos por ressaltar suas inovações, seus progressos e sucessivas modificações, não devemos nos esquecer de que, do ponto de vista da Índia, o contexto histórico de uma revelação tem alcance limitado: a aparição ou desaparecimento de uma fórmula soteriológica no plano da História nada nos ensina sobre sua "origem". Segundo a tradição indiana, reafirmada com veemência por Kṛṣṇa, os diversos momentos históricos – que são ao mesmo tempo momentos do "devir" cósmico – não *criam* a doutrina, mas apenas atualizam fórmulas apropriadas da mensagem intemporal. Isto significa que, no caso da *Bhagavad Gītā*, suas "novidades" se explicam pelo momento histórico que necessitava justamente uma nova e mais ampla síntese espiritual. O ponto que nos interessa – o sentido que o poema dá às técnicas *yóguicas* – lembra-nos que o problema capital da *Bhagavad Gītā* é saber se a *ação* pode, também, conduzir à salvação, ou se a *meditação mística* é o único meio de alcançá-la. Trata-se, em outras palavras, do conflito entre "ação" *(karman)* e "contemplação" *(śama)*. Kṛṣṇa tenta resolver esse dilema (que desde a época imediatamente posterior aos *Veda* não cessou de obcecar a espiritualidade indiana) mostrando que os dois métodos são igualmente válidos e que toda pessoa pode escolher o método que sua atual situação *kármica* lhe permite praticar, seja a ação, seja o conhecimento e a contemplação mística. Aqui Kṛṣṇa apela para o Yoga, que não era ainda o *darśana* de Patañjali nem o antigo Yoga mágico ao qual se referem os outros textos do *Mahābhārata*.

O EXEMPLO DE KṚṢṆA

Poderíamos dizer que a essência da doutrina revelada por Kṛṣṇa está em uma fórmula sumária: "Compreenda-me e imite-me!". Tudo aquilo que ele revela sobre seu próprio Ser e seu "comportamento" no cosmos e na História deve servir de modelo exemplar a Arjuna; este acha o sentido de sua vida histórica e também consegue a liberação compreendendo aquilo que Kṛṣṇa *é* e *o que faz*. Kṛṣṇa insiste no valor exemplar e soteriológico do modelo divino: "Tudo aquilo que faz o chefe, os outros homens imitam; a regra que ele observa, o mundo segue" (*Bhagavad Gītā*, III, 21). E acrescenta, referindo-se a si próprio: "Nos três mundos, nada tenho a conquistar; entretanto permaneço em ação" (III, 22). Kṛṣṇa se apressa a desvendar o significado profundo dessa atividade: "Se não permanecesse infatigavelmente em ação, em todas as partes, os homens seguiriam meu exemplo. Os mundos cessariam de existir se eu não agisse; eu seria a causa da confusão universal e do fim das criaturas" (III, 23-24; tradução de E. Sénart).

Em consequência, Arjuna deve imitar o comportamento de Kṛṣṇa, isto é, em primeiro lugar continuar a agir para não contribuir, com sua passividade, para a "confusão universal". Mas, para que ele possa agir à maneira de seu mestre, é necessário que compreenda tanto a essência da divindade quanto seus modos de manifestação. É por isso que Kṛṣṇa se revela. Conhecendo o Deus, o homem conhece ao mesmo tempo o modelo a seguir. Ora, Kṛṣṇa começa por revelar que o Ser e o Não Ser residem nele e que toda a Criação

– dos deuses aos minerais – procede dele (VII, 4-6; IX, 4-5 e ss.). Ele cria continuamente o mundo através de sua *prakṛti* (IX, 8), mas essa atividade incessante não o acorrenta (IX, 9), ele nada mais é que o espectador de sua própria Criação (IX, 10). É justamente esta valorização da atividade (*karman*), aparentemente paradoxal, que constitui a lição capital do Yoga revelado por Kṛṣṇa. Ao imitar um Deus que cria e sustenta o mundo sem nele participar, o homem aprenderá a fazer o mesmo. "Não é suficiente abster-se da ação para se libertar do ato; a inação por si só não leva à perfeição", pois "cada um está condenado à ação" (III, 4-5). O homem tem que refrear a atividade de seus sentidos, "aquele cuja alma é perturbada pela evocação dos objetos sensíveis" – isto é, a maior parte dos homens – não consegue desapegar-se do mundo. Mesmo que ele se abstenha do ato, no sentido estrito da palavra, toda uma atividade inconsciente provocada pelos *guṇa* (III, 5) continua a prendê-lo ao mundo e a integrá-lo no ciclo *kārmico*.

Condenado à ação, porque a "ação é superior à inação" (III, 8), o homem deve realizar os atos prescritos; em outros termos, os deveres, as atividades que lhe exige sua situação particular. Mais vale cumprir o próprio dever *(svadharma)*, ainda que imperfeitamente, do que realizar o dever de outra condição (*paradharma*, III, 35). Essas atividades específicas estão condicionadas pelos *guṇa* (XVII, 8; XVIII, 23 e ss.). Kṛṣṇa repete em muitas ocasiões que os *guṇa* procedem dele, mas não o aprisionam: "Não que eu esteja neles; eles estão em mim" (VII, 12; cf. XIV, 5). "Criei a divisão em quatro castas de acordo com os *guṇa* [...] e apesar disso sou não ativo e imutável" (IV, 13). A lição que se tira disto é a seguinte: aceitando a "situação histórica" criada pelos *guṇa* (e ela deve ser aceita, pois os próprios *guṇa* derivam de Kṛṣṇa) e agindo segundo as necessidades dessa "situação", o homem deve se recusar a valorizar seus atos e, por conseguinte, conceder valor absoluto à sua própria condição. Em outras palavras, de um lado deve negar realidade ontológica a toda situação humana (pois só Kṛṣṇa está saturado de Ser) e, de outro, deve se abster de gozar os frutos de suas ações.

"ATOS" E "SACRIFÍCIOS"

Sob este ponto de vista, pode-se dizer que a *Bhagavad Gītā* se esforça por "salvar" todos os atos humanos, "justificar" toda ação profana. Pois pelo próprio fato de não gozar os frutos o homem transforma seus atos em *sacrifícios*, isto é, em dinamismos transpessoais que contribuem para manter a ordem cósmica. Ora, Kṛṣṇa lembra que somente os atos que têm por objeto o sacrifício não subjugam: "atue, mas livre do apego" (III, 9). Prajāpati criou o sacrifício para que o cosmos pudesse se manifestar e para que os homens pudessem viver e se multiplicar (III, 10 e ss.). Kṛṣṇa revela, porém, que o homem pode colaborar para a perpetuação da obra divina, não só pelos sacrifícios propriamente ditos (os que constituem o culto védico), mas através de todos os seus atos, qualquer que seja a natureza deles. Para aquele que se devota às obras de sacrifício, toda a atividade se desfaz no nada (IV, 23). Nesse sentido a atividade já não subjuga, não cria novos laços *kármicos*. Eis por que os diversos ascetas e *yogīs* "sacrificam" suas atividades fisiológicas e psíquicas. Eles se *desapegam* de suas atividades, dando-lhes valor transpessoal; assim, "todos têm a noção verdadeira do sacrifício e por ele eliminam suas máculas" (IV, 25-30).

Esta transmutação de atividades profanas em rituais torna-se possível por meio do Yoga. Kṛṣṇa revela a Arjuna que "o homem de ação" pode salvar-se, ou seja, pode subtrair-se das consequências de sua participação na vida do mundo, *apesar de continuar agindo*. O "homem de ação" é aquele que não pode se retirar da vida social para tratar de sua salvação através do conhecimento ou da devoção mística. A única norma que deve observar é *desapegar-se de seus atos e dos resultados destes*, isto é: "Renunciar aos frutos de seus atos" *(phalatṛṣṇāvairāgya)*, agir impessoalmente sem paixão e desejo, como se agisse por delegação, em lugar de outro. Se ele observar rigorosamente essa regra, seus atos não suscitarão novas potencialidades *kármicas* nem o prenderão ao ciclo do *karman*. "Indiferente ao fruto da ação, sempre satisfeito, livre de todo laço, por mais atarefado que pareça estar, na realidade ele não age..." (IV, 20).

A grande originalidade da *Bhagavad Gītā* é ter insistido no "Yoga da Ação" que se realiza quando "se renuncia aos frutos dos atos" *(phalatṛṣṇāvairāgya)*. Esse é o motivo principal de seu sucesso sem precedentes na Índia. A partir daí, é permitido a todo homem esperar a salvação graças à *phalatṛṣṇāvairāgya*, ainda que por motivos de diversas ordens seja obrigado a continuar participando da vida social, a ter família, preocupações, funções, ou até cometer coisas "imorais", como Arjuna que deve matar seus adversários na guerra. Agir plácida e automaticamente, sem ser movido pelo "desejo do fruto", é obter autocontrole e serenidade que apenas o Yoga pode conferir. Como disse Kṛṣṇa: "Apesar de agir sem restrição, ele permanece fiel ao Yoga". Esta interpretação da técnica Yoga – na qual podemos ver um instrumento que nos permite afastar-nos do mundo mesmo que continuemos a viver e agir nele – é característica do grandioso esforço de síntese do autor da *Bhagavad Gītā*, que desejava conciliar todas as vocações (ascética, mística, ativa) tal como já conciliara o monismo vedantino com o pluralismo Sāṅkhya. Ao mesmo tempo, ela testemunha a extrema flexibilidade do Yoga, que prova mais uma vez poder se adaptar a todas as experiências religiosas e satisfazer a todas as necessidades.

TÉCNICA *YÓGUICA* NA *BHAGAVAD GĪTĀ*

Além desse "Yoga" acessível a todos e que consiste na renúncia aos frutos dos atos, a *Bhagavad Gītā* expõe sumariamente uma técnica *yóguica*, propriamente dita, reservada aos *muni* (VI, 11 e ss.). Apesar de essa técnica ser análoga, do ponto de vista morfológico (quanto a posturas do corpo, fixação da atenção na ponta do nariz etc.) à exposta por Patañjali, a meditação da qual fala Kṛṣṇa é diferente da que os *Yoga-sūtra* apresentam. O *prāṇāyāma* não é mencionado nesse contexto. (A *Gītā*, IV, 29 e V, 27, refere-se ao *prāṇāyāma;* porém, mais do que um exercício *yóguico*, ele tem ali caráter de meditação de substituição, de "ritual interiorizado", tal como se encontra na época dos *Brāhmaṇa* e das *Upaniṣad*.) Além disso, a meditação *yóguica* na *Gītā* só atinge seu fim supremo quando o praticante se concentra em Kṛṣṇa.

"A alma serena e sem temor, constante em seu voto de guardar o caminho da castidade *(brahmacarya)*, a mente firme e concentrada em Mim, deve praticar o Yoga tomando-Me como fim supremo. Assim, com a alma continuamente votada à meditação e a mente controlada, o *yogin* consegue a paz que habita em Mim e que culmina no *nirvāṇa*" (VI, 14, 15).[55] A devoção mística *(bhakti)*, da qual Kṛṣṇa é objeto, confere ao Deus um papel muito maior que aquele que *Īśvara* possuía nos *Yoga-sūtra*. Na *Gītā*, Kṛṣṇa é o fim único: ele justifica a prática e a meditação *yóguica*, é nele que se concentra o *yogin;* é pela sua graça (e na *Gītā*, o conceito de graça começa a tomar forma, anunciando o luxuriante desenvolvimento tomado na literatura vixnuíta) que o praticante obtém o *nirvāṇa*, não o *nirvāṇa* do budista tardio, tampouco o *samādhi* dos *Yoga-sūtra*, mas um estado de perfeita união mística entre a alma e seu Deus.

Um verdadeiro *yogin* (*vigatakalmaṣa*, "liberto da corrupção" do bem e do mal) atinge facilmente a beatitude infinita *(atyantaṁ sukham)* produzida pelo contato com Brahman (*brahmasaṁsparśam*, VI, 28). A invocação de Brahman em um texto onde se faz a apologia de Kṛṣṇa não deve causar admiração. Na *Gītā*, Kṛṣṇa é o Espírito puro; o "grande Brahman" é apenas sua "matriz" (*yoni*, XIV, 3). "Eu sou o Pai, aquele que dá a semente" (XIV, 4). Kṛṣṇa é o "suporte de Brahman", como é da imortalidade, do imperecível,

---

55. E. Sénart traduz assim esse último verso: "o *yogin* [...] atinge o repouso, a paz suprema que tem sua morada em mim" *(śāntiṁ nirvāṇaparamāṁ matsaṁsthām adhigacchati)*. Optamos por uma tradução mais livre, porém, acreditamos, mais próxima do espírito do texto.

da ordem eterna, da felicidade perfeita (XIV, 27). Apesar de Brahman ser apresentado neste contexto na condição "feminina" de *prakṛti*, sua natureza é de ordem espiritual. O *muni* o atinge pelo Yoga (V, 6). A infinita beatitude resultante da união com Brahman permite ao *yogin* ver "o espírito" *(ātman)* em todos os seres e todos os seres em *ātman* (VI, 29). Na estrofe seguinte, é justamente na identificação de Kṛṣṇa com o *ātman* dos seres que o laço místico entre o *yogin* e Deus encontra fundamento: "Aquele que Me vê em toda a parte e vê todas as coisas em Mim, eu não abandono jamais e jamais ele Me abandona. Aquele que, concentrado na unidade, Me adora, a Mim, que habito todos os seres, esse *yogin* habita em Mim, qualquer que seja sua forma de vida" (VI, 30, 31). Na *Īśā Upaniṣad* (estrofe VI) encontra-se o mesmo tema (*Gītā*, VI, 30); isto prova que houve nas *Upaniṣad* correntes teístas que inspiraram a *Gītā*, onde foram magnificamente apresentadas. Kṛṣṇa, deus pessoal, fonte de verdadeiras experiências místicas *(bhakti)*, aqui se identifica com o Brahman da metafísica puramente especulativa das mais antigas *Upaniṣad*.

Não obstante, os maiores louvores são feitos não ao *yogin* inteiramente desapegado da dor e das ilusões do mundo, mas àquele que considera a dor e a alegria alheias como suas (VI, 32). Esse é o eixo da mística indiana e particularmente da mística budista. A simpatia do autor da *Bhavagad Gītā* é toda para quem pratica esse Yoga. Se ele malogra nesta vida, renascerá em uma família de *yogīs* e conseguirá completar, em outra vida, aquilo que não pôde levar a bom termo nesta (VI, 41). Kṛṣṇa revela a Arjuna que só o fato de ter tentado o caminho do Yoga eleva o homem acima daquele que apenas praticou os ritos prescritos nos *Veda* (VI, 44). Kṛṣṇa não se esquece de mencionar que, entre os caminhos que levam à salvação, o melhor e o mais recomendável é a via do Yoga: "O Yoga é superior à ascese *(tapas)*, superior ao conhecimento *(jñāna)*, superior ao sacrifício" (VI, 46).

É o triunfo completo das práticas *yóguicas*. Não só são aceitas pela *Bhavagad Gītā* – cume da espiritualidade indiana –, como são elevadas ao primeiro plano. É verdade que esse Yoga é purificado de seus vestígios mágicos (por exemplo, a ascese rigorosa) e que a mais importante de suas antigas técnicas, o *prāṇāyāma*, desempenha papel insignificante. É verdade, também, que a meditação e a concentração se tornam aqui instrumentos de união mística com um Deus que se revela como Pessoa. Não obstante, a aceitação das práticas *yóguicas* pela corrente mística e devocional vixnuíta[56] comprova

56. Ver, por exemplo, o papel do Yoga na importante seita Pāñcarātra (cujos integrantes chamavam-se anteriormente *bhāgavata*), nota IV, 5.

a considerável popularidade dessas práticas e também seu ecumenismo indiano. O discurso de Kṛṣṇa equivale à validação, diante de todo o hinduísmo, de um Yoga devocional, isto é, da técnica *yóguica* considerada como um meio puramente indiano de obter a união mística com o Deus pessoal. Uma imensa parte da literatura *yóguica* moderna publicada na Índia, e em outros lugares, encontra sua justificação teórica na *Bhagavad Gītā*.

CAPÍTULO V

TÉCNICAS *YÓGUICAS* NO BUDISMO

O CAMINHO DO *NIRVĀṆA* E O SIMBOLISMO DA INICIAÇÃO

Durante seu período de estudos e de ascese, Śākyamuni conheceu tanto as doutrinas Sāṅkhya como as práticas do Yoga. Arāḍa Kālāma ensinava em Vaiśālī uma espécie de Sāṅkhya pré-clássico e Udraka Rāmaputra expunha os fundamentos e as finalidades do Yoga (cf. Aśvaghoṣa, *Buddhacarita*, XII, 17 e ss.; *idem*, *Saundarananda*, XV, XVII; *Majjhima Nikāya*, I, 164). Se o Buda recusa o ensinamento desses dois mestres é porque os ultrapassou; a maior parte dos textos canônicos mostra um abismo irredutível entre o Iluminado e seus mestres e contemporâneos. Eis uma posição polêmica que é importante retificar. O próprio Buda proclamava que "havia achado a antiga via, e a seguira" (*Saṃyutta Nikāya*, II, 106; ver outras referências em A. Coomaraswamy, *Hinduism and Buddhism*, p. 45 e ss.). A "antiga via", atemporal, era a da liberação, da não morte, e era também a via do Yoga. Como escreveu E. Sénart já em 1900, o Buda não repudia por inteiro as tradições ascéticas e contemplativas indianas; ele as completa: "Foi no terreno do Yoga que o Buda foi instruído; apesar das novidades que ele possa ter acrescentado, foi no molde do Yoga que formou seu pensamento".[57]

O Desperto opõe-se tanto ao ritualismo bramânico quanto ao ascetismo exagerado e às especulações metafísicas. Ele retoma, enfatizando-as, as críticas já formuladas pelos contemplativos das *Upaniṣad* contra o ritualismo fossilizado e os excessos da ascese *(tapas)*. Por outro lado, opõe-se à pretensão – representada sobretudo pelas *Upaniṣad* clássicas – de conseguir a

57. E. Sénart, "Bouddhisme et Yoga", em *Revue de l'Histoire des Religions*, novembro 1900, p. 345-364. Sobre as relações entre o Yoga e o budismo, ver nota V, 1.

salvação unicamente pelo caminho do conhecimento metafísico. À primeira vista, o Buda rejeita a ortodoxia bramânica e a tradição especulativa das *Upaniṣad*, assim como as inúmeras "heresias" místico-ascéticas desenvolvidas à margem da sociedade indiana. O problema central do budismo – o sofrimento e a liberação do sofrimento – é o problema tradicional da filosofia indiana. O refrão budista *sarvam dukham, sarvam anityam*, "tudo é dor, tudo passa", pode ser igualmente adotado pelo Sāṅkhya-Yoga e pelo Vedānta (o que de fato aconteceu).

Essa posição, aparentemente paradoxal, que consiste em opor-se tanto às doutrinas ortodoxas quanto às ascético-contemplativas, mas ao mesmo tempo em adotar suas premissas e técnicas, compreende-se se considerarmos que o Buda se propunha a ultrapassar todas as fórmulas filosóficas e as receitas místicas em uso em seu tempo, com o objetivo de liberar o homem e abrir-lhe caminho para o Absoluto. Se ele faz sua a análise impiedosa à qual o Sāṅkhya e o Yoga pré-clássicos submetiam a noção de "pessoa" e de vida psicomental, é porque o "Si" nada tem a ver com essa entidade ilusória: a "alma" humana. O Buda enxergava além do Sāṅkhya-Yoga e as *Upaniṣad* porque se recusava a postular a existência de um *puruṣa* ou de um *ātman*. De fato, ele negava a possibilidade de discorrer sobre qualquer princípio absoluto e negava também a possibilidade de uma experiência, mesmo aproximativa, do verdadeiro Si, enquanto o homem não "despertasse". O Buda rejeitava igualmente as conclusões da especulação das *Upaniṣad*: o postulado de um *brahman*, espírito puro, absoluto, imortal, eterno, idêntico ao *ātman*. Mas ele o fazia porque esse dogma trazia o risco de satisfazer a inteligência e, por conseguinte, impedia o homem de despertar.

Olhando tudo isso de mais perto, percebemos que o Buda rejeitava todas as filosofias e asceses contemporâneas, porque as considerava como *idola mentis* que erguiam uma espécie de tela entre o homem e a realidade absoluta – esta, a única verdadeiramente incondicionada. Numerosos textos canônicos provam que o Buda não pretendia em momento algum negar uma realidade última, incondicionada, além do fluxo eterno dos fenômenos cósmicos e psicomentais, mas que evitou abordar esse assunto. O *nirvāṇa* é o absoluto por excelência, o *asaṃskṛta*, isto é, o não nascido nem composto, irredutível, transcendente e que está além de toda experiência humana. "Afirma-se em vão que o *nirvāṇa* não existe porque ele não é objeto de conhecimento. Sem dúvida, o *nirvāṇa* não é conhecido diretamente da mesma forma que se conhece a cor, a sensação etc. Não é conhecido indiretamente por sua atividade, da maneira como são conhecidos os órgãos dos sentidos. Contudo, sua natureza e sua atividade [...] são objeto de conhecimento. [...] Entrando em recolhimento, o *yogin* [...] toma consciência do *nirvāṇa*, de sua natureza, de sua atividade. Quando sai da contemplação exclama: 'Oh! o *nirvāṇa,* destruição, calma, excelente escapatória!'. Os cegos, por não enxergarem o azul e o amarelo, não têm o direito de dizer que os videntes não enxergam as cores, e que elas não existem."[58] Só se "vê" o *nirvāṇa* com o "olho dos santos" *(ariya cakku),* isto é, com um "órgão" transcendente que não participa do mundo perecível. O problema para o budismo, como para qualquer outra iniciação, era mostrar o caminho e criar meios para obter esse "órgão" transcendente que revela o incondicionado.

Lembremos que a mensagem do Buda estava endereçada ao homem sofredor, ao homem preso nas malhas da transmigração. Para o Buda, como para todas as formas de Yoga, a salvação só era obtida como resultado de um esforço pessoal, de uma concreta assimilação da verdade. Não era nem uma *teoria,* nem uma evasão em um *esforço ascético* qualquer. Era necessário *compreender* e ao mesmo tempo *experimentar* a "verdade". Ora, como veremos, os dois caminhos apresentavam riscos: a "compreensão", isto é, o de permanecer como simples especulação, e a "experimentação", o de invadir o êxtase. Para o Buda, porém, só é possível salvar-se atingindo o *nirvāṇa,* isto é, ultrapassando o nível da experiência humana profana e reintegrando-se no nível do incondicionado. Em outras palavras, só se pode chegar à salvação morrendo para a vida profana e renascendo para uma vida sobre-humana, impossível de ser definida e descrita.

É por esta razão que nos textos budistas reiteram-se constantemente os simbolismos da morte, do renascimento e da iniciação. O monge deve construir um "novo corpo", renascer, como em outras iniciações, depois de estar "morto". O próprio Buda proclama: "Mostrei a meus discípulos os meios pelos quais podem criar, partindo deste corpo (constituído pelos quatro elementos), outro corpo de substância intelectual *(rūpim manomayam),* completo com seus membros e dotado de faculdades transcendentais *(abhinindriyam).* É exatamente como um homem que obtém uma flecha de um caniço, retira um sabre de sua bainha, ou despe uma serpente de sua pele. Ele tem consciência de que a flecha e o caniço são duas coisas diferentes, e é consciente também de que o sabre e a bainha são coisas diferentes, de que a serpente e sua pele são coisas diferentes etc". (*Majjhima Nikāya,* II, 17). O simbolismo iniciático é transparente; a imagem da serpente e sua pele aparece nas fontes mais arcaicas de símbolos de morte e ressurreição místicas e também é encontrado na literatura bramânica (*Jaiminīya Brāhmaṇa,* II, 134 etc.). Ananda Coomaraswamy mostrou que a ordenação budista dava continuidade

58. Saṅghabhadra, citado por L. de la Vallée-Poussin em sua obra *Nirvāṇa,* Paris, 1925, p. 73-74. Cf. o *Viśuddhimagga,* 507: "Não se pode dizer que algo não existe porque os tolos não o percebem".

à iniciação védica *(dīkṣā)*, e se enquadrava no esquema geral da iniciação; o monge abandonava seu nome de família e tornava-se filho do Buda *(śākyaputto)*, pois "nascera entre os santos" *(ariya)*; como dizia Kassapa falando de si mesmo: "Filho natural do Bem-aventurado, nascido de sua boca, nascido do *dharma*, talhado pelo *dharma* etc. (*Saṃyutta Nikāya*, II, 221).[59] A importância do *guru* como mestre de iniciação não é menor no budismo que em qualquer outra soteriologia indiana.

O Buda ensinava o caminho e os meios de morrer para a condição humana, para a escravidão e o sofrimento, a fim de renascer para a liberdade, a beatitude e o incondicionado do *nirvāṇa*. Hesitava, porém, em falar desse incondicionado para não cair em contradição, pois ele havia admoestado os brâmanes e os *paribbājaka** justamente porque discorriam muito sobre o inexprimível e pretendiam poder definir o Si *(ātman)*. Para o Buda, "afirmar que o *ātman* existe de forma real e permanente é falso; afirmar que ele não existe é igualmente falso" (Vasubandhu, citado por L. de la Vallée-Poussin, *op. cit.*, p. 107, nota 2). Entretanto, se lermos tudo o que se diz sobre o liberto, o "habitante do *nirvāṇa*", veremos que se parece muito com o "liberto em vida" do *jīvan-mukta* não budista. Ele está "nesta mesma existência, exilado *(nicchāta)*, habitando o *nirvāṇa (nibbuta)*, sentindo a felicidade em si e com a alma identificada com Brahman" (*Aṅguttara Nikāya*, II, 206). L. de la Vallée-Poussin, que reproduz esse texto, recorda a *Bhagavad Gītā*, V, 24: "Aquele que encontra a felicidade, a alegria e a luz apenas em seu interior, o *yogin* identificado com Brahman, alcança o *nirvāṇa*, que é Brahman" *(brahmanirvāṇam)*. Vemos por aí em que sentido o Buda prolonga a tradição ascético-mística indiana: ele acredita em uma "liberação em vida", mas se recusa a defini-la. "A recusa do Buda em discorrer sobre a condição de Liberado não se explica pelo fato de o santo não existir realmente nesta vida, mas porque nada se pode dizer de exato sobre o Liberado" (L. de la Vallée-Poussin, *op. cit.*, p. 112). Tudo o que se pode dizer do *jīvan-mukta* (ou, na terminologia búdica, do habitante do *nirvāṇa*) é que ele não é deste mundo. "O Tathāgata não pode ser definido como matéria, sensações, ideias, volições, conhecimento; ele está livre dessas considerações; é profundo, imensurável, insondável como o grande oceano. Não se pode dizer: ele está, ele não está, ele é, ele não é" (*Saṃyutta Nikāya*, IV, 374). É exatamente a linguagem da mística e da teologia negativa, o famoso *neti neti* das *Upaniṣad*.

---

59. Ver Ananda Coomaraswamy, "Some pali words", em *Harvard Journal of Asiatic Studies*, volume IV, 1939, p. 116-190.

* Termo páli correspondente ao *parivrājaka* sânscrito, que significa "asceta errante". [N. do E.]

OS *JHĀNA* E AS *SAMĀPATTI*

Para alcançar o estado de incondicionado, ou, em outros termos, morrer radicalmente para esta vida profana, dolorosa, ilusória e renascer (em outro "corpo"!) para a vida mística que torna possível o acesso ao *nirvāṇa,* o Buda utiliza as técnicas do Yoga, com liberdade para corrigi-las e completá-las mediante um profundo trabalho de compreensão da verdade. Notemos que as preliminares da ascese e da meditação búdicas são semelhantes às que os *Yoga-sūtra* e outros textos clássicos recomendam. O asceta deve buscar um local retirado – sob uma árvore na floresta, em uma caverna, um cemitério ou mesmo sobre um monte de palha no meio do campo –, adotar a posição correta e começar sua meditação. "Livrando-se da sede do mundo, permanece com um coração livre de desejo e purifica seu espírito da avidez. Separando-se da malícia, permanece com um coração livre da inimizade, benevolente e compassivo para com todos os seres; assim purifica seu espírito da maldade. Afastando-se da preguiça e do torpor, permanece liberto dos dois; consciente da luz, lúcido e senhor de si, purifica seu espírito da preguiça e do torpor. Livrando-se da dúvida permanece como alguém que está além da perplexidade; não mais na incerteza sobre o que é bom, purifica seu espírito da dúvida."[60]

Mesmo incluindo elementos "morais", essa meditação não tem sentido ético. Sua finalidade é purificar a consciência do asceta, prepará-la para experiências espirituais mais elevadas. A meditação *yóguica,* tal como interpretada pelo Buda em certos textos do *Dīgha Nikāya,* tem por finalidade "refazer" a consciência do asceta, isto é, criar-lhe uma "nova experiência" imediata de vida psíquica e mesmo de vida biológica. É necessário que, em todos os seus gestos concretos – marcha, posição do corpo, respiração etc. – o asceta redescubra de maneira concreta as verdades reveladas pelo mestre, ou seja, que transforme todos os seus movimentos e gestos em pretextos para meditação. O *Mahā Sattipaṭṭhāna Suttanta* (*Dīgha Nikāya,* II, 291 e ss.) afirma que o *bhikku,* depois de ter escolhido um local solitário para sua meditação, deve tomar consciência de todos os seus atos fisiológicos, que até então havia realizado automática e inconscientemente. "Inspirando longamente, compreende em profundidade essa longa inspiração; expirando brevemente, compreende etc. Assim se exercita para estar consciente de todas as suas

---

60. *Udumbarikā Sīhanāda Suttanta, Dīgha Nikāya,* III, 49, citado por Rhys Davids em *Dialogues of the Buddha,* volume III, p. 44. Ver também o volume II, p. 327 e seguintes; *Vinaya Texts,* I, 119.

expirações [...], de todas as suas inspirações; e se exercita em diminuir suas expirações [...] e suas inspirações."

Esse processo não é um simples exercício de *prāṇāyāma*, mas uma meditação sobre as verdades búdicas, uma experiência permanente da irrealidade da matéria.[61] Pois esta é a finalidade da meditação: assimilar completamente as verdades fundamentais, transformá-las em experiência contínua, difundi-las, por assim dizer, em todo o ser do monge. É o que afirma o texto do *Dīgha Nikāya* (II, 292): "... Um asceta em seu caminhar para a frente, ou para trás, tem perfeita compreensão daquilo que faz; olhando ao redor, ou olhando fixamente um objeto, compreende perfeitamente o que faz; levantando o braço ou deixando-o baixar, compreende perfeitamente o que faz; carregando seu manto, suas vestes, sua tigela de alimento, compreende perfeitamente o que faz; comendo, bebendo, mastigando, saboreando [...], evacuando [...], caminhando, sentado, dormindo, acordado, falando, calando-se, compreende perfeitamente o que faz".

A finalidade para a qual se volta essa lucidez é fácil de entender. Sem cessar, em qualquer coisa que faça, o *bhikku* deve compreender seu corpo e sua alma a fim de compreender continuamente a inconsistência do mundo fenomênico e a irrealidade da alma. O comentário *Sumaṅgala Vilāsinī* extrai da meditação sobre os gestos corporais a seguinte conclusão: "Dizem que é uma entidade viva que anda, uma entidade viva que repousa; mas há realmente uma entidade viva que anda ou repousa? Não, não há" (Warren, *op. cit.*, p. 378, nota).

Essa atenção permanente em sua própria vida fisiológica, essa técnica de extinção das ilusões criadas por uma falsa concepção da alma constituem apenas as preliminares. A verdadeira meditação budista começa com a experiência dos quatro estados psíquicos chamados *jhāna* (em sânscrito *dhyāna*).

Não sabemos qual foi exatamente a técnica meditativa escolhida e experimentada pelo Buda. As mesmas fórmulas são muitas vezes usadas para expressar conteúdos diversos. (Basta lembrar a perturbadora diversidade do

---

61. Eis como o texto é explicado pelos comentadores: O *yogin* deve se perguntar "Em que se baseiam estas expirações e inspirações? Elas são baseadas na matéria, e a matéria é o corpo material, e o corpo material são os quatro elementos etc." (Warren, "Buddhism in Translations" em Harvard Oriental Series, 1922, p. 355, nota 1.) Trata-se, portanto, de uma meditação sobre o ritmo respiratório partindo da compreensão analítica do corpo humano, pretexto para se perceber sua natureza composta, dolorosa e transitória. Esta "compreensão" sustenta e justifica a meditação, pois revela ao asceta a fragilidade da vida, dando-lhe forças para perseverar no caminho da salvação.

significado da palavra *yoga* em todas as literaturas indianas.) É provável, contudo, que ao menos uma parte da técnica meditativa usada pelo Buda tenha sido conservada por seus discípulos e transmitida pela tradição ascética primitiva. Como um conjunto de exercícios espirituais com tal riqueza e coerência se perderia, ou como se deixaria mutilar em uma tradição em que os ensinamentos diretos do Mestre desempenham papel tão importante? Segundo os textos reunidos por Caroline Rhys Davids ("Dhyana in Early Buddhism" em *Indian Historical Quaterly,* vol. III, 1927, p. 689-715), é evidente que o Buda era um fervoroso *jhāyin* e que, pelo *jhāna* praticado, ele não buscava nem exortava os outros a procurarem a Alma Cósmica *(brahman)* ou Deus (*Īśvara*). O *jhāna* era para ele um meio de experimentação mística, uma via de acesso às realidades suprassensíveis, não uma união mística. Essa experiência *yóguica* preparava o monge para uma "alta ciência" *(abhijñā)* cujo fim último era o *nirvāṇa.*

É no *Poṭṭhāpada Sutta,* 10 e ss. (*Dīgha Nikāya,* I, 182 e ss.) que foi formulada – muito provavelmente pela primeira vez, ou pelo menos mais claramente que até então – a técnica da meditação budista. Reproduzimos alguns fragmentos desse importante texto: "Quando o *bhikku* tem a percepção de que os cinco obstáculos (*nīvaraṇa*)[62] foram nele destruídos, ele se contenta; contente, ele se alegra; alegre, sente-se bem em todo o seu ser; com essa sensação de bem-estar, é feliz; feliz, seu coração se pacifica. Livre dos desejos e de todas as condições nocivas, entra e permanece no primeiro *jhāna,* estado nascido do desapego (*viveka-ja:* 'nascido da solidão'), no qual subsistem a reflexão e o entendimento, e onde se experimenta alegria e felicidade. Então, cessa nele a ideia dos desejos que possuía antes, e surge a ideia sutil e real da alegria e da paz que nascem do desapego, e ele permanece nessa ideia".

Depois, "pela supressão da reflexão e do entendimento, o *bhikku* entra no segundo *jhāna* que, nascido da concentração (*samādhi*)[63], é caracterizado por tranquilidade interior, unificação do espírito, alegria e felicidade. Então se dilui nele a sutil e real ideia de alegria e felicidade nascidas do desapego,

---

62. Segundo o *Dīgha Nikāya,* I, 71, os cinco *nīvaraṇa* são: sensualidade, malícia, preguiça de espírito e corpo, agitação de espírito e corpo, dúvida. As listas diferem. Comparar aos "cinco pecados" do *Mahābhārata,* XII, 241; Hopkins, *The Great Epic of India,* p. 181.

63. O *samādhi* dos textos budistas, apesar de ser um ênstase análogo aos dos *Yoga-sūtra,* não desempenha o mesmo papel que na obra de Patañjali. O *samādhi* parece ser um estado preliminar para o acesso ao caminho do *nirvāṇa.* Ver nota V, 2.

e surge a ideia sutil e real da alegria e felicidade nascidas da concentração, e ele permanece nessa ideia".

Depois, o *bhikku*, "pela renúncia à alegria, permanece indiferente. Atento e plenamente consciente, experiencia em sua pessoa essa felicidade da qual falam os sábios *(ārya)* quando dizem: 'Aquele que é indiferente e reflexivo goza da felicidade'. É o terceiro *jhāna*. Nesse momento, desaparece dele essa sutil e real ideia de alegria e paz que tinha antes, nascida da concentração, e surge então uma sutil e real ideia de felicidade e indiferença".

"Depois disto, renunciando a todo sentimento de contentamento e descontentamento com o término da alegria e da aflição que sentira antes, o *bhikku* entra e permanece no quarto *jhāna*, estado de pureza absoluta, indiferença e pensamento *(sati)* sem gosto e sem desgosto.[64] Nele se esvai essa sutil e real ideia de felicidade e indiferença que possuíra e surge uma sutil e real ideia de ausência de gosto e desgosto e ele permanece nessa ideia" (*Dīgha Nikāya*, I, 182 e ss., tradução de Oltramare, *La Théosophie Bouddhique*, p. 363-364).

Não acrescentaremos mais textos relativos a esses quatro *jhāna*;[65] as etapas estão claramente delineadas: 1º) purificar a inteligência e a sensibilidade das "tentações", isto é, isolá-las dos agentes exteriores e obter uma primeira autonomia da consciência; 2º) suprimir as funções dialéticas da inteligência, conseguir a concentração, o perfeito domínio de uma consciência rarefeita; 3º) suspender toda "relação" tanto com o mundo sensível como com a memória, obter a plácida lucidez sem outro conteúdo a não ser a "consciência de existir"; 4º) reintegrar os "contrários", conseguir a beatitude da "consciência pura".

O itinerário, contudo, não pára aí. É necessário acrescentar quatro exercícios espirituais chamados *samāpatti*, "obtenções", que preparam o asceta para o "ênstase" final. Apesar da descrição rigorosa, esses estados são difíceis de compreender. Correspondem a experiências muito distantes não só daquelas da consciência normal, mas também das experiências suprarracionais (místicas ou poéticas) compreensíveis aos ocidentais. Seria portanto inexato explicá-las como inibições hipnóticas. Durante a meditação verifica-se constantemente, como veremos mais adiante, a lucidez do monge; o sono

64. Fisiologicamente, o quarto *jhāna* é caracterizado pela parada da respiração, *assāsa-passāsa-nirodha* (ver Oltramare, *La Théosophie Bouddhique*, p. 364, nota 2).

65. Cf. a *Majjhima Nikāya*, I, 454; *Abhidharmakośa* (tradução de L. de la Vallée-Poussin), IV, p. 107; VIII, p. 161. Excelente análise em J. Evola, *La Dottrina del Risveglio*, Bári, 1943, p. 200-225. Sobre os pseudo-*dhyāna*, ver nota V, 3.

e o transe hipnótico são obstáculos que os tratados indianos de meditação conhecem muito bem, e contra os quais o praticante se mantém sempre em guarda. Eis como são descritos os quatro últimos *dhyāna* (chamados, em terminologia ascética, *samāpatti*): "E agora, indo além das ideias de forma, pondo fim às ideias de contato (*paṭigha*, encontro do qual resulta toda sensação), desembaraçando sua mente das ideias diferentes, pensando: 'o espaço é infinito', o *bhikku* chega à região da infinitude do espaço e nela permanece. Passando em seguida para além da região da infinitude do espaço e pensando: 'a consciência é infinita', ele chega à região da infinitude da consciência e nela permanece. (A consciência torna-se infinita, uma vez que não é mais limitada por experiências sensoriais e mentais.) Depois, passando além da região da infinitude da consciência e pensando: 'Ela não é nada', chega à região da não existência de todas as coisas (*akiñcaññāyatana*, 'nadidade') e nela permanece. Enfim, passando além da região da não existência, o *bhikku* chega a um estado de espírito que não é nem ideia nem ausência de ideia e nele permanece" (*nevasaññanāsañña*; *Dīgha Nikāya*, I, 183 e ss., tradução de Oltramare, p. 365).

Seria inútil comentar cada uma destas etapas utilizando os inúmeros textos da literatura budista posterior, a não ser que se queira reconstituir a psicologia e a metafísica da Escola (ver nota V, 4). Como o que nos interessa é essencialmente a morfologia da meditação, veremos a nona e última *samāpatti*. "Na verdade, desde que o *bhikku* tem ideias por si mesmo (achando-se em *dhyāna* ele não pode ter ideias exteriores; ele é *sakasaññī*), passa de grau em grau até chegar à ideia suprema. E quando aí chega ele diz: 'Pensar é pior, não pensar é melhor. Se penso me modifico; pode ser que ao desaparecerem essas ideias nasçam outras mais grosseiras. Por isso não pensarei mais, não me modificarei mais'. E ele não pensa nem se modifica mais. Como ele não pensa nem se modifica, as ideias que tinha desaparecem sem serem substituídas por outras mais grosseiras. Ele realizou a cessação" (*Dīgha Nikāya*, I, 184; tradução de Oltramare, p. 375). Outro texto tardio resume de maneira ainda mais direta a importância capital desta nova e última *samāpatti*: "Veneráveis monges, adquiri a *samāpatti* que consiste na cessação de toda percepção consciente. O *bhikku* que soube adquirir isso nada mais tem a fazer" (*Śikṣā Samuccaya*, de Śāntideva, edição Bendall, 1902, p. 48).

YOGĪS E METAFÍSICOS

Reconhecemos nestes *dhyāna* e nestas *samāpatti* mais de um ponto em comum com as diversas etapas do *samprajñāta* e *asamprajñāta samādhi* do Yoga clássico. Os próprios budistas reconheciam que os *yogīs* e ascetas não budistas podiam ter acesso aos quatro *dhyāna* e às quatro "obtenções" e mesmo à última *samāpatti* da "inconsciência" *(asaṃjñisamāpatti)*. Só recusavam a autenticidade desta nona *samāpatti* quando obtida por não budistas: acreditavam que "a *samāpatti* da destruição da consciência e da sensação" *(saṃjñāveditanirodha samāpatti)* era uma descoberta do Buda e constituía a tomada de contato com o *nirvāṇa*.[66] Ora, se impediam aos não budistas o acesso ao *nirvāṇa* embora estivessem de acordo sobre a validade de seus *jhāna*, era sem dúvida porque os não budistas não reconheciam a verdade revelada pelo Buda. Em outros termos, não se pode atingir o incondicionado unicamente pela meditação mística; é necessário compreender o caminho que conduz à incondicionalidade, sem o qual há o risco de entrar em um céu qualquer acreditando ter atingido o *nirvāṇa*.

Isto nos leva ao problema da gnose e da experiência mística, problema destinado a desempenhar papel fundamental na história do budismo (que permanece capital em toda a história da espiritualidade indiana). As duas tendências, a dos "experimentadores" *(jhāyin)*, se assim podemos chamá-los, e a dos "especulativos" *(dhammayoga)*, são constantes no budismo. Desde cedo os textos canônicos tentaram harmonizá-las. Uma estrofe do *Aṅguttara Nikāya* (III, 355), sobre a qual L. de la Vallée-Poussin nos chamou muitas vezes a atenção, diz: "Os monges que se dedicam ao êxtase *(jhāyin)* criticam os monges que aderem à doutrina *(dhammayoga)* e vice-versa. Deveriam, ao contrário, estimar-se reciprocamente. Raros são os homens que gastam seu tempo tocando com seu corpo [isto é: realizando, experimentando] o elemento imortal *(amatā dhātu*, isto é, o *nirvāṇa)*. Raros também os que veem a profunda realidade *(arthapada)* apreendendo-a por meio de *prajñā*, pela inteligência". O texto faz notar a extrema dificuldade das duas vias: a da gnose e a da experiência meditativa. Raros são, com efeito, aqueles que têm do *nirvāṇa* uma *experiência*, e não menos raros aqueles que *veem* a realidade tal como ela é, e que – através dessa visão intelectual – conquistam a liberação. Com o tempo, todos os meios de aproximação com o Buda pela via da experiência tornam-se equivalentes: aquele que aprende e compreende o Cânone assimila o "corpo doutrinal" do Buda; o peregrino que vai para junto de uma estupa contendo relíquias do Iluminado tem acesso ao corpo místico arquitetônico do próprio Buda. Na primeira etapa do budismo, porém, o problema apresentado era o mesmo do Sāṅkhya-Yoga: inteligência ou experiência, qual tem a primazia?

---

66. Sobre esse assunto ver L. de la Vallée-Poussin, "Musīla et Nārada", em *Mélanges Chinois et Bouddhiques*, Bruxelas, 1937, p. 189-222.

Existem muitas provas atestando que o Buda relacionava sempre o conhecimento a uma experiência meditativa de tipo *yóguica*. O conhecimento não valia muito por si mesmo, enquanto não se "tornasse realidade" na experiência pessoal de cada um. Quanto à experiência meditativa, eram as verdades descobertas pelo Buda que a valorizavam. Como exemplo temos a afirmação: "O corpo é perecível". Não foi somente contemplando um cadáver que se assimilou essa verdade; a contemplação do cadáver seria desprovida de qualquer valor salutar se não se apoiasse em uma verdade (*este* corpo é perecível; *todo* corpo é perecível; só há salvação na lei do Buda etc.). Todas as verdades reveladas pelo Buda devem ser praticadas à maneira *yóguica*, isto é, meditadas e experimentadas.

É por isso que Ānanda, discípulo favorito do Mestre, apesar de sua inigualável erudição (segundo o *Theragāthā*, v. 1024, ele teria aprendido oitenta e dois mil *dhamma** do próprio Buda e dois mil de seus condiscípulos), foi excluído do Concílio – porque não era um *arhat*, isto é, não possuía experiência *yóguica* perfeita. "O *sthavira* Ānanda escutou, reteve, recitou e meditou toda espécie de sutras; sua sabedoria é imensa enquanto sua concentração de pensamento *(citta saṃgraha)* é medíocre. Ora, é necessário reunir essas duas qualidades para obter o estado (que consiste na) destruição das impurezas (estado de *arhat*)."[67] Um texto célebre do *Saṃyutta Nikāya* (II, 115) coloca face a face Musīla e Nārada, cada um representando certo grau de perfeição búdica. Os dois possuem o mesmo saber, mas Nārada não se considera ainda um *arhat*, pois não realizou experimentalmente o "contato com o *nirvāṇa*". Eis como ele se explica: "Como se um viajante, atormentado pela sede, encontrasse um poço no deserto, olhasse para dentro e dissesse 'água'. Porém, não seria suficiente para mitigar sua sede ficar apenas 'tocando' a água. Do mesmo modo, eu *vi* a extinção da existência, o *nirvāṇa;* contudo, não sou um *arhat* isento de máculas" (cf. outros textos, em L. de la Vallée-Poussin, "Musīla et Nārada", em *Mélanges Chinois et Bouddhiques,* p. 191 e ss.).

Segundo o *Aṅguttara Nikāya* (III, 355), os dois métodos – o dos experimentadores *(jhāyin)* e o dos especulativos *(dhammayoga)* – são igualmente indispensáveis para a conquista da condição de *arhat*, pois as paixões, as

---

* *Dhamma*, termo páli (*dharma* em sânscrito) que tem inúmeros significados. Aqui se refere a "sentenças, provérbios". [N. do E.]

67. *Mahāprajñāpāramitā Sūtra*, de Nāgārjuna, tradução de E. Lamotte em sua obra *Le Traité de la Grande Vertu de Sagesse*, volume I, Louvain, 1944, p. 223. O original sânscrito perdeu-se, mas a obra foi conservada em muitas traduções chinesas e tibetanas.

"impurezas" *(kleśa)* são de duas categorias: 1º) *kleśa* de ordem intelectual, as "visões" *(dṛṣṭi),* os erros, a aberração *(moha):* a crença no eu etc.; 2º) *kleśa* de ordem emocional, que equivalem em nossa língua às "paixões" de aversão e desejo. Destruir os erros não é destruir as paixões; o asceta pode reconhecer o caráter impermanente e nocivo das coisas agradáveis, porém continuar achando-as agradáveis e desejando-as. (L. de la Vallée-Poussin, "Musīla et Nārada", em *op. cit.*, p. 193; cf. E. Lamotte, *Le Traité de la Grande Vertu de Sagesse,* p. 213). A experiência é então indispensável para conseguir a salvação. Entretanto, a "experimentação" dos quatro *jhāna* e das *samāpatti* não conduz ao *nirvāṇa* se não for iluminada pela sabedoria. Certas fontes afirmam mesmo que a sabedoria, por si só, pode assegurar a aquisição do *nirvāṇa* sem que se faça necessário o apelo às "experiências" do Yoga. Harivarman, por exemplo, acredita que apenas a concentração *(samādhi)* é necessária, excluídos os outros exercícios meditativos *(samāpatti).* Houve *arhat* que entraram no *nirvāṇa* sem possuir nenhuma das cinco *abhijñā* (poderes maravilhosos), mas não se tem acesso a elas sem possuir o "saber do desaparecimento das máculas" *(āsravakśaya),* o único capaz de conferir a santidade. Harivarman manifestava uma tendência antimística, antiextática (L. de la Vallée-Poussin, *op. cit.*, p. 206), que também encontramos em outras fontes; por exemplo, segundo a doutrina *Abhidharma,* o *prajñā-vimukta,* o santo "seco", o liberado pela sabedoria *(prajñā)* conquista o *nirvāṇa* exatamente como o que teve a experiência do *nirodhasamāpatti* (*ib.*, p. 215). Percebe-se nesta apologia do santo "seco" uma resistência dos teólogos e metafísicos aos excessos *yóguicos,* tema ao qual voltaremos mais adiante.

OS PODERES MARAVILHOSOS

Notemos, por enquanto, que o caminho para o *nirvāṇa* – como no Yoga clássico o caminho para o *samādhi* – conduz à posse de poderes miraculosos (*siddhi,* em sânscrito, e, em páli, *iddhi*). Isso colocava para o Buda (como mais tarde para Patañjali) um novo problema, pois os poderes, inevitavelmente adquiridos durante a iniciação, constituem indicações preciosas sobre o progresso espiritual do monge. De outra parte, são duplamente perigosos, pois tentam o monge com a oferta de um vão "poder mágico sobre o mundo", com o risco de criar confusões entre os infiéis. De fato, as *iddhi* não podem ser evitadas; constituem, de certa maneira, as novas categorias de experiências do corpo místico que o monge está na iminência de formar. Lembremos que o monge budista, assim como o *yogin* bramanizante ou "herético", deve morrer para a vida profana e renascer em um estado não condicionado. Ora, a morte para a condição profana é expressa nos níveis fisiológico, psíquico e espiritual por uma série de experiências místicas e poderes mágicos que proclamam justamente a passagem do condicionado para a liberdade. A posse das *iddhi* não equivale à liberação, mas esses "poderes maravilhosos" provam que o monge está em vias de descondicionar-se, que suspendeu as leis da natureza que o escravizavam na engrenagem, condenando-o a suportar eternamente o determinismo *kármico*. Por conseguinte, a posse das *iddhi* não é nociva em si mesma; mas o monge deve cuidar de não sucumbir às suas tentações e, sobretudo, evitar exibi-las diante de não iniciados. Veremos logo os motivos invocados pelo Buda para impedir a utilização e exibição das *iddhi*.

Lembremos que os "poderes miraculosos" fazem parte das cinco classes de Altas Ciências *(abhijñā)*, a saber: 1º) *siddhi*; 2º) olho divino *(divyacakśus)*; 3º) audição divina *(divyaśrotra)*; 4º) conhecimento do pensamento alheio *(paracittajñāna)* e 5º) lembrança de existências anteriores *(pūrvanirvāsānusmṛti)*. Algumas dessas cinco *abhijñā* (em páli: *abhiññā*) não diferem dos poderes à disposição do *yogin* não budista (ver nota V, 5). Mesmo as preliminares da meditação, que tornam possível sua obtenção, são semelhantes às do Yoga não budista – trata-se de pureza mental, contentamento etc. "Com seu coração sereno, tornado puro, translúcido, destituído de mal, leve, pronto para agir, firme e imperturbável, ele *(o bhikku)* aplica e inclina seu espírito sobre as diferentes formas do poder maravilhoso. Ele usufrui desse poder sob suas variadas formas; sendo um, torna-se muitos; sendo muitos, torna-se um; faz-se visível ou invisível; atravessa sem dificuldade uma parede, uma muralha, uma colina, como se fossem de ar; penetra de alto a baixo na terra sólida, como através de água; caminha sobre as águas, sem afundar, como sobre a terra firme; viaja, as pernas cruzadas e dobradas, pelos céus, como os pássaros com suas asas. Ele se eleva até a própria lua e o sol, tão fortes, tão poderosos, e os toca com a mão; permanecendo em seu próprio corpo atinge mesmo o céu de Brahman. [...] Com uma clara e celestial audição, que sobrepuja a audição humana, ele ouve os sons humanos e celestiais, estejam perto ou longe. [...] Penetra com seu próprio coração nos corações dos outros seres, dos outros homens, ele os conhece. [...] Com seu coração sereno etc., dirige e inclina sua inteligência em direção ao conhecimento da memória de suas existências precedentes" (*Sāmañña Phala Sutta*, 87 e ss.; *Dīgha Nikāya*, I, 78 e ss.).

A mesma lista de poderes encontra-se no *Akānkheya Sutta;* para cada *iddhi* é necessário praticar certo *jhāna*. "Se um *bhikku* desejar, meus Irmãos, exercer, um a um, todos os diferentes dons maravilhosos: sendo um, tornar-se multiforme; sendo multiforme, tornar-se um [...] e atingir – permanecendo em seu próprio corpo – o céu de Brahman; que se devote então a essa quietude de coração que jorra do interior de si mesmo; que não repila o êxtase da contemplação etc." Chega-se dessa maneira a obter a clariaudiência, a adivinhar o que se passa no coração dos outros, a conhecer existências anteriores, a ver como os seres passam de um estado de existência a outro etc.[68]

Essas listas de *iddhi*, na maior parte estereotipadas, encontram-se em todas as literaturas ascéticas e místicas indianas (ver em citação anterior a lista conservada por Patañjali). Os *yogīs* contemporâneos do Buda possuíam, também, esses poderes místicos, e o Buda não punha em dúvida sua autenticidade, e nem duvidava da autenticidade de seus êxtases *yóguicos*. O Buda, entretanto, não encorajava seus discípulos a buscar as *iddhi;* a única verdadeira questão era a liberação, e a posse dos poderes poderia afastar o monge de seu objetivo inicial: o *nirvāṇa*. Em reação aos excessos místicos e mágicos, o Buda lembrava sempre que os dados do problema e sua solução se achavam, ambos, no homem. "Na verdade, meu amigo, eu vos declaro que neste corpo mesmo, mortal como sabemos e de apenas uma toesa de altura, mas consciente e dotado de inteligência, acha-se o mundo, seu crescimento e declínio e o caminho que leva à sua superação" (*Aṅguttara Nikāya*, II, 48; *Saṃyutta Nikāya*, I, 62). Pois se é verdade que o monge deve morrer para sua condição profana, a fim de poder esperar atingir o não condicionado, não é menos verdade que, deixando-se tentar pelos poderes miraculosos, corre o risco de se instalar em uma forma superior de existência – a forma dos deuses e magos – e esquecer o objetivo último, isto é, a integração no Absoluto. Além disso, a posse de tal ou qual poder miraculoso não serviria em nada à propagação da mensagem budista; outros *yogīs* e extáticos podiam fazer os mesmos milagres; mais ainda, poderiam obter esses poderes pela magia, sem nenhuma transformação interior. Os incrédulos pensariam tratar-se simplesmente de um encantamento mágico qualquer. "Se um crente (um budista) anuncia a posse dos poderes místicos *(iddhi)*, porque sendo um torna-se multiforme, sendo multiforme torna-se um etc., o incrédulo pode lhe dizer: 'Bem, senhor, há certo encantamento chamado *gandharva*. É mediante esse poder que se faz tudo isso!' [...] Bem, Kevaddha! É justamente porque vejo perigo na prática das maravilhas místicas que as execro, abomino, e me envergonho delas." E se o monge budista manifestasse o poder *yóguico* de adivinhar os pensamentos e sentimentos alheios etc., o incrédulo diria: "Bem, senhor, há um encantamento chamado 'encantamento das

68. *Majjhima Nikāya*, I, 33; Rhys Davids, *Sacred Books of the East*, volume XI, Oxford, 1881, p. 215; Warren, "Buddhism in Translations" em Harvard Oriental Series, p. 303.

Joias'; por seu poder faz-se tudo isso..." (*Kevaddha Sutta*, p. 4; *Dīgha Nikāya*, I, 212). O Buda impedia a exibição das *iddhi* dizendo: "Não é necessário, oh! *bhikku*, mostrar aos leigos os milagres das *iddhi;* milagres que ultrapassam o poder do homem comum. Quem age assim torna-se culpado de má ação" (*dukkata; Vinaya*, II, 112; *Vinaya texts,* III, 81).

O CONHECIMENTO DAS EXISTÊNCIAS ANTERIORES

Entre as cinco (ou seis) Altas Ciências *(abhijñā)* figura sempre a capacidade de lembrar-se de existências anteriores.[69] Como todas as outras *iddhi* e *abhijñā,* esta ciência mística também faz parte da tradição oculta pan-indiana. Patañjali conta-a entre as perfeições (*Yoga-sūtra*, III, 18) e o próprio Buda reconhece em várias ocasiões que os *samana* e os brâmanes são capazes de lembrar-se de suas existências anteriores. "Acontece, monges, que certos religiosos *(samana)* ou brâmanes, graças ao seu fervor, à sua energia [...], a uma perfeita atenção do espírito, atingem tal absorção de pensamento que este, uma vez absorvido (puro, limpo, sem mácula, isento de impurezas) recorda-se de suas diversas moradas na vida anterior – uma existência, duas, três, quatro, cinco, dez, vinte, cinquenta, cem, mil, cem mil existências, de modo que dirá: 'Naquele tempo, eu possuía tal nome, tal família, era de tal casta, comia tal alimento, tinha tal prazer e tal sofrimento, atingi tal idade. Quando perdi aquela existência, entrei em outra. Nessa, enquanto tinha tal nome, tal família [...]. Quando perdi essa existência entrei na existência atual'. Assim ele se recorda de sua vida anterior, com todos os detalhes e fatos. E diz: 'O Si e o mundo são eternos, estéreis, erguidos como um pico, conservam-se estáveis como um pilar' [...]" (*Dīgha Nikāya*, I, 27; tradução de Louis Renou; cf. também *Dīgha Nikāya,* III, 108 e ss.).

O Buda, porém, recusa-se a aceitar as conclusões filosóficas dos *samana* e brâmanes a respeito da lembrança de suas existências anteriores, isto é: a eternidade do Si e do mundo. Melhor, ele não tira nenhuma conclusão. "Ora, monges, o Tathāgata sabe: esses pontos da doutrina, assim mostrados, assim tratados, têm tal ou qual resultado, comportam tal ou qual destino. Eis o que

69. Em outras classificações, esse êxito *yóguico* constitui a primeira das três ciências *(vidyā)* ou a oitava das forças de sabedoria (*jñāna* ou *prajñābala*). Segundo a escolástica budista, as últimas cabem apenas aos Budas, enquanto as *abhijñā* e as *vidyā* são acessíveis a todos; cf. P. Demiéville, "Sur la mémoire des existences antérieures" em *Bulletin de l'École Française d'Extrême Orient,* 27, 1927, p. 283-298.

sabe o Tathāgata e ele sabe mais ainda, porém não trata desse saber e, ao não tratar dele, conhece a paz por si mesmo" (*Dīgha Nikāya,* I, 30). A recusa do Buda em abordar as consequências metafísicas que se poderiam deduzir de uma ou outra experiência supranormal faz parte de seu ensinamento; ele não deseja se envolver em discussões ociosas sobre a realidade última. No texto citado, vê-se que os *samana* e os brâmanes postulam a "eternidade" do mundo e do Si, pelo fato de que encontraram o mesmo mundo e o mesmo Si em cem mil existências anteriores. Ora, essa conclusão não se impunha necessariamente porque os *samana* e os brâmanes reencontravam sempre uma *existência no Tempo;* o problema do Buda, o problema do Yoga, era justamente a saída do Tempo, o acesso ao incondicionado: portanto, não era válido partir daquilo que se observava no interior do ciclo infinito das transmigrações para tirar conclusões sobre "a realidade" que começava além do ciclo *kármico.*

Assim como os *samana* e os brâmanes, os monges budistas esforçavam-se por lembrar-se de existências anteriores. "Aquele que com a mente concentrada, purificada, esclarecida [...], dirige sua mente para o conhecimento pela memória das moradas em vidas pregressas, recorda-se de diversas existências anteriores, de uma, duas, três, quatro, cinco, cinquenta, cem, mil, cem mil existências [...] de muitos períodos de criação e destruição" (*Majjhima Nikāya,* I, 22, e ss.; conforme outros textos, Demiéville, *op. cit.*, p. 284). Vemos pois que se trata da mesma Alta Ciência, tanto entre os budistas como entre os não budistas. "Em que consiste essa Ciência? Os textos nada esclarecem, apenas mostram como os heréticos derivam do conhecimento de suas vidas anteriores a noção de eternidade, mas o que concluem os budistas não será especificado senão na literatura do *Abhidharma.* Parece, assim, que nos sutras dos Antigos a memória das existências anteriores continua sendo concebida à maneira do Yoga, como simples conhecimento sobrenatural." (Demiéville, *op. cit.,* p. 292). A partir do *Mahāvibhāṣā,* especifica-se o proveito que um monge budista pode tirar dessa Alta Ciência: é o desgosto pela impermanência, e a mesma opinião é partilhada pelo *Abhidharmakośa* de Vasubandhu (Demiéville, *op. cit.* p. 292 e ss.).

Não parece, entretanto, que esta justificação tardia da escolástica budista seja correta; ela demonstra o triunfo dos "especulativos" contra os "experimentadores", da teoria contra a mística *yóguica.* Quanto ao uso que o Buda fazia do conhecimento das vidas anteriores, apesar de não dispormos de informações precisas a esse respeito, os textos canônicos apresentam muitas alusões capazes de nos orientar. Assim, para começar, lembremos que o Buda atribuía grande importância à *memória* enquanto tal: os deuses perdem sua condição divina e caem dos céus quando "sua memória se perburba" (*Dīgha Nikāya,* I, 19). Mais ainda, a incapacidade de recordar todas as existências anteriores equivalia à ignorância metafísica. O Buda retoma o tema dos deuses caídos dos céus por causa de suas memórias deficientes: alguns deles, após tornarem-se humanos, retiraram-se do mundo, praticaram a ascese e a meditação e obtiveram, graças à disciplina do Yoga, a capacidade de se lembrar de suas existências pregressas, mas não de *todas* (*ib.*); de modo que não se recordavam do *início* da série de existências, e devido a esse "esquecimento" formaram uma ideia falsa da eternidade do mundo e dos deuses. Portanto, o Buda concedia grande importância à capacidade de reconhecer as existências anteriores. Graças a essa capacidade mística podia-se chegar ao "início dos Tempos", o que implicava, como veremos, a "saída do Tempo".

Ānanda e outros discípulos lembravam seus nascimentos *(jātiṃ saranti)*; eram "aqueles-que-recordavam-os-nascimentos" (jātissāra). Ananda K. Coomaraswamy mostrou[70] que o epíteto *jātissāro* (*Milindapañha*, 78 etc.) lembra o epíteto de Agni, Jātavedas, pois também Agni "conhece todos os nascimentos" (*viśva veda janimā*, *Ṛg-Veda*, VI, 15, 13) e é "onisciente" (*viśvavit*, *Ṛg-Veda*, III, 29, 7 etc). Vāmadeva, autor de um célebre hino rigvédico, dizia de si mesmo: "Achando-me na matriz *(garbhe nu san)* conheci todos os nascimentos dos deuses" (*Ṛg-Veda*, IV, 27, 1; segundo a *Garbha Upaniṣad*, III, 4, a memória da vida intrauterina perde-se com o nascimento). "Assim falou Vāmadeva achando-se na matriz" (*Aitareya Āraṇyaka*, II, 5). Kṛṣṇa conhecia "todas as existências" (*Bhagavad Gītā*, IV, 5). Para o bramanismo, como para o Buda, a memória (em suma, o conhecimento) era uma faculdade divina e altamente preciosa: "aquele que sabe", "aquele que se recorda" prova que é concentrado; distração, esquecimento, ignorância, "queda" são comportamentos e situações sequenciais.

Os textos budistas escolásticos dão informações mais precisas sobre a técnica utilizada. "É a faculdade que consiste em remontar, pela lembrança, o curso dos dias, meses e anos para chegar até a morada da matriz, e de lá, às existências passadas; uma existência, dez, cem, mil, dez mil, um *koṭi* de existências. Os grandes *arhat* e os *pratyekabuddha* vão mesmo até a lembrança de 80.000 grandes *kalpa*. Os grandes *bodhisattva* e os *buddha* conhecem um número ilimitado de *kalpa*" (E. Lamotte, *Traité de la Grande Vertu de Sagesse*, p. 332). Segundo o *Abhidharmakośa*, VII, p. 123, "o asceta que deseja se recordar de suas antigas existências começa por captar o caráter do pensamento que acaba de perecer; a partir desse pensamento ele remonta,

---

70. "Recollection, Indian and Platonic" em *Supplement to the Journal of the American Oriental Society*, n. 3, abril-junho, 1944, p. 1-18.

considerando os estados que se sucederam na vida presente, até o pensamento da concepção. Quando ele se recorda de um momento de pensamento da existência intermediária *(antarābhava),* realiza a *abhijñā*" (nota de Lamotte, *op. cit.*, p. 332, n. 2).

Trata-se, portanto, de partir de um instante preciso, o mais próximo do momento presente, e de percorrer o tempo para trás (em páli *patiloman*; em sânscrito *pratiloman*, "a contrapelo") para chegar à origem, quando a primeira existência brilhou no mundo desencadeando o Tempo, e reencontrando esse instante paradoxal além do qual o Tempo não existia, porque nada estava manifestado. O sentido e a finalidade desta técnica *yóguica,* que consiste em perseguir o Tempo para trás, são claros. Obtém-se dessa forma a verdadeira Alta Ciência, porque se consegue não apenas o *re*-conhecimento de todas as existências anteriores, como se chega ao "começo do mundo"; aquele que caminha para trás, "a contrapelo", deve reencontrar necessariamente o ponto de partida que, em última instância, coincide com a cosmogonia, com a primeira manifestação cósmica. Reviver as vidas passadas equivale a compreendê-las e até, sob certo aspecto, a "queimar os próprios pecados", isto é, a soma dos atos efetuados sob o domínio da ignorância e transmitida de uma existência para outra pela lei do *karman.* Há, porém, algo mais importante: chega-se ao começo do Tempo e reencontra-se o Não Tempo, o eterno presente que antecedeu a experiência temporal fundada pela primeira existência humana "decaída". Em outras palavras, "toca-se" no estado não condicionado que precedeu a queda no Tempo e a roda das existências. Vale dizer que, partindo de um momento qualquer da duração temporal, pode-se chegar a esgotar essa duração percorrendo-a para trás e indo desembocar, finalmente, no Não Tempo, na eternidade. Contudo, isso equivale a transcender a condição humana e penetrar no *nirvāṇa,* o que levou o Buda a afirmar que só ele *re*-conhecera todas as suas existências anteriores, enquanto os *arhat* conheciam um número considerável de suas vidas passadas, mas não todas. Quanto aos *samana* e brâmanes, como já vimos, precipitaram-se em formular certas teorias filosóficas sobre a realidade do mundo e do Si, em vez de penetrar mais profundamente no passado e assistir à dissolução de todas essas "realidades" (pois a única verdadeira realidade, o Absoluto, não era passível de formulação na linguagem das filosofias então em curso).

Compreende-se, assim, a importância da lembrança das existências anteriores pela técnica *yóguica* que perseguia a saída do Tempo. O Buda, porém, não pretendia que esse fosse o único meio. Segundo ele, podia-se ultrapassar o Tempo, isto é, abolir a condição profana, aproveitando o "momento favorável" *(khaṇa),* obtendo a "iluminação instantânea" (*eka-kśanābhisambodhi* dos autores do Mahāyāna) que "quebrava o Tempo" e permitia "sair" dele mediante uma ruptura de níveis.[71]

OS *PARIBBĀJAKA*

Existiam, no tempo do Buda, inúmeros grupos de ascetas errantes, *yogīs* e sofistas. Alguns remontavam à época pós-védica (ver infra, p. 123). Foi uma época de luxuriante vitalidade espiritual; ao lado de religiosos e místicos, encontramos dialéticos, magos temíveis e mesmo materialistas e niilistas, precursores dos *cārvāka* e *lokāyata.* Da maior parte deles pouco se conhece – apenas nomes. Suas doutrinas são mencionadas de maneira fragmentária nos textos budistas e jainistas; aliás, combatidas tanto por jainistas quanto por budistas, são muitas vezes deformadas e ridicularizadas propositalmente. Contudo, é provável que entre esses religiosos e ascetas errantes (em páli *paribbājaka*; em sânscrito *parivrājaka*) tenham figurado grandes personalidades que ensinaram doutrinas audaciosas e revolucionárias.

Os textos budistas transmitiram-nos várias listas de dialéticos e ascetas errantes, contemporâneos do Buda. A mais célebre é a conservada pelo *Sāmañña Phala Sutta* (*Dīgha Nikāya,* I, 47), que resume as opiniões de seis *samana* famosos. De cada um diz-se que é "chefe de comunidade" *(gaṇācariyo),* famoso "fundador de seita" *(titthakāno),* "respeitado como santo" *(sādhusammato),* venerado por uma multidão de pessoas, avançado em idade. Kassapa parece ter pregado a inutilidade da ação; Makkhali Gosāla, chefe dos *ājīvika,* pregava um determinismo rigoroso: voltaremos a falar dele. Ajita Kesakambali professava um materialismo semelhante ao dos *cārvāka*; Pakudha Kaccāyana, a perenidade dos sete corpos; Sañjaya Velaṭṭhaputta, um agnosticismo obscuro e Nigaṇtha Nāṭaputta, provavelmente o ceticismo. Encontram-se alusões a doutrinas "heréticas" em outros textos budistas, especialmente no *Majjhima Nikāya* (I, 513), *Saṃyutta Nikāya* (III, 69) e *Aṅguttara Nikāya* (III, 383); este último dá uma lista de dez ordens religiosas contemporâneas do Buda (III, 276), mas não se conhece quase nada de suas técnicas espirituais.

---

71. Ver nosso estudo "Symbolismes Indiens du Temps et de l'Éternité" em *Images et Symboles,* Paris, 1952, p. 73-119. Nota-se a simetria entre a técnica *yóguica* da lembrança das existências anteriores e o método psicanalítico de reintegrar e assimilar, por meio de uma compreensão retificada, as lembranças da primeira infância.

Em sua maior parte, esses grupos "heréticos" têm em comum com o Buda e Mahāvīra a atitude crítica para com os valores tradicionais do bramanismo; rejeitam tanto o caráter de revelação dos *Veda* e a doutrina do sacrifício quanto as especulações metafísicas das *Upaniṣad*. Além disso, alguns deles, como Makkhali Gosāla, demonstravam um interesse, desconhecido até então, pelas estruturas da vida orgânica e as leis da natureza.

Poderíamos distinguir os ascetas puros *(tapasa)* dos dialéticos *(paribbājaka)*: estes não praticavam mortificações severas. O *Aṅguttara Nikāya* menciona duas classes de *paribbājaka*: *aññātitthya paribbājaka* e *brāmana paribbājaka*; estes últimos discutiam sobretudo o *samdittika dhammā*, isto é, os problemas ligados à realidade material, enquanto os primeiros se interessavam pelas questões transcendentes.

O Buda encontra-se muitas vezes com *paribbājaka* dessas duas classes. Com um deles, Poṭṭhāpada, discute sobre a alma; com outro, Nigrodha, sobre o valor da vida ascética; com um terceiro, Ajito, sobre os "estados de consciência" *(pañcasatāni cittaṭṭhānāni)*. Os textos que mencionam esses diálogos enfatizam as respostas do Buda em detrimento das doutrinas e dos costumes dos *paribbājaka*, que, apesar de criticarem as instituições bramânicas, levavam uma vida muito severa e praticavam o *prāṇāyāma*, o que prova mais uma vez o caráter pan-indiano das técnicas do Yoga.

Por meio das alusões dos textos páli, conseguimos identificar muitas vezes certas mortificações específicas. Por exemplo, no *Kassapa Sīhanāda Sutta*, Kassapa fala dos ascetas que permanecem continuamente em pé, de outros que dormem sobre pregos em uma prancha ou mesmo sobre o chão, dos que comem excrementos de vaca etc. (isto, provavelmente, para ficarem em permanente penitência, dada a virtude purificadora desses excrementos para os indianos).[72] Cada um desses ascetas leva o nome da mortificação específica que pratica. Pode-se reconhecer nessa penitência exacerbada a mesma tendência para a ascese absoluta que ainda se encontra na Índia moderna. É provável que a experiência espiritual desses ascetas fosse rudimentar, e o valor que davam à penitência, puramente mágico. Não temos nenhuma indicação sobre suas técnicas, se é que eles possuíam alguma. No *Udumbarikā Sīhanāda Suttanta*, o Buda reprova os *paribbājaka* por se orgulharem de sua própria ascese, desprezarem os outros, acreditarem que já tenham alcançado o objetivo, vangloriarem-se de suas proezas etc.[73]

---

72. *Kassapa Sīhanāda Sutta* (*Dīgha Nikāya*, I, 167); Rhys Davids, *Dialogues of the Buddha*, volume I, p. 231.

73. *Udumbarikā Sīhanāda Suttanta* (*Dīgha Nikāya*, III, 43); Rhys Davids, *Dialogues of the Buddha*, volume III, p. 39.

Esse texto prova que a ascese rígida era praticada muitas vezes por certos religiosos "errantes", se bem que essa ascese seja praticada geralmente pelos "da floresta" *(tapasa).* A opinião do Buda sobre os ascetas é explicitada no *Kassapa Sīhanāda Sutta*, quando ele diz a Kassapa que aquilo que caracteriza o verdadeiro *samana* (religioso) ou brâmane não é sua aparência exterior, sua penitência ou sua mortificação física, mas a disciplina interior, a caridade, o domínio de si, a emancipação do espírito de superstições e automatismos.[74]

MAKKHALI GOSĀLA E OS *ĀJĪVIKA*

Entre os "chefes de comunidades" e os "fundadores de seitas", destaca-se com sombria majestade Maskarin (Makkhali) Gosāla, chefe dos *ājīvika.* Antigo discípulo e mais tarde adversário de Mahāvīra, era considerado pelo Buda como seu mais perigoso rival. Atacadas e vilipendiadas sem trégua pelos budistas e jainistas, as doutrinas e práticas dos *ājīvika* são difíceis de reconstituir. O cânone Ājīvika comportava um sistema complexo de filosofia, mas afora algumas citações conservadas nos livros dos adversários, nada sobreviveu. Entretanto, o movimento Ājīvika teve longa história; precedendo em muitas gerações o budismo e o jainismo, só desapareceu no século XIV de nossa era. Makkhali Gosāla não pretendia ter fundado a ordem; segundo um texto jainista, o *Bhagavatī-sūtra,* ele se considerava o 24º *tīrthaṅkara* de sua época, e alguns nomes de seus predecessores legendários chegaram até nós. A etimologia do termo *ājīvika* permanece obscura; Hoernle explica-a pela raiz *ājīva:* "modo de vida ou profissão de uma classe de seres"; poderia também derivar da expressão *ājīvat*, "longo como a vida", alusão à doutrina fundamental, que afirmava a necessidade da passagem por um número considerável de vidas antes de se obter a liberação.

O que distinguia Gosāla de todos os seus contemporâneos era seu rigoroso fatalismo. "O esforço humano é ineficiente" *(n'atthi purisakāra),* tal era a essência de sua mensagem, e a chave de seu sistema residia em um só termo: *niyati*, "fatalidade", "destino". Segundo o resumo do *Sāmañña Phala Sutta,* 54, Gosāla acreditava que "não há causa nem motivo para a corrupção dos seres; estes se corrompem sem causa nem motivo. Não há causa [...] para a pureza dos seres; estes se purificam sem causa nem motivo. Não há ação realizada por mim, nem ação realizada por outro, não existe a ação humana,

74. *Kassapa Sīhanāda Sutta* (*Dīgha Nikāya,* I, 169); Rhys Davids, *Dialogues of the Buddha,* volume I, p. 234.

não existe força [...], energia [...], vigor humano [...], coragem humana. Todos os seres, indivíduos, criaturas, todas as coisas vivas carecem de vontade, de força, de energia e evoluem por efeito do destino, das contingências, do seu próprio estado" (tradução de L. Renou). Gosāla insurge-se contra a doutrina pan-indiana do *karman*. Segundo ele, todo ser deveria percorrer seu ciclo através de 8.400.000 *mahākalpa* e no fim a liberação se produziria espontaneamente, sem esforço. Este determinismo implacável era qualificado de criminoso pelo Buda, que por isso atacou Makkhali Gosāla mais do que a nenhum outro contemporâneo; ele considerava a doutrina da *niyati* como a mais perigosa.

Discípulo e companheiro de Mahāvīra durante muitos anos, Gosāla praticou a ascese, obteve poderes mágicos e tornou-se chefe dos *ājīvika*. Conhecido como taciturno (o *Saṃyutta Nikāya*, I, 66, diz que "ele havia abandonado a palavra"), os fragmentos biográficos conservados pelas escrituras budistas e jainistas fazem-nos pensar que, à semelhança de outros mestres, Gosāla era um poderoso mago. Ele matou um de seus discípulos com seu "fogo mágico" (A. L. Basham, *History and Doctrines of the Ājīvikas. A Vanished Indian Religion*, Londres, 1951, p. 60). Foi depois de um torneio mágico com Mahāvīra e após a maldição deste que Makkhali Gosāla morreu (provavelmente entre 485 e 484 a.C.).

A iniciação na ordem *ājīvika* apresentava o caráter arcaico das iniciações nas sociedades tradicionais de mistérios. Uma alusão do comentário ao *Tittira-Jātaka* (*Jātaka*, III, 536-543; A. L. Basham, *op. cit.*, p. 104) dá a perceber que o neófito devia queimar as mãos apertando um objeto quente. Uma passagem do comentário ao *Dhammapada* (A. L. Basham, *op. cit.*, p. 106) revela-nos outro rito de iniciação: o candidato era enterrado até o pescoço e os cabelos eram-lhe arrancados fio por fio. Os *ājīvika* andavam completamente nus, segundo um costume certamente anterior à aparição de Mahāvīra e Makkhali Gosāla. Como todos os ascetas mendigavam o alimento e tinham hábitos alimentares severos, muitos punham fim à vida, morrendo de fome (A. L. Basham, *op. cit.*, p. 127). Os budistas e jainistas duvidavam da ascese dos *ājīvika*. Os primeiros acusavam-nos de mundanismo (A. L. Basham, *op.cit.*, p. 123) e os jainistas, de falta de castidade. Se acreditarmos em Mahāvīra, Makkhali Gosāla dizia que um asceta não peca se tem relações sexuais com uma mulher (*Jaina-sūtra*, vol. II, p. 411; para outras acusações de imoralidade, *ib.*, II, 245, 270). Tais acusações eram provavelmente inspiradas pelas polêmicas; e convém não esquecer que na Índia as práticas sexuais foram usadas, por muito tempo, seja para adquirir poderes mágicos, seja para forçar a obtenção de um estado de beatitude.

Nada se conservou a respeito das técnicas espirituais dos *ājīvika*. É verdade que Makkhali Gosāla ocupa posição original no horizonte do pensamento indiano: sua concepção determinista incitava-o a estudar os fenômenos naturais e as leis da vida. Propôs uma classificação dos seres segundo o número de seus sentidos, esboçou uma doutrina de transformações no seio da natureza *(pariṇāmavāda)* baseando-se em observações precisas sobre a periodicidade da vida vegetal. Mas tudo isto não explica o sucesso popular dos *ājīvika* e sua sobrevivência durante dois milênios. A doutrina da *niyati* nada tinha para atrair as pessoas. É preciso supor que a seita possuísse suas próprias tradições ascéticas e segredos de meditação e que esta herança esotérica tenha sido a causa de sua sobrevivência; é o que deixam entrever certas alusões a uma espécie de *nirvāṇa*, comparável ao céu supremo das outras escolas místicas (porque a *niyati* não se abolia, cf. A. L. Basham, *op. cit.*, p. 261). No século X de nossa era os *ājīvika*, como o resto da Índia, aderiram à *bhakti* e acabaram por se confundir com os *pāñcarātra* (A. L. Basham, *op. cit.*, p. 280 e ss., sobre os *ājīvika* ver nota V, 6; sobre os *pāñcarātra*, nota IV, 5).

CONHECIMENTO METAFÍSICO E EXPERIÊNCIA MÍSTICA

Podemos acompanhar, ao longo de toda a história do budismo, a tensão entre os partidários do *conhecimento* e os da *experiência yóguica*. No começo de nossa era uma terceira categoria ingressou no debate: os partidários da *bhakti*. O poder de salvação da fé no Buda (na realidade, no *dharma* revelado pelo Buda) não está totalmente ausente dos textos canônicos. "Aquele que tem fé em mim e amor por mim chegará ao céu!" (*Majjhima Nikāya*, I, 142). Pois "a fé é a semente, a fé é a maior riqueza do homem aqui na terra" (*Sutta Nipāta*, 77, 182). Com o tempo, e graças sobretudo à pressão das experiências religiosas populares, a devoção mística teria considerável importância. Os *bodhisattva*, os *buddha* Amitābha, Avalokiteśvara e Mañjuśrī, os inumeráveis *buddha* celestes são criações da *bhakti*. O budismo não poderia ser exceção; ele também receberia o influxo da tendência geral da espiritualidade indiana. O processo será facilitado pela harmonização entre os múltiplos "corpos do Buda", pela importância crescente dos mantras e sobretudo pelo triunfo do tantrismo (ver supra, p. 171 e ss.).

Não é demais insistir sobre as diferenças entre os "filósofos" e os "discípulos do Yoga". Particularmente interessante é a volumosa enciclopédia de Vasubandhu, o *Abhidharmakośa* (traduzida e comentada por L. de la Vallée-Poussin, 5 volumes, Paris, 1922-1926). Nesse texto não faltam referências precisas sobre o valor do êxtase para a obtenção do *nirvāṇa* (por exemplo em II, 43; VI, 43; VIII, 33 etc.). Entretanto, mesmo quando discorre sobre o Yoga, Vasubandhu esforça-se por racionalizar as experiências místicas e interpretá-las nos termos da sua escola. Não que ele negue o valor do "êxtase *yóguico*" ou que despreze aqueles que o praticam, mas, escrevendo sobre o *Abhidharma*, sobre o "*dharma* supremo", procura se manter no plano da "filosofia". De fato, essa espécie de conhecimento supremo deve conduzir ao mesmo resultado que a prática *yóguica*. O *Abhidharma* propõe demonstrar a fluidez e, em última instância, a irrealidade do mundo exterior e de toda experiência ligada ao mundo, pois isso que chamamos "realidade" não é, em suma, senão uma sucessão de acontecimentos momentâneos e evanescentes. Ora, para os "especulativos", a análise lúcida, exaustiva e implacável da "realidade" constituía um meio de salvação, porque reduzia o mundo a nada ao limitar sua aparente solidez a uma série de aparições fulgurantes. Por conseguinte, aquele que compreendia a irrealidade ontológica dos múltiplos universos compostos – universo físico, vital, psíquico, mental, axiomático – desembocava ao mesmo tempo no plano transcendental do Absoluto, do incondicionado e do não composto e podia atingir a liberação.

O tratado de Buddhagoṣa, o *Viśuddhimagga*, "Caminho da Pureza", a obra mais copiosa e sábia sobre meditação, produzida pela escola Hīnayāna (em meados do século V de nossa era), ilustra a mesma orientação: as etapas da meditação são classificadas, explicitadas, justificadas por textos canônicos e interpretadas racionalmente. Acham-se aí todos os temas tradicionais da ascese e da meditação indianas: listas das *siddhi* (p. 175 e sobretudo 373-406), meditação sobre as impurezas do corpo (p. 241), o proveito espiritual que se pode tirar da descrição oral dos elementos constitutivos do corpo humano (p. 243), o arrebatamento obtido pela fixação do pensamento no Buda (p. 144), a concentração no ritmo respiratório (p. 272) etc. Percebe-se, contudo, que o propósito de Buddhagoṣa consiste antes em justificar todas essas práticas, em torná-las compreensíveis e quase lógicas. O último capítulo de sua volumosa obra intitula-se "Vantagens que Existem em Desenvolver a Compreensão" e um de seus trechos (703-709) busca mostrar que mediante a inteligência é possível chegar ao êxtase (*nirodha*, "parada dos estados de consciência").

Temos também a escola Yogācāra, que floresceu depois do século V de nossa era, e que reafirma a necessidade da experiência *yóguica*: para destruir o mundo fenomênico (isto é, profano) e recuperar o incondicionado, é mais fácil "retirar-se ao centro de si mesmo" através da meditação e do êxtase, do que proceder à aniquilação analítica do mundo. Isto não significa que os *yogācāra* renunciassem à filosofia: como "escola filosófica" deviam expor seus pontos de vista com toda a armadura escolástica tradicional.

Todos os monges budistas que se dedicavam ao *yoga* utilizavam certos objetos para fixar a atenção: eram os *kasina*, espécie de "suportes" para a meditação, conhecidos muito tempo antes do budismo. O *Viśuddhimagga* fala em muitas ocasiões desses suportes (cf. p. 118; sobre a terra, 170; a água, 172; as cores, 173; a luz, 174 etc.).[75] No tantrismo, os *kasina* gozaram de grande importância. Qualquer objeto ou fenômeno pode constituir um *kasina*: a luz que penetra por uma fresta da porta em um lugar na penumbra, um copo de água, um punhado de terra etc. Pela meditação consegue-se perfeita coincidência entre o pensamento e o objeto, isto é, unifica-se o fluxo mental suspendendo-se toda outra atividade psíquica. Esta técnica tornou-se popular no Ceilão e no Tibete.

Possuímos um texto muito importante, embora obscuro, sobre o *yoga* budista centrado nos *kasina:* trata-se do livro conhecido como *Yogāvacara's Manual of Indian Mysticism as Practised by Buddhists*, Londres, 1896, Pali Texts Society, editado por T. W. Rhys Davids com o título mencionado, e traduzido por Woodward com o título *Manual of a Mystic,* Londres, 1916, Pali Texts Society. O estado do texto não é bom, o que dificulta ainda mais seu entendimento. O manual é de autor desconhecido, mas pode-se fixar a data de sua redação entre os séculos XVI e XVII. Está escrito em páli e singalês, supondo-se que sua aparição tão tardia poderia estar vinculada à chegada de monges budistas do Sião, chamados pelo rei Vimala Dharma Surya (1684-1706) ao Ceilão para reavivar a vida espiritual dos mosteiros budistas da ilha (*Manual of a Mystic,* p. 145). Tal como se nos apresenta, esquemático e obscuro, mais parece uma lista de receitas técnicas que um manual propriamente dito. Aquele que praticava o *yogāvacara* recebia os ensinamentos, sem dúvida, de viva voz; o texto nada mais é que um auxiliar da memória. É verdade que a maior parte dos textos indianos de meditação se apresentam sob esse aspecto esquemático e resumido, e que a verdadeira iniciação técnica era transmitida e conservada oralmente; o manual, porém, é muito hermético. T. W. Rhys Davids e Caroline Rhys Davids tentaram explicá-lo na medida do possível. O tradutor, Woodward, menciona um *bhikku*, Dorātiyaveye, que ainda vivia no Ceilão em 1900 e recebera diretamente de seu *guru* esta técnica *yogāvacara;* contudo, recusara-se a praticá-la temendo atingir diretamente o *nirvāṇa,* pois sendo um *bodhisattva* tinha ainda muitas

75. Sobre os *kasina*, ver a *Dhammasaṅgaṇi* (tradução de Caroline Rhys Davids em sua obra *Buddhist Psychological Ethics*, p. 43, nota 4; p. 47, nota 2); *Compendium of Philosophy*, da mesma autora (*Abhidhammattha-Saṅgaha*, tradução de Shwe Zan Aung), p. 54; L. de la Vallée-Poussin, *Études et Matériaux*, p. 94 e ss.

vidas a viver sobre a terra. Apesar disso iniciou um de seus discípulos na prática do *yogāvacara,* e esse discípulo morreu louco. Segundo Woodward, ninguém mais conhecia essas práticas no Ceilão e as obscuridades do texto ficaram insolúveis. A estrutura da técnica *yogāvacara* é compreensível, mas é de se lamentar que o mais interessante, que são justamente os exatos detalhes das diversas meditações, permaneça desconhecido.

A particularidade essencial dessa técnica é uma meditação complexa relativa aos "elementos". O asceta senta-se na postura *yóguica (āsana)* e começa o *prāṇāyāma* concentrando-se nas fases respiratórias, isto é, "compreendendo" e "penetrando" cada inspiração e expiração. Então ele diz: "Com a consciência do olho miro a ponta do nariz, com a consciência do pensamento – firmado na inspiração e expiração – fixo a forma do pensamento no coração e preparo-me com a palavra *arahan, arahan*". O comentário singalês acrescenta: "Ao fixar desse modo seu pensamento, atento e compassivo, duas imagens lhe aparecem; primeiro uma imagem turva, depois uma clara. Quando a imagem turva desaparece [...] e a clara, purificada de toda mácula, penetra em todo o seu ser, nesse momento, atravessando o umbral da mente, aparece o Elemento Calor *(tejodhātu).* Nesse elemento o Êxtase tem a cor da estrela da manhã, o Preâmbulo é amarelo, a Entrada tem a cor do sol que nasce no levante. Desenvolvendo essas três formas de pensamento do Elemento Calor e fazendo-as descer para a ponta do nariz, deve colocá-las no coração e, depois, no umbigo". (*Manual of a Mystic*, p. 8).

Apesar de sua aparente obscuridade, o texto é inteligível. O iniciado deve meditar sucessivamente sobre os elementos fogo, água, terra e ar. Cada meditação compreende, além das preliminares, três etapas: entrada (acesso), preâmbulo e êxtase. A cada uma dessas etapas corresponde uma cor, isto é, o asceta experimenta a sensação de uma luz específica que confirma e ao mesmo tempo estimula sua meditação. Ele obtém esses pensamentos-formas pela concentração na ponta do nariz; é necessário então que os faça passar desse "centro" para os centros correspondentes ao coração e umbigo. Terminada a meditação a respeito do "elemento calor" *(tejodhātu)* prossegue – repetindo exatamente as fases preliminares – a meditação com o tema "água", mais precisamente com o tema coesão (*apodhātu*, pois a virtude essencial da água é a coesão). As "cores" experimentadas pela meditação sobre o elemento "água" são: cor da lua cheia para o Êxtase, cor do lótus para o Preâmbulo, cor de uma flor amarela para a Entrada. Na meditação seguinte a respeito de *vāyodhātu* ("elemento ar", expressando mobilidade), a cor do Êxtase é a do sol do meio-dia, a cor do Preâmbulo é alaranjado e a da Entrada é índigo. E assim por diante. Em cada meditação as "cores" assim obtidas pela concentração na ponta do nariz, devem ser levadas aos dois centros mencionados. A cada meditação sobre o *tejodhātu* corresponde o *khanikā-pīti,* isto é, o "arrebatamento momentâneo"; à meditação sobre o *apodhātu* corresponde o *okkantika-pīti*, isto é, o "arrebatamento que invade"; à meditação sobre o *vāyodhātu* corresponde o *ubbega-pīti*, "o arrebatamento que transporta" etc.

Após realizar sucessivamente as meditações sobre o tema dos elementos, o praticante inicia a meditação dos quatro elementos de uma só vez, depois a meditação em ordem inversa etc. O "manual" apresenta séries inteiras de meditações: sobre a respiração[76], a felicidade, os cinco *jhāna,* as coisas desagradáveis, os *kasina,* as partes do corpo, os quatro estados superiores *(brahmavihara),* as dez formas de conhecimento etc. Cada uma dessas meditações divide-se, por sua vez, em muitas etapas e cada etapa tem relação com uma cor, ou serve-se de uma cor pertencente às meditações sobre os elementos.

O que caracteriza o "manual" *yogāvacara* é a importância dada às sensações cromáticas; cada meditação realiza-se, verifica-se, pela obtenção de uma cor[77]. O asceta continua a trabalhar com essas sensações cromáticas, afasta-as de seu corpo à distância de uma mão, uma légua, mesmo até o monte Meru, fixa-as em certos centros etc. O papel que o manual atribui aos centros faz-nos supor certa tendência tântrica, se bem que os elementos eróticos estejam de todo ausentes. A fisiologia mística reduz-se aos centros e às experiências visuais (as auditivas são escassas). Seja como for, o caráter "experimental" dessas meditações é evidente; os dogmas e verdades são objeto de experimentos, são "penetrados", criam estados concretos. O grito mental em direção à felicidade (*op. cit.*, p. 96) é o motivo central e nem mesmo o tema da graça deixa de estar presente: no começo de cada meditação invoca-se o Buda, em cuja graça se busca refúgio, e também o *guru (bhante)* etc.

T. W. Rhys Davids observou que o manual compreendia 1.344 meditações (112 estados mentais exercidos cada um de doze maneiras diferentes e criando igual número de experiências). A postura do corpo muda em cada uma dessas meditações, o que exclui a possibilidade de um transe hipnótico. Em certas meditações fixam-se a uma vela oito pedaços de madeira, com um dedo de intervalo entre eles. Cada etapa da meditação dura o tempo necessário para que uma parte da vela se consuma. Quando a chama toca a madeira, ela cai e o ruído indica ao asceta que deve mudar de posição. Essas

---

76. A disciplina do ritmo respiratório "foi considerada por nosso Bem-aventurado como o fim principal da meditação", escreve o comentador singalês (*op. cit.*, p. 67).

77. As cores e as luzes desempenham papel significativo em certas experiências meditativas tântricas.

contínuas mudanças têm por finalidade, provavelmente, evitar um eventual sono hipnótico ou a prolongação de uma etapa meditativa em detrimento de outra. Em todo caso, são para os monges um meio permanente de controle e ajudam a conservar a lucidez.

Um detalhe interessante de técnica mística é o que poderíamos chamar de "criação do ambiente necessário à meditação", isto é, o valor concreto que toma a imagem do *kasina (uggahanimitta)*. O asceta projeta essa imagem diante de si com tanta força que pode meditar sobre ela como se estivesse diante do objeto real que ela representa. Este exercício de meditação "sem objeto" *(nirmitta)* é frequentemente usado em quase todas as místicas indianas.

Esta breve exposição de algumas formas de meditação *yóguica* no budismo tardio permitirá compreender o enorme sucesso do tantrismo. De fato, a importância dada aos suportes concretos *(kasina)* da meditação, aos elementos e às suas imagens, aos "centros" e às cores, é preciosa sob muitos aspectos. Manifesta em primeiro lugar o esforço desenvolvido para ancorar toda experiência meditativa no concreto. A concentração torna-se possível graças a uma redução excessiva da consciência da realidade do mundo. Contudo, o fragmento assim isolado não é menos *real*, e é assimilado como tal, sobretudo porque concentra, e de certa maneira representa, a realidade do mundo inteiro. É verdade que a função desses suportes exteriores permanece sempre secundária, pois a experiência tem lugar no interior da consciência. Na Índia, porém, trabalhar com a consciência não significa isolar-se do real, nem perder-se em sonhos e alucinações, mas, ao contrário, tomar contato direto com a vida, inserir-se no concreto. Meditar é elevar-se a níveis de realidade inacessíveis a um profano.

Nos primeiros séculos de nossa era, todas as "tomadas de contato" com o Buda são colocadas no mesmo plano, quer se trate da assimilação da mensagem do Desperto, isto é, de seu "corpo teórico" *(dharma)*, quer de seu "corpo físico" presente nas estupas, de seu "corpo arquitetônico" simbolizado nos templos, ou de seu "corpo oral" atualizado mediante certos mantras. Cada um desses caminhos é válido, pois cada um leva o homem a ultrapassar o nível profano. Os "filósofos" que relativizaram e destruíram a realidade imediata do mundo, assim como os "místicos" que se esforçaram por transcendê-la através de um salto paradoxal além do tempo e da experiência, contribuíram em igual medida para equiparar as vias mais difíceis (gnose, ascese, *yoga*) aos métodos mais fáceis (peregrinações, orações, mantras). Neste mundo composto e condicionado tudo se equivale: o incondicionado, o absoluto, o *nirvāṇa* estão tão longe da perfeita sabedoria e da mais estrita ascese quanto o estão a repetição do nome do Bem-aventurado, ou uma homenagem às suas relíquias, ou a recitação de um mantra. Tudo isso e ainda mais são apenas meios de aproximar-se do inacessível, do transcendente, do inexprimível.

A rigor, esta evolução do pensamento budista não trai a mensagem do Desperto. O Buda recusara-se a discorrer sobre o absoluto: contentara-se em indicar o caminho para lá chegar, e esse caminho passava necessariamente pela *morte da condição profana*. O incondicionado estava além da experiência, isto é, em última instância, da vida não regenerada. O caminho equivalia a iniciação, morte e ressurreição místicas, renascimento para outra forma de ser. Podia-se então tentar morrer para o *mundo profano* a partir de qualquer "setor" deste mundo. Aquele que, caminhando em redor de um templo, compreendia que penetrava em um universo suprafísico, santificado pelo simbolismo do Buda, exauria a experiência profana com o mesmo sucesso que um monge que se "recolhia em si mesmo" pelo *jhāna* e a *samāpatti*, ou um filósofo que demonstrava a si mesmo a irrealidade do mundo através da lógica. Em todos esses casos renunciava-se a este mundo, transcendia-se a experiência profana, participava-se já de um modo de ser transhumano. Não era ainda o *nirvāṇa*, o incondicionado, mas era um exercício espiritual eficaz para aprender a sair do mundo, um passo adiante no longo processo da iniciação budista que, como toda iniciação, "matava" o neófito com o objetivo de poder ressuscitá-lo para outra maneira de ser.

Ora, com o tempo, os métodos para transcender a condição profana multiplicaram-se, tendendo a tornar-se "fáceis", isto é, acessíveis a todos. Isto explica o sucesso fulminante do tantrismo. Esse sucesso, porém, foi preparado pela pressão dos leigos no interior das comunidades budistas e pela invasão das espiritualidades populares tanto no hinduísmo quanto no budismo. Isso estava previsto nas tradições budistas que, aliás, davam continuidade às tradições bramânicas. O budismo sabia que degeneraria, que o mundo se tornaria cada vez mais espesso, obscuro, mais contaminado, e que o caminho do Buda iria se tornar irrealizável. Tal era a doutrina pan-indiana dos ciclos cósmicos e da decadência acelerada no último *yuga*. Por essa razão o tantrismo acaba por se impor como a mensagem por excelência do *kali-yuga*.

Capítulo VI

O YOGA E O TANTRISMO

APROXIMAÇÕES

Não é fácil definir o tantrismo. Entre os múltiplos sentidos do termo *tantra* (raiz *tan-*, "estender, continuar, multiplicar"), interessa-nos sobretudo aquele que significa "sucessão, desenvolvimento, processo contínuo". O *tantra* seria "aquele que estende o conhecimento" (*tanyate, vistāryate jñānam anena iti tantram*). Nesta acepção, o termo já era aplicado a certos sistemas filosóficos (*Nyāya-tantreṣu* etc.). Ignora-se por que razão e circunstâncias passou a designar um grandioso movimento filosófico e religioso que se anuncia desde o século IV de nossa era e se torna "moda" pan-indiana a partir do século VI. Por tratar-se de "moda", o tantrismo ganha subitamente imensa popularidade não só entre filósofos e teólogos como entre praticantes (ascetas, *yogīs* etc.) e seu prestígio atinge igualmente as camadas mais simples da sociedade. Em pouco tempo, a filosofia, a mística, o ritual, a moral, a iconografia e a própria literatura são influenciados pelo tantrismo. É um movimento pan-indiano, porque foi assimilado por todas as grandes religiões da Índia e por todas as escolas "sectárias". Existe um importante tantrismo budista e outro indiano, mas o jainismo também aceita certos métodos tântricos (jamais, porém, os da "mão esquerda"), e percebem-se fortes influências tântricas no xivaísmo de Cachemira, no grande movimento dos *pāñcarātra*, no *Bhāgavata Purāṇa* e em outras correntes devocionais vixnuítas.

Segundo as tradições budistas, o tantrismo foi introduzido por Asaṇga (cerca do ano 400), eminente mestre *yogācāra*, e por Nāgārjuna (séc. II de nossa era), ilustre representante dos *mādhyamika* e um dos mais célebres e misteriosos personagens do budismo medieval. Mas o problema das origens históricas do tantrismo budista ainda está longe de ser elucidado (ver nota VI, 1). Pode-se supor que o Vajrayāna (veículo do Diamante) – nome com o qual é geralmente conhecido o tantrismo budista – tenha aparecido no início do quarto século e atingido o apogeu no oitavo. O *Guhyasamāja-tantra*, considerado por alguns como obra de Asaṅga, é provavelmente o mais antigo texto *vajrayāna* e, sem dúvida, um dos mais importantes.

Em princípio, os *tantra* budistas são classificados em quatro grupos: *kriyā-tantra*, *caryā-tantra*, *yoga-tantra* e *anuttara-tantra*. Os dois primeiros referem-se aos rituais e os outros dois aos processos *yóguicos* por meio dos quais se realiza a verdade suprema. De fato, quase todos os textos tântricos contêm indicações rituais e também instruções de tipo *yóguico* e trechos filosóficos. Segundo a tradição tibetana, as quatro classes de *tantra* estariam relacionadas com os principais tipos e temperamentos humanos: os textos de *kriyā-tantra* convêm aos brâmanes e a todos aqueles com tendências ao ritualismo; os *caryā-tantra* são recomendados sobretudo aos homens de negócios e assim por diante.

É interessante notar que o tantrismo se desenvolveu nas duas regiões fronteiriças da Índia: no Noroeste, nas fronteiras com o Afeganistão e na parte oriental de Bengala, especialmente no Assam. De acordo com a tradição tibetana, Nāgārjuna era originário do país de Andhra, no sul da Índia, isto é, no próprio coração da Índia dravídica. Daí se pode concluir que o tantrismo se desenvolveu, sobretudo no começo, nas províncias mediocremente hinduizadas, onde a contraofensiva espiritual das raízes aborígines era mais forte. Na verdade, veiculados pelo tantrismo, grande número de elementos estrangeiros penetraram no hinduísmo; assim surgem nomes e mitos de divindades periféricas (assamesas, birmanesas, himalaias, tibetanas, sem falar das divindades dravídicas) em que se reconhecem ritos e crenças exóticas. Nesse sentido, o tantrismo prolonga e intensifica o processo de hinduização começado desde os tempos pós-védicos. Mas desta vez não se trata só de assimilação dos elementos da Índia aborígine e sim, também, de elementos exteriores à Índia propriamente dita: o "país tântrico" por excelência é Kāmarūpa, o Assam. É necessário contar também com eventuais influências gnósticas que, através do Irã, teriam penetrado na Índia pela fronteira noroeste. Constata-se, de fato, mais de uma simetria perturbadora entre o tantrismo e a grande corrente "misteriosófica" ocidental na qual confluíram, no começo da era cristã, a Gnose, o hermetismo, a alquimia greco-egípcia e as tradições dos Mistérios.

Visto ser nosso interesse principal a aplicação das disciplinas *yóguicas* no *sādhana* tântrico, teremos certamente que deixar de lado alguns aspectos importantes do tantrismo. Devemos notar, contudo, que pela primeira vez na história espiritual da Índia ária a Grande Deusa adquire papel preponderante. Desde o século II de nossa era, duas divindades femininas penetram no budismo: Prajñāpāramitā, "criação" dos metafísicos e dos ascetas, que encarna a Sabedoria Suprema, e Tārā, a epifania da Grande Deusa da Índia aborígine. No hinduísmo, Śakti, a força cósmica, é promovida ao lugar de Mãe divina que sustenta o Universo, todos os seres e as múltiplas manifestações dos deuses. Nessa atitude reconhece-se, de um lado, a religião da Mãe que outrora reinou em uma área egeu-afro-asiática muito vasta e foi por muito tempo a principal forma de devoção entre as numerosas populações autóctones da Índia. Nesse aspecto, a irresistível força tântrica implica também nova vitória de fontes populares pré-árias. Por outro lado, reconhece-se igualmente uma redescoberta religiosa do mistério da Mulher, pois, como veremos, toda mulher torna-se encarnação de Śakti. Emoção mística diante do mistério da geração e da fecundidade, mas também reconhecimento de tudo o que é longínquo, transcendente, invulnerável na mulher – ela passa a simbolizar a irredutibilidade do sagrado e do divino, a essência inefável da realidade última. A mulher encarna o mistério da Criação e o mistério do Ser; de tudo aquilo que *é* e que se *torna*, morre e renasce de maneira incompreensível. Prolonga-se, tanto no plano metafísico como no mitológico, o esquema da filosofia Sāṅkhya: o Espírito, o "Macho", *puruṣa* é o "grande Impotente", o Imóvel, o Contemplativo; é a *prakṛti* que trabalha, gera e alimenta. Quando um grande perigo ameaça as bases do cosmos, os deuses apelam a Śakti para conjurá-lo. Um mito célebre conta como nasceu a grande Deusa. Um monstruoso demônio, Mahiṣa, ameaçava o universo e a própria existência dos deuses. Brahmā e todo o panteão apelavam para Viṣṇu e Śiva pedindo que os ajudassem. Cheios de cólera, todos os deuses emitiram juntos suas energias em forma de fogo que saía de suas bocas. Combinando-se os fogos formaram uma nuvem ígnea que finalmente tomou a forma de uma deusa de dezoito braços. Essa foi a deusa, Śakti, que partiu para destruir o monstro Mahiṣa, e com um golpe salvou o mundo. Como nota Heinrich Zimmer, "com um gesto de total submissão e de abdicação espontânea, os deuses voltaram suas energias para a Śakti primeva, força única e fonte de onde tudo nasceu e teve origem. O resultado foi uma grandiosa renovação do estado original do poder universal". (*Mitos e Símbolos na Arte e Civilização da Índia*, Editora Palas Athena, São Paulo, 1989, p. 154).

Jamais se pode perder de vista essa primazia de Śakti – em última instância, da Mulher e da Mãe divinas – no tantrismo e em todos os movimentos que dele derivam. Foi por esse caminho que desembocou no hinduísmo a grande corrente subterrânea da espiritualidade autóctone e popular. Filosoficamente, a redescoberta da Deusa está ligada à condição carnal do Espírito no *kali-yuga*. Os autores apresentam a doutrina tântrica como nova revelação da verdade atemporal destinada ao homem desta "idade sombria", quando o espírito é profundamente envolvido pela carne. Os doutores do tantrismo hindu consideram os *Veda* e a tradição bramânica inadequadas aos "tempos modernos": o homem já não dispõe da espontaneidade e do vigor espirituais de que gozava no início do ciclo; ele é incapaz de chegar diretamente à Verdade (*Mahā-nirvāṇa-tantra*, I, 20-29, 37-50). É necessário então que ele "remonte a corrente" e, portanto, que parta das experiências fundamentais e específicas de sua condição decaída, isto é, das fontes mesmas da vida. Eis por que o "rito vivo" tem papel decisivo no *sādhana* tântrico; eis por que o "coração" e a "sexualidade" servem de veículos para se atingir a transcendência.

Para os budistas, o Vajrayāna também constitui uma nova revelação da doutrina do Buda, adaptada às possibilidades muito reduzidas do homem moderno. No *Kālacakra-tantra* conta-se como o rei Sucandra, aproximando-se do Buda, pede-lhe um *yoga* capaz de salvar os homens do *kali-yuga*. O Buda revela-lhe então que o cosmos se acha no próprio corpo do homem, explica-lhe a importância da sexualidade e lhe ensina a controlar os ritmos temporais mediante a disciplina da respiração, a fim de escapar ao domínio do tempo. A carne, o cosmos vivo, o tempo, constituem os três elementos fundamentais do *sādhana* tântrico.

Daí deriva uma primeira característica do tantrismo: sua atitude anti-ascética e, em geral, antiespeculativa. "Os asnos e outros animais também vagam nus. São por isso *yogīs* ?" (*Kulārṇava-tantra*, V, 48). Porque o corpo representa o cosmos e todos os deuses, porque a liberação não se pode conseguir senão a partir do corpo, é importante ter um corpo sadio e forte. Em certas escolas tântricas, o desprezo pela ascese e pela especulação é acompanhado da rejeição radical de toda prática meditativa; a liberação é a espontaneidade pura. Sāraha escreve: "Os *yogīs* imaturos, como tantos outros ascetas, jamais serão capazes de achar sua própria natureza. Não há necessidade de *mantra*, imagens, *dhāraṇī;* tudo isso pode ser causa de confusão. Em vão busca-se a liberação pela meditação [...]. Todos estão hipnotizados pelo sistema dos *jhāna* (meditação), mas ninguém se interessa em realizar seu próprio Si". Outro autor *sahajiyā* *, Lui-pa, escreve, por sua vez: "Para que a meditação? Apesar da meditação, morre-se no sofrimento. Abandone todas as práticas complicadas e a esperança de obter as *siddhi* e aceite o Vazio *(śūnya)* como sua verdadeira natureza".

Visto de fora, o tantrismo pareceria um "caminho fácil" que leva agradavelmente e quase sem obstáculos à liberdade. Porque, como logo veremos, os *vāmācāra* pensam que é possível chegar à identificação com Śiva e Śakti usando como ritual o vinho, a carne e a relação sexual. O *Kulārṇava-tantra* (VIII, 107) afirma que a união suprema com Deus se consegue pela

* Sobre *sahajiyā,* ver nota VI, 13, na p. 340.

união sexual. E o célebre *Guhyasamāja-tantra* afirma categoricamente: "Ninguém conseguirá obter a perfeição através de operações difíceis e tediosas, mas pode-se adquirir facilmente a perfeição pela satisfação de todos os desejos" (editado por Benoytosh Bhāttācharyya, Baroda, 1931, p. 27). O mesmo texto acrescenta que a luxúria é permitida (é permitido, por exemplo, comer qualquer carne, até humana, p. 26), que o adepto do tantrismo pode matar qualquer animal, mentir, roubar, cometer adultério etc. (p. 20, 98, 120). Não esqueçamos que o *Guhyasamāja-tantra* tem por finalidade conseguir rapidamente a condição de Buda! E quando, ao revelar essa estranha verdade à Assembleia dos inumeráveis *bodhisattva,* eles protestaram, o Buda os fez notar que aquilo que ensinava nada mais era que a *bodhisattvacaryā*, o "comportamento do *bodhisattva*". Pois, ele acrescenta: (*ib.*, p. 37) "A conduta das paixões e dos apegos *(rāgacaryā)* é a mesma conduta de um *bodhisattva (bodhisattvacaryā),* mas esta é a melhor *(agracaryā)*". Em outras palavras, todos os contrários são ilusórios, o extremo mal coincide com o extremo bem, a condição de Buda pode – nos limites deste mar de aparências – coincidir com a suprema imoralidade; tudo isso pela boa razão de que só o Vazio universal *é,* todo o resto está desprovido de realidade ontológica. Quem compreende essa verdade – que é antes de tudo a verdade dos budistas *mādhyamika*, mas que, ao menos em parte, é partilhada por outras escolas – salva-se, isto é, torna-se Buda.

A "facilidade" da via tântrica é, entretanto, apenas aparente. É certo que o equívoco metafísico do *śūnya* encorajou e, de algum modo, justificou muitos dos excessos dos *vāmācāra* (por exemplo, as orgias tântricas). Mas interpretações aberrantes dos dogmas fazem parte da história de todas as místicas. Na verdade, a via tântrica pressupõe um *sādhana* longo e difícil, que muitas vezes lembra as dificuldades do *opus* alquímico. Retomando o texto citado, diremos que o Vazio *(śūnya)* não é simplesmente um "não ser"; parece-se mais com o *brahman* do Vedānta, é de essência adamantina e por isso se chama *vajra* (diamante). "*Śūnyatā,* que é firme, substancial, indivisível e impenetrável, refratária ao fogo e imperecível, é chamada *vajra*" (*Advayāvajra-saṃgraha,* edição Gaekwad Oriental Series, p. 37). Ora, o ideal do budista tântrico é transformar-se em um "ser de diamante", com o que, de um lado, ele se aproxima do ideal do alquimista indiano e do *haṭha-yogin* e, de outro lado, retoma a famosa equação *ātman* = *brahman* das *Upaniṣad.* Para a metafísica tântrica, assim como para a indiana e a budista, a realidade absoluta, *Urgrund**, contém em si todas as dualidades e polaridades reunidas,

* O mesmo que *Grund.* Ver nota da p. 106.

reintegradas, em estado de absoluta Unidade *(advaya)*. A criação, e o futuro que dela se desenrola, representa a separação da Unidade primordial e o nascimento dos dois princípios (Śiva-Śakti etc.); em consequência, experimenta-se um estado de dualidade (sujeito-objeto) – e então vêm a dor, a ilusão, a escravidão. A finalidade do *sādhana* tântrico é a reunião dos dois princípios polares na alma e no corpo do discípulo. "Revelado", para tempos decadentes, isto é para o *kali-yuga,* o tantrismo é, em primeiro lugar, uma prática, uma ação, uma realização (=*sādhana*). Apesar de a revelação ser endereçada a todos, a via tântrica comporta uma iniciação que só pode ser realizada através de um *guru;* daí a importância do mestre, o único que pode transmitir "de pessoa para pessoa" a doutrina secreta, esotérica. Nesse ponto, o tantrismo apresenta analogias impressionantes com os Mistérios da Antiguidade e com as diversas formas de Gnose.

ICONOGRAFIA, VISUALIZAÇÃO, *NYĀSA, MUDRĀ*

No *sādhana* tântrico a iconografia desempenha papel essencial, se bem que difícil de definir em poucas palavras. As imagens divinas são, é certo, "suportes" para a meditação, mas em sentido diferente dos *kasina* budistas (ver p. 166). A iconografia representa um universo religioso que é necessário penetrar e assimilar. Aqui, penetração e assimilação devem ser compreendidas na acepção imediata dos termos. Meditando sobre um ícone, é mister "transportar-se" primeiro ao nível cósmico regido pela respectiva divindade e em seguida assimilar, incorporar a força sagrada que "sustenta" esse nível e que, de certa maneira, o criou. Este exercício espiritual comporta a saída do próprio universo mental e a penetração nos vários universos dominados pelas divindades. É claro que, mesmo neste exercício preliminar, o primeiro passo para a interiorização da iconografia só se efetua com a disciplina *yóguica,* com a *dhāraṇā* e o *dhyāna.* Compreender, portanto, a significação de um ícone, perceber-lhe o simbolismo, ainda não é o *sādhana* tântrico. O verdadeiro processo comporta muitas etapas, e a primeira delas é "visualizar" uma imagem divina, construí-la mentalmente, ou melhor, projetá-la em uma espécie de tela interior por um ato de imaginação criadora. De maneira nenhuma se alude aqui ao caráter anárquico e inconsistente daquilo que, no nível da experiência profana, se chama de imaginação. Não se trata de abandonar-se à pura espontaneidade e receber, passivamente, o conteúdo do que chamaríamos, em termos de psicologia ocidental, de inconsciente individual ou coletivo; é necessário acordar forças interiores, conservando sempre perfeita lucidez e domínio de si mesmo.

A prática *yóguica* permite ao *sādhaka** realizar tais exercícios. É preciso respeitar o cânone iconográfico tradicional, isto é, visualizar o que foi "visto", prescrito e codificado pelos mestres, não aquilo que a imaginação pessoal poderia projetar. Quando um texto tântrico descreve a maneira de construir a imagem mental de uma divindade, tem-se a impressão de estar lendo um tratado de iconografia. Um fragmento do *Satantra-tantra,* citado por Kṛṣṇānanda em sua obra *Tantrasāra*[78], expõe a visualização de Durgā. A deusa, semelhante a uma montanha negra, de rosto terrível, é abraçada por Śiva e ostenta muitas grinaldas de crânios ao redor do pescoço; tem os cabelos desalinhados e sorri. Não falta nem um detalhe; nem a serpente *(nāga)* como um cordão sagrado, nem a lua na testa, milhares de mãos de mortos dispostas ao redor dos quadris, a boca ensanguentada, o corpo respingado de sangue, dois cadáveres de crianças à guisa de brincos etc.

A visualização de uma imagem divina é seguida de um exercício mais difícil: a identificação com a divindade que ela representa. Um adágio tântrico lembra que "não podemos venerar um deus se não nos tornamos o próprio deus" *(nadevo devam arcayet).* Identificar-se com a divindade, tornar-se o próprio deus, equivale a acordar forças divinas que estão adormecidas no homem. Não se trata de um exercício puramente mental. O resultado final buscado pela visualização não se traduz em termos de experiência mental, apesar de tratar-se, em suma, de um dogma do Mahāyāna: a descoberta do Vazio universal, da irrealidade ontológica do universo e de seus deuses. No tantrismo budista, realizar experimentalmente o *śūnya* não é operação intelectual, nem comunicação de uma ideia, mas *experiência* da Verdade.

Eis um *sādhana* tântrico para a visualização da deusa Candamahāroṣaṇa: começa-se por imaginar que no meio de seu próprio coração há um *maṇḍala* solar (de cor vermelha), apoiado em uma flor de lótus de oito pétalas; no centro do *maṇḍala* surge a sílaba *hum,* de cor negra. Dessa sílaba emanam numerosos raios luminosos que atravessam os espaços imensos e sobre esses raios encontram-se o *guru,* todos os *buddha,* os *bodhisattva* e a deusa Candamahāroṣaṇa. Depois de tê-los honrado e depois de haver confessado as faltas, depois de ter procurado refúgio na tríplice verdade budista etc., o discípulo oferece-se para redimir os crimes alheios e faz o voto de atingir a iluminação suprema. Medita, em seguida, nas quatro virtudes, toma consciência de que "este mundo é privado de natureza intrínseca, de sujeito e

---

* Isto é, ao praticante do *sādhana.* [N. do E.]

78. O texto é reproduzido por R. P. Chanda em *Indo-Aryan Races,* Rajshadi, 1916, volume I, p. 137.

objeto", medita sobre o Vazio absoluto repetindo a fórmula: "minha essência adamantina é o conhecimento do Vazio". Imagina a sílaba *hum* sobre a empunhadura de uma espada nascida da primeira sílaba *hum* de cor negra. Os raios que emanam desta segunda sílaba atraem todos os *buddha* e os fazem entrar nela. O discípulo medita em Candamahāroṣaṇa, visualizando-a surgida desta segunda sílaba *hum*. Em seguida, imagina no coração da deusa uma espada com a sílaba *hum* e no centro dessa terceira sílaba visualiza outra Candamahāroṣaṇa sentada sobre uma sílaba *hum* etc. – por meio disso acaba por identificar-se com a deusa.[79]

O Vazio é "realizado" pela criação em cascata dos universos. Eles são criados a partir de um signo gráfico e são destruídos depois de serem povoados de deuses. Essas cosmogonias e teogonias em cadeia acontecem no próprio coração do discípulo; por meio de imagens ele descobre a vacuidade universal. Exercícios semelhantes acham-se na gnose jainista medieval, pois o *dhyāna* jainista também sofreu influência do tantrismo. Sakalakīrti (século XV) recomenda em seu tratado *Tattvārthasāradīpikā* a seguinte meditação: o *yogin* imaginará um imenso oceano de leite, calmo, sem ondas e no meio do oceano um grande lótus – grande como Jambudvīpa* – com mil pétalas e brilhante como ouro, com um pericarpo do tamanho de uma montanha de ouro. Imaginar-se-á sentado em um trono, no centro do pericarpo, sereno, sem desejos ou ódios, prestes a vencer seu inimigo: o *karman*. É a primeira *dhāraṇā*. O praticante deve imaginar, então, um lótus cintilante com dezesseis pétalas situado em seu umbigo. Nas pétalas estão escritas as quatro vogais, com *aṃ* e *a* e o grande *mantra arhan* brilhando no meio do pericarpo. Imagina a seguir uma nuvem de fumaça elevando-se da letra *r* da palavra *arhan*, seguida de faíscas e, finalmente, uma chama crescerá e se estenderá mais e mais até queimar completamente o lótus do coração, produzido pelos oito *karman* – motivo pelo qual tem oito pétalas. Esse exercício faz parte da segunda meditação chamada *āgneyi dhāraṇā*. Segue-se a *māruti dhāraṇā*, durante a qual o *yogin* visualiza uma violenta tempestade que espalha as cinzas do lótus. Depois, imagina a chuva caindo e lavando as cinzas que cobrem seu corpo (é a quarta *dhāraṇā*, *vāruṇī*). Por fim, deve imaginar-se identificado ao deus, livre dos sete elementos, sentado em um trono, brilhante como a lua e adorado pelos deuses.[80]

---

79. *Sādhanamālā*, editado por B. Bhāttācharyya, volume I, p. 173. Sobre a iconografia tântrica ver nota VI, 2.

* Nome genérico para as regiões adjacentes à Índia. [N. do E.]

80. R. G. Bhandarkar, *Report on the Search for Sanskrit Manuscripts During the Year 1883-1884*, Bombaim, 1887, p. 110 e ss.

O *Tattvārthasāradīpikā* também contém instruções para os diversos *dhyāna* relacionados com uma liturgia mental de estrutura tântrica: imaginam-se lótus situados em certas partes do corpo, com um número variado de pétalas, cada um com a inscrição de uma letra ou sílaba mística. O *sādhaka* jainista também utiliza *mantra* que repete em voz baixa enquanto os visualiza inscritos nos lótus de seu corpo (R.G. Bhandarkar, *op. cit.*, p. 111-112). As práticas do Yoga tântrico manifestam-se muito cedo na literatura jainista. O *Jñānārṇava* de Śubhacandra (800 de nossa era), que contém diversos capítulos sobre Yoga, discorre longamente sobre *āsana, prāṇāyāma, maṇḍala*, os quatro *dhyāna* e *dhāraṇā* que acabamos de resumir segundo o *Tattvār-thasāradīpikā*. Como o budismo e o hinduísmo, o jainismo teve sua moda tântrica, mas sem as implicações de sexualidade mística. Observa-se nele um interesse mais vivo pelas técnicas ascéticas e as *siddhi* que faziam parte da mais arcaica tradição indiana, assumida pelo jainismo (ver nota VI, 3).

Em relação à iconografia devemos lembrar o *nyāsa,* "projeção ritual" das divindades nas diferentes regiões do corpo, prática muito antiga, revalorizada e enriquecida pelo tantrismo. Tocando as diversas partes do próprio corpo, "projetam-se" as divindades; efetua-se, em outros termos, uma correspondência do corpo com o panteão tântrico a fim de acordar as forças sagradas adormecidas na própria carne. Distinguem-se muitas espécies de *nyāsa* segundo o grau de interiorização (ver *Mahā-nirvāṇa-tantra*, III, 40), pois as divindades e seus símbolos são "colocados" nos diversos órgãos do corpo por um puro ato de meditação. O pequeno tratado *Hastapūjāvidhi* [81] propõe, por exemplo, uma meditação em que os dedos da mão esquerda são identificados aos cinco elementos cósmicos e às cinco divindades tutelares, ao mesmo tempo que cinco sílabas místicas "de cor branca, amarela, vermelha, negra e verde" são "colocadas" sobre as unhas; essas sílabas representam os cinco *tathāgata:* Vairocana, Amitābha, Akṣobhya, Ratnasaṃbhava e *Amoghasiddhi.*

Dependendo de certa forma da iconografia – porque se trata, na origem, de imitar as posturas e gestos dos *buddha* –, as *mudrā* apresentam uma multiplicidade de significados (sinal, gesto, *Fingerstellung,* disposição dos dedos etc.), um dos quais tem implicações eróticas (ver supra, p. 333-334). Na liturgia tântrica, *mudrā* pode estar sujeita a muitas interpretações. A mais frequente é a de realização de certos estados de consciência pelos gestos e posturas hieráticas, mais exatamente pela ressonância nas mais profundas regiões

81. Editado e traduzido por L. Finot, "Manuscrits Sanskrits des *Sādhanas* Retrouvés en Chine", em *Journal Asiatique*, julho-setembro, 1934, p. 54-56, 69-71.

do ser humano, seguida da redescoberta da mensagem velada no gesto arquetípico. Para o *haṭha-yoga, bandha* ou *mudrā* indicam uma posição corporal durante a qual se pratica o *prāṇāyāma* e a concentração a fim de "imobilizar" o *semen virile.*[82] É necessário, entretanto, ter sempre em conta que o *sādhana* tântrico articula-se em um complexo litúrgico no qual participam imagens, gestos e sons. (Para os diversos sentidos de *mudrā,* ver nota VI, 4.)

MANTRA, DHĀRAṆĪ

O valor dos sons místicos é conhecido desde os tempos védicos. Desde o *Yajur-Veda, OM,* o *mantra* por excelência, goza de prestígio universal e foi identificado com *brahman,* com os *Veda,* com todos os grandes deuses. Patañjali (*Yoga-sūtra,* I, 27) considerava-o expressão de *Īśvara.* Inútil é relembrar as especulações sobre *vāk* (a palavra), sobre o valor criador das fórmulas rituais (*Aitareya Brāhmaṇa,* X, 3, 1; XIII, 11, 7 etc.). Notemos apenas que certos *mantra* tântricos já se acham nos *Brāhmaṇa* (por exemplo: *khaṭ, phaṭ etc.*; *Āpastamba-sūtra,* XII, 11, 10). Mas foi sobretudo o tantrismo, tanto budista como xivaíta, que elevou os *mantra* e as *dhāraṇī* à dignidade de veículo de salvação *(mantrayāna).*[83]

É importante distinguir vários aspectos nessa moda universal da fórmula sagrada, moda que levou, de um lado, às mais altas especulações sobre os sons místicos e, de outro, aos moinhos de oração lamaísta. É necessário, antes de mais nada, levar em conta o inevitável sucesso popular de tal método, da aparente facilidade em conseguir a salvação ou, ao menos, em ganhar méritos repetindo *mantra* e *dhāraṇī.* Não insistiremos nesse fenômeno de vulgarização e degradação de uma técnica espiritual, muito comum na história das religiões: não é o sucesso popular que pode nos desvendar o segredo do *mantrayāna.* O valor prático e a importância filosófica dos *mantra* ligam-se a duas ordens de fatos. Em primeiro lugar, a função *yóguica* dos fonemas, utilizados como "suportes" para a concentração; em segundo, o

---

82. Sobre *mūlabandha* ver *Haṭha-yoga-pradīpikā,* III, 61-63; *Gheraṇḍa-saṃhitā,* III, 14-17; *Śiva-saṃhitā,* IV, 64-66. Sobre *mahābandha* ver *Śiva-saṃhitā,* IV, 37-42; *Haṭha-yoga-pradīpikā,* III, 19-21; *Gheraṇḍa-saṃhitā,* III, 18-20. Sobre as *mudrā* ver o terceiro capítulo da *Gheraṇḍa-saṃhitā;* sobre uma das mais significativas, a *mudrā* chamada *śakticālanā,* ver *Haṭha-yoga-pradīpikā,* III, 114-118. Uma lista das *mudrā* e uma descrição, das mais importantes, encontram-se na *Śiva-saṃhitā,* IV, 22; ver também a obra de Alain Daniélou intitulada *Yoga,* p. 40 e ss.

83. Textos e bibliografias críticas, ver nota VI, 5.

aporte propriamente tântrico: a elaboração de um sistema gnóstico e de uma liturgia interiorizada, revalorizando as tradições arcaicas sobre o som místico.

Dhāraṇī, literalmente "o que sustenta ou enfeixa", já nos tempos védicos servia de "suporte" e "defesa" para a concentração *(dhāraṇā),* daí os nomes que também recebia de *kavaca* e *rakṣa,* "proteção", "couraça". Para os profanos, as *dhāraṇī* são talismãs; protegem contra os demônios, as doenças, os malefícios etc. Para os ascetas, *yogīs* e contemplativos, as *dhāraṇī* tornam-se elementos de concentração, quer sejam ritmadas pelo *prāṇāyāma* ou repetidas mentalmente durante as fases da respiração. Muitas vezes adivinha-se o sentido de certas palavras mutiladas (*amale, vimale, hime, vame, kale* etc., que exprimem as noções de pureza, de neve etc.; *cchinde,* que sugere o ato de rasgar, cortar etc.), mas na maior parte dos casos trata-se de fonemas bizarros e ininteligíveis: *hrīṃ, hrāṃ, hrūṃ, phaṭ* etc. Como é provável que as *dhāraṇī* tenham sido utilizadas durante as meditações regidas pelo *prāṇāyāma,* a invenção fonética, forçosamente limitada a certo número de sílabas, era compensada pela profunda ressonância interior de tais sons místicos. Qualquer que seja a origem histórica das *dhāraṇī,* têm certamente valor de linguagem secreta, iniciática. De fato, esses sons apenas revelam sua mensagem durante a meditação. Para o profano, as *dhāraṇī* permanecem ininteligíveis; seu sentido não pertence à linguagem racional que serve à comunicação de experiências seculares. Uma *dhāraṇī,* um *mantra* revelariam seus significados quando pronunciados segundo as regras e assimilados, ou seja, descobertos, "revelados". Compreenderemos melhor esse processo quando abordarmos a metafísica subjacente ao *mantrayāna.*

Os fonemas descobertos durante a meditação expressam provavelmente os estados de consciência de estrutura "cósmica", difíceis de formular através de uma terminologia profana. Experiências desse tipo já eram conhecidas na época védica; entretanto, os raros documentos que as descrevem contentam-se com alusões, sobretudo em forma de imagens e símbolos. Aqui, estamos diante de uma técnica espiritual arcaica; certos "êxtases cósmicos" dos xamãs expressam-se através de invenções fonéticas ininteligíveis que terminam, muitas vezes, na criação de uma "linguagem secreta" (ver nosso *Le Chamanisme et les Techniques Archaïques de l'Extase,* p. 99 e ss.). Trata-se de experiências de algum modo semelhantes à descoberta da linguagem e que, com o retorno extático a uma situação primordial, provocam a explosão da consciência diurna. Todo o esforço do *yogin* tântrico dirige-se para acordar essa consciência primordial e redescobrir a plenitude que precedeu a linguagem e a consciência do tempo. A tendência a uma "redescoberta da linguagem", a fim de revalorizar integralmente a experiência profana, aparece no tantrismo especialmente na utilização dos "léxicos secretos" (ver p. 209).

As *dhāraṇī*, como os *mantra*, são aprendidos da "boca do mestre" *(guruvaktrata)*; como os fonemas, não pertencem à linguagem profana nem se pode aprendê-los nos livros, deve-se "recebê-los". Uma vez recebidos da boca do mestre, os *mantra* têm poderes ilimitados. Um texto tântrico de primeira ordem como o *Sādhanamālā* não hesita em declarar: "Existe algo que não possa ser realizado com os *mantra* quando os aplicamos conforme as regras?" (editado por B. Bhāttācharyya, p. 575). Pode-se até mesmo adquirir a condição de Buda (*id.*, p. 270). O *mantra lokanātha*, por exemplo, pode absolver dos maiores pecados (*ib.*, p. 31), e o *mantra ekajatā* é tão poderoso que, quando pronunciado, o iniciado é salvo de todo perigo e atinge a santidade do Buda (*ib.*, 262). Todas as *siddhi*, não importa de que espécie – desde o sucesso no amor até a realização da salvação –, são obtidas por tais fórmulas místicas. A própria ciência suprema pode ser conseguida diretamente, sem estudo, pela pronúncia adequada de certos *mantra*. A técnica é difícil, a pronúncia é precedida de uma purificação do pensamento; o praticante deve concentrar-se em cada uma das letras do *mantra*, evitando a fadiga (*ib.*, p. 10).

A eficiência ilimitada dos *mantra* é devida ao fato de que eles *são* (ou pelo menos *podem tornar-se*, mediante recitação correta) os "objetos" que representam. Por exemplo, cada deus, cada grau de santidade, possui um *bīja-mantra*, "um som místico" que é sua "semente", seu "suporte", isto é, seu próprio *ser*. Repetindo, conforme as regras, esse *bīja-mantra*, o praticante toma posse de sua essência ontológica, assimila o deus de maneira concreta e imediata, e também o estado de santidade etc. Acontece muitas vezes que toda uma metafísica está concentrada em um *mantra*. As 8.000 estrofes do volumoso tratado da tradição Mahāyāna, *Aṣṭasāhasrikā-prajñāpāramitā*, foram resumidas em algumas estrofes que constituem o *Prajñāpāramitā-hṛdaya-sūtra*. Este pequeno texto foi reduzido a algumas linhas na *Prajñāpāramitā-dhāraṇī* que, por sua vez, foi concentrado no *Prajñāpāramitā-manbīja-mantra;* finalmente, esse *mantra* foi reduzido à sua "semente", o *bīja-mantra: praṃ.*[84] De forma que se poderia dominar toda a metafísica *prajñāpāramitā* murmurando a sílaba *praṃ.*

Não se trata, entretanto, de um resumo da *Prajñāpāramitā*, mas da assimilação direta e global da "Verdade do Vazio Universal" *(śūnyatā)* na forma de uma deusa. Pois o cosmos inteiro, com todos os seus deuses, seus planos e seus modos de ser, manifesta-se em um certo número de *mantra;* o universo é sonoro, ao mesmo tempo que é cromático, formal, substancial etc.

---

84. B. Bhāttācharyya, *An Introduction to Esoteric Buddhism*, Londres, 1932, p. 56.

Um *mantra* é um símbolo no sentido arcaico do termo: é, simultaneamente, a realidade simbolizada e o sinal simbolizante. Existe uma correspondência oculta entre as letras e as sílabas "místicas" (*mātṛkā*, "as mães", *bīja*, "as sementes") e os órgãos sutis do corpo humano, e entre esses órgãos e as forças divinas adormecidas ou manifestadas no cosmos. Trabalhando com um símbolo despertam-se todas as forças que lhe correspondem em todos os níveis do ser. Entre o *mantrayāna* e a iconografia, por exemplo, há perfeita correspondência, pois a cada plano e cada grau de santidade correspondem uma imagem, cor e letra especiais. É meditando sobre a cor ou o "som místico" que a representa que se penetra em determinada modalidade de ser, que se absorve ou se incorpora um estado *yóguico,* um deus etc. Os "suportes" equiparam-se; pode-se partir de qualquer suporte, empregar qualquer veículo (imagens, *mantrayāna* etc.) para assimilar a modalidade ontológica ou a manifestação divina que se deseja adquirir. Entre esses planos múltiplos há uma continuidade, mas uma continuidade mística, ou seja, que só se pode realizar em certos "centros". O cosmos, tal como se revela na concepção tântrica, é um vasto tecido de forças mágicas, e as mesmas forças podem ser acordadas ou organizadas no corpo humano pelas técnicas da fisiologia mística.

Quando Vasubandhu dizia, em seu tratado *Bodhisattva-bhūmi*[85], que o verdadeiro sentido dos *mantra* reside em sua ausência de significação, e que meditando sobre esta não significação chega-se a compreender a irrealidade ontológica do universo, traduzia, em função de sua própria filosofia, uma experiência cujo valor profundo lhe escapava ou não lhe interessava muito. Pois, se é verdade que a repetição dos *mantra* anula a "realidade" do mundo profano, isto nada mais é que o primeiro passo do espírito, indispensável para desembocar em uma "realidade" mais profunda. Toda repetição indefinida conduz à destruição da linguagem; em certas tradições místicas essa destruição parece ser a condição necessária para experiências posteriores.

EXCURSO: O *DHIKR*

Há muito tempo foram observadas as semelhanças entre a técnica *yóguica* tântrica e o *dhikr* muçulmano, que consiste na repetição incessante do nome de Deus. Em um estudo recente, L. Gardet expôs longamente as diversas variedades de *dhikr*, examinando ao mesmo tempo suas relações

85. Editado por Wogihara, p. 272 e reproduzido por Shashibhusan Dasgupta em *An Introduction to Tantric Buddhism*, University of Calcutta, 1950, p. 66.

com o *japa-yoga* e o *nembutsu* zen (ver nota VI, 6). É importante colocar em destaque a fisiologia mística assumida pela prática do *dhikr,* em que se faz alusão a "centros" e órgãos sutis, a certa visão interior do corpo humano, a manifestações cromáticas e acústicas que acompanham os diversos estágios de experiência etc. A disciplina da respiração e a pronúncia ritual têm papel essencial; o processo de concentração não é diferente do método *yóguico.* A questão dos contatos históricos e das influências recíprocas entre Índia e Islã ainda não foi resolvida. Embora a menção incessante do nome de Deus esteja registrada no *Corão,* e o *dhikr* tenha grande prestígio entre os sufis, é provável que a regulamentação das posturas corporais e das técnicas respiratórias – regulamentação surgida a partir do século XII – se deva a influências indianas, pelo menos em parte; sabe-se que estas ocorreram claramente após o século XII (instruções relativas à física do êxtase etc.).

Os textos apresentados não pretendem ser uma exposição da teologia e da técnica do *dhikr,* mas simplesmente destacar as semelhanças com a morfologia do Yoga tântrico. Segundo Ibn' Iyâd: "Começa-se a recitação a partir do lado esquerdo [do peito] que é como o nicho que abriga a lâmpada do coração, foco de claridade espiritual. Prossegue-se a recitação indo da parte inferior para o lado direito do peito e subindo para sua parte superior. Continua-se, voltando à posição inicial" (tradução de L. Gardet em *Revue Thomiste,* 1952, p. 654). Segundo Muhammad al-Sanûsî "as posturas a serem adotadas [...] consistem em sentar-se no chão com as pernas cruzadas, os braços ao redor das pernas, a cabeça abaixada entre os joelhos, e os olhos fechados. Levanta-se a cabeça dizendo *lâ ilâh* durante o tempo entre a chegada da cabeça à altura do coração e seu posicionamento sobre o ombro direito. Procura-se com atenção afastar do espírito tudo aquilo que é estranho a Deus. Quando a boca atinge o nível do coração, articula-se com vigor a invocação *illâ* [...] e pronuncia-se *Allâh* diante do coração de maneira mais enérgica" (tradução de L. Gardet, *op. cit,* p. 654-655). Repete-se a fórmula escolhida o maior número de vezes possível a fim de "chegar à cessação de toda enumeração, uma vez assegurada a continuidade da prece" (L. Gardet, *id.,* p. 656). Há concordância entre o ritmo respiratório e o ritmo da repetição verbal. Um texto do século XII (referindo-se ao mais antigo *dhikr* coletivo que se conhece) prescreve: a exalação é "emitida acima do seio esquerdo [para esvaziar o coração]; então a palavra *lâ* é expirada do umbigo [contra o demônio sexual]; depois *ilâha* é pronunciada na altura do ombro direito, e *illâ* no umbigo; por último *Allâh* é fortemente articulada no coração vazio" (Massignon, citado por L. Gardet, *ib.,* p. 658).

Um autor moderno, o xeque Muhammad Amîn al-Kurdî (morto em 1914), em seu tratado *Tanwîr al-qulub* dá detalhes ainda mais precisos das relações entre a respiração, os "centros" do corpo sutil e as sílabas místicas durante o *dhikr* (textos traduzidos por Jean Gouillard, *Petite Philocalie de la Prière du Coeur,* Paris, 1953, p. 317 e ss. O trecho que reproduzimos acha-se nas páginas 332 e 333). "O *dhakîr* grudará a língua no palato, perto da garganta, e depois de inspirar reterá o sopro. Começará então pela pronúncia do vocábulo *lâ,* imaginando-o localizado sob o umbigo; daí puxará esse vocábulo para o meio dos centros sutis, onde se acha o centro chamado 'o mais oculto' e o prolongará até que atinja o ponto que corresponde ao centro sutil da 'alma lógica' ou 'racional'; este último centro está situado, simbolicamente, no primeiro recinto do cérebro chamado 'chefe'. Em seguida, o *dhakîr* procederá à articulação da palavra *'ilâha,* começando, imaginariamente, com o elemento fonético chamado *hamzah* (que figura na transcrição como apóstrofe) partindo do cérebro e fazendo-o descer até o ombro direito, para fazê-lo fluir em direção ao ponto correspondente ao centro sutil chamado 'o espírito'. Finalmente, o *dhakîr* procederá à pronúncia de *'illâ-Lhâh,* fazendo partir imaginariamente o *hamzah* de *'illâ* do ombro (direito) e estendendo-o para o coração, onde o *dhakîr* golpeará com a palavra final *Allâh* (representada na transcrição precedente sem o A em razão da elisão que resulta da reunião dos elementos da fórmula). A força do sopro retido golpeará assim 'o pequeno ponto negro do coração' fazendo sair o efeito e o calor para o resto do corpo a fim de que esse calor queime todas as partes corrompidas do corpo, ao passo que as partes puras serão iluminadas pela luz do nome *Allâh.*"

Isto se refere ao "*dhikr* da língua", a liturgia oral interiorizada. Existem dois estágios superiores, o "*dhikr* do coração" e o "*dhikr* íntimo" *(sirr).* É principalmente no estágio do *dhikr* do coração que se manifestam os fenômenos visuais (luminosos, coloridos; cf. Gardet, *op. cit.*, p. 671); o *dhikr* da língua provoca fenômenos auditivos concomitantes (Gardet, *op. cit.*, p. 667; ver nota III, 6, sobre os sons místicos). No *dhikr* íntimo a dualidade é abolida. "Não por fusão, é verdade, como no caso indiano, já que permanece a conceituação da transcendência divina, mas em um contexto onde a experiência é de 'desaparecimento' do sujeito em seu próprio ser" (Gardet, *op. cit.*, p. 675). O estado atingido é o de *fanâ,* "aniquilamento". Os fenômenos luminosos concomitantes acentuam-se. Dessa vez, os "fogos do *dhikr* não se extinguem e suas luzes não desaparecem [...]. Verás luzes subindo e outras descendo; os fogos ao redor de ti são claros, muito quentes e resplandecem" (Ibn' Atâ' Allâh, citado por Gardet, *op. cit.*, p. 677). Isto nos faz lembrar as experiências luminosas do Yoga, do tantrismo, do xamanismo (ver supra p. 276).

MAṆḌALA

Um ritual particular da liturgia tântrica é a construção do *maṇḍala.* Esta palavra significa, literalmente, "círculo"; as traduções tibetanas falam ora de "centro", ora de "aquilo que cerca". De fato, é um desenho muito complexo, comportando um anel externo e um ou mais círculos concêntricos que encerram um quadrado dividido em quatro triângulos; no meio de cada triângulo, assim como no centro do *maṇḍala,* acham-se outros círculos contendo figuras de divindades ou seus emblemas. Esse esquema iconográfico é suscetível de infinitas variantes; certos *maṇḍala* têm aparência de labirinto, outros de um palácio com muralhas, torres e jardins. Os desenhos florais alternam-se com estruturas cristalográficas que se assemelham a diamantes e flores de lótus.

O *maṇḍala* mais simples é o *yantra,* utilizado pelo hinduísmo (literalmente, "objeto que serve para reter", "instrumento", "artefato"). É um diagrama "que se desenha ou grava em metal, madeira, pele, pedra, papel, ou se inscreve simplesmente no chão, ou se traça na parede" (Louis Renou, *L'Inde Classique,* p. 568). Sua estrutura pode ser considerada como o paradigma linear do *maṇḍala.* Um *yantra* é constituído por uma série de triângulos – nove no *śrīyantra,* quatro com o vértice para cima e cinco invertidos – no meio de muitos círculos concêntricos guarnecidos por um quadrado com quatro "portas". O triângulo com o vértice voltado para baixo simboliza *yoni,* isto é, a Śakti; o de vértice voltado para cima indica o princípio masculino, Śiva; o ponto central *(bindu)* significa o *brahman* indiferenciado. Em outros termos, o *yantra* apresenta, em um simbolismo linear, as manifestações cósmicas a partir da unidade primordial.

O *maṇḍala* usa o mesmo simbolismo e o desenvolve em níveis múltiplos, porém equivalentes. Como o *yantra,* o *maṇḍala* é ao mesmo tempo imagem do universo e teofania; a criação cósmica é, de fato, manifestação da divindade; mas o *maṇḍala* serve igualmente de "receptáculo" para os deuses. Na Índia védica os deuses desciam ao altar, o que prova a continuidade entre a liturgia tântrica e o culto tradicional. Na origem, todo altar ou lugar sagrado era considerado como espaço privilegiado, magicamente separado do resto do território. Nesse espaço qualitativamente diferente, o sagrado manifestava-se por uma ruptura de nível que permitia a comunicação entre as três zonas cósmicas, isto é, céu, terra e região subterrânea. Ora, essa concepção estava extremamente disseminada e ultrapassava as fronteiras da Índia e mesmo da Ásia; é nesta valorização do espaço sagrado como Centro do Mundo e, portanto, lugar de comunicação com o céu e os infernos, que se fundava o simbolismo das cidades reais, dos templos, das cidades e, por extensão, de toda morada humana.

O tantrismo usa esse simbolismo arcaico, integrando-o em novos contextos. Estudando o simbolismo do *maṇḍala,* tal como interpretado pelos textos, e analisando o ritual de iniciação, perceberemos melhor as revalorizações impostas pelo tantrismo. (Para textos e bibliografias críticas, ver nota VI, 7.) O anel exterior do *maṇḍala* consiste em uma "barreira de fogo" que, de um lado, impede o acesso aos não iniciados e, de outro, simboliza o conhecimento metafísico que "queima" a ignorância. Em seguida vem um "cinturão de diamante"; ora, o diamante é o símbolo da consciência suprema, *boddhi,* a iluminação. No interior do "cinturão de diamante" está inscrito um círculo ao redor do qual são representados oito "cemitérios", simbolizando os oito aspectos da consciência desintegrada – o motivo iconográfico dos cemitérios surge, sobretudo, nos *maṇḍala* dedicados às divindades aterrorizantes. Segue-se um "cinturão de folhas", significando o renascimento espiritual. No centro desse último círculo acha-se o *maṇḍala* propriamente dito, chamado igualmente "palácio" *(vimana),* isto é, o lugar onde são colocadas as imagens dos deuses.

O simbolismo régio desempenha papel importante nas construções e no ritual do *maṇḍala.* Na Índia, como em outras partes, a soberania está associada ao sagrado. O Buda é o *cakravartin* por excelência, o "cosmocrata". A cerimônia que se desenrola no interior do *maṇḍala* – da qual falaremos mais adiante – é, de fato, uma *abhiṣeka,* isto é, um ritual de consagração real, um batismo com água;[86] as imagens do Buda, dispostas em diversos círculos do *maṇḍala,* levam tiaras reais e, antes de penetrar no *maṇḍala,* o discípulo recebe das mãos do mestre as insígnias reais. Este simbolismo é fácil de compreender: o discípulo é assimilado ao Soberano, porque se eleva acima do jogo das forças cósmicas (G. Tucci, *Teoria e Pratica del Mandala,* Roma, 1949, p. 51); é autônomo, perfeitamente livre. A liberdade espiritual – e isto não só na Índia – sempre foi expressa pela Soberania.

Na parte externa da construção abrem-se quatro portas cardeais, defendidas por imagens assustadoras chamadas "guardiães das portas". Seu papel é duplo; de um lado, os guardiães defendem a consciência contra as forças desagregadoras do inconsciente; de outro, sua missão é ofensiva: para ter domínio sobre o mundo fluido e misterioso do inconsciente, a consciência deve levar a luta ao próprio campo do inimigo e, então, assumir o aspecto violento e terrível condizente com as forças a serem combatidas. (G. Tucci, *op. cit.,* p. 65). Muitas vezes, mesmo as divindades que se acham no interior

86. Um dos mais importantes textos tântricos sobre a iniciação no *maṇḍala* é o de Nāḍapāda (Nāropa) e intitula-se justamente *Sekoddeśaṭikā,* cuja tradução seria "Comentário sobre o tratado do batismo".

do *maṇḍala* têm aspecto amedrontador; são as divindades que o homem encontrará após a morte, no estado de *bardo*. Os "guardiães das portas" e as divindades terríveis deixam bem claro o caráter iniciático da penetração no *maṇḍala*. Toda iniciação pressupõe a passagem de um modo de ser a outro, mas essa mudança de regime ontológico é precedida por uma série mais ou menos grande de "provações" que o candidato deve superar. A "prova iniciática" típica é a "luta com o monstro" (no sentido literal da palavra nas iniciações guerreiras). No nível tântrico, os monstros representam as forças do inconsciente saídas do "vazio" universal: trata-se de vencer o medo que elas suscitam. Ora, sabe-se que o tamanho e o aspecto terrível dos "monstros" nada mais são que uma criação do "medo iniciático".

Este aspecto da iniciação revela certas semelhanças de estrutura entre o *maṇḍala* e o labirinto. Numerosos *maṇḍala* têm um desenho nitidamente labiríntico. Entre as funções rituais do labirinto duas nos interessam de maneira especial: uma simboliza o além, e quem quer que aí penetre graças à iniciação realiza efetivamente um *descensus ad inferos* ("morte" seguida de "ressurreição"); outra, um "sistema de defesa", tanto espiritual (contra os maus espiritos e demônios, forças do caos) como material (contra os inimigos). A cidade, como o templo ou o palácio, constituía um Centro do Mundo; labirintos ou muros a defendiam contra os invasores e as forças maléficas, contra os "espíritos do deserto" que tratam de arrastar as formas ao estado de amorfismo de onde saíram. Vista deste ângulo, a função do *maṇḍala* – como a do labirinto – seria no mínimo dupla: de um lado, a inserção em um *maṇḍala* desenhado no chão equivale a uma iniciação; de outro, o *maṇḍala* defende o discípulo contra toda força destrutiva e o ajuda a concentrar-se, a achar seu próprio centro. Esta última função aparecerá mais claramente quando falarmos do *sādhana* tântrico.

A liturgia comporta certo número de ritos. Escolhe-se com cuidado o terreno no qual será desenhado o *maṇḍala*, que deve ser limpo, sem pedras ou mato; ele é, de fato, assemelhado ao nível transcendente. Isso já indica o simbolismo espaço-temporal do *maṇḍala*: trata-se de introduzir o discípulo em uma esfera ideal, transcósmica. Sabe-se que o terreno plano é a imagem do Paraíso, ou qualquer outro nível transcendente; as variações orográficas, ao contrário, representam a criação, a aparição das Formas e do Tempo. Portanto, podemos ver no *maṇḍala* uma imagem do Paraíso. Muitos simbolismos paradisíacos comprovam isso. Há, para começar, a semelhança entre o panteão integrado no *maṇḍala* e os Paraísos tal como foram imaginados pelos budistas (Sukhāvatī, Abhirati, Tuṣita, Trayastriṃśa etc.), tendo no centro o Deus supremo, sentado em seu pavilhão real no meio de um parque com lagos, flores, pássaros e cercado de outras divindades (G. Tucci, *Buddhist Notes*, p. 196). O Paraíso dos budistas não é, porém, mais que uma variante entre outras do Paraíso indiano, cuja imagem mais antiga é Uttarakuru, o País do Norte, considerado como morada dos bem-aventurados (já no *Aitareya Brāhmaṇa,* VIII, 23; G. Tucci, *op. cit.*, p. 197). Segundo os textos budistas, Uttarakuru, Terra de Ouro, brilha noite e dia e goza de quatro qualidades: o terreno é plano, há calma absoluta, o ar é puro, suas árvores não têm espinhos. O arroz cresce sem ser semeado, como na terra, na Idade de Ouro.[87]

O simbolismo paradisíaco do *maṇḍala* surge igualmente de outro elemento: a expulsão dos demônios. Purifica-se de demônios o terreno, invocando-se a Deusa da Terra, a mesma evocada pelo Buda na noite de Bodhgayā. Ou seja, repete-se o gesto exemplar do Buda e o terreno transforma-se magicamente em "Terra de Diamante", o qual, como vimos, é símbolo da incorruptibilidade, da realidade absoluta. Tudo isto implica a abolição do Tempo e da História e a volta ao *in illo tempore,* instante exemplar da iluminação do Buda. Sabe-se que a abolição do Tempo é uma síndrome paradisíaca.

Feitos esses preparativos, desenha-se o *maṇḍala* com a ajuda de duas cordas: a primeira, branca, traça os limites externos do *maṇḍala;* a segunda é feita de fios de cinco cores diferentes. Pode-se também desenhar o diagrama com pó de arroz colorido. Nos triângulos colocam-se vasos cheios de substâncias preciosas ou perfumadas, faixas, flores, ramos etc., para a "descida" dos deuses *(avahana).* A iniciação se faz em um dia propício e em um lugar perto do mar ou de um rio. Na noite que precede a cerimônia, o discípulo adormece na posição do "Buda entrando no *nirvāṇa*" (isto é, a "postura do leão", deitado sobre o lado direito, pousando a cabeça sobre a mão), no dia seguinte ele conta seus sonhos ao *guru* e a iniciação só se faz se o *guru* achar que o dia é propício.

A cerimônia propriamente dita começa por uma série de purificações e consagrações, sobre as quais a *Sekoddeśaṭikā* dá numerosos detalhes. O *guru* purifica os órgãos do discípulo com sucessivos *mantra* (*U* sobre a fronte, *I, A, R, AN* sobre o sexo) e purifica também os objetos rituais, sobretudo os vasos; coloca o "pote triunfal" *(vijayakalaśa)* no centro do *maṇḍala* e honra-o com perfumes e incenso. O discípulo, vestido de branco, é coroado pelo mestre com uma grinalda de flores. Em seguida, o discípulo traça um pequeno *maṇḍala* enfeitado de flores e ouro ao redor dos pés do mestre, para venerá-lo, e se oferece a ele junto com uma donzela jovem pertencente, se possível, à sua própria família. O *guru* coloca-lhe sobre a língua cinco gotas

87. Sobre Uttarakuru ver bibliografia reunida por G. Tucci, *Buddhist Notes,* p. 197. A descrição clássica da Idade de Ouro segundo os budistas acha-se no *Mahāvastu,* I, p. 338. Sobre os outros paraísos indianos e budistas e sua relação com o Yoga, ver mais adiante, p. 341.

de ambrosia (isto é, cinco substâncias sagradas) com os *mantra* apropriados, e consagra o incenso com outros *mantra*. Provoca logo a "obsessão do deus irado" *(krodhāveśa),* rito particular à iniciação transmitida pela *Sekoddeśaṭikā.* Quando o discípulo repete certos *mantra* e aspira com força, Vajrapāṇi, o deus colérico, toma posse dele: começa a cantar e a dançar imitando os gestos tradicionais das divindades iradas. Através desse rito as forças do inconsciente invadem o discípulo que, ao afrontá-las, "queima" todo medo e toda timidez. Em seguida, invoca, sobretudo mediante *mudrā,* as cinco divindades pacíficas, as Śakti dos cinco *tathāgata,* e reencontra a calma. Se a possessão se prolonga além da medida, o mestre toca-lhe a testa com uma flor consagrada pelo *mantra Om Ah Hūm.* Depois, venda os olhos do discípulo e lhe coloca uma flor na mão. Jogada no interior do *maṇḍala,* o setor onde ela cai revela a divindade que lhe será particularmente favorável durante a iniciação.

A penetração no *maṇḍala* é parecida com toda "marcha em direção ao Centro". (Sabe-se que o caminhar ritual em torno de uma estupa ou de um templo, *pradakśiṇa,* assim como a subida aos sucessivos terraços dos grandes monumentos religiosos, indicam igualmente a "marcha em direção ao Centro".) Como o *maṇḍala* é uma *imago mundi,* seu centro corresponde ao ponto infinitesimal atravessado perpendicularmente pelo *axis mundi;* aproximando-se dele, o discípulo aproxima-se do "Centro do Mundo". Assim, desde que entra no *maṇḍala,* o discípulo acha-se em um espaço sagrado, fora do Tempo; os deuses já "desceram" aos vasos e insígnias. Uma série de meditações, para as quais o discípulo já está preparado, ajudam-no a reencontrar os deuses em seu próprio coração. Assiste então, como numa visão, à emergência de todas as divindades que se evolam de seu coração, enchem o espaço cósmico e são reabsorvidas por ele. Em outros termos, ele "realiza" o processo eterno da criação e da destruição periódicas dos mundos, o que lhe permite penetrar nos ritmos do Grande Tempo cósmico e compreender sua vacuidade. Ele quebra o plano do *saṃsāra* e desemboca no plano transcendente; é o "grande mistério" do budismo de orientação Mahāyāna e Tantra, a "virada total" *(parāvṛtti),* a transmutação do *saṃsāra* em absoluto, também obtida por meio de outras técnicas.[88]

---

88. G. Tucci interpreta esse processo misterioso como uma integração do inconsciente obtida mediante a posse de seus símbolos (ver *Teoria e Pratica del Mandala,* Roma, 1949, p. 23). Ora, como o inconsciente não é senão a consciência cósmica, a "consciência-depósito" (*alayavijñāna*), sua integração se traduziria, na psicologia de Jung, pelo que se chama "integração do inconsciente coletivo".

Desenhado sobre tecido, o *maṇḍala* serve de "suporte" para a meditação; o praticante o utiliza como defesa contra as distrações e tentações mentais. O *maṇḍala* "concentra", torna o meditante invulnerável aos estímulos externos. Percebe-se aqui a analogia com o labirinto, que protege dos maus espíritos ou dos adversários. Penetrando mentalmente no *maṇḍala,* o *yogin* aproxima-se de seu próprio "Centro" e este exercício espiritual pode ser entendido em dois sentidos: 1º) para chegar ao Centro o praticante refaz e domina o processo cósmico, pois o *maṇḍala* é a imagem do mundo; 2º) por se tratar de uma meditação e não de um ritual, a partir desse "suporte" iconográfico o *yogin* pode reencontrar o *maṇḍala* em seu próprio corpo. Jamais se pode perder de vista que o universo tântrico é constituído por uma série indefinida de analogias, de semelhanças e simetrias; a partir de qualquer nível é possível estabelecer comunicações místicas com os outros níveis, para reduzi-los finalmente à unidade e dominá-los.

Antes de estudar a inserção do *maṇḍala* no próprio corpo do praticante, falemos sobre os desenhos análogos existentes fora do domínio indo-tibetano. Em culturas muito diversas (nas Américas, Oceânia etc.) foi descoberto certo número de figuras baseadas em círculos, triângulos e labirintos relacionados com o culto; isso é evidente no caso dos "círculos mágicos" e dos labirintos iniciáticos. Os desenhos rituais de certas tribos norte e sul-americanas apresentam igualmente caráter mandálico, representando as diversas fases da criação do universo. Não pretendemos nos estender aqui sobre este assunto; lembremos apenas que esses *maṇḍala* são desenhados sobretudo quando se procede a uma cura. Isso nos leva a outra classe de *maṇḍala* descoberta por C. G. Jung em pinturas executadas por alguns de seus pacientes. Segundo o autor da hipótese sobre o inconsciente coletivo, os *maṇḍala* representam estruturas da psique profunda. Em consequência, desempenham um papel no processo central do inconsciente, processo que Jung chama de individuação. Jung construiu sua hipótese depois de ter notado o seguinte: nos sonhos e visões de muitos de seus pacientes, os *maṇḍala* surgiam quando o processo de individuação estava culminando. A imagem espontânea do *maṇḍala* corresponderia, portanto, a uma vitória espiritual, no sentido de que uma porção do inconsciente coletivo – essa imensa zona da psique que ameaça a integridade da pessoa – teria sido assimilada e integrada pelo consciente.

A redescoberta espontânea dos *maṇḍala* pelo inconsciente coloca um problema importante: cabe perguntar se o "inconsciente" não imitaria, neste caso, certos processos por meio dos quais o "consciente" (ou em certos casos o "transconsciente")[89] se esforça por obter a plenitude e conquistar a

89. Colocamos todos esses termos entre aspas porque no contexto não são entendidos unicamente em seu sentido psicológico.

liberdade. Pois esta redescoberta inconsciente de um esquema iniciático não é isolada; sabe-se que todos os grandes simbolismos místicos se manifestam espontaneamente nos sonhos, nas alucinações e mesmo nos êxtases patológicos; existem registros de experiências e símbolos de ascenção, de "marcha em direção ao Centro", descida aos infernos, morte e ressurreição, provações iniciáticas e mesmo dos simbolismos complexos da alquimia. Em certa medida, pode-se falar de uma "imitação simiesca", tomando-se o termo em seu sentido estrito: imitação de comportamentos e gestos, mas sem a experiência integral dos conteúdos implícitos.

Também se pode descobrir o *maṇḍala* no interior do próprio corpo e então a liturgia se "interioriza", isto é, transforma-se em uma série de meditações sobre os diversos "centros" e órgãos sutis.

O ELOGIO DO CORPO. O *HAṬHA-YOGA*

No tantrismo, o corpo humano adquire importância jamais alcançada na história espiritual da Índia. A saúde e a força, o interesse por uma fisiologia assemelhada ao cosmos e implicitamente santificada são valores védicos, se não pré-védicos. O tantrismo, porém, leva a consequências extremas a concepção de que a santidade só é realizável em um "corpo divino". Abolidos o pessimismo e o ascetismo upanixádicos e pós-upanixádicos, o corpo não é mais "fonte de sofrimento", mas o instrumento mais seguro e completo que o homem tem à disposição para "conquistar a morte". E, visto ser possível obter a liberação a partir desta vida, o corpo deve ser conservado o maior tempo possível em perfeitas condições, precisamente para facilitar a meditação (cf. *Gheraṇḍa-saṃhitā,* I, 8). Como veremos adiante, a alquimia indiana propõe-se uma finalidade semelhante.

No *Hevajra-tantra,* o Buda (Bhagavān) proclama que sem um corpo perfeitamente sadio não é possível conhecer a beatitude. Este é um adágio que se repete com insistência na literatura tântrica e *sahajiyā.* Sāraha o expressa em seu estilo metafórico: "Aqui (no corpo) acham-se o Ganges e o Jumnā, Prayāga e Benares, a Lua e o Sol, os lugares sagrados, Pīṭha e Upapīṭha. Não vi ainda um lugar de peregrinação e beatitude comparável a meu corpo". O próprio Buda esconde-se no corpo, diz ainda Sāraha (textos reproduzidos por S. Dasgupta em *Obscure Religious Cults,* p. 103 e ss.).

Nesta apreciação enfática do corpo humano e de suas possibilidades, podem-se distinguir pelo menos duas orientações distintas mas convergentes: 1º) a importância dada à *experiência total da vida* como parte integrante do *sādhana* – posição geral de todas as escolas tântricas; 2º) a vontade de dominar o corpo para transformá-lo em "corpo divino" – posição, sobretudo, do *haṭha-yoga.* Tal domínio deve começar humildemente, tendo como base um conhecimento preciso dos órgãos e suas funções. Pois, "de que maneira os *yogīs* que não conhecem seu corpo como [sendo] uma casa com uma coluna e nove portas, e presidida pelas cinco divindades tutelares, poderão atingir a perfeição?" (*Gorakṣa Śataka,* 14). O que se busca sempre é a perfeição, e esta, logo veremos, não é de ordem higiênica nem atlética. O *haṭha-yoga* não deve nem pode ser confundido com uma ginástica. A aparição do *haṭha-yoga* está associada ao nome de um asceta, Gorakhnāth, fundador de uma ordem, a dos *kānphaṭa-yogīs.* Ele teria vivido no século XII, talvez antes. Tudo o que sabemos sobre Gorakhnāth está desfigurado por uma mitologia sectária e um abundante folclore mágico (ver supra, p. 251). Contudo, indicações muito seguras permitem supor que ele tenha tido contatos estreitos com o Vajrayāna. Como veremos, os tratados de *haṭha-yoga* referem-se às práticas sexuais preconizadas pelo tantrismo budista.

Gorakhnāth passa por autor de um tratado hoje desaparecido, o *Haṭhayoga,* e de um texto que foi conservado, o *Gorakṣa Śataka.* Um comentário deste último, o *Gorakṣa Paddhati,* explica a palavra *haṭha* (literalmente "violência, esforço violento") por *ha* = Sol e *ṭha* = Lua; a união da Lua e do Sol seria o Yoga. (Segundo outros textos *ha-ṭhau* = *sūrya-candrau* = *prāṇapānau.*) Note-se que tal interpretação responde perfeitamente à doutrina tântrica. Os *kānphaṭa-yogīs* chamam sua própria disciplina de *haṭha-yoga;* mas o termo não tardou a designar o conjunto de regras e métodos tradicionais por meio dos quais se chega a dominar perfeitamente o corpo. Os tratados de *haṭha-yoga* dependem, de uma forma ou outra, da literatura dos seguidores de Gorakhnāth ou da que passa por tal. Existe grande número de textos (G. W. Briggs, *Gorakhnāth and the Kānphaṭa Yogis,* Calcutá-Oxford, 1938, p. 251), mas fora do *Gorakṣa Śataka,* somente três têm interesse para nossa pesquisa: 1º) o *Haṭha-yoga-pradīpikā,* por Svātmārāma Svāmin, provavelmente do século XV, que utiliza e reproduz numerosas estrofes do *Gorakṣa Śataka;* 2º) a *Gheraṇḍa-saṃhitā,* por um certo Gheraṇḍa, devoto de Viṣṇu, originário de Bengala, e que reproduz abundantemente o *Haṭha-yoga-pradīpikā;* 3º) a *Śiva-saṃhitā,* mais longa que as precedentes – contém 517 estrofes – e filosoficamente mais elaborada. Nesta última obra, o Yoga tântrico é fortemente colorido pelo Vedānta. Desses três textos, o mais antigo parece ser o *Haṭha-yoga-pradīpikā,* baseado, segundo a tradição, no *Haṭhayoga,* tratado que não chegou até nossos dias.[90]

90. Fitz-Edward Hall, *A Contribution Towards an Index to the Bibliography of the Indian Philosophical Systems,* Calcutá, 1859, p. 15. Sobre edições e traduções de textos referentes ao *haṭha-yoga,* ver nota VI, 8.

As influências budistas são facilmente reconhecíveis. O *Haṭha-yoga-pradīpikā* emprega inclusive o vocabulário da escola Mādhyamika (por exemplo, o termo *śūnya*) e o primeiro verso da *Śiva-saṃhitā* mostra forte coloração budista *(ekamjñānam nityamādhyanta śūnyam...)*. O Vedānta mescla-se ao Yoga, mas a justificação filosófica ocupa lugar pouco importante[91] nestes escritos sumários, dedicados quase inteiramente às regras técnicas. Os estados de consciência correspondentes aos diversos exercícios não são mencionados, a não ser raramente e de maneira rudimentar. São sobretudo a física e a fisiologia da meditação que interessam aos autores. Trinta e dois *āsana* são descritos na *Gheraṇḍa-saṃhitā* e quinze no *Haṭha-yoga-pradīpikā;* já a *Śiva-saṃhitā* menciona oitenta e quatro *āsana* mas trata apenas de quatro. Insiste-se em seu valor mágico e higiênico; com certos *āsana* fortifica-se a saúde e "conquista-se a morte", com outros, obtêm-se *siddhi*[92]. Os refrões "destrói a velhice e a morte", "conquista a morte" *(mṛtyum jayati),* ilustram o verdadeiro sentido e a orientação final de todas essas técnicas. A *Gheraṇḍa-saṃhitā* consagra cinco estrofes ao *pratyāhāra,* ao passo que dedica noventa e seis ao *prāṇāyāma* e cem às *mudrā.* Logo veremos que certos detalhes fisiológicos relacionados com a disciplina da respiração são de grande interesse.

O *haṭha-yoga* atribui grande importância às purificações preliminares, entre as quais distingue seis classes: *dhautī, basti, neti, nauli, trāṭaka* e *kapāla-bhāti* (*Haṭha-yoga-pradīpikā,* II, 22). As mais usadas são as duas primeiras. As *dhautī* (literalmente "limpezas") dividem-se em muitas classes e subclasses, "limpezas internas", limpeza dos dentes, do reto etc. (*Gheraṇḍa-saṃhitā*, I, 13-44). A mais eficaz é a *dhautī-karma* (*Haṭha-yoga-pradīpikā,* II, 24): engole-se um longo pedaço de pano que se deixa por um certo tempo no estômago (ver também Theos Bernard, *Hatha Yoga,* Columbia University Press, Nova York, 1944, p. 15). O *basti* compreende a limpeza do intestino grosso e do reto (*Haṭha-yoga-pradīpikā,* II, 26-28; *Gheraṇḍa-saṃhitā,* I, 45-49), que se efetua por via anal (cf. T. Bernard, *op. cit.*, p. 17). O *neti* consiste em

91. Eis algumas amostras da "teoria" subjacente: o sofrimento é universal, acha-se até nos Céus (*Śiva-saṃhitā*, I, 29). O homem deve renunciar aos frutos de suas ações (*id.*, I, 30), aos vícios e às virtudes (I, 32) etc. O universo tem origem em *caitanya* (I, 49) e *māyā* (I, 64), pois *Īśvara* quis criar o mundo, mas de seu desejo nasceu *avidyā*, mãe do falso universo (I, 69).

92. Por exemplo, *padmāsana* destrói qualquer enfermidade (*Gheraṇḍa-saṃhitā*, II, 8), *muktasāna* e *vajrāsana* concedem poderes miraculosos (*id.*, II, 11, 12), *mṛtāsana* acalma as agitações da mente (II, 19), *bhujañgāsana* desperta a *kuṇḍalinī* (II, 42, 43).

limpeza das fossas nasais por meio de fios introduzidos nas narinas (*Haṭha--yoga-pradīpikā*, II, 29-30; *Gheraṇḍa-saṃhitā*, I, 50-51). Por meio de movimentos enérgicos e complexos do estômago e dos intestinos pratica-se o *nauli* (*Haṭha-yoga-pradīpikā*, II, 33-34), exercício chamado na *Gheraṇḍa-saṃhitā* (I, 52) de *laulikī yoga* (cf. as experiências de T. Bernard, *op. cit.*, p. 21). O *trāṭaka* consiste em fixar o olhar em um pequeno objeto até que brotem lágrimas (*Haṭha-yoga-pradīpikā*, II, 31-32; *Gheraṇḍa-saṃhitā*, I, 53-54). A *kapāla-bhāti* compreende três variantes de "purificação" das fossas nasais (*vāmakrama*, *vyutkrama* e *śitkrama*, cf. *Gheraṇḍa-saṃhitā*, I, 56-60): aspira-se água pelas narinas e expele-se pela boca etc.

Os textos lembram com insistência que essas "purificações" têm grande valor para a saúde do *yogin*, previnem doenças do estômago, do fígado etc. (cf. *Gheraṇḍa-saṃhitā*, I, 15-16), o que parece fora de dúvida. Também encontramos instruções sobre o regime alimentar (*Haṭha-yoga-pradīpikā*, I, 58, 59, 62; *Gheraṇḍa-saṃhitā*, V, 17), o comportamento social (evitar viagens, banhos matinais, a companhia de homens maus e de mulheres; *ib.*, I, 62, 66). Como era de esperar, a "prática" *(abhyāsa)* desempenha um papel decisivo (cf. *Śiva-saṃhitā*, IV): nada se obtém sem a prática, esse é o tema central tântrico. Por outro lado, quando se realiza o *haṭha-yoga* não há pecado ou crime que não possa ser perdoado (matar um brâmane ou um feto, violar o leito do mestre espiritual e outros crimes, são anulados pela *yonimudrā*, cf. *Gheraṇḍa-saṃhitā*, III, 43-44). O elogio da eficácia mágica de um ato perfeitamente consumado é tão antigo quanto a Índia.

O *prāṇāyāma* destrói os pecados e confere as oitenta e quatro *siddhi* (*Śiva-saṃhitā*, III, 51-52; *Gheraṇḍa-saṃhitā*, V, 1-2), mas esse exercício serve sobretudo para purificar as *nāḍī* (*Śiva-saṃhitā*, III, 26; *Haṭha-yoga--pradīpikā*, II, 4-9, 11, 20, 44). Cada nova etapa na disciplina da respiração é acompanhada de fenômenos fisiológicos; em geral, a duração do sono, as fezes e a urina diminuem (*Śiva-saṃhitā*, III, 40). Durante a primeira etapa do *prāṇāyāma*, o corpo do praticante transpira (*Haṭha-yoga-pradīpikā*, II, 12-13; *Śiva-saṃhitā*, III, 40); na segunda etapa o praticante começa a tremer; na terceira "salta como uma rã" e na quarta eleva-se nos ares (*Śiva-saṃhitā*, III, 41; cf. *Gheraṇḍa-saṃhitā*, V, 45-57). Segundo as experiências pessoais de Theos Bernard (*op. cit.*, p. 32) todas essas indicações, com exceção da última, correspondem a estados realmente experimentados durante a prática do *prāṇāyāma* no *haṭha-yoga*. São sintomas de pouca importância, registrados pelos textos só porque podem servir para verificar objetivamente o sucesso de uma prática.

Muito mais importantes são os poderes reais obtidos pelos *yogīs*, sobretudo a capacidade surpreendente de controlar o sistema neurovegetativo e a influência que podem exercer sobre seus ritmos cardíaco e respiratório. Não nos alongaremos aqui na discussão deste importante assunto. É suficiente recordar que, segundo o Dr. Charles Laubry e a Dra. Thérèse Brosse, os *haṭha-yogīs* estendem às fibras lisas o controle que normalmente temos sobre as estriadas. Isso explica também a absorção e expulsão de líquido pela uretra e o reto; a retenção da emissão seminal e até mesmo o "retorno do sêmen", exercício de primordial importância no tantrismo da "mão esquerda". Alguns desses poderes encontrarão outra explicação fisiológica. No caso específico da absorção e expulsão de líquido pela uretra, o Dr. Jean Filliozat acredita poder explicar o fenômeno pela insuflação de ar na bexiga, baseando-se na seguinte passagem do *Haṭha-yoga-pradīpikā* (III, 86): "Com cuidado, por meio de um tubo, faça-se delicadamente uma insuflação na cavidade [*vajra* = canal uretral] com uma corrente de vento". O comentário sânscrito dá detalhes sobre a operação: "Faz-se uma vareta de chumbo, lisa, com uma extensão de catorze vezes a largura de um dedo, com a qual se praticará a introdução na uretra. No primeiro dia introduz-se a vareta até um dedo de profundidade; no segundo dia, dois dedos [...] e assim sucessivamente. Ao chegar a doze dedos, o canal da uretra está limpo. Depois, manda-se fabricar uma vareta semelhante com extensão de catorze vezes a largura de um dedo, e com uma curva de dois dedos de largura e um orifício na parte superior. Introduz-se a vareta até chegar às doze larguras de um dedo. No exterior ficam a curva e o orifício. Então, pega-se um canutilho, semelhante ao usado pelo ourives para avivar o fogo, introduz-se uma das extremidades no orifício da curva do tubo já introduzido na uretra e faz-se a insuflação de ar. Dessa forma, a limpeza do canal processa-se corretamente. A seguir pratica-se a absorção de água pela uretra".[93]

Depois de ter traduzido esse texto, o Dr. Jean Filliozat acrescentou: "Contudo, a dilatação da bexiga pelo ar não parece indispensável a todos os *yogīs* que praticam a aspiração vesical. Nós mesmo observamos um deles realizando essa prática sem antes haver injetado ar. Se tal insuflação teve lugar fora de nossa presença, foi praticada mais de meia hora antes, pois o *yogin* executou durante esse intervalo de tempo diversos outros exercícios antes da aspiração vesical. Porém, seriam necessárias observações mais precisas que as que pudemos relatar aqui" (*ib.*, p. 33).

Parece então existirem muitos métodos *haṭha-yóguicos* para se obter os mesmos resultados. Supomos que certos praticantes se especializaram nas técnicas fisiológicas, mas a maioria seguiu a tradição milenar da "fisiologia

---

93. J. Filliozat, "Les limites des pouvoirs humains dans l'Inde", em *Limites de l'Humain*, Études Carmélitaines, Paris, 1943, p. 23-28. Ver também nota VI, 8.

mística". De fato, apesar de os indianos terem elaborado um complexo sistema de medicina científica, nada nos leva a crer que as teorias da fisiologia mística tenham-se desenvolvido na dependência dessa medicina objetiva e utilitária, ou ao menos vinculadas a ela. A "fisiologia sutil" formou-se provavelmente a partir de experiências ascéticas, extáticas e contemplativas, expressas na mesma linguagem simbólica da cosmologia e do ritual tradicional. Isso não quer dizer que tais experiências não tenham sido *reais:* elas eram reais, porém não no sentido em que um fenômeno físico é real. Os textos tântricos e de *haṭha-yoga* chamam nossa atenção por seu "caráter experimental"; trata-se, porém, de experiências efetuadas em níveis distintos dos da vida cotidiana e profana. As "veias", os "nervos", os "centros" dos quais falaremos, correspondem sem dúvida a experiências psicossomáticas e estão em relação com a vida profunda do ser humano, mas não parece que "veias" e termos semelhantes indiquem órgãos anatômicos e funções estritamente fisiológicas. Tentou-se, muitas vezes, localizar anatomicamente essas "veias" e "centros". Hermann Walter, por exemplo, acredita que, no *haṭha-yoga, nāḍī* signifique "veias"; ele identifica *iḍā* e *piṅgalā* com a carótida *(loeva et dextra)* e *brahmarandhra* com a sutura frontal (cf. H. Walter, *Svātmārāna's Haṭha--yoga-pradīpikā,* München, 1893, p. IV, VI e IX). De outro lado, a identificação dos "centros" *(cakra)* com seus plexos tornou-se corrente: *mūlādhāra-cakra* seria o plexo sagrado; *svādhiṣṭhāna,* o plexo prostático; *maṇipūra,* o plexo epigástrico; *anāhata,* o plexo faríngeo; *ājñā,* o plexo cavernoso (ver nota VI, 8). Contudo, basta ler atentamente os textos para perceber que se trata de experiências transfisiológicas; todos esses "centros" representam "estados *yóguicos*", isto é, inacessíveis sem ascese espiritual. As mortificações e as disciplinas meramente psicofisiológicas não são suficientes para "despertar" os *cakra* ou penetrá-los; o essencial, o indispensável, continua sendo a meditação, a realização espiritual. Assim, é mais prudente considerar a "fisiologia mística" como resultado e conceituação das experiências levadas a efeito durante muito tempo por ascetas e *yogīs.* Ora, não devemos esquecer que esses últimos efetuavam suas experiências em um "corpo sutil", isto é, por meio de sensações, tensões, estados transconscientes inacessíveis aos profanos. Eles dominavam uma zona infinitamente mais vasta que a zona psíquica "normal", penetravam nas profundezas do inconsciente e sabiam "despertar" as nascentes arcaicas da consciência primordial, fossilizadas nas maioria dos seres humanos.

O corpo construído pouco a pouco pelos *haṭha-yogīs,* os tantristas e os alquimistas correspondia de certo modo ao corpo de um "homem-deus" e sabe-se que este conceito tem uma longa pré-história, indo-ária e pré-ária. A teandria tântrica nada mais era que uma nova variante da macroantropia védica. O ponto de partida de todas essas fórmulas era, naturalmente, a transformação do corpo humano em um microcosmos: teoria e prática arcaicas, presentes em todo o mundo e estabelecidas na Índia ária desde os tempos védicos. A respiração, como já vimos, era identificada com os ventos cósmicos (cf. *Atharva-Veda*, XI, 4, 15) e os pontos cardeais (*Chāndogya Upaniṣad*, III, 13, 1-5). O ar "tece" o universo (*Bṛhadāraṇyaka Upaniṣad*, III, 7, 2) e a respiração "tece" o homem (*Atharva-Veda*, X, 2, 13) – e esse simbolismo do "tecer" culminou na Índia na grandiosa concepção da ilusão cósmica *(māyā)* e nas concepções do "fio da vida" e do destino fiado por certas deusas (ver nossa obra *Images et Symboles*, p. 149 e ss.). Quando o sacrifício védico é "interiorizado", o corpo torna-se um microcosmos (cf. *Vaikhānāsasmārta-sūtra*, II, 18). A coluna vertebral é relacionada com o monte Meru (ou Sumeru), isto é, com o eixo cósmico. Por essa razão, o simbolismo budista diz que o Buda não podia virar a cabeça, mas era obrigado a virar todo o corpo "à maneira do elefante": sua coluna vertebral estava fixa, imóvel, como o Eixo do Universo. Segundo as tradições, o *meru-daṇḍa** é constituído de um único osso, o que indica seu caráter não anatômico. Tal texto tântrico especifica que o Sumeru está no próprio corpo; a caverna da Montanha equipara-se à verdade suprema (*Dohākośa*, 14). "Realiza-se" o antropocosmos mediante meditação *yóguica:* "Imagine a parte central (coluna vertebral) de seu corpo como sendo o monte Meru; os quatro membros principais, os quatro continentes; os quatro membros menores, os subcontinentes; a cabeça, os mundos dos *deva* (deuses); os olhos, o Sol e a Lua etc.". (Evans-Wentz, *Le Yoga Tibétain*, tradução francesa, p. 327).

O *sādhana* tântrico utiliza essa cosmofisiologia arcaica. Todas essas imagens e símbolos pressupõem uma experimentação mística, a teandria, a santificação do homem por meio de disciplinas ascéticas e espirituais. As atividades sensoriais são aí ampliadas em proporção alucinante, seguidas de inumeráveis identificações de órgãos e funções fisiológicas com regiões cósmicas, astros, deuses etc. O *haṭha-yoga* e o tantrismo transubstanciam o corpo criando-lhe dimensões "macroantrópicas" e identificando-o aos diversos "corpos místicos" (sonoros, arquitetônicos, iconográficos etc.). Por exemplo, um tratado tântrico javanês, o *Sang hyang kamahāyānikan,* sobre o qual Stutterheim e P. Mus chamam a atenção (cf. P. Mus, *Borobudur*, I, p. 66 e ss.), identifica cada elemento somático do corpo humano a uma letra do alfabeto e a uma peça do monumento arquitetônico *stūpaprāsāda* (que, por sua vez, é equiparado ao Buda e ao cosmos). Diversos "corpos sutis" são aqui sobrepostos: o corpo sonoro, o corpo arquitetônico, cosmológico e místico-fisiológico

* Coluna vertebral. [N. do E.]

(porque a identificação se refere não aos órgãos profanos, mas aos *cakra*, aos "centros"). Esta múltipla identificação deve ser "realizada"; mas em sequência à experiência *yóguica*, o corpo físico se "dilata", se "cosmifica" e se "transubstancia". As "veias" e os "centros" de que falam os textos referem-se, em primeiro lugar, a estados realizáveis exclusivamente por uma ampliação extraordinária da "sensação do corpo".

AS *NĀḌĪ*: *IḌĀ*, *PIṄGALĀ*, *SUṢUMṆĀ*

O corpo – físico e "sutil" ao mesmo tempo – é constituído por certo número de *nāḍī* (literalmente canais, vasos, veias ou artérias, mas também "nervos") e de *cakra* (literalmente círculos, discos, mas traduzidos geralmente como centros). Poder-se-ia dizer, simplificando um pouco, que a energia vital em forma de "sopros" circula pelas *nāḍī* e a energia cósmica e divina se acha latente nos *cakra*.

Existe um número considerável de *nāḍī*: "assim como as grandes e as pequenas *nāḍī*, que se desenvolvem em uma folha de *aśvatha**, não podem ser contadas" (*Triśikhibrāhmaṇopaniṣad*, 76). Não obstante, arriscam-se alguns números: 300.000 (*Śiva-saṃhitā*, II, 14, *Gorakṣa Śataka*, 13), 200.000 (*Gorakṣa Paddhati*, 12), 80.000 (*Triśikhibrāhmaṇopaniṣad*, 67), mas sobretudo 72.000 (*Haṭha-yoga-pradīpikā*, IV, 8). Entre elas, 72 são as que têm especial importância, porém nem todas são nomeadas. A *Śiva-saṃhitā* fala de 14; a maioria dos textos enumera dez: *iḍā*, *piṅgalā* (ou *piṅglā*), *suṣumṇā*, *gāndhārī*, *hastijihvā*, *pūṣā*, *yaśasvinī*, *alambuṣā*, *kūhūś* e *śaṅkhinī* (*Gorakṣa Śataka*, 27, 28; certos nomes variam em outras listas, cf. por exemplo: *Triśikhibrāhmaṇopaniṣad*, 70-75). Essas *nāḍī* desembocam respectivamente na narina esquerda, na direita, no *brahmarandhra*, no olho esquerdo, no direito, na orelha direita, na esquerda, na boca, no órgão gerador e no ânus (*Gorakṣa Śataka*, 29-31; mas existem variantes: segundo outros textos, certas *nāḍī* atingem os calcanhares).

As mais importantes de todas essas *nāḍī*, as que desempenham papel principal nas técnicas *yóguicas*, são as três primeiras: *iḍā*, *piṅgalā* e *suṣumṇā*. Lembraremos logo certos nomes e o complexo sistema de equivalências elaborado em torno de *iḍā* e *piṅgalā*. Vejamos alguns sinônimos de *suṣumṇā*: *brahmanāḍī* (*Haṭha-yoga-pradīpikā*, II, 46), *mahāpatha* (a "Grande Via"),

---

* Tipo especial de figueira (*ficus religiosa*) considerada sagrada para os hindus. [N. do E.]

śmaśāna (cemitério), *śambhavī* (= Durgā), *madhyamārga* (Via do Meio), *śaktimārga* (via da Śakti; cf. *Haṭha-yoga-pradīpikā*, III, 4).

A descrição das *nāḍī* é quase sempre sumária; abundam os padrões, as fórmulas estereotipadas, e logo veremos que a "linguagem secreta" torna a compreensão ainda mais difícil. Eis um dos textos fundamentais sobre a estrutura mística de *suṣumṇā:* "Em um local no exterior do monte Meru [= coluna vertebral] estão situados à esquerda e à direita os dois canais [*nāḍī*], a Lua e o Sol [= *iḍā* e *piṅgalā*]. O canal [chamado] *suṣumṇā* está no centro: ele é formado por três constituintes[94] [da matéria] que têm aspecto de Lua, de Sol e de fogo; inteiramente composto de flores de *dhustura**, estende-se do centro do *kanda*[95] até a cabeça e, em seu interior, aquilo a que se chama *vajrā* se alonga, brilhante, da região do pênis à cabeça. No interior da *vajrā* está a *citriṇī*, iluminada pela sílaba *OM;* ela é comparável ao fio da teia da aranha. Só o Yoga dos *yogīs* pode alcançá-la. Quando a *kuṇḍalinī* atravessa todos os lótus colocados no centro do Meru [a *citriṇī*], brilha intensamente sob efeito desses lótus que se arranjam em ramalhetes [ao redor dela]; sua forma é inteligência pura. No interior da *citrinī* está o canal de Brahman que começa com o orifício da boca de Hara [= Śiva][96] e termina [na própria sede[97]] do deus primordial.

"Sorridente como uma grinalda de relâmpagos, brilhante como uma fibra [de lótus] no coração dos ascetas, sutil, inspiradora do conhecimento puro, feita de felicidade total, tendo por essência a inteligência pura – a porta de Brahman[98] se ilumina em sua boca [= boca de Śiva]: é o local que dá acesso ao caudal de néctar[99] que é a sede do enlace essencial. É, conta-se, a própria boca[100] do canal chamado *suṣumṇā*" (*Ṣaṭ-cakra-nirūpaṇa*, 1-3, tradução de Louis Renou).

---

94. Três envolturas que, do exterior ao interior, são *suṣumṇā* propriamente dita, *vajrā* ou *vajrinī* e *citriṇī* (esta nota e as seguintes são do tradutor do texto, Louis Renou).

* Árvore ornamental, da família das rosáceas, cujos frutos têm propriedades tóxicas e medicinais.

95. *Kanda* é o órgão situado "entre o ânus e o pênis", ponto de origem das *nāḍī*.

96. Trata-se da parte superior do *liṅga*, chamada *Svayaṃbhūliṅga*, cuja sede se encontra no "círculo" inferior do corpo, o *mūlādhāra-cakra*.

97. Isto é, no *parabindu*, "ponto supremo", situado no "círculo superior", o *sahasrāra*.

98. Lugar que marca o acesso da *kuṇḍalinī* para Śiva.

99. O néctar produzido pela união (sexual) do Śiva supremo e a Śakti.

100. O ponto de partida da *suṣumṇā* ao *kanda*.

Como se percebe, trata-se de um "corpo sutil" e de uma "fisiologia mística". Portanto, nada há de abstrato naquilo que acabamos de ler; não estamos frente a conceituações, mas sim a imagens que expressam experiências transmundanas. Os textos repetem com insistência que, no não iniciado, as *nāḍī* se tornaram impuras, estão obstruídas e é necessário purificá-las mediante os *āsana*, o *prāṇāyāma* e as *mudrā* (cf. por exemplo *Haṭha-yoga-pradīpikā*, I, 58). *Iḍā* e *piṅgalā* transportam os dois "sopros" mas também toda a energia sutil do corpo; não são pura e simplesmente "vasos", "canais" ou órgãos fisiológicos. Segundo o *Sammohana-tantra* (citado pelo *Ṣaṭ-cakra-nirūpaṇa*), *iḍā* é a Śakti e *piṅgalā* é o *Puruṣa*. Outros textos nos dizem que *lalanā* (= *iḍā*) e *rasanā* (= *piṅgalā*) transportam respectivamente o sêmen e o óvulo (*Sādhanamālā*, *Hevajra-tantra* e *Herukta-tantra*, citados por Dasgupta em *Introduction to Tantric Buddhism*, p. 119). O sêmen, porém, é a essência de Śiva e da Lua e o sangue (assimilado geralmente ao "*rajas* das mulheres") é a essência de Śakti e do Sol (*Gorakṣa-siddhānta-saṃgraha*, citado por Dasgupta, *op. cit.*, p. 172, nota 4). No comentário aos *Dohākośa*, de Kāṇhupāda, afirma-se que a Lua nasce do sêmen viril e o Sol, do óvulo (*ib.*, p. 172, nota 5). Os nomes mais comuns para *iḍā* e *piṅgalā* no tantrismo hindu e budista são Sol e Lua. O *Sammohana-tantra* diz que a *nāḍī* da esquerda é a Lua por causa de sua natureza doce e a da direita é o Sol, devido à sua natureza forte. O *Haṭha-yoga-pradīpikā* as compara ao dia e à noite e logo veremos a importância desse simbolismo temporal. É necessário não esquecer que *iḍā* e *piṅgalā* transportam *prāṇa* e *apāna*; ora, o primeiro é Rāhu (o *asura** que engole a Lua) e *apāna* é o "fogo do Tempo" (*kālāgni*; comentário manuscrito aos *Dohākośa* de Kāṇhupāda, reproduzido por Dasgupta, *op. cit.*, p. 173, nota 1). Temos aqui uma das chaves de seu simbolismo: por meio das principais "respirações" e principais "canais sutis", pode-se chegar a destruir o Tempo.

Nos tantras budistas, a *suṣumṇā* corresponde a *avadhūtī* e esse "nervo" é considerado como o caminho para o *nirvāṇa*. A *Sādhanamālā* diz: "*Lalanā (iḍā)* é da mesma natureza que a *prajñā* (a gnose) e *rasanā* (*piṅgalā*) é da mesma natureza que o *upāya* (o meio): *avadhūti* está no centro como a sede de *mahāsukha* (a grande beatitude)". Os comentários aos *Dohākośa* explicam o termo *avadhūti* como "aquele que destrói todas as máculas por sua natureza ígnea" (citação de Dasgupta, *ib.*, p. 174).

Ora, os textos retornam continuamente a esse tema: conserve-se no caminho do meio, a direita e a esquerda são armadilhas! "Corte as duas asas

* Demônio. [N. do E.]

chamadas Sol e Lua!" (*Caryāpada* de Guṇḍarī, 4). "É necessário destruir *lalanā* e *rasanā* de dois lados" (*Dohākośa*, de Kāṇhupāda, 3). "Quando a Lua e o Sol estão bem misturados, juntos, o mérito e o demérito desaparecem imediatamente" (Sarahapāda). Obtém-se a "grande beatitude" *(mahāsukha)* "permanecendo no caminho do meio e dominando [os caminhos] da direita e da esquerda" (*Caryā* 8, de Kambalapāda). "A direita e a esquerda são armadilhas" (*Caryā* 32, Sarahapāda; todos esses textos são reproduzidos, junto com muitos outros, por P. C. Baggchi, em *Studies on the Tantras*, Calcuttá University, 1939, p. 61 e ss.).

Retomemos provisoriamente dois aspectos desse simbolismo: 1º) a importância recai sobre as duas principais respirações: *prāṇa* e *apāna*, equiparadas ao Sol e à Lua; trata-se então de uma "cosmização" do corpo humano; 2º) porém, todo o esforço do praticante visa unificar a Lua e o Sol, e para isso toma o caminho do meio. Logo veremos a complexidade polivalente do simbolismo da união Sol-Lua; contudo, terminaremos antes a análise do corpo sutil com a descrição dos *cakra*.

OS *CAKRA*

Segundo a tradição indiana existem sete *cakra* importantes que se relacionam com os seis plexos e a sutura frontal.[101]

1º) *Mūlādhāra* (*mūla* = raiz) está situado na base da coluna vertebral, entre o orifício anal e os órgãos genitais (plexo sacrococcigiano). Tem forma de lótus vermelho com quatro pétalas, nas quais estão escritas em ouro as letras *v, s, ś* e *ṣ*. No meio do lótus um quadrado amarelo, emblema do elemento terra *(pṛthivī)*, tem no centro um triângulo com o vértice invertido, símbolo da *yoni*, chamado *kāmarūpa;* no coração do triângulo está *svayaṃbhūliṅga* (o *liṅga* existente por si mesmo), de cabeça brilhante como uma joia. Enrolada oito vezes (tal como uma serpente) ao redor de si mesma, brilhante como o relâmpago, dorme *kuṇḍalinī*, obstruindo com a boca (ou cabeça) a abertura do *liṅga*. *Kuṇḍalinī* fecha dessa maneira o *brahmadvāra* (porta de Brahman, ver infra, p. 200) e o acesso à *suṣumṇā*. O *mūlādhāra-cakra* relaciona-se com a força coesiva da matéria, a inércia, o nascimento do som, o sentido do olfato, a respiração *apāna*, os deuses Indra, Brahmā, Dakīnī, Śakti etc.

101. Para uma descrição pormenorizada, ver o tratado mais autorizado em relação à doutrina dos *cakra*: *Ṣaṭ-cakra-nirūpaṇa*, editado e traduzido por Arthur Avalon em *The Serpent Power*, Londres/Madras, 1919. Ver também nota VI, 9.

2º) *Svādhiṣṭhāna-cakra*, também chamado *jalamaṇḍala* (porque seu elemento é *jala* = água) e *meḍhradhāra* (*meḍhra* = pênis), está situado na base do órgão gerador masculino (plexo do sacro). Tem forma de lótus com seis pétalas de cor vermelho alaranjado, onde estão inscritas as letras *b, bh, m, r, l* e *y*. No centro do lótus há uma meia-lua branca que tem relação mística com Varuṇa. No meio da lua, um *bīja-mantra* em cujo centro está Viṣṇu flanqueado pela deusa Śākinī (segundo a *Śiva-saṃhitā*, V, 99, trata-se de Rākinī). O *svādhiṣṭhāna-cakra* está relacionado com o elemento água, a cor branca, a respiração *prāṇa*, o sentido do gosto, a mão etc.

3º) *Maṇipūra* (*maṇi* = joias; *pūra* = cidade) ou *nābhiṣṭhāna* (*nābhi* = umbigo), situado na região lombar na altura do umbigo (plexo epigástrico), tem forma de lótus azul com dez pétalas e as letras *d, dh, ṇ, t, th, d, dh, n, p, ph*. No meio do lótus há um triângulo vermelho e sobre o triângulo o deus Mahārudra, sentado sobre um touro, tem ao seu lado Lākinī Śakti, de cor azulada. Este *cakra* relaciona-se com o elemento fogo, o Sol, o *rajas* (fluido menstrual), a respiração *samāna*, o sentido da visão etc.

4º) *Anāhata* (*anāhata śabd* é o som que produzem, sem se tocarem, dois objetos, isto é, "um som místico"); está na região do coração, sede do *prāṇa* e do *jīvātman*. De cor vermelha, tem forma de lótus com doze pétalas douradas (onde estão inscritas as letras *k, k, g, g* etc.). No meio do lótus há dois triângulos dispostos em forma de "selo de Salomão", cor de fumaça, no centro do qual se acha outro triângulo dourado contendo um *liṅga* brilhante. Acima dos dois triângulos está Īśvara associado à Śakti Kākinī (de cor vermelha). Esse chacra está relacionado com o elemento ar, o sentido do tato, o falo, a força motriz, o sistema sanguíneo etc.

5º) *Viśuddha* (o *cakra* da pureza) está na região da garganta, (plexo laríngeo e faríngeo, na junção da espinha dorsal com o bulbo raquidiano), sede da respiração *udāna* e do *bindu*. Tem forma de lótus de dezesseis pétalas de cor vermelho acinzentado (com as letras *a, ā, i, u, ū* etc.). No interior do lótus, um espaço azul, símbolo do elemento *ākāśa* (éter, espaço), tem no meio um círculo branco contendo um elefante. Sobre o elefante repousa um *bīja-mantra (hang)* sustentando Sadāśiva, metade prata, metade ouro, pois o deus está representado em seu aspecto andrógino *(ardhanārīśvara)*. Sentado em um touro, tem em suas numerosas mãos uma enorme quantidade de objetos e emblemas que lhe são característicos (*vajra*, tridente, sino etc.). Metade de seu corpo constitui a Sadā Gaurī, com dez braços, cinco faces (cada uma com três olhos). Este *cakra* está relacionado com a cor branca, o elemento éter *(ākāśa)*, o sentido da audição, a pele etc.

6º) *Ājñā* (ordem, comando), este *cakra* está situado entre as sobrancelhas (plexo cavernoso). Tem forma de lótus branco com duas pétalas onde estão inscritas as letras *h* e *kś*. É a sede das faculdades cognitivas: *buddhi*, *ahaṃkāra, manas* e os *indriya* (sentidos) em sua modalidade sutil. No lótus há um triângulo branco com o vértice invertido (símbolo da *yoni*); no meio do triângulo, um *liṅga* igualmente branco chamado *itara* (o "outro"). Aqui fica a sede de Paramaśiva. O *bīja-mantra* é *OM*. A deusa tutelar é Hākinī: ela tem seis rostos e seis braços e está sentada em um lótus branco.

7º) *Sahasrāra-cakra*. Localizado no topo da cabeça, sua forma é a de lótus virado para baixo, com mil pétalas (*sahasra* = mil). Também chamado *brahmaṣṭhāna, brahmarandhra, nirvāṇa-cakra* etc., suas pétalas exibem todas as articulações possíveis do alfabeto sânscrito, que tem 50 letras (50 x 20). No meio do lótus acha-se a lua cheia que encerra um triângulo; aí se experiencia a união final *(unmanī)* de Śiva e Śakti, finalidade do *sādhana* tântrico; aí também desemboca a *kuṇḍalinī* depois de ter perpassado os seis *cakra* inferiores. É necessário notar que o *sahasrāra-cakra* não pertence ao nível do corpo, ele já designa o plano transcendente – isso explica por que se fala geralmente da doutrina dos "seis *cakra*".

Existem outros *cakra* menos importantes. Assim, entre o *mūlādhāra* e o *svādhiṣṭhāna* acha-se o *yoniṣṭhāna,* lugar de reunião de Śiva e Śakti, lugar de beatitude, também chamado (como o próprio *mūlādhāra*) *kāmarūpa*, isto é, desejo e forma. É a fonte do desejo e, em nível carnal, uma antecipação da união Śiva-Śakti, que se completa no *sahasrāra*. Perto do *ājñā-cakra* acham-se o *manas-cakra* e o *soma-cakra*, relacionados com as funções intelectivas e certas experiências *yóguicas*. Perto ainda do *ājñā-cakra* existe também o *kārana-rūpa*, sede das sete formas causais, consideradas produtoras e constituintes do corpo sutil e do corpo físico. Enfim, outros textos falam de certo número de *ādhāra* (suportes, receptáculos), situados entre os *cakra* ou identificados com eles (ver nota VI, 9).

Os tantras budistas admitem somente quatro *cakra*, situados respectivamente nas regiões umbilical, cardíaca, laríngea e cerebral. Este último, o mais importante, chama-se *uṣṇīṣa-kamalā* (lótus da cabeça) e corresponde ao *sahasrāra* dos hindus. Nos três *cakra* inferiores estão localizados os três *kāya* (corpos): *nirmāna-kāya* no *cakra* umbilical, *dharma-kāya* no *cakra* do coração e *sambhoga-kāya* no *cakra* da garganta. Porém, observam-se anomalias e contradições relativas ao número e localização desses *cakra* (ver Dasgupta, *An Introduction to Tantric Buddhism,* p. 163 e ss.). Da mesma forma que nas tradições hindus, os *cakra* são associados às *mudrā* e às deusas, neste caso: Locanā, Māmakī, Pāṇḍarā e Tārā (*Śrī-samputikā*, citado por Dasgupta, *op. cit.*, p. 165). O *Hevajra-tantra* oferece uma longa lista de "quaternidades" relacionadas com os quatro *cakra:* quatro *tattva,* quatro *aṅga,* quatro momentos, quatro nobres verdades *(ārya-sattva)* etc. (*ib.*, p. 166-167).

Vistos em projeção, os *cakra* constituem um *maṇḍala* cujo centro é marcado pelo *brahmarandhra*. É nesse centro que tem lugar a ruptura de nível, onde se efetua o ato paradoxal da transcendência, a superação do *saṃsāra* e a "saída do Tempo". O simbolismo do *maṇḍala* é igualmente constitutivo dos templos e de toda construção sagrada indiana: visto em projeção, um templo é um *maṇḍala*. Pode-se então dizer que toda circum-ambulação equivale a uma marcha de aproximação ao Centro, e que a entrada em um templo repete a inserção iniciática em um *maṇḍala* ou a passagem da *kuṇḍalinī* através dos *cakra*. Além disso, o corpo é transformado, ao mesmo tempo, em microcosmos (com o monte Meru como centro) e em panteão, cada região e cada órgão sutil com sua divindade tutelar, seu *mantra*, sua letra mística etc. O discípulo não apenas se identifica com o cosmos, mas também chega a redescobrir em seu corpo a gênese e a destruição dos universos. Como veremos, o *sādhana* compreende duas etapas: 1º) a "cosmização" do ser humano; 2º) a "transcendência" do cosmos, isto é, sua "destruição" pela unificação dos contrários (Sol, Lua etc.). O sinal por excelência da transcendência é constituído pelo ato final da ascenção da *kuṇḍalinī*: sua união com Śiva, no topo da caixa craniana, no *sahasrāra*.[102]

KUṆḌALINĪ

Já mostramos vários aspectos da *kuṇḍalinī*, ora descrita como serpente, ora como deusa ou energia. O *Haṭha-yoga-pradīpikā*, III, 9, apresenta-a como "Kuṭilāṅgī (a do corpo torcido), Kuṇḍalinī, Bhujaṅgī (serpente fêmea), Śakti, Īśvarī, Kuṇḍalī, Arundhatī, termos todos equivalentes. Da mesma forma que se abre uma porta com uma chave, o *yogin* abre a porta da liberação *(mukti)* libertando a *kuṇḍalinī* mediante o *haṭha-yoga*" (cf. *Gorakṣa Śataka*, 51). Quando a Deusa adormecida é acordada pela graça do *guru* todos os *cakra* são rapidamente atravessados (*Śiva-saṃhitā*, IV, 12-14; *Haṭha-yoga-pradīpikā*, III, 1 e ss.). Identificada com *Śabda-brahman**, isto é, com o *mantra OM*, a *kuṇḍalinī* acumula os atributos de todos os deuses e todas as deusas (*Śaradā-tilaka-tantra*, I, 14, 55; XXV, 6 e ss.). Em forma de serpente (*ib.*, I, 54), ela habita o meio do corpo *(deha-madhyayā)* de todas as

102. Não esqueçamos, entretanto, que numerosas escolas tântricas não utilizam o simbolismo da *kuṇḍalinī* para exprimir a união dos contrários.

* *Śabda-brahman:* o elemento primordial do som (*śabda*), com a essência da existência (*brahman*), expressado pela sílaba mística *OM*. [N. do E.]

criaturas (I, 14). Na forma de Paraśakti, a *kuṇḍalinī* manifesta-se na base do tronco (*ādhāra*, I, 53); na forma de Paradevata, ela habita no meio do feixe que se acha no centro de *ādhāra*, de onde saem as *nāḍī* (XXVI, 34). A *kuṇḍalinī* move-se no interior da *suṣumṇā* pela força do sentido interno (*manas*) liberado pelo *prāṇa*: é "levada através da *suṣumṇā* como o fio pela agulha" (*Gorakṣa Śataka*, 49). Acordada por meio dos *āsana* e dos *kumbhaka*: "então, o *prāṇa* absorve-se no Vazio" (= *śūnya; Haṭha-yoga-pradīpikā*, IV, 10).

O acordar da *kuṇḍalinī* provoca um calor extremamente intenso e sua progressão através dos *cakra* manifesta-se pelo fato de que a parte inferior do corpo se torna inerte e gelada, como um cadáver, enquanto a parte atravessada pela *kuṇḍalinī* se torna ardente (Arthur Avalon, *The Serpent Power*, p. 242). Os tantras budistas evidenciam ainda mais a característica ígnea da *kuṇḍalinī*. Segundo os budistas, a Śakti (também chamada Caṇḍālī, Ḍombī, Yoginī, Nairāmani etc.) dorme no *nirmāna-kāya* (região umbilical): acordamo-la produzindo o *boddhicitta** nessa região e esse despertar se expressa através da sensação de "grande fogo". O *Hevajra-tantra* diz que "a Caṇḍālī queima no umbigo" e, quando tudo está queimado, a "Lua" (situada na testa) deixa escorrer gotas de néctar. Um canto de Guñjarīpāda apresenta o fenômeno em termos velados: "O lótus e o raio encontram-se no meio, e com sua união Caṇḍālī pega fogo. O incêndio atinge a casa da Ḍombī; pega-se a Lua e despeja-se a água. Não há mais nem fogo intenso, nem fumaça – e penetra-se no Céu pelo pico do monte Meru" (textos reproduzidos por S. Dasgupta em *Obscure Religious Cults*, p. 116 e ss.). Voltaremos a analisar os significados desse vocabulário simbólico; por ora tenhamos presente um fato: os budistas dizem que a Força secreta se acha em estado de sono na região umbilical; com a prática *yóguica* ela se acende e, tal como um incêndio, alcança os dois *cakra* superiores *(dharma* e *sambhoga),* penetra-os, atinge o *uṣṇīṣa-kamalā* (que corresponde ao *sahasrāra* dos hindus) e, depois de ter "queimado" tudo o que encontra, regressa ao *nirmāna-kāya* (*Śrī-samputikā*, reproduzido por Dasgupta, *op. cit.*, p. 118-119). Outros textos afirmam que esse calor é obtido pela "transmutação" da energia sexual.[103]

As relações entre a *kuṇḍalinī* (ou a Caṇḍālī) e o fogo, a produção do "calor interior" pela ascenção da *kuṇḍalinī* através dos *cakra* são fatos que merecem especial atenção. Lembremos que, segundo certos mitos, a deusa

---

* Literalmente: "mente desperta", ou mente de iluminação. [N. do E.]

103. Lama Kasi Dawa Samdup e W. Y. Evans-Wentz, em *Le Yoga Tibétain et les Doctrines Secrètes*, tradução francesa, Paris, 1938, p. 316 e ss. e 322 e ss. Ver mais adiante, p. 272 e ss.

Śakti foi criada pelas energias ígneas de todos os deuses (ver infra p. 173). Sabe-se também que a produção do "calor interior" é uma antiga técnica mágica que desabrochou dentro do xamanismo (ver supra, p. 272 e ss.). Notemos que o tantrismo se insere nessa tradição mágica universal, embora o conteúdo espiritual de sua experiência principal – o "fogo" aceso pela subida da *kuṇḍalinī* – se situe em outro nível, muito diferente da magia ou do xamanismo. Teremos ocasião, sempre a propósito da produção do "calor interior", de examinar a simbiose tantrismo-xamanismo presente em certas práticas himalaicas.

É impossível acordar a *kuṇḍalinī* sem a preparação espiritual que consta de todas as disciplinas das quais falamos. O próprio ato do despertar da *kuṇḍalinī* e de sua passagem pelos *cakra* é desencadeado por uma técnica cujo elemento essencial consiste em disciplinar a respiração *(kumbhaka)* graças a uma posição corporal especial *(āsana, mudrā)*. Um dos métodos mais usados para deter a respiração é o proposto pela *khecarīmudrā:* a obstrução da rinofaringe pela ponta da língua dobrada para trás em direção à garganta.[104] A abundante secreção salivar assim provocada é considerada "ambrosia celeste" *(amṛta)*, e a própria carne da língua como a carne de vaca que se come (*Haṭha-yoga-pradīpikā,* III, 47-49). Esta interpretação simbólica de uma "situação fisiológica" é de grande interesse: há um esforço para exprimir o fato de que o *yogin* já participa da "transcendência"; ele transgride a mais rigorosa interdição do hindu (comer a carne da vaca), porque não está mais condicionado, já não está no mundo; degusta, portanto, a ambrosia celeste.

Este é apenas um aspecto da *khecarīmudrā;* veremos que a obstrução da rinofaringe pela língua e a consequente detenção da respiração são acompanhadas de uma prática sexual. Antes de apresentá-la, assinalemos que o despertar da *kuṇḍalinī* provocado dessa maneira nada mais é que o início da experiência: o *yogin* esforça-se por manter a *kuṇḍalinī* no canal médio (*suṣumṇā*) e, ao mesmo tempo, por fazê-la subir através dos *cakra* até o topo da cabeça. Conforme afirmações de autores tântricos, esse esforço raramente é coroado de êxito. Eis um trecho enigmático da *Tārākhaṇḍa* (encontramo-lo também no *Tantraśastra,* citado por Avalon em *Principles of Tantra,* parte II, p. CVIII): "Se bebemos, se bebemos novamente e voltamos a beber até cair por terra, se nos levantamos e recomeçamos a beber, saímos para sempre do ciclo dos renascimentos". Trata-se de uma experiência realizada durante a parada total da respiração. Eis o que diz o comentário:

104. Para se obter êxito, o freio da língua deve ser previamente cortado. Ver a experiência pessoal de Theos Bernard, *op. cit.*, p. 37.

"Durante a primeira etapa da *saṭcakra sādhana* [o perpassar dos *cakra*] o discípulo não consegue suspender a respiração o tempo necessário para poder praticar a concentração e a meditação em cada um dos *cakra*. Por essa razão, não chega a reter a *kuṇḍalinī* na *suṣumṇā* mais tempo do que lhe permite a *kumbhaka* [suspensão da respiração]. Deve então cair na terra – isto é, no *mūlādhāra-cakra*, que representa o elemento terra – após haver bebido a ambrosia celeste [que pode ser entendida de várias maneiras, principalmente como a salivação abundante provocada pela obstrução da rinofaringe]. O discípulo deve repetir este exercício um número considerável de vezes, e pela prática constante destruirá as causas do ciclo dos renascimentos".

Para acelerar a ascenção da *kuṇḍalinī*, certas escolas tântricas combinaram posições corporais com práticas sexuais. A ideia subjacente era que se devia obter, conjuntamente, a "imobilidade" da respiração, do pensamento e do sêmen. A *Gorakṣa-saṃhitā* (61-71) afirma que durante a *khecarīmudrā*, o *bindu* (= esperma) "não cai" apesar de o praticante ser abraçado por uma mulher. E "enquanto o *bindu* permanece no corpo, não existe o medo da morte. Mesmo se o sêmen for ejaculado, é retido pela *yonīmudrā*". O *Haṭha-yoga-pradīpikā*, III, 82 e ss., propõe, para se obter o mesmo resultado, a *vajrolīmudrā*. É necessário dispor de leite e de uma "mulher dócil". O *yogin* "deve reabsorver seu *meḍhra* [*bindu* ejaculado durante o *maithuna*]", e este ato de reabsorção deve ser efetuado também pela mulher. "Tendo absorvido seu *bindu* ejaculado, o *yogin* pode conservá-lo; pela perda do *bindu* vem a morte, por sua retenção, a vida". Todos esses textos insistem sobre a interdependência entre respiração, experiência psicomental e sêmen viril. "Enquanto o ar [respiração] se move, o *bindu* se move; torna-se estacionário quando a respiração cessa de ocorrer. Consequentemente, o *yogin* deve controlar a respiração e obter a imobilidade" (*Gorakṣa-saṃhitā*, 90). "Enquanto o *prāṇa* está no corpo, a vida [*jīvan*] não se vai; a morte é a partida da respiração" (*id.*, 91).

Vê-se então que o *bindu* depende da respiração e, de alguma forma, se assemelha a ela, pois a partida de uma ou outra equivale igualmente à morte. O *bindu* também se relaciona com *citta*[105], e, dessa maneira, chega-se à equiparação dos três níveis em que se exercem tanto o "movimento" quanto a "imobilidade": *prāṇa, bindu, citta*. Como a *kuṇḍalinī* é acordada

105. No manuscrito de Benares da obra *Gorakṣa-saṃhitā*, estrofe 90, o termo *cittam* é usado no lugar de *bindur* (cf. G. W. Briggs, *op. cit.*, p. 302), do mesmo modo que no *Haṭha-yoga-pradīpikā*, II, 2: "Quando a respiração for irregular, a mente também será instável; mas quando a respiração for calma, a mente também o será e o *yogin* viverá por longo tempo. Deve-se, pois, controlar a respiração". Ver também IV, 21.

mediante uma retenção violenta – seja da respiração, seja da emissão seminal (seguida, se esta ocorrer, pelo retorno do sêmen) –, é importante conhecer a estrutura e as ramificações da equiparação desses três planos. Sobretudo porque os textos nem sempre esclarecem de que plano de referência se trata.

A "LINGUAGEM INTENCIONAL"

Os textos tântricos muitas vezes são redigidos em "linguagem intencional" *(sandhā-bhāṣā),* linguagem secreta, obscura, com duplo sentido, na qual um estado de consciência é expresso por um termo erótico e o vocabulário mitológico ou cosmológico está carregado de significações *haṭha-yóguicas* ou sexuais. Na *Saddharmapuṇḍarīka,* encontramos com frequência as expressões *sandhā-bhāṣita, sandhā-bhāṣya* e *sandhā-vacana.* Bournouf as traduziu por "linguagem enigmática", Kern por "mistério" e Max Müller por "palavra oculta". Em 1916 Harapresad Shastri propôs: "linguagem crepuscular", linguagem de "luz e sombra" (*ālo-ā-dhāri*). Mas foi Vidushekar Shastri, em seu estudo intitulado "Sandhā-bhāṣā" (em *Indian Historical Quarterly,* IV, 1928, p. 287-296), quem pela primeira vez demonstrou tratar-se de uma forma abreviada do vocábulo *sandhāya,* que se pode traduzir por "intenção", "o que tem o objetivo de", "o que se propõe a", "o que se refere a" etc. (*op. cit.,* p. 289). Não se tratava, portanto, de "linguagem crepuscular". "É bem possível que os copistas, desconhecendo o verdadeiro significado de *sandhāya* ou de sua forma abreviada *sandhā,* a tenham modificado para *sandhyā* (= crepuscular), expressão que lhes era familiar" (*id.,* p. 296). O *Hevajra-tantra* considera a *sandhā-bhāṣā* como a "grande doutrina" *(mahāsamaya)* dos *yogīs,* a "grande linguagem" (*mahābhāṣam*) e a proclama "repleta do sentido das doutrinas" (*samaya-saṇketa virtasaṃ*). Seu significado parece então bem definido: "secreto, oculto" (ver também nota VI, 10, com bibliografia).

Enigmas e adivinhações rituais foram utilizados desde os tempos védicos (*Ṛg-Veda,* I, 164; I, 152, 3; VIII, 90, 14; X, 55, 5 etc.; *Atharva-Veda,* VII, I; XI, 8, 10) e, à sua maneira, revelam os segredos do universo. No tantrismo estamos em presença de todo um sistema cifrado, solidamente elaborado, e que não chega a explicar a incomunicabilidade das experiências *yóguico*-tântricas; para expressar este tipo de experiências, há muito tempo usavam-se símbolos, *mantra,* letras místicas. A *sandhyā-bhāṣā* persegue outro fim: ocultar a doutrina aos não iniciados e, principalmente, projetar o *yogin* na "situação paradoxal" indispensável ao seu treinamento espiritual. Dada a polivalência semântica das palavras, o equívoco acaba por substituir o sistema comum de referência, inerente a toda linguagem usual. Essa destruição da linguagem contribui, também, para "quebrar" o universo profano e substituí-lo por um universo de níveis conversíveis e integráveis. O simbolismo, em geral, realiza uma "porosidade" universal, "abrindo" os seres e as coisas a significados transobjetivos. No tantrismo, porém, a "linguagem intencional" torna-se um exercício espiritual, faz parte integrante do *sādhana.* O discípulo deve experimentar continuamente o processo misterioso de assemelhação e de convergência que está na base da manifestação cósmica, pois ele mesmo torna-se agora um microcosmos e deve "despertar" – para conscientizar-se delas – todas as forças que em múltiplos níveis criam e reabsorvem periodicamente os universos. Não é só para ocultar aos não iniciados o Grande Segredo que ele é convidado a compreender o *boddhicitta* tanto como "pensamento do despertar" quanto como sêmen viril; o *yogin* deve ingressar, através da linguagem (isto é, pela criação de uma linguagem nova e paradoxal que toma o lugar da profana já abolida), no nível onde a semente pode ser transmutada em pensamento e vice-versa.

Esse processo de destruição e reinvenção da linguagem é observado entre os poetas tântricos, sobretudo entre os *siddhācārya* budistas, autores de canções "cifradas", *caryā.* Eis como se apresenta um poema de Kukkurīpāda: "Quando se ordenham "as duas" [mamas, ou "quando se ordenha a tartaruga"] não se pode guardar [o leite] no pote; o tamarindo da árvore é comido pelo crocodilo. A fronte está perto da casa [...], o brinco é roubado no meio da noite. O sogro adormece, a nora acorda – o ladrão roubou o brinco, onde se pode buscar? Mesmo durante o dia a nora grita de medo diante da gralha – onde vai ela durante a noite? Tal *caryā* foi cantado por Kukkurīpāda, e penetrou no coração de apenas um entre mil".

Segundo os comentários, o sentido parece ser o seguinte: "as duas", são os dois canais *iḍā* e *piṅgalā;* o líquido que se "ordenha" ou extrai é o *boddhicitta* (o que pode ser entendido em muitos sentidos) e o "pote" é o *maṇipūra* (o *cakra* da região umbilical). A "árvore" significa o corpo e o "tamarindo" o sêmen viril em sua forma de *boddhicitta;* o "crocodilo" que o "come" é a cessação *yóguica* da respiração *(kumbhaka).* A "casa" é a sede da beatitude; o "brinco" representa o princípio da sujeira e o "ladrão" simboliza *sahajānanda* (a beatitude da *sahaja* da qual falaremos mais adiante); "meia-noite" é o estado de completa absorção na felicidade suprema. O "sogro" é a respiração; o "dia", o estado ativo do pensamento, e a "noite" seu estado de repouso etc.[106]

---

106. S. Dasgupta, *Obscure Religious Cults,* p. 480. É notável que o uso desse estilo enigmático não tenha sido interrompido na literatura indiana desde o tempo dos *caryāpada* até nossos dias.

Estamos em um universo de analogias, de aproximações e duplos sentidos. Todo fenômeno erótico pode expressar, nessa "linguagem intencional", um exercício *haṭha-yóguico* ou uma etapa da meditação, assim como qualquer símbolo, qualquer estado de santidade pode ter sentido erótico. Daí resulta que um texto tântrico pode ser lido usando-se várias chaves: litúrgica, *yóguica,* tântrica etc. Os comentadores insistem sobretudo nas duas últimas: ler um texto com a "chave *yóguica*" é decifrar as diversas etapas da meditação a que alude o texto. O sentido tântrico é, na maior parte das vezes, erótico, mas é difícil concluir se se trata de atos concretos ou de simbolismo sexual. Para sermos mais precisos, é quase impossível distinguir entre o concreto e o simbólico, já que o *sādhana* tântrico tem justamente como finalidade a transubstanciação de toda experiência concreta, a transformação da fisiologia em liturgia.

Muitas palavras estereotipadas do budismo da tradição Mahāyāna enriquecem-se no tantrismo com sentido erótico: *padma* (lótus) é interpretado como *bhaga* (matriz); *vajra* (raio) significa *liṅga* (membro viril). Poder-se-ia então dizer que o Buda *(vajrasattva)* repousa no *bhaga* misterioso das Bhagavatī.[107] N. Shahidullah reconstituiu algumas séries de equivalências, segundo os *Dohākośa;* P. C. Baggchi estudou o simbolismo de certos vocabulários técnicos dos *caryā;* mas a interpretação dos textos cifrados na "linguagem intencional" e alegórica está longe de ser desvendada completamente.

Eis alguns exemplos, tirados sobretudo dos *Dohākośa*:

vajra (raio) = *liṅga* = *śūnya* (vacuidade)
ravi, sūrya (Sol) = *rajas* das mulheres (menstruação) = *piṅgalā* = narina direita = *upāya* (do meio)
śaśin, candra (Lua) = *śukra* (sêmen) = *iḍā* = narina esquerda = *prajñā*
lalanā (mulher) = *iḍā* = *abhāva* (não ser) = *candra* = *apāna* = *nada* = *prakṛti* (natureza) = *tamas* (um dos três *guṇa*) = *gaṅgā* (rio Ganges) = *svara* (vogais) = *nirvāṇa* etc.
rasanā (língua) = *piṅgalā* = *prāṇa* = *rajas* (um dos três *guṇa*) = *puruṣa* = *vyañjana* (consoantes) = *kali* = *yamunā* (rio Yamuna) = *bhāva* (ser) etc.
avadhūti = mulher asceta = *suṣumṇā* = *prajñā* = *nairātma* etc.

---

107. Louis de la Vallée-Poussin, *Boudhisme. Études et Matériaux*, p. 134. Para a equivalência *vajra=liṅga* no *Haṭha-yoga-pradīpikā*, ver *Index* da edição Hermann Walter, verbete *vajrakandara.*

boddhicitta = o pensamento do despertar = *śukra* (sêmen viril)
tarunī = donzela = *mahāmudrā*
gṛhinī = esposa = *mahāmudrā* = *divyamudrā*, *jñānamudrā*
samarasa = identidade de gozo = coito = suspensão da respiração = imobilidade do pensamento = detenção do sêmen.

Eis um texto de Kāṇha[108]: "A Mulher e a Língua estão imobilizadas nos dois lados do Sol e da Lua". O primeiro significado é *haṭha-yóguico:* suspensão das duas respirações *(prāṇa* e *apāna)* dentro de *iḍā* e *piṅgalā*, seguida da imobilização da atividade desses dois "canais sutis". Existe um segundo sentido: a Mulher é o conhecimento *(prajñā)* e a Língua o esforço, o meio de ação *(upāya)* – trata-se de parar tanto o conhecimento quanto o esforço dispensado na realização, e essa "imobilização" só pode ser obtida mediante o Yoga (suspensão da respiração). Entretanto, a suspensão da respiração deve ser compreendida neste contexto como simultânea à detenção da emissão seminal. Kāṇha diz em seu estilo sibilino: "O Imóvel engloba o pensamento da Iluminação [tradução de Shahidullah; traduz-se igualmente por 'pensamento do despertar'] apesar da poeira que o enfeita. Vê-se a semente do lótus, puro por natureza, em seu próprio corpo". O comentário sânscrito explica: se no *maithuna* (coito) o *śukra* (esperma) permanece sem emissão, o pensamento também permanece imóvel (Shahidullah, *op. cit.*). De fato, a poeira *(rajas)* é o "*rajas* das mulheres" (tanto a menstruação quanto as secreções vaginais): durante o *maithuna* o *yogin* provoca a emissão de sua companheira, ao mesmo tempo que imobiliza seu *śukra*, com o duplo resultado de que suspende o pensamento e se torna capaz de absorver "a semente do lótus" (= *rajas*).

Encontram-se assim as três retenções ou imobilidades de que falam os textos do *haṭha-yoga* (ver infra, p. 208): suspensão da respiração, do sêmen e do pensamento. O significado profundo dessa imobilidade não é fácil de perceber. Antes de abordarmos seu estudo, convém analisar a função ritual da sexualidade na Índia antiga e nas técnicas *yóguico*-tântricas.

---

108. Shahidullah o apresenta erroneamente como um niilista; ver *Les Chants Mystiques de Kāṇha et de Dohākośa*, p. 14: "Kāṇha e Sāraha são niilistas. Tal como os filósofos da escola Mādhyamika, para eles nada existe, nem *saṃsāra* nem *nirvāṇa*, nem *bhāva* (o ser) nem *abhāva* (o não ser). A verdade é o Inato (*sahaja*), isto é, a vacuidade". Kāṅha rejeita o "pensamento dualista", os pares de opostos, os condicionamentos, e busca o não condicionado (*sahaja*).

O EROTISMO MÍSTICO

O *maithuna* é conhecido desde os tempos védicos, mas caberá ao tantrismo transformá-lo em instrumento de salvação. Na Índia pré-tântrica, devem-se distinguir dois valores rituais da união sexual, ambos de estrutura arcaica e de incontestável antiguidade: 1º) a união conjugal como hierogamia; 2º) a união sexual orgiástica tendo como finalidade seja a fecundidade universal (chuvas, colheitas, rebanhos, mulheres etc.), seja a criação de uma "defesa mágica". Não nos deteremos no ato marital transformado em hierogamia: "Sou o Céu, tu és a Terra!", diz o esposo à esposa (*Bṛhadāraṇyaka Upaniṣad,* VI, 4, 20). A união é um cerimonial que compreende grande número de purificações preliminares, de semelhanças simbólicas e preces, exatamente como no desenrolar de um ritual védico. A mulher é, primeiro, transfigurada; torna-se o lugar consagrado onde se celebra o sacrifício: "o colo é o altar, os pelos a relva, a pele o lagar do soma, o fogo é o meio da vulva[109]. Aquilo que se obtém pelo sacrifício *vājapeya*, também obtém aquele que, sabendo disto, pratica o jogo da parte de baixo ..." (*id.*, VI, 4, 3). Notemos um fato importante: a partir da *Bṛhadāraṇyaka Upaniṣad* impõe-se a crença de que os frutos das "obras" – o resultado de um sacrifício védico – podem ser obtidos mediante uma união marital consumada ritualmente. A identificação do fogo sacrificial com o órgão sexual feminino é confirmada pelo encantamento mágico que se lança sobre o amante da mulher: "Tu fizeste uma libação no meu fogo" (*ib.*, VI, 4, 12). Um detalhe ritual da união, quando se deseja que a mulher não conceba, deixa transparecer certas ideias obscuras relacionadas à reabsorção do sêmen: "Depois de ter exalado, ele inala dizendo: 'com meu vigor, com meu esperma, tomo teu esperma' – e ela é privada de esperma" (*ib.*, VI, 4, 10). A técnica *haṭha-yóguica* da aspiração do sêmen deve ter existido, pelo menos em forma de encantamento mágico, desde a época das *Upaniṣad.* Em todo caso, o texto que acabamos de ler relaciona a aspiração seminal com um gesto respiratório e uma fórmula mágica.

A concepção opera-se em nome dos deuses: "Que Viṣṇu prepare a matriz; que Tvaṣṭar* talhe as formas; que Prajāpati verta o líquido, que Dhātar

---

109. E. Sénart nota que o texto parece alterado. Contudo, não se pode traduzir de outra maneira. Trata-se de antiquíssima crença segundo a qual o fogo teve origem na vagina; cf. M. Eliade, *Le Chamanisme et les Techniques Archaïques de l'Extase*, p. 327, nota 2.

* Divindade védica, pouco conhecida e muito antiga, que poderíamos traduzir como "o divino artesão". [N. do E.]

deposite em ti a semente. Coloca o germe, ó Sinīvālī, coloca o germe, deusa do grande coque! Os dois Aśvins, os dois deuses com grinaldas de lótus, colocaram o germe em ti" (*Bṛhadāraṇyaka Upaniṣad,* VI, 4, 21). Basta compreender tal comportamento para dar-se conta de que a sexualidade já não era mera situação psicofisiológica. Ela era valorizada como ritual, e foi assim que abriu caminho às inovações tântricas. Se o plano sexual é santificado e equiparado aos níveis ritualísticos e mitológicos, o simbolismo se exerce igualmente em sentido inverso: é o ritual que é explicitado em termos sexuais. "Se, durante a recitação, o sacerdote separa os dois primeiros quartos do verso e aproxima estreitamente os dois outros, significa a mulher abrindo as coxas e o homem apertando-as no ato da união sexual; o sacerdote representa assim o acasalamento para que o sacrifício gere prole numerosa. (*Aitareya Brāhmaṇa,* X, 3, 2-4). A recitação em voz baixa do *hotar** representa a emissão da semente; o *adhvaryu***, quando o *hotar* lhe dirige o apelo sacramental, põe-se de quatro e vira o rosto – é que os quadrúpedes não ficam frente a frente para emitir a semente (*id.,* X, 6, 1-6). Depois, o *adhvaryu* levanta-se e coloca-se frente ao *hotar* – é que os bípedes se colocam face a face para emitir a semente" (S. Levi, *La Doctrine du Sacrifice,* p. 107).

Já vimos que, durante o *mahāvrata,* uma *puṇścalī* se unia ritualmente a um *brahmacārin* ou a um *māgadha* no interior do lugar consagrado ao sacrifício (ver *Āpastamba Śrauta Sūtra,* XXI, 17, 18; *Kāṭhaka,* XXXIV, 5; *Taittīriya-saṃhitā,* VII, 5, 9 etc.). Trata-se provavelmente de um rito de "defesa" e de prosperidade ao mesmo tempo, como no grande sacrifício do cavalo, o *aśvamedha,* em que a mulher do oficiante, a *mahisi,* devia encenar uma união com o animal sacrificado; no fim do cerimonial, as quatro esposas eram entregues aos quatro grandes sacerdotes.[110] Podemos entrever na união cerimonial entre o *brahmacārin* (literalmente, "jovem casto") e a *puṇścalī* (literalmente, "prostituta") o desejo de efetuar a convergência dos opostos, a reintegração das polaridades – tema que encontramos nas mitologias e no simbolismo iconográfico de muitas culturas arcaicas. Em todo caso, assim como no *aśvamedha* e no *mahāvrata,* os ritos sexuais guardam ainda seu valor cosmológico (o *aśvamedha* é uma repetição da cosmogonia). É

* Os ofícios religiosos são geralmente presididos por 4 ou 7 sacerdotes com funções específicas. O *hotar* é o cantor. [N. do E.]

** Aquele que realiza ou consuma a parte prática da cerimônia ou sacrifício. [N. do E.]

110. Conforme os textos de P. F. Dumont, *L'Aśvamedha,* Paris, 1929, p. 260. Para os elementos sexuais nas cerimônias de fertilidade agrícola, ver J. J. Meyer, *Trilogie altindischer Mächte und Feste der Vegetation,* I-III, Zurique, 1937.

quando a significação profunda da união dos contrários começa a ficar obscura que se renuncia ao rito sexual: *tad etad purāṇam utsannaṃ na kāryam*, que significa "é um velho costume; não se deve mais usá-lo", diz o *Śānkhāyana Śrauta Sūtra*, XVII, 6, 2. Louis de la Vallée-Poussin via nesta restrição "o protesto dos *dakṣiṇācāra** contra as cerimônias da mão esquerda (*Études et Materiaux*, p. 136). Isto é pouco provável, pois o simbolismo sexual não foi em absoluto inovação dos *vāmācāra*. Temos citado diversos trechos dos *Brāhmaṇa* e das *Upaniṣad;* citaremos a seguir uma passagem da *Chāndogya Upaniṣad* (II, 13, 1-2), em que a união sexual era transposta e valorizada em forma de canto litúrgico *(sāman)*, principalmente no *vāmadevya* (melodia que acompanha a maceração do *soma* de meio-dia): "Ele a chama, é o *hiṁkāra* (exclamação surda com a qual começa o canto litúrgico); ele lhe faz a proposta, é o *prastāva* (prelúdio do *sāman*); ele se deita com a mulher, é o *udgītha* (parte principal do *sāman*); ele se deita sobre a mulher, é o *pratihāra* (parte do *sāman* que corresponde ao terceiro verso de uma quadra); ele chega a termo, é o *nidhana* (conclusão do *sāman*, correspondente ao último verso de uma quadra). Isto é o *(sāman) vāmadevya* realizado na união sexual *(maithuna)*. Aquele que sabe que o *vāmadevya* se realiza no *maithuna*, une-se sexualmente; ele se reproduz de *maithuna* em *maithuna* etc. Não há que negar-se a nenhuma: tal é a aplicação prática".

Ora, não podemos entender como tal texto pertenceria à ideologia "da mão esquerda"; o que importa fundamentalmente é a transmutação da união sexual em canto litúrgico (com todas as consequências religiosas daí resultantes). Como dissemos, esse processo de transmutação de uma atividade psicofisiológica em sacramento é característico de toda espiritualidade arcaica. A "decadência" começa com o desaparecimento da significação simbólica das atividades carnais; isso acaba por levar ao abandono dos "velhos costumes". Porém, o simbolismo da conjunção dos contrários continua a desempenhar papel importante no pensamento bramânico. Outra prova de que a união sexual era sentida como conjunção dos contrários encontra-se em certos textos que substituíram a expressão *maithuna* por *saṃhitā* (união), termo empregado para indicar o agrupamento binário de sílabas, metros, melodias etc., mas também para indicar a união com os deuses e com Brahman (cf. *Aitareya Āraṇyaka*, III, 1, 6; *Śānkhāyana Āraṇyaka*, VII, 14 etc.).[111] Como

---

* Praticantes tântricos considerados da mão direita. [N. do E.]

111. Para o fundamento filosófico da união dos princípios opostos ver Ananda K. Coomaraswamy, *Spiritual Authority and Temporal Power in the Indian Theory of Government*, New Haven, 1942.

veremos, a conjunção dos contrários constitui a constante metafísica de todos os rituais e meditações tântricos.

Os textos budistas também fazem referência ao *maithuna* (em páli: *methuna*; cf. *methuno dhammo,* em *Kathāvathu,* XXIII, 1-2) e o Buda menciona certos ascetas que consideram a sensualidade como um dos meios de se obter o *nirvāṇa* (cf. *Dīgha Nikāya,* I, 36). "É necessário lembrar – escreve Louis de la Vallée-Poussin (*nirvāṇa,* p. 18, nota) – que muitas seitas permitem aos religiosos o contato carnal com todas as mulheres 'não guardadas' (não casadas, não noivas etc.). [...] O episódio do velho burriqueiro ou passarinheiro, Ariṭṭha, que apesar de sua condição de monge achava não ser o amor obstáculo para a vida santa, e o do religioso Magandika, que oferece ao Buda sua filha Anupamā, a 'Incomparável', devem ser lembrados" (*Culla,* VI, 32). Estamos mal preparados para entender o significado profundo de todos esses costumes. É preciso ter em conta que, paralelamente a um erotismo místico, a Índia conheceu desde a pré-história inumeráveis ritos que incluíam a sexualidade nos mais diversos contextos culturais. Alguns desses ritos, presentes no berço da magia "popular", chamam-nos a atenção. É bem provável, porém, que não se trate da técnica tântrica do *maithuna.*

O *MAITHUNA*

Toda mulher nua encarna a *prakṛti.*[112] Portanto, a primeira etapa consiste em olhá-la com a mesma admiração e o mesmo desprendimento que se sente ao considerar o insondável segredo da Natureza e sua capacidade ilimitada de criação. A nudez ritual da *yoginī* tem valor místico intrínseco. Se, diante da mulher nua, não descobrirmos no mais profundo de nosso ser a mesma emoção aterradora que sentimos diante da revelação do Mistério cósmico, não haverá rito, haverá apenas um ato profano, com todas as consequências já conhecidas (alimento da cadeia *kármica* etc.). A segunda etapa é a da transformação da Mulher-*prakṛti* em encarnação da Śakti: a companheira do rito torna-se uma deusa, assim como o *yogin* deve encarnar o deus. A iconografia tântrica dos casais divinos (em tibetano: *yab-yum,* "pai-mãe"), das inumeráveis "formas" de Buda enlaçadas por suas Śakti, constitui o modelo típico do *maithuna.* Percebe-se a imobilidade do deus; toda atividade provém da Śakti. (No contexto *yóguico,* o *puruṣa* estático contempla a

112. Cf. H. H. Wilson, *Sketch of the Religious Sects of the Hindus,* Londres, 2. ed. 1861, p. 156.

atividade criadora da *prakṛti*.) Ora, como já vimos, para o *haṭha-yoga* tântrico a imobilidade realizada nos três planos do "movimento" – pensamento, respiração, emissão seminal – constitui o objetivo supremo do *sādhana*. Aqui também se trata de imitar um modelo divino: o Buda, ou Śiva, o Espírito puro, imóvel e sereno em meio ao jogo cósmico.

O *maithuna* serve, inicialmente, para ritmar a respiração e facilitar a concentração; portanto é um substituto do *prāṇāyāma* e da *dhāraṇā*, ou melhor, seu suporte. A *yoginī* é uma jovem, instruída por um *guru*, cujo corpo é consagrado *(adhiṣṭhita)* mediante a pintura de sinais apropriados. A união sexual transforma-se em um ritual pelo qual o casal humano se torna um casal divino. "Preparado para a realização do rito *(maithuna)* graças à meditação e às cerimônias que o tornam possível e frutuoso, ele (isto é, o *yogin*) considera a *yoginī*, sua companheira e amante, sob o nome de alguma deusa tutelar, como a substituta e a própria essência de Tārā, fonte única de alegria e repouso. A amante sintetiza toda a natureza feminina: ela é mãe, irmã, esposa, filha; em sua voz que reclama amor, o oficiante reconhece a voz das Bhagavatī que suplicam por Vajradhara, por Vajrasattva. Este é, para as escolas tântricas, *śaiva** e budistas, o caminho da salvação, o caminho da Bodhi" (Louis de la Vallée-Poussin, *Études et Matériaux*, p. 135). Além do mais, a mulher escolhida para o *maithuna* não é sempre a mulher comum das orgias. O *Pañcakrama* apresenta um ritual tradicional: "A *mudrā*, esposa do *yogin*, escolhida de acordo com regras fixas, oferecida e consagrada pelo *guru*, deve ser jovem, bela e sábia; com ela o discípulo praticará a cerimônia, observando escrupulosamente as *śikṣā***: pois não há salvação possível sem amor *(strīvyatirekeṇa)*; só a união carnal não é suficiente para a salvação. A prática das *pāramitā****, objetivo da *kriyā*, não deve ser esquecida. Que o *sādhaka* ame a *mudrā* segundo os ritos: *nātikāmayet striyam*". (Louis de la Vallée-Poussin, *op. cit.*, p. 141.)

O *prāṇāyāma* e a *dhāraṇā* são apenas os meios pelos quais, durante o *maithuna*, se chega à "imobilidade" e à supressão do pensamento, "a suprema grande felicidade" *(paramamahāsukha)* citada nos *Dohākośa*: é o

---

* Escolas ou seitas devotadas ao culto de Śiva. [N. do E.]

** Segundo o budismo, existem 3 classes de *śikṣā*: *adhicitta-śikṣā* (treinamento em pensamentos elevados), *adhiśīla-śikṣā* (treinamento em moralidade elevada) e *adhiprajñā-śikṣā* (treinamento em estudos elevados). [N. do E.]

*** Literalmente *pāramitā* significa "aquilo que faz chegar à outra margem", isto é, ao plano transcendental. As *pāramitā* são as grandes virtudes: generosidade, disciplina, paciência, energia ou esforço, meditação e sabedoria. [N. do E.]

samarasa (Shahidullah o traduz por "identidade de gozo"; trata-se de uma "unidade de emoção" e, mais exatamente, da experiência paradoxal, inexprimível, da descoberta da Unidade). "Fisiologicamente", *samarasa* obtém-se durante o *maithuna,* quando o *śukra* e o *rajas* permanecem imóveis (Shahidullah, *op. cit.*, p. 15). Porém, como nota Shahidullah, "a partir da linguagem mística dos *Dohākośa* pode-se explicar o *maithuna* – união do lótus *(padma)* e do raio *(vajra)* – como a realização do estado de vacuidade (*vajra* = *śūnya*) no plexo dos nervos cerebrais (= *padma*). Também podemos considerar 'mulher jovem' como vacuidade. Nos *caryā* (Buda Gāna), *nairātma,* 'estado de não ego', ou *śūnyatā,* 'vacuidade', é descrito como uma jovem de casta inferior ou uma cortesã"[113]. Segundo o *Pañcakrama,* estudado por Louis de la Vallée-Poussin, o *maithuna* pode ser compreendido como ato concreto e como ritual interiorizado, constituído por *mudrā* (*yoginī* femininas), isto é, por gestos, posições corporais e imagens fortemente visualizadas. "Para os religiosos, o *maithuna* é um ato essencial da iniciação *(saṃpradāya).* Por ordem do *guru,* eles desobedecem às leis da castidade que deverão observar

113. O papel desempenhado pelas donzelas de casta inferior e as cortesãs nas orgias tântricas (*cakra,* roda tântrica) é conhecido. Quanto mais depravadas e dissolutas, mais aptas para o rito. *Ḍombī* ("a lavadeira", *nairātma,* na linguagem secreta) é a favorita de todos os autores tântricos (por exemplo, os *caryā* de Kāṇha, em Shahidullah, *op. cit.*, p. 111. "Oh *ḍombī*! tudo profanaste!... Alguns te dizem feia. Os sábios te apertam contra o peito... Oh *ḍombī*! nada é mais dissoluto do que tu!" (Shahidullah, *op. cit.*, p. 120, nota). Nas lendas dos 84 *mahāsiddha* (magos) traduzidas do tibetano por Grünwedel (*Die Geschichten der 84 Zauberer*, Baessler Archiv, 1916, p. 137-228) encontra-se repetidamente o tema das donzelas de casta inferior cheias de sabedoria, possuidoras de poderes mágicos, que esposam reis (p. 147-148), que sabem fazer ouro (p. 221) etc. Esta exaltação das mulheres de baixa casta tem várias razões. Marca, em primeiro lugar, a reação popular contra os sistemas ortodoxos, que representa também uma contraofensiva dos elementos autóctones contra a ideologia das castas e as hierarquias introduzidas pela sociedade indo-ária. Mas este é o aspecto menos importante do problema. É o simbolismo da "lavadeira" e da "cortesã" que é mais significativo e deve-se observar que, conforme as doutrinas tântricas da identidade dos opostos, "o mais nobre e precioso" está oculto justamente no "mais baixo e vulgar". (Os alquimistas ocidentais não procediam de outra maneira quando afirmavam que a *matéria-prima,* identificada ao *lapis-philosophorum,* se encontrava em toda parte sob a forma mais baixa, *vili figura.*) Os autores dos *caryā* viam na *ḍombī* a representante da "vacuidade", isto é, do *Grund* não qualificado e inefável, pois só a "lavadeira" era livre de todo atributo ou qualificação social, ética, religiosa etc. Para o papel da mulher no tantrismo enquanto guia espiritual, ver W. Koppers, "Probleme der indischen Religionsgeschichte", em *Anthropos,* volumes XXV e XXVI, 1940-1941, p. 798 e ss.

daí em diante. Essa é, em minha opinião, a doutrina do *Pañcakrama* (III, 40). [...] Aquele que não pratica realmente o *maithuna*, se o praticou uma vez na vida, no momento da iniciação, obtém pela virtude do Yoga a *samāpatti* suprema [...]. O *maithuna* não é praticado de fato (*saṃvrtyā* = *lokavyavahārata*): ele é substituído por exercícios de ordem interior, por atos nos quais a *mudrā* (*yogin* mulher) é uma forma intelectual, uma gesticulação simbólica, um sinal ou uma operação bizarra de fisiologia" (Louis de la Vallée-Poussin, *Études et Materiaux*, p. 142-143).

Os textos insistem muito sobre essa ideia de que o *maithuna* é, antes de tudo, uma integração dos Princípios: "A verdadeira união sexual é a união da Paraśakti (*kuṇḍalinī*) com Ātman; as outras nada mais são que relações carnais com mulheres" (*Kulārṇava-tantra*, V, 111-112). O *Kālīvilāsa-tantra* (X-XI) expõe o ritual, mas nota que deve ser realizado exclusivamente com uma esposa iniciada (*parastrī*). Um comentador acrescenta que o cerimonial chamado *pañcatattva* (os cinco *makāra*, isto é, os cinco termos começando pela letra m: *matsya*, peixe; *māṃsa*, carne; *madya*, bebida inebriante; *mudrā*, grãos tostados e *maithuna*) não é observado em seu sentido literal senão pelos sudras, castas inferiores. O mesmo texto afirma que esse ritual é destinado ao *kali-yuga* (época negra), isto é, adaptado à presente etapa cósmico-histórica, em que o espírito se acha oculto e decaído em condição carnal. Porém, o autor sabe muito bem que o *pañcatattva* é interpretado ao pé da letra, principalmente nos meios mágicos e nas regiões menos ortodoxas, e cita a *Nigama-tantra-sāra*: "Em Gaura e outras regiões, podem-se obter as *siddhi* pelo *paśubhāva*" (o *pañcatattva* praticado literalmente).

Já frisamos que os adeptos do tantrismo se dividem em duas classes: os *samayin* – que acreditam na identidade de Śiva e Śakti, e se esforçam por acordar a *kuṇḍalinī* mediante exercícios espirituais – e os *kaula*, que veneram Kaulinī (*kuṇḍalinī*) e se entregam a rituais concretos. Esta distinção é sem dúvida exata, mas não é fácil saber até que ponto um ritual deve ser cumprido literalmente; vimos (p. 208) em que sentido é necessário interpretar a embriaguez até "cair por terra". Ora, muitas vezes a linguagem rude e brutal é empregada como armadilha para os não iniciados. Um texto célebre, o *Śaktisaṅgama-tantra*, consagrado quase inteiramente ao *saṭcakra-bheda* (= a "penetração dos seis *cakra*"), utiliza um vocabulário extremamente "concreto"[114] para descrever os exercícios espirituais (ver volume II, p. 126-131

---

114. A tal ponto que o editor do texto, Dr. Benoytosh Bhāttācharyya toma a precaução de substituir pelos sinais XXX os termos sexuais; cf. o *Śaktisaṅgama-tantra:* volume I, *Kālīkhaṇḍa* (Gaekwad Oriental Series, volume 61, Baroda, 1932), volume II, *Tārākhaṇḍa* (*ib.*, volume 91, Baroda, 1941).

sobre os cinco *makāra*. Segundo B. Bhāttācharyya, não se trata em absoluto de "peixe, carne, *maithuna* etc.", mas de termos técnicos relativos às meditações). Não é demais insistir sobre a ambiguidade do vocabulário erótico na literatura tântrica. A ascenção da Caṇḍālī através do corpo do *yogin* é muitas vezes comparada à dança da "lavadeira" (Ḍombī). Com "a Ḍombī sobre a nuca", o praticante "passa a noite em grande beatitude" (ver os textos reproduzidos por Dasgupta em *Obscure Religious Cults*, p. 120 e ss.).

Isso não impede que o *maithuna* seja praticado igualmente como ritual concreto. Pelo fato de não se tratar mais de um ato profano, e sim de um rito em que os celebrantes já não são humanos, mas seres "desapegados" como deuses, a união sexual não mais participa do nível *kármico*. Os textos tântricos repetem muitas vezes o adágio: "Pelos mesmos atos que fazem queimar certos homens no inferno durante milhões de anos, o *yogin* obtém sua eterna salvação (*karmanāyena vai sattvāh kalpakotiśatānyapi, pacyante narake ghore tena yogī vimucyate; Jñānāsiddhi*, de Indrabhuti, p. 32, versículo 15. Ver também outros textos na nota VI, 11). É, como se sabe, o próprio fundamento do Yoga exposto por Kṛṣṇa na *Bhagavad Gītā*: "Aquele que está livre de egoísmo, cuja mente não está turvada, embora mate todas as criaturas, não mata, fica livre dos frutos de seu ato" (XVIII, 17). A *Bṛhadāraṇyaka Upaniṣad* (V, 14, 8) já afirmava: "Aquele que sabe disto, embora cometa grande número de pecados, queima-os todos e se torna limpo, puro, impoluto e imortal".

O próprio Buda, se acreditarmos na mitologia tântrica, deu o exemplo: praticando o *maithuna* conseguiu vencer Māra, e empregando essa mesma técnica tornou-se onisciente e senhor das forças mágicas (E. Sénart, *La Légende du Bouddha*, p. 303-308). As práticas "à chinesa" *(cīnācāra)* são recomendadas em muitos dos tantras budistas. O *Mahācīnā-kramācāra*, também chamado *Cīnācāra-sāra-tantra*, conta como, com a aparência do Buda, o sábio Vasiṣṭha, filho de Brahmā, vai interrogar Viṣṇu a respeito dos ritos da deusa Tārā. "Penetra no grande país da China e percebe o Buda rodeado de um milhar de amantes em êxtase erótico. A surpresa do sábio chega ao escândalo e exclama: 'Eis práticas contrárias aos *Veda*!' Uma voz no espaço corrige seu erro: 'Se desejas – diz a voz – ganhar o favor de Tārā, então é com estas práticas ao estilo chinês que é necessário me adorar!'. Ele se aproxima do Buda e recolhe de sua boca esta lição surpreendente: 'As mulheres são os deuses, as mulheres são a vida, as mulheres são o adorno. Deves estar sempre em pensamento entre as mulheres!'".[115] Segundo uma lenda do

---

115. S. Lévi, *Le Nepal, Étude Historique d'un Royaumme Hindou*, Paris, 1905, volume I, p. 346-347. Ver também S. Lévi sobre o *Mahācīnā-kramācāra* no *Bulletin de l'École Française de l'Extrême-Orient*, 1905. Cf. Woodroffe, *Shakti and Shakta*, p. 179 e ss.

tantrismo chinês, uma mulher de Yen-chou entregava-se a todos os jovens; descobriu-se depois de sua morte que ela era o "*bodhisattva* com os Ossos Encadeados" (isto é, os ossos do esqueleto estavam unidos, como correntes).[116]

Todos estes exemplos ultrapassam o *maithuna* propriamente dito e se enquadram no grande movimento de devoção à "Mulher Divina", que domina toda a Índia a partir dos séculos VII e VIII. Vimos a predominância da Śakti nos sistemas salvacionistas e a importância da mulher nas disciplinas espirituais. Com o vixnuísmo sob a forma de adoração a Kṛṣṇa, o amor (*prema*) é chamado a desempenhar o papel principal. Trata-se sobretudo de um amor adúltero, da *parakīyā rati*, "a mulher do outro". Nas famosas "Cortes de Amor" de Bengala eram organizadas disputas entre partidários vixnuítas da *parakīyā* e os do amor conjugal, *svakīyā*, e os últimos eram sempre vencidos. O amor exemplar continuava sendo aquele que ligava Rādhā a Kṛṣṇa: amor secreto, ilegítimo, antissocial, simbolizando a ruptura que impõe toda experiência religiosa autêntica. (Note-se que o simbolismo conjugal da mística cristã, em que o Cristo ocupa o lugar do Esposo, não enfatiza o suficiente, aos olhos de um hindu, o abandono de todos os valores sociais e morais que implica o amor místico.)

Rādhā é concebida como o amor infinito que constitui a própria essência de Kṛṣṇa (ver textos citados por Dasgupta em *Obscure Religious Cults*, p. 142 e ss.). A mulher participa da natureza de Rādhā, e o homem, da de Kṛṣṇa; é por isso que a "verdade" concernente aos amores de Kṛṣṇa e Rādhā não pode ser conhecida senão com o próprio corpo, e esse conhecimento no nível da "corporeidade" tem validade metafísica universal. O *Ratna-sāra* proclama que aquele que realiza a "verdade do corpo" *(bhāṇda)* se torna capaz de chegar à "verdade do universo" (*brahmāṇda;* Dasgupta, *op. cit.*, p. 165). Porém, tal como acontece em todas as outras escolas tântricas e místicas, quando se fala do homem e da mulher não se pensa no "homem comum" *(sāmānya mānus),* no "homem das paixões" *(rāger mānus),* mas no homem essencial, arquetípico, "não nascido" *(ayoni mānus),* "não condicionado" (*sahaja mānus*), "eterno" *(nityer mānus).* Do mesmo modo, não é com uma "mulher comum" *(sāmānya rati)* que se pode descobrir a essência de Rādhā, mas com a "mulher extraordinária" (*viśeṣa rati;* ver textos em Dasgupta, *op. cit.*, p. 162). O "encontro" entre o Homem e a Mulher tem lugar em Vrindaban, o espaço mítico dos amores de Kṛṣṇa e Rādhā; sua união é um "jogo" *(līlā),* isto é, está liberta do peso cósmico, é espontaneidade pura. Todas as

116. Chou Yi-Liang, "Tantrism in China", em *Harvard Journal of Asiatic Studies*, VIII, p. 241-332. Mas este elogio do amor carnal pode-se explicar pela importância dada (sobretudo nos meios taoistas) às técnicas sexuais como meio de prolongar a vida; cf. nota VI, 12.

mitologias e técnicas da conjunção dos contrários são equivalentes: Śiva-Śakti, Buda-Śakti, Kṛṣṇa-Rādhā podem traduzir-se em qualquer união (*iḍā* e *piṅgalā*, *kuṇḍalinī* e Śiva, *prajñā* e *upāya*, "respiração" e "pensamento" etc.). Toda conjunção de contrários efetua a ruptura de nível e conduz à redescoberta da espontaneidade primordial. Muitas vezes, um esquema mitológico é interiorizado e encarnado, utilizando a teoria tântrica dos *cakra*. No poema vixnuíta intitulado *Brahma-saṃhitā*, o *sahasrāra-cakra* é assimilado a Gokula, morada de Kṛṣṇa. E um poeta vixnuíta do século XIX chamado Kamalā-Kānta, no poema *Sādhakarañjana*, compara Rādhā à *kuṇḍalinī* e descreve seu percurso até o lugar secreto de Kṛṣṇa como a ascenção da *kuṇḍalinī* ao *sahasrāra* para unir-se com Śiva (ver texto em Dasgupta, *op. cit.*, p. 150).

Mais de uma escola mística, budista ou vixnuíta, continuava a utilizar o *maithuna yóguico*-tântrico, mesmo quando o "amor devocional" desempenhava visivelmente o papel principal. A profunda corrente mística conhecida com o nome de Sahajiyā, que prolonga o tantrismo e que, como o próprio tantrismo, é tanto budista quanto hinduísta, ainda conserva a primazia das técnicas eróticas (ver nota VI, 13). Tanto no tantrismo como no *haṭha-yoga*, a união sexual é vista como meio de se conseguir a "beatitude suprema" *(mahāsukha)* e nunca deve consumar-se com a emissão seminal. O *maithuna* aparece como coroamento de uma longa e difícil aprendizagem ascética. O neófito deve dominar perfeitamente seus sentidos e, com esse propósito, tem de aproximar-se por etapas da "mulher devota" *(nāyīkā)* e transformá-la em deusa mediante uma dramaturgia iconográfica interiorizada. Para tanto, ele deve servi-la durante os quatro primeiros meses como um serviçal, e dormir no mesmo quarto que ela, mas a seus pés. Durante os quatro meses seguintes, ainda continuando a servi-la, dorme no mesmo leito, do lado esquerdo. Nos próximos quatro meses dormirá do lado direito, depois dormirão abraçados etc. Todas essas preliminares têm por finalidade a "autonomização" da volúpia – considerada como a única experiência humana que pode levar à beatitude nirvânica – e o domínio dos sentidos, isto é, a detenção seminal.

Na *Nāyīkā-sādhana-ṭīkā* ("Comentários sobre a disciplina espiritual em companhia da mulher") o cerimonial é descrito em todos os detalhes. Compreende oito partes começando com *sādhana*, "concentração mística com ajuda de fórmulas litúrgicas"; seguem-se *smaraṇa*, "a lembrança, a penetração na consciência"; *āropa*[117] "atribuição de outras qualidades ao objeto",

117. *Āropa* desempenha um papel importante na tradição Sahajiya; indica o primeiro movimento para a transcendência que consiste em ver o ser humano não no sentido físico, biológico e psicológico, mas em uma perspectiva ontológica; cf. textos em S. Dasgupta, *Obscure Religious Cults*, p. 158.

durante o qual se oferecem cerimonialmente flores à *nāyikā,* que começa a se transformar em deusa; *manana,* "lembrar-se da beleza da mulher quando ela está ausente", o que já é uma interiorização do ritual. Na quinta etapa, *dhyāna,* "meditação mística", a mulher senta-se à esquerda do devoto e é abraçada "de maneira que o espírito se inspire"[118]. Na *pūjā,* "o culto propriamente dito", adora-se o lugar onde a *nāyikā* está sentada, fazem-se oferendas e banha-se a mulher como se banha a estátua de uma deusa. Durante esse tempo o praticante repete mentalmente os *mantra.* A concentração atinge o máximo quando ele ergue a *nāyikā* nos braços e a conduz ao leito, repetindo a estrofe *Hlīng klīng kandarpa svāhā.* A união tem lugar entre "deuses". O jogo erótico realiza-se em um plano transfisiológico, porque nunca tem fim. Durante o *maithuna* o *yogin* e sua *nāyikā* incorporam uma "condição divina", pois não somente experimentam a beatitude, como também podem contemplar de modo direto a realidade última.

A "CONJUNÇÃO DOS CONTRÁRIOS"

Temos de lembrar que o *maithuna* não deve terminar jamais por uma emissão seminal: *boddhicittam notsrjet,* "o sêmen não deve ser ejaculado", repetem os textos.[119] Caso contrário, o *yogin* cai sob a lei do Tempo e da morte como qualquer outro libertino (cf. *Dohākośa,* de Kāṇha, estrofe 14; *Haṭha-yoga-pradīpikā,* III, 88). Nessas práticas, a "volúpia" exerce o papel de "veículo", pois proporciona a tensão máxima que suprime a consciência normal e dá acesso ao estado nirvânico, o *samarasa,* a experiência paradoxal

118. "A mulher não deve ser tocada pelo prazer corporal, mas pelo aperfeiçoamento do espírito", afirma o *Ānandabhairava* (citado por Bose em *Post-Caitanya Sahajiyā Cults,* Calcutá, 1930, p. 77-78).

119. Cf. por exemplo, o *Guṇavratanirdeśa,* citado no *Subhāṣita-saṃgraha,* edição Bendall, Muséon, p. 44: *bhage liṅgaṁ pratiṣṭhāpya boddhicittam na cotsrjet.* O taoismo apresenta também técnicas semelhantes, porém menos sofisticadas (cf. H. Maspero, "Les procédés de 'nourrir le principe vital' dans la religion taoïste ancienne", em *Journal Asiatique,* julho-setembro 1937, p. 383). Contudo, o objetivo dessas técnicas não era obter um estado nirvânico, paradoxal, mas economizar o "princípio vital" e prolongar a juventude e a vida. Às vezes os rituais eróticos taoistas tomavam proporções de verdadeiras orgias coletivas (Maspero, *ib.,* p. 402 e ss.), vestígios, provavelmente, de antigas festas sazonais. Mas o horizonte espiritual específico do *maithuna* é outro, diferente das orgias arcaicas, cujo único propósito era assegurar a fecundidade universal. Ver nota VI, 12.

da Unidade. Já vimos que o *samarasa* é conseguido pela "imobilização" da respiração, do pensamento e do sêmen. Os *Dohākośa* repetem sem cessar este tema: "A respiração não desce nem sobe; sem fazer nem uma coisa nem outra, permanece imóvel". "Aquele que imobilizou o rei de seu espírito pela identidade de gozo *(samarasa)* no estado do Inato *(sahaja)* torna-se mago instantaneamente; não teme mais a velhice e a morte." "Quando se coloca um forte ferrolho na porta de entrada da respiração, se nessa terrível penumbra se faz do espírito uma lâmpada, se a joia de *jina* toca lá no alto o supremo céu – diz Kāṇha – alcança-se o *nirvāṇa* ao mesmo tempo que se goza da existência" (tradução de Shahidullah).

É na "identidade de gozo", na experiência inexprimível da Unidade (*samarasa*) que se atinge o estado de *sahaja*, do não condicionado, da espontaneidade pura. Todos esses termos são de difícil tradução. Cada um procura expressar o estado paradoxal da absoluta não dualidade (*advaya*) que desemboca no *mahāsukha*, a "grande beatitude". Como o *brahman* das *Upaniṣad* e do Vedānta, e o *nirvāṇa* dos seguidores do Mahāyāna, o estado de *sahaja* é indefinível; não se pode conhecê-lo dialeticamente, mas tão só através da experiência vivida (ver textos dos *Dohākośa* e dos tantras reproduzidos por S. Dasgupta em *Obscure Religious Cults*, p. 91 e ss.). "O mundo inteiro", diz o *Hevajra-tantra*, "é a essência de *sahaja*, pois *sahaja* é a quintessência *(svarūpa)* de tudo; esta quintessência é *nirvāṇa* para aquele que possui o espírito *(citta)* puro." O estado de *sahaja* "realiza-se" transcendendo as dualidades; por essa razão, os conceitos de *advaya* (não dualidade) e *yuganaddha* (princípio de união) ocupam um lugar importante na metafísica tântrica. O *Pañcakrama* discute longamente o conceito de *yuganaddha:* é o estado de unidade conseguido pela eliminação das duas noções polares e contraditórias, isto é, *saṃsāra* (processo cósmico) e *nivṛtti* (detenção absoluta de todo processo). Chega-se a ultrapassar essas duas noções tomando consciência de que a natureza última do mundo fenomênico *(saṃkleśa)* é idêntica à do absoluto *(vyavadāna)*; realiza-se então a síntese entre a noção da existência formal e a da não formal (texto manuscrito reproduzido por S. Dasgupta, *op. cit.*, p. 32, nota 1).

Reconhece-se nesta dialética dos contrários o tema favorito da escola Mādhyamika e, em geral, dos filósofos adeptos do Mahāyāna. Porém, o tantrismo se interessa pelo *sādhana:* quer "realizar" o paradoxo expresso por todas as fórmulas e imagens que se referem à união dos contrários; quer chegar experimentalmente ao estado de não dualidade. Os textos budistas popularizaram sobretudo dois "pares de contrários": *prajñā*, a sabedoria, e *upāya*, o meio de atingi-la; *śūnyatā*, a vacuidade, e *karuṇā*, a compaixão. Unificá-los ou transcendê-los equivaleria a chegar à situação paradoxal de um *bodhisattva:* em sua sabedoria ele já não vê pessoas (porque metafisicamente a "pessoa" não existe; existe apenas um agregado de cinco *skandha*); não obstante, em sua compaixão, o *bodhisattva* se esforça por salvar as pessoas. O tantrismo multiplica os pares de contrários: Sol e Lua, Śiva e Śakti, *iḍā* e *piṅgalā* etc. e, como vimos, esforça-se por "unificá-los" mediante técnicas de fisiologia sutil e meditação. É importante notar este fato: qualquer que seja o nível onde se realize, a união dos opostos representa a ultrapassagem do mundo fenomênico, a abolição de toda experiência de dualidade.

As imagens utilizadas sugerem o retorno a um estado primordial de não diferenciação: a unificação do Sol e da Lua traduz a "destruição do cosmos" e, por consequência, o retorno à Unidade original. No *haṭha-yoga*, há um esforço por conseguir a "imobilidade" da respiração e do sêmen; fala-se mesmo do "retorno do sêmen", isto é, de um ato paradoxal, impossível de se efetuar em um contexto fisiológico "normal", próprio de um cosmos "normal"; em outros termos, o retorno do sêmen traduz – no plano fisiológico – a transcendência do mundo fenomênico, o acesso à liberdade. Isto nada mais é do que a aplicação daquilo que se chama "ir contra a corrente" *(ujāna-sādhana),* ou do processo "regressivo" *(ulṭā)* dos *nātha-siddha**, implicando uma "inversão" total de todos os processos psicofisiológicos. É, no fundo, a misteriosa *parāvṛtti*, já existente nos textos do Mahāyāna, e que no tantrismo designa igualmente o retorno do sêmen (ver nota VI, 1). O "retorno", a "regressão" implica – para aquele que os realiza – o aniquilamento do cosmos e, como consequência, a saída do Tempo, o acesso à imortalidade. No *Gorakṣa-vijaya,* Durgā (= Śakti, Prakṛti) dirige-se a Śiva nestes termos: "Como é possível, Senhor, que tu sejas imortal e que eu seja mortal? Revela-me a verdade, Senhor, para que eu também possa tornar-me imortal!" (textos em S. Dasgupta, *op. cit.*, p. 256). É nessa ocasião que Śiva revela a doutrina do *haṭha-yoga*. Ora, a imortalidade não pode ser obtida senão com a parada da manifestação, daí o processo de desintegração; é necessário "ir contra a corrente" e reencontrar a Unidade primordial, imóvel, que existia antes da ruptura. É isso que fazem os *haṭha-yogīs* quando unem o Sol e a Lua. Esse ato paradoxal efetua-se simultaneamente em muitos níveis: pela união de Śakti *(kuṇḍalinī)* com Śiva no *sahasrāra-cakra,* obtém-se a inversão do processo cósmico, a regressão ao estado indiferenciado da Totalidade primeira; "fisiologicamente", a conjunção Sol-Lua traduz-se pela união de

* Aqueles praticantes *yóguicos* que atingiram o domínio das oito *siddhi* e que são adeptos do culto Nātha, caracterizado pelas práticas mágicas e alquímicas. Este culto tornou-se muito popular na Índia a partir do século XII. [N. do E.]

prāṇa e *apāna,* isto é, por uma "totalização" das respirações, em suma, por sua suspensão; finalmente, a união sexual por intermédio da *vajrolīmudrā* (ver infra, p. 208) realiza o retorno do sêmen (cf. textos de S. Dasgupta, *op. cit.*, p. 274).

Como já vimos, a união do Sol e da Lua realiza-se pela unificação das fases da respiração e das energias vitais que circulam em *iḍā* e *piṅgalā;* a unificação tem lugar em *suṣumṇā.* Ora, segundo o *Haṭha-yoga-pradīpikā* (IV, 16-17), "a *suṣumṇā* devora o Tempo". Os textos insistem na "conquista da morte" e na imortalidade resultante para o *yogin* que conquista o Tempo. Parar a respiração, suspender o pensamento, imobilizar o sêmen – não são senão fórmulas para expressar o mesmo paradoxo da abolição do Tempo. Note-se que todo o esforço para a transcendência do cosmos é precedido por um longo processo de "cosmização" do corpo e da vida psicomental, pois é a partir de um cosmos perfeito que o praticante transcende a condição cósmica. Mas a "cosmização", realizada em primeiro lugar através do *prāṇāyāma,* já modifica a experiência temporal do *yogin.*[120] O *Kālacakra-tantra* relaciona a inspiração e a expiração com o dia e a noite, depois com as quinzenas, os meses, os anos, para chegar, progressivamente, aos maiores ciclos cósmicos. Isso quer dizer que, com seu próprio ritmo respiratório, o *yogin* repete e de certa maneira revive o Grande Tempo cósmico, as criações e as destruições periódicas dos universos (os Dias e Noites cósmicos). Interrompendo a respiração, unificando-a na *suṣumṇā,* ele transcende o mundo dos fenômenos, desemboca no estado não condicionado e intemporal, onde não existe nem dia nem noite, onde não há mais doença e velhice, fórmulas ingênuas e aproximativas para significar a saída do Tempo. Transcender o dia e a noite quer dizer transcender os contrários. É, na linguagem dos *nātha-siddha,* a reabsorção do cosmos pela inversão de todos os processos de manifestação. É a coincidência do tempo e da Eternidade, do *bhāva* e do *nirvāṇa;* no plano puramente humano, é a reintegração do Andrógino primordial, a conjunção em seu próprio ser do macho e da fêmea – em poucas palavras, a reconquista da plenitude que precede toda Criação.

Em suma, é esta nostalgia da plenitude e da beatitude primordiais que anima todas as técnicas que conduzem à *coincidentia oppositorum* no íntimo do ser. Sabe-se que essa mesma nostalgia, junto com certos simbolismos e técnicas de surpreendente variedade, são frequentes em todo o mundo arcaico (cf. nosso *Traité d'Histoire des Religions,* p. 357 e ss.). Sabe-se também

---

120. Cf. nosso estudo "Symbolismes Indiens du Temps et de l'Éternité", em *Images et Symboles,* Paris, 1952, p. 73-119.

que muitas cerimônias aberrantes buscam seu fundamento e justificação teórica no desejo de recobrar o estado "paradisíaco" do homem primordial. A maior parte dos excessos, crueldades e aberrações conhecidos com o nome de "orgias tântricas" revelam igualmente, e em última análise, a mesma metafísica tradicional que se recusa a definir a realidade última senão pela coincidência dos opostos. Alguns desses excessos, algumas formas populares ligadas às teorias e métodos tântricos, serão examinados mais adiante.

Resta-nos ainda sublinhar um aspecto do *sādhana* tântrico que geralmente passa despercebido: o da significação particular da reabsorção cósmica. Depois de ter descrito o processo da Criação por Śiva, a *Śiva-saṃhitā* (I, 69-77) descreve o processo inverso, do qual o *yogin* participa: ele vê como o elemento terra se torna "sutil" e se dissolve na água, e como a água se dissolve no fogo, e o fogo no ar, e o ar no éter, até que tudo é reabsorvido pelo Grande Brahman. Ora, o *yogin* realiza este exercício espiritual para antecipar o processo de reabsorção que ocorre com a morte. Em outros termos, o praticante assiste, mediante seu *sādhana,* à reabsorção dos elementos cósmicos por suas respectivas matrizes, processo desencadeado no instante da morte e que continua nas primeiras etapas da existência além-túmulo. O *Bardo Thödol* dá algumas explicações preciosas a esse respeito. Sob esse ângulo, o *sādhana* tântrico, como era de esperar, está centrado na experiência da morte iniciática, já que toda disciplina espiritual arcaica, de uma forma ou outra, implica iniciação, isto é, experiência da morte e ressurreição rituais. O tântrico é portanto um "morto em vida", pois viveu previamente sua própria morte; é igualmente "duas vezes nascido", no sentido iniciático do termo, pois não obteve o "novo nascimento" apenas no plano teórico, mas pela via de uma experiência pessoal. É possível que as numerosas alusões à imortalidade do *yogin,* frequentes nos textos *haṭha-yóguicos,* tenham relação com as experiências de tais "mortos em vida".

Capítulo VII

O YOGA E A ALQUIMIA

LENDAS DOS *YOGĪS* ALQUIMISTAS

O Vajrayāna tântrico visava conquistar um "corpo de diamante", incorruptível, alheio ao devir. O *haṭha-yoga* fortificava o corpo a fim de prepará-lo para a "transmutação" final e torná-lo apto à imortalidade. Como vimos, os processos tântricos efetuavam-se em um corpo sutil, semelhante ao cosmos e ao panteão; um corpo de algum modo já divinizado. Detalhe importante: o discípulo devia contemplar a dissolução e a criação dos universos e finalmente experimentar em si mesmo a "morte" (dissolução) e a "ressurreição" (*re*-criação), tanto do cosmos como de seu corpo sutil. Esse processo de dissolução e de recriação lembra o *solve et coagula* da alquimia ocidental. Da mesma forma que o alquimista, o *yogin* opera transformações na "substância" e esta, na Índia, é obra de Prakṛti ou Śakti (ou de Māyā, arquétipo do mago). O Yoga tântrico implicava, pois, um prolongamento alquímico: de um lado, dominando os segredos de Śakti, o *yogin* consegue imitar suas "transformações" e a transmutação dos metais ordinários em ouro, o que cedo se inscreve entre as *siddhi* tradicionais. De outro lado, o "corpo de diamante" dos seguidores do Vajrayāna, os *siddha-deha* dos *haṭha-yogīs,* tem alguma semelhança com o "corpo de Glória" dos alquimistas ocidentais; realiza-se a transmutação da carne, constrói-se um "corpo divino" (*divya-deha*), um "corpo de gnose" *(jñāna-deha),* digno receptáculo daquele que é um "liberado em vida" *(jīvan-mukta).*

A relação entre o Yoga e a alquimia foi percebida tanto pelos primeiros viajantes estrangeiros na Índia como pelo próprio povo, que rapidamente elaborou um folclore *yóguico*-alquímico, integrando os temas do elixir da imortalidade e da transmutação dos metais na mitologia do *yogin*-mago. Antes de examinar os textos alquímicos propriamente ditos, é interessante lembrar certas observações de viajantes e algumas lendas relativas aos alquimistas célebres: como muitas vezes acontece, o mito é mais eloquente que a realidade histórica e nos permite adentrar no sentido profundo de um fato histórico, melhor que os documentos que o registram.

Marco Polo, discorrendo sobre os *chugchi (yogīs)* que "vivem 150 ou 200 anos", escreve: "Eles utilizam uma bebida muito estranha, preparam uma poção feita da mistura de enxofre e mercúrio que bebem duas vezes por mês. Isto lhes dá, dizem eles, uma longa vida, e é uma poção que se habituam a tomar desde criança" (Yule, *Travels of Marco Polo,* editado por H. Cordier, 1903, vol. II, p. 365). Marco Polo não parece ter dado muita atenção aos *yogīs*-alquimistas. Em contrapartida, François Bernier, que observou muitas seitas de ascetas indianos, dedicou-lhes algumas páginas interessantes que constituíram, até o começo do século XIX, a principal fonte de informação sobre os *yogīs* e faquires (cf. *Voyages de François Bernier, Docteur en Médecine de la Faculté de Montpellier*, Amsterdã, editado por David Paul Marret, 1723, vol. II, p. 121-131). Bernier não deixou de perceber os conhecimentos alquímicos dos *yogīs:* "Há outros bem diferentes desses, que são estranhos personagens, vagam perpetuamente daqui para lá, pessoas que riem de tudo, que não se preocupam com nada, pessoas misteriosas que, diz o povo, só sabem fazer ouro e preparar tão admiravelmente o mercúrio que um ou dois grãos tomados todas as manhãs restabelecem a perfeita saúde do corpo e fortificam de tal maneira o estômago, que digerem muito bem e nunca se sentem empanturrados" (*op. cit.*, p. 130).

A tradição segundo a qual os ascetas indianos conhecem o segredo da longevidade por meio de drogas encontra-se também nos historiadores muçulmanos: "Li em um livro que certos chefes do Turquestão enviaram embaixadores com cartas para os reis da Índia, com a seguinte missão: haviam sido informados, esses chefes, de que na Índia se podiam obter drogas com a propriedade de prolongar a vida humana, e com a ajuda das quais o rei da Índia atingia idade muito avançada [...] e os chefes do Turquestão pediam que lhes enviassem um pouco dessa droga, assim como as indicações sobre o método pelo qual os *ṛṣi* conservavam sua saúde por tanto tempo".[121]

Segundo o emir Khusru, na Índia também se obtém a longevidade com o *prāṇāyāma.* "[...] por meio dele, os brâmanes podem conseguir a

121. Traduzido por Elliot, *The History of India as Told by its Own Historians,* volume II, Londres, 1869, p. 174. A lenda de uma planta indiana por meio da qual se pode obter a vida eterna é conhecida na Pérsia desde os tempos do rei Cosroes (531-578); cf. Reinaud, *Mémoire sur l'Inde,* Paris, 1849, p. 130. Encontramos também referências sobre a bebida da imortalidade nos *Jātaka*, porém aí essa bebida está provavelmente mais ligada à lenda da ambrosia que à alquimia.

longevidade, diminuindo o número de respirações diárias. Um *yogin* que conseguiu restringir sua respiração, viveu mais de 350 anos" (*Nuh Sipihr*, "Os Nove Céus, ou Esferas", do emir Khusru, traduzido por Elliot em *The History of India,* vol. III, Londres, 1871, p. 563-564). Eis o que encontramos do mesmo autor sobre os *yogīs:* "Podem predizer os acontecimentos futuros pela respiração que sai através das narinas, segundo a narina direita ou esquerda esteja mais ou menos aberta. Podem também inflar outro corpo com seu próprio alento. Há muitos desses homens nas montanhas, nas fronteiras da Cachemira. Podem voar nos ares como as aves, por mais incrível que isso pareça. Podem tornar-se invisíveis, quando querem, colocando antimônio nos olhos. Só aqueles que viram com seus próprios olhos podem acreditar nesses milagres" (*op. cit.*, p. 564). Reconhecem-se aqui a maior parte das *siddhi yóguicas,* em primeiro lugar o poder de "voar nos ares". Notemos, de passagem, que essa *siddhi* acabou por ser integrada na literatura alquímica (ver nota VII, 1).

A literatura indiana está cheia de alusões aos *yogīs* alquimistas. "Quando eu era jovem – escreveu o ilustre asceta jainista Hemacandra para Devacandra –, um pedaço de cobre untado com a seiva de um arbusto e colocado perto do fogo, seguindo vossas instruções, transformou-se em ouro. Dizei-nos o nome do arbusto, suas características e outros detalhes necessários para esclarecer o assunto."[122] Porém, foi sobretudo ao redor do famoso Nāgārjuna que se cristalizaram as lendas alquímicas. É claro que esse personagem lendário do qual falam Somadeva (século XI), em seu *Kathāsaritsāgara,* e Merutunga, em seu *Prabandhacintāmaṇi,* não é o mesmo ilustre doutor da escola Mādhyamika. Como se sabe, toda uma mitologia tântrica, alquímica e mágica foi acrescentada à biografia do famoso filósofo; mas é importante ressaltar até que grau, na imagem exemplar de Nāgārjuna (a única que se impôs e foi conservada pela memória coletiva), o tantrismo e a magia se apresentavam saturados de alquimia. Lê-se no *Kathāsaritsāgara* que Nāgārjuna, ministro de Chirāyus, conseguiu preparar o elixir, mas Indra ordenou-lhe não revelar seu uso a ninguém (tradução de Tawney, edição Penzer, *Ocean of*

122. *Prabandhacintāmaṇi,* tradução de C. H. Tawney, Calcutá, 1901, p. 147; cf. *ib.*, p. 173: Um religioso obtém um elixir que transformava em ouro tudo o que tocava. O autor é o monge jainista Merutunga (século XIV), que escreveu também um comentário sobre o tratado alquímico *Rasādhyāya;* cf. A. B. Keith, *A History of Sanskrit Literature,* p. 512. Sobre o "homem de ouro" ver *Prabandhacintāmaṇi,* p. 8; Hertel, *Indische Märchen,* Jena, 1921, p. 235. A lenda da pedra filosofal na Índia acha-se também em *Aîn i Akbari* de Abdul Fadhl'Allāmi (1551-1602), tradução de Blochmann e Jarret, Calcutá, 1873, volume II, p. 197.

Stories, p. 257). Somadeva, como bom brâmane, queria demonstrar o prestígio de Indra mesmo em relação a um mago tão poderoso como Nāgārjuna. No *Prabandhacintāmaṇi,* Nāgārjuna é autor de um elixir com ajuda do qual voa nos ares (tradução de Tawney, *op. cit.*, p. 195-196). Segundo outras lendas, em certa ocasião em que a fome assolava a região, ele fabricou ouro e trocou-o por cereais importados de países distantes (ver nota VII, 2). Teremos oportunidade de tornar a falar sobre Nāgārjuna; lembremos por ora que a crença nos poderes dos *yogīs* de transmutar os metais ainda está viva na Índia. Russel e William Crooke encontraram *yogīs* que pretendiam transformar cobre em ouro; diziam ter recebido esse poder de um de seus mestres da época do sultão Altitmish (ou Altamsh). Oman fala também de um *sādhu** alquimista.[123] Logo veremos que os poderes alquímicos se cristalizaram sobretudo ao redor dos oitenta e quatro *siddha* tântricos, e que em certas regiões a alquimia se confunde com o Yoga tântrico e a magia.

TANTRISMO, *HAṬHA-YOGA* E ALQUIMIA

Em sua descrição da Índia, Albirunî insiste sobre as relações entre a alquimia, o rejuvenescimento e a longevidade. "Eles têm uma ciência análoga à alquimia e que lhes é própria. Chamam-na *rasāyana,* palavra derivada de *rasa,* 'ouro'. É uma arte que consiste em certas manipulações à base de drogas e certos medicamentos compostos, em sua maior parte, de plantas. Seus princípios restauram a saúde dos doentes incuráveis e devolvem a juventude aos velhos; os homens regressam à idade imediatamente posterior à puberdade; os cabelos brancos voltam à cor primitiva, recuperam-se a acuidade dos sentidos, a agilidade da juventude e o vigor sexual; a vida terrena dos homens prolonga-se até idade bem avançada. E por que não? Já não foi mencionado, com base na autoridade de Patañjali, que um dos métodos que levam à liberação é o *rasāyana*?" (edição C. Sachau, *Alberuni's India,* vol. I, p. 188-189). De fato, Vyāsa e Vācaspati Miśra, comentando um sutra de Patañjali (*Yoga-sūtra,* IV, 1) no qual se mencionam "plantas ou ervas

---

* Um homem santo, geralmente um monge ou asceta que renunciou ao mundo. [N. do E.]

123. E. V. Russell e Rai Bahadur Hiralal, *The Tribes and Castes of the Central Provinces of India,* Londres, 1916, volume II, p. 398; W. Crooke, *Tribes and Castes of the N. W. Provinces,* Calcutá, 1898, volume III, p. 61; J. C. Oman, *The Mystics, Ascetics and Saints of India,* Londres, 1903, p. 59.

medicinais" *(auṣadhi)* entre os meios para atingir as "perfeições", interpretam *auṣadhi* como elixir de longa vida obtido mediante o *rasāyana.*

Certos orientalistas (A. B. Keith, Lüders) e a maior parte dos historiadores das ciências (J. Ruska, Stapleton, Reinh. Müller, E. von Lippmann) sustentam que a alquimia foi introduzida na Índia pelos árabes; alegam, para tanto, a importância alquímica do mercúrio e sua aparição tardia nos textos. Ora, o mercúrio aparece no *Bower Manuscript* (quarto século da era cristã, conforme Hoernle, *The Bower Manuscript,* Calcutá, 1893-1912, p. 107) e talvez mesmo no *Artha-śāstra* (do terceiro século a.C.) e sempre relacionado com a alquimia.[124] Certo número de textos budistas também falam da alquimia muito tempo antes da influência da cultura árabe. O *Avataṃsaka-sūtra,* que pode ser situado entre 150 e 350 de nossa era (traduzido para o chinês por Sikṣānanda em 695-699), diz: "Existe um suco chamado *hataka.* Um *liang* (medida chinesa) dessa solução pode transformar mil *liangs* de bronze em ouro puro". O *Mahā-prajñāpāramitopadeśa* (traduzido por Kumārajīva em 402-405) é ainda mais preciso: "Por meio de drogas e de encantamentos pode-se transformar bronze em ouro. Por meio de um hábil emprego de drogas, a prata pode ser transformada em ouro e o ouro em prata. Pela força espiritual um homem pode transformar em ouro a argila ou a pedra". Esses não são os únicos textos (ver nota VII, 3), mas será suficiente citar uma passagem do *Mahā-prajñāpāramita-śāstra,* importante tratado de Nāgārjuna traduzido em chinês por Kumārajīva (que viveu entre 344 e 413 de nossa era, portanto três séculos antes do aparecimento da alquimia árabe, que começa com Jâbir ibn-Hayyân, mais ou menos em 760 de nossa era). Entre as "metamorfoses" *(nirmāna),* Nāgārjuna cita uma longa lista das *siddhi* (reduzir à dimensão de um átomo, aumentar a ponto de encher o espaço etc.; atravessar paredes, andar nos ares, tocar com a mão o Sol e a Lua) e, para terminar, menciona a transformação "da pedra em ouro e vice-versa". Acrescenta em seguida: "Há ainda quatro espécies de *nirmāna* ('metamorfoses'): 1º) no mundo do desejo *(kāmadhātu)* as substâncias *(dravya)* podem-se transformar mediante as ervas *(auṣadhi),* objetos preciosos e artifícios mágicos; 2º) os seres dotados de saber superior *(abhijñā)* podem transformar as substâncias com a força de seu poder mágico *(iddhibala);* 3º) os *deva, nāga, asura* etc., pela

124. Segundo Reinh. Müller e E. von Lippmann (*Enstehung und Ausbreitung der Alchemie,* vol. II, p. 179), o termo *rasa,* no *Bower Manuscript,* não se referiria ao mercúrio; a questão não está ainda resolvida. Sobre o mercúrio e a alquimia no *Artha-śāstra,* ver R. V. Patvardhan, *Proceedings of I Oriental Congress,* Poona, 1919, vol. I, p. CLV; Winternitz, *Some Problems of Indian Literature,* Calcutá, 1925, p. 101.

força da retribuição *(vipākabala)* de suas existências [anteriores], podem transformar as substâncias; 4º) os seres recompensados em uma existência do mundo material *(rūpadhātu)* podem transformar as substâncias com a força da concentração *(samādhibala)*". (Tradução de E. Lamotte em *Le Traité de la Grande Vertu de Sagesse,* I, p. 382-383.) Daí podemos concluir que a transformação dos metais poderia se obter tanto pela alquimia vegetal ou mineral e a magia, como pela força do *samādhi,* isto é, pelo Yoga. Veremos mais adiante que a mesma tradição está registrada em outros textos.

Observemos que nada prova a dependência da alquimia indiana em relação à cultura árabe. Ao contrário, encontramos a ideologia e as práticas alquímicas nos meios ascéticos, isto é, lá, onde mais tarde, na época da invasão da Índia pelos muçulmanos, a influência islâmica quase não será exercida. A alquimia relaciona-se com o Yoga e o tantrismo, tradições pan-indianas e arcaicas. Encontramos os tantras alquímicos sobretudo nas regiões onde o islamismo quase não penetrou, no Nepal e na região tâmil, onde os alquimistas se chamam *sittar,* isto é, *siddha.*

É principalmente na literatura e nas tradições tântricas que encontramos alusões mais claras a respeito da alquimia, e maior número de nomes de *siddha* alquimistas. O *Subhāṣita-saṃgraha* (editado por Bendall, p. 40, estrofe começando por: *rasaghṛṣtam yathā...*) atribui ao mercúrio um papel importante; o *Sādhanamālā* (I, p. 350; cf. Introdução, p. 85-86) menciona o *rasāyana* como a quinta *siddhi.* Um texto de Siddha Carpati fala de processos alquímicos (cf. o fragmento do *Devamanusyastotra,* em G. Tucci, *Animadversiones Indicae,* p. 137). A *Śiva-saṃhitā* (III, 54) afirma que o *yogin* é capaz de fazer ouro com qualquer metal, esfregando-o com seus próprios excrementos e urina; uma referência análoga aparece na *Yogatattva Upaniṣad* (74), em que a alquimia é considerada (30) como um obstáculo no caminho da perfeição *yóguica.* O grande tratado tântrico traduzido do tibetano por A. Grünwedel com o nome de *Die Geschichte der 84 Zauberer* (*Baessler Archiv,* V, Leipzig, 1916, p. 137-228) dá-nos indicações sobre as práticas alquímicas dos *siddha:* Karnari obtém o exilir através da urina (p. 165-167) e transforma o cobre em prata e esta em ouro (p. 205-206); Capari conhece a tintura mediante a qual se faz o ouro (p. 202); Guru Vyāli experimenta preparar ouro com prata e drogas (p. 221-222). Acerca de outro mestre tântrico, Vāgīśvarakirti, Tāranātha escrevia que "pela magia ele conseguiu o elixir da vida em grande quantidade e o distribuiu aos outros, de forma que os velhos de 150 anos e mais voltaram a ser jovens (citado por E. Conze, *Le Boudhisme,* p. 177).

Todas essas lendas e alusões à simbiose tantrismo-alquimia deixam fora de dúvida a função soteriológica das operações alquímicas. Não se trata aqui de uma pré-química ou ciência embrionária, mas de uma técnica espiritual que, operando sobre a "matéria", buscava antes de tudo a "perfeição do espírito", a liberação e a autonomia. Deixando de lado o folclore que proliferou em torno dos alquimistas (como em torno de todos os magos), compreende-se a simetria que existe entre o alquimista trabalhando com os metais "vulgares" para transformá-los em "ouro", e o *yogin* que trabalha consigo mesmo, esforçando-se por "extrair" de sua vida psicomental, obscura e condicionada, o espírito livre e autônomo que participa da mesma essência que o ouro. Pois na Índia, como em muitos lugares, "o ouro é a imortalidade" (*amrtam ayur hiranyam*; em *Maitrāyaṇī-saṃhitā,* II, 2, 2; *Śatapatha Brāhmaṇa,* III, 8, 2, 27; *Aitareya Brāhmaṇa,* VII, 4, 6). O ouro é o único metal perfeito, solar; em consequência, seu simbolismo une-se ao simbolismo do Espírito, da liberdade e da autonomia espirituais. Esperava-se prolongar indefinidamente a vida absorvendo-se ouro. Entretanto, segundo o tratado alquímico *Rasaratnāsamuccaya,* antes de poder absorvê-lo era necessário purificá-lo e "fixá-lo" com mercúrio (texto citado por P. C. Ray em *A History of Hindu Chemistry,* vol. I, p. 105).

Que não se trata de uma ciência empírica, de uma pré-química, é claramente demonstrado em um capítulo do *Sarva-darśana-saṃgraha,* de Mādhava[125], consagrado à *raseśvara-darśana,* literalmente "ciência do mercúrio". A liberação depende da "estabilidade do corpo humano" e, como o mercúrio fortifica e prolonga a vida, ele também é instrumento de liberação. Um texto citado no *Sarva-darśana-saṃgraha* diz que "a liberação resulta do conhecimento, o conhecimento do estudo e o estudo só é possível a quem possui um corpo são". O ideal do asceta é obter a liberação em vida, ser um *jīvan-mukta.* O *rasa* (mercúrio)[126] é a quintessência de Śiva; chama-se também *pārada,* porque conduz à outra margem do mundo. É também a semente de Hara (Śiva), e o *abhra* (mica) é o *ovum* da Deusa (Gaurī): a substância produzida pela união de ambos pode tornar o homem imortal. O "corpo glorioso" foi obtido por grande número de *jīvan-mukta,* entre os quais o texto cita Carvati, Kapila, Guru Vyāli, Kāpāla e Kandalāyana.

Mādhava insiste sobre a função soteriológica da alquimia. "O sistema mercurial *(rasāyana)* não deve ser considerado como um simples elogio do metal, pois, conservando o corpo, é um meio imediato de atingir o fim

---

125. Edição *Anandāshrama Series* (2ª reimpressão), p. 48-53; tradução de Cowell e Gough, 4. ed., Londres, p. 137-144.

126. O mercúrio era considerado por certos tantras como o princípio gerador, e neles encontramos indicações para fazer um falo mercurial para Śiva, cf. P. C. Ray, *op. cit.,* volume I, Introdução, p. 79.

supremo que é a liberação." O tratado alquímico *Rasasiddhānta*, citado por Mādhava, diz: "A liberação da alma vital *(jīvan)* acha-se exposta no sistema mercurial, oh, pensador!". Um texto do *Rasārṇava* e outro cujo nome Mādhava não cita *(anyatrāpi)* dizem que o mérito que se adquire vendo o mercúrio é igual ao que se adquire vendo e adorando os emblemas fálicos de Benares ou de qualquer outro lugar santo.

Como nos outros tratados tântricos e de *haṭha-yoga*, o *Rasārṇava* começa por um diálogo entre Bhairava (Śiva) e a Deusa: esta pergunta-lhe o segredo da *jīvan-mukti* e Śiva responde-lhe que raramente é conhecido, mesmo entre os deuses. A liberação depois da morte é sem valor (estrofes 4 e 5). Segundo esse tratado podemos prolongar indefinidamente a vida do corpo se conseguimos controlar a respiração (*vāyu*, literalmente: "vento vital") e aplicar o mercúrio. Ora, isto lembra o *yoga* dos *nātha-siddha* que se esforçam por dominar o "vento vital" e regularizar a secreção do *soma*, técnica que tem o nome de *somarasa* (S. Dasgupta, *Obscure Religious Cults*, p. 292). Existe ainda outra classe de ascetas, os *siddha* do Śuddha Mārga (da "via pura") que distinguem duas espécies de "corpo incorruptível": o do "liberto em vida" *(jīvan-mukta)* e o do *para-mukta*. O primeiro é constituído por uma espécie de transmutação de Māyā, é imortal, superior a todo processo de desintegração, mas termina por ser absorvido no "Corpo da Pura Luz" ou "Corpo Divino", o *divya-deha* ou *jñāna-deha;* o segundo corpo, que é absolutamente espiritual *(cinmāyā)*, não pertence mais à matéria. Em linguagem tântrica esses dois corpos incorruptíveis são chamados, respectivamente, *baindava* e *śakta*. Segundo certos textos, os *nātha-siddha* distinguiram também o *siddha-deha* do *divya-deha* (ver S. Dasgupta, *op. cit.*, p. 293).

Resumindo, podemos dizer que os processos físico-químicos do *rasāyana* servem de "veículo" a operações psíquicas e espirituais.[127] O "elixir" obtido pela alquimia corresponde à "imortalidade" buscada pelo Yoga tântrico; do mesmo modo que o discípulo trabalha diretamente no corpo e na vida psicomental para transformar a carne em "corpo divino" e libertar o espírito, o alquimista opera na matéria para convertê-la em "ouro", isto é, para acelerar seu processo de maturação, para "consumá-la". Existe assim uma unidade oculta entre a "matéria" e o corpo psicofísico do homem, e isto não nos surpreende se pensamos na equiparação homem-cosmos, tão importante no tantrismo. No momento em que, graças ao processo de

127. Esta tradição da alquimia conta ainda hoje com adeptos na Índia. Cf. C. S. Narayanaswami Aiyar, *Ancient Indian Chemistry and Alchemy of Chemico-philosophical Siddhānta-system of the Indian Mystics*, The Third Oriental Conference, Madras, 1925.

interiorização, se esperavam resultados espirituais dos ritos e procedimentos fisiológicos, logicamente se devia chegar a resultados análogos interiorizando-se procedimentos praticados na "matéria"; em certa condição espiritual as comunicações entre os diferentes níveis cósmicos tornam-se possíveis. O alquimista assumia e prolongava a tradição arcaica – registrada por numerosos mitos e comportamentos primitivos – que considerava a "matéria" não apenas como vivente, mas, sobretudo, como um reservatório de forças sagradas: assim como para o mago primitivo e o tântrico, o problema que se colocava para o alquimista era "acordar" essas forças e dominá-las. O cosmos não era opaco, inerte, objetivo; aos olhos do iniciado revelava-se vivente, guiado pela "simpatia". Os minerais, metais e pedras preciosas não eram objetos de valor econômico determinado; eles encarnavam forças cósmicas e, por conseguinte, participavam do sagrado.

A ALQUIMIA CHINESA

Encontramos uma situação semelhante na China. A alquimia constitui-se utilizando os princípios cosmológicos tradicionais, os mitos relacionados com o elixir da imortalidade e os Santos Imortais, as técnicas que visavam tanto o prolongamento da vida como a beatitude e a espontaneidade espiritual (ver bibliografia na nota VII, 4). O ouro e o jade, por participarem do princípio cosmológico *yang,* preservam o corpo da corrupção. "Se colocamos ouro e jade nas nove aberturas do cadáver, ele será preservado da putrefação", escreve o alquimista Ko-Hung. T'ao Hung-Ching (século V) dá as seguintes informações: "Se, ao se abrir um túmulo antigo, o cadáver parece vivo em seu interior, sabei que dentro e fora do corpo deve haver grande quantidade de ouro e jade. Segundo as regras da dinastia Han, os príncipes e senhores eram enterrados com as vestes ornadas de pérolas e estojos de jade para preservar o corpo da decomposição".[128]

Pela mesma razão, os vasos de ouro alquímicos têm uma virtude específica: prolongam a vida ao infinito. O mago Li Chao-Kiun diz ao imperador Wu Ti da dinastia Han: "Sacrificai no forno *(tsao)* e podereis fazer vir seres [sobrenaturais]; quando eles [seres sobrenaturais] vierem, o pó de cinábrio

128. B. Laufer, *Jade, a Study in Chinese Archeology and Religion,* Field Museum, Chicago, 1912, p. 299. Ver também J. J. M. de Groot, *The Religious System of the Chinese,* Leiden, 1892, I, p. 269; J. Przyluski, "L'Or, son origine et ses pouvoirs magiques", em *Bulletin de l'École Française de l'Extrême Orient,* XIV, 1914, p. 1-17.

poderá ser transmutado em ouro amarelo; quando o ouro amarelo tiver sido produzido, podereis fazer utensílios para beber e comer, e tereis então prolongada longevidade. Quando vossa longevidade tiver sido prolongada, podereis ver os bem-aventurados *(hsien)* da ilha P'ong-lai que está no meio dos mares. Quando tiverdes visto e tiverdes feito os sacrifícios *fong* e *chang*, então não morrereis jamais".[129] O mais célebre alquimista chinês, Pao Pu'tzu (pseudônimo de Ko-Hung, 254-334 da nossa era; cf. nota VII, 5) diz: "Se desse ouro alquímico fizerdes pratos e vasilhas e se comerdes e beberdes neles, tereis longa vida" (tradução de Waley, "Notes on Chinese Alchemy", p. 4). O ouro, para ser eficaz, deve ser "preparado". O ouro "fabricado" é superior ao ouro natural.[130] Os chineses acreditavam que as substâncias encontradas na terra eram impuras e que necessitavam ser preparadas, como os alimentos, para serem assimiladas (Waley, *op. cit.*, p. 18).

"Se até a erva *chü-sheng* pode prolongar a vida,
Por que não experimentas colocar o Elixir na boca?
O ouro, por sua natureza, não prejudica;
Ele é de todos os objetos o mais precioso.
Quando o artista (alquimista) o inclui em sua dieta
A duração de sua vida torna-se eterna...
Quando o pó dourado entra nas cinco entranhas,
A bruma se dissipa como as nuvens de chuva pelo vento...
Os cabelos brancos tornam-se negros;
Os dentes perdidos dão lugar a outros novos.
O velho enfraquecido torna-se um jovem cheio de desejos;
A velha arruinada torna-se de novo jovem
Aquele cuja forma mudou e que escapou dos perigos da vida
Tem por título o nome de Homem Verdadeiro."[131]

---

129. Reproduzimos a tradução de Édouard Chavannes em *Les Mémoires Historiques de Sse-ma-Ts'ien*, volume III, segunda parte, Paris, 1899, p. 465. O texto foi traduzido também por Waley, *op. cit.*, p. 2; Johnson, *Chinese Alchemy*, p. 76-77, e Dubs, *Beginnings of Alchemy*, p. 67-68.

130. O ouro produzido por processos de sublimação e transmutação alquímica possuía uma vitalidade superior, por meio da qual se podia obter a salvação e a imortalidade. Buscava-se na alquimia o ouro de qualidade transcendental que permitisse a espiritualização do corpo humano. Cf. Laufer, em *Isis*, volume 12, 1929, p. 330-332.

131. *Ts'an T'ung Ch'i*, capítulo XXVII, tradução de Waley, "Notes on Chinese Alchemy", em *Bulletin of the School of Oriental Studies*, Londres, volume VI, 1930, p. 1-24;

A primeira menção histórica da alquimia está relacionada com a fabricação de ouro; em 144 a.C. um édito imperial ameaça de execução pública quem for surpreendido em flagrante delito de fabricar ouro (texto reproduzido por Dubs em *Beginnings of Alchemy,* p. 63). Segundo W. H. Barnes, as primeiras referências à alquimia podem ser do século IV ou III antes da nossa era. Dubs acredita (*op. cit.*, p. 77) que o fundador da alquimia chinesa tenha sido Tsou Yen, contemporâneo de Mêncio (séc. IV a.C.). Se esta opinião é ou não correta tem pouca importância; o fundamental é distinguir os inícios históricos e o desenvolvimento de uma pré-química, da alquimia como técnica soteriológica: esta última complementava (e não cessou de fazê-lo até o século XVIII de nossa era) os métodos e mitologias, em grande parte taoistas, que perseguiam um fim diferente de simplesmente "fazer ouro".

O ouro tinha caráter imperial: achava-se no "Centro" da Terra e mantinha relações místicas com o *chüe* (realgar ou enxofre), o mercúrio amarelo e a vida futura (as "fontes amarelas"). É assim que ele é apresentado em um texto de 122 a.C., o *Huai-nan-tzu,* onde encontramos também a crença em uma metamorfose precipitada dos metais (fragmento traduzido por Dubs, *op. cit.*, p. 71-73). É possível que esse texto seja proveniente da escola de Tsou Yen, se não for do próprio Mestre, (*ib.*, p. 74). A crença na metamorfose natural dos metais é bem antiga na China, e também a encontramos na remota Annam e na Índia continental e insular. Os camponeses de Tonkin dizem: "O bronze negro é a mãe do ouro". O ouro é engendrado naturalmente pelo bronze. Mas para que essa transmutação se efetue é necessário que o bronze permaneça por longo tempo no seio da terra. "Assim, os anamitas estão convictos de que o ouro encontrado nas minas se forma lentamente no local durante séculos, e se alguém tivesse remexido a terra antes teria encontrado bronze onde hoje se acha ouro" (J. Przyluski, "L'Or, son origine et ses pouvoirs magiques", p. 3). O alquimista não faz mais que acelerar o desenvolvimento dos metais; tal como seu colega ocidental, o alquimista chinês contribui para a obra da natureza precipitando o ritmo do tempo. Não se pode esquecer que a transmutação dos metais em ouro apresenta também um aspecto "espiritual": uma vez que o ouro é o metal imperial, "perfeito", "livre" de impurezas, o procedimento alquímico busca implicitamente a "perfeição" da

---

tradução de Lu-Ch'iang Wu, p. 240-241. *Ts'an T'ung Ch'i,* obra alquímica popular de Wei Po-Yang (pseudônimo no "estilo" Lao-Tsé, que floresceu entre 120-150 de nossa era), significa "União das correspondências compostas". Sobre este tratado ver Lu Ch'iang Wu e Tenney L. Davis, *An Ancient Chinese Treatise on Alchemy Entitled Ts'an T'ung Ch'i,* p. 212-216, e Johnson, *A Study of Chinese Alchemy,* p. 133.

natureza, isto é, em última instância, sua remissão e liberdade. A gestação dos metais no seio da terra obedece aos mesmos ritmos temporais que "prendem" o homem à sua condição carnal e decadente; apressar o desenvolvimento dos metais com a obra alquímica equivale a absolvê-los da lei do Tempo. De maneira semelhante, por meio de técnicas apropriadas o *yogin* e o tântrico liberam-se de sua condição temporal e conquistam a "imortalidade". Lembremo-nos do adágio védico: O ouro é a imortalidade.

Isto explica por que os procedimentos alquímicos estão sempre relacionados com a liberação do Tempo. Na China, a ligação entre a preparação do ouro, a obtenção da droga da imortalidade e a evocação dos Imortais é evidente. Luan Tai apresenta-se diante do imperador Wu e afirma que pode fazer esses três milagres, mas ele consegue apenas "materializar" os imortais (Sse-ma-Ts'ien, em *Les Mémoires Historiques de Sse-ma-Ts'ien,* tradução de E. Chavannes, vol. III, p. 479). Outro personagem célebre, Liu Hsiang (79-8 a.C.), pretende "fazer ouro" mas também fracassa (Dubs, *op. cit.*, p. 74). Alguns séculos mais tarde Pao Pu'tzu (Ko-Hung) tenta explicar o fracasso de Liu Hsiang dizendo que ele não possuía a "verdadeira medicina" (a pedra filosofal) e não estava preparado espiritualmente (pois o alquimista deve jejuar 100 dias, purificando-se com perfumes etc.). Não se pode efetuar a transmutação em um palácio, acrescenta Pao Pu'tzu; é necessário viver na solidão, afastado dos profanos. Os livros são insuficientes; aquilo que há nos livros serve só para principiantes, o resto é segredo e transmite-se por via oral.[132]

A busca do elixir está vinculada à conquista de ilhas distantes e misteriosas, onde vivem os "Imortais": reencontrá-los é ultrapassar a condição humana e participar de uma existência atemporal e beatífica. É bem possível que muitas expedições para achar as "Ilhas sobrenaturais" tenham levado a descobertas geográficas – a busca do "Paraíso" ou das "Ilhas dos Bem-aventurados" não foram, no Ocidente, ponto de partida das grandes descobertas geográficas para além do Mar? Não devemos esquecer que na base desses empreendimentos sempre esteve presente o mito, a imagem primordial de um território paradisíaco, subtraído do Tempo, onde viveriam os "perfeitos" e "imortais" (em outros meios culturais encontramos a Śvetadvīpa – ver a

132. Ver o resumo feito por Dubs, *op. cit.*, p. 79-80, e os textos traduzidos por Tenney L. Davis e K. F. Chen, "The Inner Chapters of Pao-p'u-tzu", em *Isis,* volume 74, 1940-1942, p. 287-325. Ver também, sobre as preliminares ascéticas e espirituais das operações alquímicas, os fragmentos do *Ts'an T'ung Ch'i* de Wei Po-Yang traduzidos por Tenney L. Davis e Lu Ch'iang Wu, "Chinese Alchemy", em *The Scientific Monthly,* 1930, p. 230-234.

respeito nota VII, 1 – a Ilha dos Bem-aventurados, Avalon etc.). A busca dos Imortais das ilhas distantes ocupou os primeiros imperadores da dinastia Tsin (219 a.C.; Sse-ma-Ts'ien, em *Les Mémoires Historiques de Sse-Ma-Ts'ien,* vol. II, p. 143-152; III, p. 437) e o imperador Wu da dinastia Han (110 a.C.; *ib.*, vol. III, p. 499; Dubs, *op. cit.,* p. 66). A nostalgia de um território mítico onde se acha a droga da imortalidade subsiste ainda na Idade Média: as "ilhas sobrenaturais situadas no meio do Mar Oriental" são substituídas por terras distantes, porém igualmente maravilhosas – as Índias e a Ásia ocidental. O imperador T'ai Tsung (séc. VII) tinha em sua corte um brâmane chamado Nārāyanaswamin, que Wang Hsüan-tsé mandara vir da Índia em 648 (Waley, *op. cit.,* p. 23). Este alquimista especializara-se na arte de prolongar a vida. Em 664-665, o monge budista Hsüan-chau recebeu de Kao-Tsung a ordem de trazer da Cachemira um mago indiano chamado Lokāditya, a quem atribuíam a posse do elixir da vida.[133] Gengis Khan ordenou, em 1222, ao alquimista taoista Ch'ang-ch'un que fosse até Samarcanda. Interrogado por Gengis Khan se possuía o exilir da vida[134], Ch'ang-ch'un responde francamente: "Tenho meios de proteger a vida (talismãs contra más influências), porém não o elixir da imortalidade".

A partir de certo momento, os autores distinguem a alquimia esotérica da exotérica. Peng Hsiao, que viveu no fim do século IX e primeira metade do século X, fez em seu comentário ao tratado *Ts'an T'ung Ch'i* uma diferenciação clara entre a alquimia exotérica, que utiliza apenas as substâncias concretas, e a alquimia esotérica, que se ocupa das "almas" dessas substâncias (Waley, *op. cit.,* p. 15). Essa distinção foi feita muito antes por Hui-ssu (515-577). A alquimia esotérica é claramente exposta no *Tratado sobre o Dragão e o Tigre,* de Su Tung-P'o, escrito em 1110. Os metais "puros", transcendentais, são identificados com as diversas partes do corpo, e os processos alquímicos, em vez de serem realizados no laboratório, desenrolam-se no corpo e na consciência do experimentador. Su Tung-P'o diz: "O dragão é o mercúrio. Ele é sêmen e sangue. Vem do rim e é conservado no fígado [...]. O tigre é o chumbo. É respiração e força corporal. Sai do espírito e é conservado nos pulmões [...]. Quando o espírito se move, a respiração e a força agem ao mesmo tempo que ele. Quando os rins se incham, o sêmen

133. Édouard Chavannes, *Mémoire sur les Religieux Éminents qui Allèrent Chercher la Loi dans les Pays d'Occident,* Paris, 1894, p. 21.

134. Arthur Waley, *The Travels of an Alchemist. The journey of the Taoist Ch'ang-ch'un from China to the Hindukush at the Summons of Chingiz Khan,* Londres, 1931, p. 131.

e o sangue fluem ao mesmo tempo que eles".[135] Assim como na Índia a alquimia se integra ao Yoga tântrico, na China sempre esteve vinculada às técnicas taoistas. Eis a razão pela qual o ritmar da respiração – tão importante nos meios taoistas (ver infra, p. 64 e ss.) – faz parte da disciplina do alquimista. Pao Pu'tzu escreve: "Começando a aprender o verdadeiro uso da respiração, o praticante deve inalar o ar pelo nariz (apertando-o entre dois dedos) e contar mentalmente as batidas de seu coração. Quando tiver contado 120 batidas, deve exalar o ar pela boca. Neste método de respiração, a finalidade é que os ouvidos não ouçam o ruído da inalação nem da exalação [...]. Por meio de uma prática gradual, deve-se aumentar o intervalo da suspensão da respiração [...] até alcançar mil batidas cardíacas. Quando um velho chegar a esse estágio, então se transformará em um jovem [...]" (tradução de Johnson em *A Study of Chinese Alchemy*, p. 47-48).

A ALQUIMIA, TÉCNICA ESPIRITUAL

Não abordaremos aqui o estudo das "origens" da alquimia chinesa: quer ela esteja relacionada com a busca do "ouro", da "droga da imortalidade" ou (como pensa Waley, *op. cit.*, p. 18-19) do cinábrio artificial, é evidente o caráter simbólico e sagrado dessas substâncias. A cor vermelha representa o princípio vital, o sangue: o cinábrio prolonga a vida, daí sua presença nas sepulturas desde tempos pré-históricos.

É necessário também ter em conta o simbolismo e o caráter sagrado da metalurgia, técnica secreta com cuja ajuda se "amadureciam" os minerais e se "purificavam" os metais, ação que a alquimia se encarregava de prolongar, pois ela também buscava a "perfeição" dos metais. (Sobre os "segredos da metalurgia" e as relações com a alquimia, ver a nota VII, 5.) Talvez uma química rudimentar se tenha desenvolvido a partir de certo momento, paralelamente aos procedimentos alquímicos, acabando por tornar-se uma ciência empírica, baseada tão só na observação e na experiência. Isso é possível. Porém, é mister distinguir esses dois tipos de experimentação: o alquímico e o pré-químico. Nada prova que os alquimistas se tenham interessado pelos fenômenos químicos. A propósito dos alquimistas alexandrinos, F. Sherwood Taylor escreve: "Todos aqueles que utilizaram o enxofre não podiam deixar

---

135. Citado por Waley, "Notes on Chinese Alchemy" em *Bulletin of the School of Oriental Studies*, Londres, volume VI, 1930, p. 1-24; ver também Lu Ch'iang Wu e Tenney L. Davis, *An ancient Chinese Treatise on Alchemy Entitled Ts'an T'ung Ch'i*, p. 255 (capítulo LIX do *Ts'an T'ung Ch'i*).

de observar os curiosos fenômenos que se produzem após sua fusão e o aquecimento consecutivo do líquido. Ora, apesar de o enxofre ter sido mencionado centenas de vezes, não há nenhuma alusão a qualquer de suas características fora de sua ação sobre os metais. Isso contrasta de tal maneira com o espírito da ciência grega clássica, que nos leva a concluir que os alquimistas não estavam interessados nos fenômenos naturais que não serviam a seus fins específicos. [...] Não se encontrará na alquimia nenhum início de ciência. [...] Jamais o alquimista empregou os procedimentos científicos".[136]

O ideal da alquimia sobreviveu mesmo na Europa até o século XVIII; era a crença de que o homem pode colaborar com a obra da Natureza: "Aquilo que a Natureza fez no princípio, nós também podemos fazer, remontando o procedimento seguido por ela. O que ela talvez ainda faça com a ajuda dos séculos nas solidões subterrâneas nós podemos obrigá-la a fazer em um instante, ajudando-a e propiciando-lhe circunstâncias mais favoráveis. Assim como fazemos o pão, poderemos fazer os metais".[137]

As relações entre o Yoga e a alquimia tornam-se compreensíveis quando percebemos o caráter soteriológico dessas duas técnicas: tanto uma como a outra realizam experiências com a "alma", servindo-se do corpo humano como de um laboratório, perseguindo a purificação, a perfeição e a transmutação final. Essa ligação entre os dois métodos de experimentação – o alquímico e o místico – encontra-se em toda parte. Conhecem-se as ligações íntimas que existiam entre o simbolismo da purificação ascética da alma e o da busca alquímica entre os antigos sufis (no sentido de "possuidores e experimentadores do processo secreto e misterioso da transmutação", sentido que é muito antigo) como Jâbir ibn-Hayyân, Sâ'ih'Alawî e Dhoû'l Noûn Misrî. Como observa Massignon, "literariamente, impunha-se *a priori* a afinidade entre esses dois dramas lendários da experiência humana, o da ciência e o da mística; entre o alquimista – em busca de um elixir, da Fonte da Juventude, agente de transmutação universal – e o asceta em busca de um Espírito, ministro de santificação".[138]

---

136. F. Sherwood Taylor, "A Survey of Greek Alchemy", em *The Journal of Hellenic Studies*, 1930, volume 50, p. 109-139.

137. Jean Reynaud, *Études Encyclopédiques*, tomo IV, p. 487, citado por A. Daubrée, "La génération des minéraux métalliques dans la pratique des mineurs du Moyen Age, d'aprés le *Bergbüchlein*", em *Journal des Savants*, 1890, p. 379-392; 441-452.

138. L. Massignon, *Al Hâllaj, Martyr Mystique de l'Islam,* Paris, 1922, volume II, p. 931. Sobre a alquimia e suas relações com a gnose ismaelita ver Henri Corbin, *Le Livre du Glorieux de Jâbir ibn-Hayyân. Alchimie et Archétypes,* Eranos-Jahrbuch, XVIII, Zurique, 1950, p. 47-114.

Na Índia, a tendência do Yoga a assimilar todas as técnicas concretas não podia negligenciar uma experiência tão precisa como a da alquimia. A osmose entre essas duas ciências espirituais em certos momentos é perfeita: ambas opõem-se à via puramente especulativa, ao conhecimento puramente metafísico; ambas trabalham com a "matéria viva" para transmutá-la, isto é, para mudar-lhe o regime ontológico; ambas perseguem a liberação das leis do Tempo, que é o descondicionamento da existência, a conquista da liberdade e da beatitude, enfim, da imortalidade.

CAPÍTULO VIII

O YOGA E A ÍNDIA ABORÍGINE

OS CAMINHOS DA LIBERDADE

Na grandiosa síntese espiritual que é o tantrismo, pudemos distinguir elementos de origem e alcance diversos. De um lado, a herança do culto védico e do bramanismo, as inovações da *Bhagavad Gītā* e as correntes sectárias; de outro, os aportes do budismo medieval, da alquimia e das espiritualidades autóctones. Vimos o importante papel das técnicas *yóguicas* na síntese tântrica; graças a elas, níveis de experiência tão heterogêneos como a iconografia, a sexualidade e a alquimia foram equiparados e integrados, acabando por constituir planos equivalentes de um mesmo itinerário espiritual. Tal como nas sínteses precedentes (o *Mahābhārata*, a *Bhagavad Gītā* etc.), são as disciplinas especificamente *yóguicas* – domínio da respiração, métodos de meditação – que serviram de apoio para as novas valorizações. Esse processo de integração continuou com força cada vez maior, mesmo depois do triunfo do tantrismo, da decadência do budismo Vajrayāna e da invasão do Islã. Não pretendemos traçar aqui sua história, às vezes demasiado complexa, pois ela abrange quase todos os setores da vida religiosa e cultural da Índia. Lembremos apenas que as diferentes formas do Yoga – devocional, mística, erótica ou mágica – exerceram grande influência no nascimento das literaturas vernáculas e, de maneira geral, na formação do espírito da Índia moderna. Propomo-nos mostrar com uma série de exemplos, escolhidos nos mais diversos meios (folclore, devoção popular, seitas, superstições etc.), as múltiplas e contraditórias valorizações do Yoga em todos os níveis culturais. Esta breve pesquisa será desenvolvida nas camadas mais excêntricas e arcaicas com o propósito de englobar boa parte da proto-história da Índia. A sondagem será instrutiva: veremos que o *yogin* e o *sannyāsin* podem adotar inúmeras formas, desde feiticeiros e faquires, curandeiros e "milagreiros", até os ascetas mais nobres e místicos elevados, passando pelos magos canibais e *vāmācāra* extremistas.

Se os *yogīs* foram confundidos com todos esses tipos de comportamento mágico-religioso, é porque todas as técnicas espirituais indianas participam de alguma forma do Yoga. Nos meios populares, os *yogīs* têm sido considerados em todos os tempos como magos ilustres dotados de poderes sobre-humanos.[139] Apesar das reservas de Patañjali e de outras formas de Yoga com referência às *siddhi,* a assimilação do *yogin* ao mago era quase inevitável. Porque, para os espíritos inadvertidos, era fácil confundir *liberação* com *liberdade absoluta,* e o *jīvan-mukta* com o mago "imortal" que tinha acesso a todas as experiências sem por isso sofrer seus efeitos *kármicos.* Veremos mais adiante alguns exemplos de tais confusões a propósito de Gorakhnāth e os *nātha-siddha.* O fenômeno é compreensível se pensarmos que a liberdade se manifesta de inúmeras formas, frequentemente antissociais; um homem livre já não se sente preso a leis e preconceitos – situa-se fora de toda ética e de toda forma social. Os "excessos" e as "aberrações" que ressoam nas lendas dos *vāmācarī,* as crueldades e os crimes dos *kāpālika* e dos *aghorī,* para a sensibilidade indiana são outras tantas provas de uma liberdade total, conquistada sobre a condição humana e à margem da sociedade. Não esqueçamos que para o pensamento indiano a condição humana "normal" equivale a escravidão, ignorância e sofrimento; a liberdade, o conhecimento, a beatitude são inacessíveis enquanto essa "normalidade" não for destruída – e a mesma premissa constitui o fundamento metafísico de todos os excessos e aberrações, os quais são também meios eficazes de abolir a condição humana. Devemos afirmar, antes de tudo, que os extremistas sempre foram minoria na Índia, que as grandes correntes espirituais jamais encorajaram tais manifestações em que o niilismo rivalizava com a torpeza; que os cínicos, libertinos, adeptos das "escolas terríveis" viveram a maior parte do tempo à margem da ascese e da mística indianas. Porém, todas essas interpretações literais da transcendência da condição humana foram justificadas por ideologias respeitáveis, tanto hinduístas como budistas da escola Mahāyāna.

Por outro lado, tais excessos, assumidos em nome de uma doutrina da salvação, abriram caminho a sincretismos quase inevitáveis, com ritos provenientes de níveis espirituais inferiores e comportamentos de grupos subalternos. O tantrismo acaba por integrar a grande e a pequena magia popular, o

---

139. Cf. Maurice Bloomfield, "On false ascetics and nuns in Hindu fiction" no *Journal of the American Oriental Society,* volume XLIV, 1924, p. 202-242, principalmente p. 213-218.

Yoga erótico encoraja a livre expressão dos cultos orgiásticos secretos e dos maníacos licenciosos que, sem o prestígio do *maithuna* tântrico e das técnicas *haṭha-yóguicas,* teriam prosseguido sua existência obscura à margem da sociedade e da vida religiosa comunitária. Como toda gnose e toda mística que se difundem e triunfam, o Yoga tântrico não consegue evitar a degradação, penetrando em camadas sociais cada vez mais vastas e excêntricas. Como nem sempre é possível praticar um Yoga integral, a grande maioria contenta-se em imitar-lhe certos aspectos exteriores e interpreta literalmente certos detalhes técnicos. É o risco de toda mensagem espiritual assimilada e vivida por massas sem uma iniciação preparatória. Na perspectiva indiana, esse fenômeno de degradação corresponde ao movimento de queda acelerada do fim do ciclo: durante o *kali-yuga* a verdade é envolta nas trevas da ignorância. É por isso que novos Mestres aparecem continuamente e readaptam a doutrina atemporal às escassas possibilidades de uma humanidade decaída. Veremos, a propósito de Gorakhnāth e os 84 *siddha,* que a mensagem desses novos Mestres, renovada sem cessar, sofre a erosão das massas (pois a aparição das massas é a nota característica do *kali-yuga)* e acaba por degradar-se e ser esquecida. Mais exatamente, em certo nível "popular", todo Mestre espiritual acaba por reunir a imagem arquetípica do Grande Mago, do "liberto em vida" e do possuidor de todas as *siddhi.*

OS *AGHORĪ* E OS *KĀPĀLIKA*

Um ponto que nos parece importante nesse processo espiritual é a degradação de uma ideologia por incompreensão do simbolismo que a veicula. Eis um exemplo: conhece-se o papel do "cemitério" *(śmaśāna)* e da meditação em posição sentada sobre os cadáveres, nas numerosas escolas ascéticas indianas. O simbolismo é frequentemente realçado nos textos. O cemitério representa a totalidade da vida psicomental alimentada pela consciência do eu; os cadáveres simbolizam as diversas atividades sensoriais e mentais. Sentado no centro de sua experiência profana, o *yogin* "queima" as atividades que a alimentam, da mesma forma que se queimam os cadáveres no cemitério. Meditando em um *śmaśāna,* realiza-se de maneira ainda mais imediata a combustão das experiências egoístas; ao mesmo tempo, o praticante fica livre do medo, evoca os demônios terríveis e os submete.

Ora, existe uma classe de ascetas devotos de Śiva, os *aghorī* ou *aghorapanthi,* que muitas vezes interpretaram materialmente esse simbolismo do "cemitério" e dos "cadáveres". Seu nome tem sido traduzido por "não terrífico" *(a-ghora); aghorapanthi* seria aquele que segue a via (ou o culto) de Śiva sob esta forma. As relações com o tantrismo são evidentes. Esses *aghorī* comiam em crânios humanos, frequentavam os cemitérios e ainda praticavam o canibalismo no fim do século XIX. Crooke cita o caso de um *aghorī* de Ujjain que em 1887 devorara um cadáver sobre uma pira funerária (ver nota VIII, 1). Alimentavam-se de toda espécie de imundície e qualquer tipo de carne, exceto a de cavalo. Justificavam essas práticas dizendo que todos os gostos e inclinações naturais humanas deviam ser destruídos, que não existe nem bem nem mal, nem agradável nem desagrável etc. Assim como os excrementos humanos fertilizam um solo estéril, assim a assimilação de toda espécie de sujeira fertiliza o corpo e torna o espírito capaz de qualquer meditação (Barrow, *On Aghoris,* p. 222). Para eles não existe distinção entre castas ou religiões; os pais são simples acidentes (*ib.*, p. 223). Estes ascetas dividem-se em dois ramos: *shuddh* (os puros) e *malin* (os sujos). Quanto ao culto, uns dizem adorar a Sītalā Devī, outros a Parnagīrī Devī[140], outros, ainda, a Kālī. Qualquer devoto de Śiva, de qualquer casta, pode-se tornar um *aghora.* Segundo Barrow, mesmo os jainistas são admitidos, mas não os vixnuítas (*ib.*, p. 210). Não adoram imagens. Afora seu Deus, respeitam apenas seu *guru* (*ib.*, p. 233). O celibato é obrigatório. Levam vida de vagabundos e um discípulo (*chela*) só pode se tornar *guru* doze anos após a morte de seu mestre espiritual. Cada *guru* tem sempre um cão a seu lado. Os cadáveres não são enterrados deitados, mas sentados com as pernas cruzadas (ver nota VIII, 4).

Esses *aghorī* são os sucessores de uma ordem ascética muito mais antiga e disseminada, a dos *kāpālika* ou "portadores de crânios". A *Maitrāyaṇī Upaniṣad* (VII, 8) já menciona um *kapalin;* uma inscrição da primeira metade do século VII fala do deus Kāpāleśvara e seus ascetas (Bhandarkar, *Vaisnavism, Saivsm,* p. 118; cf. *Brahma-sūtra,* II, 2, 37). Os *kāpālika* veneravam Śiva sob o aspecto de Mahākāla (o Grande Destruidor) e Kāpālabhṛt (o Portador de Crânios). Eles se parecem muito com os *vāmācārī* tântricos, mas levam ao extremo as práticas orgiásticas e a crueldade ritual. A partir do século VI as alusões a esses ascetas se multiplicam: na *Daśakumāracarita,* no século VI; as de Hsiuen-Tsang que os encontrou em sua viagem à Índia (630-645); as de Bhavabhūti (século VIII), que apresentou em seu drama *Mālatī-Mādhava* um *kāpālika* chamado Aghoraghanta, prestes a sacrificar a virgem Mālatī à deusa Cāmuṇḍā. Encontramos um episódio semelhante na peça *Prabodha Chandrodāya,* encenada em 1065; o autor é um *sannyāsin* chamado Kṛṣṇamiśra que parece ter conhecido os *kāpālika.* Eis o que um

140. Deusa adorada em Pali, perto de Ajmer, e considerada a deusa tutelar dos ascetas; cf. Barrow, *op. cit.*, p. 210.

deles diz: "Meu colar e meus ornamentos são feitos de ossos humanos. Habito entre as cinzas dos mortos e como em crânios. [...] Bebemos licor nos crânios dos brâmanes; nossos fogos sagrados são alimentados com cérebros e pulmões de homens misturados com suas carnes, e apaziguamos o Deus Terrível (Mahā-Bhairava) com vítimas humanas cobertas de sangue fresco que jorra das feridas de suas gargantas [...]. O poder de nossa religião é tal que tenho autoridade sobre Hari-Hara e os mais antigos e maiores dos deuses; controlo o curso dos planetas no céu; submerjo a Terra com suas montanhas e cidades nas Águas e bebo essas águas num piscar de olhos. [...] Aquele que se parece com os deuses, que tem por pente o disco lunar e que, com delícia, abraça mulheres tão belas como Pārvatī, esse conhece a beatitude suprema".

No *Prabodha Chandrodāya,* uma *kāpālinī* acompanha o *kāpālika.* Vestida como ele, a *kāpālinī* de seios pesados dança com ele sob a direção de Bhairava. Não há nenhuma dúvida possível quanto aos ritos licenciosos dos *kāpālika:* "Pode-se, sem renunciar aos prazeres que derivam dos órgãos dos sentidos, obter as oito grandes *siddhi*". Rāmānuja, que distingue duas classes de *kāpālika,* uma extremista, outra moderada, sublinha suas relações com as técnicas sexuais (*Śrī-bhāṣya,* II, 2, 35-38). Atribui a um *kāpālika* as seguintes palavras: "Aquele que conhece a verdadeira natureza das seis *mudrā,* que compreende a mais elevada *mudrā,* esse, ao meditar em si mesmo como se estivesse sentado na posição *bhagāsana* (isto é, visualizando-se sentado sobre o *pudendum muliebre*), atinge o *nirvāṇa*".

Tanto os viajantes europeus na Índia como o *Dabistân,* confundem os *kāpālika* e os *aghorī* com os *yogīs* em geral. A descrição do *Dabistân* é muito expressiva: "Certos membros dessa seita (dos *yogīs*) misturam suas fezes e depois de tê-las filtrado com um pedaço de pano, bebem-nas, dizendo que isso torna o homem capaz de grandes façanhas; pretendem saber coisas estranhas. Chamam aquele que faz isso de *atilia* e também *akhori*".[141] Mais adiante, o autor do *Dabistân* confunde provavelmente os *kāpālika* com alguma seita *vāmācāra.* Pois ele diz sobre *liṅga* e *bhaga*: "Este culto existe em muitos lugares e entre numerosos hindus; grande número deles praticam o *agama,* em que é permitido beber vinho e, em lugar da taça habitual, se emprega um crânio humano que chamam *kapāla,* o que torna a bebida mais agradável. É permitido, dizem eles, matar qualquer animal e mesmo um

141. *The Dabistân or School of Manners,* tradução de David Shea e Anthony Frazer, Paris, 1843, volume II, p. 129-160. Lembremos que o *Dabistân* foi compilado por Muhsin-i-Fâni no século XVII.

homem, e chamam isto de *bala* (bravura). À noite vão aos cemitérios *(śmaśāna)*, onde se queimam os cadáveres; ali se embriagam, comem carne dos cadáveres queimados e se unem, diante de todos, com mulheres que chamam *śaktipūjā*". As informações do autor são exatas. Afirma que esses tântricos preferem o incesto à união comum. Sabe-se que as *lulī* (mulheres públicas) são apreciadas e chamam-nas *deva kanyā*; que há duas espécies de culto, *bhadram* (puro) e *vakam* (impuro), mas que o segundo é o preferido. Sabe-se também que no ato sexual a mulher personifica a deusa. O autor viu um *kāpālika* meditando sobre um cadáver e em Gujarate encontrou certo Mahadeo que passava as noites sentado sobre um cadáver. As mulheres estéreis passavam a noite com o *guru*.

Muhsin-i-Fâni provavelmente confundiu um pouco suas informações, misturando certos ritos sexuais dos *kāpālika* com a orgia *(rāsamaṇḍalī)* dos *vallabhācaryā* (ver nota VIII, 2). Entretanto, a tendência às orgias entre os *kāpālika* é evidente; existem mesmo indicações de orgias coletivas sazonais das quais participavam todos os membros da seita. Segundo o *Kaumudīmahotsava-nāṭaka*, as festas realizavam-se na primavera *(vasantotsava)* e no outono *(kaumudīmahotsava)*, e apresentavam forte caráter orgiástico (cf. P. R. Shastri, *The Lokayātikas and the Kāpālikas*, p. 135). Ora, dessas cerimônias tomavam parte não somente todos os *kāpālika*, como também os "materialistas" e os "cínicos", os *lokāyatika*, isto é, aqueles que rejeitavam a tradição védica e todos os valores do hinduísmo. As festas sazonais e as orgias que as acompanhavam constituíam notas específicas do culto arcaico da vegetação, pré-indo-europeu. É interessante constatar que certas tradições indicam os *kāpālika* como iniciadores dessas orgias sazonais, assistidas igualmente pelos *lokāyatika*: englobam-se no mesmo sistema as festas da vegetação, as orgias tântricas e os comportamentos excêntricos de "materialistas", canibais e portadores de crânios. Esse detalhe indica-nos o sentido das futuras coalizões do Yoga tântrico com os valores espirituais aborígines.

Heine-Geldner relacionou os sacrifícios humanos e a caça aos crânios, amplamente registrados no Assam e na Birmânia, com uma ideologia matriarcal que ainda persiste no Tibete e nas regiões himalaicas. Mais tarde, na Índia propriamente dita, alguns desses elementos culturais arcaicos tiveram papel importante na prodigiosa difusão do culto tântrico da Śakti, cujo centro se acha no Assam, em Kāmarūpa. Esses são os dados etnológicos do problema; há porém um aspecto histórico-religioso, a saber: a revalorização espiritual dos costumes pré-históricos incluindo sacrifícios humanos e o culto dos crânios, e é este o aspecto que mais nos interessa no momento.

Eis como se pode imaginar o processo: 1º) uma ideologia arcaica, vinculada a certo simbolismo lunar, implicava, entre outras coisas, sacrifício humano e caça aos crânios; populações que partilhavam dessa ideologia estavam sediadas, na época histórica, em zonas vizinhas àquelas onde predominava o hinduísmo; 2º) no nível da alta espiritualidade indiana, o cemitério, os cadáveres e os esqueletos foram revalorizados e integrados em um simbolismo ascético-místico: meditar sobre um cadáver, carregar um crânio etc., constituíam agora exercícios espirituais visando um gênero de "valores" diferente daquele, por exemplo, dos caçadores de cabeças; 3º) quando as duas ideologias entram em contato, seja nas zonas de fronteira (Assam, Himalaia), seja nas regiões do interior da Índia, onde os elementos de cultura arcaica estavam mais bem conservados – assiste-se a fenômenos de pseudomorfose e desvalorização. Compreende-se, então, de que maneira esse Yoga tântrico se torna licencioso em certo nível cultural saturado de elementos matriarcais; compreende-se, igualmente, por que certo *kāpālika* esquece a significação *yóguica* do cadáver e do esqueleto e se torna caçador de cabeças, voltando assim ao comportamento canibal (sem a filosofia do canibalismo que, como mostrou Volhart, não é tão aberrante como parece aos olhos de um homem contemporâneo). Essas degradações e desvalorizações recíprocas explicam-se, sobretudo, pela "confusão simbólica", pelo esquecimento ou insuficiente compreensão de um simbolismo. Teremos oportunidade de encontrar o mesmo fenômeno em outros contextos culturais e a propósito de outros simbolismos, mitologias ou técnicas integradas ao Yoga.

GORAKHNĀTH E OS 84 *SIDDHA*

Grande número de *yogīs* consideram-se discípulos de Gorakhnāth ou Gorakṣa, intitulando-se *gorakhnāthi* ou *kānphaṭa-yogīs;* este último termo liga-se ao fato de que na iniciação se perfuram as orelhas para pendurar enormes brincos (*kān* = orelha; *phaṭa* = perfurada). Já vimos (p. 193) que o *haṭha-yoga* reivindica como fundador Gorakhnāth, suposto autor do primeiro tratado, hoje perdido, da escola. Em todo caso, as relações entre Gorakhnāth, os *kānphaṭa* e o *haṭha-yoga* estão fora de discussão: os *kānphaṭa* chamam a si mesmos simplesmente de "*yogīs*" e sua literatura comporta certo número de textos de *haṭha-yoga*, entre os quais o *Haṭha-yoga-pradīpikā*, a *Gheraṇḍa-saṃhitā*, a *Śiva-saṃhitā*, o *Gorakṣa Śataka* etc. Esta ordem ascética, entretanto, ultrapassa as fronteiras da ideologia e das disciplinas *haṭha-yóguicas*. Trata-se, com efeito, de um movimento muito importante que parece ter sido extremamente popular depois do século XII de nossa era, e para o qual convergiram numerosas tradições e práticas religiosas mágicas e alquímicas, na maioria xivaítas, mas também budistas.

O movimento desencadeado pelos personagens históricos mais tarde mitificados com os nomes de Gorakhnāth, Matsyendranāth e outros ilustres *siddha*, parece representar uma nova onda dessa profunda espiritualidade indiana que mergulha nas raízes aborígines da Índia. Em nossos dias, os *gorakhnāthi* apresentam todos os sintomas de uma seita em decomposição e as origens desse processo remontam provavelmente a muitos séculos. Porém, as mitologias e os folclores, cristalizados ao redor de seus mestres, permitem-nos mensurar a enorme ressonância popular que tiveram esses mestres entre o desmoronamento do budismo na Índia oriental e a aurora dos tempos modernos. Tais mitologias e folclores, se bem que "recentes" do ponto de vista estritamente cronológico, representam na realidade conteúdos muitíssimo arcaicos: é o emergir de espiritualidades por longo tempo ignoradas e, em consequência, não registradas nos meios culturais "oficiais", que dependem, direta ou indiretamente, de uma "tradição letrada", seja bramânica, budista, jainista ou sectária.

Nas lendas populares e literaturas vernáculas criadas ao redor de Gorakhnāth, dos *nātha* e dos *siddha*, expressam-se as verdadeiras nostalgias espirituais das massas superficialmente hinduizadas. É interessante notar que tais criações folclóricas e literárias foram suscitadas justamente por santos e mestres tântricos e alquimistas, sobretudo pelo suposto "inventor" do *haṭha-yoga;* isto é, pelos *siddha,* que entendiam a liberação como a conquista da imortalidade. Percebe-se a enorme importância do tema da imortalidade nos folclores e nas literaturas dos *gorakhnāthi* e dos *nātha*, e isso nos leva a crer que esse tema – que prolonga e completa o do *jīvan-mukta* (liberto em vida) – exprime a nostalgia de toda a alma indiana.

Quase nada se sabe sobre a personalidade histórica de Gorakhnāth, desde cedo deformada pelo mito e quase divinizada. Testemunhas disso são os inumeráveis mitos e lendas existentes na Índia ocidental e setentrional, do Nepal a Rajputana, do Punjabe a Bengala, do Sind ao Decã. Sua vida situa-se provavelmente entre os séculos IX e XII; ele realizou uma nova síntese entre certas tradições xivaítas (Pāśupata), o tantrismo e as doutrinas (tão imperfeitamente conhecidas) dos *siddha,* isto é, dos *yogīs* "perfeitos". De certa maneira, os *gorakhnāthi* inserem-se na linha das seitas xivaítas Pāśupata, Lakulīśa, Kālāmukha e Kāpālika (G. W. Briggs, *Gorakhnāth and the Kānphaṭa Yogīs*, p. 218). Também praticam os ritos tântricos da "mão esquerda"[142]

142. D. Wright, *History of Nepal,* Cambridge, 1877, p. 140; W. Crooke, *The Tribes and Castes of the North Western Provinces and Oudh,* Calcutá, 1896, volume III, p. 158 (citando Buchanam); G. W. Briggs, *op. cit.*, p. 172.

e, além de Gorakhnāth, que identificam com Śiva, veneram os nove *nātha* e os 84 *siddha*. É no âmbito dos *siddha* e dos *nātha* que convém situar a mensagem de Gorakhnāth, porque sobre sua personalidade histórica nada de preciso foi conservado.

Ainda não abordamos aqui o problema, mal conhecido, dos 84 *siddha* (ver nota VIII, 3). Lembremos apenas que todos os *yogīs* que atingiam a "perfeição" podiam receber o nome de *siddha,* mas o fato de este termo estar associado ao do "poder miraculoso" *(siddhi)* indica que se tratava, antes de mais nada, de uma "perfeição mágica". O *Haṭha-yoga-pradīpikā,* I, 5-9, contém uma lista de *mahāsiddha,* começando por Ādināth (nome místico de Śiva) e enumerando Matsyendranāth, Gorakṣa, Kāpāla, Carpati etc. Outras listas mais ou menos completas chegaram até nós; entretanto, é difícil que essas listas dos nomes dos *siddha* coincidam totalmente. A confusão aumentou com a união das tradições dos *siddha* e dos *siddhācārya* dos budistas da tradição Sahajiyā. Certos nomes – sobretudo Matsyendranāth, Gorakhnāth, Nāgārjuna, Kāpāla, Carpati etc. – repetem-se com insistência. Notemos que os *siddha* mais importantes – deixando de lado Matsyendranāth e Gorakhnāth – são Nāgārjuna e os alquimistas (Capari, Carpati etc.).

O número 84 não responde a nenhuma realidade histórica; é um número místico, presente em todas as tradições indianas, tanto hinduístas como budistas, jainistas e entre os adeptos da escola Ājīvika (ver alguns exemplos em S. Dasgupta, *Obscure Religious Cults,* p. 234 e ss.). Expressa provavelmente a plenitude, a totalidade. Em consequência, os 84 *siddha* representariam a "totalidade de uma revelação". Quanto aos nove *nātha,* seu número também simboliza a integralidade de uma doutrina. O *Gorakṣa--siddhānta-saṃgraha* cita dois textos tântricos que ilustram claramente esse simbolismo: o *Soḍaśa-nitya-tantra* diz-nos que os nove *nātha* propagaram o tantrismo em diferentes épocas cósmicas, e o *Tantra-mahārṇava* diz que oito *nātha* residem em oito direções e o nono no centro (citado por S. Dasgupta, *op. cit.,* p. 237). Em outros termos, a doutrina difundida por esses nove mestres cobre a "totalidade" espaço-temporal. Os *nātha* – e em primeiro lugar Matsyendranāth, Gorakhnāth, Carpati, Kāpāla – figuram igualmente nas listas dos 84 *siddha.* Podemos portanto constatar que o tantrismo Sahajiyā – seja hinduísta ou budista –, a alquimia (Nāgārjuna, Carpati), o *haṭha-yoga* (Gorakhnāth) e os *kāpālika* são interdependentes; seus representantes encontram-se tanto nas listas dos nove *nātha* como nas dos 84 *siddha.* Talvez esteja aí a chave de seu simbolismo: em certa época (provavelmente entre os séculos VII e XI), ocorreu uma nova "revelação", formulada por mestres que, como seus predecessores, não proclamavam a menor originalidade (não se identificavam com Śiva e Vajrasattva?), mas apenas reinterpretavam as doutrinas atemporais segundo a necessidade de seu tempo. Um dos pontos essenciais dessa nova "revelação" é a consumação da síntese entre os elementos do tantrismo Vajrayāna e xivaíta, a magia, a alquimia[143] e o *haṭha-yoga*. De certa forma, essa "revelação" prolongava a síntese tântrica. Contudo, alguns dos *nātha* e *siddha* enfatizaram mais que seus predecessores o valor da mágica e do Yoga como meios inestimáveis para a conquista da liberdade e da imortalidade. É sobretudo esse aspecto de sua mensagem que cativou a imaginação popular; ainda hoje encontramos seu eco no folclore e nas literaturas vernáculas, razão pela qual estas últimas nos parecem preciosas para nossa pesquisa.

No que concerne à ordem dos *kānphaṭa-yogīs* propriamente dita, já vimos (p. 251) que faz parte da tradição do xivaísmo extremista. Os *kānphaṭa* servem como *pūjāri* (oficiantes) nos templos de Bhāiron, Śakti e Śiva (G. W. Briggs, *op. cit.*, p. 139). Muitos deles vão em peregrinação ao templo *vāmācāra* de Hinglaj, no Beluquistão, e usam um colar de pequenas pedras brancas como lembrança (Farquhar, *Outline of the Religious Literature of India*, p. 348). Os primeiros europeus que fizeram referência aos *kānphaṭa* (por exemplo, Buchanam) acharam-nos semelhantes aos *vāmācarī*. Têm estreitas relações com os *aghorī*: depois de sua primeira iniciação, o *kānphaṭa* recebe o nome de *aughar*, e às vezes um *aughar* se torna *aghorī* (G. W. Briggs, *op. cit.*, p. 71). Certos *aghorī* servem no templo de Kāmākhyā (Durgā) no Assam. Ora, esse templo é famoso pelos sacrifícios humanos que aí se realizavam até o século XIX (proibidos pelo governo inglês em 1832). Em 1565, cento e quarenta vítimas foram decapitadas durante um único sacrifício.[144]

Considerando-se que o Assam (Kāmarūpa) era o país tântrico por excelência; que importantes textos exaltavam Durgā-Kāmākhyā e descreviam seu culto sangrento e licencioso (por exemplo, o *Yoni-tantra*, o *Mahā-nirvāṇa-tantra* e o *Kālikā Purāṇa*); que os *aghorī* eram célebres por suas crueldades e orgias, compreende-se por que o termo *yogin* foi usado, algumas vezes, para designar os mais extremistas dos tântricos. Um detalhe sobre os sacrifícios humanos praticados no Assam ilustrará o tema de que estamos tratando: os voluntários chamavam-se *bhogī* e, a partir do momento em que proclamavam sua intenção de se deixar sacrificar, tornavam-se personagens quase sagrados e tudo estava à sua disposição; podiam, por exemplo, ter qualquer mulher que desejassem. Eram sacrificados no festival anual da Deusa e o

143. A *Gorakṣa-saṃhitā*, obra atribuída a Gorakhnāth, figura entre os tratados alquímicos; cf. P. C. Ray, *A History of Hindu Chemistry*, volume II, p. XCVI.

144. E. Wait, *A History of Assam*, Calcutá, 1926, 2. ed., p. 58.

Kālikā Purāṇa consagra um capítulo inteiro aos detalhes da decapitação, especificando que esse ritual sangrento deveria ser efetuado apenas pelas três primeiras castas (cf. G. W. Briggs, *op. cit.*, p. 167 e ss.). Segundo o texto, a vítima encarnava o próprio Śiva. Tudo isso lembra outro sacrifício sangrento praticado na Índia, em que o *meriah* dos khonds era estrangulado e cortado em pedaços que se enterravam nos campos com o objetivo de propiciar fertilidade (cf. nosso *Traité d'Histoire des Religions*). O *meriah* também encarnava a divindade. Ora, é significativo encontrar em um contexto tântrico, que reúne os *aghorī* e os *kānphaṭa-yogīs*, o mesmo sacrifício sangrento praticado em muitas regiões visando a fertilidade agrária. Este é mais um exemplo de síntese entre o culto da Śakti e a ideologia arcaica da fecundidade, na qual coexistem a sexualidade e a morte violenta.

Quanto à teologia dos seguidores de Gorakhnāth, é bem elementar. Śiva é o Deus Supremo e a salvação consiste na união com a divindade mediante o Yoga (Tessitori, *Encyclopaedia of Religions and Ethics*, XII, p. 833). Por essa razão é que os *gorakhnāthi* proclamam sua maestria na arte da respiração (G. W. Briggs, *op. cit.*, p. 125 e ss.). Eles são conhecidos e respeitados sobretudo devido a seus poderes mágicos; passam por curadores e magos, têm a reputação de controlar a chuva e treinam serpentes. (G. W. Briggs, *op. cit.*, p. 127, 142). Diz-se que dominavam bestas selvagens, viviam nas florestas cercados por tigres que às vezes lhes serviam de montaria (*ib.*, p. 136) – tema arcaico e xamânico, pois o tigre é o "mestre da iniciação". Na Ásia Central, na Indonésia e em outras partes, o tigre ou outras feras aparecem e levam o neófito no lombo para a floresta (símbolo do além; cf. Eliade, *Le Chamanisme et les Techniques Archaïques de l'Extase*, p. 80, 310 etc.).

Os *gorakhnāthi* podem se casar (Tessitori, *op. cit.*, p. 835; G. W. Briggs, *op. cit.*, p. 46). Na região de Bombaim eles são quase todos casados e um dos livros importantes da seita, o *Gorakbodh*, escrito em hindi, provavelmente no século XIV, admite o casamento. Quando morrem, não são queimados, mas enterrados na postura de meditação. Supõe-se que permaneçam sempre em *samādhi*, daí o nome de *samādh* dado às suas tumbas (G. W. Briggs, *op. cit.*, p. 41), sobre as quais são colocados os símbolos do *liṅga* e da *yoni* (*ib.*, p. 154). O costume de enterrar os ascetas e os *yogīs*, muito antigo na Índia, é uma forma de proclamar que o *sannyāsin* se identificou a Śiva, cujo sinal *(liṅga)* santifica a tumba e eventualmente pode transformá-la em santuário. (Sobre o costume de enterrar os *yogīs*, ver nota VIII, 4.) Assinalemos de passagem a "reificação" do *samādhi* ao nível da espiritualidade popular; o túmulo torna-se local sagrado porque guarda não um cadáver, e sim o corpo de um "liberto" em estado de meditação permanente. A respeito do mesmo fenômeno de "reificação", próprio da mentalidade popular, notemos que as *siddhi* – os poderes *yóguicos* por excelência –, aos olhos das pessoas mais simples se tornam "espíritos" ou "demônios" que, segundo se acredita, receberam sua magia diretamente de Gorakhnāth. Em certas regiões do Punjabe veneram-se as *siddhi* com diferentes nomes e na forma de pedras (G. W. Briggs, *op. cit.*, p. 137 e ss.). Antigas hierofanias locais são revalorizadas pelo prestígio de Gorakhnāth e integram-se nessa nova síntese mágico-religiosa que se efetua em todos os níveis culturais da Índia aborígine.

MATSYENDRANĀTH E O MITO DA "TRANSMISSÃO DA DOUTRINA"

Como ocorre em todos os grandes movimentos indianos, os *kānphaṭa-yogīs* afirmam que sua seita existia antes da Criação, e que os deuses Brahmā, Viṣṇu e Śiva foram os primeiros discípulos de Gorakhnāth (G. W. Briggs, *op. cit.*, p. 228). Trata-se de uma forma de expressar o caráter atemporal e eterno da doutrina. Porém, a maior parte das tradições afirma que Ādināth e Matsyendranāth precederam Gorakhnāth, e que Matsyendranāth foi seu *guru* imediato. É difícil esclarecer a realidade histórica que pode estar oculta nessas tradições. Os próprios nomes indicam antes graus de espiritualidade que personalidades de carne e osso. Ādināth é uma encarnação de Śiva e seu nome aplica-se também ao Buda Vajrasattva; em certos tantras budistas, Ādināth e Bhūtanāth são epítetos aplicados a Vajrasattva (S. Dasgupta, *Obscure Religious Cults,* p. 224). Isto equivale a dizer que o fundador da seita foi o próprio Deus. O Yoga identifica Gorakhnāth a Śiva, e a iconografia e o culto consideram-no uma encarnação de Śiva, (G. W. Briggs, *op. cit.*, p. 81; nota VIII, 3). Quanto a Matsyendranāth, tornou-se a divindade tutelar do Nepal, onde se identifica com Avalokiteśvara.[145] As personalidades históricas e os acontecimentos concretos foram logo transfigurados e assumiram as dimensões míticas das figuras exemplares e dos gestos divinos.

---

145. Sylvain Lévi, *Le Népal*, volume I, p. 347 e ss. Segundo G. Tucci, Matsyendranāth seria um nome místico, dado a todo *siddha* que atingia certo grau de perfeição espiritual: *matsya* (peixe) é interpretado pela escola de Cachemira como designação dos "sentidos" (*indriya*); cf. G. Tucci, *Animadversiones Indicae*, p. 133-134. P. C. Baggchi rejeita essa hipótese: o nome de Matsyendranāth indicaria a profissão de "pescador"; cf. *Kaulajñānanirṇaya and Some other Minor Texts of the School of Matsyendranātha*, p. 6 e ss. Resta ainda explicar todo o simbolismo do "peixe" e do "pescador", presente em inumeráveis contextos culturais, e sempre relacionado com uma "revelação", mais exatamente, com a passagem de uma doutrina do estado de esquecimento ou de "ocultação" para o estado plenamente manifestado.

Poderíamos concluir que Matsyendranāth e Gorakhnāth trouxeram uma nova "revelação" que afirmavam ter recebido diretamente de Śiva. O mito da "transmissão da doutrina" era bem conhecido e muitas vezes utilizado no passado; trata-se do diálogo iniciático entre o deus e sua "esposa", surpreendidos secretamente por um ser semidivino que se torna o Mensageiro. No caso de Matsyendranāth a história é a seguinte: certo dia, à beira do mar, Śiva ensinava a doutrina do Yoga a sua esposa Pārvatī; durante a lição Pārvatī adormeceu, mas Lokeśvara (Avalokiteśvara) tudo ouviu, pois escondera-se na água, em forma de peixe; daí o nome que mais tarde recebeu – Matsyendranāth (D. Wright, *History of Nepal*, p. 140). A mais antiga menção escrita sobre Matsyendranāth acha-se na *Kaulajñānanirṇaya,* para cuja edição Baggchi utilizou um manuscrito do século XI. A história apresenta algumas variantes em relação à versão nepalesa; Śiva (Bhairava) revela a sua esposa que o discípulo Kārttikeya havia jogado o *śāstra* (Doutrina) no mar e um peixe o engolira (*Kaulajñānanirṇaya,* verso 22). Outra lenda conta que em certa ocasião uma mulher suplicou a Śiva que lhe concedesse um filho; o deus lhe deu então uma substância para comer. Mas a mulher não a comeu e a jogou em um monte de estrume. Matsyendranāth, que em forma de peixe escutara Śiva ensinando a doutrina a Pārvatī, passados doze anos pede à mulher para lhe mostrar a criança. Ouvindo o que se passara, ele manda a mulher procurar na esterqueira; ela acha um menino de doze anos que recebe o nome de Gorakhnāth (S. Lévi, *Le Népal,* I, p. 351-352). Podemos ver nesse nome uma derivação seja do termo *gor-*, "lama", "lodo", "detritos", seja de *ghor-* : "intenso", "terrível", relacionado sobretudo às austeridades ascéticas. O nome de Gorakhnāth também pode significar "Senhor dos rebanhos" e nesse caso sugere um dos nomes de Śiva.

O mito esclarece a sequência da transmissão da doutrina: Śiva, Matsyendranāth, Gorakhnāth. As lendas que cercam as relações entre os dois últimos – relações entre mestre e discípulo – são igualmente esclarecedoras. Em uma ocasião, Matsyendranāth vai ao Ceilão, apaixona-se pela rainha e instala-se em seu palácio. Gorakhnāth, que o havia seguido, encontra-o no palácio e "chama-o à realidade". (O tema da "chamada à realidade" será abordado mais adiante.) Matsyendranāth abandona a rainha e leva consigo seus dois filhos, Pārasnāth e Nīmnāth. Segundo uma lenda nepalesa, Matsyendranāth sucumbe à tentação nas seguintes condições: deixando seu corpo sob a guarda de seu discípulo, seu espírito penetra no cadáver de um rei que acabara de morrer e reanima-o. (É o milagre *yóguico*, bem conhecido, da "passagem de um corpo para outro"; os santos utilizavam muitas vezes esse meio para conhecer a volúpia sem se contaminar; o próprio Śaṅkara o teria praticado.) Depois de algum tempo, Gorakhnāth apresenta-se diante do rei e lembra-lhe sua verdadeira identidade (G. W. Briggs, *op. cit.,* p. 235).

As lendas do ciclo de Matsyendranāth, seus dois filhos e Gorakhnāth, são muito interessantes pois põem em evidência, de um lado, o caráter arcaico da iniciação dos dois rapazes e de outro, certas relações ocultas entre os *siddha* e o jainismo. Conta-se que um dia Gorakhnāth se encolerizou com os dois jovens e os matou; lavou-lhes as entranhas "à maneira das lavadeiras" e pendurou suas peles em uma árvore. A pedido de Matsyendranāth ele lhes devolveu a vida (G. W. Briggs, *op. cit.*, p. 72; S. Dasgupta, *op. cit.*, p. 244). Trata-se claramente de morte e ressurreição iniciáticas; certos detalhes, porém – a lavagem das entranhas, o pendurar das peles – são nitidamente xamânicos, encontrados nas iniciações dos xamãs siberianos, centro-asiáticos e australianos (ver nosso *Le Chamanisme et les Techniques Archaïques de l'Extase,* p. 48, 55). Podemos então concluir que, ao lado dos elementos arcaicos aborígines já citados, e dos quais mostraremos a seguir uma quantidade expressiva de exemplos, a seita dos *gorakhnāthi* também assimilou elementos de iniciações xamânicas de incontestável antiguidade. Esta lenda poderia indicar que Gorakhnāth possuía um conhecimento oculto ignorado por seu mestre, e este lhe pediu que iniciasse seus dois rapazes. Seja como for, a verdadeira iniciação foi conferida pelo próprio Matsyendranāth, pois só depois dessa iniciação Nīmnāth e Pārasnāth fundaram as duas seitas jainistas que existem até hoje (G. W. Briggs, *op. cit.*, p. 72). Segundo o folclore dos *kānphaṭa-yogīs,* os dois moços foram os fundadores do jainismo. Esse anacronismo encobre provavelmente certas relações obscuras entre os ascetas jainistas e a doutrina secreta de Matsyendranāth e Gorakhnāth. Existem outras indicações nesse sentido: em um templo vizinho de Paidhoni (Pāe Dhūnī) acha-se um ídolo de Gorakhnāth ornado com pedras preciosas (G. W. Briggs, *op. cit.*, p. 72, nota 1) e os *nīmnāthī* e os *pārasnāthī,* embora devotos de Gorakhnāth, comportam-se como os jainistas, isto é, usam um pedaço de pano cobrindo a boca a fim de não matar os pequenos organismos invisíveis.

MAGIA XAMANISTA E BUSCA DA IMORTALIDADE

O folclore cristalizado ao redor de Gorakhnāth denota não apenas o poderoso impacto produzido por seus poderes mágicos na imaginação popular, mas também certos traços xamânicos, que confirmam o arcaísmo dos mitos e símbolos reavivados com o surgimento dos *siddha.* É conhecida a história da seca do Nepal[146], apresentada em muitas versões: Gorakhnāth,

146. Sylvain Lévi, *Le Népal,* volume I, p. 352 e ss.; H. O. Oldfield, *Sketches from Nepal,* Londres, 1880, volume II, p. 325; G. W. Briggs, *op. cit.*, p. 196 e ss.

por não ter sido honrado como devia durante uma visita, prendeu as nuvens (ou os Nāgas* que as regiam) em um balão, sobre o qual se sentou e permaneceu doze anos entregue à meditação. O rei pede auxílio a Avalokiteśvara (Matsyendranāth), que vivia na montanha Kapotal (perto de Kāmarūpa), para salvar o país, e o santo vai ao Nepal; quando vê seu *guru* aproximar-se, Gorakhnāth levanta-se, as nuvens se soltam e a chuva começa a cair. Depois desse fato, Matsyendranāth-Avalokiteśvara torna-se o deus tutelar do Nepal. Notemos que esta lenda indica claramente um fato histórico. Matsyendranāth traz de Kāmarūpa (Assam) o tantrismo ou, mais exatamente, a nova "revelação" dos *siddha* e dos *nātha* e a difunde no Nepal. Certas variantes fazem supor algo mais: Gorakhnāth teria aprisionado as nuvens porque desejava ter uma conversa com Matsyendranāth; este estava entregue à meditação no monte Kapotal, mas Gorakhnāth sabia que ele se compadeceria e viria ao Nepal salvar o país da grande seca. Isto talvez indique que Gorakhnāth desejava forçar seu mestre a revelar-lhe certos segredos que ainda não conhecia.

O domínio da chuva é um poder universalmente conhecido por xamãs e magos. Outras lendas mostram de modo ainda mais claro o caráter xamânico da mitologia dos *siddha*. Gorakhnāth deixa um dia seu corpo "adormecido sobre a esteira" (isto é, em transe xamânico e não em *samādhi*) e desce ao mundo subterrâneo do Deus das Serpentes a fim de obter um incenso mágico para salvar a vida de uma mulher, Vāchal (G. W. Briggs, *op. cit.*, p. 188). Eis uma descida aos Infernos tipicamente xamanista, na qual nada falta: o transe extático, a viagem subterrânea e, sobretudo, a finalidade – salvar um ser humano. Como os xamãs, Gorakhnāth transforma-se em mosca, sapo e mesmo ferro (G. W. Briggs, *op. cit.*, p. 187). O *Dabistân* (vol. II, p. 140) conta o combate com um *sannyāsin,* durante o qual Gorakhnāth se transforma em sapo, o que mostra uma surpreendente semelhança com os combates entre xamãs disfarçados sob formas animais. Ele transforma a água de um pote em ouro e em seguida em cristal (G. W. Briggs, *op. cit.*, p. 186). Estende a mão até centenas de quilômetros de distância para perturbar um *yogin* em meditação e impedi-lo de destruir o país de Sind (*id.*, p. 193). Traz de volta à vida numerosas pessoas mortas. Cria homens com estrume de cavalo, queima-os sete vezes, reduzindo-os a cinzas e reanima-os de novo (*ib.*, p. 190). No poema bengali intitulado *Gopī-candrer Pāmcālī,* quando Gorakhnāth

* Neste contexto refere-se, possivelmente, aos primeiros habitantes do sudeste indiano, isto é, aos negritos provenientes da África que, mais tarde, foram assimilados pelos drávidas e se tornaram personagens míticos. [N. do E.]

inicia a princesa Mayanāmatī, faz crescer de uma semente uma figueira-da--índia em apenas algumas horas – é o "milagre" chamado *mango-trick*. Na ocasião dessa iniciação, Gorakhnāth alimenta vinte e cinco mil *yogīs* e discípulos com um só grão de arroz (S. Dasgupta, *op. cit.*, p. 245).

Seus discípulos são dotados dos mesmos poderes mágicos; os *nātha* voam nos ares; Mayanāmatī e Hāḍi-siddha fazem milagres apenas pronunciando *mantra;* Hāḍi-siddha faz do Sol e da Lua brincos para as orelhas.[147] O próprio Indra o refresca com seu abano e Lakṣmī prepara seu alimento; estendendo a mão, toca o céu, seus pés penetram o inferno, os pelos de seu corpo parecem árvores etc. (Note-se o simbolismo macrantrópico de todas essas proezas, simbolismo que indica a estrutura cósmica da experiência, conforme já vimos.) Em certa ocasião, Hāḍi-siddha recita um *mantra* sobre uma vassoura; logo inúmeras vassouras caem do céu e começam a varrer o mercado. Ele atira no rio um trapo com doze nós e o rio seca em um instante. Sentado em atitude de meditação, no parque real, os cocos caem das árvores diante dele; Hāḍi-siddha bebe-lhes a água e come-lhes a polpa e os cocos retomam seus lugares nas árvores. Ele troca as cabeças das rainhas Adunā e Padunā; corta um homem em dois e ressuscita-o imediatamente etc. As literaturas vernáculas abundam em proezas mágicas desse gênero (cf. S. Dasgupta, *Obscure Religious Cults*, p. 247, citando *Gopī-candrer Gān, Gopī-candrer Sannyās etc.*).

Embora muitos desses milagres pertençam à tradição mágica universal, alguns têm estrutura claramente xamânica. Voltaremos a tratar disso. Por enquanto, notemos a trama mitológica em torno da imortalidade conquistada por Gorakhnāth e os outros *nātha* e *siddha*. Eis como o poema bengali intitulado *Gorakṣa-vijaya* apresenta o célebre episódio do "cativeiro" de Matsyendranāth: sabendo que seu mestre é prisioneiro das mulheres no país de Kadalī, Gorakhnāth desce ao reino de Yama. Logo que o vê, Yama deixa seu trono, faz-lhe uma reverência e pergunta o motivo que o levou ao reino dos mortos. Gorakhnāth responde-lhe brutalmente, lembrando-lhe que ele não tem o direito de se imiscuir nos problemas dos *siddha*, e ameaça destruir-lhe o reino. De fato, assim que murmura o *mantra huṃkāra*, a cidade começa a tremer em suas bases. Tomado de pânico, Yama apresenta ao mestre o livro dos destinos; Gorakhnāth examina-o com atenção, acha a folha relativa ao destino de seu *guru*, modifica-a e apaga o nome da lista dos mortos (S. Dasgupta, *op. cit.*, p. 254-255).

---

147. É necessário não esquecer o sentido simbólico desta expressão; ver supra, p. 211-212.

É notável o caráter xamânico dessa descida aos infernos com o propósito de salvar a alma de uma pessoa querida; semelhantes proezas encontram-se em outras literaturas orais da Ásia Central, Polinésia e América do Norte. Porém, a história contada no *Gorakṣa-vijaya* é preciosa por outro motivo: ela nos revela o simbolismo *yóguico* da morte e da imortalidade. Ante a notícia de que seu mestre é prisioneiro das mulheres de Kadalī, Gorakhnāth compreende que Matsyendranāth está condenado a morrer; por isso desce aos infernos com a intenção de verificar pessoalmente o destino do mestre, e só deixa o reino de Yama depois de ter modificado a sorte reservada a seu preceptor. Apresenta-se diante de Matsyendranāth, em Kadalī, na forma de uma bailarina e começa a dançar e entoar canções misteriosas. Pouco a pouco Matsyendranāth recorda sua verdadeira identidade, compreende que a "via carnal" conduz à morte, que seu esquecimento era, no fundo, o esquecimento de sua natureza verdadeira e imortal e que os "encantos de Kadalī" representam as miragens da vida profana. Gorakhnāth exorta-o a reintegrar-se ao caminho do Yoga e tornar seu corpo "perfeito" mediante o *kāya-sādhana* (S. Dasgupta, *op. cit.*, p. 256). Ora, sabe-se que essa "perfeição" obtida pela alquimia e pelo *haṭha-yoga* implica domínio absoluto do corpo e do espírito – domínio inacessível a um "prisioneiro das mulheres".

A conquista da imortalidade constitui um dos temas favoritos da literatura desenvolvida em torno de Gorakhnāth e seus discípulos. É interessante lembrar que o *Gorakṣa-vijaya* começa com a questão dirigida por Durgā a Śiva: "Como é possível, Senhor, que tu sejas imortal e que eu seja mortal? Revela-me a verdade, Senhor, para que eu também possa tornar-me imortal!". Ora, foi justamente Durgā quem provocou o "esquecimento" que esteve a ponto de custar a imortalidade de Matsyendranāth: ela jogara sobre ele o feitiço do "esquecimento". Como Gorakhnāth explicaria mais tarde a seu mestre, essa maldição simboliza a eterna maldição da ignorância jogada pela "Natureza" (Durgā) sobre o ser humano (*Gorakṣa-vijaya*, citado por S. Dasgupta, *op. cit.*, p. 256).

Todo um ciclo épico surgiu ao redor da rainha Mayanāmatī – discípula de Gorakhnāth –, seu marido Māṇik-candra e seu filho Gopī-candra, que Mayanāmatī se esforça por iniciar, a fim de torná-los imortais. A luta contra a Morte constitui o motivo épico central. Mayanāmatī reconhece, graças a seus dons místicos, que seu marido está condenado a morrer. Ela propõe-se a ensinar-lhe o *mahājñāna* (os segredos do Yoga), que lhe permitirá invalidar o decreto de Yama; mas o rei recusa. Quando os mensageiros de Yama chegam ao palácio para se apossar da alma de seu marido, Mayanāmatī murmura *mantra*, transforma-se magicamente na deusa Kālī e com seu sabre fere e põe em fuga os mensageiros. Um de seus chefes, Godā-yama, apresenta-se diante de Śiva e pede-lhe conselho. Aproveitando-se da ausência de

Mayanāmatī, que descera ao rio para apanhar água, Godā-yama "extrai" a vida do rei e voa em forma de abelha. Mayanāmatī, a quem nada escapa devido ao seu dom de clarividência *yóguico*, persegue-o até o inferno. Ela alcança Godā-yama e fere-o com um bastão de ferro. Depois de muitos episódios, Godā-yama consegue fugir e Mayanāmatī persegue-o, mudando continuamente de forma. Godā-yama esconde-se na palha, ela se transforma em serpente; ele se faz rato, ela se faz gato; ele se converte em pomba, ela toma a forma de uma águia. Até que, finalmente, consegue recuperar a alma do marido. Ao lado de temas folclóricos muito disseminados (por exemplo, a perseguição mágica), essas lendas exploram temas nitidamente xamânicos: a descida aos infernos, o rapto da alma pelo demônio da morte e sua recuperação pelo xamã etc.

Outros poemas do mesmo ciclo insistem na iniciação de Mayanāmatī. Vendo-a – quando ela ainda era uma criança –, Gorakhnāth emocionou-se com o pensamento de que uma jovem tão bela e casta pudesse morrer como o resto da humanidade. Iniciou-a então no Yoga, que a tornou imortal. Depois da cerimônia iniciática proclamou: "A Morte comprometeu-se, mediante um contrato escrito, a não estender jamais a mão sobre Mayanāmatī". Gorakhnāth esclarece que a jovem não poderia morrer nem pelo fogo nem pela água, nem ferida por armas ou afins. De fato, mais tarde, quando Mayanāmatī pratica o sati por seu marido morto e sobe na pira funerária, o fogo não a atinge. Em outra ocasião, seu próprio filho Gopī-candra, a pedido de suas esposas, submete-a a torturas terríveis, sem nenhum resultado. Notemos que todas essas provações têm caráter iniciático e sobretudo de iniciação xamânica: Mayanāmatī é jogada no fogo, mas suas roupas nem sequer são tocadas pela fumaça; ela é atirada ao rio, fechada em um saco, mas a deusa Gaṅgā recebe-a, como a uma criança, em seus braços; Mayanāmatī atravessa uma ponte feita de um fio de cabelo e anda sobre a lâmina de uma navalha; é colocada durante sete dias e sete noites em uma panela de óleo fervente; atravessa todos os rios em uma barca feita com a casca de um grão de trigo etc. (*Gopī-candrer Pāmcālī, Govinda-candra Gītā, Gopī-candrer Gān*, resumidos por S. Dasgupta, *op. cit.*, p. 259). Ela mesma declara a seu filho: "Pelo conhecimento místico tornamo-nos imortais e a vida remonta o curso em direção à imortalidade (na contracorrente de seu escoamento natural para a morte e o declínio) como as ondas do refluxo. Pela graça de Gorakhnāth não conheço a morte; posso permanecer no vazio durante catorze *yuga*, na água treze *yuga* e no fogo, doze anos. Quando o universo finalmente se dissolver, a Terra não existir mais, nada houver a não ser Água; quando o Sol e a Lua se deitarem para sempre e toda a criação for aniquilada, continuarei a flutuar, não conhecerei a morte" (*Govinda-candra Gītā*, citado por S. Dasgupta, *op. cit.*, p. 260). Unicamente os maiores deuses – Brahmā,

Nārāyaṇa – tinham tido até então a coragem de proclamar com tal ênfase sua indestrutível perenidade através dos ciclos cósmicos. Podemos captar assim a sede de imortalidade que brota desses poemas épicos, e compreender sua extraordinária repercussão em todos os níveis da sociedade indiana.

Outro discípulo de Gorakhnāth, Hāḍi-siddha – de cujas proezas como faquir já citamos algumas –, também é conhecido como vencedor da Morte. Encontrando-se com Yama ou um de seus acólitos, fere-os durante oito horas seguidas. É justamente Hāḍi-siddha que Mayanāmatī escolhe como *guru* para seu filho. Ela sabe muito bem que uma vez iniciado Gopī-candra, ela não terá mais seu filho, lamenta-se porque ninguém no mundo a chamará de "mãe", mas o desejo de tornar seu filho imortal é maior que seu amor maternal; assim, esforça-se por convencê-lo a abandonar suas esposas e pedir a iniciação. Quando Gopī-candra parte com Hāḍi-siddha para a floresta (o isolamento na floresta constitui o tema iniciático por excelência), não consegue acompanhar os passos do mestre e fica um pouco para trás. Os mensageiros de Yama aproveitam a ocasião para "extrair-lhe a vida" (tema xamânico) e retornam aos infernos. Voltando para procurá-lo, Hāḍi-siddha acha o corpo inanimado do jovem rei; furioso, ordena a todos os tigres da floresta que guardem o cadáver; desce aos infernos e ataca Yama e seus servidores até recuperar a alma de Gopī-candra (*Gopī-candrer Gān*, citado por S. Dasgupta, *op. cit.*, p. 260-261).

Todas essas aventuras comoventes da busca da imortalidade, essas descidas dramáticas aos infernos a fim de combater a Morte e recuperar as almas roubadas por seus mensageiros, essas vitórias obtidas sobre a condição mortal e decaída dos homens, inflamaram a imaginação dos poetas e consolaram a nostalgia das massas. Em toda parte, esses temas iniciáticos constituíram os grandes motivos literários caros ao público não letrado. A mitologia e o folclore *yóguicos* acabaram por alimentar todas as literaturas indianas vernáculas. Seu enorme sucesso prova mais uma vez até que ponto a consciência indiana valorizava o Yoga, meio por excelência de vencer a morte, de obter "poderes miraculosos", de usufruir da liberdade absoluta a partir desta vida mesmo. A despeito da inevitável intromissão dos poderes mágicos – que sempre exerceram enorme fascinação na alma popular –, a imagem exemplar do Vencedor da Morte, tal como se apresenta no folclore e na literatura, corresponde exatamente à imagem do liberto em vida *(jīvan-mukta),* objetivo supremo de todas as escolas do Yoga.

Sem dúvida, o folclore e a literatura cristalizados em volta de Gorakhnāth e outros *siddha* não deixavam muito lugar para a ideologia e as técnicas que tornavam possível a conquista da imortalidade. No entanto, algumas alusões, sobretudo no poema *Gorakṣa-vijaya,* são suficientemente explícitas; compreende-se que o método utilizado é o mesmo do tantrismo, do *haṭha-yoga* e da alquimia. O pequeno tratado *Yoga-vīja* lembra-nos que existem duas espécies de corpo: um "cru" *(apakva)* e outro "maduro" *(pakva),* e que se obtém este segundo corpo pela prática do Yoga (por isso é chamado *yoga-deha*, o "corpo *yóguico*"; cf. texto reproduzido por S. Dasgupta, *op. cit.*, p. 253, nota 1). Reencontramos, portanto, o tema alquímico por excelência, o dos metais "crus" (imperfeitos) e "maduros" (perfeitos, livres). A imortalidade só se alcança no estado de Śiva, o que explica por que Matsyendranāth, Gorakhnāth e outros *siddha* se identificaram com Śiva. Como vimos, obtém-se o estado "divino" realizando no próprio corpo a união dos dois princípios polares, Śiva e Śakti. A escola dos *nātha* e dos *siddha* utilizava uma técnica *yóguico*-tântrica bem conhecida: *ulṭā-sādhana* ou *ujāna-sādhana*, processo de "regressão" ou "marcha contra a corrente", isto é, a inversão total do comportamento humano, desde o comportamento respiratório (substituído pelo *prāṇāyāma*) até o comportamento sexual (anulado pela técnica do retorno do sêmen). Em outros termos, aqui também encontramos a disciplina fundamental do Yoga tântrico, apesar de os temas alquímicos e *haṭha-yóguicos* serem fortemente acentuados. O ideal supremo da escola é a liberdade, a saúde perfeita *(ajara)* e a imortalidade *(amara)* – isso fica bem claro se levamos em conta que Gorakhnāth foi considerado o "inventor" do *haṭha-yoga*. Evidentemente, todos esses detalhes técnicos, apesar de presentes nos textos literários, passam a segundo plano; são os resultados do Yoga que apaixonam o "público" obcecado pelas imagens míticas da liberdade absoluta e da imortalidade. Em nenhuma parte é possível observar melhor do que nesses folclores e literaturas vernáculos a verdadeira função do Yoga na economia espiritual de toda a Índia.

O YOGA E O XAMANISMO

Já observamos repetidamente nas mitologias e folclores dos *siddha* certos traços xamânicos. É importante agora destacar de maneira mais sistemática as relações entre o xamanismo e o Yoga. Esclareçamos, para começar, que o budismo tardio, em sua forma lamaísta, influenciou sensivelmente os xamanismos norte-asiáticos e siberianos. Ou seja, o simbolismo, a ideologia e as técnicas registradas em nossos dias entre os xamãs manchus, tungues, buriatos etc., foram modificados por elementos budistas e, em última instância, pela magia indiana. Trata-se de um fenômeno geral: a cultura indiana e, particularmente, a espiritualidade mágico-religiosa indiana, irradiaram-se em todas as direções. Podemos identificar fortes influências indianas no sudoeste da Ásia e na Oceânia. De outro lado, influências similares, em especial as aberrações mágico-tântricas, atingem certas populações aborígines da Índia, como os bhaigas e os santales. Conclui-se que a síntese tântrica, utilizando grande número de elementos da espiritualidade aborígine pré-ária, irradiou-se até bem longe, além das fronteiras da Índia, alcançando, através do Tibete e da Mongólia, o extremo norte da Ásia e, pela Índia insular, os mares do Sul. Isso, contudo, é um fenômeno cultural muito recente, cujos primórdios coincidem com o auge do tantrismo – nos séculos VI e VII de nossa era. Se refletirmos em que a síntese tântrica, sobretudo em seus elementos populares (magia, ritual, mantras etc.), utilizou muitos materiais aborígines, chegamos à conclusão de que foi a Índia fortemente "asiatizada" que levou tão longe sua mensagem, não a Índia dos *Veda* ou dos *Brāhmaṇa*. Em outras palavras, a Ásia e a Oceânia foram fecundadas pela cultura de uma Índia que já absorvera e assimilara uma boa porção de suas próprias espiritualidades autóctones.

Tudo o que foi dito, entretanto, ainda não resolve o problema das relações entre o xamanismo e o Yoga, pois se a influência indiana, em sua versão lamaísta, modificou os diversos xamanismos norte-asiáticos e meridionais (malaios etc.), não foi ela que criou o fenômeno do xamanismo. Existem inumeráveis xamanismos que não foram atingidos pelos elementos mágico-religiosos indianos; por exemplo, os das Américas, África e Austrália. Para clarear mais os dados do problema, lembremos que não se deve confundir o xamanismo *stricto sensu* com a massa de ideologias e práticas mágicas existentes em todas as partes do mundo e em todos os níveis culturais. Existem complexos mágicos muito importantes que não têm nada de xamânico, como a magia agrícola, isto é, os ritos e os costumes relacionados com a fecundidade da terra e a abundância das colheitas. Na Índia, tais ritos e crenças são bem antigos e largamente disseminados; já tivemos ocasião de constatar sua equivalência a certa forma de Yoga e voltaremos ao assunto; mas devemos insistir em que todos esses complexos mágico-religiosos nada têm de xamânicos. Entre os elementos constitutivos e específicos do xamanismo é necessário citar quatro itens: 1º) uma iniciação que comporta o despedaçamento, morte e ressurreição simbólicos do candidato, implicando, entre outras coisas, descida aos infernos e ascenção ao céu; 2º) a capacidade do xamã de fazer viagens extáticas na qualidade de curador e psicopompo (ele busca a alma do doente, raptada pelos demônios, captura-a e reintegra-a ao corpo, escolta a alma do morto aos infernos etc.); 3º) o domínio do fogo (o xamã toca invulneravelmente o ferro incandescente, caminha sobre brasas etc.) e 4º) a faculdade do xamã de assumir formas animais (voar como pássaro) e tornar-se invisível.

Esse complexo xamânico é muito antigo. Encontra-se, com efeito, total ou parcialmente, entre os australianos, as populações arcaicas das duas Américas, nas regiões polares etc. O elemento essencial e específico do xamanismo é o êxtase: o xamã é um especialista do sagrado, capaz de abandonar seu corpo e empreender "em espírito" (em transe) viagens cósmicas. A possessão por espíritos, apesar de presente em grande número de xamanismos, não parece ter sido um elemento primário e essencial; indica, antes, um fenômeno de decadência. Pois o fim supremo do xamã é abandonar seu corpo e subir ao céu ou descer aos infernos e não se deixar possuir por espíritos auxiliares, demônios ou almas dos mortos; o ideal do xamã é dominar esses espíritos, não se deixar "tomar" por eles.[148]

Pondo de lado as influências "recentes" (elementos tântricos e lamaístas) exercidas pela Índia sobre os xamanismos asiáticos e siberianos, nosso problema se reduz a duas questões diferentes: 1º) distinguir os elementos indo-europeus e pré-árias que na Índia podem ser considerados como pertencentes ao xamanismo *stricto sensu;* 2º) isolar entre esses elementos aqueles que apresentam certas semelhanças com as técnicas *yóguicas.* Já analisamos o complexo xamânico na Índia (ver nosso *Le Chamanisme et les Techniques Archaïques de l'Extase*, p. 362) e não retomaremos o assunto, sobretudo porque tivemos ocasião de assinalar certos traços nos capítulos anteriores (lembremos o calor mágico obtido por *tapas*, os ritos e mitos de ascenção, o voo mágico, descidas aos infernos etc. Também tivemos ocasião de mencionar outros elementos xamânicos presentes na Índia védica; por exemplo, a reintegração da alma do enfermo pelo sacerdote ou mago, cf. *Le Chamanisme et les Techniques Archaïques de l'Extase*, p. 372).

Vamos nos limitar então à busca de simbolismos e práticas xamânicos que, em alguma medida, possam espelhar-se em qualquer das técnicas do Yoga ou nas *siddhi* do faquirismo. É somente depois de estabelecer essa comparação que poderemos abordar o problema das relações de estrutura entre o xamanismo e o Yoga. O mais popular dos "milagres" dos faquires é o "milagre da corda", considerado por muito tempo como o protótipo dos poderes *yóguicos;* portanto, começaremos nossa análise por ele.

Quando, depois da iluminação, o Buda visitou pela primeira vez sua cidade natal, Kapilavastu, exibiu alguns poderes miraculosos. A fim de convencer seus conterrâneos de suas forças espirituais e prepará-los para a conversão, elevou-se nos ares, cortou seu corpo em pedaços, deixou cair por terra sua cabeça e membros para, em seguida, reuni-los sob os olhos maravilhados dos espectadores. Esse milagre é invocado por Aśvaghoṣa (*Buddhacarita*, XIX, 12-13), porém pertence tão profundamente à tradição

---

148. A "possessão" por um *gandharva* e mesmo a técnica espírita de comunicação através de um médium já estão presentes na *Bṛhadāraṇyaka Upaniṣad*, III, 7, 1, mas nesse caso não há nada de xamânico.

da magia indiana, que se tornou o prodígio típico do faquirismo. O célebre "milagre da corda" dos faquires cria a ilusão de uma corda elevando-se bem alto no céu, na qual o mestre manda subir um jovem discípulo até que este desapareça aos olhos dos espectadores. O faquir lança então sua faca para cima e os membros do jovem caem, um após outro, no chão.

Este "milagre da corda" tem uma longa história na Índia, mas encontra-se igualmente em regiões bem distantes, como a China, Java, México antigo e Europa medieval. O viajante marroquino Ibn Battûta encontrou-o na China no século XIV; Melton observou-o na Batávia no século XVII e Sahagún fala dele em termos quase idênticos no México (cf. *Le Chamanisme et les Techniques Archaïques de l'Extase*, p. 379). Eis o testemunho de Ibn Battûta: "Ora, ele pega uma esfera de madeira com diversos orifícios, através dos quais passam longas correias. Atira-a no ar e ela sobe até que se perde de vista. Quando só resta em suas mãos uma pequena parte da corda, o mágico ordena a um de seus aprendizes que suba pela corda até o fim, e então desaparece de nossa visão. O mágico chama três vezes sem receber resposta; então pega uma faca e, como se estivesse zangado, agarra-se à corda, sobe e desaparece também da vista dos espectadores. Em seguida joga por terra a mão cortada do jovem, depois um pé, outra mão, outro pé, o corpo e a cabeça. Desce arquejando, ofegante, as roupas respingadas de sangue. O emir ordena-lhe algo e nosso homem pega os membros do jovem, junta-os um a um e eis o jovem que se levanta e se põe em pé. Tudo isto me espantou muito, meu coração disparou como quando, junto ao rei da Índia, testemunhei algo semelhante...".[149] Quanto à Europa, numerosos textos a partir do século XIII aludem a prodígios similares, executados por feiticeiros e magos, que possuíam também a faculdade de voar e tornar-se invisíveis, tal como os xamãs e os *yogīs*.[150]

---

149. *Voyages d'Ibn Batoutah,* texto árabe, acompanhado de tradução de C. Defrémery e Dr. B. R. Sanguinetti, volume IV, Société Asiatique, Paris, 1822, p. 291-292. Para bibliografia sobre os milagres de faquires ver nota VIII, 5.

150. Cf. os exemplos agrupados por A. Jacoby, "Zum Zerstückelung und Wiederbelebungswunder der indischen Fakire", em *Archiv für Religionswissenschaft*, volume XVII, 1914, p. 455-475, p. 466 e ss. Não há ainda elementos para afirmar formalmente se o "milagre da corda" dos feiticeiros europeus é devido à influência da magia oriental ou deriva de antigas técnicas xamânicas locais. O fato de o "milagre da corda" ser encontrado no México, e o despedaçamento iniciático do mago também ocorrer na Austrália, na Indonésia e na América do Sul, leva-nos a pensar que na Europa poderia tratar-se de sobrevivência das técnicas mágicas locais pré-indo-europeias.

Podemos apontar nesse "milagre" dois elementos xamânicos distintos: 1º) o despedaçamento do corpo (rito iniciático); 2º a ascenção ao céu. Analisemos, por ora, o primeiro elemento. Sabe-se que durante seus "sonhos iniciáticos" os futuros xamãs assistem a seu próprio despedaçamento pelos espíritos ou demônios que desempenham o papel de mestres da iniciação: corta-se a cabeça, depois o corpo em pedacinhos, limpam-se os ossos etc. e, no fim, os demônios recompõem os ossos e recobrem-nos com carne nova. (Ver em nosso *Le Chamanisme et les Techniques Archaïques de l'Extase*, p. 47, comentários de todos esses simbolismos.) Trata-se, neste caso, de experiências extáticas de estrutura iniciática: morte simbólica seguida de renovação dos órgãos e ressurreição do candidato. É importante lembrar que visões e experiências semelhantes se encontram igualmente entre australianos, esquimós, tribos americanas e africanas (*Le Chamanisme et les Techniques Archaïques de l'Extase*, p. 55). Estamos então em presença de uma técnica iniciática extremamente arcaica.

Ora, se o "milagre da corda" mostra certos elementos espetaculares desse esquema iniciático xamânico, alguns ritos indo-tibetanos estão, do ponto de vista da estrutura, ainda mais próximos desse esquema. Vejamos o resumo que Bleichsteiner faz de um rito tântrico himalaio e tibetano, o *tchoed (gtchod),* que consiste em oferecer a própria carne para ser devorada pelos demônios: "Ao som do tambor feito de crânios humanos e da trombeta talhada em um fêmur, dança-se e convidam-se os espíritos para vir festejar. O poder da meditação faz surgir uma deusa com um sabre desembainhado; ela salta sobre aquele que realiza o sacrifício, decapita-o, despedaça-o; então, os demônios e as bestas selvagens precipitam-se sobre os restos sangrentos, devoram a carne e bebem o sangue. As palavras pronunciadas aludem a certos *Jātaka* que narram como o Buda, durante suas vidas anteriores, ofereceu sua própria carne aos animais famintos e aos demônios antropófagos."[151]

No caso do *tchoed* estamos em presença da revalorização mística de um esquema iniciático xamânico. Seu lado sinistro é apenas aparente. Trata-se de uma experiência de morte e ressurreição que, como todas as experiências dessa espécie, é terrífica. O tantrismo indo-tibetano espiritualizou ainda mais radicalmente o esquema iniciático da "morte pelas mãos dos demônios". Eis algumas meditações tântricas que têm por objeto o despojamento do corpo de suas carnes e a contemplação do próprio esqueleto. O *yogin* é

151. R. Bleichsteiner, *L'Église Jaune,* tradução francesa, Paris, 1937, p. 194-195. Sobre o *gtchod* ver também Alexandra David-Neel, *Mystiques et Magiciens du Thibet,* Paris, 1929, p. 126 e ss.

convidado a imaginar seu corpo como um cadáver, e sua própria inteligência como uma deusa irada que segura um facão e um crânio nas mãos. "Pense que ela arranca a cabeça do cadáver, corta o corpo em pedaços e joga-os dentro do crânio oferecendo-os às divindades..." Outro exercício consiste em ver-se como um "esqueleto branco, luminoso e enorme de onde saem chamas tão grandes que enchem o Vazio do Universo". Uma terceira meditação propõe ao praticante contemplar-se como se fosse transformado em uma *dakīnī* irada arrancando a pele de seu próprio corpo. O texto continua: "Estenda essa pele a fim de recobrir o universo [...]. Sobre ela, amontoe seus ossos e sua carne. Então, quando os maus espíritos estiverem se regozijando com a cabeça, imagine que a *dakīnī* irada pega a pele e a enrola [...] e a atira na terra com força, reduzindo-a, assim como a todo o seu conteúdo, a uma massa de carne e ossos que hordas de bestas selvagens, produzidas mentalmente, chegam para devorar...".[152]

Provavelmente, é a esse tipo de meditação que se entregam certos *yogīs* nos cemitérios. Ora, esse é um exercício espiritual específico do xamanismo ártico. Sobre a capacidade de contemplar-se como um esqueleto, os xamãs esquimós, questionados por Rasmussen, deram explicações vagas, pois se trata de um grande segredo. Eis o que nos diz Rasmussen: "Apesar de nenhum xamã poder explicar como e por que, mediante o poder que seu pensamento recebe do sobrenatural ele é capaz de despojar seu corpo de carne e de sangue, de tal forma que restem apenas os ossos [...]. Olhando-se assim, nu e completamente livre da carne e do sangue perecíveis e efêmeros, ele se consagra (utilizando) a língua sagrada dos xamãs, à sua grande tarefa, através daquela parte do corpo destinada a resistir mais longamente à ação do sol, do vento e do tempo".[153]

A redução a esqueleto e a capacidade de ver-se como um esqueleto significam a ultrapassagem da condição humana profana, isto é, a iniciação ou a liberação. Sabemos que a indumentária ritual dos xamãs siberianos muitas vezes pretende imitar um esqueleto (*Le Chamanisme et les Techniques Archaïques de l'Extase*, p. 151). O mesmo simbolismo é amplamente encontrado no Tibete e nas regiões himalaias. Segundo uma lenda, Padmasambhava bailava, no teto de sua casa, uma dança mística, vestido unicamente com

---

152. Lama Kasi Dawa Samdup e W. Y. Evans-Wentz, *Le Yoga Tibétain et les Doctrines Secrètes,* tradução francesa, Paris, 1938, p. 315-322.

153. Knud Rasmussen, *Intellectual Culture of the Iglulik Eskimos,* Copenhagen, 1929, p. 114.

"sete enfeites de ossos". Conhece-se em toda parte o papel dos crânios humanos e dos fêmures nas cerimônias tântricas e lamaístas. A dança do esqueleto goza de importância especial nos argumentos dramáticos chamados *tcham*, que se propõem a familiarizar os espectadores com as imagens terríveis que surgem no estado de *bardo,* isto é, no estado intermediário entre a morte e nova reencarnação. Sob esse ponto de vista, a dança do esqueleto deve ser considerada como uma iniciação, pois revela certas experiências póstumas (*Le Chamanisme et les Techniques Archaïques de l'Extase*, p. 383).

ASCENÇÃO AO CÉU. VOO MÍSTICO

O segundo elemento xamânico que identificamos no "milagre da corda" é a "ascenção ao céu", e constitui uma questão mais complexa. De fato, o rito da ascenção através do "poste sacrificial" *(yūpa)* existe na Índia védica e fora de todo complexo xamânico: trata-se de um rito pelo qual se realiza a "ruptura de nível". Todavia, surpreendem-nos certas semelhanças de estrutura entre o ritual indiano e a escalada da árvore xamânica; sabe-se que esta última simboliza a árvore cósmica; ora, o poste sacrificial também está relacionado com a árvore cósmica (*Ṛg-Veda*, III, 8, 3; *Śatapatha Brāhmaṇa*, III, 6, 4, 13; 7, 1, 14 etc.). A árvore xamânica apresenta sete, nove ou dezesseis degraus, cada um simbolizando um céu, e cuja escalada equivale à ascenção pela árvore ou pelo pilar cósmico; o sacrificador indiano sobe também ao céu pelo *yūpa* relacionado ao pilar cósmico (*Taittīriya-saṃhitā*, VI, 6, 4, 2). Há um simbolismo igual nas lendas da natividade do Buda. Recém-nascido, ele dá sete passos e toca o topo do mundo (*Majjhima Nikāya*, III, 123), assim como o xamã altaico escala as sete ou nove mossas da bétula ritual para chegar ao último céu (*Le Chamanisme et les Techniques Archaïques de l'Extase*, p. 235 e 362). É desnecessário dizer que o velho esquema cosmológico da ascenção celeste xamânica e védica aqui se apresenta enriquecido com o aporte milenar da especulação metafísica indiana. Os Sete Passos do Buda já não perseguem o mundo dos deuses e a imortalidade védica, mas a ultrapassagem da condição humana.

A concepção dos sete céus a que alude a *Majjhima Nikāya* remonta ao bramanismo, e talvez se trate de uma influência da cosmologia babilônica que marcou igualmente – embora de forma indireta – as concepções cosmológicas altaicas e siberianas. Contudo, o budismo também possui um esquema cosmológico de nove céus, profundamente interiorizados, já que os primeiros oito céus correspondem às diversas etapas da meditação, e o último simboliza o *nirvāṇa*. Em cada um desses céus acha-se projetada uma divindade do panteão budista que representa, ao mesmo tempo, certo grau da meditação *yóguica*.[154] Ora, sabemos que entre os altaicos os sete ou nove céus são habitados por diversas figuras divinas ou semidivinas, que o xamã encontra em sua ascensão e com as quais dialoga: no nono céu ele depara com o Ser Supremo, Bai Ulgän. No budismo, evidentemente, não se trata de uma ascenção simbólica aos céus, mas de graus da meditação e, simultaneamente, de passos rumo à liberação final.

O sacrificador bramânico sobe ao céu através da subida ritual de uma escada; o Buda transcende o cosmos atravessando simbolicamente os sete céus; pela meditação o *yogin* budista realiza uma ascenção de ordem de todo espiritual. Tipologicamente, todos esses atos participam da mesma estrutura; cada um, no plano que lhe é próprio, indica uma forma particular de transcender o mundo profano, atingir o mundo dos deuses, ou o Ser, ou o Absoluto. A única grande diferença com relação à experiência xamânica de ascenção ao céu reside na intensidade desta última; como já dissemos, a experiência xamânica comporta o êxtase e o transe. Isto nos faz lembrar o *muni* do *Ṛg-Veda* que, "na ebriedade do êxtase", subia no "carro dos ventos" etc.; dito de outro modo, a Índia védica também conheceu extáticos cuja experiência é comparável aos êxtases xamânicos. Contudo, a diferença entre a técnica usada no êxtase xamânico e o método *yóguico* de meditação é muito grande para que se possa associá-los de qualquer forma. Voltaremos a tratar dessas diferenças mais adiante.

O simbolismo da ascenção extática ao céu inscreve-se no simbolismo universalmente conhecido do voo mágico que, apesar de presente em todos os xamanismos e magias primitivas, ultrapassa a esfera do xamanismo no sentido estrito do termo. Não voltaremos a abordar aqui as informações e comentários já analisados anteriormente (*Le Chamanisme et les Techniques Archaïques de l'Extase*, p. 365, 415). Porém, a ideia de que os santos, os *yogīs* e os magos possam voar, acha-se em toda a parte na Índia. Elevar-se nos ares, voar como pássaro, vencer distâncias imensas no espaço de um clarão, desaparecer, são poderes mágicos que o budismo e o hinduísmo conferem aos *arhat* e aos magos. O lago miraculoso Anavatapta só podia ser atingido por aqueles que possuíam o poder sobrenatural de voar pelos ares; o Buda e os santos budistas chegavam a Anavatapta em um piscar de olhos; da mesma forma, nas lendas indianas os sábios lançavam-se nos ares em direção ao divino e misterioso país do Norte, chamado Śvetadvīpa. Trata-se, é claro, de "terras puras", de um espaço místico que participa ao mesmo tempo

154. Cf. W. Ruben, "Schamanismus im alten Indien", em *Acta Orientalia*, 17, 1939, p. 164-205; M. Eliade, *Le Chamanisme et les Techniques Archaïques de l'Extase*, p. 365.

da natureza de um paraíso e de um espaço interior acessível somente aos iniciados. O lago Anavatapta, bem como o país de Śvetadvīpa ou outros paraísos búdicos, são modalidades de ser às quais se chega graças ao Yoga, à ascese e à contemplação. É interessante sublinhar a identidade de expressão de tais experiências sobre-humanas com o simbolismo arcaico da ascenção e do voo, tão difundidos no xamanismo.

Os textos budistas falam de quatro tipos de poderes mágicos de translação *(gamana)*, a começar pelo de voar como pássaro.[155] Patañjali cita entre as *siddhi* a faculdade que podem obter os *yogīs* de voar nos ares *(laghimān)*.[156] É mediante a força do Yoga que, no *Mahābhārata*, o sábio Nārada sobe aos céus e atinge o pico do monte Meru (Centro do Mundo). Lá do alto, ele vê bem longe, no Oceano de Leite, o país de Śvetadvīpa (*Mahābhārata*, XII, 335, 2). Pois "com tal corpo *(yóguico)* o *yogin* vai aonde quer" (*ib.*, XII, 317, 6). Contudo, outra tradição registrada no *Mahābhārata* já faz distinção entre a verdadeira ascenção mística – da qual nem sempre se pode dizer que seja "concreta" – e o voo mágico, que é apenas uma ilusão: "Nós também podemos voar aos céus e manifestar-nos sob diversas formas, porém mediante a ilusão" (*māyā*; *Mahābhārata*, V, 160, 55).

Vemos assim em que sentido o Yoga e as outras técnicas meditativas indianas elaboraram as experiências extáticas e os poderes mágicos que pertenciam a uma herança espiritual imemorial. Seja como for, o segredo do voo mágico foi conhecido também pela alquimia indiana. E esse milagre é também comum aos *arhat* budistas, de tal forma que o termo *arahant* originou o verbo cingalês *rahatve*, "desaparecer, passar instantaneamente de um ponto a outro".[157] As *dakīnī*, fadas magas que desempenham papel importante em certas escolas tântricas, são chamadas em mongol "aquelas que andam nos ares", e em tibetano "aquelas que vão ao céu".[158] O voo mágico e a ascenção ao céu com ajuda de uma escada ou de uma corda são temas

---

155. Cf. *Viśuddhimagga*, p. 396. Sobre o *gamana*, ver Sigurd Lindquist, *Siddhi und Abhiñña*, Uppsala, 1935, p. 58 e ss.

156. *Yoga-sūtra*, III, 45; cf. *Gheraṇḍa-saṃhitā*, III, 78. Sobre as tradições similares no *Mahābhārata*, ver E. W. Hopkins, "Yoga Technique in the Great Epic", em *Journal of the American Oriental Society*, volume XII, p. 333-379.

157. A. M. Hocart, "Flying through the air", em *Indian Antiquary*, 1923, p. 80-82.

158. Cf. J. van Durme, "Notes sur le lamaïsme", em *Mélanges Chinois et Bouddhistes*, volume I, 1932, p. 263-319 (especialmente p. 374, nota 2).

frequentes também no Tibete, mas não foram necessariamente emprestados da Índia, sobretudo porque estão presentes nas tradições Bon-po ou derivam delas. Os mesmos temas desempenham papel considerável nas crenças mágicas e nos folclores dos lolos, mosos e chineses, e encontram-se em todo o mundo primitivo.

A ascenção ao céu e o voo mágico estão carregados de um simbolismo extremamente complexo, vinculado principalmente à alma e à inteligência humana. O voo traduz muitas vezes a inteligência, a compreensão das coisas secretas ou verdades metafísicas. "A inteligência *(manas)* é o mais rápido dos pássaros", diz o *Ṛg-Veda* (VI, 9, 5). O *Pañcaviṃśa Brāhmaṇa* (XIV, 1, 13) explicita: "Quem compreende, tem asas". Sabe-se que entre numerosos povos a alma é concebida como um pássaro. O voo mágico tem o valor de uma "saída do corpo", isto é, traduz plasticamente o êxtase, a liberação da alma. Porém, enquanto a maior parte dos humanos se transformam em pássaros apenas no momento da morte – quando abandonam seus corpos e voam pelos ares – os xamãs, os feiticeiros, os extáticos de toda espécie realizam, aqui e tantas vezes quantas desejarem, a "saída do corpo". Esse mito da alma-pássaro contém em embrião toda uma metafísica da autonomia e da liberdade espirituais do homem.

Lembremos, por último, um prodígio folclórico bem conhecido, o "milagre da manga": o *yogin* enterra um caroço de manga e logo uma árvore cresce aos olhos maravilhados dos assistentes. Segundo uma tradição budista que aparece em um comentário ao *Dhammapada* (*Dhammapada-Atthakathā*, III, 199), o Buda teria feito um milagre semelhante no jardim do rei Pasenadi: Gaṇḍa, o jardineiro do rei, oferece ao Buda um fruto da mangueira e o Iluminado diz-lhe para enterrar o caroço; ele lava as mãos sobre a cova na qual se plantou o caroço e em instantes surge uma mangueira de 50 côvados coberta de flores e frutos. Proezas análogas aparecem nos meios xamânicos norte-americanos; entre as tribos pueblos, por exemplo, acredita-se que os xamãs podem fazer germinar e crescer um grão de trigo sob os olhos do espectador (*Le Chamanisme et les Techniques Archaïques de l'Extase*, p. 285, nota 2).

O CALOR MÁGICO. A LUZ INTERIOR

Passemos a outro grupo de técnicas xamânicas: o domínio do fogo e o calor mágico. Universalmente, os xamãs e os feiticeiros têm a reputação de senhores do fogo; engolem carvões ardentes, pegam no ferro em brasa, caminham sobre o fogo. Durante as sessões, os xamãs siberianos "esquentam-se" a tal ponto que se golpeiam com facões sem se ferir, trespassam-se com sabres, engolem brasas etc. Numerosos *yogīs*-faquires realizam proezas semelhantes. A analogia entre os *yogīs* e os xamãs é ainda mais evidente nos casos do calor mágico. Uma das provações iniciáticas específicas do xamanismo compreende justamente a capacidade de resistir ao frio extremo. Assim, entre os manchus, durante o inverno, costuma-se cavar nove buracos num lago ou rio congelado; o candidato a xamã deve mergulhar em um desses buracos e sair a nado pelo segundo e assim por diante, até o nono buraco (*Le Chamanisme et les Techniques Archaïques de l'Extase*, p. 114). Uma provação iniciática similar existe entre os xamãs esquimós do Labrador: um candidato permaneceu cinco dias e cinco noites no mar gelado e, tendo provado que nem sequer se havia molhado, obteve imediatamente o título de *angákkok* (*id.*, p. 68, nota 2).

Ora, certas provações iniciáticas indo-tibetanas consistem justamente em avaliar o grau de preparação de um discípulo segundo sua capacidade de secar, com o corpo nu e em plena neve, durante uma noite de inverno grande número de lençóis molhados. Esse calor psíquico tem em tibetano o nome de *gtum-mö* (pronuncia-se: *tumo*). "Lençóis são mergulhados na água gelada, onde se congelam e saem enrijecidos. Cada um dos discípulos cobre-se com um lençol e deve descongelá-lo e secá-lo com o calor do corpo. Logo que o lençol está seco, volta a ser submergido na água e o candidato envolve-se nele mais uma vez. A operação prossegue até o nascer do dia. Então, aquele que secou o maior número de lençóis é proclamado o primeiro do concurso..."[159]

O *gtum-mö* é um exercício *yóguico*-tântrico muito conhecido na tradição ascética indiana. Já aludimos ao calor extremamente intenso provocado pelo despertar da *kuṇḍalinī*. Os textos afirmam que o calor psíquico se obtém também pela retenção da respiração e transmutação da energia sexual,[160] e essa experiência é sempre acompanhada de fenômenos luminosos (detalhe importante sobre o qual falaremos ainda). A técnica da produção do calor interior não é inovação do tantrismo. A *Majjhima Nikāya* (I, 244 etc.) fala do calor que se consegue pela retenção da respiração, e outros textos budistas (por exemplo, o *Dhammapada*, 387) afirmam que o Buda era "ardente". O Buda é "ardente" porque pratica a ascese, o *tapas* – e vimos que este

159. Alexandra David-Neel, *Mystiques et Magiciens du Thibet*, p. 228.

160. Cf. Lama Kasi Dawa Samdup e W. Y. Evans-Wentz, *Le Yoga Tibétain et les Doctrines Secrètes*, p. 168, 201 e 205.

está presente na Índia desde a época védica, mas que a ideologia e as práticas de "sudorese mágica" e da criação mediante "autotermia" são conhecidas desde a época indo-europeia; ou melhor, pertencem a um estágio cultural arcaico, e estão presentes nas cosmologias primitivas e em inúmeros xamanismos.

Há muitas razões para crer que a experiência do calor interior foi conhecida pelos místicos e magos desde tempos antiquíssimos. Grande número de tribos primitivas representam o poder mágico-religioso como "ardente", e expressam-no em termos que significam "calor", "ardência", "muito quente" etc. Esta é a causa pela qual os magos e os feiticeiros primitivos bebiam água salgada e comiam plantas extremamente picantes: desejavam assim aumentar seu calor interior. Na Índia moderna, os muçulmanos acreditam que um homem em comunicação com Deus torna-se "ardente". Quem quer que opere milagres é chamado "fervente". Por extensão, todas as pessoas ou ações que comportam um poder mágico-religioso de uma ou de outra espécie são consideradas "ardentes" (*Le Chamanisme et les Techniques Archaïques de l'Extase*, p. 412).

Como é de se prever, o poder sagrado experimentado sob a forma de calor extremo não se obtém unicamente através de técnicas xamânicas ou místicas. Já nos referimos a certos termos do vocabulário guerreiro indo-europeu *(furor, ferg)*, os quais expressam justamente esse "calor extremo" e essa "cólera" que caracterizam a incorporação de uma força sagrada. Da mesma forma que o xamã, o jovem herói "esquenta-se" durante seu combate iniciático. Essa cólera, esse calor, nada têm de profano, nem de natural: representam a síndrome da apropriação da sacralidade. O domínio do fogo e o calor interior estão sempre relacionados com o acesso a certo estado extático ou, em outros níveis culturais, com o acesso a um estado não condicionado, de perfeita liberdade espiritual. O domínio do fogo, a insensibilidade ao calor, e, portanto, o calor mágico que torna suportável tanto o frio extremo como a temperatura da brasa, é uma virtude mágico-mística que, acompanhada de outras façanhas não menos extraordinárias (ascenção ao céu, voo mágico etc.), indica de maneira sensível que o xamã ultrapassou a condição humana e já participa da condição dos espíritos.

A experiência primeira do poder mágico-religioso que se traduz mediante a "cólera" das iniciações guerreiras ou o "calor" dos magos, xamãs e *yogīs* pode ser transformada e diferenciada através de um trabalho posterior de integração e "sublimação". A palavra indiana *kratu*, que começou por designar a "energia do guerreiro ardente, sobretudo de Indra", e depois "a força vitoriosa, a força e o ardor heroicos, a bravura, o gosto pelo combate" e, por extensão, o "poder" e a "majestade" em geral, acabou por indicar "a força do homem piedoso, que o torna capaz de seguir as prescrições do *ṛta** e atingir a felicidade".[161]

É evidente que a "cólera" e o "calor" provocados por um acréscimo violento e excessivo de *poder* são temidos pela maioria dos mortais. Essa espécie de poder interessa, sobretudo em estado "bruto", aos magos e guerreiros; aqueles que buscam na religião a confiança e o equilíbrio defendem-se do "calor" e do "fogo" mágicos. O termo *śānti*, que indica em sânscrito "tranquilidade", "paz de espírito", "ausência de paixões", "alívio do sofrimento", deriva da raiz *śam-*, que originalmente possuía o sentido de apagar o "fogo", a cólera, a febre, o "calor", enfim, provocado pelos poderes demoníacos.[162] O indiano dos tempos védicos sentia o perigo da magia; defendia-se da tentação de um excesso de poder[163] da mesma forma que, mais tarde, o *yogin* deverá vencer a tentação dos "poderes miraculosos" *(siddhi)*.

Já mencionamos que nos exercícios *yóguico*-tântricos o calor interior é acompanhado de fenômenos luminosos (cf. Lama Kasi Dawa Samdup e W. Y. Evans-Wentz, *Le Yoga Tibétain et les Doctrines Secrètes*, p. 204). Por outro lado, desde os tempos das *Upaniṣad* registram-se experiências místicas luminosas, nas quais a luz interior *(antar jyotih)* define a própria essência de *ātman* (*Bṛhadāraṇyaka Upaniṣad*, I, 3, 28); em certas técnicas budistas de meditação, a luz mística de cores diversas indica o sucesso do procedimento. Não insistiremos no espaço fundamental atribuído à luz interior por místicos e teólogos cristãos e islâmicos, pois não é nosso desejo fazer aqui um estudo de mística comparada; nosso escopo limita-se ao domínio xamânico. Acrescentemos somente que na Índia as epifanias luminosas

---

* Lei, norma, ação ou costume sagrado, verdade divina. [N. do E.]

161. Kasten Rönnow, "Ved. *kratu*, eine Wortgeschichtliche Untersuchung", em *Le Monde Oriental*, volume 26, 1932, p. 1-90; cf. G. Dumézil, *La Naissance d'Archanges*, Paris, 1945, p. 145. Nos *Gāthā* "o sentido do termo *khratu* corresponde sobretudo ao caráter moral, propriamente religioso, do termo védico *kratu*: assim, *khratu* é o esforço religioso do homem pio, que poderíamos chamar de bravura piedosa do homem na luta contra o mal, e resume a vida do devoto" (Dumézil, *op. cit.*, p. 145).

162. Cf. D. J. Hoens, *Śānti. A Contribution to Ancient Indian Religious Terminology*, 's-Gravenhage, 1951, especialmente p. 177 e ss.

163. Adivinha-se nesse comportamento a reação ambivalente a respeito do sagrado. De um lado, sentimo-nos atraídos pelo poder mágico-religioso, de outro, sentimo-nos amedrontados. Sobre o sentido dessa ambivalência, ver nossa obra *Traité d'Histoire des Religions*, p. 26, 393.

ultrapassam a experiência *yóguica*, como atesta a ascenção extática da Montanha de Śiva por Arjuna, ascenção que culmina em uma luz sobrenatural (*Mahābhārata*, VII, 80).

A luz interior constitui, porém, a experiência decisiva do xamanismo esquimó. Pode-se mesmo dizer que sua obtenção equivale a uma provação iniciática. De fato, o candidato consegue essa "iluminação" – *quaumaneq* – depois de longas horas de meditação, em perfeita solidão. Segundo os xamãs interrogados por Rasmussen, o *quaumaneq* consiste "em uma luz misteriosa que o xamã sente subitamente em seu corpo, no interior de sua cabeça, no próprio centro do cérebro; um inexplicável farol, um fogo luminoso que o torna capaz de ver no escuro, tanto no sentido estrito como figurado, pois agora, de olhos fechados, ele tenta ver através das trevas e perceber coisas e acontecimentos futuros fora do alcance de outros homens; ele consegue conhecer o futuro e os segredos alheios". Sempre segundo as informações de Rasmussen, quando o candidato experimenta pela primeira vez a iluminação *(quaumaneq)*, "é como se a casa na qual se acha se elevasse de repente; ele vê bem longe à sua frente, através das montanhas, exatamente como se a terra fosse uma grande planície e seus olhos tocassem os confins da terra. Nada mais está oculto para ele" (K. Rasmussen, *Intellectual Culture of the Iglulik Eskimos,* p. 112-113).

ANALOGIAS E DIFERENÇAS

Que conclusões podemos tirar de um exame mais acurado dessas comparações? Eliminemos, de começo, os elementos que não interessam diretamente à ideologia e às técnicas *yóguicas*. Deixemos de lado a série de analogias referentes ao sistema cosmológico e ao simbolismo da ascenção, encontrados tanto no xamanismo como na Índia (o *yūpa,* os Sete Passos do Buda etc.). São paralelismos de estrutura que não impõem uma aproximação entre o xamanismo e o Yoga. Somente dois aspectos do simbolismo da ascenção serão motivo de nossa atenção: o "milagre da corda" e o "voo mágico" ou extático. Podemos fazer a esse respeito uma dupla observação: 1º) o "milagre da corda", embora considerado um dos prodígios típicos dos faquires – ele pode constar da lista das *siddhi,* isto é, entre os inumeráveis poderes maravilhosos da tradição mágica indiana –, não é parte constitutiva de nenhuma técnica *yóguica;* 2º) quanto ao "voo mágico" ou extático, é conhecido desde a época védica, mas jamais pertenceu ao Yoga propriamente dito. No nível filosófico, a faculdade de mover-se à vontade e de voar simbolizava a autonomia do espírito; no nível mágico, o voo estava entre as *siddhi* e podia ser obtido, indistintamente, pelo Yoga, a alquimia ou a feitiçaria.[164] Por outro lado, como já observamos, embora constitua um dos elementos específicos do xamanismo, o voo mágico não pertence só à sua esfera; ele é parte integrante da mais antiga tradição da magia.

Podemos incluir entre as *siddhi* o "milagre da manga". Esse "milagre" de estrutura nitidamente xamânica teve na Índia um curioso destino; de um lado tornou-se o milagre típico dos faquires; de outro, foi utilizado por filósofos (entre eles, Śaṅkara) como imagem marcante para explicar o processo da ilusão cósmica. Outras *siddhi yóguicas* também estão presentes nas tradições mágicas e xamânicas; por exemplo: "a entrada no corpo de outro" ou a "reanimação de cadáveres". Morfologicamente, esta última *siddhi* está mais entre os poderes mágicos que entre os feitos xamânicos.

Por outro lado, existe uma *siddhi* específica do Yoga que não faz parte da tradição mágica universal, pois pressupõe um longo trabalho espiritual. É a faculdade de conhecer existências anteriores. Esse poder é conhecido entre os xamãs norte-americanos; eles recordam suas existências anteriores e alguns pretendem mesmo ter assistido ao começo do mundo (cf. Ake Hultkrantz, *Conceptions of the Soul among North American Indians,* Estocolmo, 1953, p. 412). Abordamos aqui um problema muito complexo e que ultrapassa nosso propósito: o da crença universalmente espalhada da preexistência da alma humana. Certos indivíduos privilegiados – místicos, xamãs etc. – chegam a transformar essa crença em *experiência pessoal.* É inevitável a comparação com a Índia, onde também só os *yogīs* e os "despertos" são capazes de lembrar suas existências anteriores; o resto dos mortais aceita a doutrina da transmigração como parte da ideologia tradicional. Porém, nem o Yoga clássico nem o budismo dão grande importância ao conhecimento das existências anteriores; em outros termos, a posse dessa *siddhi* não resolve, por si só, o problema da liberação. Estamos, provavelmente, em presença de uma mitologia e de uma técnica mística aborígines, relacionadas com a crença na preexistência da alma – mitologia e técnica assimiladas e revalorizadas desde tempos remotos pelo Yoga e o budismo.

Igualmente perturbadoras são as analogias entre o "despedaçamento" iniciático dos xamãs e algumas meditações *yóguico*-tântricas, que implicam seja o desmembramento do *yogin* por demônios, seja a contemplação de seu próprio esqueleto, seja, enfim, o uso mágico-religioso de crânios e cadáveres.

---

164. Na Índia não ária o "voo" é atributo específico dos feiticeiros e feiticeiras; cf. W. Koppers, *Probleme der indischen Religionsgeschichte*, p. 768 (edição de Santal), p. 783 (edição de Orissa).

Esse tipo de exercícios espirituais não existe na tradição do Yoga clássico; foi integrado durante a disseminação do tantrismo, apesar de, provavelmente, ter sido conhecido desde tempos remotos tanto na Índia (entre os *kāpālika*, os *aghorī* etc.) como nas regiões himalaias e no Tibete (onde o Bon-po ainda conservava estrutura claramente xamanista). Encontramo-nos, portanto, diante de uma revalorização em termos *yóguicos* de uma técnica xamânica aborígine. Processos similares ocorrem durante toda a grande síntese tântrica.

No plano da técnica mística *stricto sensu,* a analogia mais clara entre o xamanismo e o Yoga é a produção do calor interior. Mostramos uma técnica universalmente conhecida que nem sempre é apanágio dos ascetas e magos; o calor interno também é provocado por certas iniciações guerreiras. Constatamos que essa técnica está ligada ao domínio do fogo, proeza de faquires que deve ser considerada como o elemento mais arcaico e universalmente conhecido da tradição mágica. Conclui-se que desde seu início o Yoga conheceu a produção do calor interior, mediante a retenção da respiração, pois o *tapas* já existia na época védica e a disciplina respiratória era praticada por esses extáticos misteriosos, que eram os *vrātya.* É difícil situar a origem do *prāṇāyāma,* mas permitimo-nos supor que o ritmar da respiração tenha resultado de algumas experiências místicas que buscavam o aumento do calor interior.[165]

---

165. O Dr. Filliozat acredita poder remeter as origens do Yoga a uma doutrina erudita: a do *prāṇa* como elemento essencial da vida. "É claro que, vendo na respiração o motor comum do psiquismo e da vida, os indianos procuraram obter efeitos espirituais e físicos agindo sobre ela. [...] Embora a simples existência da teoria não explique os detalhes dos procedimentos, foi suficiente para fazer surgir a ideia de recorrer a ela. A experiência fez o resto. Os resultados fisiológicos obtidos durante os experimentos, e suas repercussões sobre o estado psíquico, determinaram a escolha e guiaram o aperfeiçoamento dos meios práticos. Seja como for, a existência da teoria explica por que os experimentos foram realizados." J. Filliozat, "Les origines d'une technique mystique indienne", em *Revue Philosophique,* 1946, p. 208-220. A hipótese é sedutora, mas não parece muito convincente remeter as origens de uma técnica mística às tentativas experimentais de uma teoria filosófica. O processo contrário parece-nos mais plausível: a "experimentação mística" teria precedido a teoria erudita da respiração. Como nos lembra o Dr. Filliozat (*op. cit.*, p. 217), já na Índia védica, a respiração era associada aos "ventos" cósmicos. Muito provavelmente, é em uma experiência de estrutura "cósmica" que devemos buscar os inícios do *prāṇāyāma.* Contudo, tais experiências eram de caráter místico – não se realizavam como consequência de uma teoria erudita. A polivalência do Yoga, seu êxito crescente em uma Índia cada vez mais asiatizada, indica-nos, talvez, onde devemos buscar suas

Quanto à intoxicação ritual com cânhamo, ópio e outros narcóticos, trata-se de um costume amplamente documentado no mundo xamânico e entre alguns *yogīs*. Sabe-se que o próprio Patañjali menciona as "ervas" *(auṣadhi)*, ao lado do *samādhi*, entre os meios para obter as *siddhi* (*Yoga-sūtra*, IV, 1). As "ervas" podem designar tanto narcóticos que provocam o êxtase como plantas das quais se extraía o elixir da longa vida. Em todo caso, o cânhamo e as drogas da mesma espécie provocam o êxtase e não o *samādhi yóguico*. Convém assinalar que esses meios místicos pertencem por direito à fenomenologia do êxtase (do qual temos uma amostra no comportamento do *muni* do *Ṛg-Veda*) e foram admitidos a contragosto na esfera do Yoga clássico. Além do mais, a alusão feita pelo próprio Patañjali às virtudes mágico-extáticas das "ervas" é significativa e de profundas consequências: ela prova a pressão dos extáticos, sua vontade de substituir por seus métodos as disciplinas do Yoga clássico. De fato, certo número de *śakta* e membros de outros movimentos extáticos e orgiásticos utilizaram e ainda utilizam o ópio e o haxixe (cf. Arbman, *Rudra*, p. 300; Lindquist, *Die Methoden des Yoga*, p. 194). A maioria desses extáticos estão ligados mais ou menos diretamente a Śiva, vale dizer, pertencem a um estágio cultural aborígine.

A intoxicação com drogas (cânhamo, cogumelo, tabaco etc.) não parece ser um fenômeno originário da esfera do xamanismo *stricto sensu*. De um lado, os mitos e folclore xamânicos põem de manifesto a decadência dos xamãs atuais, incapazes de obter o êxtase à maneira dos Grandes Xamãs de outrora. De outro lado, observa-se que, nas regiões onde o xamanismo está em decadência e onde o transe é um truque, abusa-se de tóxicos e drogas. Mas na própria esfera do xamanismo é necessário distinguir esse fenômeno talvez recente, de intoxicação para forçar o transe, da consumação ritual das substâncias "ardentes" que visam aumentar o calor interior. A Índia aborígine pôde conhecer, assim, diversas tradições imemoriais sobre os meios de se obter o calor mágico, o êxtase ou a possessão divina, e todas essas tradições mágico-extáticas tiveram ocasião de tentar se misturar às disciplinas do Yoga ou substituí-las. Prova disso está no fato de que grande número de *yogīs* e faquires participam de uma escola de Yoga determinada e, ao mesmo tempo, praticam certos exercícios (o *prāṇāyāma*, por exemplo) e perpetuam a tradição extática e orgiástica.

"origens". Entretanto, deixemos claro que a alternativa não se encontra entre uma origem erudita ou uma popular, mas entre a primeira e uma tradição espiritual pré-ária, representada por etnias culturalmente superiores aos indo-europeus dos tempos védicos. O problema de Mohenjo-Daro permanece em aberto, como veremos.

Se tentarmos tirar algumas conclusões do exame comparativo esboçado, é necessário começar por distinguir três posições espirituais: 1º) êxtase específico do xamanismo; 2º) liberação pelo *samādhi*, própria do Yoga clássico; 3º) *jīvan-mukti*, que quase se confunde com a "imortalidade no corpo", forma particular do Yoga tântrico e alquímico, e que seduz a imaginação popular pelas nostalgias que satisfaz. Depois de tudo quanto dissemos, seria inútil insistir sobre as diferenças de estrutura entre o êxtase xamânico e o ênstase *yóguico*. Como técnica espiritual organizada (deixando de lado suas possíveis origens) em nenhum caso o Yoga pode ser confundido com o xamanismo, ou integrado às técnicas do êxtase: a finalidade do Yoga clássico é a perfeita autonomia, o ênstase, enquanto o xamanismo se define pelo desesperado esforço por atingir a condição de espírito e realizar o voo extático. Existe, entretanto, um ponto exato onde o Yoga e o xamanismo se encontram. É a saída do Tempo e a abolição da História. O êxtase do xamã recupera a liberdade e a beatitude primordiais dos tempos em que, segundo os mitos, o homem podia subir materialmente ao céu e conviver com os deuses.[166] O Yoga, por seu lado, permite chegar ao estado não condicionado de *samādhi* ou *sahaja* com a perfeita espontaneidade do *jīvan-mukta*, do liberto em vida. Sob certo ponto de vista pode-se dizer que o *jīvan-mukta* aboliu o Tempo e a História; sua espontaneidade de certa forma se parece com a existência paradisíaca do homem primordial evocado pelos mitos. Isto é, o *yogin*, como o xamã, esforça-se por abolir o tempo histórico e encontrar uma situação não condicionada e, em consequência paradoxal, impossível de imaginar. Enquanto o xamã não é capaz de conseguir essa espontaneidade senão através do êxtase – quando pode "voar" – e só durante o tempo que dura seu êxtase, o verdadeiro *yogin*, aquele que obteve o *samādhi* e se tornou um *jīvan-mukta*, goza continuamente dessa situação não condicionada, isto é, consegue abolir de maneira definitiva o Tempo e a História.

Essa diferença de estrutura entre o xamã e o *yogin* vale sobretudo para o Yoga clássico. Vimos que, muito cedo, ao lado dessa forma de Yoga outras se afirmaram utilizando diferentes vias (por exemplo, a *bhakti*) e perseguindo outros fins, tais como a obtenção de um corpo divino. Graças a esta proliferação de novas formas de Yoga e a esse processo de fusão com outras técnicas místicas, achamo-nos diante de uma terceira posição espiritual: a que afirma a possibilidade de prolongar indefinidamente a vida em um corpo

166. Ver nosso livro *Le Chamanisme et les Techniques Archaïques de l'Extase* e o estudo "La nostalgie du paradis dans les traditions primitives", em *Diogène*, n. 3, 1953, p. 31-45.

incorruptível criado pelo *haṭha-yoga* e a alquimia. Nem o Yoga clássico nem, em geral, as outras formas mestras do pensamento indiano perseguiram a imortalidade; a uma existência indefinidamente prolongada, a Índia preferia a liberação, a liberdade. Contudo, como já vimos, em certo momento o Yoga chegou a designar para a consciência indiana não só o instrumento ideal mas também o "segredo" para vencer a Morte. Isso tem explicação: para uma parte – talvez a maior – da Índia, o Yoga confundia-se não apenas com a via da santidade e da liberação, mas também com a magia e sobretudo com os meios mágicos de triunfar sobre a Morte. Em outros termos, a mitologia do *jīvan-mukta* satisfazia tanto a sede de liberdade como a nostalgia da imortalidade.

Assistimos em suma a um processo ininterrupto de osmose e coalescência que acaba por mudar radicalmente certos aspectos fundamentais do Yoga clássico; apesar de este último não ser nem magia, nem xamanismo, numerosos poderes mágicos são aceitos entre as *siddhi* e algumas técnicas xamânicas podem identificar-se com os exercícios *yóguicos*. Tudo isto permite-nos entrever a "pressão" exercida pelo imemorial substrato mágico-religioso que precedeu a constituição do Yoga *stricto sensu;* pressão que, a partir de certo momento, fez emergirem e integrarem-se no Yoga elementos de espiritualidade extremamente antiga, aborígine. O Yoga talvez tenha recebido e conservado a herança de civilizações há muito desaparecidas, como a de Mohenjo-Daro. De fato, como veremos, o hinduísmo popular apresenta numerosos aspectos que se encontram nas religiões e culturas proto-históricas da Índia. Antes de analisá-los, detenhamo-nos no processo de coalescência de certos tipos "populares" de Yoga com espiritualidades aborígines. O exame é altamente instrutivo; mostra-nos, por assim dizer, ao vivo, as múltiplas erosões, degradações e transformações que aconteceram à margem do hinduísmo oficial, preparando e antecipando as sínteses posteriores.

COALESCÊNCIA E DEGRADAÇÃO: O YOGA E AS RELIGIÕES POPULARES

A sobrevivência do budismo, depois da invasão muçulmana e a ofensiva bramânica de reconversão, confirma seu sucesso nas camadas populares. Em algumas províncias, principalmente em Orissa e Bengala, o culto e os dogmas budistas continuaram a receber adeptos, mesmo depois do triunfo do bramanismo (ver nota VIII, 6). Trata-se, porém, de uma religião popular que não guarda quase nada da mensagem budista original. A sobrevivência desse "criptobudismo", como o denomina N. N. Vasu, é significativa.

Pelo fato de haver-se tornado uma religião ritual e uma devoção mística *(bhakti),* isto é, porque satisfazia a necessidade de culto e de devoção das populações aborígines, o budismo decadente pôde sobreviver à ofensiva conjugada do Islã e do bramanismo. No plano dogmático alcançou uma síntese do Vajrayāna e do bramanismo, como no culto do Dharma em Bengala ocidental. O Yoga não desempenha aqui quase nenhum papel. Entretanto, adivinhamos os excessos tântricos sob o manto do budismo nos próprios nomes dados aos lugares de culto budista: "casa da prostituta" (cf. K. R. Subramanian, *Buddhists Remains in Andhra*, p. 30).

O culto do Dharma sobreviveu até nossos dias, pois sua hinduização continuou até o início do século. Em um templo do Dharma, Haraprasad Shastri viu o sacerdote dividindo as oferendas em duas partes, e ao perguntar-lhe a razão disso ele respondeu: "Ele é Dharma e ao mesmo tempo Śiva, daí a divisão". O *mantra* usado era: "Salve Śiva que é Dharma-rāja". Alguns anos mais tarde, Haraprasad Shastri visitou novamente o templo e constatou que o sacerdote tinha colocado um símbolo do órgão gerador feminino *(gaurī-paṭṭa)* sob a representação do Dharma, como para hinduizá-lo completamente (S. Dasgupta, *Obscure Religious Cults*, p. 321, nota 2).

Essa "hinduização" não se fez sem riscos. Em mais de uma ocasião serviu de pretexto para reintroduzir no seio da sociedade bramânica comportamentos religiosos arcaicos há muito decadentes. Eis um exemplo: desde a Idade Média tem-se notícia de uma cerimônia outonal chamada Śabarotsava, em honra a Durgā, cerimônia que sobrevive em Bengala. Os participantes cobrem o corpo de lama, folhas e flores, como os sabaras, povo autóctone, de origem australoide, que vivia na Índia meridional e deu nome a essa cerimônia. Dois versos do *Kālikā Purāṇa* (61, 21-22) provam que a Śabarotsava incluía canções rituais licenciosas, mímicas eróticas e talvez orgias. Outro *Purāṇa* bengalês do século XVII, o *Bṛhaddarma Purāṇa* (III, 6, 81-83), afirma que por ocasião dessa festividade agrícola só se pronunciavam os nomes dos órgãos geradores diante de pessoas iniciadas no culto de Śakti, mas acrescenta que Śakti se comprazia em ouvir palavras obscenas (D. C. Sirkar, *The Śākta Pīṭhas*, p. 105-106).

Este episódio é muito esclarecedor. Vemos como uma festa hindu da vegetação – também de origem e estrutura aborígine, mas há muito tempo "hinduizada" –, em seu esforço por assimilar a todo custo as sacralidades excêntricas, adota o comportamento religioso de um povo arcaico e lhe dá validade. A Śabarotsava constitui exemplo típico do processo de integração das religiões aborígines no culto da Grande Deusa da fertilidade e da vegetação – Durgā-Śakti.

Como já vimos, Durgā-Śakti desempenha papel preponderante no tantrismo e em todas as formas de culto a Śakti. Convém insistir em que a assimilação e a coalescência dos cultos aborígines se efetuam sobretudo nos mais baixos estágios da religião e da magia, naquilo a que chamamos extratos populares. É aqui que se encontram, por exemplo, as estruturas *yóguicas* e *"śakticas"* integradas nas mitologias e nos rituais da vegetação. Certas fadas recebem o nome de *yoginī*, como para confirmar a origem de sua força mágica obtida pelo Yoga. Eis como são apresentadas nos textos tântricos: "As *kula yoginī* sempre moram nas árvores *kula*. Ninguém deve dormir sob as árvores *kula*, nem fazer-lhes mal algum" (*Śaktānandatārangiṇī*, citado por R. Chanda, *Indo-Aryans*, p. 35). Ao mesmo tempo ninfas e feiticeiras, como a Grande Deusa Durgā, a quem servem e da qual, às vezes, são as epifanias, as *yoginī*, *dakīnī* e lamas são benevolentes, porém também terríveis. Certos textos acentuam sua graciosidade. Segundo o *Abhidānottara-tantra*,[167] as *yoginī* – que se dividem em três classes: Kulajā, Brāhmī e Rudrā – são fadas brancas como a flor de lótus, com olhos cor de rosa; amam as roupas brancas e perfumadas e são votadas à adoração do Sugata. As *dakīnī* têm a pele de um vermelho brilhante cheirando a lótus, o rosto doce, olhos e unhas vermelhas e gostam de decorar suas casas com quadros representando flores de lótus. Nas cercanias do monte Girnar[168] conhecem-se três classes de *dakīnī*: Pul- (flor), Lāl- (vermelho) e Keśur- (cabelos). São invocadas em caso de epidemias, sobretudo de cólera.

Fadas, demônios femininos, feiticeiras, todas essas companheiras ou epifanias de Durgā representam também divindades menores da vegetação e do destino – trazem morte ou riqueza – encarnando as forças da magia xamânica e do Yoga. Em Udyāna, as *yoginī* eram imaginadas em forma de mulheres-tigre, alimentando-se de carne humana e capazes de transformar-se em pássaros quando queriam atravessar um rio.[169] As pinturas tibetanas apresentam as *dakīnī* em seu aspecto irado, com um olho na fronte, nuas, usando um xale verde, ou então "com uma tanga vermelha e, nas costas, um cadáver cujos braços se enrolam como um lenço ao redor do pescoço da deusa..." (M. Linossier, *Les Peintures Tibétaines de la Collection Loo*, p. 55). Qualquer que seja a origem dessas semideusas terríveis, cedo foram integradas

167. Texto analisado por Rajendralāla Mitra, *The Sanskrit Buddhist Literature in Nepal*, Calcutá, 1882, p. 2 e ss.

168. Cf. G. Oppert, *On the Original Inhabitants of Bhāratavarṣa or India*, Westminster, 1893, p. 571, nota.

169. A. Grünwedel, "Der Weg nach Sambhala", em *Abhandlungen der Königl. Bayer, Akademie der Wissenschaften, Philosophie und Historish, Klasse*, XXIX, 3 Abh., Munique, 1915, p. 28 (17 a). Inútil insistir sobre a estrutura xamânica dessa mitologia das feiticeiras.

no tantrismo. Vamos achá-las, por exemplo, representadas nos *cakra*, ao lado de outras divindades. Algumas são de origem tibetana; as lamas conservaram inclusive seu nome tibetano (*lhamo*, "demônio feminino"). Esse conjunto de fatos ilustra a fusão dos cultos populares himalaios com o tantrismo budista (ver também nota VIII, 7).

Segundo o tratado alquímico *Rasaratnākara*, atribuído a Nāgārjuna, este adquiriu os segredos da alquimia depois de uma ascese de doze anos dedicados a adorar a deusa Yakṣiṇī, que protege o *ficus religiosa* (P. C. Ray, *A History of Hindu Chemistry*, II, p. 7). Os *yakṣa* e as *yakṣiṇī* constituem a grande classe de divindades locais nas quais os indianos acabaram por integrar todas as formas religiosas menores, em sua maior parte aborígines. O termo *yakṣa* aparece pela primeira vez no *Jaiminīya Brāhmaṇa* (III, 203, 272), no qual significa "ser maravilhoso"; a acepção comum de "espírito", "gênio", só se impõe com os *Gṛhya-sutra* (A. K. Coomaraswamy, *Yakṣas*, I, p. 5). No *Mahābhārata*, os *yakṣa* já são conhecidos e uma passagem tardia dessa epopeia afirma que os homens de temperamento "*sáttvico*" adoram os deuses (*deva*); os de temperamento "*rajásico*" veneram os *yakṣa* e *rākṣasa* e os de temperamento "*tamásico*", os *preta* (fantasmas) e os *bhūta* (espíritos dos mortos, geralmente espíritos maus). Este foi o primeiro esforço de assimilação e classificação realizado pelo hinduísmo frente a essa massa considerável de gênios e demônios da religiosidade aborígine. Poucos *yakṣa* têm nomes, mas Coomaraswamy considera (*op. cit.*, p. 9-10) muito provável que a deusa Sītalā, Olābībi (deusa da cólera), as Sete Mães (parcialmente relacionadas com Kubera, rei dos *yakṣa*), as 64 *yoginī* e *dakīnī* (certas formas de Devī), quase todas as divindades da Índia meridional e mesmo a Grande Durgā, foram originalmente *yakṣa* – isto é, foram consideradas como tais pelos meios bramânicos. Os *yakṣa* e as *yakṣiṇī* representam a forma padrão da devoção religiosa aborígine; isso porque tanto o hinduísmo como o budismo foram obrigados a absorvê-los (Hārītī, a Mãe dos Demônios, na origem uma deusa da varíola, torna-se uma *yakṣiṇī* importante no budismo).

Para o culto dos *yakṣa* podem-se erguer altares em qualquer lugar. O elemento essencial é a mesa de pedra ou altar *(veyaḍḍi, mañco)* colocada sob uma árvore sagrada (A. K. Coomaraswamy, *op. cit.*, p. 17). A união árvore-altar denota um tipo cultural extremamente antigo; o budismo integrou-o no culto dos *caitya*. Esse termo muitas vezes indica só a árvore hierofânica, sem o altar; outras vezes o *caitya* era uma construção perto de uma árvore. O culto dos *caitya* passou ao Tibete *(mc'od rten)*, onde adquiriu característica fúnebre muito acentuada; muitos desses *caitya* foram erguidos para conservar as cinzas dos lamas (cf. G. Tucci, "Mc'od Rten e Ts'a Ts'a nel Tibet Indiano ed Occidentale", em *Indo-Tibetica*, volume I, Roma, 1932, p. 24).

O culto dos *yakṣa* era de estrutura devocional, isto é, integrava-se na grande corrente popular da *bhakti*. Como notou Coomaraswamy (*op. cit.*, p. 27), Viṣṇu e Śiva não foram os únicos a cristalizar ao redor de seus cultos a *bhakti* popular; todos os outros movimentos religiosos – inclusive o budismo – fizeram a mesma coisa. O budismo adotou o motivo iconográfico da "Mulher e a Árvore", de origem pré-ária e cujas raízes mergulham profundamente nos cultos da vegetação. Além do mais, os *yakṣa* foram considerados como os protetores das estupas e são representados nas mesmas atitudes de devoção ao Buda que têm as personagens humanas. Esse culto dos *yakṣa* e das *yakṣiṇī* foi assimilado também pelo jainismo, em que são representados como guardiães dos templos. Tudo isso prova o vigor da religiosidade aborígine; toda forma religiosa elaborada sobre as raízes populares – budismo, jainismo, bramanismo – teve de levar em conta o culto *(pūjā)* e a devoção mística *(bhakti)*, que constituíam a própria estrutura da experiência religiosa da Índia pré-ária.

Outro exemplo mostra mais claramente a relação entre a Grande Deusa *(Durgā)*, os cultos de fertilidade e o Yoga popular. Referimo-nos aos *pīṭha* ou lugares de peregrinação em honra à Grande Deusa (qualquer que seja seu nome: Devī, Śakti, Durgā, Kālī etc.). Os *Tantra*, os *Purāṇa*, falam de quatro *pīṭha*, entre os quais, como era de esperar, figurava Kāmarūpa. Uma vez que cada *pīṭha* representa a presença real da Grande Deusa, o simbolismo quaternário expressa a vitória do culto de Śakti em toda a Índia (os *pīṭha* estavam distribuídos pelos quatro pontos cardeais). Mas rapidamente o número dos *pīṭha* multiplica-se e começa a haver variantes: conhecem-se listas de sete, oito, quarenta e dois, cinquenta e até cento e oito *pīṭha* (relacionados com os cento e oito nomes da Deusa). Um mito de origem védica e bramânica, que só no *Mahābhārata* (XII, 282) oferece detalhes no sentido que nos interessa, explica a multiplicidade dos *pīṭha:* Satī, esposa de Śiva, morre ou se suicida, porque foi maltratada por seu pai Prajāpati. Os *Tantra* e os *Purāṇa* desenvolveram o mito: Śiva erra pelo mundo dançando com o cadáver de sua mulher às costas. Para pôr fim à loucura de Śiva, os deuses decidem retalhar o cadáver. Existem duas variantes dessa operação: segundo a primeira (*Devībhāgavata*, VII, capítulo 30; *Kālikā Purāṇa*, capítulo 18), Brahmā, Viṣṇu e Śani penetram no cadáver mediante o Yoga e dividem-no em pequenos pedaços; os lugares onde eles caem tornam-se *pīṭha*. Conforme a segunda variante, Viṣṇu persegue Śiva e divide o corpo de Satī com suas flechas (cf. D. C. Sirkar, *The Śākta Pīṭhas,* p. 5).

O mito do desmembramento da Deusa, apesar de integrado tardiamente aos textos indianos, é extremamente arcaico; sob formas diversas encontramo-lo no Sudoeste asiático, na Oceânia, nas duas Américas, sempre relacionado com o mito de autoimolação da Divindade a fim de criar espécies vegetais comestíveis.[170] O simbolismo do desmembramento acha-se, em contextos diferentes, nas mitologias lunares e no xamanismo. No caso dos *pīṭha*, temos um mito aborígine de fertilidade integrado ao tantrismo: não esqueçamos que os *pīṭha* constituíram lugares de peregrinação dos tântricos e dos *śakta*. Ora, parece-nos importante assinalar que os *pīṭha* – considerados como membros da Grande Deusa – eram ao mesmo tempo altares sem ídolos, convertidos em locais sagrados pelo fato de que ascetas e *yogīs* ali meditaram e obtiveram *siddhi*. Em outros termos, os *pīṭha* eram análogos em santidade aos *samādh*, onde estavam enterrados os *yogīs*. Em consequência, um *pīṭha* podia ser tanto o lugar onde se achava um membro da Deusa (sobretudo a *yoni*), como o espaço onde um asceta obtivera sua perfeição *yóguica (siddha pīṭha)*. O texto *Sarvānandatārangini* menciona Mehāra (no distrito de Tippera) como um *pīṭha-sthala*, porque Sarvānanda conquistou ali suas *siddhi* tântricas. (D. C. Sirkar, *op. cit.*, p. 3, nota 1.) Eis aqui um exemplo luminoso das múltiplas coalescências e sínteses ocasionadas e encorajadas pelo tantrismo *yóguico:* um mito arcaico integrado tanto no Yoga como na devoção popular da Grande Deusa da fecundidade. O lugar consagrado pela conquista *yóguica* da liberação torna-se mais tarde sagrado porque supostamente contém um membro da Grande Deusa. Durgā, como Śakti e esposa de Śiva, torna-se a Deusa dos *yogīs* e ascetas, ao passo que, para o resto da população, continua sendo a Grande Deusa da vegetação e da fecundidade.

A HERANÇA DRAVÍDICA, MUNDA, PROTOMUNDA

Não insistiremos nas influências linguísticas e culturais exercidas pelas populações dravídicas sobre os indo-árias (ver nota VIII, 8). Assinalemos apenas que o ponto essencial do hinduísmo, o "culto devocional", *pūjā*, constitui um aporte dravídico. O termo *pūjā* parece ser de origem dravidiana (Gundert e Kittel o associaram a uma raiz dravidiana, *pūśu* em tâmil, *pūru* em canarense[171], "untar, ungir, tingir"). Quanto à "devoção mística", *bhakti*, é seguramente de estrutura aborígine, seja dravidiana ou pré-dravidiana; em todo caso, a *bhakti* desempenhou papel importante no hinduísmo, purificando-o

170. Cf. A. W. Macdonald, "A propos de Prajāpati", em *Journal Asiatique*, 1952, p. 323-338; Mircea Eliade, "La Terre-Mère et les hiérogamies cosmiques", em *Eranos-Jahrbuch*, XXII, 1953, p. 57-95.

171. Língua de origem dravidiana. [N. do E.]

dos excessos da magia e da escolástica ritualista. A *bhakti* tinha por objetivo tanto Deus, a Grande Deusa, como uma das inumeráveis *grāmadevatā* que a representavam. As *grāmadevatā* têm interesse particular para nós, pois seus cultos incluem elementos extremamente arcaicos. Toda a vida religiosa da Índia meridional concentra-se ao redor dessas divindades locais, manifestações da Grande Deusa. Ora, é justamente esse tipo de culto que se impôs no hinduísmo popular; a Índia encontrou na devoção às *grāmadevatā* sua própria vocação religiosa. Entre os nomes da Grande Deusa manifestada nessas "divindades aldeãs" destacamos Ellammā, Māriyamma, Piḍārī e Ambikā (da raiz dravidiana *amma*, "mãe"). Seus ícones são muitas vezes simples imagens em pedra do órgão gerador feminino *(yoni)*. Porém, a Grande Deusa dravidiana não apresenta os traços sangrentos e orgíacos de Kālī-Durgā. Subsistem ainda traços de um Grande Deus primordial e andrógino (Kadaval), mas seu papel no culto é pouco importante. Entre os nomes do Grande Deus dravidiano notemos o de Yogī, introduzido provavelmente logo depois da fusão com Śiva.

Os lugares de culto das *grāmadevatā* acham-se quase sempre próximos de árvores. Integrado entre tantos outros elementos de cultura arcaica, dos quais trataremos mais adiante, esse detalhe poderia denotar uma raiz antiga, pré-agrícola, da religião da vegetação. De fato, entre os povos austro-asiáticos dos mares do Sul observamos o costume de chamar os países e as etnias por nomes emprestados do mundo vegetal. Ora, Jean Przyluski demonstrou que o termo sânscrito *udumbara*, que designa ao mesmo tempo o *ficus glomerata* e uma região do Punjabe e seus habitantes, atesta a existência de populações austro-asiáticas ao norte do Punjabe. Isso prova que as populações pré-dravidianas, falando línguas mundas, também influenciaram a cultura da religião dos indo-árias. Voltaremos a tratar deste assunto; entretanto, assinalemos no culto das *grāmadevatā* a sobrevivência de outros elementos da religião arcaica, pré-dravidiana. Uma das imagens favoritas das *grāmadevatā* é uma bilha, e é frequente que esta encarne a Deusa.[172] No festival anual da Deusa, uma bilha decorada é levada em procissão ao redor da aldeia (G. Oppert, *On the Original Inhabitants of Bhāratavarṣa or India*, p. 461; Whitehead, *The Village Gods of South India*, p. 38). Na ocasião do cerimonial expiatório, toda a população reúne-se fora da aldeia e uma bilha *(karagam)*, representando a Deusa furiosa, é levada solenemente ao centro

172. Whitehead, *The Village Gods on South India*, p. 37 e ss. A deusa-pote chama-se em tâmil Kumbāttāl, em sânscrito Kumbhamātā e em canarense Garigadevara (G. Oppert, *On the Original Inhabitants of Bhāratavarṣa or India*, p. 274).

do vilarejo onde permanece durante três dias; passado esse tempo é levada para fora da aldeia e quebrada em pedaços (G. Oppert, *op. cit.*, p. 463).

O simbolismo e a função cultural da bilha foram assimilados pelo hinduísmo. Já certas cerimônias pós-védicas incluíam a "dança da bilha", na qual tomavam parte as moças e cujo sentido mágico de fertilidade é evidente (A. K. Coomaraswamy, *Yakṣas*, II, p. 46). Neste exemplo o simbolismo sexual da bilha predomina sobre o simbolismo aquático, marítimo, mais arcaico. Um fragmento do *Śrīlalitāsahasrānamastotram*, citado por Oppert (*op. cit.*, p. 418) afirma que a Deusa suprema pode ser venerada sob qualquer forma, mesmo sob forma de bilha. Segundo uma tradição conservada no Sul, o sábio Agastya nasceu, com Vasiṣṭha, em um pote de água, da união de Mitra e Varuṇa com a ninfa *(apsara)* Urvaśī.[173] Agastya é chamado igualmente *pītābdhi*, "bebedor do oceano". Outra lenda diz que Brahmā fez um sacrifício para disseminar o sânscrito e o tâmil e, devido à força mágica desencadeada por esse sacrifício, Agastya nasceu em um pote; o sábio casou-se mais tarde com a filha do Oceano (G. Oppert, *op. cit.*, p. 67-68, nota 61). Assistimos aqui ao fenômeno bem conhecido da interpretação, em linguagem bramânica, de mitos e religiões estranhos à esfera indo-europeia.

Acontece, porém, que o simbolismo aquático resiste a todas as reinterpretações mitológicas e escolásticas, e acaba por impor-se até nos textos sagrados. A *Devyupaniṣad* conta que os deuses perguntaram à Grande Deusa (Devī) quem ela era e de onde vinha e receberam a seguinte resposta: "O lugar de meu nascimento é a água no interior do Mar; aquele que o conhece, conhece a morada de Devī" *(mama yonir apsvnata samudre ya evam veda sa devīpadamāpnoti)*. A Deusa é princípio e origem dos deuses e do universo. "Fui eu, que, no começo, criei o pai deste mundo" (*aham suve pitaram asya mūrdhan;* texto em G. Oppert, *op. cit.*, p. 425-426). A força sagrada encarnada pela Deusa reside nas águas; o Oceano é concebido como o grande reservatório da sacralidade, onde deuses, santos e heróis encontram seus poderes e prestígios. Esta concepção religiosa caracteriza as civilizações marítimas do Sudeste. Jean Przyluski analisou certo número de mitos e lendas austro-asiáticos que apresentam a seguinte particularidade: o herói deve sua condição de rei ou santo ao fato de ter nascido de um animal aquático. Em Anam, o primeiro rei mítico levava o nome de *long quân* ("rei dragão"). Na Indonésia, os reis de San-fo-ts'i eram chamados *long tsin*

173. Daí seus nomes de Kumbhasaṃbhava (nascido de Kumbhamātā, a Deusa-pote), Kumbhayoni e Ghaṭodbhava (G. Oppert, *op. cit.*, p. 24, nota 25).

("espírito, esperma de *nāga*"). Os reis de Chota-Nagpur descendiam de um *nāga* chamado Puṇḍarika; este, dizia-se, tinha o hálito fétido. Ora, esse detalhe lembra "a princesa com odor de peixe" que, nos mitos e lendas indonésios, funda uma dinastia depois de se casar com um brâmane. A "princesa com odor de peixe" era uma *nāgī*, um espírito aquático feminino; simbolizava também a sacralidade primordial concentrada no Oceano, como as primeiras formas culturais aborígines. Sua união com os representantes de um princípio espiritual contrário significava a fundação de uma nova civilização, o começo de uma nova história. Segundo uma lenda palaunge, a *nāgī* Thusandi amou o príncipe Thuriya, filho do Sol. De sua união nasceram três filhos: um tornou-se Imperador da China, o outro, rei dos palaunges e o terceiro, rei de Pagan. Segundo o *Sedjarat Malayou*, o rei Suran desceu em uma caixa de vidro ao fundo do Oceano e, acolhido gentilmente pelos habitantes, casou-se com a filha do rei; dessa união nasceram três filhos e o primeiro tornou-se rei de Palembang (cf. Jean Przyluski, *La Princesse à l'Odeur de Poisson*, passim).

Não mais ressaltaremos o simbolismo da união dos contrários: a *nāgī* (amorfia, virtualidade, obscuridade) e o Sol. Um estudo mais profundo desse simbolismo nos afastaria muito de nosso assunto (cf. nosso *Traité d'Histoire des Religions*, p. 184 e 357). Recordemos simplesmente a enorme importância dos *nāga* e das serpentes nas mitologias e nos cultos aborígines integrados ao hinduísmo; como a *nāgī* aquática, o *nāga* simboliza a obscuridade, o pré-formal, a força sagrada primordial, não mais concentrada no fundo do Oceano, mas nas profundezas da terra. Na Índia, *nāga*, as serpentes, representam os gênios locais, a sacralidade aborígine (ver nota VIII, 9). Ora, os *nāga* estão sempre relacionados com a magia, o Yoga, as ciências secretas. O folclore que se desenvolveu ao redor de Nāgārjuna mostra-nos como era viva a crença de que as serpentes conservam e transmitem, por meio de iniciações misteriosas, uma doutrina oculta atemporal.

Os elementos marítimos de simbolismo e cultura entre os drávidas e as populações mundas são devidos às imigrações micropolinésias, iniciadas na pré-história e que continuaram até os tempos históricos. James Hornele pôs em evidência uma poderosa influência polinésia sobre a população pré-dravídica da costa meridional da Índia. H. C. Das Gupta ressalta fortes analogias entre certos jogos da Índia e de Sumatra. As populações de línguas mundas (ou coláricas) pertencentes ao grupo linguístico austro-asiático trouxeram importantes contribuições para a cultura indiana. Já no *Ṛg-Veda* deparamos com a existência de um mito austro-asiático: Indra dispara com seu arco uma flecha que atravessa uma montanha e mata um javali o qual, do outro lado da montanha, guarda o tesouro que consiste em um prato de arroz. Os termos "arco" *(drumbhūlī)*, "flecha" *(bunda)*, "prato de arroz" *(odaná)* e o nome do javali (Emūśa) são de origem munda (cf. F. B. J. Kuiper; segundo o mesmo autor, quarenta por cento do vocabulário dos dialetos indo-árias do Norte são de origem munda, seja diretamente, seja através do sânscrito ou do prácrito). Os nomes do "betel" *(tāmbula)* e da "noz do betel" *(guvāka),* do "coco" *(nārikela),* da "banana" *(kadala)* e outros mais, são austro-asiáticos. A numeração vigesimal característica de Bengala e de certas regiões do norte indiano é de origem austro-asiática. A cultura do arroz em terraços sobre colinas e nos campos representa igualmente uma influência austro-asiática. O termo *liṅga,* tão importante no hinduísmo, aparentado ao termo *lāṅgula* (em sânscrito, "arado"), deriva de uma raiz austro-asiática, *lak,* que indica tanto a enxada como o órgão gerador masculino (ver nota VIII, 10).

Citamos estes fatos para mostrar até que ponto as raízes do hinduísmo penetram profundamente no tempo. Símbolos, cultos, elementos de civilização e terminologia austro-asiática, todos pré-dravídicos e dravídicos, nutriram, enriqueceram e modificaram vigorosamente tanto a sociedade indiana quanto sua cultura e espiritualidade. É a seiva autóctone que trouxe a contribuição mais importante para a síntese final do hinduísmo. A Índia revela-se, sobretudo no nível religioso, conservadora por excelência: quase nada de sua herança imemorial se perdeu. Compreendemos melhor esse fato examinando as relações entre as civilizações proto-históricas do Indo e o hinduísmo contemporâneo.

HARAPA, MOHENJO-DARO

As escavações começadas há quarenta anos no Punjabe por Sir John Marshall e colaboradores, e retomadas por E. Mackay, Vatts e Wheeler, trouxeram à luz uma civilização cujo apogeu se situa entre 2.500 ou 2.000 a.C. (ver nota VIII, 11). São principalmente duas cidades-fortalezas, Mohenjo-Daro, sobre o Indo, e Harapa, sobre o Ravi, afluente do Indo, que revelaram o essencial dessa civilização proto-histórica. O que surpreende é sua uniformidade e estagnação. Nenhuma mudança, nenhuma inovação são notadas na milenar história da civilização harapiana. As duas cidades-fortalezas eram, talvez, capitais do Império; a uniformidade e continuidade culturais só podem ser explicadas pressupondo-se um regime fundado em uma espécie de autoridade religiosa. A variedade de tipos antropológicos já mostra uma síntese étnica bem avançada; os protoaustraloides parecem representar os elementos mais numerosos e "primitivos", aborígines; o tipo "mediterrâneo" é provavelmente de origem ocidental; pode-se considerá-lo como o portador da civilização agrícola (de fato, ele é encontrado associado à agricultura em todo o mundo ocidental; ver S. Piggott, *Prehistoric India,* p. 145); por último, dois outros tipos antropológicos foram identificados, o mongol e o alpino.[174]

O plano da cidade de Mohenjo-Daro mostra a importância de uma Grande Piscina, o que lembra curiosamente as "piscinas" dos templos indianos modernos. A escrita pictográfica, existente em grande número de sinetes e não decifrada até o momento, tem dado margem a algumas hipóteses fantasiosas; a arte, como toda a cultura harapiana, é conservadora e já "indiana"; nela se pressente o estilo artístico mais recente (S. Piggott, *op. cit.*, p. 187).

Porém, o que nos interessa é sobretudo a religião: segundo Sir John Marshall, ela é tão especificamente indiana que quase não se distingue do hinduísmo (*op. cit.*, vol. I, p. VII). Encontramos o culto à grande Deusa e o culto de um deus que poderia ser considerado como o protótipo de Śiva, ao lado da zoolatria (*id.*, p. 67), do falicismo (p. 58), do culto das árvores (*ib.*, ilustrações da p. XII, fig. 18), das águas (*ib.*, p. 75), isto é, todos os elementos que entraram mais tarde na grande síntese hinduísta. O culto da Deusa Mãe estava particularmente difundido; foram encontradas inúmeras estatuetas, algumas representando deusas seminuas[175]. Os últimos tipos parecem-se com Kālī-Durgā, ao qual talvez tenham servido de modelo. Nenhum povo ária elevou uma divindade feminina ao plano supremo que teve Kālī na civilização de Mohenjo-Daro e que até agora possui no hinduísmo.

O fato mais importante para nosso estudo é a descoberta em Mohenjo-Daro de um modelo iconográfico que pode ser considerado como a primeira representação plástica de um *yogin*. O próprio Grande Deus, que parece ser o protótipo de Śiva é representado na postura especificamente de *yoga* (*ib.*, ilustrações da p. XII, fig. 17). Sir John Marshall descreve-o nestes termos (*ib.*, vol. I, p. 52): "O Deus, que tem três faces, senta-se sobre um trono indiano baixo em atitude característica de *yoga* com as pernas cruzadas, calcanhar contra calcanhar e artelhos para baixo [...]. Sobre o tórax, um peitoral triangular ou talvez uma série de colares [...]. O falo está descoberto *(ūrdhva-medhra),* mas o que parece o falo poderia ser, na realidade, a ponta de um cinto. Um par de grandes chifres coroa sua cabeça. De cada lado do deus acham-se quatro animais; um elefante e um tigre à sua direita, um rinoceronte e um búfalo à sua esquerda. Atrás do trono há dois cervos...". Um dos

174. Ver a descrição em Sir John Marshall, *Mohenjo-Daro*, volume II, p. 599-648. *Ib.*, volume I, p. 42; a tentativa prematura de relacionar esses quatro tipos étnicos com as famílias linguísticas munda e dravídica.

175. Um dos nomes da Grande Deusa do hinduísmo é Aparṇā, "aquela que está sem sua veste de folhas", isto é, "que está nua".

últimos autores a se pronunciar sobre a questão, Stuart Piggott, escreve: "Não há dúvida de que se trata do protótipo do grande deus Śiva, o Senhor das bestas selvagens e Príncipe dos *yogīs.* Talvez tenha sido concebido com quatro faces e olhe, junto com seus quatro animais, os quatro cantos da Terra. Isto lembra o elefante simbólico, o leão, o cavalo e o touro das colunas maurya do século III a.C., em Sarnath. Pois, dispostos de maneira semelhante, são os companheiros inevitáveis do Buda nas representações do Sermão do Parque dos Cervos" (S. Piggott, *Prehistoric India,* p. 202).

Nos sinetes encontramos igualmente outras divindades representadas em posturas *yóguicas.* Apareceu também uma estátua, provavelmente de um *yogin.* Sir John Marshall descreve-a: "Representa alguém na postura de um *yogin;* por isso as pálpebras estão semicerradas e os olhos fixados na ponta do nariz [...]. Talvez seja a figura de um sacerdote, ou melhor, de um sacerdote-rei, pois não possui chifres, que indicariam ser a representação da própria divindade. O fato de que essa estátua possui caráter religioso ou quase religioso é sugerido pelo desenho característico, em forma de trevo, de sua roupa, motivo reservado na Suméria aos objetos de natureza religiosa" (*op. cit.,* vol. I, p. 44, 54).[176]

Esses fatos dificilmente podem ser minimizados e seu conteúdo é vasto. Entre a civilização proto-histórica do Indo e o hinduísmo moderno não há solução de continuidade: a Grande Deusa e o Deus genésico ("Śiva"), o culto da vegetação (a árvore *pipal,* tão típica do hinduísmo) e o falicismo, o homem santo na postura *yóguica,* praticando, talvez, a *ekāgratā,* aparecem em primeiro plano tanto em uma como na outra. "Os laços entre a religião harapiana e o hinduísmo contemporâneo são de grande interesse, porque trazem algumas explicações para os múltiplos traços que não podem derivar das tradições árias introduzidas na Índia com a queda da civilização de Harapa ou depois dela. As velhas crenças dificilmente morrem; é até possível que a antiga sociedade histórica indiana deva mais a Harapa que aos invasores que falavam sânscrito" (S. Piggott, *op. cit.,* p. 203).

Por outro lado, muitos elementos culturais próprios de Harapa e Mohenjo-Daro estão presentes na Índia contemporânea. Por exemplo, o carro de duas rodas é o mesmo que o usado hoje no Sindh, as barcas são iguais às que se veem atualmente vogando no Indo, a técnica da cerâmica parece idêntica à que ainda existe nas vilas do Sindh, e até mesmo a arquitetura, os

---

176. Ernest Mackay, *La Civilization de l'Indus,* tradução francesa, Paris, 1936, p. 68, é mais circunspecto: "É possível porém que esse não seja o caso, pois um tipo parecido de olhos foi encontrado em antigas figuras de argila provenientes de Kish e de Ur".

ornamentos nasais, a maneira de aplicar o *kohl*, o pente de marfim etc. (cf. Gordon Childe, *New Light on the Most Ancient East*, Londres, 1935, p. 210, 222). O uso do turbante, desconhecido nos textos védicos e presente depois nos *Brāhmaṇa*, era popular em Harapa (S. Piggott, *op. cit.*, p. 269). Podemos não estar de acordo com os detalhes, mas é difícil duvidar do caráter indiano da civilização de Mohenjo-Daro, quaisquer que sejam suas origens. É muito possível que os autores dessa civilização tenham emprestado certas formas religiosas da população aborígine (E. Mackay, *La Civilization de l'Indus*, p. 99). Vimos a importância do elemento protoaustraloide, que constituía provavelmente a camada inferior da sociedade. Esse elemento sobrevive até hoje nas tribos autóctones do Sul da Índia (Gordon Childe, *op. cit.*, p. 208). Sem dúvida, entrou na síntese harapiana, como entrará mais tarde nas sínteses hinduístas.

Por volta de 2000 a.C., a civilização do Indo estava em estado de defesa. Pouco tempo depois, uma parte de Harapa foi incendiada pelos invasores vindos de noroeste. Esses "bárbaros" não eram ainda os indo-europeus, mas não há dúvida de que suas invasões se relacionavam com o movimento geral do oeste, onde estavam presentes os indo-europeus (S. Piggott, *op. cit.*, p. 255). Alguns séculos mais tarde estes últimos puseram brutalmente fim a tudo o que restava da civilização do Indo. Até há pouco tempo acreditava-se que os indo-árias só tinham encontrado, em sua invasão à Índia, tribos aborígines em estado etnográfico: eram os dasyus, cujas "fortalezas", que segundo o *Ṛg-Veda* Indra atacava e destruía, não passavam de modestas trincheiras de terra. Wheeler, porém, mostra que o célebre hino do *Ṛg-Veda* (I, 53) exaltando Indra na conquista das "fortalezas" dos dasyus se refere antes às sólidas defesas da cidadela de Harapa ou Mohenjo-Daro (S. Piggott, *op. cit.*, p. 263). Daí podemos concluir que, em sua descida para a Índia central, os indo-árias não encontraram só tribos aborígines, mas também os últimos sobreviventes da civilização do Indo, aos quais aplicaram o golpe de misericórdia. No plano cultural, os harapianos eram nitidamente superiores aos indo-europeus; sua civilização urbana e industrial não se comparava com a barbárie dos indo-europeus. Os harapianos não tinham entretanto vocação guerreira (supomos mesmo que constituíam uma espécie de teocracia industrial e mercantil); mal preparados para esse ataque de um povo jovem e agressivo, foram vencidos e dizimados.

Contudo, a destruição da cultura do Indo não foi definitiva. O desabamento de uma civilização urbana não equivale à pura e simples extinção da cultura, mas unicamente a sua regressão para formas rurais, larvais, "populares" (fenômeno amplamente verificado na Europa, durante e depois das grandes invasões bárbaras). A "arianização" do Punjabe, porém, não tardaria em estimular o movimento da grande síntese que um dia se tornaria o hinduísmo. O número considerável de elementos harapianos existentes no hinduísmo só pode ser explicado por um contato, iniciado nos primeiros tempos, entre os conquistadores indo-europeus e os representantes da cultura do Indo. Esses representantes não eram necessariamente os autores da cultura do Indo ou seus descendentes diretos; podiam ser os tributários, por irradiação, de certas formas culturais harapianas que se conservaram em regiões longínquas, poupadas pelas primeiras vagas de arianização. Isso explicaria um fato aparentemente estranho: o culto da Grande Deusa e de Śiva, o falicismo, a dendrolatria, o ascetismo e o Yoga que aparecem pela primeira vez na Índia como expressão religiosa de uma elevada civilização urbana – a do Indo – ainda que a maior parte desses elementos religiosos na Índia medieval e moderna seja característica das culturas "populares". É certo que existiu desde a época harapiana uma síntese entre a espiritualidade dos aborígines australoides e a dos "mestres", autores da civilização urbana. Entretanto, devemos supor que essa síntese não só foi conservada, como também se conservou o aporte específico e quase exclusivo dos "mestres", aporte relativo sobretudo a suas concepções teocráticas. Não se poderia explicar de outra forma a importância considerável que assumem os brâmanes depois da época védica. É muito provável que todas essas concepções religiosas harapianas – que contrastam fortemente com as dos indo-europeus – tenham sido conservadas, com as inevitáveis regressões, nas camadas "populares", à margem da sociedade e da civilização dos novos mestres de idioma ário; foi daí que elas surgiram, em vagas sucessivas, durante as sínteses posteriores que levaram à formação do hinduísmo.

CONCLUSÕES

Ao finalizar esta obra, fazem-se necessárias muitas observações de cunho geral. Não é questão de resumir o conjunto de nossa exposição nem de retornar aos resultados de cada um dos capítulos. Contudo, é importante chamar a atenção sobre alguns fatos, começando pelo seguinte: o Yoga constitui *uma dimensão específica do espírito indiano*, a tal ponto que, em qualquer parte onde a religião e a cultura indianas tenham penetrado, encontra-se igualmente uma forma mais ou menos pura do Yoga (ver nota IX, 1). Na Índia, o Yoga foi integrado e valorizado por todos os movimentos religiosos, tanto hinduístas como "heréticos". Os diversos *"yogas"* cristãos ou sincretistas da Índia moderna constituem mais uma prova de que a experiência religiosa indiana necessita dos métodos *yóguicos* de meditação e concentração. Pois o Yoga acabou, como vimos, por absorver e integrar toda espécie de técnicas espirituais e místicas, das mais elementares às mais complexas. O nome genérico de *yogin* indica tanto santos e místicos como magos, orgiásticos, faquires e feiticeiros vulgares. Cada um desses tipos de comportamento mágico-religioso corresponde a uma forma determinada de Yoga.

Para tornar-se aquilo que se tornou, depois de séculos, isto é, um corpo pan-indiano de técnicas espirituais, era necessário que o Yoga respondesse plenamente às necessidades mais profundas da alma indiana. Já vimos como o fez: desde sua origem, o Yoga marcou a reação contra as especulações metafísicas e os excessos de um ritualismo fossilizado; ele representava a mesma tendência para o concreto, para a experiência pessoal que na devoção popular se expressa na *pūjā* e na *bhakti*. Encontra-se sempre uma forma de Yoga quando se trata de experimentar o sagrado, ou chegar ao perfeito domínio de si mesmo, que é o primeiro passo para o domínio mágico do mundo. É bem significativo que as mais nobres experiências místicas, assim como os desejos mágicos mais audaciosos, consigam consumar-se mediante técnicas *yóguicas* ou, mais exatamente, que o Yoga possa adaptar-se indistintamente a um ou outro caminho. Várias hipóteses explicam esse fato. A primeira recorreria às duas tradições espirituais que, depois de múltiplas tensões e ao termo de um longo trabalho de síntese, acabaram por constituir o hinduísmo: a tradição religiosa dos indo-europeus de idioma ário e a tradição dos aborígines (muito complexa, como vimos, incluindo elementos dravídicos, mundas, protomundas e harapianos). Os indo-europeus possuíam sociedade de estrutura patriarcal, economia pastoril e culto dos deuses do céu e da atmosfera; em poucas palavras, a "religião do Pai". Os aborígines pré-árias já conheciam a agricultura e o urbanismo (civilização do Indo) e, de modo geral, participavam da "religião da Mãe". O hinduísmo, tal como se apresenta desde o fim da Idade Média, representa a síntese dessas duas tradições, com predominância marcante dos fatores aborígines – o aporte indo-europeu acabou por ser radicalmente "asiatizado". O hinduísmo significa a vitória religiosa das raízes nacionais.

Apesar da concepção mágica do mundo ser mais evidente entre os indo-europeus, hesitamos em imputar-lhes a tendência mágica presente no complexo do Yoga e em fazer da tendência mística mérito exclusivo dos aborígines. Parece-nos mais consistente atribuir ao aporte indo-europeu a importância considerável do ritualismo e as especulações que produziu, e reservar aos aborígines a tendência para o concreto na experiência religiosa, a necessidade de uma devoção mística em relação às divindades pessoais ou locais *(iṣṭadevatā, grāmadevatā)*. Na medida em que representa uma reação contra o ritualismo e as especulações escolásticas, o Yoga participa da tradição aborígine e opõe-se à herança religiosa indo-europeia. Tivemos muitas vezes ocasião de frisar a resistência dos meios ortodoxos, isto é, tributários da tradição indo-europeia, às diversas formas de Yoga. Lembremos que a ausência do complexo do Yoga entre os outros grupos indo-europeus confirma que essa técnica é uma criação do solo asiático, das raízes indianas. Se estivermos certos em associar as origens da ascese *yóguica* à religião proto-histórica do Indo, temos direito de concluir que se trata de uma forma arcaica de experiência mística, desaparecida em toda parte. De fato, mais uma vez insistimos em que o Yoga não pode ser classificado entre as inumeráveis variedades da mística primitiva que designamos habitualmente pelo nome de xamanismo. O Yoga não é uma técnica de êxtase; ao contrário, esforça-se por realizar a concentração absoluta para chegar ao ênstase. Na história universal da mística, o Yoga clássico ocupa um lugar próprio, difícil de situar. Representa um "fóssil vivo", uma forma de espiritualidade arcaica que não sobreviveu em nenhuma outra parte. Lembremos que o conceito de "fósseis vivos" foi utilizado com proveito em muitos ramos da Biologia, entre outros, na Espeleologia. Os troglóbios que hoje povoam as cavernas pertencem a uma fauna há muito desaparecida. "Eles são verdadeiros fósseis vivos", escreve o Professor Racovitza, "e representam amiúde estágios muito antigos da história da vida, terciários e mesmo secundários". As cavernas conservam assim uma fauna arcaica, muito importante se desejamos compreender os grupos zoomórficos primitivos que não são "fossilizáveis". Nesse sentido, podemos falar de certas modalidades arcaicas da espiritualidade que permaneceram até hoje como "fósseis vivos"; elas resultam interessantes para a história do espírito humano sobretudo porque não deixam pegadas "documentais"; não são, por assim dizer, "fossilizáveis".

O arcaísmo do Yoga acha outra confirmação em sua estrutura iniciática. Chamamos a atenção sobre o simbolismo *yóguico* da morte e do renascimento: morte para a condição humana profana, renascimento para uma modalidade transcendente. O *yogin* esforça-se por "reverter" totalmente o comportamento normal; ele se autoimpõe uma imobilidade pétrea do corpo *(āsana),* o ritmar e a retenção da respiração *(prāṇāyāma),* a fixação do fluxo psicomental *(ekāgratā),* a imobilidade do pensamento, a parada e mesmo a reversão do sêmen. Em todos os níveis da experiência humana ele faz o *contrário* do que a vida lhe pede para fazer. Ora, o simbolismo do "contrário" indica ao mesmo tempo a condição *post-mortem* e a condição divina; sabe-se que a direita na terra corresponde à esquerda no além, um vaso quebrado aqui equivale a um vaso intacto no mundo da ultravida e dos deuses etc. A "reversão" do comportamento normal situa o *yogin* fora da vida. Porém, ele não se detém a meio caminho; a morte é seguida de um renascimento iniciático. O *yogin* constrói um "corpo novo", da mesma forma que o neófito nas iniciações das sociedades arcaicas.

À primeira vista, a "recusa à vida" imposta pelo Yoga poderá parecer terrível, pois comporta, mais do que um simples simbolismo funerário, *experiências* que são atencipações da morte. O processo árduo e complicado de desprendimento e eliminação final de todos os conteúdos que pertencem aos níveis psicofisiológicos da experiência humana por acaso não lembram o processo da morte? Para a Índia, de fato, a morte traduz-se por uma separação brutal do Espírito que se afasta de todas as experiências psicofisiológicas. E, observando melhor o mistério da liberação, a regressão dos elementos (*tattva*) para a *prakṛti* significa igualmente uma antecipação da morte. Já dissemos que certos exercícios *yóguico*-tântricos são uma visualização antecipada da decomposição e do retorno dos elementos ao circuito da Natureza, fenômeno normalmente desencadeado pela morte. Muitas experiências de ultravida descritas no *Bardo Thödol*, o *Livro Tibetano dos Mortos*, correspondem, curiosamente, aos exercícios de meditação *yóguico*-tântricos.

Sabemos que essa Morte antecipada é uma Morte iniciática, o que significa que ela é necessariamente seguida de renascimento. É em relação a esse renascimento para outro modo de ser que o *yogin* sacrifica tudo aquilo que, no nível da existência profana, parece importante. Sacrifício de sua "vida" e também de sua "personalidade". Na perspectiva de uma existência profana esse sacrifício é incompreensível. Porém, conhece-se a resposta da filosofia indiana: a perspectiva da existência profana é falsa. E isso por uma dupla razão; a vida dessacralizada é sofrimento e ilusão, e, por outro lado, nenhum problema último teria solução na perspectiva desta vida. Lembremos a resposta dada pelo Sāṅkhya-Yoga às questões relativas à causa e começo da pseudoescravidão do Espírito no ciclo da matéria e da vida: são questões insolúveis na atual condição humana, "mistérios" para toda inteligência não liberada (diríamos, para toda inteligência decaída). Para compreender esses "mistérios", é necessário alçar-se a outro modo de ser e, para chegar a isso, é necessário "morrer" para esta vida e "sacrificar" a personalidade nascida da temporalidade e criada pela história (a personalidade é, antes de tudo, a memória de nossa própria história). O ideal do Yoga, o estado de *jīvan-mukta*, é viver em eterno presente, fora do Tempo. O "liberto em vida" não usufrui mais de uma consciência pessoal, isto é, alimentada por sua própria história, mas de uma consciência testemunha, que consiste em lucidez e espontaneidade puras. Não tentaremos descrever esse estado paradoxal; passível de ser obtido mediante a "morte" da condição humana e o renascimento para um modo de ser transcendente, ele é irredutível às nossas categorias. Destaquemos, porém, um fato de interesse histórico: o Yoga retoma e prolonga o simbolismo imemorial da iniciação; em outros termos, integra-se em uma tradição universal da história religiosa da humanidade, que consiste em antecipar a morte para assegurar o renascimento em uma vida santificada, isto é, tornada *real* pela incorporação do sagrado. A Índia, contudo, chegou particularmente longe nesse plano tradicional. O renascimento iniciático traduz-se para o Yoga na obtenção da imortalidade ou da liberdade absoluta. É na própria estrutura desse estado paradoxal – situado além da existência profana – que se deve buscar a explicação da coexistência da magia e da mística no Yoga: tudo está em função do sentido que se dá à liberdade.

APÊNDICES, NOTAS E BIBLIOGRAFIAS

Nota I, 1: Textos e bibliografias da escola Sāṅkhya

O termo *sāṅkhya* foi interpretado de diferentes maneiras. R. Garbe (*Die Sâmkhya Philosophie, eine Darstellung des indischen Rationalismus,* Leipzig, 1894, p. 131-134) fá-lo derivar do termo *saṅkhyā*, "número", e acredita que significa "enumeração", "investigação", "análise" *(Untersuchung, Prüfung, Unterscheidung, Erwägung)*. H. Oldenberg (*Die Lehre der Upanishaden und die Anfänge des Buddhismus,* Göttingen, 1915, p. 351, nota 129) atribui-lhe antes o sentido de "ação de examinar", "cálculo" ou "contagem através da enumeração dos elementos constitutivos". H. Jacobi (*Göttingische Gelehrte Anzeigen,* 1919, p. 28) acredita que *sāṅkhya* significa a determinação de um conceito pela enumeração de seu conteúdo. Anteriormente (*Göttingische Gelehrte Anzeigen,* 1895, p. 209; "Der Ursprung des Buddhismus aus dem Sânkhya-Yoga", em *Nachrichten der kënigliche. Gesellschaft der Wissenschaften zu Göttingen,* 1896, p. 43-58, especialmente p. 47-53), o Prof. Jacobi havia afirmado que essa palavra referia-se à investigação das categorias da existência. Não se pode excluir a possibilidade de que todos esses significados tenham sido conhecidos e aceitos na Índia antiga. Entretanto, o sentido de "discriminação" e "discernimento" parecem mais prováveis, pois o fim principal dessa filosofia é a dissociação entre alma e *prakṛti* (cf. também, A. B. Keith, *The Religion and Philosophy of the Veda and Upanishads,* Harvard Oriental Series, vol. II, Cambridge, 1925, p. 535-551).

O mais antigo tratado é a *Sāṅkhya-kārikā* de Iśvarakṛṣṇa. (A melhor edição é a de S. S. Suryanarayana Sastri, *The Sāṅkhya Kārikā of Iśvara Kṛṣṇa, with an Introduction, Translation and Notes,* University of Madras, 1930. Existem também outras traduções: Colebrooke, Londres, 1837; C. C. Davies, Londres, 1881; R. Garbe, Leipzig, 1891; Sinha, Allahabad, 1915; cf. E. A. Welden, "I Metri delle Sāṅkhya-Kārikās", em *Studi Italiani di Filologia Indo-Iranica,* vol. VIII, fascículo 3, Florença, 1912). A data desse texto não foi ainda exatamente estabelecida. Em todo caso não pode ser posterior ao século V, pois o monge budista Paramārtha traduziu em chinês a *Sāṅkhya-kārikā* no século VI (cf. Takakusu, "Sāṅkhya Kārikā etudiée à la lumière de la version chinoise", em *Bulletin de l'École Française de l'Extrême-Orient,* vol. IV, 1904, p. 1-65, 978-1064).

S. Radhakrishnan (*Indian Philosophy,* vol. II, Londres, 1927, p. 254-255) pensa que a *Sāṅkhya-kārikā* foi composta aproximadamente no ano 200 de nossa era; enquanto Belvalkar (*Māṭharavṛtti, Annals of the Bhandarkar Oriental Research Institute,* vol. V, Pune, 1924, p. 133-168) pensa que a data de sua redação deve ser fixada no século I ou II de nossa era.

Qualquer que seja a data exata da *Sāṅkhya-kārikā*, é certo que Iśvarakṛṣṇa não é o primeiro autor da escola Sāṅkhya: a *kārikā* 70 lembra que o sábio Kapila, fundador mítico do sistema, ensinou a doutrina a Asuri e este a transmitiu a Pañcaśikha; e é deste último que a recebeu Iśvarakṛṣṇa. Sobre Kapila, ver R. Garbe, *Die Sâmkhya Philosophie, eine Darstellung des indischen Racionalismus,* p. 25-29; H. Jacobi, *Göttingische Gelehrte Anzeigen,* 1919, p. 26; S. Radhakrishnan, *Indian Philosophy,* p. 254; V. V. Sovani, *A Critical Study of the Sāṅkhya System on the Lines of Sāṅkhya--Kārikā, Sāṅkhya-Sūtra and their Commentaries,* Allahabad University Studies, vol. VII, 1931, p. 387-432; G. Kaviraj, *Introduction to Jayamaṅgalā,* Calcutá, 1926, p. 2 (Kapila considerado como *siddha* na literatura alquímica).

Alguns fragmentos de Pañcaśikha chegaram até nós: *Sāṅkhya-sūtra,* I, 127; VI, 68 etc. Sobre esse autor ver: R. Garbe, *Pañcaśikha Fragmente,* Festgruss an Rudolf von Roth, p. 77-80; A. B. Keith, *The Sāṁkhya System,* 2. ed., Calcutá, 1924, p. 48; H. Jacobi, "Sind nach dem Sāmkhya-Lehrer Pañcaśikha die Purusas von Atomgrösse?", em *Bulletin of the School of Oriental Studies,* vol. VI, Londres, 1931, p. 385-388; E. Hopkins, *The Great Epic of India,* 2. ed., New Haven, 1920, p. 142-152. A tradição chinesa (cf. Takakusu, em *Bulletin de l'École Française de l'Extrême-Orient,* vol. IV, 1904, p. 25) atribui a Pañcaśikha o tratado *Ṣaṣṭitantra,* que Iśvarakṛṣṇa confessa ter resumido. Sobre o *Ṣaṣṭitantra,* ver F. O. Schrader, "Das Ṣaṣṭitantra", em *Zeitschrift der Deutschen Morgenländischen Gesellschaft,* vol. 68, p. 101-110); M. Hiriyanna, "Ṣaṣṭi-tantra and Vārsaganya" em *Journal of Oriental Research,* vol. III, p. 107-112); A. B. Keith, *Sāṁkhya Philosophy,* p. 69-74.

É provável que tenham existido muitas escolas Sāṅkhya, que diferiam sobretudo por seu teísmo mais ou menos pronunciado e sua concepção de alma. Mesmo entre os comentadores tardios encontra-se ainda a tradição de uma pluralidade de escolas Sāṅkhya. Guṇaratna (séc. XIV), o comentador do *Ṣaḍdarśanasamuccaya* menciona duas escolas Sāṅkhya: a *maulikya* (original) e a *uttara* (tardia). A primeira afirma que existe uma *prakṛti (pradhāna)* para cada alma *(ātman),* enquanto a segunda acredita – com o Sāṅkhya clássico – que existe uma só *pradhāna* para todas as almas individuais (S.N. Dasgupta, *A History of Indian Philosophy,* vol. I, Nova Déli, 1975, p. 217; cf. Kali Pada Bhattacharya, "Some Problems of Sânkhya Philosophy and Sânkhya Literature", em *Indian Historical Quarterly,* vol. VIII, 1932, p. 509-520; C. A. F. Rhys Davids, *ib.*, vol. IX, 1933, p. 585-587). S.N. Dasgupta acredita poder encontrar uma doutrina Sāṅkhya pré-clássica em Caraka (*op. cit.*, p. 213-216); ver também Jean Filliozat, *La Doctrine Classique de la Médicine Indienne,* Paris, 1949, p. 166, e O. Strauss no tópico sobre Vātsyāyana, em *Eine alte Formel der Sāmkhya-Yoga-Philosophie bei Vātsyāyana,* Festgabe Jacobi, 1926, p. 358-368. Sobre o Sāṅkhya pré-clássico ver E. H. Johnston, *Early Sāṅkhya,* Londres, 1937.

O primeiro comentário da *Sāṅkhya-kārikā* é a *Jayamaṅgalā* atribuído a Śaṅkara (editado por Haradatta Sarma, Calcutta Oriental Series, n. 19, Calcutá, 1926); a data é incerta, em todo caso anterior a Vācaspati Miśra (cf. H. Sarma, "Jayamaṅgalā, and the other commentaries on Sāṅkhya-saptati", em *Indian Historical Quarterly,* 1929, p. 417 e ss.). Esta obra não apresenta interesse filosófico.

A *Sāṅkhya-tattva-kaumudī* de Vācaspati Miśra (séc. IX) teve grande aceitação e foi um dos tratados Sāṅkhya mais utilizados e mais discutidos (texto sânscrito e tradução inglesa de Ganganāth Jhā, Bombaim, 1896; tradução alemã de R. Garbe, *Der Mondschein der Sāmkhya-Wahrheit, Vācaspati Miśra's Sāmkhya-tattva kaumudī in deutscher Uebersetzung, nebst einer Einleitung über das Alter und die Herkunft der Sāmkhya-Philosophie,* Munique, 1892; cf. A. Barth, *Oeuvres,* vol. II, Paris, 1914, p. 136-137). Conhece-se sobre a *Sāṅkhya-tattva-kaumudī* uma obra de Nārāyaṇa *(Sāṅkhya-candrikā).*

A *Māṭharavṛtti,* recentemente descoberta – da qual há uma edição aproximativa de Pandit Vishnu Prasad Sarma, em *The Chowkhambā Sanskrit Series,* n. 296, Varanasi, 1922, levantou uma série de controvérsias relativas à sua antiguidade sobre um outro comentário de Iśvarakṛṣṇa, a *Gauḍapāda-bhāṣya.* Segundo S. K. Belvalkar, que descobriu o manuscrito, a *Māṭharavṛtti* não é mais que o comentário sânscrito traduzido em chinês por Paramārtha entre 557 e 569 e que fora considerado perdido (S. K. Belvalkar, *Māṭharavṛtti and the Date of Īśvara Kṛṣṇa,* Bhandarkar Commemoration Volume, 1917, p. 171-184). A confrontação da *Māṭharavṛtti* com a versão francesa que Takakusu fez do comentário de Paramārtha (*Bulletin de l'École Française de l'Extrême-Orient,* vol. IV, p. 978-1064) levou Belvalkar a concluir que são idênticas. O próprio sábio considera a *Gauḍapāda-bhāṣya* (séc. VIII) como um resumo da *Māṭharavṛtti* (cuja data ele fixa antes do século VI). Dhruva (*Proccedings of the I Oriental Conference,* Pune, p. 275) recua mais longe ainda a data da *Māṭharavṛtti:* baseando-se em uma passagem do *Anuyogadvāra* que cita a *Māṭharavṛtti,* ele acredita que a data deste último tratado deve ser fixada nos séculos II ou III, se não no século I. Sua opinião, porém, não é muito partilhada.

A cronologia proposta por S. K. Belvalkar para os diferentes comentários de Iśvarakṛṣṇa, assim como a antiguidade da *Māṭharavṛtti* sobre a *Gauḍapāda-bhāṣya,* tem provocado controvérsias; ver Belvalkar, "Māṭharavṛtti", em *Annals of the Bhandarkar Oriental Research Institute,* vol. V, Pune, 1925, p. 133-168; S. Suryanarayana Sastri, "The Chinese Suvarṇa-saptati and the Māṭhara-vṛtti", *em Journal of Oriental Research,* 1930, p. 34-40; do mesmo autor, "Māṭhara and Paramārtha", em *Journal of the Royal Asiatic Society,* 1931, p. 623-639: em ambos trabalhos se esclarecem as diferenças entre os dois autores. Umesha Misra, *Gauḍapāda-bhāṣya and Māṭharavṛtti,* Allahabad University Studies, vol. VII, 1931, p. 371-386, rejeita a opinião de Belvalkar, segundo a qual a *Gauḍapāda-bhāṣya* seria um resumo da *Māṭharavṛtti;* situa esta última nos séculos X e XIII, o que parece pouco provável. A. B. Keith, "The Māṭhara Vṛtti", em *Bulletin of the School of Oriental Studies,* vol. III, Londres, 1923-25, p. 551-554, estima que Māṭhara, assim como Paramārtha e Gauḍapāda, utilizaram um comentário anterior hoje perdido.

Gauḍapāda, o comentador de Iśvarakṛṣṇa, não pode ser a mesma pessoa que o autor da *Māṇḍūkya-kārikā:* a diferença das filosofias é muito evidente. Cf. Amar Nath Ray, "The Māṇḍūkya Upaniṣad and the Kārikās of Gauḍapāda", em *Indian Historical Quaterly,* vol. XIV, 1938, p. 564-569); B. N. Krishnamurti Sarma, "New Light on the Gauḍapāda-kārikās", em *Review of Philosophy and Religion,* vol. II, n. 1, Pune.

A *Gauḍapāda-bhāṣya* foi editada e traduzida para o inglês por H. H. Wilson, Londres, 1836, com numerosas reimpressões.

O *Sāṅkhya-pravacana-sūtra*, atribuído pela tradição a Kapila, é o segundo tratado clássico mais importante da escola. Sua data provável é o século XIV, pois nem Guṇaratna nem Mādhava (em seu *Sarva-darśana-saṃgraha*) se referem a essa obra. Muitos comentários foram feitos: Aniruddha (séc. XV) escreveu o *Sāṅkhya-sūtra-vṛtti* (editado por R. Garbe, Biblioteca Indica, Calcutá, 1888; existe também uma boa tradução inglesa, editada igualmente por R. Garbe, intitulada *Aniruddha's Commentary*, Biblioteca Indica, Calcutá, 1892). Mahādeva Vedāntin (depois de 1600) compôs uma glosa, o *Vṛttisāra,* sem muito interesse (os principais fragmentos foram estudados e traduzidos por R. Garbe). O *Sāṅkhya-pravacana-bhāṣya* de Vijñānabhikṣu (séc. XVI) é o mais importante dos comentários sobre os *Sūtra* (compilação de R. Garbe, Harvard Oriental Series, 1895; tradução alemã do próprio Garbe, "Sāṅkhya-pravacana-bhāṣya, Vijñānabhikṣu's Commentar zu den Sāṅkhya-sūtras", Leipzig, 1889, faz parte do vol. IX dos *Abhandlungen für die Kunde des Morgenlandes;* tradução inglesa parcial por J. R. Ballantyne, *The Sāṅkhya Aphorismus of Kapila*, Londres, 1885; tradução integral de Nandalal Sinha, *The Sāṅkhya Philosophy, containing: I. Sāṅkhya-pravacana-sūtram, with the Vṛtti of Aniruddha, and the Bhāṣya of Vijñānabhikṣu and extracts from the Vṛttisāra of Mahādeva Vedāntin; II. Tattva-Samāsa; III. Sāṅkhya-kārikā, Pañcaśikha--Sūtram;* Sacred Books of the Hindus, Allahabad, 1915). Cf. Udaya Vira Shastri, "Antiquity of the Sāṅkhya Sūtras", *Proceedings of the Vth Indian Oriental Congress,* vol. II, Lahore, 1930, p. 855-882.

O *Tattva-Samāsa,* tratado sumário contendo apenas 22 estrofes, foi atribuído a Kapila apesar do texto ser tardio (séculos XIV-XV). Max Müller, na sua obra *Six Systems of Indian Philosophy,* Londres, 1899, p. 242, afirma, erroneamente, que esse é o mais antigo texto da literatura Sāṅkhya.

Sobre o Sāṅkhya ver também: R. Garbe, *Sâmkhya und Yoga, Grundriss der Indo--Arischen Philologie,* Estrasburgo, 1896; P. Deussen, *Die nach-vedische Philosophie der Inder,* 3. ed., Leipzig, 1920, p. 408-506; O. Strauss, "Zur Geschichte des Samkhya", Wiener Zeitschrift z. Kunde des Morgenlandes, vol. XXVII; H. Oldenberg, "Zur Geschichte der Samkhya-Philosophie", *Nachrichten der Königliche Gesellschaft der Wissenschaften zu Göttingen,* 1917, p. 218-247; A. B. Keith, *The Religion and Philosophy of the Veda and Upanishads,* p. 536-551; E. Hopkins, *The Great Epic of India,* p. 97-157; S. Radhakrishnan, *Indian Philosophy,* p. 249-353; Haraprasad Shastri, "Chronology of the Sāṅkhya System", em *Journal of the Bihar and Orissa Research Society,* junho de 1923; *The Sāṅkhya Conception of Personality,* Calcutta University Press, p. 1-30; Abhay Kumar Majumdar, H. de Glasenapp, *La Philosophie Indienne,* tradução francesa, Paris, 1951, p. 157. Sobre as relações entre o Sāṅkhya e o budismo, ver nota I, 8.

Nota I, 2: Patañjali e os textos do Yoga clássico

A identificação dos dois Patañjali – o autor dos *Yoga-sūtra* e o gramático, foi aceita por Liebich, R. Garbe e S. Dasgupta. Contestada por J. H. Woods *(The Yoga--System of Patañjali,* Harvard Oriental Series, 1914, p. XIII-XVII), por H. Jacobi ("The

Dates of the Philosophical Sūtras of the Brahmans", em *Journal of the American Oriental Society,* vol. XXXI, 1901, p. 1-29; *id.*, "Ueber das ursprüngliche Yogasystem", em *Sitzungsberichte der Preussischen Akademie der Wissenschaften,* vol. XXVI, 1929, p. 581-624; *id.*, "Ueber das Alter der Yoga-sastra", *Zeitschrift für Indologie und Iranistik,* vol. III, 1931, p. 80-88) e por A. B. Keith (*The Sāṁkhya System,* p. 65-66; *id.*, "Some Problems of Indian Philosophy", *Indian Historical Quarterly,* vol. VIII, 1932, p. 425-441). Dasgupta refuta a afirmação de J. H. Woods (*op. cit.*, p. XV) segundo a qual o conceito de substância *(dravya)* difere nos dois Patañjali. Encontra, além do mais, numerosas semelhanças entre os *Yoga-sūtra* e o *Mahābhāṣya;* por exemplo, assinala a doutrina do *sphota* nas duas obras, apesar de esta ser uma doutrina pouco conhecida; ambas as obras começam da mesma maneira (*Yoga-sūtra: atha yogānuśāsanam; e Mahābhāṣya: atha śabdānuśāsanam*). Dasgupta (*op. cit.*, p. 230) acredita que os três primeiros capítulos dos *Yoga-sūtra* foram compostos por Patañjali, o gramático, e fixa sua data no século II a.C. Quanto ao último capítulo (IV), Dasgupta vê aí um acréscimo tardio. De um lado a terminologia difere da dos três primeiros, e de outro, repete coisas que já foram ditas. A. B. Keith não aceita a interpretação de Dasgupta: os *Yoga-sūtra* seriam obra de um único autor que, em todo caso, não é o mesmo do *Mahābhāṣya.* H. Jacobi ("Ueber das Alter der Yoga-sastra"), comparando o vocabulário dos *Yoga-sūtra* com o do *Mahābhāṣya,* conclui que não coincidem. Baseando-se nesses resultados, Jacobi e Keith descobrem no IV livro dos *Yoga-sūtra* traços evidentes de polêmica antibudista; daí resultaria que a data de Patañjali não pode ser anterior ao século V. Jacobi já havia estabelecido que, se um texto filosófico indiano refere-se a Vijñānavāda, ele é posterior ao século V ("The Dates of the Philosophical Sūtras of the Brahmans", p. 2-25). Ora, o *Yoga-sūtra,* IV, 16, parece referir-se a Vijñānavāda. Keith ("Some Problems of Indian Philosophy", p. 433) e J. W. Hauer ("Das IV Buch des Yogasutra. Ein Beitrag zu seiner Erklärung und Zeitbestimmung", em *Studia Indo-Iranica,* Ehrengabe für W. Geiger, Leipzig, 1931, p. 122-133) afirmam que não é questão de um Vijñānavāda indeterminado, mas das doutrinas de Asaṇga e de Vasubandhu.

Contra essas críticas, Jvala Prasad ("The Date of the Yoga-sūtra", em *Journal of the Royal Asiatic Society,* 1930, p. 365-375) tenta provar que o sutra IV, 16, não pertence ao texto de Patañjali, retomando para isso uma linha do comentário de Vyāsa (séculos VII e VIII) onde este polemiza com os *vijñānavādin.* Bem antes, Râja Bhoja havia assinalado que esse sutra era uma interpolação de Vyāsa, e isso levou-o a não comentá-lo. Ademais, Dasgupta e Prasad dizem que, mesmo se os autores a que se refere o *Yoga-sūtra,* IV, 16, são os *vijñānavādin,* não temos nenhuma razão para crer que se trate de Vasubandhu ou de Asaṇga. O texto poderia muito bem referir-se a uma escola idealista mais antiga, como as que figuram nas primeiras *Upaniṣad.* "Por exemplo, a filosofia de um texto tão antigo como o *Aitareya Āraṇyaka* pode ser considerado como Vijñānavāda: todas as coisas estão aí presentes como conhecimento *(prajñānam)* e tendo existência apenas no e pelo conhecimento" (*op. cit.,* p. 371). Entretanto, Louis de la Vallée-Poussin mostrou em muitas ocasiões a dependência dos *Yoga-sūtra* em relação ao budismo escolástico; cf. "Notes bouddhiques" n. 3, Académie de Bruxelles, 1922; *id.*, "Le Boudhisme et le Yoga de Patañjali", em *Mélanges Bouddhiques et Chinois,* vol. V, Bruxelas, 1937, p. 223-242. Ver Nota V. 1.

A edição sânscrita mais conhecida dos *Yoga-sūtra* foi publicada na Anandāshrama Sanskrit Series (n. 47) com o comentário *(Yoga-bhāṣya)* de Veda-Vyāsa (séculos VII e VIII) e a glosa *(Tattva-vaiśāradī)* de Vācaspati-Miśra (séc. IX); os *Yoga-sūtra* foram traduzidos em inglês por J. H. Woods (*The Yoga System of Patañjali,* Harvard Oriental Series, 1914) e Rāma Prasāda (*Patañjali's Yoga Sutra, with the Commentary of Vyāsa and the Gloss of Vâchaspatimisra,* Sacred Books of the Hindus, Allahabad, 1910, 3. ed., 1924). Cf. também J. W. Hauer, "Eine Uebersetzung der Merksprüche des Patañjali und dem Kommentar des Vyāsa", *Yoga,* vol. I, 1931, p. 24-43; G. Jhā, *The Yogadarshana* (tradução dos *Yoga-sūtra* com o cometário de Vyāsa, 2. ed., Madras, 1934). O rei Bhoja (início do século XI) escreveu o comentário *Rājamārtaṇḍa* sobre os *Yoga-sūtra* (edição e versão inglesa por Rājendralāta Mitra, Biblioteca Índica, Calcutá, 1888). Vijñānabhikṣu comentou o *Yoga-bhāṣya* de Vyāsa (*Yoga-vārttika:* edição *The Pandit,* New Series, vol. V-VI) e escreveu também um pequeno tratado sobre a doutrina de Patañjali (*Yogasāra-saṃgraha,* edição e versão inglesa por G. Jhā, Bombaim, 1894). Os *Yoga-sūtra* foram ainda objeto de um comentário: o *Maṇiprabhā* de Rāmānanda Sarasvatī (séc. XVI, traduzido por J. H. Woods no *Journal of the American Oriental Society,* 1914). Sobre os outros comentários confira Aufrecht, *Catalogus Catalogorum,* p. 480. De todos esses tratados, os mais preciosos são os de Vyāsa e Vijñānabhikṣu. Bhoja traz muitas vezes interpretações interessantes.

Sobre as doutrinas e as práticas *yóguicas,* ver S. N. Dasgupta, *A Study of Patañjali,* Calcutta University Press, 1920; *Yoga as Philosophy and Religion,* Londres, 1924; *Yoga Philosophy in Relation to Other Systems of Indian Thought,* Calcutá, 1930; *A History of Indian Philosophy,* vol. I, Cambridge, 1922, p. 226; S. Radhakrisnan, *Indian Philosophy,* vol. II, Londres, 1927, p. 336; Paul Oltramare, *L'Histoire des Idées Théosophiques dans l'Inde,* vol. I, p. 290; J. W. Hauer, *Die Anfänge der Yoga-praxis,* Stutgart, 1922; *id., Der Yoga als Heilweg,* Stutgart, 1932; Richard Rösel, *Die psychologischen Grundlage der Yoga praxis,* Stutgart, 1928; S. Lindquist, *Die Methoden des Yoga,* Lund, 1932; Alain Daniélou, *Yoga – The Method of Re-integration,* Londres, 1949; Jacques Masui, *Yoga, Science de l'Homme Intégral* (textos e estudos publicados sob a direção de Jacques Masui, Paris, 1953); ver também as bibliografias relacionadas com o budismo, tantrismo e *haṭha-yoga,* apresentadas mais adiante.

Nota I, 3: Materialistas

Os testemunhos mais preciosos sobre os *lokāyata* e a refutação filosófica de suas opiniões podem ser encontrados no primeiro capítulo do *Sarva-darśana-saṃgraha* e no *Tattva-saṃgraha* de Śāntarakṣita, estrofes 1857-1864 (edição Gaekwad Oriental Series, vol. XXX-XXXI, Baroda, 1926, com comentário de Kamalaśīla). Ver também G. Tucci, "Linee di una Storia del Materialismo Indiano", em *Reale Accademia Nazionale dei Lincei,* série V, vol. XVII, fascículo VII, Roma, 1924; L. Suali, *Matériaux pour Servir à l'Histoire du Matérialisme Indien,* Muséon, vol. IX, 1908, p. 277; F. Max Müller, *The Six Systems of Indian Philosophy,* Londres, 1903, p. 94-104; Dakshinaranjan Shastri, *Chārvākashashti,* Calcutá, 1928; *id. A Short History of Indian Materialism,* Calcutá, 1930; R. A. Schermerhorn, "When did Indian Materialism Get its Distinctives Titles?", em *Jornal of the American Oriental Society,* vol. L, 1930, p. 132-138; P. J. Abs, "Some Early Buddhistic Texts in Relation to the Philosophy of Materialism in India", em *Actes du XVIIIe. Congrès International des Orientalistes,* Leiden, 1932, p. 157-159; Walter Ruben, "Materialismus im Leben des alten Indien", em *Acta Orientalia,* vol. XIII, 1934, p. 128-162.

Nota I, 4: O Si-Mesmo e a experiência psicomental

Por sua própria natureza *(svabhāva)* o espírito é eterno *(nitya),* puro *(śuddha),* iluminado *(buddha)* e livre *(mukta),* diz o *Sāṅkhya-sūtra,* I, 19. Vijñānabhikṣu, comentando essa passagem, tenta provar que a relação entre o espírito e a experiência mental é ilusória. Uma outra estrofe (*Sāṅkhya-sūtra,* I, 58) afirma que todas as qualidades atribuídas ao espírito (por ex.: compreensão, vontade etc.) são simples "expressões verbais" pois elas não correspondem à realidade *(tattva).* É nesse sentido que se deve entender o *Sāṅkhya-sūtra,* III, 56, onde o espírito é declarado "onipotente" *(sarvavit, sarvakartā).* Aniruddha, comentando o *Sāṅkhya-sūtra,* I, 97, explica que a inteligência *(buddhi),* a individualidade *(ahaṃkāra)* e os sentidos *(indriyani)* formam uma alma empírica *(jīvan),* uma alma vital, capaz de agir; porém, não devemos confundir *jīvan* com *puruṣa.* Esta distinção é feita também por Śaṅkara que postula a existência de uma alma suprema e uma alma empírica *(jīvātman).* Uma outra estrofe (*Sāṅkhya-sūtra,* I, 160) diz que o espírito é de tal natureza que não se pode afirmar nem que ele é servil nem que é livre (*vjāvṛtta-ubhayarūpah;* é o sentido que lhe dá Vijñānabhikṣu). Ver também Narendra, comentando o *Tattva-Samāsa,* 4; *Sāṅkhya-sūtra,* I, 96; I, 106; I, 162; III, 41 etc. e sobretudo Vyāsa e Vācaspati Miśra nos seus respectivos comentários ao *Yoga-sūtra,* I, 4, 5; III, 34; IV, 22. Sobre *puruṣa* no Sāṅkhya pré-clássico, ver E. H. Johnston, *Early Sāṅkhya,* Londres, 1937, p. 52.

Nota I, 5: Os três *guṇa*

Sobre os três *guṇa* existe um considerável número de textos em todos os tratados e comentários do Sāṅkhya e do Yoga. Destacam-se: Iśvarakṛṣṇa, *Kārikā* II, 16, com os comentários de Māṭhara, Gauḍapāda e Vācaspati Miśra; *Yoga-sūtra,* II, 15; II, 19 (importante é a explicação de Vyāsa e de Vācaspati Miśra); IV, 13; IV, 32; Vācaspati Miśra, *Tattva-vaiśāradī,* I, 16 etc. Emile Sénart tentou explicar a aparição da teoria dos *guṇa* no pensamento indiano mediante dados muito mais antigos, pós-védicos (cf. "Rajas et la théorie des trois guṇa", em *Journal Asiatique,* vol. II, 1915, p. 151 e ss.). V. Henry ("Physique védique", em *Journal Asiatique,* vol. II, 1915, p. 385) reduz as primeiras especulações relativas aos *guṇa* ao esquema seguinte: calor (brando) → calor (intenso) → sofrimento → ascetismo. Em um estudo mais recente ("La théorie des gunas et la Chāndogya Upaniṣad", em *Études Asiatiques,* vol. II, p. 285-292), E. Sénart retoma e completa suas pesquisas sobre a pré-história dos *guṇa.* Analisando um texto da *Chāndogya Upaniṣad* (VI, 2-4) ele resume assim a concepção upanixádica sobre a constituição do mundo: "três elementos cósmicos combinam-se em medida variável para constituir a substância do mundo sensível: *tejas, apas, anna*" (p. 286).

[...] "A fraseologia védica divide o universo perceptível em três estratos. O *tejas,* ao qual é atribuído o relâmpago avermelhado *(rohita), apas* com a cor branca *(śukla)* e *anna* com a cor negra *(kṛṣṇa),* correspondem indubitavelmente à região superior do Sol, à região das nuvens iluminada por um relâmpago mais moderado e à região terrestre, despojada de toda luminosidade própria, que produz os vegetais" (p. 287). J. Przyluski ("La théorie des gunas", em *Bulletin of the School of Oriental Studies,* vol. IV, Londres, 1930-32, p. 25-35) encontra analogias com a tríade iraniana e acredita poder decifrar as influências semíticas na concepção dos três *guṇa.* Uma excelente exposição e penetrante interpretação filosófica pode ser consultada nas obras de S.N. Dasgupta, *History of Indian Philosophy,* p. 243, e *Yoga Philosophy,* p. 70-111; cf. também R. Garbe, *Die Sâmkhya Philosophie,* p. 209-220; S. Radhakrishnan, *Indian Philosophy,* vol. II, p. 263-265; E. Hopkins, *The Great Epic of India,* p. 119 etc. Sobre a história e a teoria dos *guṇa* no pensamento indiano pré-clássico ver E. H. Johnston, *Early Sāṅkhya,* Londres, 1937, p. 25-41.

Nota I, 6: A lógica e a teoria do conhecimento do Sāṅkhya-Yoga

Enquanto a contribuição do Sāṅkhya para a cosmologia é importante e original, sua lógica e sua teoria do conhecimento são sumárias. Apesar de reconhecer a necessidade de um cânone que sustentasse a validade do conhecimento, o Sāṅkhya e o Yoga consideram como secundárias as especulações sobre o silogismo (elaboradas pela escola Nyāya), ou sobre a "evidência em si" da percepção (teoria cara à escola Mīmāṁsā), e negligenciam muitas vezes as penetrantes análises epistemológicas inauguradas pelas filosofias budistas. Sobre a lógica indiana ver Satis Chandra Vidyabhusana, *A History of Indian Logic,* Calcutta University Press, 1921; A. B. Keith, *Indian Logic and Atomism,* Oxford, 1921; S. Sugiura, *Hindu Logic,* Filadélfia, 1900; H. Ui, *Vaiseshika Philosophy,* Londres, 1917; B. Faddegon, *The Vaiçesika-System, described with the help of the oldest texts,* Amsterdã, 1918; Th. Stcherbatsky, *Erkenntnistheorie und Logik nach der Lehre der Späteren Buddhisten,* Munique, 1924, edição francesa, Paris, 1926; do mesmo autor, *Buddhist Logic,* Leningrado, 2 vol., Biblioteca Budhica, 1930-32; G. Tucci, *Pre-Dignaga Buddhist Logic,* Baroda, 1930. Ver também as notas bibliográficas sobre as publicações recentes em *Mélanges Bouddhiques et Chinois,* vol. I, Bruxelas, 1932, p. 415-416.

Vyāsa (século VII) e Vijñānabhikṣu (séc. XVI) dão certa importância aos problemas lógicos, mas não é comparável ao interesse que mostram pela metafísica e psicologia. Vyāsa (*Yoga-bhāṣya* ao *Yoga-sūtra,* III, 52) esboça uma análise do tempo: para ele, como para os lógicos budistas, o real não é mais que um instante, o "momento". A sucessão dos momentos, assim como a divisão arbitrária do tempo em horas, dias, quinzenas etc., não têm realidade objetiva, mas são construções mentais. Esta interpretação de Vyāsa foi provavelmente inspirada por filósofos budistas, e principalmente por Vasubandhu (cf. Th. Stcherbatsky, *The Central Conception of Buddhism,* Londres, 1923, p. 43).

Como em todos os outros sistemas indianos, na base da lógica Sāṅkhya-Yoga encontramos a definição de *pramāṇa,* a "prova", o modo de conhecimento, isto é, os instrumentos que asseguram a validade de um conhecimento. Iśvarakṛṣṇa lembra: "a percepção *(dṛṣṭam, pratyakśa),* a inferência *(anumāna)* e o testemunho correto *(aptā vacanam)* são as três provas" *(Sāṅkhya-kārikā,* 4). A percepção é "o conhecimento através dos sentidos" (*kārikā* 5). Vācaspati Miśra, interpretando essa passagem, afirma que a percepção é o resultado de um processo mental *(buddhi)* onde predomina *sattva,* e que se obtém vinculando ao objeto o sentido perceptivo. Em outros termos, a percepção é uma atividade dos sentidos orientada para os objetos, moldando-se neles e apresentando suas formas ao intelecto *(buddhi).*

Há uma definição idêntica no *Sāṅkhya-sūtra*: "*pratyakśa* é esse conhecimento que resulta do contato (com os objetos) e representa a forma dos mesmos" (I, 89). Vijñānabhikṣu, no seu comentário ao *Sāṅkhya-sūtra,* I, 89, afirma: é um "conhecimento, espécie de modificação do intelecto, que se dirige para o objeto com o qual está em relação". *Puruṣa,* contudo, não é influenciado por essa modificação de *buddhi.* Cf. também J. H. Woods, "La théorie de la connaissance dans le système du Yoga", em *Journal Asiatique,* maio-junho de 1918, p. 385-389.

Resumindo, é evidente que as escolas Sāṅkhya e Yoga entendem por "percepção" uma atividade psicomental orientada para os objetos, que existem como tais, não sendo considerados nem como sensações, nem como momentos, nem como ilusões. Com essas premissas é fácil de compreender por que o Sāṅkhya não se preocupa com os problemas da percepção, pois afirma a validade do dado obtido por intuição direta da realidade exterior.

A inferência ou raciocínio *(anumāna)* corresponde à teoria da escola Nyāya, e o Sāṅkhya não contribuiu para seu desenvolvimento. Tampouco encontramos marcas de influência budista. É uma teoria da inferência onde a perceção também está implicada (*Tattva-kaumudī,* 34). Eis a definição de Iśvarakṛṣṇa (*kārikā* VI): "a inferência funda-se sobre o termo maior e o termo menor, e é de três espécies" – definição ininteligível sem comentários. Se a fórmula, porém, é tão sumária é porque se trata de verdade universalmente conhecida e aceita. Só os materialistas *cārvāka* negam *anumāna* como prova *(pramāṇa),* pela razão de que o termo médio (*vyāpti* – concomitância permanente) é, ele próprio, uma verdade que tem necessidade de ser justificada pela inferência, e surge em consequência um círculo vicioso.

A inferência pode ser de três espécies: 1. *a priori (pūrvavat)* quando o efeito é inferido da causa (infere-se a chuva pela presença de nuvens); 2. *a posteriori (śeṣavat)* quando a causa é inferida do efeito (infere-se a chuva com o transbordamento do rio); 3. *sāmānyatodriṣta* quando a inferência vai do geral para o geral (Vācaspati Miśra, *Tattva-kaumudī,* 35). Vijñānabhikṣu, no seu comentário ao *Sāṅkhya-sūtra,* I, 135, dá um exemplo deste último gênero de inferência: a existência dos *guṇa* é inferida da existência de *mahat.* Para o Sāṅkhya a inferência serve para provar a existência dos princípios *(tattva),* e é implicada em toda a estrutura cosmológica que acabamos de apresentar. Um dos traços específicos do sistema, *a pluralidade das almas,* justifica-se igualmente pela inferência. O Sāṅkhya parte de uma verdade universalmente aceita na Índia: que houve homens que se liberaram pelo conhecimento, principalmente os sábios (Kapila, Asuri etc.) e os *ṛṣi.* Se existisse uma alma universal e única, a primeira alma humana que se tivesse liberado da ilusão fenomênica teria determinado a liberação de todas as almas, e não haveria hoje no universo nem existência nem dor.

Nota I, 7: O Sāṅkhya e a crítica da existência de Deus

Os argumentos apresentados pelos autores da escola Sāṅkhya contra a existência de Deus são pouco consistentes (assim como as "provas" em contrário de Patañjali e Vyāsa para demonstrar a existência de *Īśvara*). Não há prova da existência de Deus, diz o *Sāṅkhya-sūtra,* I, 92. Deus não pode existir porque não poderia ser dependente nem liberto (*ib.*, I, 93). Um espírito dependente não poderia ser Deus, pois estaria dominado pelo *karman;* de outra forma, um espírito livre não poderia ser o Criador, porque sendo absolutamente desvinculado da matéria, não poderia ter percepções, nem desejo de alguma atividade, enfim, não teria nenhum meio de influir sobre a matéria (Aniruddha, no seu comentário ao *Sāṅkhya-sūtra,* I, 93). Este argumento é dirigido contra a escola Nyāya. De fato, Aniruddha (comentário ao *Sāṅkhya-sūtra,* III, 57) escreve: "Se Deus é concebido como um espírito aceito *por nós,* não temos nada a objetar contra sua existência; mas não existe nenhuma prova de um Deus tal como o considera a filosofia Nyāya". Nas estrofes V, 10-11 do *Sāṅkhya-sūtra,* lemos: "Não existe nenhuma prova da existência de um *Īśvara* eterno; pois a dedução de sua existência é impossível, por falta do termo médio *(vyāpti)*". Esse "termo médio" deveria estabelecer a conjunção entre a Criação e o Criador. Porém, a Criação explica-se pela *prakṛti* e consequentemente a intervenção de um agente externo é inútil. Por outro lado, os autores da escola Sāṅkhya lembram que a própria tradição se baseia na revelação védica, e fala da *prakṛti* como o único princípio da Criação.

Os mesmos argumentos acham-se em Vācaspati Miśra (comentários à *kārikā* 57). Entretanto, a *Sāṅkhya-kārikā* não critica explicitamente em nenhuma parte a existência de Deus. O ateísmo de Iśvarakṛṣṇa é menos claro que o dos *Sāṅkhya-sūtra;* como fala Suryanarayana Sastri (página XXIX da introdução à sua edição da *Sāṅkhya-kārikā*): "Iśvarakṛṣṇa estava menos preocupado em negar Deus que tentar passar sem Ele". Uma corrente teísta na tradição Sāṅkhya desenvolveu-se a partir da *Śvetāśvatara Upaniṣad* e foi popularizada pela *Bhagavad Gītā.*

Cf. também R. Garbe, *Die Sâmkhya Philosophie,* p. 191-195; *id., Sâmkhya und Yoga,* p. 17; S. Dasgupta, *Yoga Philosophy in Relation to other Systems of Indian Thought,* p. 231-258; G. Tucci, *Linee di una Storia del Materialismo Indiano,* p. 42.

Nota I, 8: O Sāṅkhya e o budismo

Existe uma considerável bibliografia sobre as relações entre o Sāṅkhya, o Yoga e o budismo. Não temos intenção de reuni-la aqui. (Para as publicações antigas ver a introdução de R. Garbe para a tradução do *Aniruddha-vṛtti,* p. I, II; a Introdução apresenta o essencial de um estudo publicado primeiro nos *Abhandlungen der Königliche Bayerische,* Akademie der Wissenschaften, I. Cl. XIX Bd., p. 522.) O problema tem duas partes bem distintas; as influências do Sāṅkhya sobre o budismo e do Yoga sobre o mesmo. Se o aporte das ideias do Sāṅkhya na formação filosófica do Buda ou do budismo primitivo é contestado por certos indianistas, a maior parte dos estudiosos consideram certa a influência das técnicas espirituais do Yoga sobre o budismo.

Max Müller e H. Oldenberg foram os primeiros a rejeitar a tradição – geralmente aceita até então – de que o budismo deriva do Sāṅkhya. R. Garbe (em seu estudo já mencionado no *Abhandlungen für die Kunde des Morgenlandes,* e em *Die Sâmkhya Philosophie,* Leipzig, 1894, p. 3-5) tenta justificar essa tradição, indicando oito pontos comuns entre o Sāṅkhya e o budismo, sendo os mais importantes: o budismo como o Sāṅkhya são "filosofias enumerativas", isto é, fazem uso exagerado de classificações, enumerações e esquemas; ambos são pessimistas, contrários a rituais, sacrifícios e ascetismo; ambos afirmam que o espírito não deve ser confundido com a experiência psicomental; ambos consideram a liberação como o fim supremo do homem. R. Garbe pensa que o Sāṅkhya não pode ter tomado emprestadas todas as suas ideias e esquemas do budismo; pois não se pode imaginar o criador de um sistema filosófico assimilando os elementos de uma religião que deixa sem solução todas as questões importantes (de fato, o budismo primitivo recusava a discussão dos problemas últimos por não considerá-los necessários à salvação da alma).

H. Jacobi (*Der Ursprung des Buddhismus aus dem Sânkhya-Yoga,* p. 43-58) aceita as conclusões de R. Garbe, e as reforça destacando as relações íntimas entre os *nidāna* e as "categorias" do Sāṅkhya (p. 47-53) e recordando que, segundo o testemunho de Aśvaghoṣa no *Buddhacarita,* o primeiro mestre do Buda, Arāḍa (em pali: Aḷāra), "era um partidário do Sāṅkhya" (p. 55). H. Jacobi estima também que o testemunho de Aśvaghoṣa representa uma tradição histórica autêntica (p. 57). Ele retoma o assunto em seu estudo "Ueber das Verhältnis der buddhistischen Philosophie zu Sâmkhya-Yoga und die Bedeutung des Nidânas", em *Zeitschrift der Deutschen Morgenländischen Gesellschaft,* vol. LII, 1900, p. 1-15, onde apresenta sua conclusão. "O budismo aparece não como uma imitação, mas como uma interpretação pessoal do Sāṅkhya; este não serviu de modelo ao budismo, mas foi a base sobre a qual ele se elevou" (p. 1). Sobre o Sāṅkhya apresentado por Aśvaghoṣa (que viveu, não esqueçamos, muitos séculos antes de Iśvarakṛṣṇa!), ver E. H. Johnston, *The Buddhacarita,* Panjab University Oriental Publications, n. 32, Calcutá, 1936, p. LVI, p. 166 e ss.; *id., Early Sāṅkhya,* Londres, 1937, p. 35, 54.

H. Oldenberg, depois de ter negado na sua obra *Buddha* as influências do Sāṅkhya no budismo, critica as afirmações de H. Jacobi ("Buddhistische Studien", em *Zeitschrift der Deutschen Morgenländischen Gesellschaft,* vol. LII, p. 693) e se pergunta se o Buda, apesar de valorizar as práticas ascéticas do Yoga, teria adotado também as ideias do Sāṅkhya. Retorna mais longamente sobre o assunto em sua obra *Die Lehre der Upanischaden und die Anfänge des Budhismus,* Göttingen, 1915, p. 178-223, e em *Zur Geschichte der Sâmkhya Philosophie,* Göttingen, 1917, p. 218-237. Como observou Louis de la Vallée-Poussin (*Indo-européens,* p. 311), Oldenberg convenceu-se lentamente da influência exercida pelo Sāṅkhya sobre o budismo. Esse ponto de vista é partilhado por Pischel (*Buddha,* 2. ed., p. 65). Cf. também F. Lipsius, *Die Sâmkhya Philosophie als Vorläuferin des Buddhismus,* Heidelberg, p. 106-114; G. Tucci, *Il Buddhismo,* Foligno, 1926, p. 58 e ss.

A. B. Keith (*The Sāṁkhya System*, 2. ed., p. 23-33 e *Buddhist Philosophy*, p. 38-43) escolhe o caminho do meio: "A única conclusão a tirar dos documentos é que algumas das concepções do budismo estão bem próximas das do Sāṅkhya" (*The Sāṁkhya System*, p. 29). Entre essas ideias comuns ao Sāṅkhya e ao budismo, Keith inclui a concepção dos *saṃskāra*, a concepção da causalidade, a correspondência entre as quatro verdades do Buda e as quatro etapas da doutrina da liberação no Sāṅkhya-Yoga, a analogia entre a experiência da liberação no budismo e no Sāṅkhya etc. Porém, também descobre diferenças entre os dois sistemas: "Somos levados a concluir que o Sāṅkhya clássico não foi a fonte do budismo, e que a influência exercida sobre o budismo pelo Sāṅkhya deve ter sido de um sistema mais próximo daquele da Epopeia; a menos que optemos pela hipótese de uma forma mais antiga da doutrina que teria sido a fonte comum tanto do budismo quanto do Sāṅkhya Epopeico" (*The Sāṁkhya System*, p. 31). "A prova da influência Sāṅkhya é evidentemente indireta e, em si mesma, não é completa" (*Buddhist Philosophy*, p. 142).

Ver também E. Hultzsch, *Sâmkhya und Yoga in Siçupâlayadha* (Festgabe R. Garbe, Erlangen, 1927, p. 78-83); Walter Liebenthal, *Satkārya in der Darstellung seiner buddhistischen Gegner*, Stutgart, 1934; J. W. Hauer, *Das Laṇkāvatāra-Sūtra und das Sāṁkhya*, Stutgart, 1927; Satischandra Vidyābhūsana, "Sāṅkhya Philosophy in the Land of the Lamas", em *Journal of the Asiatic Society of Bengal*, 1907, p. 571.

Nota I, 9: A crítica do budismo pelo Sāṅkhya

O realismo do Sāṅkhya rejeitava, necessariamente, o idealismo e o relativismo das escolas budistas medievais. Nos textos Sāṅkhya tardios encontram-se polêmicas com os idealistas budistas. Examinaremos as mais importantes.

Acerca da realidade do mundo exterior, Vācaspati Miśra escreve (*Tattva-vaiśāradī*, I, 3): "É certo que a madrepérola enquanto tal *(svarūpa)* permanece a mesma independentemente da percepção que a descreve, seja ela correta ou falsa", não importando que se perceba (com razão) a madrepérola, ou que se perceba (sem razão) a prata. Por sua vez, o autor do *Sāṅkhya-sūtra*, I, 42, afirma peremptoriamente: "(o mundo) não é simples ideia (pois temos) a apreensão direta da realidade" *(na vijñānamātram bāhyapratīteh)*. Comentando essa passagem, Aniruddha explica assim a objetividade do mundo *(jagat)*: se fosse simples ideia *(vijñāna)* – como afirmam os budistas – não teríamos a experiência *(pratyaya)* que "isto é um pote", mas "eu sou um pote" *(aham ghata iti pratyaya syāt, na tu ayam ghata iti)*. Se o interlocutor replica: a experiência "isto é um pote", apesar de ter a aparência de realidade objetiva, resulta de uma "impressão específica" *(vāsanāviśeṣa)* – Aniruddha responde que essas "impressões específicas" devem ter tido outras impressões anteriores que as determinaram. Nesse caso sempre há um substrato que se aceita atrás das impressões (pois, de outro modo, ter-se-ia um *regressum ad infinitum*) e esse substrato não pode ser outra coisa do que a realidade exterior. De outro lado, se o mesmo interlocutor budista objeta que "o objeto externo não pode existir, pois não existe um todo *(avayavin)* distinto das partes (*avayava*), as partes e o todo não são mais que um *(avayavāvayavinorekatvāt)* pois são percebidos como um *(ekatvapratīteh)*" – responde-se que muitas vezes "o todo" move-se ao mesmo tempo que "as partes" (a árvore durante a tempestade), mas algumas vezes acontece que só as partes se movem, sem o todo (a árvore sob uma ligeira brisa).

Entretanto certos idealistas (os budistas *śūnyavāda,* que postulam o vazio como o substrato último da realidade) trazem uma nova objeção: "visto que o conhecimento sem objetos é impossível *(nirviṣayasya jñānasya adarśanāt),* o conhecimento não pode existir se os objetos não existem". A isto Vijñānabhikṣu responde: (comentário ao *Sāṅkhya-sūtra,* I, 43): "da inexistência do mundo exterior resultaria apenas o vazio e não o pensamento *(tarhi bāhyābhāve śūnyameva prasajyeta, na tu vijñānamapi).* Por quê? Porque a não existência do mundo exterior implica também a não existência do pensamento; e por indução *(anumānasambhavāt)* pode estabelecer-se que, semelhante à intuição da realidade exterior, a intuição da ideia está vazia de objeto *(avastuviṣaya)*".

Vijñānabhikṣu, em seu comentário ao *Sāṅkhya sūtra,* I, 45, refuta ainda de outra maneira os *śūnyavāda* que postulam o vazio como o *Grund* da existência. Aqueles que dizem que "a existência como tal é perecível" manifestam uma simples opinião de ignorantes. Porque as "substâncias simples" não podem ser destruídas, pois não existem causas destrutivas. Só poderiam destruir-se as "substâncias compostas". E ainda temos que observar que o tempo não intervém como agente destrutivo dos objetos exteriores. Dizer, por exemplo, que "o cântaro não existe mais", é perceber as novas condições nas quais se acha esse objeto. Vijñānabhikṣu, porém, não termina o parágrafo sem colocar uma última objeção: "se admitirmos que existe uma prova da existência do vazio, então, por essa mesma prova, o vazio fica excluído; se não o admitirmos, então, com a ausência de provas, o vazio não é comprovado; se dissermos que o vazio afirma-se por si mesmo, isso implicaria que possui inteligência e assim sucessivamente". Uma outra refutação do vazio apresentada por Vijñānabhikṣu (comentário ao *Sāṅkhya-sūtra,* I, 47) é de ordem escatológica: o vazio não pode ser o objetivo da alma, porque a liberação *(mokṣa),* após a qual a alma esmorece, é uma coisa real.

Resumindo, os argumentos do Sāṅkhya contra os budistas insurgem-se: 1) contra a doutrina dos "momentos" *(kṣaṇa),* em nome do reconhecimento dos objetos percebidos anteriormente; 2) contra o idealismo *(vijñānavāda),* em razão da percepção dos objetos exteriores; 3) contra o vazio *(śūnyavāda),* pela redução ao absurdo.

O realismo do Sāṅkhya foi criticado tanto por Śaṅkara (*Brahma-sūtra,* II, 11, 1-10) como pelas diversas escolas idealistas budistas (cf. por exemplo *Vijñāptimātratāsiddhi,* de Vasubandhu, traduzida do chinês e anotada por Louis de la Vallée-Poussin, vol. I, Paris, 1928, p. 23-26).

Nota II, 1: Obstáculos à concentração

Uma lista de nove obstáculos à concentração pode ser encontrada no *Yoga-sūtra,* I, 30. Vyāsa explica-os da seguinte forma: 1. *vyādhi* (doença), perturbação do equilíbrio fisiológico; 2. *styāna* (languidez), falta de disposição de espírito para o trabalho; 3. *saṃśaya* (indecisão), noção que se debate entre as duas partes de um problema;

4. *pramāda* (negligência, insensibilidade) é a falta de iniciativa que impede o *samādhi;* 5. *ālasya* (moleza), inércia do espírito e do corpo devido à "lentidão" *(gurutva);* 6. *avirati* (sensualidade), desejo que se produz quando os objetos dos sentidos tomam conta do espírito; 7. *bhranti darśana* (noção falsa, inválida) é o falso conhecimento; 8. *alabhadabhūmikatva,* incapacidade de ver a realidade devido à mobilidade que sacode as bases, e 9. *anavasthitattva* (instabilidade), impossibilidade de conservar uma continuidade de pensamento, justamente porque o espírito não atingiu a *ekāgratā.* A esses obstáculos acrescentam-se a dor *(dukha),* o desespero *(daurmanasya)* etc. (*Yoga-sūtra,* I, 31). "Para evitá-los, dedicar-se à verdade" (*Yoga-sūtra,* I, 32). Cultivando-se a amizade universal *(maitrī),* a piedade *(karuṇā),* o contentamento *(muditā);* mostrando-se indiferente à felicidade, à miséria, à virtude ou aos vícios – purifica-se o espírito (*Yoga-sūtra,* I, 33). Tudo isto pertence ao domínio comum da ética indiana, e encontramos exemplos na literatura tanto ortodoxa como popular e sectária.

Nota II, 2: Os *āsana*

O termo técnico *āsana* não é dos mais arcaicos. Não se encontra nas *Upaniṣad* mais antigas (é mencionado pela primeira vez na *Śvetāśvatara Upaniṣad,* II, 10). Figura na *Bhagavad Gītā,* onde tem o mesmo sentido que na *Kṣurikā Upaniṣad* e no *Buddhacarita* de Aśvaghoṣa (século I de nossa era): cf. Paul Deussen, *The Philosophy of the Upanishads,* Edinburgo, 1906, p. 387-388; E. W. Hopkins, "Yoga-technique in the Great Epic", em *Journal of the American Oriental Society,* vol. XII, p. 333-379. Encontramos numerosas referências aos *āsana* no *Śanti-Parva* do *Mahābhārata,* estrofes 237, 241, 317. Entretanto, não se pode duvidar da antiguidade dessa prática; os textos védicos aludem muitas vezes às posturas *yóguicas* (cf. J. W. Hauer, *Die Anfänge der Yoga-Praxis,* p. 21-31) e muitos sinetes achados em Mohenjo-Daro representam divindades em determinados *āsana.* Entre as *Upaniṣad yóguicas* que falam longamente dos *āsana* temos a *Triśikhibrāhmaṇopaniṣad,* 34-52. O tratado de *haṭha-yoga,* a *Gheraṇḍa-saṃhitā,* descreve 32 *āsana;* o *Haṭha-yoga-pradīpikā* define 15 e a *Śiva-saṃhitā,* 84. Para *o haṭha-yoga,* as posturas têm um valor mágico muito acentuado. Por exemplo, o *padmāsana* cura qualquer doença (*Gheraṇḍa-saṃhitā,* II, 8), *muktāsana* e *vajrāsana* dão "poderes milagrosos" (*id.,* II, 11-12), *mṛtāsana* acalma as agitações do espírito (II, 19) *bhujañgāsana* acorda a *kuṇḍalinī* (II, 42, 43). Existem *āsana* que conquistam a morte, *mṛtyum jayati,* estereótipo característico dos textos de *haṭha-yoga.* Cf. Theos Bernard, *Hatha Yoga,* Columbia University Press, Nova York, 1944.

Sobre os *āsana* no cânone páli, cf. *The Yogavacara's Manual of Indian Mysticism, as Practised by Buddhists,* editado por T. W. Rhys Davids, Londres, 1896 e traduzido por Woodward sob o título *Manual of a Mystic,* Londres, 1916, p. 1, nota 2.

Cf. também Arthur Avalon, *The Serpent Power,* 2. ed., Madras, 1924; R. Rössel, *Die Psychologischen Grundlagen der Yoga-Praxis,* Stutgart, 1928, p. 16-23.

Nota II, 3: Sobre a concentração *yóguica*

A primeira referência explícita nas *Upaniṣad* a encontramos na *Kāṭhaka Upaniṣad*, VI, 11. As passagens do *Mahābhārata* foram assinaladas e comentadas por E. Hopkins na sua obra *Yoga-technique in the Great Epic*, p. 351. Sobre as cinco *dhāraṇā* no jainismo ver R. Garbe, *Sâmkhya und Yoga*, p. 39. As principais passagens dos *Yoga-sūtra* e seus comentários são reproduzidos e analisados por Sigurd Lindquist, *Die Methoden des Yoga*, Lund, 1932, p. 104. É necessário ter-se em conta que este último autor reduz a meditação e a concentração *yóguicas* a formas diversas de auto-hipnose.

Para uma experiência pessoal de concentração *yóguica* ver Theos Bernard, *Hatha Yoga*. Confira também as observações muito pertinentes do Dr. Jean Filliozat no seu estudo "Sur la 'concentration oculaire' dans le Yoga", publicado em *Yoga: Eine internationale Zeitschrift*, vol. I, 1931, p. 93-102 e as anotações de Olivier Lacombe, "Sur le Yoga indien", em Études Carmélitaines, outubro de 1937, p. 170.

Nota II, 4: *Samādhi*

Sobre o sentido do *samādhi* na exposição didática do *Mahābhārata*, ver E. Hopkins, *Yoga-technique in the Great Epic*, p. 337 e ss.

As passagens importantes dos *Yoga-sūtra* (sobretudo I, 41-46) com os comentários de Vyāsa, Vācaspati Miśra e Bhoja são reproduzidas e analisadas por S. Lindquist, *Die Methoden des Yoga*, p. 118 e ss., 144 e ss.

Sobre a identidade dos termos *samādhi* e *samāpatti* ver sobretudo Vyāsa no seu comentário ao *Yoga-sūtra*, I, 43-44 e Vācaspati Miśra (*id.*, I, 42, 43).

Sobre o paralelismo dos quatro *dhyāna* budistas e das quatro variedades do *samprajñāta samādhi*, ver E. Sénart, "Bouddhisme et Yoga", em *Revue Historique des Religions*, 1900, p. 345-364 e L. de la Vallée Poussin, "Le Bouddhisme et le Yoga de Patañjali", em *Mélanges chinois et bouddhiques*, vol. V, Bruxelas, 1937, p. 223-242. "Levantemos a questão: foi no Yoga ou no budismo que esses conceitos e doutrinas comuns elaboraram-se pela primeira vez? Tudo indica que foi no Yoga" (Oldenberg, citado por L. de la Vallée-Poussin, *op. cit.*, p. 230). Ver também supra, Nota V, 1.)

Nota II, 5: As *siddhi*: os "poderes miraculosos"

Os textos do Yoga clássico foram reunidos por S. Lindquist em suas obras *Die Methoden des Yoga*, p. 169-182 e *Siddhi und Abhiññā, Eine Studie über die klassischen Wunder des Yoga*, Uppsala, 1935, onde são analisados os documentos budistas, principalmente o *Viśuddhimagga* de Buddhagoṣa. Podemos encontrar uma boa bibliografia das fontes sobre as *abhijñā* em Étienne Lamotte, *Le Traité de la Grande Vertu de Sagesse de Nāgārjuna (Mahā-prajñāpāramitā-śastra)*, vol. I, Louvain, 1944, p. 329, nota 1. Sobre as *siddhi* na literatura do *haṭha-yoga* ver por exemplo: a *Śiva-saṃhitā*, III,

41. Sobre as *siddhi* no tantrismo e folclore *yóguico* ver infra, p. 258; confira também as lendas dos *siddha,* infra p. 251 e seguintes.

Nota III, 1: Os *vrātya* e os extáticos dos tempos védicos

O problema dos *vrātya* foi tratado de maneira exaustiva por M. Winternitz, "Die Vrātyas", em *Zeitschrift für Buddhismus, 1924-1925,* p. 48 e 331) e sobretudo por J. W. Hauer, "Der Vrātya. Untersuchungen über die nichtbrahmanische Religion altindiens", *Die Vratya als nichtbrahmanische Kultgenossenschaften arischer Herkunft,* vol. I (número único), Stutgart, 1927. Sobre o *keśin* do *Ṛg-Veda,* X, 136, confira Hauer, *Die Anfänge der Yogapraxis,* p. 169; *id., vrātya,* p. 324.

Sobre o ascetismo e a literatura dos *śramaṇa,* ver as indicações bibliográficas de Louis de la Vallée-Poussin, *Indo-Européens et Indo-Araniens. L'Indie jusque vers 300 av. J.C.,* nova edição aumentada, Paris, 1936, p. 290, 378. Podemos encontrar abundantes referências sobre a religiosidade popular da época védica em Ernst Arbman, *Rudra, Untersuchungen zum altindischen Glauben und Kultus,* Uppsala, 1922, p. 64 e ss. Sobre as "sociedades de homens" de estrutura iniciática e extática, recomendamos ver as obras de Stig Wikander, *Der arische Männerbund,* Lund, 1938, e *Vāyu. Texte und Untersuchungen zur indo-iranischen Religionsgeschichte,* Lund, 1941. Sobre os elementos xamânicos, cf. W. Ruben, "Schamanismus im alten Indien", em *Acta Orientalia,* vol. XVII, 1939, p. 164-205 e M. Eliade, *Le Chamanisme et les Techniques Archaïques de l'Extase,* Paris, 1951, p. 362-388.

Nota III, 2: As cinco respirações

As cinco respirações são *prāṇa, apāna, samāna, udāna* e *vyāna.* Arthur H. Ewing fez uma compilação exaustiva das referências a essas respirações na literatura védica: "The Hindu Conception of the Functions of Breath", em *Journal of the American Oriental Society,* vol. XXII, 2ª parte, 1901, p. 249-308. Eis o essencial de suas conclusões: o *prāṇa* é a respiração que se move para o alto a partir do umbigo ou do coração e compreende a inspiração e a expiração; *apāna* é um termo com muitas significações: a respiração do ânus e do escroto, do intestino grosso e do umbigo; *vyāna* é a respiração que penetra em todos os membros do corpo; *udāna* compreende não só a eructação como a respiração que leva a alma para a cabeça em estado de *samādhi* ou de morte; *samāna* é a respiração localizada no abdômen e acredita-se que possibilita a digestão.

Segundo G. W. Brown, "Prāṇa e Apāna", em *Journal of the American Oriental Society,* vol. XXXIX, 1919, p. 103-112, *prāṇa* é a respiração toráxica; *apāna,* a abdominal. Jean Filliozat, na sua obra *La Doctrine Classique de la Médecine Indienne,* Paris, 1949, p. 142, rejeita em parte os resultados de A. H. Ewing. Já no *Ṛg-Veda, prāṇa* é a respiração da parte superior do corpo, *apāna* é da inferior, *"vyāna,* circulando no meio do corpo, e quem os reúne" (Filliozat, *op. cit.,* p. 148). Em todo caso, nada nos autoriza a traduzir *prāṇa* e *apāna* por "expiração" e "inspiração", pois os textos aludem ao *prāṇa* e ao *apāna* "no interior da matriz materna", e o papel do *prāṇa* no desenvolvimento do embrião (por exemplo, *Atharva-Veda,* XI, 4, 14). "Ora, de todas as respirações orgânicas concebíveis, as únicas que não podem estar relacionadas com o embrião são a inspiração e a expiração" (Filliozat, *op. cit.*, p. 147). É necessário lembrarmos sempre da comparação da respiração com o vento cósmico usada desde os tempos védicos (cf. *Ṛg-Veda,* X, 90, 13: da respiração do Homem cósmico nasceu o vento; *Atharva-Veda,* XI, 4, 15: é o vento que se chama "respiração" etc.; cf. Filliozat, *op. cit.*, p. 52 e ss.). "Visto que *prāṇa* ou a respiração em geral do Homem cósmico é o vento, trata-se então de uma respiração interior, porque é dentro do universo – corpo do gigante cósmico – que circula o vento" (*id.*, p. 147). A respiração interior é também conhecida na tradição chinesa (ver infra p. 63). Para a mitologia indo-iraniana do Vento-Respiração cósmico, ver Stig Wikander, *Vāyu,* Uppsala, 1941, p. 84 e ss.

Nota III, 3: *Tapas* e *dīkṣa*

Ver H. Oldenberg, *Die Religion des Veda,* 2. ed., 1917, p. 397 e ss.; A. Hillebrandt, *Vedische Mythologie,* 2. ed., Breslau, 1927-1928, vol. I, p. 482; Hermann Güntert, *Der arische Weltkönig und Heiland,* Halle, 1923, p. 347; J. W. Hauer, *Die Anfänge der Yogapraxis,* p. 55; A. B. Keith, *The Religion and the Philosophy of the Veda and Upanishads,* Cambridge, 1925, vol. I, p. 300 e ss.; S. Lévi, *La Doctrine du sacrifice dans les Brahmanas,* Paris, 1898, p. 103 e ss. Cf. também M. Eliade, *Le Chamanisme et Les Techniques Archaïques de l'Extase,* p. 369 e ss. Segundo Barth, "nada prova que a cerimônia *(dīkṣā)* remonta realmente ao tempo dos Hinos [...] neles não se encontra nem *dīkṣā,* nem *dīkṣita,* nem termo equivalente ou alusões formais a nada de semelhante"; ver também L. de la Vallée-Poussin, *Indo-Européens et Indo-Araniens. L'Indie jusque vers 300 av. J.C.*, p. 368. A concepção é arcaica: não se entende por que não existiria entre os indianos védicos, já que a mitologia e a técnica da sudação é universalmente conhecida – está presente entre os germânicos, os citas e os iranianos.

Nota III, 4: A hinduização da religião autóctone

A assimilação dos deuses aborígines é um processo que continua ainda hoje. Contentemo-nos apenas em lembrar algumas observações dos folcloristas indianos, sobretudo Sarat Chandra Mitra, pois a literatura sobre o assunto é imensa. A "conversão" ao hinduísmo é muito superficial: subsistem sempre certos elementos nos quais subjaz o caráter primitivo dos novos deuses ou novos cultos. Assim, por exemplo, quando as tribos aborígines se convertem, aceitam as divindades hindus (a maior parte divindades femininas), mas não usam os serviços dos brâmanes para o culto. Ver S. C. Mitra, "On the Conversion of Tribes into Castes in Northern Bihar", em *Journal of Anthropological Society of Bombay,* vol. XII, n. 6, p. 735-743, a respeito de uma tribo oraon, que adora a deusa Bhagavatī sob uma velha árvore; do mesmo autor, "On the Cult of the Jujube Tree", em *Man in India,* vol. V, 1925, p. 115-131, que trata sobre o demônio vegetal, Itokumāra, cujo culto é celebrado apenas por jovens solteiras, sem o concurso dos brâmanes.

Também encontramos casos onde em antigos locais de culto pré-ária construíram-se templos hindus, porém *seus sacerdotes são párias;* assim, o que de fato importava era a sacralidade do lugar (fenômeno muito frequente na história das religiões; cf. nosso *Traité d'Histoire des Religions,* p. 177 e ss., sobre a continuidade dos lugares sagrados). Durante as festividades da Deusa-Mãe (Ammāl ou Attal), que duram 16 dias, um pária é hospedado e alimentado no templo como noivo da deusa. Um pária, também, é quem ata o *tāli* ao redor do pescoço de Egāttāla, deusa tutelar de Madras. Na província de Mysore, um *holiya* é considerado como o sacerdote da deusa local e o chefe pária do vilarejo como o proprietário do vilarejo (G. Oppert, *On the Original Inhabitants of Bharatavarsa or India,* Westminster, 1893, p. 52). Em muitos lugares os párias celebram o ritual da deusa em vez dos brâmanes (cf. W. Crooke, *An Introduction to the Popular Religion and Folklore of Northern India,* Londres, 1894, p. 47). Os párias pertencem às tribos pré-árias; conhecem os segredos da Deusa, são os "depositários da sacralidade primordial".

Mesmo quando estão dogmática e juridicamente integradas no hinduísmo – tendo assimilado a mitologia bramânica, o regime de castas etc. –, as tribos aborígines dispensam, quase sempre, o serviço dos brâmanes. Como as antigas divindades autóctones, as antigas cerimônias religiosas sobrevivem, porém com outros nomes e mudando às vezes de significação. As tribos ainda veneram os lugares sagrados – uma árvore, um lago, uma fonte, uma caverna – frequentados pelas divindades tutelares. A fim de assimilá-las, o hinduísmo identificou essas divindades tutelares às múltiplas manifestações de Śiva ou de Kālī (Durgā); quanto aos antigos lugares de culto, dava-se-lhes legitimidade através de episódios da mitologia hindu. Por exemplo: a deusa Kālijai, divindade tutelar do lago Chilca (Orissa), tem suas raízes aborígines confirmadas pelo fato de que, em seu culto, sacrificam-se galinhas; cf. S. C. Mitra, "The Cult of the Lake-Goddess of Orissa", em *Journal of Anthropological Society of Bombay,* vol. XII, 1921, p. 110-197. Ver também Nanimadhab Chaudhuri, "Rudra-Siva as an Agricultural Deity", em *Indian Historical Quarterly,* vol. XV, junho de 1939, p. 183-196: o culto de Śiva entre as tribos semi-hinduizadas, p. 185; S. C. Mitra, "Notes on Tree-Cults, in the District Patna in Southern Bihar", em *Journal of Bihar-Orissa Research Society,* 1928, p. 278-279; do mesmo autor, "On the worship of the Pipal Tree in Northern Bihar", *ib.*, dezembro, 1920, p. 570-572. Sobre o culto do *pipal* existe uma literatura imensa: para as referências na Epopeia e nos *Purāṇa,* cf. J. J. Meyer, *Trilogie altindischer Mächte und Feste der Vegetation,* Zurique-Leipzig, vol. II, p. 132-134; para o período mais antigo ver Nanimadhab Chaudhuri, "A prehistoric tree cult", em *Indian Historical Quarterly,* vol. XIX, 1943, p. 318-329.

A deusa Durgā-Kālī, que desempenha um papel decisivo no tantrismo, foi provavelmente uma divindade aborígine da vegetação e da agricultura. A simbiose tantrismo-culto da vegetação ainda está viva em Bengala; cf. Chintaharan Chakravarti, "The Cult of Bāro Bhāiyā of Eastern Bengal", em *Journal of the Asiatic Society of Bengal,* vol. XXVI, 1930, n. 1, p. 379-388, sobre o culto dos "doze irmãos", Bāro Bhāiyā e sua mãe Vanadurga, nas regiões de Kotalipada e Faridpur. O culto é celebrado junto a uma árvore *aśvatha* ou *sheora,* terça ou sexta-feira, dias favoráveis à liturgia tântrica e sacrificam-se bodes, carneiros e búfalos. Segundo os *mantra* que são pronunciados, Vanadurga corresponde à Durgā da iconografia tântrica.

A estrutura cósmico-vegetal de Durgā, presente nos *Purāṇa* e na literatura tântrica, tornou-a popular sobretudo entre as tribos aborígines que estavam se hinduizando. A obra *Devī-Mahātmya,* estrofes 92, 43-4 (igual ao *Mārkandeya Purāṇa,* 81-93) exalta a grande vitória da deusa sobre os demônios da estiagem Mahiṣa, Sumbha e Nisumbha: "Em seguida, oh Deuses!, nutrirei (literalmente, sustentarei) o universo inteiro com esses vegetais que conservam a vida e que brotam de meu próprio corpo no período das chuvas. Assim, tornar-me-ei gloriosa sobre a terra sob a forma de Sākamharī (portadora de ervas; quem nutre as ervas) e, também nesse período, abrirei o ventre do grande *asura* chamado Durgama"; para o contexto litúrgico desse mito ver S. C. Mitra, "On the Cult of the Tree Goddess in Eastern Bengal", em *Man in India,* vol. II, 1922, p. 230, e H. Zimmer, *Mitos e Símbolos na Arte e Civilização da Índia,* Editora Palas Athena, São Paulo, 1989, p. 153-156. Um rito importante, *navapatrikā* (as "nove folhas") esclarece o caráter vegetal de Durgā: "OM, oh folha! *(patrikā),* oh nove folhas de Durgā! És cara a Mahādeva: aceita todas estas oferendas e protege-me, oh Rainha dos céus! OM, adoração a Durgā que habita as nove folhas!" (S. C. Mitra, *op. cit.*, p. 232-233).

Como divindade das árvores, encontramos Durgā sobretudo nos distritos de Mymensingh e Tippera, onde é conhecida com o nome de Bana Durgā. Mora na árvore *sheora (Streblus asper),* algumas vezes nas raízes da árvore *uduma (Ficus glomerata?).* Bana Durgā é adorada antes da cerimônia de investidura do cordão sagrado, e da cerimônia de casamento; geralmente, antes de todo cerimonial de bom augúrio. Em Comilla, no distrito de Tippera, é adorada na raiz da árvore *kāmini (Murraya exotica)* com a fórmula: "(Submissão à deusa) Durgā que habita a árvore *sākota.*" Por ocasião da *pūjā,* sacrificam-se em sua honra porcos e vinte e um galos. Este é um detalhe precioso para determinar sua origem e seu caráter não ária. S. C. Mitra compara as oferendas de ovos de pata pintados com vermelhão à oferenda de patos que, em Bengala Meridional, se faz a uma divindade não ária, Dakshina Rāya, que tem a forma de tigre (cf. "On the Worship of Dakshina Rāya as a Rain God", em *Journal of Anthropological Society of Bombay,* vol. XIII, n. 2, 1924). Costumes não árias ligados ao culto da deusa Kālī estão presentes na festa popular Kālī-Nautch, durante a qual grupos de dançarinos mascarados percorrem as ruas depois de ter, por três dias, adorado a deusa à meia-noite, perto de uma árvore baniana (ver Dhirendra Nath Majumdar, "Notes on Kālī-Nautch", em *Man in India,* vol. III, 1923, p. 202-205). Tivemos, nesta obra, ocasião de tratar das relações entre Durgā e os cultos populares de vegetação. Importa, contudo, frizar a infatigável força de absorção do hinduísmo que, ainda em nossos dias, transforma as tribos aborígines em castas e subcastas, e suas divindades em epifanias de Śiva e Durgā.

Nota III, 5: As *Upaniṣad*

Sobre *brahman,* ver Jarl Charpentier, *Brahman. Eine sprachwissenschaftlich--exegetisch-religionsgeschichtliche Untersuchung,* Uppsala, 1932; G. Dumézil, *Flamen--Brahman,* Paris, 1935; A. B. Keith, "New theories as to brahman", em *Ganganāth Jhā Commemoration Volume,* Pune, 1937, p. 214; B. Heimann, *Studien zur Eigenart indischen Denkens,* Tübingen, 1930, p. 40; H. G. Narahari, *Atman in Pre-Upanisadic Vedic Literature,* Adyar, 1944, p. 22; L. Renou, "Sur la notion du brahman", em *Journal Asiatique,* n. 237, 1949, p. 7-46; J. Gonda, *Notes on Brahman,* Utrecht, 1950.

Upaniṣad: Para as edições, traduções e estudos críticos aparecidos até 1931, ver L. Renou, *Bibliographie Védique,* parágrafos 96-116. Assinalemos: R. D. Ranade, *A Constructive Survey of Upanishadic Philosophy,* Pune, 1926; H. Oldenberg, *Die Lehre der Upanishaden und die Anfänge des Buddhismus,* Göttingen, 1915; P. Deussen, *Die Philosophie die Upanishads,* 4. ed., Leipzig, 1920 (tradução inglesa: Edimburgo, 1906); P. Oltramare, *L'Histoire des Idées Théosophiques dans l'Inde,* vol. I, Paris, 1907, p. 63 e ss.; Barua, *Pre-Buddhistic Philosophy,* Calcutá, 1920; S.N. Dasgupta, *Indian Idealism,* Cambridge, 1933, p. 20; do mesmo autor, *A History of Indian Philosophy,* vol. I, Cambridge, 1922; A. B. Keith, *The Religion and Philosophy of the Veda and Upanishads,* Cambridge, 1925, p. 534; Maryla Falk, "Il mito psicologico nell'India antica", em *Memorie della Realle Accademia Nazionale dei Lincei,* Classe di Scienze Morali, Storiche e Filologiche, Serie VI, vol. VIII, fascículo V, p. 289-738, Roma, 1939, p. 346-397, 421-569; Walter Ruben, *Die Philosophen der Upanishaden,* Berna, 1947.

Sobre as especulações místicas relativas ao sono (*Bṛhadāraṇyaka Upaniṣad,* IV, 3, 9), cf. B. Heimann, *Studien zur Eigenart indischen Denkens,* p. 130.

Kaṭha Upaniṣad, tradução de L. Renou, Paris, 1943; cf. Ananda K. Coomaraswamy, "Notes on Kaṭha Upaniṣad", em *New Indian Antiquary,* vol. I, 1938, p. 43-56, 83-108, 198-213.

Śvetāśvatara Upaniṣad, tradução e comentário de Aliette Silburn, Paris, 1948; ver também Bhandarkar, *Vaisnavism, Saivism and minor religious systems,* Estrasburgo, 1913, p. 106-111; Richard Hauschild, "Die *Śvetāśvatara-Upaniṣad.* Eine Kritische Ausgabe mit einer Uebersetzung und einer Uebersicht über ihre Lehren", em *Zeitschrift der Deutschen Morgenländischen Gesellschaft,* Leipzig, 1927; J. W. Hauer, "Die *Śvetāśvatara Upaniṣad,* ein monotheistischer Traktat einer Rudra-Śiva-Gemeinde", em *Zeitschrift der Deutschen Morgenländischen Gesellschaft,* 1930, p. 37; do mesmo autor, *Glaubensgeschichte der Indogermanen,* vol. I, Stutgart, 1937, p. 208; E. H. Johnston, "Some Sāṁkhya and Yoga Conceptions of the *Śvetāśvatara Upaniṣad*", em *Journal of the Royal Asiatic Society,* 1930, p. 855-878). A *Śvetāśvatara Upaniṣad,* VI, 13, menciona claramente a validade soteriológica da filosofia Sāṅkhya ao lado da prática *yóguica.*

Māṇḍūkya Upaniṣad, tradução de Em. Lesimple, Paris, 1944; cf. H. Zimmer, *Filosofias da India,* Editora Palas Athena, São Paulo, 1986, p. 261-265.

Maitrī Upaniṣad, tradução e comentário de Anne-Marie Esnoul, Paris, 1952. Cf. E. Hopkins, *The Great Epic of India,* p. 33; S. Dasgupta, *Yoga Philosophy,* Calcutá, 1930, p. 65-66; J. W. Hauer, *Der Yoga als Heilweg,* p. 26; E. A. Welden, "The Sāṁkhya Teachings in the *Maitrī Upanishad*", em *American Journal of Philology,* vol. XXXV, p. 32-52.

P. Deussen tentou apresentar esquematicamente a prática *yóguica* tal como ela se apresenta nas *Upaniṣad* médias – da *Maitrāyaṇī* à *Haṃsa* – seguindo cada *aṅga.* A lista das citações é bem completa, e isso nos dispensa reproduzi-la. Cf. P. Deussen, *The Philosophy of the Upanishads,* p. 387-395. *Yama* e *niyama* não aparecem nas listas clássicas; *āsana* é mencionado pela primeira vez na *Śvetāśvatara,* II, 10; os três momentos do *prāṇāyāma (recaka, pūraka, kumbhaka)* aparecem na *Khurika* 5 e ss.; *pratyāhāra,* como vimos, acha-se já citada na *Chāndogya,* VIII, 15, e *dhāraṇā* na

Maitrāyaṇī, VI, 34; *dhyāna* e *samādhi* não possuem, nas *Upaniṣad* clássicas, o mesmo sentido que nos *Yoga-sūtra*. A edição corrente das *Upaniṣad yóguicas* é a de Sastri: *Yoga Upanishads with the commentary of Sri Upaniṣad-Brahman-Yogin*, editado por Pandit A. Mahadeva Sastri, Adyar Library, 1920 (tradução inglesa de Srinivasa Aiangar: *Yoga Upaniṣad*, Adyar Library, 1938, 2. ed., 1952).

Nota III, 6: Os sons místicos

A *Bṛhadāraṇyaka Upaniṣad*, V, 9, fala do "ruído que se ouve quando se tapam os ouvidos; quando se está a ponto de escapar (pela morte), não se ouve mais esse ruído". O *Vaikhānāsasmārta-sūtra*, VI, 1 (edição Caland, p. 68-69) diz que o moribundo ouve um "som de sinos" que diminui gradualmente até o momento da morte. O mesmo sinal é atribuído no cânone páli às vozes das divindades; segundo o *Dīgha Nikāya*, I, 152, "a voz dos *deva* e *yakṣa* parece-se com o som de um sino de ouro". O som de sino é percebido em certas posturas corporais e meditações tântricas: por exemplo, no *anāhatacakra* (cf. *Mahā-nirvāṇa-tantra*, V, 146). A *Nādabindu Upaniṣad* (estrofe 31 e ss.) descreve todos os sons místicos que o *yogin* ouve quando medita na posição *siddhāsana*, durante a prática da *vaiṣṇavīmudrā*. Também a *Dhyānabindu*, cuja meditação principal começa pela concentração mística na sílaba *OM*, menciona diversos sons estranhos: "O *nāda* está localizado no *vīṇādaṇḍa* (espinha dorsal); o som do meio parece com o das conchas marinhas etc. Chegando na cavidade (correspondente ao elemento) *ākāśa*, assemelha-se com o grito do pavão" (102). Ver também *Haṭha-yoga-pradīpikā*, IV, 79, e *Gheraṇḍa-saṃhitā*, V, 78.

Existe atualmente na Índia uma seita religiosa, os *rādhāswāmin*, que pratica a meditação baseada no "som místico"; meditação chamada *śabda-yoga*, (*yoga* do som). O centro dos *rādhāswāmin* está em Beas, perto de Kapurthala, onde essa seita possui um belo templo. Durante a visita que fizemos a Beas, em novembro de 1930, meus guias explicaram-me que essa meditação deve começar com uma concentração "no meio das sobrancelhas"; quando se ouve o som de um sino, é o primeiro sinal de que a meditação do *śabda* é válida. Uma das fases da meditação é a sensação de ascensão. Cf. *Discourses on Rādhā-Swāmi Faith* (discursos feitos por Babugi Sahib e compilados por Mr. Myron H. Phelps, Nova York, sem data, talvez 1914, sem interesse, pois quase não há explicações exatas sobre a técnica).

Sem dúvida, as audições místicas prestavam-se a valorizações diversas. Fo-T'u-Teng, monge budista de Koutcha, que visitara a Cachemira e outras regiões da Índia, chegou à China em 310 e exibiu numerosas proezas mágicas: entre elas, profetizava baseando-se no som dos sinos; cf. A. F. Wright, "Fo-T'u-Teng. A Biography", em *Harvard Journal of Asiatic Studies*, vol. XI, 1948, p. 321-370.

O autor do *Dabistân* fala também da meditação sobre o "som absoluto" (em árabe *sant mutluk*, em hindi *anahid*); meditação comumente chamada *azad awa* ou "voz livre". Cf. *The Dabistân or School of Manners*, vol. I, p. 81; o *Dabistân*, volumoso tratado sobre as religiões indianas, foi compilado por Muhsin-i-Fâni no séc. XVII. Segundo ele, a meditação sobre os sons místicos foi conhecida também por Maomé (revelação dos "sons do sino", *sant mutluk*) e Hafiz lembra-os nos versos:

Ninguém sabe onde habita meu bem-amado;
a única coisa que se sabe é que o som do sino se aproxima!

O *Dabistân* descreve como se processa a meditação auditiva: "Os fiéis dirigem seus ouvidos e seu entendimento para o cérebro; e então, estejam à noite em casa ou no deserto, ouvem essa voz que consideram seu *dhikr*..."

Segundo certos autores místicos árabes, o *dhikr* torna presente os ruídos e as vozes que se ouvem "na circunferência da cabeça"; ruídos "de trombeta e de címbalos", "ruídos de água, de vento, voz de um fogo ardente, de moinhos, de passos de cavalos, vozes de folhas de árvores quando o vento passa por elas..." (Ibn' Atâ' Allâh, citado por L. Gardet, "La mention du nom divin en mystique musulmane", em *Revue Thomiste,* 1952, p. 641-679).

Sobre audições místicas semelhantes, ver W. Y. Evans-Wentz, *Milarepa,* Oxford, 1928, p. 37 etc. Discussão do tema em R. Rösel, *Die psychologischen Grundlagen,* p. 67-68.

Nota III, 7: Listas de ascetas

Eis uma lista citada por Varāha Mihira, e cujo comentador Utpala diz que foi composta pelo mestre jainista Kālakācārya (ver extratos de Utpala em *Indian Antiquary,* 1912, p. 287): *sākya* (o que usa veste vermelha); *ājīvika; bhikṣu* (ou *sannyāsin*); *caraka* (o portador de crânios); *nirgrantha* (o asceta nu, jainista): *vanyāsana* (eremita). Existem duas outras listas (Bühler, "Barābar and Nāgārjuni hill-cave inscriptions of Asoka and Dasaratha", em *Journal of Anthropological Society of Bombay,* vol. XX, p. 362; cf. *Journal of the Royal Asiatic Society,* 1911, p. 960). A primeira é: *tāvasia* (*tāpasika,* "eremita"); *kāvālia* (*kāpālika,* "o portador de crânios"); *rattavada* (*raktapata,* "o que usa roupa vermelha"); *cadardi* (*ekadandi,* "o asceta com um bordão", *ājīvika*); *jai* (*yati*); *caraa* (*caraka*); *khavanai* (*ksapanaka*). A segunda lista é: *jalana* (*jvalana, sāgnika*); *hara* (*īśvarabhakta,* "adorador da divindade"); *sugaya* (*sugata,* "budista"); *keśava* (*keśavabhakta,* "adorador de Keśava", *bhāgavata*); *sui* (*śrutimārgarata,* "aquele que adere à *śruti*", ou seja, um *mimansaka*); *brahma* (*brahmabhakta,* "adorador de Brahman", *vānaprastha*); *nagga* ("nu"). Todas essas listas não esquecem de mencionar as seitas tântricas (*kāpālika, ūrdhvaśrāvaka*). Ver também nota VIII, 1.

Nota IV, 1: O *Mahābhārata*

Ver: H. Oldenberg, *Das Mahābhārata, Seine Entstehung, sein Inhalt, seine Form;* Göttingen, 1922; H. Jacobi, *Mahābhārata, Inhaltsausgabe, Index und Konkordanz der Kalcuttaer und Bombayer Ausgaben,* Bonn, 1903; E. Hopkins, *The Great Epic of India,* New Haven, 1901, 2. ed., 1920; Joseph Dahlmann, *Das Mahābhārata als Epos und Rechtsbuch,* Berlin, 1895; ver a discussão em A. Barth, *Oeuvres,* vol. IV, p. 347,

403. Há uma bibliografia abundante em M. Winternitz, *Geschichte der Indischen Literatur,* vol. I, p. 623, vol. III, p. 263. Para uma interpretação etnológica das tradições conservadas pelo *Mahābhārata,* ver G. J. Held, *The Mahābhārata, an Ethnological Study,* Amsterdã, 1935, e Charles Autran, *L'Épopée Hindoue. Étude de l'Arrière-fonds Ethnographique et Religieux,* Paris, 1946. Stig Wikander trouxe à luz a mitologia védica subjacente na lenda dos Pāṇḍavas: *La légende des Pāṇḍava et la Substructure Mythique du Mahābhārata* (traduzido e anotado por G. Dumézil, *Jupiter, Mars, Quirinus,* vol. IV, Paris, 1948, p. 37-53; ver também Dumézil, *ib.*, p. 55-85); cf. Stig Wikander, "Sur le fonds commum indo-iranien des épopées de la Perse et de l'Inde", em *La Nouvelle Clio,* n. 7, julho de 1950, p. 310-329.

Nota IV, 2: O Sāṅkhya no *Mokṣadharma*

Os versos 11.039-11.040 são uma verdadeira *crux translatoris.* Considerados por E. Hopkins (*The Great Epic of India,* p. 104) como a prova de um Sāṅkhya ateísta no *Mokṣadharma,* foram interpretados por F. Edgerton de forma oposta ("The meaning of Sâṁkhya and Yoga", em *American Journal of Philology,* vol. XLV, 1929, p. 1, 27-29).

E. Hopkins traduz *anīśvarah katham mucyed* por "como podemos salvar-nos sem Deus?", e acredita que esta questão é colocada pelos praticantes do Yoga. F. Edgerton traduz *anīśvara* por "supremo, sem mestre", o que, segundo ele, excluía toda alusão ao ateísmo do Sāṅkhya. A interpretação de F. Edgerton confirma as opiniões de J. Dahlmann sobre a significação originária do Sāṅkhya pré-clássico (cf. *Die Sâmkhya Philosophie,* p. 5), mas sua tradução de *anīśvara* foi rejeitada por E. Hopkins *(op. cit.)* e A. B. Keith, *Religion and Philosophy of the Veda,* vol. II, p. 543-544. Ver também H. Oldenberg, *Zur Geschichte der Sâmkhya-Philosophie,* p. 231.

Quanto à pluralidade das almas – nota característica do Sāṅkhya clássico –, encontra-se menção no *Mokṣadharma:* "segundo os ensinamentos Sāṅkhya e Yoga, há muitas almas no mundo, não admitem a existência de uma só alma" (*Mahābhārata,* XII, 11.714). Porém, lendo-se atentamente o contexto, compreende-se que se trata de uma pluralidade de almas empíricas, *anima,* núcleos de experiências psíquicas, limitadas e individuadas; em uma palavra, da alma "não iluminada", enfeitiçada pela ilusão de ser individuada e isolada. É a velha ilusão combatida pelas *Upaniṣad:* a ilusão de ser limitado pelas experiências mentais. No *Mokṣadharma,* as almas empíricas são emanações da Alma Universal, a única, Brahman, e mediante a iluminação para ela retornam. Iśvarakṛṣṇa, porém, ao negar Deus *(Īśvara)* como alma única e criadora, devia aceitar uma pluralidade infinita de *puruṣa,* de almas completamente isoladas umas das outras, sem nenhuma possibilidade de comunicação entre elas. No resumo da doutrina Sāṅkhya exposto no poema épico tâmil *Maṇimekalai,* afirma-se que existe um só *purusa.* Essa concepção Sāṅkhya do *Maṇimekalai* parece-se muito com a do *Mokṣadharma* (cf. S. S. Suryanarayana Sastri, "The Maṇimekalai account of the Sāṅkhya", em *Journal of Indian History,* vol. VIII, dezembro de 1929, p. 5-6). Sobre esse problema ver E. H. Johnston, *Early Sāṅkhya,* Londres, 1937, p. 9, 27 e ss.

Nota IV, 3: A arte de entrar em um corpo alheio

Cf. Maurice Bloomfield, "On the art of entering another's body, a hindu fiction motif", em *Proceedings of the American Philosophical Society,* vol. LVI, 1914, p. 1-43. No *Yoga-śāstra* (VI, 1) de Hemacandra, a arte de entrar em um outro corpo *(parapurakāya-pravesa)* está precedida pela "arte de separar a alma do corpo", chamada *vedhaviddhi.* Ver também Sigurd Lindquist, *Die Methoden des Yoga,* p. 13. O folclore religioso e laico é rico de exemplos de "entrada em um corpo alheio", sobretudo em cadáveres; cf. Th. Benfey, *Das Pancatantra,* vol. I, p. 123 (o corpo do rei Candragupta foi ocupado, após sua morte, por um *yakṣa*); *Prabandhacintāmaṇi,* tradução de C. H. Tawney, Calcutá, 1901, p. 170 (o rei entra no corpo de seu próprio elefante morto); Penzer-Tawney, *The Ocean of Story,* vol. I, p. 37 e ss.; Jacques Bacot, *La Vie de Marpa le "Traducteur",* Paris, 1937, p. 70 (Marpa realizou "a transferência de vida" no cadáver de um pombo; o pombo se reanimou, enquanto o corpo do Lama "parecia um cadáver"). Há detalhes interessantes sobre a técnica de *parapurakāya-praveśa* em W. Y. Evans-Wentz, *Tibetan Yoga and Secret Doctrines,* Oxford, 1935, p. 26 e ss. O tantrismo conhece muito bem essa técnica; cf. *Kaulajñānanirṇaya,* IV, 2, VII, 31.

Nota IV, 4: A *Bhagavad Gītā*

É imensa a literatura sobre a *Bhagavad Gītā.* Cf. M. Winternitz, *Geschichte der indischen Literatur,* 2. ed. vol. I, p. 365, vol. III, p. 625 (para a bibliografia das polêmicas referentes à tese de R. Garbe); uma exposição sumária em J. E. Carpenter, *Theism in Medieval India,* Londres, 1921, p. 249-267; interpretações filosóficas em S. K. Belvalkar, *Vedanta Philosophy,* vol. I, Pune, 1929, p. 84-134, e S.N. Dasgupta, *A History of Indian Philosophy,* vol. II, Cambridge, 1932, p. 437-552). A tradução mais citada e que foi feita sob o ponto de vista indiano, permanece sendo a de Telang, no *The Sacred Books of the East,* vol. VIII, Oxford, 2. ed., 1908. Sobre a tradução de W. D. P. Hill (Oxford, 1928), ver as observações de J. E. Carpenter em *Indian Antiquary,* 1929. Ainda de Carpenter, ver "Some remarks on the Gītā", em *Indian Antiquary,* julho de 1930, p. 122. Cf. a edição e tradução de Franklin Edgerton, Harvard, 1944. Para uma interpretação psicológica do Yoga na *Gītā* ver J. W. Hauer, *Der Yoga als Heilweg,* p. 61. Acrescentar à bibliografia de M. Winternitz: Étienne Lamotte, *Notes sur la Bhagavad Gītā,* Bruxelas e Paris, 1929; F. O. Schrader, *The Kashmir Recension of the Bhagavad Gītā,* Stutgart, 1930; R. Otto, *Die Urgestalt der Bhagavad Gītā,* Tübingen, 1934; do mesmo autor, *Die Lehr-traktats der Bhagavad Gītā* (Tübingen, 1935: R. Otto distingue oito textos anexados ao núcleo antigo, à *Ur-Gītā*); S. K. Belvalkar, "The so-called Kashmir recension of the Bhagavad Gītā", em *New Indian Antiquary,* vol. II, 1939, p. 211-251. A *Anugītā* (*Mahābhārata,* XIV, 16-51) constitui uma espécie de apêndice da *Gītā;* o amálgama do Sāṅkhya-Yoga e do Vedānta é levado ainda mais longe.

Nota IV, 5: Os *pāñcarātra*

A noção do Yoga – como a encontramos na *Gītā*: meio de entregar inteiramente a alma a Kṛṣṇa – apresenta-se sobretudo na literatura dos *pāñcarātra,* seita vixnuíta que se baseia no culto de Kṛṣṇa. Assim, por exemplo, na *Ahirbudhnya-saṃhitā* (cap. 31-32, dedicados ao Yoga) o Yoga é chamado "adoração do coração" *(hridaya-ārādhana)* ou "sacrifício externo" *(bāhyayajñā).* A alma, em sua pureza original, isto é, separada da matéria, todavia está em contato com todas as coisas; é descrita do mesmo modo na *Bṛhadāraṇyaka Upaniṣad,* IV, 3, 23, e na *Īśā Upaniṣad,* 5. O Yoga é definido como "união da alma humana com a alma suprema" *(jivātmaparamātmanah saṃyoga).* Pela meditação *yóguica,* adquire-se, nesta vida, a experiência da união com Deus, reservada aos que são "liberados".

A história da seita Pāñcarātra ou Bhāgavata permaneceu obscura apesar dos trabalhos de Bhandarkar, Grierson, Schrader. Qualquer que ela seja, podemos afirmar que essa seita nasceu de núcleos teístas autóctones (árias ou não) e não sob a influência do cristianismo como acreditava Weber. Sua filosofia, baseada no Sāṅkhya, é eclética e sua mística fundamenta-se no culto de Viṣṇu-Vāsudeva. A *Gītā* é o livro sagrado dessas seitas, enquanto suas doutrinas e mensagem foram propagadas pelas *Saṃhitā,* tratados conservados principalmente na Índia Meridional e que só começaram a ser estudados a partir da publicação, por F. O. Schrader, da edição crítica da *Ahirbudhnya-saṃhitā* (2 volumes, Adyar, 1916). Uma *saṃhitā* compreende quatro temas: 1) *jñāna* ou filosofia, 2) *yoga* ou prática mística, 3) *kriyā* ou construção de templos e dedicação de imagens, 4) *caryā* ou atividade social e ritual. Cada *saṃhitā* trata de maneira especial um ou outro desses temas, negligenciando ou mesmo ignorando os demais. A bibliografia crítica sobre a literatura e história da seita Bhāgavata é imensa. Ver os documentos arqueológicos recolhidos e discutidos por Ramprasad Chandra, *Archaeology and Vaishnava Tradition,* Calcutá, 1920. Sobre a cronologia e a filosofia ver F. O. Schrader, *Introduction to the Pāñcharātra and the Ahirbudhnya Saṃhitā,* Adyar, 1916. Teremos discussões e opiniões em Grierson, "The Nārāyanīya and the Bhāgavatas", em *Indian Antiquary,* 1908, p. 253-254; A. Govindacarya Svamin, "The Pāñcharātra of Bhāgavat-Shastra", em *Journal of the Royal Asiatic Society,* 1911; Bhandarkar, *Vaishnavism, Saivism and Minor Religious Systems,* p. 38-41, 100; Hemchandra Ray Chaudhuri, *Materials for the Study of Early History of the Vaishnava Sect,* Calcutá, 1920 (rica documentação e bibliografia); D. L. De, "Bhāgavatism and Sun-Worship", em *Bulletin of the School of Oriental Studies,* vol. VI, Londres, 1931, p. 669-672. Sobre a célebre passagem de Patañjali, o gramático, onde fala da representação iconográfica de Kṛṣṇa, ver Sten Konow, *Das Indische Drama* (1920), p. 44; Sylvain Lévi, *Le Théâtre Indien,* vol. I, p. 314; em toda parte, a bibliografia sobre essa questão é imensa (cf. L. de la Vallée-Poussin, *L'Inde aux Temps de Mauryas,* Paris, 1930, p. 187-188). Ainda sobre os *bhāgavata* ver J. E. Carpenter, *Theism in Medieval India,* p. 220-221; E. Hopkins, *The Great Epic of India,* p. 144-145; S. K. Belvalkar, *The Brahma Sūtra of Bādarāyana,* Pune, 1923, fascículo II, p. 129-132; D. L. De, "Pāñcarātra and the Upaniṣads", em *Indian Historical Quarterly,* vol. IX, 1933, p. 645-662; L. Silburn em L. Renou e J. Filliozat, *L'Inde Classique,* vol. I, p. 647 e ss.

Nota V, 1: Yoga e budismo

Encontramos o essencial da biografia do Buda e das doutrinas e técnicas budistas em: E. J. Thomas, *The Life of Buddha as Legend and History,* Londres, 1927; Étienne Lamotte, "La Légende du Bouddha", em *Revue Historique des Religions,* 1947-1948, p. 37-71; J. Bacot, *Le Bouddha,* Paris, 1947; A. Foucher, *La vie du Bouddha d'après les Textes et les Monuments de l'Inde,* Paris, 1949; André Barreau, "La date du Nirvāṇa", em *Journal Asiatique,* 1953, p. 27-62; G. Tucci, *Il Budhismo,* Foligno, 1926; E. Conze, *Le Bouddhisme dans son Essence et son Développement,* Oxford, 1951 (tradução francesa de Marie-Simone Renou, Paris, 1952); L. de la Vallée-Poussin, *Nirvāṇa,* Paris, 1925; do mesmo autor, *La Morale Bouddhique,* Paris, 1927; ainda do mesmo autor, *Dogme et Philosophie du Bouddhisme,* Paris, 1931; A. B. Keith, *Buddhist Philosophy in India and Ceylan,* Oxford, 1923; A. K. Coomaraswamy, *Hinduism and Buddhism,* Nova York, 1943. Ver a partir de 1930: *Bibliographie Bouddhique* (Paris), sob a direção de Marcelle Lalou. Ver também *Hôbôgirin, Dictionnaire Encyclopédique du Bouddhisme d'après les Sources Chinoises et Japonaises,* redator chefe Paul Demiéville, 3 fascículos, Tóquio-Paris, 1929-1937.

Sobre o Buda "rei dos médicos" e o budismo "medicina nova", ver *Hôbôgirin,* fascículo III, p. 230. Sobre as relações entre o Yoga e o budismo temos: E. Sénart, "Bouddhisme et Yoga", em *Revue Historique des Religions,* novembro de 1900, p. 345-364; S. Lindquist, *Die Methoden des Yoga,* Lund, 1932, p. 73 e ss.; C. A. F. Rhys Davids, "Religiöse Uebungen in Indien und der religiöse Mensch: I. *Jhāna* (oder *Dhyāna*) im Buddhismus, II. Fernwirkung (televolition) im frühen Buddhismus, III. Mensch und Kommunion", em *Eranos-Jahrbuch,* vol. I, Zurique, 1934, p. 95-134; Louis de la Vallée-Poussin, "Le Bouddhisme et le Yoga de Patañjali", em *Mélanges Chinois et Bouddhiques,* vol. V, Bruxelas, 1937, p. 223-242.

Sobre o *nirvāṇa* e sua essência *yóguica* existe abundante literatura: ver sobretudo L. de la Vallée-Poussin, *Nirvāṇa;* Th. Stcherbatsky, *The Conception of Buddhist Nirvāṇa,* Leningrado, 1927; A. B. Keith, "The Doctrine of Buddha", em *Bulletin of the School of Oriental Studies,* vol. VI, Londres, 1931, p. 393-404; Th. Stcherbatsky, "the Doctrine of Buddha", *ib.*, 1932, p. 867-896; J. Przyluski e Étienne Lamotte, "Bouddhisme et Upaniṣad", em *Bulletin de l'École Française de l'Extrême-Orient,* vol. XXXII, 1932, p. 141-169: "*Nirvāṇa* deriva da raiz *va* (soprar). Indica propriamente um estado onde a respiração cessa: esta noção deve ter sido emprestada da teoria do sono profundo, tal como aparece nas *Upaniṣad*" (*ib.*, p. 154). Cf. também A. K. Coomaraswamy, "Some pali words", em *Harvard Journal of Asiatic Studies,* vol. IV, 1938, p. 116-190.

Sobre a estrutura mística de *asaṃskṛta,* ver André Barreau, *L'Absolu en philosophie bouddhique. Evolution de la notion d'asaṃskṛta* (tese para doutorado em Letras, Paris, 1951, Centro de documentação universitária, datilografado).

Nota V, 2: *Samādhi* budista e os *jhāna*

Para os budistas o *samādhi* constituía apenas um estado preliminar para certas etapas superiores que são percorridas antes de se atingir o *nirvāṇa.* Através do *samādhi* pode-se obter as cinco formas de sabedoria suprema e até mesmo a condição de *arhat*. "Estar em perfeito *samādhi*" é o quinto dos "oito pensamentos do grande homem", diz o *Ekottara* chinês (J. Przyluski, "Le Parinirvāṇa et les funérailles de Bouddha", em *Journal Asiatique*, n. 3, novembro-dezembro de 1918, p. 438). Buddhagoṣa (*Atthasālinī*, 118) diz que o *samādhi* é idêntico à *cittass'ekaggatā*, "concentração do espírito", "fixação do fluxo mental em um único ponto". "Esta concentração do espírito, chamada *samādhi*, tem como traço característico a ausência de distração, de devaneio (do espírito); sua essência é a concentração, em um feixe, dos estados mentais que aparecem ao mesmo tempo que ela; sua condição é a calma que precede sua aparição; tem como suporte a sabedoria (pois foi dito: 'Aquele que é sereno, conhece e vê') ... Sua significação é a estabilidade mental" (citado por T. W. Rhys Davids, *The Yogavacara's Manual*, introdução, p. XXVII). O termo *samādhi* não aparece, segundo Rhys Davids, antes dos *Piṭaka*, nem no páli, nem no sânscrito. O *Mahāvyutpatti* apresenta uma lista de 118 *samādhi* (P. Oltramare, *La Théosophie Bouddhique*, p. 357, nota 2). O *Aṅguttara*, I, 299 (sutra 163), o *Saṃyutta*, IV, 363, e o *Vinaya*, 3, 93, dão uma lista de três espécies de *samādhi*: *suññata* (caracterizado pela vacuidade), *appanihita* (ausência de objetivo) e *animitta* (ausência de sinais). Buddhagoṣa explica-os assim: desprovido de apetites, de maus desejos, de estupidez; sem objetivo porque renunciou ao propósito de renascimento no céu; sem sinais, porque desprovido dos três sinais, *lakṣaṇa* (Rhys Davids, *op. cit.*, p. XXVII). Mas essas explicações são exteriores, escolásticas. O sentido negativo desses três *samādhi* superiores (*samyaksamādhi*) deve ser entendido como recusa de toda classificação e delimitação. Ver também *Abhidharmakośa*, VIII, p. 183; L. de la Vallée-Poussin, *Musīla et Nārada*, p. 203 (Harivarman, sobre os sete *samādhi*); É. Lamotte, *Le Traité de la Grande Vertu de Sagesse*, vol. I, p. 321 (Nāgārjuna, sobre os três *samādhi*); *ib.*, vol. II, p. 1028 (sobre os *dhyāna*), p. 1035 (os *dhyāna* e as *samāpatti*); *Hôbôgirin*, vol. III, p. 283 (os *jhāna*); A. K. Coomaraswamy, "Some pali words", em *Harvard Journal of Asiatic Studies*, vol. IV, 1938, p. 138 (*jhāna*, *samādhi*).

Nota V, 3: O *dhyāna* dos não budistas e o pseudo-*dhyāna* dos budistas

"Poṭṭhapada diz: 'Há muito tempo, porém, Senhor, em muitas ocasiões, quando diferentes mestres, *samana* e brâmanes, estavam reunidos e sentados na sala de conferências, a conversa se dirigiu para o transe (*abhisaññānirodho*, 'a suspensão da consciência') e a questão era: 'Como então, Senhores, chega-se à suspensão da consciência?' [...] Um outro disse: 'Há *samana* e brâmanes de grande poder e de grande influência. São eles que infundem a consciência no homem e que a retiram fora dele. Quando a introduzem, ele torna-se consciente; quando a retiram, torna-se inconsciente. É assim que muitos explicam a cessação da consciência'. " (*Poṭṭhapada Sutta*, *Dīgha Nikāya*, I, 180). Buddhagoṣa explica que a base dessa opinião é a maneira pela qual certos feiticeiros operam com os encantamentos (*athabbanikā athabbanam payojeñti*, aproximadamente: "os oficiantes *Atharva* operam com um feitiço *Atharva*"), de modo tal que fazem que um homem pareça morto, como se sua cabeça tivesse sido cortada;

depois, o fazem retornar à sua condição natural (nota de Rhys Davids, *Dialogues*, vol. I, p. 246- 247). Sobre os transes e êxtases dos mestres do Buda, cf. *Majjhima Nikāya*, I, 164; ver também A. B. Keith, *Buddhist Philosophy*, p. 124, 139, 144; L. de la Vallée-Poussin, *Nirvāṇa*, p. 77, nota 2.

Havia de outro lado o pseudo-*dhyāna*, e aqueles dentre os religiosos que pretendiam ter atingido o estado de *arhat* e possuir *alamariya-ñasiadassanaṃ* ("o conhecimento extraordinário") deixando de ser membros da comunidade (é a este pseudo-*dhyāna* que se refere a quarta regra Pārājika). Ver o caso dos quatro pseudo-*dhyāna* – *dhyāna* "laicos", provavelmente simples estados hipnóticos – em J. Przyluski, *La Légende de l'Empereur Açoka*, Paris, 1923, p. 390-391. O venerável Upagupta demonstra a um jovem de Mathura, que acreditava haver realizado as quatro etapas da condição de *arhat*, que ele se enganara, que apenas havia alcançado transes ilusórios.

Nota V, 4: Caminhos e etapas da meditação

Os textos canônicos sobre os *jhāna* e as *samāpatti* estão citados em É. Lamotte, *Le Traité de la Grande Vertu de Sagesse*, vol. II, p. 1023, nota 3. Sobre *samāpatti* no *Abhidharma*, cf. L. de la Vallée Poussin, *Musīla et Nārada*, p. 215 e ss. (sobretudo *Abhidharmakośa*, II, 212); do mesmo autor, *La Morale Bouddhique*, p. 74 e ss. Para a interpretação de Nāgārjuna, cf. É. Lamotte, *op. cit.*, vol. II, p. 1023-1095. Existe uma simetria significativa entre as quatro etapas do caminho de um santo budista *(śrotāpanna, sakṛdāgāmin, anāgāmin, arhat)* e os quatro *dhyāna*. Como observa J. Przyluski essa "tétrada" pertence ao espírito indiano em geral. O "triadismo" das primeiras *Upaniṣad* (três estados de consciência, três mundos, três *guṇa*, três *Veda*) foi substituído pela tétrada. O quarto estado psíquico é *turīya* ou *caturtha*, que expressa a noção de absoluto, de infinito, de ilimitado e que foi adaptado também pelos budistas (J. Przyluski e É. Lamotte, "Bouddhisme et Upaniṣad", em *Bulletin de l'École Française de l'Extrême-Orient*, vol. XXXII, 1932, p. 141-169).

Nota V, 5: Siddhi e *abhijñā*

As fontes sobre as *abhijñā* foram enumeradas por É. Lamotte em *Le Traité de la Grande Vertu de Sagesse*, vol. I, p. 329, nota 1. Entre os trabalhos recentemente publicados, destacamos: L. de la Vallée-Poussin, *Le Bouddha et les Abhijñā*, Muséon, 1931, p. 335-342; Sigurd Lindquist, *Die Methoden des Yoga*, p. 169-187; do mesmo autor, *Siddhi und Abhiññā. Eine Studie über die klassischen Wunder des Yoga*, Uppsala, 1935; P. Demiéville, "Sur la mémoire des existences antérieures", em *Bulletin de l'École Française de l'Extrême-Orient*, 1927, p. 283-298.

Alguns textos falam de seis ou mesmo sete Altas Ciências; cf. *Mahāvyutpatti*, 14.

Sobre o caráter xamanista de certas *siddhi*, ver nosso livro *Le Chamanisme et le Techniques Archaïques de l'Extase*, p. 365 e ss., e infra p. 258 e ss.

Sobre os elementos populares, ver Joseph Mason, *La Religion Populaire dans le Canon Pali*, Louvain, 1942.

Nota V, 6: Os *paribbājaka* e os *ājīvika*

Sobre os ascetas e religiosos contemporâneos do Buda, ver T. W. Rhys Davids, *Buddhist India,* Londres, 1903, p. 141-148; Bimala Charan Law, "A Short Account of the Wandering Teachers on the Time of the Buddha", em *Journal of the Asiatic Society of Bengal,* 1918, vol. XIV, p. 399-406; do mesmo autor, "Influence of the Five Heretical Teachers on Jainism and Buddhism", *ib.*, 1919, p. 123-136; ainda do mesmo autor, "Gautama Buddha and the Paribbājakas", *ib.*, 1925, p. 123-136. B. C. Law acredita que os *paribbājaka* podem ser considerados como precursores de uma ciência política e aponta algumas coincidências com o *Artha-śāstra* (cf. "A Short Account of the Wandering Teachers on the Time of the Buddha", p. 402-406). Na realidade, trata-se apenas de opiniões antissacerdotais, pelas quais se manifesta a corrente geral da época. Os raros elementos que podem ser induzidos sobre a doutrina dos heterodoxos, foram sistematizados por B. Barua, *Prebuddhistic Philosophy,* Calcutá, 1920, e B. C. Law, *Influence of the Five Heretical Teachers on Jainism and Buddhism.* Cf. também H. Jacobi, "On Mahavira and his Predecessors", em *Indian Antiquary,* vol. IX, p. 158; A. L. Basham, *History and Doctrines of Ājīvikas,* Londres, 1951, p. 11, 80, 94.

Sobre os *ājīvika* e Makkhali Gosāla, ver A. F. R. Hoernle, "Ājīvikas dans Hasting", em *ERE,* vol. I, p. 259-268 (cf. as observações de K. B. Pathak, em *Indian Antiquary,* vol. XLI, p. 88-89 e D. R. Bhandarkar, *ib.*, p. 286-290); J. Charpentier, "Ājīvika", em *Journal of the Royal Asiatic Society,* 1913, p. 669-674; B. Barua, "The Ājīvikas", em *Journal of the Department of Letters,* vol. II, Calcutá, 1920, p. 1-80; do mesmo autor, "Prebuddhistic Philosophy", *ib.*, p. 297-318; A. L. Basham, *History and Doctrines of the Ājīvikas,* Londres, 1951, excelente monografia que utiliza também fontes tâmeis. A biografia de Makkhali Gosāla conservou-se, com as deformações inevitáveis, no *Bhagavatī-sūtra* dos jainistas (XV e ss.; tradução de A. F. R. Hoernle, no apêndice ao *Uvāsagadasāo-sūtra;* tradução de Leumann na obra de W. Rockhill, *The Life of the Buddha,* p. 251-254).

Nota VI, 1: Sobre a literatura tântrica

Pensava-se, há pouco tempo atrás, que o início da literatura tântrica deveria ser fixado no século VII de nossa era (cf. por exemplo M. Winternitz, *Geschichte der Indischen Literature,* Leipzig, vol. I, 1907, p. 482). Um manuscrito em caracteres gupta do *Kubjikāmata-tantra* não pode remontar além do século VII (H. P. Shastri, *A Catalogue of Palm-leaf and Selected Papers Mss. Belonging to the Durbar Library,* Nepal, Calcutá, 1905, vol. I, p. 87 da Introdução). Um manuscrito do *Parameśvaramata--tantra* é datado de 858, ainda que o original seja mais antigo (H.P. Shastri, *ib.*, p. 52, 87, vol. II, Calcutá, 1915, p. 21 da Introdução). Outros tratados tântricos situam-se, segundo os manuscritos existentes, entre os séculos VIII e IX. Sua composição, porém, é muito mais antiga. Além do mais, sem levar o nome de *tantra,* certas obras têm um conteúdo explicitamente tântrico (por exemplo, o *Mahāmegha-sūtra,* do século VI, ocupa-se das *dhāraṇī* e dos *mantra;* cf. C. Bendall, "The Megha-sūtra, text and translation", em *Journal of the Royal Asiatic Society,* 1880, p. 286-311). G. Tucci provou que desde alguns séculos antes, existiam certas escolas tântricas; por exemplo, o tratado *Suvarṇaprabhāsa-sūtra* foi traduzido para o chinês na primeira metade do século V (cf. G. Tucci "Animadversiones Indicae", em *Journal of the Asiatic Society of Bengal,* vol. XXVI, 1930, p. 128). Pode-se dizer o mesmo do *Mahāmāyurīvidyārajnī*, já traduzido por Kumārajīva, no ano 405. No *Tattvasiddhi-śāstra* de Harivarman (século IV) e no *Madhyāntānugama-śāstra* de Asaṇga – cujo original se perdeu, restando apenas a tradução chinesa – acha-se mencionado o nome de uma escola tântrica, *na ya sin mo* (Nyāyasauma, Nayasamya, Nayasauma). G. Tucci, que estuda a história dessa escola, prova que sua antiguidade está fora de dúvida. (Ver também Chintaram Cakravarti, "The Soma or Sauma Sect of the Saivas", em *Indian Historical Quarterly,* 1932, p. 221-223; os *sauma* estão vinculados ao tantrismo). O *Aryamañjuśrimūla-tantra,* que é certamente anterior ao século V de nossa era, contém capítulos consagrados às deusas, aos *mudrā,* aos *mantra* e aos *maṇḍala* (G. Tucci, *op. cit.,* p. 129; J. Przyluski, *Bulletin de l'École Française de l'Extrême-Orient,* vol. XXIII, 1923, p. 306). No *Mahāyāna--samparigraha-śāstra* (*Nanjio,* n. 1.183; R. Kimura, *Hinayāna and Mahāyāna,* p. 40) e no *Mahāyānasūtrālaṃkāra-śāstra* de Asaṇga (edição S. Lévi, p. 83) encontram-se passagens sobre a repetição do nome do Buda como meio de liberação, que se parecem muito com textos tântricos posteriores.

É sobretudo a propósito de uma passagem do *Mahāyānasūtrālaṃkāra śāstra* (IX, 46), onde há referências ao *maithunasya parāvṛttau,* que se discutiu a antiguidade das práticas sexuais no budismo: S. Lévi traduziu *parāvṛtti* por "revolução" e tratava-se, segundo ele, dos pares místicos dos *buddha* e *bodhisattva.* M. Winternitz, porém, propõe compreender *parāvṛtti* por "desviar, desfazer-se"; cf. "Notes on the Guhyasamāja-tantra and the Age of the Tantra", em *Indian Historical Quarterly,* vol. IX, 1933, p. 1-10. P. C. Baggchi observa com razão que a interpretação de Winternitz é insuficiente: *parāvṛtti,* significa literalmente "regressar, levar (as funções espirituais) ao ponto oposto"; cf. P. C. Baggchi, "A Note on the Word Parāvṛtti", em *Indian Historical Quarterly,* vol. IX, reproduzido no volume *Studies on the Tantras,* Calcutta University Press, 1939, p. 86-92. Ver também A. K. Coomaraswamy, *Parāvṛtti = Transformation, Regeneration, Anagogy,* Festschrift Winternitz, p. 232-236, e L. de la Vallée-Poussin, "Notes de bibliographie bouddhique", em *Mélanges Chinois et Bouddhiques,* vol. III, Bruxelas, 1935, p. 400-401.

Certos orientalistas inclinam-se a exagerar a antiguidade dos *Tantra.* Por exemplo, Braja Lal Mukerji, "Tantra Shastra and Veda" (no volume de Sir John Woodroffe, *Shakti and Shakta,* 3. ed., p. 95-105), e C. Chakravarti, "Antiquity of Tantricism" em *Indian Historical Quarterly,* VI, 1930, p. 114-126), tentam provar a perfeita solidariedade entre o tantrismo e os *Veda.* B. Bhāttācharyya acredita que as práticas e as doutrinas tântricas foram introduzidas pelo próprio Buda; cf. *An Introduction to Buddhist Esoterism,* Londres, 1932, p. 48; e a introdução à edição do *Sādhanamālā,* p. XVI-XVII. Todas essas opiniões são excessivas; no Tantra observam-se elementos muito antigos, alguns dos quais pertencentes à proto-história religiosa da Índia, mas sua introdução no budismo e no hinduísmo começou mais tarde, em todo caso, não antes dos primeiros séculos de nossa era.

B. Bhāttācharyya, o editor do *Guhyasamāja-tantra* (Gaekwad Oriental Series, vol. LIII, Baroda, 1931), propõe datar esse texto (que ele atribui a Asaṇga) no século

III de nossa era (p. XXXVII). Segundo M. Winternitz (*Notes on the Guhyasamāja-tantra*) nenhum indício preciso permite-nos atribuir esse tratado ao grande filósofo Asaṇga. Entretanto muitos budistas tântricos o fazem. Ver Shashibhusan Dasgupta, *An Introduction to Tantric Buddhism,* University of Calcutta, 1950, p. 46, nota 4. A importância do *Guhyasamāja* é posta em relevo por seus numerosos comentadores; cf. Marcelle Lalou, *Répertoire du Tanjur,* p. 13; para os comentários de Tson-kha-pa, cf. E. Obermiller, "Tson-kha-pa le pandit", em *Mélanges Chinois et Bouddhiques,* vol. III, p. 335-337. Ver também G. Tucci, "Some glosses upon the Guhyasamāja", em *Mélanges Chinois et Bouddhiques,* vol. III, p. 339-353.

Sobre a origem e difusão do tantrismo ver S. Ch. Roy, "Caste, Race and Religion in India", em *Man in India,* vol. XIV, 1934, p. 39-63, 75-220, 271-311; W. Koppers, "Probleme der indischen Religionsgeschichte", em *Anthropos,* vol. XXV, 1940-1942, p. 761-814; R. C. Hazra, "Influence of Tantra on the Tattvas of Raghunandana", em *Indian Historical Quarterly,* vol. IX, 1933, p. 678-704; Sylvain Lévi, "On a tantrik fragment from Kucha", *ib.*, vol. XII, 1936, p. 199-214; P. C. Baggchi, "On some Tantrik texts studied in Ancient Kambuja"; do mesmo autor, "Further notes on Tantrik texts studied in Ancient Kambuja"; ainda do mesmo autor, "On Foreign element in the Tantra", os três últimos estudos foram republicados no volume *Studies in the Tantras,* p. 1-26, 46-60; B. Bhāttācharyya, "The Cult of Bhutadamara", em *Proceedings and transactions of the Sixth All-India Oriental Conference,* Patna, 1933, p. 349-370.

Sobre o tantrismo pode-se consultar também: E. Burnouf, *Introduction à l'étude du Bouddhisme Indien,* 2. ed., Paris, 1876, p. 465; A. Barth, *Oeuvres,* vol. I, p. 178; H. H. Wilson, *Sketch,* edição de 1846, p. 159; Rajendralal Mitra, *Sanskrit Buddhist Literature of Nepal,* Calcutá, 1882, p. 17; Wassilief, *Le Bouddhisme,* p. 162; L. de la Vallée-Poussin, "Bouddhisme. Études et matériaux", em *Mémoires de l'Académie Royale de Belgique,* Londres, 1898, p. 118; do mesmo autor, *Bouddhisme. Opinions sur l'Histoire de la Dogmatique,* 3. ed., Paris, 1925, p. 378; H. Kern, *Der Buddhismus,* vol. III, p. 521; M. Winternitz, *Geschichte der Indischen Literatur,* vol. I, p. 482; D. R. Bhandarkar, *Report on the Search for Sanskrit Manuscripts in the Bombay Presidency, During the year 1883-1884,* Bombaim, 1887, p. 87; Haraprasad Shastri, *Notices of Sanskrit Manuscripts, second series,* vol. I, 1900, p. XXIV; H. Kern, *Manual of Indian Buddhism,* Estrasburgo, 1896, p. 133; Wadel, *Lamaism,* p. 147.

Sobre o Vajrayāna ver também H. P. Shastri, "Discovery of a work by Aryadeva in sanskrit", em *Journal of the Asiatic Society of Bengal,* 1898; do mesmo autor, "Buddhism in Bengal since the Muhammadan Conquest", *ib.*, 1895, p. 55; B. Bhāttācharyya, "Origin and Development of Vajrayāna", em *Indian Historical Quarterly,* 1927, p. 733; do mesmo autor, "Buddhists in Bengal", em *Dacca Review,* vol. II, n. 7; ainda do mesmo autor, "Glimpses of Vajrayāna", *Proceedings of the Madras Oriental Conference,* p. 134; e também do mesmo autor, citado em *The Home of Tantric Buddhism* de B.C. Law, Calcutá, 1945, vol. I, p. 334-361. Ver igualmente, S. K. De, "The Buddhist Tantric Literature of Bengal", em *New Indian Antiquary,* vol. I, Bombaim, 1938-1939, p. 1-23; Rahula Sāṇkṛtyāyana, "Recherches bouddhiques: I. Les origines du Mahayana: II. L'origine du Vajrayāna et les 84 Siddhas", em *Journal Asiatique,* 1934, p. 195-230; G. Tucci, "Animadversiones Indicae", em *Journal of the Asiatic Society of Bengal,* vol. XXVI, 1930; do mesmo autor, *Tibetan Painted Scrolls,* Roma, 1949, p. 209-249

(p. 211 comparação com o gnosticismo); ainda do mesmo autor, "Buddhist Notes", em *Mélanges Chinois et Bouddhiques,* vol. IX, 1951, p. 173-220; H. von Glasenapp, "Tantrismus und Saktismus", em *Ostasiatische Zeitschrift,* vol. XII, 1936, p. 120-133; também de Glasenapp, "Die Enstehung des Vajrayana", em *Zeitschrift der Deustschen Morgenländischen Gesellschaft,* 1936, p. 546-572; do mesmo autor, *Buddhistische Mysterien,* 1940, tradução francesa de 1944; ainda do mesmo autor, "Ein buddhistischer Initiationsritus der javanischen Mittelalters", em *Tribus,* N. F., II-III, 1952-1954, p. 259-274 (trata-se do *Saṇ hyan Kamahāyānam mantrānaya,* texto tântrico traduzido para o javanês no séc. XIII, editado por J. Kats em 1910, e reeditado por K. Wuff em 1935); L. de la Vallée-Poussin, "Notes de bibliographie bouddhique", em *Mélanges Chinois et Bouddhiques,* vol. V, 1937, p. 277.

Sobre o tantrismo na China e no Tibete: Lin Li-Kouang, "Puṇyodaya (Na-t'i), un propagateur du Tantrisme en Chine et au Cambodge à l'époque de Hiuan-Tsang", em *Journal Asiatique,* 1935, p. 83-100; Chou Yi-Liang, "Tantrism in China", em *Harvard Journal of Asiatic Studies,* vol. VIII, 1945, p. 241-332; Li An-Che, "rÑin-ma-pa, the early form of Lamaism", em *Journal of the Royal Asiatic Society,* 1948, p. 142-163, e, sobretudo, G. Tucci, *Tibetan Painted Scrolls* (ver também *Indo-Tibetica,* vol. I, p. 93-135, vol. III, p. 75, sobre *Tattva-saṃgraha*).

Sobre Nāgārjuna: boa bibliografia no artigo de Nalinaksha Dutt, em *Indian Historical Quarterly,* 1931, p. 633-653; acrescentar as bibliografias anotadas por L. de la Vallée-Poussin em *Mélanges Chinois et Bouddhiques,* vol. I, p. 383 nota 2, 392; vol. III, p. 365-374; vol. V, p. 270. Ver sobretudo Étienne Lamotte, *Le Traité de la Grand Vertu de Sagesse de Nāgārjuna* (*Mahā-prajñāpāramita-śāstra*), tradução anotada, I-II, Louvain, 1944, 1949; ver igualmente o informe de P. Demiéville em *Journal Asiatique,* 1950, p. 375-395. Para as tradições medicinais e alquímicas relacionadas com Nāgārjuna, ver Jean Filliozat, *La Doctrine Classique de la Médecine Indienne,* Paris, 1949, p. 9-12. Cf. também S. Lévi, "Un nouveau document sur le bouddhisme de basse époque dans l'Inde", em *Bulletin of the School of Oriental Studies,* vol. VI, Londres, 1931, p. 417-429 e a nota VII, 2.

Entre as edições recentes de textos tântricos budistas, notemos: *Sādhanamālā* (edição de B. Bhāttācharyya, 1928, Gaekwad Oriental Series); B. Bhāttācharyya, *Two Vajrayāna Works* (Gaekwad Oriental Series, 1929: compreende a *Prajñopāyaviniścayasiddhi* e a *jñānāsiddhi*); Louis Finot, "Manuscrits sanskrits de Sādhanas retrouvé en Chine", em *Journal Asiatique,* 1934, vol. II, p. 1-86 (edição e tradução de pequenos textos tântricos); P. C. Baggchi, "Kaulajñānanirṇaya and Some Minor Texts of the School of Matsyendranātha", Calcutta Oriental Series, 1934 (trata-se de três pequenos tratados: *Akulavīra-tantra, Kulānanda-tantra, Jñāna-kārikā*); "Sekoddeśaṭikā of Nāḍapāda", edição de Mario Carelli, Gaekwad Oriental Series, Baroda, 1941.

Para os *Tantra* hindus, ver os *Tantrik Texts* editados sob a direção de Arthur Avalon (Sir John Woodroffe) a partir de 1913 (20 vols. em 1952). Os mais importantes são: *Kulārṇava-tantra* (vol. V dos *Tantrik Texts* editado por Tāranātha Vidyāratna, Londres, 1917; texto fundamental para a escola Kaula); *Kālīvilāsa-tantra* (vol. VI, 1917, editado por P. C. Tarkatīrtha); *Mahā-nirvāṇa-tantra* (tradução: *The Tantra of the Great Liberation,* 2. ed., Madras, 1927); *Tantra-tattva* (tradução: *The Principles of Tantra,* 2 volumes, Londres, 1914-1916); *Ṣaṭ-cakra-nirūpaṇa* e *Pādukāpañcaka* (tradução: *The*

Serpent Power, 3. ed., Madras-Londres, 1931). Ver também o *Śaktisaṇgama-tantra*, edição de Benoytosh Bhāttācharyya, 4 volumes (Gaekwad Oriental Series, Baroda, 1932; Arthur H. Ewing, "The Śaradā-tilaka-tantra", em *Journal of the American Oriental Society*, vol. XXIII, 1902, p. 65-76).

Obras gerais sobre o tantrismo: Sir John Woodroffe, *Shakti and Shakta*, 3. ed., Madras-Londres, 1929; do mesmo autor, *The Garland of Letters*, Madras, 1922; P. H. Pott, *Yoga ein Yantra*, Leiden, 1946; J. Evola, *Lo Yoga dello Potenza. Saggio sui Tantra*, Milão, 1949; Shashibhusan Dasgupta, *An Introduction to Tantric Buddhism*, University of Calcutta, 1950; do mesmo autor, *Obscure Religious Cults as Back-ground of Bengali Literature*, University of Calcutta, 1946.

Recomendamos consultar também: Sir John Woodroffe, "Kuṇḍalinī Sakt", em *Yoga*, Internationale Zeitschrift für wissenschäftliche. Yoga-Forschung, vol. I, 1931, p. 65-73; Heinrich Zimmer, "Zur Bedeutung des indischen Tantra-Yoga", *Eranos-Jahrbuch*, vol. I, 1933, p. 9-94; A. K. Coomaraswamy, "The Tantric Doctrine of Divine Biunity", em *Annals of the Bhandarkar Oriental Research Institute*, vol. XIX, 1938, p. 173-183.

Nota VI, 2: Sobre o tantrismo e a iconografia

Lembremo-nos que o ritual védico não exigia templos ou estátuas de deuses. O culto das imagens surge tardiamente nos textos (século IV a.C.); segundo a tradição indiana, teria se desenvolvido entre os sudras. J. N. Farquhar ("Temple and Image Worship in Hinduism", em *Journal of the Royal Asiatic Society*, 1928, p. 15-23) crê que os sudras eram aborígines arianizados que, admitidos na sociedade védica, trouxeram seus rituais próprios. É uma hipótese provável se levarmos em conta a estrutura da religiosidade aborígine.

Quanto à influência das ideias tântricas sobre a arte budista, ver L. Bachofer, *Ostasiatische Zeitschrift*, vol. XXIV, 1938, p. 74 e ss. O tantrismo elaborou uma concepção original sobre a natureza dos deuses. O *Mahāsukhaprākāśa* de Advayāvajra (cf. *Advayāvajra-saṃgraha*, edição de H. P. Shastri, p. 50-51) afirma que os deuses são manifestações do Vazio universal *(śūnya)* e não possuem, portanto, existência ontológica. O *Sādhanamālā* explica a origem das divindades a partir do "Vazio", por um processo que comporta quatro etapas: 1º) a justa percepção de *śūnyatā*; 2º) o vínculo com o *bīja-mantra*; 3º) a concepção de uma imagem icônica; 4º) a representação objetiva, projetada fora da divindade (Introdução ao *Sādhanamālā*, II, p. 122). Sobre a iconografia tântrica ver: A. Foucher, *Études sur l'Iconographie Bouddhique de l'Inde*, Paris, 1900-1905, segundo estudo, p. 59 e ss., 101 e ss.; Gopinatha Rao, *Elements of Hindu Iconography*, Madras, 1914; Alice Getty, *The Gods of Northern Buddhism*, Oxford, 1914; B. Bhāttācharyya, *The Indian Buddhist Iconography*, Oxford, 1924; A. K. Gordon, *The Iconography of Tibetan Lamaism*, 1939; do mesmo autor, *Tibetan Religious Art*, Nova York, 1952.

Para a compreensão do simbolismo arquitetônico e iconográfico indiano, será muito útil reportar-se à grande obra de Paul Mus, *Barabudur* (Hanói, 1935) e aos trabalhos de A. K. Coomaraswamy: *Elements of Buddhist Iconography* (Harvard University Press, 1935), *The Philosophy of Mediaeval and Oriental Art* (*Zalmoxis*, vol. I, Bucarest,

1938, p. 20-49), e *Figures of Speech or Figures of Thought* (Londres, 1945). Sugerimos também consultar a série *Indo-Tibetica* de G. Tucci, principalmente os volumes III-IV, *I Tempi del Tibet Occidentale e il loro Simbolismo Artistico*, Roma, 1935. Ver igualmente: Marcelle Lalou, *Iconographie des étoffes peintes (paṭa) dans le Mañjuśrīmūlakalpa*, Paris, 1930; Jeanine Auboyer, *Le Trône et son Symbolisme dans l'Inde Ancienne*, Paris, 1949; M[lle.] de Mallmann, *Introduction à l'Étude d'Avalokiteçvara*, Paris, 1949; Stella Kramrisch, *The Hindu Temple*, 2 volumes, Calcutá, 1946.

Sobre o culto de Tārā cf. L. A. Waddell, "The Indian Buddhist Cult of Avalokita and his Consort Tārā", em *Journal of the Royal Asiatic Society*, Londres, 1894, p. 51-91.

Nota VI, 3: Sobre as asceses e o Yoga jainistas

O *Jñānārṇava* de Śubhacandra, edição de Nirnayasāgara Press (2. ed., 1913): Yoga (cap. XXII, p. 232-238), *dhyāna* (cap. XXV, p. 253 e ss.), *prāṇāyāma* (cap. XXIX, p. 284 e ss.), *maṇḍala* (p. 287 e ss.). Encontra-se aí uma curiosa classificação das fases da respiração: a expiração pela narina direita e a inspiração pela esquerda são nocivas; a expiração pela narina esquerda e a inspiração pela direita são benéficas (p. 292 e ss.).

O *Yoga-śāstra* de Hemacandra, os tratados de Haribhadra (*Yogabindu, Yogadṛṣti-samuccaya, Yogaviṃśikā* e *Soḍaśaka*) contêm um grande número de detalhes técnicos e mesmo de elementos do folclore *yóguico*. Ver uma exposição de suas doutrinas em Mathmal Tatia, *Studies in Jaina Philosophy*, Jain Cultural Research Society, Varanasi, 1951, p. 289; cf. também R. Garbe, *Sâmkhya und Yoga*, p. 39.

Encontramos o essencial da filosofia e religião jainista em H. de Glasenapp, *Der Jainismus*, Berlim, 1925; A. Guérinot, *La Religion Djaina*, Paris, 1926; Walter Schribring, *Die Lehre der Jainas, nach den alten Quellen dargestellt*, Berlim, 1935, faz parte do *Grundriss;* C. J. Shah, *Jainism in North India, 800 B.C.-A.D. 526*, Londres, 1932.

Sobre as *siddhi*, as *yoginī* etc. na tradição jainista ver Kalipada Mitra, "Magic and Miracle in Jaina Literature", em *Indian Historical Quarterly*, vol. XV, junho de 1939, p. 175-182. Adris Banerji, "Origin of Jain Practices", em *Journal of the Oriental Institute*, vol. I, Baroda, 1952, p. 308-316, compara a representação na arte jainista do *tīrthaṅkara* "com os braços ao redor dos joelhos" *(ājānu-lambita-bāhu-dvayaṃ)* com as figuras achadas em Harapa e que se encontram na mesma posição (cf. M. S. Vats, *Harappa*, lâmina XCIII, p. 331-332, figuras 300 e 318). A. Banerji acredita poder estabelecer uma relação entre a nudez dos ascetas jainistas e a nudez das figuras proto-históricas de Harapa (cf. M.S. Vats, figuras 307, 308, 317, 318; e figuras 13, 14, 18, 19 e 22 de Mohenjo-Daro). Sobre esse tema ver também supra, nota VIII, 11. Sobre os elementos arcaicos, ver P. C. Baggchi, "Primitive elements of Jainism", em *Journal of the Departament of Letters*, Calcutta University Press, vol. V, 1921, p. 349-364. Sobre o simbolismo iconográfico, ver A. K. Coomaraswamy, "The Conqueror's Life in Jaina Paiting", em *Journal of the Indian Society of Oriental Art*, dezembro de 1935, p. 1-18.

Nota VI, 4: Sobre as *mudrā*

As fontes relativas ao sentido do termo *mudrā* foram reunidas por O. Stein no trabalho "The Numeral 18", publicado em *Poona Orientalist,* I, 3, p. 1-37, e muito bem analisadas por J. Przyluski em *Mudrā,* Indian Culture, vol. II, 1936, p. 715-719. Já em 1892, O. Francke propunha traduzir *mudrā* por "escritura ou arte de ler" (*Zeitschrift der Deutschen Morgenländischen Gesellschaft,* 1892, p. 731-734); cf. a crítica de A. K. Coomaraswamy em *Journal of the American Oriental Society,* vol. XLVIII, 1928, p. 279-281. Fritz Hommel, "Pali muddâ = babylonisch musarû, und die Herkunft der indischen Schrift", em *Studia Indo-Iranica* (Ehrengabe für W. Geiger zur Vollendung des 75 Lebensjahr, Leipzig, 1931, p. 73-84), acredita que *mudrā,* em páli, *muddā,* "escritura, sinete", derivaria do babilônio (*musarū,* "escritura, selo") por intermédio do antigo persa que mudava o z por d *(musarū>muzrā>mudrā).*

Na Índia, *mudrā* se relaciona: 1º) com a dança (cf. Meerwarth, "Les Kathakalis du Malabar", em *Journal Asiatique,* 1926, p. 193-284; Vasudeva Podubal, *Kathakali and Diagram of Hand Poses,* Trivandrum, Governamental Press, 1930); 2º) com a linguagem simbólica (N. M. Penzer, *The Ocean of Stories,* vol. I, p. 46-80-82, com uma boa bibliografia; assinalemos Dracott, *Simla Village Tales,* p. 47-50; Knowles, *Folk-tales of Kashmir,* p. 215, 220; W. Crooke, "Secret Messages and Symbols used in India", em *Journal of the Bihar and Orissa Research Society,* vol. V, 1919, p. 451, e acrescentar J. Auboyer, "Moudrâ et Hasta ou le langage par signes", em *Oriental Art,* vol. III, 1951, p. 153-160); 3º) com a iconografia (ver sobretudo A. K. Coomaraswamy, *The Mirror of Gesture,* Cambridge, 1917); 4º) com o ritual propriamente dito (Tyra de Kleen, *Mudrâs. The ritual hand-poses of the Buddha-Priests and the Shiva-Priests of Bali,* Londres, 1925, 2. ed., 1942; Aisaburo Akiyama, *Buddhist Hand-Symbol,* Yokohama, 1939, precioso sobretudo pelas ilustrações).

Segundo a *Śabdastomamahāniddhi,* p. 488 (citada por C. Oppert, *On the Original Inhabitants of Bharatavarsa or India,* p. 414, nota 170), *mudrā* parece ter ainda outro sentido: comer o "grão tostado".

As *mudrā* têm considerável importância nos rituais das seitas budistas japonesas de origem tântrica: cf. Si-do-in-dzou, *Gestes de l'officiant dans les cérémonies mystiques des sectes Tendai et Singon,* Paris, 1899, p. 3-5, 15, 23, 31-32, 38 etc. Não se deve esquecer o simbolismo dos gestos nas outras religiões (ver por exemplo: S. Langdon, "Gesture in Sumerian and Babylonian prayer", em *Journal of the Royal Asiatic Society,* 1919, p. 531-556, e os paralelismos iranianos trazidos por J. J. Modi, *Asiatic Papers,* vol. III, Bombaim, 1927, p. 170-194). É interessante, porém, constatar que a valorização simbólica dos gestos rituais mantêm-se, mesmo nas místicas mais evoluídas. Uma tradição persa anterior ao século XIV atribui a Al Hallâj um curto texto sobre o simbolismo das quinze atitudes requeridas durante a prece canônica: "enxugar a boca é adquirir sinceridade; aspirar a água pelo nariz é renegar o orgulho; colocar-se de pé é participar da permanência divina, ou abrigar-se na sua tenda; prosternar-se é isolar-se na solidariedade divina etc." (L. Massignon, *Al Hallâj, Martyr Mystique de l'Islam,* vol. II, p. 782). Ver também L. Gardet, *La Mention du Nom Divin,* p. 665.

Sobre as *mudrā* nos rituais tântricos cf. *Mahā-nirvāṇa-tantra* (edição de Arthur Avalon, Madras, 1927), III, 4 *(karanyāsa* e *anganyāsa),* V, 48, 74 *(yonimudrā),* 86,

112 *(jñānamudrā)* etc.; *Śaradā-tilaka-tantra,* VI, 75-111; *Kāmaratna-tantra* (edição de Pandit Hemchandra Goswami Tattabhusan, Shillong, Assam Governamental Press, 1928), p. 5 e ss. Ver também R. H. van Gulik, *Hayagrīva,* p. 51 e ss.; Shashibhusan Dasgupta, *An Introduction to Tantric Buddhism,* p. 113, 177-178, 187 e ss.

No tantrismo da mão esquerda, *mudrā* é o nome da companheira do rito sexual. É difícil explicar como se chegou a esta denominação. J. Przyluski lembra que *mudrā,* literalmente, é "selo, sinete" e significa também "matriz". Como veremos em seguida, porém, o verdadeiro sentido da união sexual no ritual tântrico é a imobilização do *boddhicitta* (que, no contexto, indica o *semen virile*). Os *bandha* e as *mudrā* utilizados pelo *haṭha-yoga* são posições corporais por meio das quais chega-se a controlar os músculos e os nervos da região genital; ora, segundo os textos, esse controle se relaciona com o controle da respiração. Consegue-se dominar o sêmen da mesma maneira que se domina a respiração; pode-se "detê-lo", "imobilizá-lo", da mesma forma que se detém a respiração durante a *kumbhaka.* É necessário ter em conta que a "imobilização" do sêmen mediante o *prāṇāyāma* está sempre relacionada com uma imobilização semelhante dos estados de consciência. Ver infra, p. 212.

Nota VI, 5: *Mantra* e *dhāraṇī*

Sobre os *mantra* no vedismo e bramanismo, ver M. Winternitz, *Geschichte der indischen Literatur,* vol. I, p. 148, 246; no budismo, *ib.,* vol. II, p. 275; nos *tantra,* vol. I, 481. As *dhāraṇī* na época pré-búdica, *ib.,* vol. I, p. 94, 103; o termo aparece pela primeira vez no budismo com as obras *Lalitavistara* e *Saddharmapuṇḍarīka* (*ib.,* vol. II, 380); L. A. Waddell pensa que a técnica existiu desde o princípio do budismo; cf. "The Dhāraṇī cult in Buddhism, its origin, deified literature and images", em *Ostasiatische Zeitschrift,* vol. I, 1912-1913, p. 155; ver também *Indian Antiquary,* vol., XLIII, 1914, p. 37, 49, 92. Estudos gerais sobre o tema: Wassilief, *Le Bouddhisme,* p. 144; L. de la Vallée-Poussin, *Études et Materiaux,* p. 119; J. W. Hauer, *Die Dhāraṇī im nordlichen Buddhismus und ihre Parallelen in der sogenannten Mithrasliturgie,* Stuttgart, 1927; J. Woodroffe, *The Garland of Letters,* Madras, 1922: expõe sobretudo as especulações do tantrismo tardio; J. Evola, *Lo Yoga della Potenza,* Torino, 1949, p. 234 e ss. Listas de *dhāraṇī,* textos, interpretações no contexto do Mahāyāna: *Vijñāptimātratā-siddhi, La Siddhi de Hiuan-Tsang,* tradução e anotações de L. de la Vallée-Poussin, vol. II, Paris, 1928, p. 613-614; *Le Traité de la Grande Vertu de Sagesse de Nāgārjuna,* traduções e anotações por Étienne Lamotte, vol. I, Louvain, 1944, p. 318 e ss.; R. Tajima, *Étude sur le Mahāvairocana-sūtra,* Paris, 1936, p. 103 etc. *Mantra* e *dhāraṇī* no culto *hayagrīva,* ver R. H. van Gulik, *Hayagrīva, the mantrayanic aspect of Horse-cult in China and Japan,* p. 48 e ss.; no Japão, M. W. Visser, *Ancient Buddhism in Japan,* 1928-1935, vol. II, p. 520 e ss.; cf. também Lucian Scherman, "Siddha. Sanskrit letters as mystical symbols in later Buddhism out side India", em *Art and Thought, Hommage to Coomaraswamy,* Londres, 1947, p. 55-62.

Quase todos os *Tantra* incluem a apresentação de um certo número de *mantra;* destaquemos sobretudo o *Śaradā-tilaka-tantra,* capítulos VI-XXIII. O *Tantrābhidhāna,* com o *Vīja-nighantu* e o *Mudrā-nighantu* (editados por Tāranātha Vidyāratna, *Tantrik*

Texts, vol. I, 1913) constituem uma espécie de dicionário que contém o sentido tântrico de vogais e consoantes. Importante e muito útil são: *Dakshīnamūrti, Uddhārakośa. A Dictionary of the Secret Tantric Syllabic Code,* editado por Raghu Vira e Shodo Taki, Lahore, 1938.

Sobre a teoria do som aconselhamos pesquisar nas doutrinas Mīmāṁsā. Ver Umesha Mitra, *Physical Theory of Sound and its Origin in Indian Thought,* Allahabad University Studies, vol. II, 1926.

Para as práticas zen ver: D. S. Suzuki, *Essais sur le Bouddhisme Zen* (tradução francesa, Paris, 1944), vol. III, p. 203 e ss.

Texto importante do xivaísmo da Cachemira, o *Tantrasāra* de Athinavagupta (edição de Bombaim, 1918, p. 12-17), traduzido e comentado por G. Tucci, *Teoria e pratica del mandala,* p. 66-68.

Sobre a personificação mítica dos *mantra,* cf. J. Przyluski, "Les Vidyārāja", em *Bulletin de l'École Française de l'Extrême-Orient,* vol. XXIII, 1923, p. 301-318.

Nota VI, 6: O *dhikr*

Hughes, *Dictionary of Islam,* Londres, 1885, p. 703 e ss., resume a técnica do *dhikr* segundo Maulawi Shah Waliyu'llah, de Nova Déli. Confira Louis Massignon, "Passion d'al-Hallâj", p. 696 e ss.; *ib.*, "Le souffle dans l'Islam", em *Journal Asiatique,* 1943-1945, p. 436-438; ver também L. Gardet, "La Mention du Nom Divin (dhikr) en Mystique musulmane", em *Revue Thomiste,* 1952, p. 642-679; 1953, p. 197-216. O autor relaciona o "*dhikr* da língua" com *dhāraṇā,* e o "*dhikr* do coração" com *dhyāna* (p. 670 e ss.). "Se nossa análise da experiência do *dhikr* é exata, é necessário dizer que essa experiência, por sua influência sucessiva sobre todas as zonas do indivíduo, do consciente ao inconsciente, apresenta-se como um meio mais suave, mas de qualquer forma indireto e perigoso, menos seguro, de atingir o fim explícito do Yoga" (*ib.,* p. 207).

Sobre o tema das relações entre a mística islâmica e a Índia, ver L. Massignon, *Essai sur les Origines du Lexique Technique de la Mystique Musulmane,* Paris, 1922, p. 75-86; M. Moreno, "Mistica Musulmana e Mistica Indiana", em *Annali Lateranensi,* Citta del Vaticano, 1946, p. 103-212: *samādhi,* p. 125 e ss.; êxtases artificiais, p. 136 e ss.; *fanâ* e *nirvāṇa,* p. 156 e ss. Ver também Émile Dermenghem, "Techniques d'extase en Islam", em *Yoga, Science de l'homme intégral,* publicado sob a direção de Jacques Masui, Paris, 1953, p. 274-283.

Nota VI, 7: *Maṇḍala*

Cada *Tantra* tem um *maṇḍala* que lhe é específico. Ver G. Tucci, "Some glosses upon the Guhyasamāja", em *Mélanges Chinois et Bouddhiques,* vol. III, Bruxelas, 1935, p. 339-353, especialmente na p. 342 sobre o *maṇḍala* do *Guhyasamāja-tantra;* cf. Mario E. Carelli, *Sekoddeśaṭikā of Nāḍapāda (Nāropa), being a commentary of the Sekoddeśa section of the Kālacakra-tantra,* Gaekwad Oriental Series, vol. XC, Baroda, 1941, p. 25 e ss. Benoytosh Bhāttācharyya, *Nispannayogāvalī* (descrição de 26 *maṇḍala,* texto de Abhayakaragupta, do mosteiro Vikramaśila), Gaekwad Oriental Series, vol. CIX, Baroda, 1949. Ver A. Foucher, *Étude sur l'Iconographie Bouddhiste de l'Inde,* vol. II, Paris, 1905, p. 8 e ss. A. K. Coomaraswamy, *Elements of Buddhist Iconography,* Cambridge-Harvard, 1938; M. W. Visser, *Ancient Buddhism in Japan,* vol. I, Paris, 1929, p. 159-175; L. Finot, "Manuscrits sanskrits de Sādhanas", em *Journal Asiatique,* julho-setembro de 1934, p. 1-86; H. Zimmer, *Kunstform und Yoga im indischen Kultbild,* Berlim, 1926, p. 54, 94; Paul Mus, *Barabudur,* vol. I, p. 320; P. H. Pott, *Yoga en Yantra,* Leiden, 1946; *Hôbôgirin,* vol. III, p. 279 (*chakuji,* "escolher o terreno"); E. Suzuki, "Mandara", em *Eastern Buddhism,* vol. VII, maio de 1936); Chou Yi-Liang, "Tantrism in China", em *Harvard Journal of Asiatic Studies,* vol. VIII, p. 241-332; W. E. Clark, *Two Lamaistic Pantheons,* Cambridge, Harvard University Press, 1937, vol. I, p. XV, XVIII; Lin Li-Kouang, "Puṇyodaya (Na-t'i), um propagateur du Tantrisme en Chine et au Cambodge à l'époque de Hiuan-Tsang", em *Journal Asiatique,* 1935, p. 83-100.

Sobre o simbolismo do *maṇḍala* e suas relações com o simbolismo arquitetônico ver: P. Mus, *Barabudur,* G. Tucci, "Il simbolismo architectonico dei tempi di Tibet Occidentale", em *Indo-Tibetica,* vols. III-IV, Roma, 1938; do mesmo autor, "Mc'od rten e Ts'a ts'a nel Tibet Indiano ed Occidentale. Contributo allo studio dell'arte religiosa tibetana e del suo significato", em *Indo-Tibetica,* vol. I, Roma, 1932; sobre o simbolismo da circum-ambulação dos templos, cf. Gisbert Combaz, "L'évolution du stupa en Asie", em *Mélanges Chinois et Bouddhiques,* vol. III, Bruxelas, 1935, p. 93-144; sobre as relações entre o simbolismo dos tecidos pintados *(paṭa)* e os *maṇḍala,* ver Marcelle Lalou, "Iconographie des étoffes peintes (paṭa) dans le Mañjuśrīmūlakalpa", em *Buddhica,* vol. VI, Paris, 1930.

Sobre o conjunto do tema, ver Giuseppe Tucci, *Teoria e pratica del maṇḍala,* Roma, 1949.

Sobre o simbolismo do centro, ver M. Eliade, *Traité d'Histoire des Religions,* Paris, 1949, p. 321 e ss.; do mesmo autor, *Le Mythe de l'Éternel Retour,* Paris, 1949, p. 30 e ss.; ainda do mesmo autor, *Images et Symboles,* Paris, 1952, p. 47 e ss. Sobre o simbolismo psicológico do *maṇḍala* ver C. G. Jung, *Psychologie und Alchemie,* Zurique, 1944, p. 139 e ss.; também de Jung, *Gestaltungen des Unbewusten,* Zurique, 1950, p. 187 e ss.

Nota VI, 8: Sobre a literatura *haṭha-yóguica*

Ver J. N. Farquhar, *Outline of the Religious Literature of India,* Londres, 1920, p. 384; G. W. Briggs, *Gorakhnāth and the Kānphaṭa-Yogīs,* Calcutá, 1938, p. 251-258; Dr. Mohan Singh, *Gorakhnātha and Mediaeval Hindu Mysticism,* Lahore, 1937, p. 8. Ver também supra, Nota VIII, 3.

Numerosas edições do *Gorakṣa Śataka* com seus comentários (*Gorakṣa Paddhati* etc.); edição e tradução do *śataka* por Briggs, *op. cit.,* p. 284-303. Sobre a *Gorakṣa-saṃhitā,* ver também G. Tucci, *Animadversiones Indicae,* p. 134-136.

Haṭha-yoga-pradīpikā: edição com comentário de Brahmānanda e as glosas de Śrīdhara (Bombaim, 1889, muitas reimpressões); tradução alemã anotada por Hermann Walter: *Svātmārāna's Haṭhayogapradīpikā (die Leuchte des Haṭhayoga) aus dem Sanskrit übersetz* (Munique, 1893, Diss.); edição e tradução inglesa de Brahmānanda Bhaba,

(Bombaim, 1889), Srīnivāsa Iyāngar (Bombaim, 1893; última reimpressão: Adyar-Madras, 1933), Pañcam Sinh (Allahabad, 1915, na série *Sacred Books of the Hindus*; a numeração das estrofes difere muitas vezes uma da outra nessas duas edições).

Gheraṇḍa-saṃhitā: edição de Bhuvanana Chandra Vasaka (Calcutá, 1877); tradução inglesa por Rai Bahadur Srīs Chandra Vasu (Bombaim, 1895, Allahabad, 1914, na coleção *Sacred Books of the Hindus*, Adyar, 1933); tradução alemã de Richard Schmidt, *Fakire und Fakirtum in alten und modernen Indien* (Berlim, 1908, 2. ed., 1921).

Śiva-saṃhitā: edição e tradução inglesa de S. C. Vidhyaravasa (Lahore, 1884; reedição Allahabad, 1923, *Sacred Books of the Hindus*).

Pode-se encontrar muitos extratos desses três tratados em Theos Bernard, *Hatha Yoga* (Columbia University Press, Nova York, 1944) e Alain Danielou, *Yoga, the method of re-integration* (Londres, 1949). Ver também H. Zimmer, "Lehren des Hathayoga. Lehrtexte", em *Yoga. Eine Internationale Zeitschrift*, vol. I, p. 45-62.

Para as interpretações em termos médicos da anatomia e da fisiologia tântricas, ver, entre outros: Major Basu, "Hindu System of Medicine" (estudo publicado em *Guy's Hospital Gazette*, 1889, reproduzido parcialmente na introdução da *Śiva-saṃhitā*, Allahabad, 1923). Cf. também R. Rösel, *Die psychologischen Grundiagen der Yoga praxis*, Stutgart, 1928, p. 39; Dr. V. Rele, *The mysterious kundalini*, Bombaim, 1929.

A respeito de observações científicas sobre os *haṭha-yogīs*, ver Charles Laubry e Thérèse Brosse, "Documents recueillis aux Indes sur les 'Yoguis' par l'enregistrement simultané du pouls, de la respiration et de l'électrocardiogramme", em *Presse Médicale*, n. 83, 14 de outubro de 1936. Ver também Hubert Risch, *Le Haṭha Yoga. Exposé sommaire de la méthode, quelques expériences physiologiques et applications thérapeutiques* (tese da Faculdade de Medicina de Paris, 1951); Jean Filliozat, "Les limites des pouvoirs humains dans l'Inde", em *Limites de l'Humain*, Études Carmélitaines, 1953, p. 23-28, com indicações bibliográficas suplementares.

Nota VI, 9: *Cakra, ādhāra* etc.

Para a doutrina dos *cakra* ver: *Ṣaṭ-cakra-nirūpaṇa* e *Pādukāpañcaka* (edição e tradução inglesa por Sir John Woodroffe, *The Serpent Power*, 3. ed., Madras-Londres, 1941); *Kulārṇava-tantra* (edição de Tārānātha Vidyāratna, *Tantrik Texts*, vol. V, Londres, 1917), cap. VIII; *Gorakṣa Śataka*, (edição de Pune, reproduzida por G. W. Briggs, *Gorakhnāth and the Kānphaṭa-Yogīs*, Calcutá-Oxford, 1938, p. 284-304).

Sobre *ādhāra*, ver G. W. Briggs, *op. cit.*, p. 317. Para uma descrição e interpretação dos *cakra*, ver J. Evola, *Lo Yoga della Potenza*, p. 311. Lembremos que a tradição hesicasta (ver infra, p. 65) distingue, segundo certos autores, quatro "centros" de concentração e de prece: 1º) centro craniano cerebrofrontal (localizado na região entre as sobrancelhas); 2º) centro bucolaríngeo (correspondente ao "pensamento mais comum: o da inteligência que se expressa na conversação, na correspondência e nos primeiros estágios da oração", A. Bloom); 3º) centro peitoral ("situado na parte superior e média do peito". "A estabilidade do pensamento, já colorido por um elemento tímico é muito maior que nos casos anteriores, mas é ainda o pensamento que define a coloração emocional e que é modificado por ela", A. Bloom); 4º) centro cardíaco (situado "na parte superior do coração, um pouco abaixo da mama esquerda", segundo os Padres gregos; "um pouco acima" segundo Téofano, o Recluso, e outros. "É o local físico da atenção perfeita"; Antoine Bloom, *L'Hesychasme, Yoga chrétien?*, p. 185).

Nota VI, 10: A linguagem intencional

Haraprasad Shastri, em seu livro *Bauddhagan o Doha* (Calcutá, 1916), explica a *sandhyā-bhāṣā* da seguinte maneira: "todas as obras da escola Sahajayāna são escritas em *sandhyā-bhāṣā;* esta é uma *bhāṣā* (língua) de luz e obscuridade *(ālo-ā-dhāri),* semiluminosa, semiobscura; alguns textos são compreensíveis, outros não. Em outras palavras, nesses discursos sobre o *dharma,* que são tão elevados, encontramos também informações sobre diversas outras coisas". Segundo Vidushekar Shastri ("Sandhā-bhāṣā", em *Indian Historical Quarterly,* vol. IV, 1928, p. 287-296), "a palavra *sandhāya* dos budistas é a mesma que o termo *abhisandhāya* encontrado nos textos bramânicos". As fontes chinesas nos levam a concluir que *sandhā-bhāṣya* significa *ābhiprāyikavacana,* isto é, "linguagem intencional". A mesma interpretação do termo é sustentada por P. C. Baggchi, ("The Sandhābhāṣā and Sandhāvacana", em *Indian Historical Quarterly,* vol VI, 1930, p. 384-484, artigo republicado em *Studies in the Tantras,* p. 27-33) que traz outros testemunhos das fontes chinesas, sobretudo do 13º capítulo do *Hevajra-tantra* consagrado à *sandhā-bhāṣā.* Numerosos textos poéticos e místicos escritos em "linguagem intencional" foram agrupados por S. Dasgupta em um apêndice de seu livro *Obscure Religious Cults* (p. 477: "Enigmatic language of the Old and Mediaeval Poets").

Sobre os *Dohā* ver N. Shahidullah, *Les Chants Mystiques de Kāṇha et de Dohākośa,* Paris, 1928; Benoytosh Bhāttācharyya, "The Date of the Buddha Gān o Dohā", em *Journal of Bihar-Orissa Research Society,* vol. XIV, 1928, p. 341-357; S. Dasgupta, *op. cit.*, p. 61, 93, 423 e ss.; P. C. Baggchi, *Materials for a Critical Edition of the Old Bengali Caryāpadas. A Comparative Study of the Text and the Tibetan Translation,* Parte I, Calcutta University Press, 1938, reimpressão do *Journal of Department of Letters,* vol. XXX; cf. também Anath Basu, "Tattvasvabhāvadṛstogītikūdohā", em *Indian Historical Quarterly,* 1924, p. 676; C. Bendall, *Subhāṣita-saṃgraha,* Museon, nova série, IV-V, Louvain, 1905, p. 71.

Nota VI, 11: "Pelos mesmos atos..."

O *Prajñopāyaviniścayasiddhi* (I, 15) de Anaṇgavajra, o mestre de Indrabhuti, repete o mesmo adágio. Nesse tratado como na *Jñānāsiddhi* de Indrabhuti, o *maithuna* é recomendado com insistência (edição de Benoytosh Bhāttācharyya, *Two Vajrayāna Works,* Gaekwad Oriental Series, Baroda 1929, p. 20-29, 33-35). A *mudrā* (esposa ritual) deve ser apresentada ao *guru* e o rito não pode ocorrer senão mediante uma iniciação assegurada pelo *guru.* Fora do *maithuna* com a *mudrā* consagrada pela circunstância, o *yogin* pode usufruir de tantas mulheres quantas quiser, ingerir bebidas alcóolicas, roubar, até mesmo matar, sem com isso cometer "pecado". Indrabhuti, no fim de sua obra, adverte que a *Jñānāsiddhi* deve ser conservada secreta e comunicada apenas aos iniciados, pois do contrário causaria imenso mal.

A *Subhāṣita-saṃgraha* (edição de C. Bendall, p. 38) cita alguns versos da obra *Cittaviśuddhiprakaraṇa* de Aryadeva com o mesmo significado do adágio da *Jñānāsiddhi: yena yena hi badhyante jantavo rundrakarmanā, sopāyena tu tenaiva mucyante bhavadandanāt* etc. Por outro lado, o *Sūtralaṃkāra* (XIII, 11-13) afirma que "é pelo *kleśa* (paixão ou imundície) que se pode sair de *kleśa" (kleśata eva kleśanisaranaṃ);* citado por L. de la Vallée-Poussin no seu artigo "A propos du Cittaviśuddhiprakaraṇa d'Āryadeva", publicado em *Bulletin of the Oriental School of London,* vol. VI, 1931, p. 431. Sobre este tratado de Āryadeva ver Prabbhubhai Patel, "Boddhicittavivarana", em *Indian Historical Quarterly,* vol. VIII, 1932, p. 790-793; também de Prabbhubhai Patel, "Cittaviśuddhiprakaraṇa", em *id.,* vol. IX, 1933, p. 705-721; a edição do texto sânscrito e da tradução tibetana foram feitas pelo mesmo sábio: cf. D. B. Patel, *Cittaviśuddhiprakaraṇa of Āryadeva,* Santiniketan, 1949; ver também H. de Glasenapp, *Mystères Bouddhistes* (tradução francesa, Paris, 1944), p. 32 e ss.

Nota VI, 12: Retenção do "sopro" e do sêmen na China

Henri Maspero analisou no seu artigo "Les procédés de 'Nourrir le Principe Vital' dans la religion taoïste", em *Journal Asiatique,* 1937, p. 177-252, 353-430, as teorias e técnicas chinesas da respiração. É importante observar-se aqui certas semelhanças com os métodos tântricos visando reter ao mesmo tempo a respiração e a emissão seminal. Eis um fragmento da *Biographie de l'Homme Réel de Pure-Transcendance maître P'ei,* pequeno romance hagiográfico que Maspero acredita poder datar no século V; o texto coloca o método do retorno do sêmen entre as cinco receitas do Imortal mestre Tsiang: "É necessário pela meditação perfeita afastar (todo) pensamento (externo), assim homens e mulheres poderão praticar o método da Vida Eterna. Esse procedimento é absolutamente secreto; não o transmita senão a sábios! [...] Todas as vezes que se puser em prática (esse procedimento), entrar em meditação; contudo, é necessário inicialmente perder-se a consciência do próprio corpo e do mundo exterior. Depois disso ranger os dentes sete vezes e dizer esta prece: 'Que o Original-Branco Essência de Metal esparja a vida em minhas Cinco Flores (5 vísceras). Que o Senhor Ancião-Amarelo do Centro harmonize minhas almas e ponha em ordem minha Essência. Que a Grande Essência do Augusto-Supremo, coagulando os humores, torne duro como um osso o Transcendente. Que os seis sopros do Grande-Real Sem-Superior se enrolem no interior! Que o Ancião Misterioso da Essência Superior faça retornar a Essência para reparar meu cérebro. Faça que se una (o *yin* e o *yang*), que seja fundido o Embrião e guardada a Joia'.

"A prece terminada, os homens guardarão (o espírito fixo sobre) os rins conservando firmemente a Essência e destilando o Sopro que segue pela coluna vertebral e sobe ao Ni-houan contra a corrente: é isso que se chama 'fazer retornar à Origem', *houan-yuan*; as mulheres guardarão (o espírito fixo sobre) o coração alimentando os espíritos, destilando um fogo imutável, fazendo descer o Sopro dos dois seios aos rins, de onde sobe pela coluna vertebral e vai também ao Ni-houan; é o que se chama 'transformar o real', *houa-tchen.* No fim de cem dias chega-se à transcendência. Se praticarmos (esse procedimento) por muito tempo, tornamo-nos espontaneamente Homem-Real e, vivendo eternamente, atravessamos os séculos. É o método para não morrer" (tradução de Maspero, p. 386-387).

Observemos o simbolismo alquímico da respiração e do ato sexual. R. H. van Gulik, na sua obra *Erotic colour prints of the Ming period, with an essay on Chinese sex life from the Han to the Ch'ing dynasty, B.C. 206-A.D. 1644* (publicada, privadamente, com 50 cópias, Tóquio, 1951), esclarece a semelhança da terminologia alquímica e a terminologia sexual nos tratados taoistas (p. 115: a mulher é comparada ao crisol etc.).

Eis um outro texto: "Um livro dos Imortais diz: o princípio de fazer retornar a Essência para reparar o cérebro consiste em copular para que a Essência fique muito agitada; (depois) quando ela vai sair, retira-se rapidamente (o pênis) com os dois dedos médios da mão esquerda entre o escroto e o ânus, aperta-se fortemente e expulsa-se longamente o Sopro pela boca, ao mesmo tempo que se range os dentes dezenas de vezes sem prender o Sopro. Então quando se emite a Essência, esta não pode sair, mas retorna do Caule de Jade (o pênis), e sobe para entrar no cérebro. Este procedimento, os Imortais o transmitem; porém juram, bebendo sangue, não transmiti-lo indiscriminadamente" (*Yu-fang tche-yao,* I b tradução de Maspero, p. 385). Cf. também R. H. van Gulik, *op. cit.,* p. 78.

Essas técnicas sexuais representam, muito provavelmente, uma influência tântrica; a concepção da união sexual como uma união espiritual entre os princípios masculino e feminino, representados pelo Sol e a Lua, lembra estranhamente *o haṭha-yoga* e o *sahajiyā.* Para as mesmas práticas no Japão, ver R. H. van Gulik, *op. cit.,* p. 85.

Nota VI, 13: *Sahajiyā* e vixnuísmo

Sobre o *sahajiyā* ver Manindra Mohan Bose, "An introduction to the study of the Post-Caitaniya Sahajiyā Cult", em *Journal of the Departament of Letters,* Calcutta University Press, vol. XVI, 1927, p. 1-162 e *Post-Caitanya Sahajiyā Cult,* Calcutá, 1930; Shashibusan Dasgupta, *Obscure Religious Cults as Background of Bengali Literature,* Calcutá, 1946, p. 131.

Sobre a literatura mística vixnuíta cf. Dineschandra Sen, *History of Bengali Language and Literature,* Calcutta University Press, 1911; *id., The Vaishnava Literature of Mediaeval Bengal,* 1917; *id., Chaitanya and his Age,* 1922; *id., Chaitanya and his companions,* 1917; Melville T. Kennedy, *The Chaitanya Movement,* Oxford, 1925.

Sobre a "emoção" *(rasa)* que se deve cultivar nas relações com a divindade, ver Abhayakumar Guha, "Rasa-Cult in the Chaitanya Charitamṛta", em *Sir Asutosh Mookerjee Silver Jubilee Volumes,* vol. III, part. III, p. 368, 388, Calcutá, 1927. S. K. De dedicou um estudo bem documentado ao problema das classificações retóricas dos sentimentos místicos: "The Bhakti-Rasa-Shastra of Bengal Vaisnavism", em *Indian Historical Quarterly,* vol. XIII, 1932, p. 643-688. Eis uma lista de *anubhava* ("resultados") que persegue e fortifica uma emoção mística provocada pelo amor de Kṛṣṇa: *nṛtya* (dança), *viluṭhita* (rolar sobre a terra), *gītā* (canto), *krośana* (gritos violentos), *tanu-moṭana* (contorsão do corpo), *huṃkāra* (uivos), *jṛmbhā* (bocejo), *śvasa-bhūman* (profusão de suspiros), *lokānapekṣitā* (desprezo da opinião popular), *lālāsrava* (espumar pela boca), *aṭṭa-hāsa* (rir alto), *ghūrṇā* (vertigem) e *hikkā* (soluço). Todas essas classificações retóricas correspondem a experiências concretas.

Nota VII, 1: Alquimistas, *yogīs* e o "voo mágico".

O *Rasārṇava*, citado por Mādhava em seu tratado *Sarva-darśana-saṃgraha* (p. 80, edição de Anandashrama Series, tradução de Cowell, p. 140), menciona o processo *yóguico dehavedha*, através do qual pode-se voar nos ares; ver também P. C. Ray, *A History of Hindu Chemistry*, vol. I, p. 76 da Introdução. É a *siddhi* mais conhecida tanto no Yoga como no xamanismo. Na Índia existe um número considerável de lendas sobre reis e magos voadores (cf. por exemplo Tawney-Penzer, *The Ocean of Story*, vol. II, p. 62; vol. III, p. 27, 35; vol. V, p. 33, 35, 169; vol. VIII, p. 26, 50). O lago miraculoso Anavatapta só podia ser atingido por aqueles que possuíssem o poder sobrenatural de voar nos ares; o Buda e os *arhat* chegavam a Anavatapta em um piscar de olhos, como nas lendas hindus os *ṛṣi* subiam voando nos ares para o divino e misterioso país do Norte chamado Śvetadvīpa: cf. W. E. Clark, "Sakadvīpa and Śvetadvīpa", em *Journal of the American Oriental Society*, vol. XXXIX, 1919, p. 209-242; K. Rönnow, "Some remarks on Śvetadvīpa", em *Bulletin of the School of Oriental Studies*, vol. V. p. 253; sobre Anavatapta ver T. Watters, *On Yuan Chwang's Travels in India*, Londres, 1904-1905, vol. I, p. 35; M. W. Visser, *The Arhats in China and Japan*, Berlim, 1923, IV Sonderveröffentlichen der Ostasiatischen Zeitschrift, p. 24 e ss.; sobre Śvetadvīpa, cf. M. Eliade, *Le Chamanisme et les Techniques Archaïques de l'Extase*, p. 367; Otto Maenchen-Helfen., "Śvetadvīpa in pre-christian China", em *New Indian Antiquary*, vol. II, 1939, p. 166-168; sobre o "voo" dos *arhat* ver: M. W. Visser, *op. cit.*, p. 172; S. Lévi e E. Chavannes, "Les seize arhats protecteurs de la loi", em *Journal Asiatique*, 1916, p. 1-50, 189-304.

Sobre o "voo mágico" na China, cf. M. Eliade, *Le Chamanisme et les Techniques Archaïques de l'Extase*, p. 394; B. Laufer, *The prehistory of aviation*, Field Museum, Anthropological Series, XVIII, n. 1, Chicago, 1928, p. 14; no Tibete, cf. J. Bacot, *Marpa le Traducteur*, Paris, 1936, p. 13 e ss.

Sobre a lenda das três montanhas sobrenaturais que se acham no meio do mar e das quais ninguém pode se aproximar, ver: E. Chavannes, *Les Mémoires Historiques de Sse-Ma-Tsien*, vol. II, Paris, 1897, p. 152-153. Ver igualmente E. W. Hopkins, "The Fountain of Youth", em *Journal of the American Oriental Society*, vol. XXVI, 1905, p. 1-67.

Nota VII, 2: *Nāgārjuna* alquimista

Para a biografia de Nāgārjuna ver A. Grünwedel, *Taranatha's Edelsteinminne*, Berlim, 1914, p. 14; Max Walesser, *The Life of Nāgārjuna from Tibetan and Chinese Sources*, Hirth Anniversary Volume, Londres, 1923, p. 421-455 e infra, Nota VI, 1. Sobre as relações com a alquimia ver P. C. Ray, *A History of Hindu Chemistry*, vol. I,

p. 92 da Introdução; A. Grünwedel, *Die Geschichten der 84 Zauber,* p. 221-222; J. Filliozat, "Nāgārjuna et Agastya, médecins, chimistes et sorciers", em *Actes du XXe. Congrès International des Orientalistes* – 1938, Bruxelas, 1940, p. 228; *id., La Doctrine Classique de la Médecine Indienne,* Paris, 1949, p. 10. Não se exclui que, fora da alquimia tântrica propriamente dita, certas observações mineralógicas tenham sido integradas à tradição alquímica e transmitidas sob o nome de Nāgārjuna; a simbiose entre a "verdade mística" (ou metafísica) e a "verdade da observação" (rudimentos de pensamento científico e experiência química) é um fenômeno presente em toda a história da alquimia. Assim, por exemplo, na *Rasopaniṣad* (edição de K. S. Sāstri, *Trivandrum Sanskrit Series,* n. 92; ver explicações de Barnett, em *Journal of the Royal Asiatic Society,* 1930, p. 445-446) acha-se a indicação seguinte (16 *ādhyaya,* verso 10 e ss.): "O sábio Nāgārjuna teve uma visão sobre este procedimento mágico: no reino meridional de Kerala, onde há muitas florestas, não longe do mar, em uma aldeia chamada Afeição *(prīti),* existem rochas em forma de *pippali* que têm veios de ouro. Pegam-se essas rochas, reduzindo-as a pó suave. Então, esse pó é tratado com sangue de cavalo; por meio de sangue humano é liquidificado sete vezes e moído novamente junto com água de manjericão e os cinco produtos da vaca; depois faz-se a dessecação segundo as regras, de maneira a formar uma espécie de cola que se passa na peneira; no líquido obtido coloca-se cobre ao centésimo (?); cada parte desse cobre, assim tratada, dobra; o total fundido é mesclado com ouro; mistura-se com mel, leite etc., e obtém-se então um ouro magnífico, tão brilhante quanto o ouro do rio" (tradução de Sylvain Lévi, "Kaniṣka et Sātavāhana", em *Journal Asiatique,* 1936, p. 104 e ss.; o texto já fora usado por S. Lévi em seu artigo: "Un nouveau document sur le bouddhisme de basse époque dans l'Inde", no *Bulletin of the Oriental School of London,* 1931, p. 421).

Nota VII, 3: A alquimia indiana

Cf. Arthur Waley, "References to alchemy in buddhist scriptures", em *Bulletin of the School of Oriental Studies,* Londres, vol. VI, p. 1102-1103. Encontram-se ainda alusões à alquimia no *Mahāyāna-saṃgraha-bhāṣya* (Nanjio, 1171; traduzido em chinês por Hsüan-tsang, verso 650) e em *Abhidharma Mahāvibhāsā* (Nanjio, 1263; tradução Hsüan-tsang, 656-659). Certas indicações relativas a Nāgārjuna alquimista ver É. Lamotte, *Traité de la Grande Vertu de Sagesse,* vol. I, Louvain, 1944, p. 383, nota 1. Ver também O. Stein, "References to alchemy in buddhist scriptures", em *Bulletin of the School of Oriental Studies,* VII, 1933, p. 262.

Para a alquimia e pré-alquimia indianas ver P. C. Ray, *A History of Hindu Chemistry,* vol. I (2. ed., Calcutá, 1903), vol. II (2. ed., Calcutá, 1925); cf. também Rasacharya Kaviraj Bhudeb Mookerjee, *Rasa-jala-nidhi or Ocean of Indian Chemistry and Alchemy,* 2 volumes (Calcutá, 1926-1927: compilação sem valor, mas que contém grande número de citações de obras alquímicas tradicionais). Sobre o papel do mercúrio na alquimia indiana ver P. C. Ray, *op. cit.,* vol. I, p. 105 da Introdução; E. von Lippmann, *Enstehung und Ausbreitung der Alchemie,* Berlim, 1919, p. 435 e vol. II, Berlim, 1931, p. 179; J. Jolly, *Der Stein der Weisen,* Windisch-Festschrift, Leipzig, 1914, p. 98. Sobre os *sittar* tâmeis ver A. Barth, *Oeuvres,* vol. I, Paris, 1914, p. 185; J. Filliozat,

Journal Asiatique, 1934, p. 111-112: os *sittar* dividiam as *sarakku* (substâncias, ingredientes) em *ān* e *peṇsarakku,* ingredientes machos e fêmeas, agrupamentos que lembram o binômio *yin-yang* da especulação chinesa. L. Wieger (*Histoire des Croyances Religieuses et des Opinions Philosophiques en Chine,* 2. ed., Hien-hien, 1927, p. 395) pensa que o alquimista taoista Ko-Hung (Pao-Pu'tzu) do séc. III imitou o tratado *Rasaratnākara,* atribuído a Nāgārjuna. Nesse caso, o *Rasaratnākara* que se considerava do século VII ou VIII (cf. É. Lamotte, *Traité de la Grand Vertu de Sagesse,* vol. I, p. 383, nota 1), "poderia remontar realmente à época de Nāgārjuna budista do século II" (J. Filliozat, *La Doctrine Classique de la Médecine Indienne,* p. 10). Existe, porém, também a possibilidade de que a alquimia tâmil tenha sofrido influência chinesa; cf. J. Filliozat, "Taoïsme et Yoga", em *Dân Viêt-nam,* n. 3, agosto de 1949, p. 113-120.

Sobre os manuscritos alquímicos do fundo Cordier, ver J. Filliozat, *Journal Asiatique,* 1934, p. 156 e ss.

Sobre as questões relativas à alquimia greco-egípcia ver em R. P. Festugière, *La Révélation d'Hermès Trismégiste,* vol. I, Paris, 1944, p. 217 e ss.

Sobre a psicologia do simbolismo alquimista ver C. G. Jung, *Psychologie und Alchemie,* Zurique, 1944, 2. ed., 1952; *id., Die Psychologie der Uebertragung,* Zurique, 1946. Sobre a metasífica da alquimia ver J. Evola, *La Tradizione Hermetica,* Bari, 1931.

Nota VII, 4: Alquimia chinesa

Podemos encontrar traduções de textos alquímicos e informações sobre a situação atual dos debates a respeito deste tema nas obras seguintes: E. von Lippmann, *Entstehung und Ausbreitung der Alchemie,* vol. I, p. 449-461 e vol. II, p. 65-66; O. Johnson, *A Study of Chinese Alchemy,* Xangai, 1928; A. Waley, "Notes on Chinese Alchemy", em *Bulletin of the Oriental School of London,* vol. VI, 1930, p. 1-24; W. A. Martin, *The Lore of Cathay or the Intellect of China,* Nova York, 1901, p. 41-71; A. Forke, *The World Conception of the Chinese,* Londres, 1925, p. 227-300; Mircea Eliade, *Alchimia Asiatica,* Bucareste, 1935, p. 9-44; Tenney L. Davis e Lu-Ch'iang Wu, "Chinese Alchemy", em *The Scientific Monthly,* Nova York, vol. XXXI, 1930, p. 225-235; *id.,* "T'ao Hung-Ching" em *Journal of Chemical Education,* vol. IX, 1932, p. 859-862; Lu-Ch'iang Wu e Tenney L. Davis, "An ancient Chinese treatise on alchemy entitled *Ts'an T'ung Ch'i.* Written by Wei Po-Yang about 142 A.D.", em *Isis,* vol. XVIII, 1932, p. 210-289; B. Laufer, a respeito da obra de O. Johnson, em *Isis,* vol. XII, 1929, p. 330-332; J. R. Partington, *Nature,* vol. CXIX, 1927, p. 11, vol. CXX, p. 158 e vol. CXXVIII, 1931, p. 1074-1075; B. F. Read, *Nature,* vol. XII, 1927, p. 877-878; Masumi Chikashige, *Oriental Alchemy,* Tóquio, 1936; W. H. Barnes, "Possible reference to Chinese Alchemy in the Fourth or Third Century B.C.", em *The China Journal,* vol. XXIII, 1935, p. 75-79; T. L. Davis, "The dualistic cosmology and its relations to the background of Chinese and of European Chemistry", em *Isis,* vol. XXXV, 1936, p. 334 e ss.; W. H. Barnes e H. B. Yuen, "T'ao, the Recluse (A.D. 452-536), Chinese Alchemist", em *Ambix,* vol. II, 1946, p. 138-147; Homer H. Dubs, "The Beginnings of Alchemy", em *Isis,* vol. XXXVIII, 1947, p. 62-86.

Sobre Ko-Hung (Pao Pu'tzu) ver: P. Wieger, *Histoire des Croyances Religieuses et des Opinions Philosophiques en Chine,* 2. ed., Hienhien, 1922, p. 385-406; A. Forke, "Ko-Hung, der Philosoph und Alchemist", em *Archiv fur Geschichte der Philosophie,* vol. XLI, 1932, p. 115-127; O. Johnson, *op. cit.*, p. 133-134; T. L. Davis, "Ko-Hung (Pao-Pu'tzu), Chinese alchimist of the fourth century", em *Journal of Chemical Education,* vol. II, 1934, p. 517-520; Lu-Ch'iang Wu e T. L. Davis, "Ko-Hung on the Yellow and the White", em *Proceedings of the American Academy of Arts and Sciences,* vol. LXX, 1935, p. 221-284; este último artigo contém a tradução dos capítulos IV e VI do tratado de Ko-Hung; os capítulos I-III foram traduzidos por Eugen Feifel, em *Monumenta Serica,* vol. VI, 1941, p. 113-211 (ver *ib.*, vol. IX, 1944, uma nova tradução do capítulo IV, também por Feifel), e os capítulos VII e VIII por T. L. Davis e K. F. Chen, em seu estudo "The Inner Chapters of Pao-Pu-tzu", publicado em *Proceedings of the American Academy of Arts and Sciences,* vol. LXXIV, 1940-42, p. 287-325.

H. H. Dubs acredita que a origem da alquimia deve ser buscada na China do século IV a.C. Segundo esse autor a alquimia só poderia nascer em uma civilização onde o ouro era pouco conhecido e onde se ignoravam os métodos de dosagem da quantidade do metal puro; ora, na Mesopotâmia esses métodos eram conhecidos desde o século XIV a.C., o que torna improvável a origem mediterrânea da alquimia (H. H. Dubs, *op. cit.*, p. 80 e ss.). Esta opinião, porém, não parece ter sido aceita pelos historiadores da alquimia (ver F. Sherwood Taylor, *The Alchemists,* Nova York, 1949, p. 75). Dubs pensa que a alquimia penetrou no Ocidente com os viajantes chineses (*op. cit.*, p. 84). Portanto, não se exclui a possibilidade de que a alquimia "científica" represente na China uma influência estrangeira (cf. B. Laufer, *Isis,* 1929, p. 330-331). Sabe-se que An Shih-Kao, famoso tradutor parto das escrituras budistas, viajou pela China no século II e conhecia bem a magia e a astrologia iranianas (H. Maspero, "Communautés et moines bouddhistes chinois aux IIe e IIIe siècles", em *Bulletin de l'École Française de l'Extrême-Orient,* 1910, p. 222; Prabodh Chandra Bagchi, *Le Canon Bouddhique en Chine: Les traducteurs et les traductions,* vol. I, Paris, 1927, p. 8, 23; P. Pelliot, *T'oung Pao,* vol. XIX, 1919, p. 64). Ignoramos se ele conhecia também a alquimia (A. Waley, *Notes,* p. 23). A astrologia chinesa foi influenciada pela astrologia iraniana (L. de Saussure, *Les Origines de l'Astronomie Chinoise,* Paris, 1930). As relações comerciais e culturais entre a China e o Irã são muito antigas (cf. B. Laufer, *Sino-Iranica,* Chicago, Field Museum of Natural History, 1919, p. 189). O papel do reino da Pártia no comércio sino-romano foi bastante evidenciado, a partir de fontes chinesas, por F. Hirth, *China and the Roman Orient,* Xangai, 1885, p. 42, 70, 173, 174. Para o papel dos árabes ver F. Hirth e W. Rockhill, *Chan Ju Kua, His Work on the Chinese and Arab Trade... entitled Chu-fan-chi,* São Petesburgo, 1911, p. 2-15. Ver também nossa obra *Alchimia Asiatica,* p. 42-44. Sobre a penetração das ideias mediterrâneas na China ver H. H. Dubs, *op. cit.,* p. 82-83, notas 122-123.

Nota VII, 5: Metalurgia e Alquimia

Estudamos as relações entre os xamãs e os ferreiros, cf. *Le Chamanisme et les Techniques Archaïques de l'Extase,* p. 408 e ss. As tradições mitológicas chinesas associam os fundadores de dinastias com os "segredos" metalúrgicos; ver Marcel Granet, *Danses et Légendes de la Chine Ancienne,* Paris, 1926, vol. II, p. 609 e ss. As fornalhas para a fundição dos metais eram relacionadas a princípios cósmicos: Yu vincula cinco forjas com o princípio *yang* e quatro com o *yin,* pois os chineses distinguiam os metais em masculinos e femininos (cf. M. Granet, *op. cit.,* p. 496 e F. de Mély, "L'alchimie chez les chinois", em *Journal Asiatique,* 1895, p. 314-340; este artigo deve ser consultado com prudência). As forjas tornaram-se uma espécie de juiz, pelo simples fato de que nelas se realizava uma operação sagrada; podiam reconhecer a virtude, e a maior pena infligida a um condenado era cozinhá-lo neste tipo de forja. A construção de uma forja era um ato de virtude e devia ser realizada por um homem puro que conhecesse os "ritos da arte" (M. Granet, *op. cit.,* p. 491, 496).

O *Ṛg-Veda* (X, 72, 2) guarda ainda a tradição de certas drogas vegetais *(jaratibhi oṣadhibhi)* que os ferreiros possuíam; sobre esse tema ver Manindra Nat Banerjee, "Iron and Steel in the Rgvedic Age", em *Indian Historical Quarterly,* vol. V, n. 3, 1929, p. 432-437; do mesmo autor, "On Metals and Metallurgy in Ancient India", em *Indian Historical Quarterly,* 1927, p. 121-133, 793-802.

Não insistiremos sobre as relações infinitamente complexas existentes entre os Cíclopes, os Dátilos, os Couretas, os Telquines e o trabalho dos metais; cf. R. Eisler, "Das Qainzeichen und die Queniter", em *Le Monde Oriental,* vol. XXIII, 1929, p. 48-112 (ferreiros, bailarinos, feiticeiros); Bengt Hemberg, *Die Kariben,* Uppsala, 1950, p. 286 e ss.; do mesmo autor, "Die Idaiischen Daktylen", em *Eranos Jahrbuch,* vol. L, Uppsala, 1952, p. 41-59.

É provável que os minerais extraídos de uma mina fossem comparados a embriões: a palavra babilônica *kubu* foi traduzida por certos autores por "embrião", e por outros "aborto"; ver a bibliografia e o essencial da controvérsia em nosso livro *Forgerons et Alchimistes,* Paris, 1956, p. 75 e ss. Em todo caso, existe uma simetria secreta entre a metalurgia e a obstetrícia: o sacrifício que se efetuava algumas vezes perto das forjas onde se preparavam os minerais lembra os sacrifícios obstétricos. A forja é comparada a uma matriz: é lá que os "embriões-minerais" deviam completar seu crescimento, em um tempo sensivelmente mais curto que aquele que levariam se estivessem ocultos na terra. Por sua vez, o alquimista retoma e aperfeiçoa a obra da Natureza; ao trabalhar para "fazer-se" a si próprio, ele sonha em "concluir" o crescimento dos metais transmutando-os em ouro.

Nota VIII, 1: Os *aghorī,* os *kāpālika* e o cultuamento dos crânios

Ver W. Crooke, *"Aghorī"* em *Enciclopaedia of Religion and Ethics,* editada por James Hastings, vol. I, p. 210-213; *id., The Tribes and Castes of the North Western Provinces and Oudh* (1896), vol. I, p. 26 e ss.; H. Balfour, "Life of an Aghorī Fakir", em *Journal of Anthropological Institute,* vol. XXVI, 1897, p. 340-357; H. W. Barrow, "On Aghoris and Aghorapanthis", em *Journal of Anthropological Society of Bombay,* vol. III, 1893, p. 197-251. O estudo de Barrow, baseado em documentos recolhidos por Leith é o mais seguro e rico de todos os que foram escritos até hoje.

Nele encontramos uma bibliografia completa e abundante informação oral. Ver também Buchanam, em Montgomery, *The History, Antiquities, Topography and Statistics of Eastern India,* vol. II, Londres, 1836, p. 492 e ss. Sobre os *aghorī* no fim do século XIX, ver Oman, *The Mystics, Ascetics and Saints of India,* Londres, 1903, p. 164-167. Fragmentos de dois comentários inéditos do *Prabodha Chandrodāya* foram publicados por G. Tucci, *Animadversiones Indicae,* p. 131. O mesmo autor reproduz uma lista de 24 *kāpālika* sengundo o *Sābara-tantra*; uma lista idêntica, que se acha no *Gorakṣa-siddhānta-saṃgraha,* afirma ainda que esses 24 *kāpālipa* foram criados por Nātha (Śiva) para combater os 24 avatares de Viṣṇu (cf. *Animadversiones Indicae,* p. 129). Sobre as relações dos *kāpālika* com os *lokāyatika,* ver o artigo de Dakshina Ranjan Shastri, "The Lokāyatikas and the Kāpālikas", em *Indian Historical Quarterly,* vol. VII, 1931, p. 125-137.

Para o papel dos crânios no lamaísmo, cf. W. Rockhill, "On the use of skulls in Lamaist ceremonies", em *Proceedings of the American Oriental Society,* 1888, p. XXIV-XXXI); B. Laufer, *Use of Human Skulls and Bones in Tibet* (Field Museum of Natural History, Departament of Anthropology, fascículo n. 10, Chicago, 1923) postula (p. 5) uma influência do tantrismo xivaíta. Entretanto, é possível que as influências indianas enraizaram-se em um antigo estrato de crenças locais, pois os crânios desempenham um papel religioso e divinatório no xamanismo siberiano: cf. Eliade, *Le Chamanisme et les Techniques Archaïques de l'Extase,* p. 223, 383 e ss. Sobre as relações proto-históricas entre o culto dos crânios e a ideia de renovação da vida cósmica na China e na Indonésia ver: Carl Hentze, "Zur ursprüngliche Bedeutung des chinesischen Zeichens t'ôu = Kopf", em *Anthropos,* vol. XLV, 1950, p. 801-820.

Para o culto dos crânios na Índia ocidental e as regiões limítrofes ver: R. Heine-Geldern, "Kopfjagd und Menschenopfer in Assam und Birma", em *Mitteilungen der Anthropologischen Gesellschaft in Wien,* vol. XLVII, 1917, p. 1-65; *id.*, "Mutterrecht und Kopfjagd im Westlichen Hinterindien", *ib.*, vol. LI, 1921, p. 106-140; W. Schmidt, "Mutterrecht und Kopfjagd im Westlichen Hinterindien", em *Anthropos,* vol. XIV-XV, 1919-1920, p. 1138-1146.

Para os sacrifícios humanos oferecidos a Śiva e a Kālī, em Kāmārupa (Assam), país tântrico por excelência, ver E. A. Gait, "Human Sacrifices in Ancient Assam", em *Journal of the Asiatic Society of Bengal,* vol. LXVII, 1898, p. 56-65; W. Koppers, "Probleme der indischen Religionsgeschichte", em *Anthropos,* 1940-41, p. 761-814.

Nota VIII, 2: Sobre as "orgias" dos *vallabhācaryā*

Sobre os *rāsamaṇḍalī* (literalmente "círculos do jogo") que degeneravam muitas vezes em orgias, ver: H. H. Wilson, *Sketch of the Religious Sects of the Hindus,* 2. ed., p. 119; Growse, *Mathura,* 3. ed., Allahabad, 1883, p. 283, 295 e ss.; J. E. Carpenter, *Theism in Medieval India,* p. 434; D. R. Bhandarkar, *Vaisnavism,* p. 76; J. N. Farquhar, *Outline,* p. 312 e ss.; H. de Glasenapp, "Die Lehre Vallabhācaryās", em *Zeitschrift fur Iranistik und Indianistik,* Bd., 9, 1934, p. 268-330.

Os excessos eróticos dos *"mahārajas"* que praticavam o *rāsamaṇḍalī* até a torpeza patológica foram denunciados por um violento folheto, *History of the Sect of*

Mahārajas, or Vallabhācaryās, in Western India, Londres, 1865; e foi aí que todos os autores posteriores colheram informações. Orgias análogas aconteciam nos meios de culto à Śakti e nos círculos tântricos das regiões himalaicas, sobretudo em Garhwal: é o *coli-mārgā* (*coli* = sutiã), assim chamado porque se recebia como companheira do rito a mulher da qual se tinha sorteado o sutiã (D. Ward, H. H. Wilson e Aitkinson, citados por G. W. Briggs na sua obra *Gorakhnāth and the Kānphaṭa-yogīs,* p. 173). É interessante notar que Fryers descreve essas orgias, parecidas com as dos *vāmācarī*, atribuindo-as aos parses da Índia (cf. *A New Account of East India and Persia,* edição de W. Crooke, vol. I, 1912, p. 294; vol. II, p. 255). Sobre as orgias sagradas da Pérsia muçulmana, ver S. G. Benjamin, *Persia and the Persians,* Londres, 1883, p. 353-355; C. J. Wills, *In the Land of the Lion and Sun, or Modern Persia,* Londres, 1891, p. 154, 339 e ss. Encontramos práticas semelhantes no *Chirâgh-Kush,* ("extinção das lâmpadas"); cf. N. Elias, E. D. Ross, *A History of the Moghuls of Central Asia,* Londres, 1898, p. 218, nota. Westermarck, *History of Human Marriage,* p. 51 e depois dele W. Crooke (Fryers, vol. II, p. 255, nota 1) inclinam-se a contestar a autenticidade destes testemunhos.

Contudo, segundo o que conhecemos sobre seitas russas (K. K. Grass, *Die russischen Sekten,* 2 volumes, Leipzig, 1907-1909; discussão em R. Hertz, *Mélanges de Sociologie Religieuse et de Folklore,* Paris, 1928, p. 229) e também sobre a seita dos Inocentistas da Bessarábia, semelhantes orgias sagradas não são improváveis.

Nota VIII, 3: Gorakhnāth, Matsyendranāth e os 84 *siddha*

Sobre Gorakhnāth e os *yogīs kānphaṭa* ver: Dalpatrām Prānjivan Khakhar, "History of the Kānphaṭas of Kachh", em *Indian Antiquary,* vol. VII, 1878, p. 47-53; G. S. Leonard, "Notes on the Kānphaṭayogīs", em *Indian Antiquary,* vol. VII, 1878, p. 298-300; W. Crooke, *The Tribes and Castes of the North Western Provinces and Oudh,* vol. III, Calcutá, 1896, p. 153-159; L. P. Tessitori, em *Encyclopaedia of Religions and Ethics,* vol. XII, p. 883-885; Mohan Singh, *Gorakhnāth and Medieval Hindu Mysticism,* Lahore, 1937; George W. Briggs, *Gorakhnāth and the Kānphaṭa Yogīs,* Calcutá-Oxford, 1938; Shashibhusan Dasgupta, *Obscure Religious Cults as Background of Bengali Literature,* Calcutá, 1946, p. 219-287, 442-460. Sobre o culto de Gorakhnāth em Bengala ver S. C. Mitra, "On the Cult of Gorakshanāth in Easter Bengal", em *Journal of the Departament of Letters,* Calcutta University Press, 1926, p. 16-21. O deus é o protetor das vacas; cf. também S. C. Mitra, "On the Cult of Gorakshanāth in the District of Rangpur in North Bengal", em *Journal of Anthropological Society of Bombay,* vol. XIV, 1927, n. 1, p. 1-5; G. W. Briggs, *The Chamars,* Madras, 1920, p. 149 e ss.

A respeito de Matsyendranāth ver G. Tucci, *Animadversiones Indicae,* p. 133; S. Lévi, *Le Népal,* p. 347 e ss.; P. C. Bagchi, *Kaulajñānanirṇaya and Some Other Minor Texts of the School of Matsyendranātha,* Calcutá, 1934, p. 8-32 da Introdução; Shashibhusan Dasgupta, *Obscure Religious Cults as Background of Bengali Literature,* p. 442 e ss.

Sobre os 84 *siddha* ver A. Grünwedel, "Die Geschichten der vierundachtzig Zauber (mahasiddhas), aus dem tibetischen übersetzt", em *Baessler-Archiv,* vol. V, Leipzig, 1916,

p. 137-228: Guru Udhili (p. 205-206), Indrapāla e Lui-pa (p. 215-216), Guru Lui-pa (p. 143 e ss.), Lilapada (p. 144), Virupa (p. 145-147), Ḍombī (p. 147-148), Gorakhnāth (p. 153-154), Capari (p. 201-202), Vyāli (p. 221-222), Karuni e Nāgārjuna (p. 165-167). Ver em G. Tucci *Animadversiones Indicae,* p. 138; L. A. Waddell, *Lamaism,* p. 42; S. Lévi, "Un nouveau document sur le bouddhisme de basse époque dans l'Inde", em *Bulletin of the School of Oriental Studies,* 1931, vol. VI, p. 417-429 (sobre Nāgārjuna, p. 420-421); Rahula Sāṇkṛtyāyana, "Recherches bouddhiques", em *Journal Asiatique,* 1934, p. 195, 230; P. C. Bagchi, *Kaulajñānanirṇaya,* p. 20 e ss.; G. W. Briggs, *Gorakhnāth and the Kānphaṭa Yogīs,* p. 136 e ss.; Shashibhusan Dasgupta, *Obscure Religious Cults as Background of Bengali Literature,* p. 232; V. V. Raman Sastri, "The Doctrinal Culture and Tradition of the Siddhas", *Cultural Heritage of India, Sri Ramakrishna Centenary Volume,* vol. II, p. 303-319; S. K. De, *Buddhist Tantric Literature in Bengal,* p. 15 e ss. (Kukkurīpāda, Lui-pa, Matsyendranāth, Gorakhnāth, Kanhu-pa etc.). Sobre as relações com a alquimia já tivemos ocasião de falar.

Nota VIII, 4: Enterro dos ascetas

O costume de enterrar ascetas e *yogīs,* em vez de queimar-lhes o cadáver, é muito antigo na Índia: cf. A. B. Keith, *The Religion and Philosophy of the Veda and Upanishads,* p. 417, nota 3. O *Vaikhānāsasmārta-sūtra* (V, 8) menciona os ritos funerários dos *yogīs,* dos *yati* – cujos cadáveres são sepultados perto de um curso de água – e dos *sannyāsin* (X, 8). Era natural não entregar ao fogo o corpo daqueles que haviam alcançado a liberação, cuja alma já estava identificada com Deus. Os ascetas eram enterrados em posição de meditação e sobre seus túmulos erguiam-se *liṅga.* Muitos desses túmulos tornaram-se, com o tempo, santuários. W. Simpson acreditou encontrar nesse costume a origem da arquitetura religiosa indiana (cf. "Some suggestions of origin in Indian Architecture", em *Journal of the Royal Asiatic Society,* 1888, p. 49, 71). "Os corpos dos monges, ao contrário daqueles dos demais hindus, são enterrados e o cemitério (do mosteiro) contém cerca de 200 túmulos. O corpo é enterrado sentado; no caso de simples noviços, uma elevação de tijolos, de três a quatro pés de altura, é suficiente para cobrir o túmulo. Para monges mais importantes é necessário um templete; no interior deste e imediatamente sobre o cadáver, coloca-se obrigatoriamente um *liṅga.* Parece que, mesmo para os noviços, o *liṅga* tenha sido considerado necessário. [...] Entre Gayā e Bodhgayā acham-se muitos mosteiros de *sannyāsin* hindus, e em toda parte os túmulos são semelhantes" (*op. cit.,* p. 56).

Os ascetas são enterrados sentados ou na postura *yóguica,* a mesma que os conduziu à liberação. Sua identificação com Śiva é atestada pelo *liṅga* erguido sobre seus túmulos. Cf. também *Archaeological Survey of India, Southern Circle,* 1911-1912, p. 5: "os *sannyāsin* não são queimados, mas enterrados, e um altar com um *liṅga* é construído para marcar o lugar"; *id.,* 1915-1916, p. 34: "no caso dos *sannyāsin* [...], uma plataforma de alvenaria é algumas vezes erguida sobre o lugar do túmulo [...] e um *liṅga* em pedra é colocado com o objetivo de proclamar ao mundo que o corpo ali enterrado alcançou a forma sagrada de Śiva-*liṅga*" (A. K. Coomaraswamy, em *Journal of the American Oriental Society,* 1918, p. 264).

Em certos lugares, o crânio do *yogin* é quebrado a fim de permitir que a "alma e o sopro" saiam. Oman descreve da seguinte maneira a cerimônia que assistiu na província de Madras: "o corpo do *sādhu* foi colocado em posição sentada no túmulo, uma certa quantidade de sal foi jogada sobre ele e cobriu-se o corpo com terra. Depois, sobre o topo de sua cabeça raspada, ainda visível, quebraram um grande número de cocos, com o propósito de abrir-lhe o crânio e permitir que a alma prisioneira saísse. Os fragmentos dos cocos que haviam sido utilizados para a liberação da alma do morto foram muito disputados pelos assistentes" (Oman, *Mystics and Ascetics,* p. 157; cf. também Abbé Dubois, *Moeurs,* parte II, capítulo 36). A ruptura do crânio é um costume funerário que se encontra também em outras culturas. Na Malásia, acredita-se que a alma abandona o corpo pelo topo da cabeça. Lembremos que o *hala* – o homem-médico dos semang – é enterrado com a cabeça emergindo da tumba; cf. Paul Schebesta, *Les Pygmées,* tradução francesa, Paris, 1940, p. 154.

Nota VIII, 5: *Yogīs* e faquires

Seria interessante seguir as primeiras informações que penetraram na Europa sobre os *yogīs* e os "milagres" dos faquires. R. Garbe cita alguns (*Sâmkhya und Yoga,* p. 47-48). Cf. também "Ueber den willkürlichen Scheintod indischer Fakirs", em *Beiträge zur indischen Kulturgeschichte,* Berlim, 1903, p. 199 e ss. A passagem do livro de Honigberger, *Thirty-five years in the East* (Londres, 1852) sobre o *yogin* Haridas, que permaneceu enterrado durante 40 dias, é reproduzida no apêndice da obra *An Introduction to the Yoga Philosophy* (2. ed., Allahabad, 1925, p. 64-70), de Rai Bahadur Srisa Chandra Vidyarnava. H. H. Wilson (*Sketch of the Religious Sects of the Hindus,* Calcutá, 1846, p. 133, nota) relata, segundo o *Asiatic Monthly Journal* (março de 1829), a história de um *yogin* que podia permanecer suspenso no ar por um tempo considerável (12-40 minutos). Ele aceitava repetir esse ato em qualquer lugar, "não por dinheiro mas gratuitamente". O mesmo *yogin* podia permanecer muitas horas sob a água. "Recusava-se a explicar como fazia isso, contentando-se em dizer que era simplesmente um hábito." Monnier-Williams (cf. *Indian Antiquary,* outubro de 1878, vol. VIII, p. 265) conta alguns casos de milagres *yóguicos* dos quais ouviu falar ou presenciou. Sobre o "milagre da corda" existe abundante bibliografia: cf. R. Schmidt, *Fakire und Fakirtum,* Berlim, 1921, p. 167 e ss.; L. Massignon, *Al Hallâj,* vol. I, p. 80 e ss. (o "milagre da corda" nas lendas hagiográficas muçulmanas); Yule-Cordier, *The Book of Sir Marco Polo,* Londres, 1921, vol. I, p. 318 e ss.; Hayes O'Grady, *Silva Gadelica,* Londres, 1892, p. 321 (o "milagre da corda" atribuído a Manannam Mac Lir, deus marinho). Oman (*Mystics and Ascetics,* p. 183-184) cita, segundo a *Civil and Military Gazette* (Lahore, maio de 1895) o caso de um *yogin* que se enterra e ressuscita após 10 dias, dando uma perfeita descrição do céu. A levitação, a incombustibilidade do corpo e outros milagres dos faquires são conhecidos também em outras áreas geográficas (cf. Leroy, *La Lévitation,* Paris, 1928; *id., Les Hommes-salamandres,* Paris, 1931).

Descrições de *yogīs* e ascetas tântricos encontram-se com frequência nos relatos de viajantes árabes, persas e chineses. "Nota-se na Índia uma população conhecida pelo nome de *baykardjy.* Esses homens andam nus, a cabeleira cobre-lhes o corpo e os órgãos sexuais; deixam crescer as unhas, até que estas formam uma espécie de pontas das quais só retiram os pedaços que se quebram. Vivem como monges errantes; no pescoço levam um crânio humano pendurado por um fio" (Abu-Zeyd-Al-Hassan de Syraf, tradução de Reinaud, *Relation de voyages faits par les Arabes et les Persans dans l'Inde et en Chine,* vol. I, Paris 1845, p. 133-134; outras descrições de Reinaud podem ser encontradas em "Mémories sur l'Inde antérieurement au millieu du XI siècle d'après les écrivains arabes, persans et chinois", publicado em *Mémoires de l'Académie des Inscriptions,* vol. XVIII, p. 1-399, Paris, 1849). Ma Huan em sua descrição de *Cochin* fala dos "*choki (yogīs)* que levam uma vida tão austera quanto a dos taoistas da China, mas que são casados" (G. Phillips, "Calicut and Aden", em *Journal of the Royal Asiatic Society,* abril de 1896, p. 343). Sempre sobre os *yogīs* de Cochin ver W. Rockhill, "Notes on the relations and trade of China with the Eastern Archipelago and the coasts of the Indian Ocean during the fourteenth century", parte IV, *T'oung Pao,* vol. XVI, 1915, p. 450-451, onde se encontram mencionados os textos de Ibn Battûta, Nicolo di Conti e Duarte Barbosa a respeito dos *yogīs* do Malabar. Outras descrições podem ser consultadas na obra de Fryer, *A New Account of East India and Persia* (edição de W. Crooke, 1912), vol. I, p. 138; vol. II, p. 35 (um asceta que portava um anel de ouro no membro viril); vol. II, p. 77 (sobre os seguidores da seita Liṅgāyat); vol. II, p. 104.

É necessário não esquecer que os *yogīs* e *sādhu* contribuíram para a unificação espiritual da Índia com suas peregrinações através de todo o país, com seus conventos e seus locais sagrados. Ainda que divididos em inumeráveis seitas, suas técnicas ascéticas e seus itinerários místicos pouco divergem entre si. As ordens religiosas indianas foram "militarizadas" durante a Idade Média. A Índia também conheceu ordens de cavaleiros ascetas, organizados, provavelmente, para a defesa dos religiosos contra os muçulmanos. Com o tempo, em certas regiões, essas ordens "militarizadas" transformaram-se em verdadeiras hordas que aterrorizavam as aldeias. A dominação britânica reprimiu-as e desarmou-as; entretanto, ainda hoje é possível encontrar em alguns templos as armas dessas "ordens militares" e, durante as festividades de Kumbha-Melā, os *sannyāsin* levam em procissão lanças de madeira, emblemas das armas de outrora. Cf. J. N. Farquhar, "The Fighting Ascetics of India", em *Bulletin of John Ryland's Library,* Manchester, 1925; *id.*, "The Organisation of the Sannyāsis of Vedānta", em *Journal of the Royal Asiatic Society,* julho de 1924. Numerosos documentos inéditos sobre a atividade dos "cavaleiros-ascetas" no século XVIII foram publicados por Rai Sahib Jamini Mohan Ghosh, *Sannyasi and Fakir Raiders in Bengal,* Calcutá, 1930.

Nota VIII, 6: O budismo tardio e o "criptobudismo"

Mahopādhyaya Haraprasad Shastri foi um dos primeiros a chamar a atenção sobre o budismo tardio; cf. um apanhado de sua obra e a bibliografia de seus trabalhos no artigo que lhe consagrou Narendra Nath Law, em *Indian Historical Quarterly,* vol. IX, 1933, p. 307-414. Cabe destacar sobretudo suas obras: "Buddhism in Bengal since the Muhammadan Conquest", em *Journal of the Asiatic Society of Bengal,* 1895, 1ª parte, p. 57 e ss. e *The Discovery of Living Buddhism in Bengal.* Há rico material (especialmente importantes extratos do *Śūnya Purāṇa*) no livro de Nagendra Nath Vasu, *The*

Modern Buddhism and its Followers in Orissa, Calcutá, 1911 – sobrevivências de *śūnya* e *dharma* (p. 45 e ss.), culto do *dharma* (p. 14, 21, 111). Ver também Maheswar Neog, "The Worship of Dharma in Assam", em *Journal of the Asiatic Society of Bengal,* 1951, p. 219-224. Pode-se seguir a sobrevivência do budismo popular em Bengala e na província de Orissa pelas construções de estupas e de *caitya,* que continuaram a ser erguidas até recentemente: N. N. Vasu, *op. cit.*, p. 139 e ss.; cf. também Ramprasad Chanda, *Bhanja Dynasty of Mayurbhanj and their Ancient Capital Khiching,* Mayurbhanj, 1929: relatórios de pesquisas arqueológicas, 1922-1925. Sobre o budismo decadente ver Benoy Kumar Sarkar, *The Folk-Element in Hindu Culture,* Londres, 1917, p. 169, 181 e ss.; P. C. Bagchi, "Decline of Budhism in India and its causes", em *Sir Asutosh Mookerjee Silver Jubilee Volume,* Calcutá, 1925, vol. III, p. 405-421. O *Śūnya Purāṇa* foi editado por N. N. Vasu (edição Parisat); uma nova edição foi feita por Charuchandra Banerjee, com importantes análises de M. Shahidullah, Basant Kumar Chatterjee e Charuchandra Banerjee. Sobre o culto do *dharma* ver Shashibhusan Dasgupta, *Obscure Religious Cults as Background of Bengali Literature,* p. 297-358, 461-478.

Sobre o enraizamento do criptobudismo nos meios populares ver S. C. Mitra, The Cult of the Tortoise-shaped Deities of Midnapur and Bankura in Western Bengal, no artigo "Some curious cults of Bengal", em *Journal of Anthropological Society of Bombay,* vol. XI, n. 5, p. 446-454.

Sobre o budismo tardio (séc. XIV), testemunhado pelas viagens de um sacerdote indiano, Dhyāna Ghadra, em outras províncias além de Bengala e Orissa (Madras, Punjab, Coromandel etc.), cf. Arthur Waley, "New Light on Buddhism in Medieval India", em *Mélanges Chinois et Bouddhiques,* vol. I, 1932, p. 355-376.

Nota VIII, 7: *Yoginī, dakīnī, yakṣa,* Durgā

A propósito da influência dos cultos aborígines e exóticos sobre o tantrismo, ver. G. Tucci, "Tracce di culto lunare in India", em *Rivista di Studi Orientali,* vol. XII, 1929, 1930, p. 419-427, especialmente p. 423, nota 1; *id., Animadversiones Indicae,* p. 156 e ss.; P. C. Bagchi, "On foreign element in the Tantra", em *Indian Historical Quarterly,* vol. VII, 1931, p. 1-16, reproduzido nos *Studies in the Tantra,* p. 45-60. A respeito das eventuais influências iranianas sobre a iconografia budista, ver A. Grünwedel, *Alt-kutscha. Archäeologische und religionsgeschichtliche Forschungen an Temara-Gemälde aus buddhistischen Höhlen der ersten acht Jahrhunderte nach Christi Geburt,* Preuss. Turfan-Exped., Berlim, 1920, 1ª parte, p. 54 e ss.

Sobre os cultos da vegetação na Índia ver o rico material de J. J. Meyer, *Trilogie altindischer Mächte und Feste der Vegetation,* 3 volumes, Zurique-Leipzig, 1937, e Odette Viennot, *Le culte de l'arbre dans l'Inde ancienne,* Paris, 1954. Sobre Durgā, ver também Pratāpachandra Ghosha, *Durgā Pūjā,* Calcutá, 1841; E. A. Payne, *The Saktas. An introductory and comparative study,* Calcutá-Oxford, *Religious Life of India Series;* Sten Konow, "An european parallel to the Durgā Pūjā", em *Journal of Asiatic Society of Bengal,* 1925, p. 315-324; W. Koppers, *Probleme der indischen Religionsgeschichte,* passim. Sobre as relações entre o tantrismo e a feitiçaria feminina, ver S. N. Roy, "The witches of Orissa", em *Journal of Anthropological Society of Bombay,* vol. XIV, 1929,

p. 185-200, e W. Koppers, *op. cit.*, p. 783 e ss. Sobre *yakṣa, yakṣinī, dakīnī,* ver N. Péri, "Hariti, la Mère-de-démons", em *Bulletin de l'École Française de l'Extrême-Orient,* vol. XVII, 1917, n. 3, p. 1-102 – o culto tântrico, baixa magia etc. Ver também Jean Filliozat, *Étude de démonologie indienne: le Kumāratantra de Rāvana,* Paris, 1937, e nosso artigo: "Notes de démonologie", *Zalmoxis,* vol. I, 1938, p. 197-203; Ananda K. Coomaraswamy, *Yakṣas,* I, II, Smithsonian Miscellaneous Collection, Washington, 1928, 1929; M. Linossier, "Les peintures tibétaines de la collection Loo", em *Mélanges Linossier,* vol. I, 1932, p. 1-97, especialmente p. 53; Jitendra Nath Banerjea, "Some Folk Goddesses of Ancient and Mediaeval India", em *Indian Historical Quarterly,* vol. XIV, 1938, p. 101-109; M. Lalou e J. Przyluski, "Yakṣa et Gandharva dans le Mahāsamayasuttanta", em *Harvard Journal of Asiatic Studies,* vol. III, 1938, p. 40-46; Joseph Masson, *La religion populaire dans le Canon pâli,* Louvain, 1942, p. 126-131; Charles Autran, *L'Épopée hindoue,* Paris, 1946, p. 170-190.

Sobre o tema "a mulher e a árvore": J. Ph. Vogel, "The Woman and Tree or *çālabhañjikā* in Indian Literature and Art", em *Acta Orientalia,* vol. VII, 1929, p. 201-231; sobre os *yakṣa* como protetores das estupas ver Ramprasad Chandra, "Mediaeval Sculpture in Eastern India", em *Journal of the Department of Letters,* Calcutta University Press, vol. III, 1920, p. 225-246, especialmente p. 236.

Sobre os *caitya,* ver V. R. Ramchandra Dikshitar, "Origin and Early History of Caityas", em *Indian Historical Quarterly,* vol. XIV, 1938, p. 440-451; na Índia meridional, ver K. R. Subramanian, *Buddhist Remains in Andhra,* Madras, 1932, p. 24 e ss.; N. Venkata Ramanayya, *An Essay on the Origin of the South Indian Temple,* Madras, 1930, p. 53 e ss; no Tibete, ver Giuseppe Tucci, "Mc'od Rten e Ts'a nel Tibet indiano ed occidentale", em *Indo-Tibetica,* vol. I, Roma, 1932, p. 24 e ss.

Sobre os *yakṣa* e as *yakṣiṇī* na iconografia jainista, ver J. Burges, "Digambara Jaina Iconography", em *Indian Antiquary,* dezembro de 1903, p. 459-464, especialmente p. 464.

Sobre os *pīṭha,* ver Dines Chandra Sirkar, "The Sākta pīṭhas", em *Journal of the Royal Asiatic Society of Bengal,* vol. XIV, n. 1, 1948, p. 1-108.

Nota VIII, 8: O aporte dravídico

Antigamente, explicavam-se as transformações da língua indo-ária pela influência dravídica: ver, por exemplo, R. Caldwell, *A Comparative Grammar of the Dravidian or South-Indian Family of Languages,* 3. ed., Londres, 1913; Sten Konow, *Linguistic Survey of India,* vol. IV, p. 278; S. K. Chatterji, *The Origin and Development of the Bengali Language,* Calcutá, 1926, vol. I, p. 174 e ss. Caldwell sustentava particularmente que a flexão do sânscrito e a aparição das consoantes cerebrais (também chamadas cacuminais) se explicavam pelo dravídico, mas a tendência para a cerebralização existe já no indo-iraniano; cf. Jules Bloch, "Sanskrit et dravidien", em *Bulletin de la Société de Linguistique de Paris,* vol. XXV, 1924, p. 1-24 (tradução inglesa em P. C. Bagchi, *Pre-Aryan and pre-Dravidian in India,* Calcutá, 1929, p. 35-59); *id.,* "Some Problems of Indo-Aryan Philology", em *Bulletin of the School of Oriental Studies,* vol. V, 1930, p. 719-756; *id., L'Indo-Aryen, du Véda aux Temps Modernes,* Paris, 1934, p. 321-331.

O fenômeno de "cerebralização" é conhecido também nas línguas munda; cf. J. Bloch, "Some Problems of Indo-Aryan Philology", p. 731-732; J. Przyluski, "Un ancien peuple de Penjab: les Udumbara", em *Journal Asiatique,* 1926 (tradução inglesa em P. C. Bagchi, *Pre-Aryan and pre-Dravidian in India,* p. 156). Quanto às influências aborígines sobre o sânscrito, Jules Bloch destaca as influências mundas, sobretudo no que concerne ao vocabulário.

Aproximações têm sido propostas entre o dravidiano e o etrusco; o dravidiano e o urálico; cf. Schrader, "Dravidisch und Uralisch", em *Zeitschrift fur Iranistik und Indianistik,* vol. III, p. 81 e ss.; T. Burrow, "Dravidian Studies, parte IV: The Body in dravidian and uralian", em *Bulletin of the School of Oriental Studies,* vol. XI, Londres, 1944, p. 328-356.

Sobre a antropologia e a etnologia dos dravidianos, ver G. Montadon, *La Race, les Races,* Paris, 1933, p. 174-177; do mesmo autor, *Traité d'Ethnologie Culturelle,* Paris, 1934, p. 180 e ss.; A. L. Kroeber, *Anthropology,* 1923, p. 478 e ss.

Para a vida religiosa das populações dravidianas e *grāmadevatā* há material e bibliografias em G. Oppert, *On the Original Inhabitants of Bharatavarsa or India,* Westminster, 1893; W. T. Elmore, *Dravidian Gods in Modern Hinduism,* Nova York, 1913; H. Whitehead, *The Village Gods of South India,* 2. ed., Madras, 1921. Ver também S. Ch. Roy, *Oraon Religion and Customs,* Ranchi, 1928; J. S. Chandler, "Names of God in the Tamil Language which denote his Oneness", em *Journal of the American Oriental Society,* vol. XLV, 1925, p. 115-118; O. R. von Ehrenfels, "Traces of a Matriarchal Civilization among the Kolli Malaiyalis", em *Journal of the Asiatic Society of Bengal,* vol. IX, 1943, p. 29-82.

A influência da religiosidade dravídica no hinduísmo foi considerável: hesitamos, entretanto, em seguir G. W. Brown ("The Sources of Indian Philosophical Ideas", em *Studies in Honour of Maurice Bloomfield,* Oxford, 1920, p. 75-88) quando ele reivindica uma origem dravídica para todas as grandes intuições e as noções fundamentais do pensamento indiano.

Sobre a *pūjā,* ver Jarl Charpentier, "The Meaning and Etymology of Pūjā", em *Indian Antiquary,* 1927, p. 93-99, 130-136; em alemão, no Festgabe H. Jacobi, 1926, p. 276-297; J. Przyluski, "Totémisme et végétalisme dans l'Inde", em *Revue Historique des Religions,* 1927, p. 347-364.

Os *grāmadevatā* podem tomar qualquer forma: o *Grāmadevatāpratiṣṭhā* menciona entre as inumeráveis "formas" a do crânio de Brahmā, a cabeça de Viṣṇu, o crânio de Reṇukā, o rosto de Draupadī, o corpo de Sītā, os *pramatha* (cortejo de Śiva), os *pāriṣada* (companheiros de Viṣṇu), demônios de todo tipo, as *yoginī,* diversas espécies de ídolos da Śakti em madeira, em pedra ou em argila etc. (G. Oppert, *op. cit.,* p. 455).

Nota VIII, 9: Serpentes, dragões, *nāga*

Sobre o culto e o simbolismo da serpente, ver: J. Ph. Vogel, "Serpent worship in ancient and modern India", em *Acta Orientalia,* vol. II, 1924, p. 279-312. Sobre os *nāga* na Cachemira e no Punjabe, cf. B. R. Beotra, "Gods and Temples in the Suket

States", em *Journal of Asiatic Society of Bengal,* 1931, p. 165-176; J. Ph. Vogel, *Indian Serpent-Lore or the Nāgas in Hindu Legend and Art,* Londres, 1926, p. 35 e ss.; M. Winternitz, "Der Sarpabali, ein altindischer Schlangencult", em *Mitteilung der Anthropologie Gesellchaft in Wien,* vol. XVIII, 1888, p. 25 e ss. Não levaremos em conta a hipótese de F. Oldham (*The Sun and the Serpent,* Londres, 1905), segundo a qual os *nāga* teriam sido seres humanos que acreditavam descender do sol. H. Kern foi o primeiro que viu que os *nāga* se relacionavam com as águas. Os dragões e serpentes são identificados aos "senhores dos lugares", aos "autóctones". Cf. Charles Autran, *L'Epopée Hindoue,* Paris, 1946, p. 66-169. Sobre o simbolismo metafísico da Serpente – que representa a modalidade pré-formal do universo, o "Um" não fragmentado que precede toda criação, cf. A. K. Coomaraswamy, *The Darker side of the Dawn,* Washington, 1938; do mesmo autor, "Sir Gawain and the Green Knight: Indra and Namuci", em *Speculum,* janeiro de 1944, p. 1-25.

O único caso de ofiolatria indiana com sacrifícios humanos que se conhece até hoje, foi encontrado entre os khasis de Assam: a divindade serpente chama-se U Thlen. Sobre os mitos associados a U Thlen, ver R. T. Gurdon, *The Khasis,* Londres, 1914, p. 175-178; Mrs. Rafy, *Folk-tales of the Khasi,* Londres, 1920, p. 58-64. Um caso recente de sacrifício, datando de 1924, é relatado por S. Ch. Mitra, "On a recent instance of the Khasi custom of offering human sacrifices to the Snake Deity", em *Journal of Anthropological Society of Bombay,* vol. XIII, n. 2, 1924, p. 1-7.

Sobre as diferentes formas de apresentar iconograficamente os deuses-*nāga,* ver Gisbert Combaz, *L'Inde et l'Orient Classique,* Paris, 1937, p. 56; do mesmo autor, "Masque et Dragons en Asie", em *Mélanges Chinois et Bouddhiques,* vol. VII, 1939-1945, p. 102 e ss., o Dragão; p. 136 e ss., *makāra* na Índia; p. 172 e ss. o Dragão na China.

J. Przyluski, em seu artigo "La Princesse à l'odeur de poisson et la Nāgī dans les traditions de l'Asie Orientale", em *Études Asiatiques,* vol. II, 1925, p. 265-284, estuda um grupo de lendas onde se refletem certos aspectos da civilização marítima do Sudoeste. "A ideia subjacente: uma das forças mágico-religiosas que forjam os heróis reside nas águas [...]. Nitidamente oposta à dos povos continentais indo-árias e chineses, onde os deuses habitam o alto das montanhas ou as camadas superiores da atmosfera. Na China, o poder divino e a autoridade provêm do alto; o imperador é Filho do Céu" (p. 281). Uma outra ideia, complementar à sacralidade das Águas: a soberania pertence às mulheres e transmite-se pelas mulheres. Ver também J. Przyluski, "Dragon chinois et Nāga indien", em *Monumenta Serica,* vol. III, n. 2, 1938, p. 602 e ss.; *id.,* "Le Prologue-cadre des Mille et une Nuits et le thème de svayaṁbara. Contribution à l'histoire des contes indiens", em *Journal Asiatique,* 1924, p. 101-137; traços de matriarcado nos contos indianos, no Camboja, no folclore chinês etc.

Sobre o simbolismo aquático, ver: M. Eliade, *Traité d'Histoire des Religions,* p. 168 e ss.; *id., Images et Symboles,* p. 164 e ss.

Nota VIII, 10: Munda e protomunda

Encontramos o essencial da bibliografia até 1933 em C. Régamey, "Bibliographie analytique des travaux relatifs aux éléments anaryens dans la civilization et les langues de l'Inde", em *Bulletin de l'École Française de l'Extrême-Orient*, 1934, p. 429-566. O ponto de partida de todas as pesquisas sobre os mundas encontra-se nos estudos de Wilhelm Schmidt, nos quais são estabelecidas relações precisas entre o grupo linguístico mon-khmer e as línguas da Malásia; cf. W. Schmidt, "Die Monkhmer-Völker, ein Bindeglied zwischen Völkern Zentralasiens und Austronesiens", em *Archiv für Anthropologie*, N. F., vol. V, 1906, p. 59-109 (tradução francesa de Mme. J. Marouzeau, em *Bulletin de l'École Française de l'Extrême-Orient*, vol. VII, 1907, p. 213-263; vol. VIII, 1908, p. 1-35). Descrição das línguas mundas, Grierson, *Linguistic Survey*, vol. IV, 1906, p. 1-275; cf. também vol. I, "Introductory", p. 32-38. S. K. Chatterji ("The Study of Kôl", *Calcutta Review*, 1923, p. 455) prefere chamar a este grupo linguístico de kolariano (de *kôl*, pronúncia ária do antigo termo munda que significa "homem").

Sobre as influências das línguas e culturas austro-asiáticas sobre o sânscrito e a cultura dos indo-europeus, ver: S. Lévi, "Préaryen et prédravidien dans l'Inde", em *Journal Asiatique*, 1923, p. 157 (tradução inglesa em P. C. Bagchi, *Pre-aryan and Pre-dravidian*, Calcutá, 1929, p. 63-126); J. Przyluski, "De quelques noms anaryens, en indo-aryen", *Mémoires de la Société de Linguistique de Paris*, vol. XXII, 1921, p. 205-210; *id.*, "Emprunts anaryens en indo-aryen", em *Bulletin de la Société de Linguistique*, vol. XXIV, p. 118-123: sânscrito, *lāṅgala*, (charrua), *laguḍa* (bastão), *liṅga* – raiz comum austro-asiática *lak*; *id.*, "Emprunts anaryens en indo-aryen", *ib.*, 1924, vol. XXIV, p. 255-258: os nomes do bétele em austro-asiático; *id.*, *ib.*, vol. XXV, p. 66-75 (sânscrito, *bāṇa*, "flecha", palavras austro-asiáticas do tipo *panah*); *id.*, *ib.*, vol. XXVI, p. 98-103 (o nome do elefante); *id.*, *ib.*, vol. XXX, 1930, p. 196-201; *id.*, "La numerátion vigésimale dans l'Inde", em *Rocznik Orientalistyczny*, vol. IV, 1926, p. 230-237; *id.*, *Bengali Numeration and Non-Aryan Substratum* (tradução inglesa em P.C. Bagchi, *Pre-aryan and Pre-dravidian*, p. 25-32); F. B. J. Kuiper, "An Austro-Asiatic Myth in the Rig veda", em *Mededelingen der koninklijke Nederlandese Akademie van Wetenschappen*, Amsterdã, 1950, vol. XIII, n. 7, p. 163-182: Indra e o javali que ele mata com uma flecha projetada através de uma montanha; *id.*, "Proto-Munda Words in Sanskrit", em *Verhandeling der Koninklijke Nederlandese Akademie van Wetenschappen*, vol. LI, n. 3, Amsterdã, 1948; *id.*, "Munda and Indonesian", em *Orientalia Neerlandica*, p. 372-401.

Quanto às migrações austro-asiáticas na Índia, Paul Rivet acredita que "do sul da Ásia ou da Índia insular, em uma época extremamente recuada, partiu uma série de migrações humanas que se espalharam em leque através do Pacífico e do Oceano Índico e que, depois de terem povoado todas as ilhas desses dois oceanos, atingiram a leste o Novo Mundo, ao norte o Japão, a oeste a Europa e a África" ("Les Océaniens", em *Journal Asiatique*, 1933, p. 235-256). A primeira onda teria sido australiana, a segunda melanesiana. Na região de Benares foram achados petróglifos idênticos aos australianos. O uso do bumerangue sobreviveu nas ilhas Célebes, no sudeste da Índia e no Gujarat. "Cada vez mais estou convencido de que houve em toda a região banhada pelo Mediterrâneo e em uma porção mais ou menos grande da África, um substrato da Oceânia, que agiu sobre as populações de origens diversas que invadiram essas regiões no correr das eras" (Paul Rivet, *Sumérien et Océanien,* Paris, 1929, p. 8). O centro de dispersão foi, sem dúvida, a Ásia meridional ou a Índia insular (*ib.*, p. 9). Para R. Heine-Geldern, ao contrário, a chegada dos drávidas à Índia teria precedido à dos austro-asiáticos: cf. *Ein Beitrag zur Chronologie des Neolithikums in Südostasiens,* Festschrift W. Schmidt, Viena, 1928, p. 809-843; sobre as migrações mundas, p. 814-830; *id.*, "Urheimat und früheste Wanderungen der Austronesiens", em *Anthropos,* vol. XXVII, 1932, p. 543-619. Cf. também Dr. C. Tauber, *Entwicklung der Menschheit von der Ur-Australiern bis Europa auf Grund der neusten Forschungen über die Wanderungen der Ozeanier,* Zurique-Leipzig, 1932.

Excelente estudo de estratigrafia cultural das diversas populações indianas encontramos em Herman Niggermeyer, "Totemismus in Vorderindiens", em *Anthropos,* vol. XXVII, 1932, p. 407-461; 1933, p. 579-619.

Sobre as influências polinésias na Índia meridional, ver James Hornell, "The Origin and Ethnological Significance of the Indian Boat designs", em *Memoirs of the Asiatic Society of Bengal,* vol. VII, 1920, fascículo 3; *id.*, "The Boats of Ganges", *ib.*, vol. VIII, 1921, fascículo 3. Analogias entre Sumatra e Índia: H. C. Das Gupta, "A few Type of Indian Sedentary Games", em *Journal of Asiatic Society of Bengal,* vol. XXII, 1926, p. 143-148, 211-214; *id.*, "On a type of Sedentary Game prevalent in Shahpur", em *ib.*, vol. XXVI, 1930, p. 411-412: o *sher-bakr,* "tigre-bode", jogo encontrado em Orissa, Tibete e Sumatra.

Ver também Walter Ruben, "Ueber die Literatur der vorarischen Stämme Indiens", *Deutsche Akademie der Wissenschaften zu Berlin,* fascículo 15, 1952.

Nota VIII, 11: Harapa e Mohenjo-Daro

Sir John Marshall, *Mohenjo-Daro and the Indus Culture,* 3 volumes, Londres, 1931, em colaboração; E. Mackay, *The Indus Civilization,* Londres, 1935 (tradução francesa Paris, 1936); M. S. Vats, *Excavations at Harappa,* 1940; Heinz Mode, *Indische Frühkulturen und ihre Beziehungen zum Westen,* Basiléia, 1944; p. 165-171, bibliografia; H. Heras, "More about Mohenjo-Daro", em *New Indian Antiquary,* vol. I, 1939, p. 637-641; Fr. Gelpke, "Induskultur und Hinduismus. Vorarische Elemente der indischen Kultur", em *Ostasiastische Zeitschrift,* N. F., vol. XVII, 1941, p. 210-205; V. Goloubev, "Essais sur l'art de l'Indus. I: L'homme au châle de Mohenjo-Daro", em *Bulletin de l'École Française de l'Extrême-Orient,* vol. XXXVIII, 1938 – publicado em 1940 – p. 255-280: a propósito da imagem onde se acreditou reconhecer um *yogin* em meditação; o autor pensa que se trata da efígie de um sacerdote; influência da arte estatuária da Ásia anterior. Sobre todas essas questões ver a admirável síntese de Stuart Piggott, *Prehistoric India,* Penguin Books, 1950 – "Harappā and Mohenjo-Daro": p. 132-213.

Não nos deteremos nos inumeráveis ensaios escritos com o objetivo de decifrar as inscrições das civilizações do Indo: cf., por exemplo, W. de Hevesy, "The Eastern Island and the Indus Valley Scripts", em *Anthropos,* vol. XXXIII, 1938, p. 808-814 (ver também R. von Heine-Geldern, "Die Osterinselschrift", *ib.*, p. 815-909; B. Hrozny, "Inschriften und Kultur der Proto-Inder von Mohenjo-Daro und Harappa", em *Archiv*

Orientalny, vol. XII, 1941, p. 192-259; vol. XIV, 1942, p. 1-102. Sobre o culto da vegetação nas civilizações do Indo, ver Odette Viennot, *Le Culte de l'arbre dans l'Inde Ancienne,* Paris, 1954, p. 7-19.

Nota IX, 1: Difusão das técnicas *yóguicas* e contatos culturais entre a Índia e o mundo

Sobre o Yoga tibetano, ver: L. A. Waddell, "Lamaism in Sikhim", em *The Gazetteer of Sikhim,* Calcutá, 1894, p. 241-392, particularmente p. 305 e seguintes (sobre as posições meditativas e as técnicas respiratórias); Alexandra David Neel, "L'entrainement psychique chez les Thibétains", em *Bulletin de l'Institut Général Psychologique,* 1927, p. 179-207 e, da mesma autora, *Mystiques et Magiciens du Thibet,* Paris, 1929, p. 245 e ss. Ver também J. Bacot, *Milarepa,* Paris, 1925, p. 200 e ss.; W. Y. Evans-Wentz, *Tibet's Great Yogi Milarepa,* Oxford, 1928, p. 194 e ss.; *id., Le Yoga tibétain et les Doctrines Secrètes* (tradução francesa, Paris, 1938); A. Grünwedel, *Die Legenden des Nâropa, des Hauptvertreters des Nekromanten- und Hexentum,* Leipzig, 1936; ver também G. Tucci no *Journal of the Royal Asiatic Society,* 1935, p. 677-688; S. Hummel, "Die Lamaistischen Tempelfahnen und ihre Beziehung zu Yoga", em *Tribus,* vol. I, Stutgart, 1952-1953, p. 239-252. Sobre o Yoga na Mongólia, ver A. M. Pozdnejev, "Dhyāna und Samādhi im mongolischen Lamaismus", em *Zeitschrift für Buddhismus,* vol. VII, 1926, p. 378-421. Sobre *dhyāna* (*ch'an*) na China, cf. Eduard Conze, *Le bouddhisme* (tradução francesa, Paris, 1952), p. 199 e ss.; John Blofeld, *The Path of Sudden Attainment. A treatise of the Ch'an (Zen) School of Chinese Buddhism, by Hui Hai of the T'ang Dynasty,* Londres, 1948; sobre o Zen, ver D. T. Suzuki, *Essays in Zen Buddhism,* vol. I-III, Londres, 1927, 1933, 1934; *id., Introduction to Zen Buddhism,* Londres, 1949; *id., Manual of Zen Buddhism,* Kioto, 1935: tradução de textos.

Sobre a difusão das técnicas espirituais indianas na Indonésia, tudo foi dito na monumental obra de Paul Mus, *Barabudur,* Hanói, 1935. Ver também J. Przyluski, "Le bouddhisme tantrique à Bali, d'après une publication récente", em *Journal Asiatique,* 1931, p. 159-167: o tantrismo javanês aproxima-se daquele da seita japonesa Shingon, mas representa uma etapa anterior (*op. cit.*, p. 160). Sobre os contatos culturais entre a Índia e a China, cf. Elmer H. Cutts, "Chinese-Indian contacts prior to the latter half of the first century", em *Indian Historical Quarterly,* vol. XIV, n. 3, setembro de 1938, p. 486-502; P. C. Bagchi, *India and China. A Thousand Years of Cultural Relations,* 2. ed., Bombaim, 1950, p. 221-222, bibliografia.

Sobre os contatos culturais entre a Índia e a Europa encontramos material e bibliografias essenciais em Henri de Lubac, *La Rencontre du Bouddhisme et de l'Occident,* Paris, 1952; É. Lamotte, "Les premières relations entre l'Inde et l'Occident", em *La Nouvelle Clio,* vol. V, 1953, p. 83-118. Sobre as influências indianas, cf. *Memorial Sylvain Lévi,* Paris, 1937, p. 190, 206-207, 210-212; Marcel Mauss, "Rapports historiques entre la mystique hindoue et la mystique occidentale" (extrato de 11 páginas em *Actes du Congrès d'histoire du Christianisme,* Paris, 1928. "Lassen já havia assinalado que em Plotino os procedimentos preparatórios para o êxtase eram notadamente semelhantes aos do budismo e dos diversos sistemas bramânicos. [...] De fato, em um papiro mágico do séc. II, há menção a certas crenças hindus (cf. Norden, *Geburt des Kindes,* 1924, p. 112); Ísis é ali comparada a Māyā, nome e personificação da mãe do Buda e também da Grande Ilusão." Ver também Henri de Lubac, "Textes alexandrins et bouddhiques", em *Recherches de Science Religieuse,* vol. XXVII, 1937, p. 336-351; Jean Filliozat, "La doctrine des brâhmanes d'après saint Hippolyte", em *Revue Historique des Religions,* julho-dezembro de 1945, p. 59-91; *id.*, "Les échanges de l'Inde et de l'Empire romain aux premiers siècles de l'ère chrétienne", em *Revue Historique des Religions,* janeiro-março de 1949, p. 1-29; *id.*, *La Doctrine Classique de la Médecine Indienne,* Paris, 1949, p. 205 e ss.

O problema das influências indianas sobre a teologia e a mística cristãs foi abordado, em seu conjunto, por Ernst Benz, "Indische Einflüsse auf die frühchristliche Theologie", em *Akademie der Wissenschaften und der Literatur,* Jahrgang 1951, n. 3, Wiesbaden, p. 172-202 (ver sobretudo p. 197 e ss., Amônio Saca e a difusão da filosofia indiana nos meios neoplatônicos e cristãos de Alexandria). Não podemos esquecer que a influência exerceu-se também no sentido inverso: na *Īśvara-gītā* – uma imitação tardia, xivaíta, da *Bhagavad Gītā* – o Yoga, interpretado como união da alma humana com Deus (Īśvara = Śiva), é chamado *sunaphā;* o termo encontra-se também na obra astrológica de Varāha Mihira (séc. VI). Ora, este é um termo de origem grega (M. Winternitz, *Geschichte der Indischen Literatur,* vol. III, p. 567, 569, 571): Plotino e Proclo utilizam a palavra *synaphé* no sentido de união mística entre a alma e o espírito; ver P. E. Dumont, "Sunaphā. Note sur un passage de l'*Īśvara-gītā* du *Kūrmapurāṇa*", em *Bulletin Classe Lettres, Sciences Morales et Politiques de l'Académie de Belgique,* 5ª série, tomo XVII, p. 444-450. Cf. também Olivier Lacombe, "Note sur Plotin et la pensée indienne", em *Annuaire de l'École Pratique des Hautes Études, Sciences Religieuses,* Paris, 1950, p. 3-17.

BIBLIOGRAFIAS ADICIONAIS

P. 19 e Nota I, 2 [Patañjali e os textos do Yoga clássico]: J. W. Hauer, *Der Yoga. Ein Indischer Weg zum Selbst*, Stutgart, 1958 (ver também Paul Hacker, *Orientalistische Literaturzeitung*, 1960, n. 9-10, col. 521-528); J. Filliozat, "La Nature du Yoga dans la tradition", em Dr. Thérèse Brosse, *Études Instrumentales des Techniques du Yoga*, Paris, 1963, p. I-XXVIII.

P. 22-23 e Nota I, 1: J. A. B. van Buitenen, "Studies in Sâmkhya", em *Journal of the American Oriental Society*, vol. LXXX, 1956, p. 153-157; vol. LXXXII, 1957, p. 15-25, 88-107.

P. 23 e Nota I, 2: H. Ritter, "Al-Biruni's Ubersetzung des Yoga-Sūtra des Patañjali", *Oriens*, vol. IX, 1956, p. 165-200; Shlomo Pines e Tuvia Gelblum, "Al-Biruni's Arabic version of Patañjali's *Yoga-sūtra:* a translation of his first chapter and a comparison with related Sanskrit texts", em *Bulletin of the School of Oriental Studies*, vol. XXIX, 1966, p. 302-325.

P. 53 e ss.: A. Janeck, "The 'Voluntaristic' Type of Yoga in Patañjali's *Yoga-Sūtra*", em *Archiv Orientalny*, vol. XXII, 1954, p. 69-87.

P. 65 [sobre o *dhikr*]: G. C. Anawati e Louis Gardet, *Mystique Musulmane*, Paris, 1961, p. 186-189, 193-233, 238-255.

P. 65-68 [sobre o hesicasmo]: W. Nölle, "Hesychasm und Yoga", em *Bizantinische Zeitschrift*, vol. XLVII, p. 95-103; E. von Ivanka, "Bysantinische Yogis?", em *Zeitschrift der Deutschen Morgenländischen Gesellschaft*, vol. LII, p. 234-239. Ver também Jean Marie Déchanet, *Yoga chrétien en dix leçons*, Paris, 1964.

P. 68 e ss.: G. Oberhammer, "Meditation und Mystik in Yoga des Patañjali", em *Wiener Zeitschrift für die Kunde Sud-Ostasiens*, vol. IX, 1965.

P. 99 e ss. [*tapas*]: Chauncey Y. Blair, "Heat in the Rig Veda and Atharva Veda", em *American Oriental Series*, vol. XLX, New Haven, 1961.

P. 102 e ss. [*dīkṣā*]: J. Gonda, *Change and Continuity in Indian Religion*, The Hague, 1965, p. 315-462.

P. 112 e ss.: Anton Zigmund-Cerbu, *The Ṣadangayoga, History of Religions,* III, I, 1963, p. 128-134.

P. 171 e ss. e Nota VI, I [a respeito da literatura tântrica]: Agehananda Bharati, *The Tantric Tradition,* Londres, 1965, com uma vasta bibliografia, p. 303-336; Chintaharan Chakravarti, *The Tantras: Studies on Their Religion and Literature,* Calcutá, 1963; Jan Gonda, *Die Religionen Indiens, II: Der Jüngere Hinduismus*, Stuttgart, 1963, p. 26-52; Kess W. Bolee, *The Persistence of Religion*, Leiden, 1965, p. 1-78; Hakuyn Hadanu, "A Historical Study in the problems concerning the diffusion of Tantric Buddhism in India, em *Religious Studies in Japan,* Tóquio, 1959, p. 287-299; H. V. Guenther, *The Jewel Ornament of Liberation*, Londres, 1959; *id.*, *Yuganaddha – The Tantric View of Life* (*Chowkhamba Sanskrit Series,* 2. ed., Varanasi, 1964); *id.*, *The Life and Teachings of Nāropa* (traduzido do original tibetano com um comentário filosófico baseado em transmissão oral), Oxford, 1963; D. L. Snellgrove, *Buddhist Himalaya,* Londres, 1957, p. 51-90, 202-211; *id., The Hevajra Tantra,* 2 volumes, Londres, 1959; A. Wayman, "The five-fold ritual symbolism of passion", em *Studies of Esoteric Buddhism and Tantrism,* Koyasan, 1965, p. 117-144; S. K. Chatterji, "Tantra and Brahmanical Hinduism", *ib.* p. 145-166; E. D. Saunders, "Some tantric techniques", *ib.*, p. 167-177; K. W. Bolle, "Devotion and Tantra", *ib.,* p. 217-228; André Padoux, *Recherches sur la symbolique et l'énergique de la parole dans certains textes tantriques,* Paris, 1963; *Le Vijñāna-bhairava,* texto traduzido e comentado por Lilian Silburn, Paris, 1961; *Le Paramārthasāra,* de Abhinavagupta, traduzido por L. Silburn, Paris, 1957; *Abhinava-gupta, Essenza dei Tantra* (*Tantrasāra*), traduzido por Ranielo Gnoli, Torino, 1960; Lilian Silburn, "Techniques de la transmission mystique dans le Shivaisme du Cachemire", em *Hermes,* vol. IV, Paris, 1966-1967, p. 158-175.

P. 180 e ss. [sobre *mantra*]: J. Gonda, "The Indian Mantra", em *Oriens,* vol. XVI, 1963, p. 244-297.

P. 186 e ss. e Nota VI, 7 [sobre *maṇḍala*]: Erik Haarh, "Contributions to the Study of Maṇḍala and Mudrā", em *Acta Orientalia,* vol. XXIII, 1958, p. 57-91; J. Schubert, *Das Reis-Maṇḍala, Asiatica,* Festschrift F. Weller, Leipzig, 1954, p. 594; Ariane Macdonald, *Le Maṇḍala du Mañjuśrīmūlakalpa,* Paris, 1962; Helmut Hoffman, "Literarhistorische Bemerkungen zur Sekoddesatika des Nadapada", em *Beiträge zur Indischen Philologie und Altertumskunde,* vol. VII, Hamburgo, 1951, p. 140-147.

P. 189 e ss. [iniciação tântrica]: J. Gonda, *Change and Continuity in Indian Religion,* p. 435-447; Agehananda Bharati, *The Tantric Tradition,* p. 185-198.

P. 205 e ss. [a respeito de *kuṇḍalinī*]: E. Dale Saunders, "A Note on Sakti and Dhyānibuddha", em *History of Religions,* I, II, 1962, p. 300-306; G. Dekker, "Der Kuṇḍalinī-Yoga", em *Asiatische Studien,* vol. IX, 1955, p. 51 e ss.; A. Bharati, *The Tantric Tradition,* p. 261 e ss.

P. 209 e ss. e Nota VI, 10 [sobre a "linguagem intencional"]: A. Bharati; *The Tantric Tradition,* p. 164-184.

P. 213 e ss. e Nota VI, 11 e 12 ["Pelos mesmos atos..."]: A. Bharati, *op. cit.*, p. 244; Alex Wayman, "Female Energy and Symbolism in the Buddhist Tantras", em *History of Religions,* II, I, 1962, p. 73-111; A. Bharati, "Śakta and Vajrayāna, their place in Indian Thought", em *Studies of Esoteric Buddhism and Tantrism,* Koyasan, 1965, p. 73-99.

P. 221 e ss. [o amor tipo *parakīyā rati*]: Edward C. Dimock, *The Place of the Hidden Moon, Erotic Mysticism in the Vaiṣṇava-Sahajiyā Cult of Bengal,* Chicago, 1966, p. 166-222, 241.

P. 250 e ss. e Nota VIII, 3 [Gorakhnāth, Matsyendranāth, e os 84 *siddha*]: Toni Schmidt, *The Eighty-Five Siddhas,* Estocolmo, 1958.

P. 290 e ss. e Nota VIII, 11 [Harapa e Mohenjo-Daro]: H. P. Sullivan, "A re-examination of the religion of the Indus civilization", em *History of Religions,* vol. IV, 1964, p. 115-125; Mario Cappieri, "Ist die Indus-Kultur und ihre Bevölkerung wirklich verschwenden?", em *Anthropos,* vol. LX, 1965, p. 719-762; J. Gonda, *Change and Continuity,* p. 7-37.

Nota IV, 5 [sobre os *pāñcarātra*]: J. A. van Buitenen, "The Name Pañcarātra", em *History of Religions,* vol. I, II, 1962, p. 291-299.

Nota VI, 1: P. H. Pott, *Yoga en Yantra,* traduzido para o inglês sob o título *Yoga and Yantra. Their interrelation and their significance for Indian Archaelogy,* The Hague, 1966.

Nota VI, 3 [O Yoga jainista]: Robert H. B. Williams, *Jaina Yoga: a Survey of the Mediaeval Ṣravakācāra,* Londres, 1963.

Nota VI, 4 [sobre as *mudrā*]: E. Dale Saunders, *Mudrā: A Study of Symbolic Gestures in Japanese Buddhist Sculpture,* Nova York, 1960.

Nota VI, 8 [acerca da literatura *haṭha-yóguica*]: Dr. Thérèse Brosse, "Études Instrumentales des techniques du Yoga, Experimentation psychosomatique", Paris, 1963 (*Publications de l'École Française de l'Extrême-Orient,* vol. LII); Jean Bruno, "Yoga e training autogène", *Critique,* n. 159-60, agosto-setembro de 1960, p. 781-807.

Nota VI, 12 [retenção da respiração e "retorno" do sêmen na China]: R. H. van Gulik, *Sexual Life in Ancient China,* Leiden, 1961.

Nota IX, 1 [Difusão das técnicas *yóguicas*]: Li An-Che, "The Bkah brgyud Sect of Lamaism", em *Journal of the American Oriental Society,* vol. LXIX, 1949, p. 51-59; Chang, Ch'êng-chi, *Teachings of Tibetan Yoga,* Nova York, 1963.

GLOSSÁRIO

Abhidharma, cap. V (em: Conhecimento metafísico e experiência mística)
abhijñā, (Altas Ciências), cap. V (em: Os poderes maravilhosos); Nota V, 5
abhiṣeka, (ritual de consagração), cap. VI (em: *Maṇḍala*)
abhyāsa, cap. I (em: A estrutura da experiência psíquica); cap. VI (em: As *nāḍī: iḍā, piṅgalā, suṣumṇā*)
aborígines, cap. VIII (em: A herança dravídica, munda, protomunda)
ação, cap. I (em: O subconsciente); na *Bhagavad Gītā*, cap. IV (em: O exemplo de Kṛṣṇa)
advaya (absoluta Unidade), cap. VI (em: Aproximações)
aghorī, cap. VIII (em: Os *aghorī* e os *kāpālika*); Nota VIII, 1
ahiṃsā (não violência), cap. II (em: A concentração "em um único ponto")
akliṣṭa (estados puros de consciência), cap. I (em: O subconsciente)
alquimia, cap. VII (em: Lendas dos *yogīs* alquimistas), (em: Tantrismo, *haṭha-yoga* e alquimia) (em: A alquimia chinesa); Notas VII, 1-5
ambivalência, cap. I (em: Ponto de partida)
amor místico, cap. VI (em: O *maithuna*)
anāhata-cakra, cap. VI (em: Os *cakra*)
Aniruddha, cap. I (em: Ponto de partida); Nota I, 1
aṅga (membros do Yoga), cap. II (em: A concentração "em um único ponto")
aquático (simbolismo), cap. VIII (em: A herança dravídica, munda, protomunda)
asamprajñāta samādhi (*samādhi* "sem suporte"), cap. II (em: O *samādhi* "sem suporte" e a liberação final)
asaṃskṛta (absoluto), cap. I (em: Ponto de partida); cap. V (em: O caminho do *nirvāṇa* e o simbolismo da iniciação)
āsana (posturas do Yoga), cap. II (em: As posturas *(āsana)* e a disciplina da respiração *(prāṇāyāma)*; cap. VI (O elogio do corpo. O *haṭha-yoga*); Nota II, 2
ascenção ao céu, cap. VIII (em: Ascenção ao céu. Voo místico)
ascetas (enterro dos), Nota VIII, 4
ascetismo (ver *tapas*)
átomos, cap. I (em: A substância)

audições místicas; cap. VI (em: Excurso: o *dhikr*)
austro-asiáticos, cap. VIII (em: A herança dravídica, munda, protomunda) Nota VIII, 10
avidyā (ver ignorância), cap. I (em: Ponto de partida); (em: O Si) (em: A relação espírito-natureza); (em: O subconsciente)
axis mundi (Centro do Mundo), cap. III (em: Simbolismo e gnose nas *Upaniṣad*)
ādhāra (suporte, receptáculo), cap. IV (em: *kuṇḍalinī*); Nota VI, 9
ājīvika, cap. V (em: Makkhali Gosāla e os *ājīvika*); Nota V, 6
ājñā-cakra, cap. VI (em: Os *cakra*)
ātman, cap. I (em: Ponto de partida), (em: A equação dor-existência), (em: O Si); cap. III (em: Simbolismo e gnose nas *Upaniṣad*)

Bhagavad Gītā, cap. IV (em: Técnica *yóguica* na *Bhagavad Gītā*); Nota IV, 4
bhakti, cap. I (em: Como é possível a liberação?); cap. II (em: O papel de *Īśvara*); cap. VIII (em: Coalescência e degradação: o Yoga e as religiões populares); (ver também Mística)
bhavapratyaya ("método natural" para se obter *samādhi*), cap. II (em: O *samādhi* "sem suporte" e a liberação final)
Bhoja, cap. I (em: Ponto de partida); Nota I, 2
Buddhagoṣa, cap. V (em: Conhecimento metafísico e experiência mística)
bhūmi ("plano" da experiência ióguica), cap. I (em: A estrutura da experiência psíquica)
bīja-mantra (ver *mantra*), cap. VI (em: *Mantra, dhāraṇī*)
bīja samādhi, cap. II (em: *Samādhi* "com suporte")
brahmacarya (abstinência sexual), cap. II (em: A concentração "em um único ponto")
brahman, cap. I (em: Ponto de partida); cap. III (em: Simbolismo e gnose nas *Upaniṣad*)
Brāhmaṇa, cap. III (em: O *tapas* e o Yoga)
Buda, cap. I (em: A equação dor-existência), (em: O Si); cap. V (em: O caminho do *nirvāṇa* e o simbolismo da iniciação); cap. VIII (em: O Yoga e o xamanismo)
budismo, cap. VIII: (em: Coalescência e degradação: o Yoga e as religiões populares); Nota I, 8; Nota I, 9; Nota V, 1; Nota VIII, 6
buddhi (inteligência, intelecto), cap. I (em: O Si) e (em: A relação espírito-natureza)

cakra, cap. VI (em: Os *cakra*); Nota VI, 9 (centro)
calor interior (mágico, psíquico), cap. VI (em: *Kuṇḍalinī*); cap. VIII (em: O calor mágico. A luz interior) e (em: Analogias e diferenças)
Caraka, cap. I (em: Ponto de partida)
cemitério, cap. VIII (em: Os *aghorī* e os *kāpālika*)
Centro (marcha para o), cap. VI (em: *Maṇḍala*); cap. III (em: Simbolismo e gnose nas *Upaniṣad*)
China (técnicas de fisiologia mística), cap. II (em: Excurso: *prāṇāyāma* nas asceses não indianas); Nota VI, 12
citta (intelecto), cap. I (em: A estrutura da experiência psíquica); cap. II (em: Concentração e meditação *yóguicas*)
citta bhūmi (modalidades da consciência), cap. I (em: A estrutura da experiência psíquica)
citta-vṛtti (ver consciência, estados de consciência); cap. I (em: A estrutura da experiência psíquica); cap. II (em: A concentração "em um único ponto")
concentração, cap. II (em: A concentração "em um único ponto"); Nota II, 1 (ver também *dhāraṇā*)

Durgā, cap. VI (em: Iconografia, visualização, *nyāsa, mudrā*); cap. VIII (em: Coalescência e degradação: o Yoga e as religiões populares); Nota VIII, 7; (ver Śakti)
dúvida (perturbação provocada pela), cap. I (em: O subconsciente)
ḍombī (a lavadeira), cap. VI (em: O *maithuna*)

ekāgra (modalidade da consciência), cap. I (em: A estrutura da experiência psíquica)
ekāgratā (em um único ponto), cap. II (em: A concentração "em um único ponto")
elixir alquímico, cap. VII (em: A alquimia chinesa)
enterro (dos ascetas), Nota VIII, 4
erótica mística (ver *maithuna*), cap. III (em: As *Upaniṣad yóguicas*); cap. VI (em: O erotismo místico)
especulativos (no budismo), cap. V (em: *Yogīs* e metafísicos) e (Conhecimento metafísico e experiência mística)
espírito, cap. I (em: Ponto de partida) (em: A equação dor-existência) (em: A relação espírito-natureza) (ver *puruṣa, ātman*, Si-Próprio, Si-Mesmo, Si)
estados de consciência (ver *citta-vṛtti*), cap. I (em: A estrutura da experiência psíquica)
existências anteriores (conhecimento de), cap. V (em: O conhecimento das existências anteriores); cap. VIII (em: Analogias e diferenças)
experiência (função ambivalente da), cap. I (em: O subconsciente)
experiência mística, cap. 5 (em: *Yogīs* e metafísicos) e (em: Conhecimento metafísico e experiência mística)
expiração *(recaka)*, cap. II (em: As posturas *(āsana)* e a disciplina da respiração *(prāṇāyāma)*) e (em: Excurso: *prāṇāyāma* nas asceses não indianas)
êxtase, arrebatamento, arroubo, enlevo, contemplação íntima de coisas sobrenaturais. É nessa acepção que o autor usa a palavra. No capítulo II, em Ênstase e hipnose, ele explica o porquê do uso da forma ênstase como sinônimo de *samādhi:* para não haver risco de confusão com *dhāraṇā*
extáticos (no *Ṛg-Veda*), cap. II (em: *Siddhi* ou os "poderes miraculosos")
faquires, Nota VIII, 5; Nota VIII, 7 (ver *yogīs*)
fenômenos luminosos, cap. VI (em: Excurso: o *dhikr*)
fisiologia mística (sutil), cap. II (em: Excurso: *prāṇāyāma* nas asceses não indianas); cap. III (As *Upaniṣad yóguicas*); cap. VI (em: O elogio do corpo. O *haṭha-yoga*)
fogo (domínio do), cap. VIII (em: O calor mágico. A luz interior) (ver xamanismo)
folclore *yóguico*, cap. IV (em: Folclore *yóguico*); cap. VIII (em: Magia xamanista e busca da imortalidade)

Gauḍapāda, cap. I (em: O Si); Nota I, 1
Gorakhnāth, cap. VI (em: O elogio do corpo. O *haṭha-yoga*); cap. VIII (em: Gorakhnāth e os 84 *siddha*); Nota VIII, 3
graça (de *Īśvara*), cap. II (em: *Samādhi* "com suporte")
Grande Deusa, cap. VI (em: Aproximações) (ver *Durgā, Śakti*)
guṇa (modalidades da *prakṛti*), cap. I (em: A substância) e (em: A estrutura da experiência psíquica); Nota I, 5
guru (importância no tantrismo), cap. VI (em: Aproximações)
Harapa, cap. VIII (em: Harapa, Mohenjo-Daro); Nota VIII, 11
haṭha-yoga (origem, literatura, textos e bibliografia), cap. VI (em: O elogio do corpo. O *haṭha-yoga*); Nota VI, 8

kali-yuga, cap. V (em: Conhecimento metafísico e experiência mística); cap. VI (em: Aproximações)

kāpālika, cap. VIII (em: Os *aghorī e os kāpālika*); Nota VIII, 1

karman (atos), cap. I (em: Ponto de partida), (em: A equação dor-existência), (em: A relação espírito-natureza) e (em: O subconsciente)

karmendriya (cinco sentidos conativos), cap. I (em: A substância)

Kāmarūpa (Assam), cap. VIII (Gorakhnāth e os 84 *siddha*)

kānphaṭa-yogīs, cap. VI (em: O elogio do corpo. O *haṭha-yoga*); cap. VIII (em: Gorakhnāth e os 84 *siddha*)

kasina (suporte da meditação), cap. V (em: Conhecimento metafísico e experiência mística)

Kaṭha Upaniṣad (Yoga em), cap. III (em: Imortalidade e liberação)

keśin, cap. III (em: Ascetas e "extáticos" nos *Veda*)

khecarīmudrā, cap. III (em: As *Upaniṣad yóguicas*)

kleśa (modalidade dolorosa da consciência), cap. I (em: O subconsciente)

kliṣṭa (mácula), cap. I (em: O subconsciente)

Kṛṣṇa (Na *Gītā* e na mística vixnuíta), cap. IV (em: A mensagem da *Bhagavad Gītā*); cap. VI (em: O *maithuna*)

kṣipta-vikṣpta, cap. II (em: A concentração "em um único ponto")

kṣipta (modalidade instável da consciência), cap. I (em: A estrutura da experiência psíquica)

kumbhaka (retenção do ar), cap. II (em: As posturas *(asāna)* e a disciplina da respiração *(prāṇāyāma)*)

kuṇḍalinī, cap. III (em: As *Upaniṣad yóguicas*); cap. VI (em: Os *cakra*), (em: *Kuṇḍalinī*)

labirinto, cap. VI (em: *Maṇḍala*)

liberação, cap. I (em: Ponto de partida) e (em: Como é possível a liberação?); cap. III (em: Imortalidade e liberação); (ver *mokṣa* e *mukti*)

liberto em vida, cap. I (em: Como é possível a liberação?) (ver *jīvan-mukta*)

linguagem intencional (linguagem secreta), cap. VI (em: A "linguagem intencional"), Nota VI, 10

liṅga (corpo sutil), cap. I (em: O subconsciente)

lógica (no Sāṅkhya Yoga), Nota I, 6

Logos, cap. I (em: A equação dor-existência)

lokāyata, cap. I (em: O Si); cap. VIII (em: Os *aghorī e os kāpālika*); Nota I, 3 (ver materialistas)

lótus do coração, cap. II (em: Concentração e meditação *yóguicas*)

luz interior, cap. II (em: Concentração e meditação *yóguicas*); cap. VIII (em: O calor mágico. A luz interior)

Mãe (religião da), cap. VI (em: Aproximações) (Ver Śakti)

mahat (massa energética), cap. I (em: A substância)

Mahābhārata (O Yoga no), cap. II (em: Ênstase e hipnose); Nota IV, 1

mahā-pralaya, cap. I (em: Ponto de partida) e (em: A substância)

Mahāvīra, cap. V (em: Makkhali Gosāla e os *ājīvika*)

maithuna, cap. VI (em: O erotismo místico) e (em: O *maithuna*)

Maitrī Upaniṣad, (O Yoga na) cap. III (em: O Yoga na *Maitrī Upaniṣad*)

Makkhali Gosāla, cap. V (em: Makkhali Gosāla e os *ājīvika*)

manas (sentido interno), cap. I (em: A substância)

maṇḍala, cap. VI (em: Iconografia, visualização, *nyāsa, mudrā*), (em: *Maṇḍala*)

mango-trick, cap. VIII (em: Magia xamanista e busca da imortalidade) e (Analogias e diferenças)

nirvāṇa, cap. I (em: Ponto de partida); cap. V (em: O caminho do *nirvāṇa* e o simbolismo da iniciação) e (em: *Yogīs* e metafísicos)
nirvicāra samādhi, cap. II (em: *Samādhi* "com suporte")
nirvitarka samādhi, cap. II (em: *Samādhi* "com suporte")
niyama (disciplinas *yóguicas*), cap. II (em: A concentração "em um único ponto")
niyati (fatalidade, destino), cap. V (em: Makkhali Gosāla e os *ājīvika*)
Nādabindu Upaniṣad (O Yoga em), cap. III (em: As *Upaniṣad yóguicas*)
nyāsa (projeção ritual das divindades), cap. VI (em: Iconografia, visualização, *nyāsa, mudrā*)
Nyāya, cap. I (em: A equação dor--existência)

OM (nos *Yoga-sūtra e Upaniṣad*), cap. II (em: A concentração "em um único ponto") (em: As posturas *(āsana)* e a disciplina da respiração *(prāṇāyāma)*)
orgias (dos *vallabhācaryā*), Nota VIII, 2

padmāsana, cap. II (em: As posturas *(āsana)* e a disciplina da respiração *(prāṇāyāma)*)
paradoxo *(samādhi)*, cap. II (em: Reintegração e liberdade)
Paraíso, cap. VI (em: *Maṇḍala*)
paramāṇu (átomos), cap. I (em: A substância)
paribbājaka (ascetas errantes), cap. V (em: Os *paribbājaka*); Nota V, 6
pariṇāma (desenvolvimento, processão), cap. I (em: A substância)
parāvṛtti, cap. VI (em: A "conjunção dos contrários")
Patañjali (o gramático e o autor dos *Yoga--sūtra*), cap. I (em: Ponto de partida); Nota I, 2
Pāñcarātra, cap. IV (em: Técnica *yóguica* na *Bhagavad Gītā*)
personalidade humana, cap. I (em: Como é possível a liberação?)
phalatṛṣṇā (sede dos frutos dos atos), cap. I (em: O subconsciente)
phalatṛṣṇāvairāgya (renúncia dos frutos dos atos), cap. IV (em: "Atos" e "sacrifícios")
piṅgalā, cap. VI (em: O elogio do corpo. O *haṭha-yoga*)
pīṭha (lugares de peregrinação), cap. VIII (em: Coalescência e degradação: o Yoga e as religiões populares)
poderes milacurosos, cap. V (em: Os poderes maravilhosos) (ver *siddhi*)
pote, bilha, cap. VIII (em: A herança dravídica, munda, protomunda)
prajñā, cap. I (em: A equação dor--existência); cap. II (em: Concentração e meditação *yóguicas*)
Prajñāpāramitā, cap. VI (em: Aproximações)
prakṛti, cap. I (em: Ponto de partida), (em: A equação dor-existência), (em: O Si) e (em: Como é possível a liberação?)
pratyāhāra (domínio dos sentidos), cap. II (em: Concentração e meditação *yóguicas*)
prāṇāyāma (disciplina da respiração no Yoga-sūtra, no taoismo e no haṭha-yoga), cap. II (em: As posturas *(āsana)* e a disciplina da respiração *(prāṇāyāma)*) e (Excurso: *prāṇāyāma* nas asceses não indianas); cap. VI (O elogio do corpo. O *haṭha-yoga*)
prostituta, cap. III (em: Ascetas e "extáticos" nos *Veda*)
psicanálise, cap. I (em: O subconsciente); cap. V (em: Os *paribbājaka*)
purificações (no *haṭha-yoga*), cap. VI (em: O elogio do corpo. O *haṭha-yoga)*
puruṣa, cap. I (em: Ponto de partida) e (em: A equação dor-existência), (em: O Si), (em: Como é possível a liberação?); cap. II (em: Ênstase e hipnose)

Vedānta, cap. I (em: A equação dor-existência), (em: O Si) e (em: Como é possível a liberação?)
vegetação (cultos da) (ver Durgā), cap. VIII (em: A herança dravídica, munda, protomunda)
via da salvação, cap. I (em: Ponto de partida)
via "fácil" (tantrismo), cap. VI (em: Aproximações)
via do meio (no tantrismo), cap. VI (em: As *nāḍī: iḍā, piṅgalā, suṣumṇā*)
videha ("desencarnados", deuses), cap. I (em: A estrutura da experiência psíquica); cap. II (em: O *samādhi* "sem suporte" e a liberação final)
vidyā, cap. I (em: A equação dor-existência)
Vijñānabhikṣu, cap. I (em: Ponto de partida); Nota I, 1
vikṣipta (modalidade estável e instável da consciência), cap. I (em: A estrutura da experiência psíquica); cap. II (em: Ênstase e hipnose)
visualização (das imagens divinas), cap. VI (em: Iconografia, visualização, *nyāsa, mudrā*)
viśuddha-cakra, cap. VI (em: Os *cakra*) (ver *cakra*)
vixnuísmo, Nota VI, 13
voo místico, cap. VII (em: Lendas dos *yogīs* alquimistas); cap. VIII (em: Ascenção ao céu. Voo místico)
vrātya, cap. III (em: Ascetas e "extáticos" nos *Veda*); Nota III, 1
Vyāsa, cap. I (em: Ponto de partida); Nota I, 2

xamanismo, cap. VIII (em: Magia xamanista e busca da imortalidade) e (em: O Yoga e o xamanismo)

yakṣa, yakṣiṇī, cap. VIII (em: Coalescência e degradação: o Yoga e as religiões populares); Nota VIII, 7
yama (disciplinas *yóguicas*), cap. II (em: A concentração "em um único ponto")
yantra, cap. VI (em: *Maṇḍala*)
Yoga (etimologia, caráter iniciático, sistema filosófico, definição de Patañjali, nas *Upaniṣad*, na Epopeia, na *Gītā*, no budismo, difusão das técnicas), cap. I (em: Ponto de partida) e (em: A estrutura da experiência psíquica); cap. III (em: Imortalidade e liberação); cap. IV (em: O Yoga e o hinduísmo), (em: A mensagem da *Bhagavad Gītā*) e (em: "Atos" e "sacrifícios"); cap. V (em: Os *jhāna* e as *samāpatti*); Nota V, 1; Nota IX, 1
Yoga-bhāṣya, cap. I (em: Ponto de Partida)
Yoga-sūtra, cap. I (em: Ponto de partida); Nota I, 2
Yogatattva Upaniṣad, cap. III (em: As *Upaniṣad yóguicas*)
Yogāvacara's Manual of Indian Mysticism, cap. V (em: Conhecimento metafísico e experiência mística)
Yoga-vārttika, cap. I (em: Ponto de partida); Nota I, 2
yogin, cap. VI (em: O *maithuna*); Nota VIII, 5
yogīs, cap. VIII (em: O calor mágico. A luz interior)
yoginī (companheira do rito tântrico), cap. VI (em: O *maithuna*)
yoginī (fadas mágicas), cap. VIII (em: Coalescência e degradação: o Yoga e as religiões populares); Nota VIII, 7
yogyatā (correspondência simpática), cap. I (em: A relação espírito-natureza)

ÍNDICE REMISSIVO*

---

* Este índice registra em ordem alfabética portuguesa todos os termos sânscritos e de outras línguas empregados no texto e notas.

H

M

ÍNDICE DAS MATÉRIAS

Texto composto em Gatineau.
Impresso em papel Pólen Soft 80gr na gráfica Cromosete.